大田年鉴

DATIAN YEARBOOK

2020

中共大田县委党史和地方志研究室 编

方志出版社
Publishing House of Local Records

图书在版编目（CIP）数据

大田年鉴. 2020 / 中共大田县委党史和地方志研究室编. —
北京：方志出版社，2021. 1
ISBN 978-7-5144-4401-8

Ⅰ. ①大… Ⅱ. ①中… Ⅲ. ①大田县—2020—年鉴
Ⅳ. ①Z525.74

中国版本图书馆 CIP 数据核字（2021）第 085074 号

大田年鉴（2020）

编　　者：	中共大田县委党史和地方志研究室
责任编辑：	刘方圆
出 版 者：	方志出版社
	地址　北京市朝阳区潘家园东里 9 号（国家方志馆 4 层）
	邮编　100021
	网址　http://www.zgfzcb.cn
发　　行：	方志出版社图书经销中心
	电话（010）67110500
经　　销：	各地新华书店
印　　刷：	福建省三明市中亚印务有限公司
开　　本：	889×1194　1/16
印　　张：	18
字　　数：	689 千字
版　　次：	2021 年 1 月第 1 版　2021 年 1 月第 1 次印刷
印　　数：	001~800 册

ISBN 978-7-5144-4401-8　　定价：280.00 元

大田年鉴

2020

编辑说明

一、《大田年鉴（2020）》以马克思列宁主义、毛泽东思想、邓小平理论、“三个代表”重要思想、科学发展观、习近平新时代中国特色社会主义思想为指导，坚持辩证唯物主义和历史唯物主义的立场、观点和方法，遵循国务院《地方志工作条例》和中国地方志指导小组《地方综合年鉴编纂出版规定（试行）》等有关法规和规定进行编写，力求思想性、科学性、资料性三者有机统一。《大田年鉴》旨在为国内外各界人士及时提供全面、准确的大田县情资料，坚持为大田县经济建设、政治建设、文化建设、社会建设、生态文明建设服务。

二、《大田年鉴（2020）》为第二十三卷，结构为类目、分目、条目三个层次，主要记载2019年1月1日至12月31日大田县自然、政治、经济、文化、社会等方面的大事、要事、新事、特事，个别条目为了交代前因后果及保存资料的完整性，内容有适当的上溯或下延。本年鉴入鉴文稿务求观点正确、资料翔实、文化朴实、文字简洁，且突出本年度的地方特色和时代特色，符合国家保密规定。本年鉴检索系统有：卷首设详细目录，书眉排有栏目、分目标题。

三、《大田年鉴（2020）》中数据，原则上以统计局公布的数据为准，县统计局没有的，参照各专业部门提供的数据。记数与计量均使用阿拉伯数字，有小数的一般保留两位小数，百分数一般保留一位小数。

四、稿件资料由大田县各部门、各乡（镇）提供，单位负责人审稿，在类目下署编辑姓名、条目后署撰稿人姓名。所有稿件均经过中共大田县委党史和地方志研究室《大田年鉴》编辑部编辑加工，并经县有关领导、有关部门审定。

五、“先进人物”收录受到省委、省政府以上机关表彰的先进人物，或作出贡献、在全省范围有影响的人物；“逝世人物”收录曾担任过正科级以上（含正科级）的领导干部、离休干部及省级以上劳动模范。“先进人物”按表彰时间先后排列；“逝世人物”按卒月排列。

12 月 30 日，大田县第十七届人民代表大会第四次会议在县影剧院召开（林建伟　摄）

12 月 29 日，中国人民政治协商会议第十届大田县委员会第四次会议在县影剧院召开（林建伟　摄）

2月12日，大田县委工作会议暨“干好每一天”动员大会在县影剧院召开（林璐　摄）

3月21日，大田县举行2019年第一季度项目集中开工活动，
图为县长林金龙（中）参加城东小学、赤岩幼儿园建设项目开工奠基（林璐　摄）

大田县新岩水泥公司技改项目（林 跃 6月19日 摄）

9月22日，中国农民丰收节大田县第二届晒秋节暨华兴油茶文化节在华兴镇开幕，县委书记陈文华（前排中）参加活动（林建伟 摄）

华兴段兴泉铁路特大桥建设（刘冬春 12月29日 摄）

华兴镇扶贫移民小区（刘冬春 10月19日 摄）

武陵乡大石村扶贫光伏长廊（吴敬鑫　8月23日　摄）

1月12日，2019年全国“乡村春晚”百县万村网络联动活动在白岩公园开幕（林跃　摄）

7月6日，2019年“清新福建·绿都三明四季行
——大田高山茶海跑”活动在石牌美食城开跑，近千名运动员参加（林建伟 摄）

福建省首届青少年羽毛球巡回赛（大田站）在县体育中心举办，全省241名运动员参加（林建伟 8月24日 摄）

2019 年海峡两岸大学生篮球赛大田分赛在县体育中心篮球馆开幕，
浙江大学、中国民航大学、康宁大学、健行科大等 4 支队伍参赛（林建伟　10月26日　摄）

11 月 24 日，武陵乡举行“不忘初心”主题教育徒步走活动（刘冬春摄）

10 月 18 日，驻闽海军某部到吴山镇阳春村开展军民联欢活动（林建伟　摄）

10 月 1 日，大田县举行庆祝中华人民共和国成立 70 周年升旗仪式，
大田县党、政、军及部分学生代表和社会各界群众参加（林建伟　摄）

大田县朱德出击闽中（屏山）纪念园（涂江斌 6 月 15 日　摄）

10 月 25 日，大田县纪念泉州知青上山下乡 50 周年大会在县影剧院召开（林建伟　摄）

老知青们畅游大田白岩公园（林建伟　10月25日　摄）

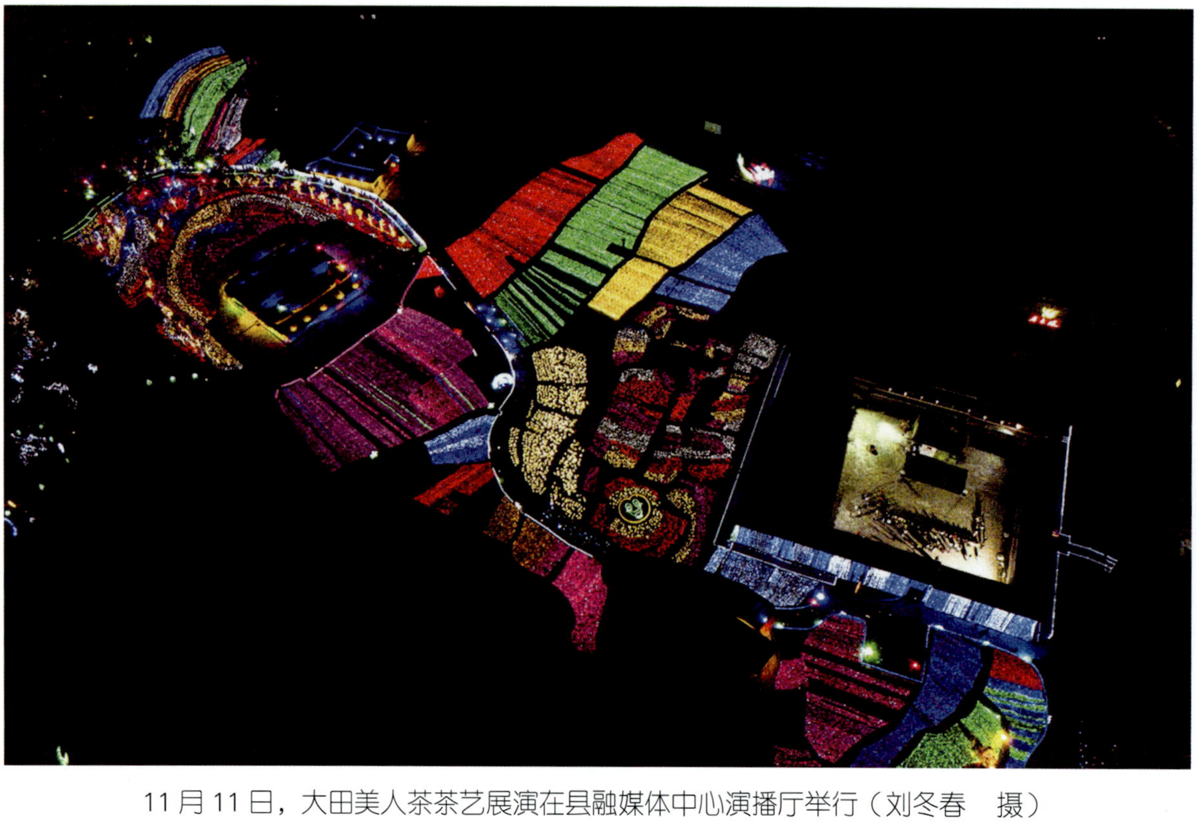

11月11日，大田美人茶茶艺展演在县融媒体中心演播厅举行（刘冬春　摄）

济阳灯光展（刘冬春　9 月 26 日　摄）

大田县首个国家 AAAA 景区——“大仙峰 · 茶美人”风光　（陈德传　7 月 23 日　摄）

福建省首批“清新福建一气候福地”——济阳（林跃　4月18日　摄）

国家AAA景区——“五彩大石”（林跃　9月16日　摄）

目 录

特 载

专 文

大事记

大田概貌

中共大田县委

大田县人民代表大会

大田县人民政府

政协大田县委员会

纪检监察

人民团体

军 事

法 治

农业·农村

林 业

水利·电力

工　业

交通·通信

商业贸易

城乡建设

旅游经济开发

财政·税务

金　融

自然资源与生态环境管理

经济管理与监督

科学技术

教　育

文化·体育

卫生与计生服务

社会生活

乡镇概况

人　物

重要文件选编

统计资料

附　录

索　引

特 载

□ 编辑 林生钟

政府工作报告

——2019年12月30日大田县第十七届人民代表大会第四次会议

林金龙

2019年是新中国成立70周年，是全面建成小康社会关键之年。一年来，全县上下深入学习贯彻习近平新时代中国特色社会主义思想和党的十九大、十九届二中、三中、四中全会精神，认真贯彻落实习近平总书记在参加十三届全国人大二次会议福建代表团审议时的重要讲话精神，按照上级党委政府和县委各项决策部署，保持战略定力，勇于攻坚克难，以“五比五晒”竞赛活动为载体，以“十大攻坚会战”为抓手，奋力推动高质量发展落实赶超，经济社会保持平稳健康发展，较好完成了县十七届人大三次会议确定的目标任务。

——经济运行稳中向好。主要经济指标低开企稳、逐步回升，多项指标达到或超过全市平均水平。初步统计，全县地区生产总值243亿元，增长7.8%；地方一般公共预算收入7.66亿元，增长2%；城镇居民人均可支配收入37338元，增长8.2%；农村居民人均可支配收入18291元，增长9.5%。

——重大项目推进有力。兴泉铁路（大田段）、莆炎高速（大田段）、国道纵五（大田段）二期等重大交通基础设施加快建设，香山北路建成投入使用，总投资11.5亿元的大田经济开发区基础设施PPP项目顺利实施，福建（大田）机械铸造产业集聚区已入驻清航无人机、展晖机械等8家企业。

——创新动能加速聚集。大田科技创新服务平台建成运营，与清华大学合作的“交叉双旋翼复合推力尾桨无人直升机”项目获中国“互联网+”大学生创新创业大赛总决赛冠军，大田新奇特水果联合体示范推广项目获全国农村创业创新大赛三等奖，国家农村产权流转交易服务标准化试点项目通过验收。

——生态效益更加凸显。桃源最氧睡眠小镇被授予“全国森林康养基地试点建设单位”“中国睡眠康养示范基地”称号，大仙峰·茶美人景区获评国家AAAA级旅游景区，五彩大石景区获评国家AAA级旅游景区，均溪河、文江河流域各监测断面水质达标率连续三年为100%。

——民生事业协调发展。城区载客三轮车全面取缔，微公交方便群众绿色安全出行，高考成绩再创佳绩，普通高考本一上线率居10个县（市）第一，大田心血管病高危筛查项目获评国家先进项目点，我县运动员在2019年残疾人羽毛球世界锦标赛荣获1枚银牌、在全国第十届残运会暨第七届特奥会荣获4枚金牌，28名优秀工作者被授予“庆祝中华人民共和国成立70周年”纪念章。

回顾过去的一年，困难多于预想，结果好于预期。我们主要做了以下工作：

（一）全力稳增长，发展环境持续优化。落实“六稳”措施，扶持实体经济。深入开展“访企业、解难题、促‘六稳’”专项行动，出台工业稳增长、总部经济等政策措施，以担当精神妥善处理工业项目建设历史遗留问题71个，落实减税降费1.2亿元，为企业减负8288万元，兑现企业扶持资金4730万元，办理应急转贷资金2.97亿元。聚焦企业关切，优化营商环境。深入开展“六最”营商环境对标活动，以“e三明”为抓手倒逼服务效能提升，大力推进政务服务“一网通办”，全面推进工程建设项目审批制度改革，持续深化“放管服”改革，新登记各类市场主体1.29万户。防范化解风险，稳定金融环境。进一步完善信用联合惩戒平台，持续开展净化金融生态“三大攻坚”行动，全年处置不良贷款3.82亿元，不良率降至1.34%，为近五年来最低；建立融资担保企业“白名单”制度，完善产融对接机制，全县贷款余额突破百亿元；健全政府债务风险预警防控体系，政府性债务规模控制在限额范围内。深化项目带动，促进有效投资。强力推进项目开工竣工，新增省级“五个一批”项目135个，156个县级重点项目完成投资77.12亿元，展晖机械、大音文化等47个项目开工建设，科华石墨、宇隆超纤等29个项目建成或部分建成。

（二）聚力调结构，产业质效持续提升。新型工业提质发展。坚持一手抓传统产业改造升级，关闭退出煤矿4家、压减煤炭产能36万吨，实施新一轮技改提升行动计划，投资15.72亿元实施岩兴气体、恒隆建材等28个技改项目；坚持一手抓新兴产业培育，广平工业园启动前期工作，红狮危废处置及资源化、闽盛机械等12个项目开工建设，瓦能科技、星恒化纤等5个项目建成投产，红狮水泥获评省级龙头企业，硅光科技、中工塑胶、建华纺织通过省级“专精特新”企业认定。第三产业提速发展。岩城新市场、白岩商城完成改造，县牲畜定点屠宰厂投入使用，建设镇被列为省级“商务特色镇”；国家级电子商务进农村示范县创建工作扎实推进，建成网商虚拟产业园；县旅游集散中心、中国·桃源里旅游度假区建成运营，济中村入选全省首批“金牌旅游村”。现代农业提效发展。乡村振兴战略深入实施，“两茶一硒”攻坚会战扎实推进，我县主导制定的美人茶省级团体标准颁布实施，富硒农民创业基地突破5000亩，新培育家庭农（林）场45个、专业合作社61个，其中省、部级示范场（社）9个，新增“三品一标”认证农产品14个，全面完成粮食安全省长责任制考核目标，被列为省级农产品质量安全县、“平安农机”示范县。

（三）强力抓改革，创新活力持续释放。重点改革不断突破。农村土地“三权分置”改革进一步深化，完成农村土地确权登记颁证和农村集体产权制度改革股权颁证，被列为全省农村集体产权制度改革整县推进试点县；推广“福林贷”等林业金融产品，满足林业全产业链贷款需求，全年新增贷款7865万元；县属国有企业重组整合扎实推进，“三大公司”改革改制有序实施；财税金融、文化教育、医药卫生等体制机制改革稳步推进。创新驱动不断增强。新增省级高新技术企业、科技小巨人领军企业2家，入库科技型中小企业12家，新获国家授权专利211件，主导或参与制定行业、团体和地方标准6项，科技特派员实现18个乡（镇）及所有贫困村全覆盖。田台文化交流不断深入，第十四届中国高山茶文化节、海峡两岸孝文化与健康养老研讨会、闽台茶旅房车打卡赛等活动成功举办；交流合作持续深化，主动融入闽西南协同发展区建设，强化“一把手”招商、以商招商、产业链招商，全年新签约亿元以上项目29个、总投资45.82亿元。

（四）致力促融合，城乡面貌持续改善。城市更加宜居。河滨健身栈道三期、生活垃圾应急填埋场基本建成，良元220千伏输变电工程动工建设，栋山支路、福兴路等市政道路建设有序推进，原汽车站、坪尾仑、鸭蛋山等片区改造加快实施，开展城市供水水质提升三年行动，城乡供水一体化、下岩中型水库等项目稳步推进；打好市容市貌攻坚会战，城市管理“五难”专项治理深入推进，整治背街小巷108条，新建改造城市公厕38座，新改建天然气管道29.84公里、给排水管网11.45公里，新增城市停车位170个。乡村更加美丽。打好农村人居环境整治攻坚会战，抓好“一革命五行动”，实施“2线2镇18村”示范工程，完成乡村道路提升工程363公里、新改拓建农村公路58.2公里，新建改造农村公厕25座，整治裸房657座，建设三格化粪池1643户，完成新一轮农村电网改造升级工程228公里；创建美丽乡村14个，桃源镇入选省级乡村振兴特色乡镇，梅林、元沙等10个村入选省级乡村振兴试点村，仙峰、后华、兰玉3个村获评省级森林村庄。生态更加靓丽。全力打好污染防治攻坚战，扎实抓好第二轮中央生态环境保护督察交办信访件整改销号工作，环境空气综合指数进入全省前十，坑口水库饮用水水源地保护区综合整治及搬迁安置工作稳步推进，新建安全生态水系18公里，湖美高才国控断面水质稳定达到Ⅱ类，水土保持“天地一体化”监管指挥中心建成投入使用，闽江流域山水林田湖草生态保护修复、太华矿区土壤污染风险防控试点等项目顺利实施，综合治理水土流失面积5.81万亩。

（五）倾力惠民生，群众福祉持续增进。脱贫攻坚有力有效。以推进国家扶贫改革试验区建设为抓手，下足绣花功夫，累计发放扶贫小额信贷1.19亿元，建成造福工程易地搬迁集中安置区2个，全县建档立卡贫困人口2798户8437人全部脱贫，68个贫困（空壳）村、2个市级扶贫开发工作重点乡全部摘帽。社会保障逐步完善。21项为民办实事项目基本落实，城乡低保、特困供养人员等社会救助标准进一步提高，新增城镇就业1236人，农村劳动力转移就业3232人，城镇登记失业率2.28%，控制在市下达目标内；新建农村幸福院12个，2家农村幸福院获评省“五星级农村幸福院”，夕阳红闽中康养服务中心二期动工建设，民生医院鸿晖养老服务中心建成投入使用，16个乡（镇）敬老院全面实行“公建民营”运营模式。社会事业协调推进。31个教育补短板项目加快实施，新红星幼儿园等8个项目建成投入使用，新增学位4480个，争取上级教育专项编制1246个；县总医院“六大中心”、石牌卫生院门诊综合楼建成投入使用，大田医养服务中心被列为全省第二批医养结合试点单位，省级慢性非传染性疾病综合防控示范区通过验收；组建县融媒体中心，精心组织开展庆祝新中国成立70周年主题宣传教育系列活动，讲好老区苏区红色故事，唱响“风展红旗如画”品牌，新增省级综合性文化服务中心示范点3个，郭居敬“二十四孝”诗选及怜目唱本、“红糟制作技艺”列入省级非物质文化遗产保护名录，歌曲《大田后生仔》网络点击量突破60亿次；成功举办省青少年羽毛球巡回赛、海峡两岸大学生篮球赛，大田县大体操项目获评省体育产业示范项目。社会环境安定稳定。“平安大田”建设持续深化，扫黑除恶专项斗争、打击治理电信网络新型违法犯罪专项行动深入开展，新中国成立70周年安保维稳工作圆满完成，创建“六无村（社区）”88个，兰玉村入选全国乡村治理示范村，仙亭社区被评为全国综合减灾示范社区，济阳乡获评全省“七五”普法中期先进集体，县乡村三级退役军人服务中心（站）实现全覆盖，安全生产、食品药品监管形势保持稳定，应急管理能力持续加强，精神文明创建不断深化，第三次全国国土调查顺利完成。与此同时，人民武装、国防动员、民兵预备役、人民防空、地方志、档案、审计、统计、库区移民、民族宗教、外事侨务、老龄、老体协、工会、青少年、妇女儿童、残疾人和关心下一代等各项事业取得积极成效。

（六）着力转作风，自身建设持续加强。扎实开展“不忘初心、牢记使命”主题教育，认真做好省委巡视反馈意见整改“后半篇文章”，全面从严治党深入开展。强化廉政风险防控，行政事业单位国有资产清理整顿全面开展，政府采购、建设工程招投标等领域监管进一步加强。严格落实中央八项规定及实施细则精神和省、市、县实施办法，认真落实中央“基层减负年”要求，坚决反对形式主义、官僚主义，以县政府、县政府办印发的文件、召开的会议分别同比减少46%、

45.5%，对基层督查检查事项同比减少51%，“三公”经费下降29.54%。全面实行二级绩效考评及干部实绩记账办法，落实正向激励和容错纠错机制，有效提振干部干事创业精气神，县生态环境保护指挥中心获评省级“人民满意公务员集体”。自觉接受人大监督、政协监督、纪委监委监督、社会监督和舆论监督，办理人大代表建议议案116件，政协委员提案113件，满意率99.6%。

各位代表！过去一年取得的成绩，是习近平新时代中国特色社会主义思想科学指引的结果，是上级党委政府和县委坚强领导的结果，是县人大、县政协和社会各界鼎力支持的结果，是全县人民团结奋斗的结果。在此，我代表县人民政府，向为大田建设发展付出辛勤劳动的全县人民，向给予政府工作有力支持与有效监督的人大代表、政协委员、工商联、各人民团体、无党派人士、离退休老同志及社会各界人士，向为大田发展作出积极贡献的人民解放军、武警官兵、民兵预备役部队、政法干警，向所有关心支持大田发展的同志们、朋友们，表示衷心的感谢并致以崇高的敬意！

同时，我们也清醒地看到，全县经济社会发展还存在不少困难和问题，主要是：宏观经济下行压力仍然较大，部分指标未能达到年初预期目标；经济转型升级动力不足，重点产业规模不大、层次不高、龙头不强，大项目、好项目不多，部分企业经营困难；城乡发展不够均衡，乡村振兴基础比较薄弱，教育、医疗、养老等民生领域还有不少短板；生态环境保护任重道远，水土流失治理任务依然艰巨；营商环境有待进一步优化，少数干部不想为、不敢为、不善为等现象仍不同程度存在，等等。我们将正视这些问题，认真加以解决。

2020年工作安排

2020年是全面建成小康社会和“十三五”规划收官之年，是高质量发展落实赶超的“交卷”之年。政府工作的总体要求是：以习近平新时代中国特色社会主义思想为指导，全面贯彻党的十九大和十九届二中、三中、四中全会精神，统筹推进“五位一体”总体布局，协调推进“四个全面”战略布局，坚持稳中求进工作总基调，坚持新发展理念，坚持以供给侧结构性改革为主线，坚持以改革开放为动力，坚决打赢三大攻坚战，全面落实“六稳”工作要求，统筹推进稳增长、促改革、调结构、惠民生、防风险、保稳定，持续做实“四篇文章”，推进“四个着力”，深化“五比五晒”，打好“十大攻坚会战”，扎实推动高质量发展落实赶超，奋力谱写新时代多彩大田建设新篇章。全县经济社会发展主要预期目标是：地区生产总值增长7.8%；农林牧渔业总产值增长4%；规模以上工业增加值增长8%；地方一般公共预算收入增长2%；固定资产投资增长8%；实际利用外商直接投资增长3%；社会消费品零售总额增长10%；城镇登记失业率控制在3.6%以内；城镇居民人均可支配收入增长7.8%，农村居民人均可支配收入增长8.5%；完成能源消费总量及强度“双控”目标和主要污染物减排年度任务。围绕上述目标，重点抓好八个方面工作：

（一）着力推进三大攻坚，夯实高质量发展基础

打好精准脱贫攻坚战。全力以赴补短板，聚焦“两不愁、三保障”和脱贫验收标准，全面补齐村财增收、低收入群体增收等问题短板，确保通过国家和省上考核验收。不遗余力稳脱贫，持续拓展“一家四业”产业扶贫模式，确保有条件的贫困户至少有1个增收产业；打好基础设施、住房建设、政策保障、产业发展、就业增收系列“组合拳”，确保精准脱贫不掉一户、不落一人。竭心尽力抓提升，建立返贫监测预警和动态帮扶机制，扎实开展技能培训和就业帮扶，持续强化教育保障，加强大病重病临时救助，加大对困难、孤残、高龄等群体的关爱扶助，全力实现弱有所扶、老有所养，有效巩固脱贫成果。

打好污染防治攻坚战。深入推进第二轮中央生态环境保护督察反馈问题整改，加快转办信访件整改和销号工作，深化生态环境领域“五项攻坚”和“三项行动”，切实解决好群众反映强烈的突出问题。全力打好蓝天保卫战，持续抓好道路和建筑施工扬尘、工业烟粉尘等污染源整治，深入推动铸造、建材等重点行业领域节能减排，确保城区空气质量保持在全省前列。全力打好碧水保卫战，持续深化“河长制”，继续实施闽湖（大田）流域环境综合整治和奇韬溪流域安全生态水系等项目，全面完成坑口水库饮用水水源地保护区搬迁安置。全力打好净土保卫战，抓好农用地安全利用试点工作，持续推进废弃矿山生态修复治理，着力开展露天矿山综合整治，有序实施石牌和屏山国家水土保持重点建设工程，确保全年完成综合治理水土流失面积6万亩以上。织好生态保护制度网，完成“三线一单”编制，健全完善环境监管网格化制度，严格落实产业准入负面清单。

打好防范化解重大风险攻坚战。强化风险管控，加强政府性债务全口径动态监测，坚决遏制增量，积极处置存量，确保全县政府性债务有序下降；加大不良贷款、关注类贷款监管和处置力度，确保不良贷款率低于全市平均水平。净化金融生态，深入开展金融案件执行、打击恶意逃废债、公职人员不良清欠三大专项攻坚行动，严厉打击非法集资、金融诈骗等违法行为。用好金融工具，提升投融资平台自我发展能力，推进国有公司开展债券融资；推动金融产品创新，发挥政府专项债券、政策性担保和应急转贷基金作用，力争全县贷款余额增长10%以上，其中新增贷款投向实体经济占比70%以上。

（二）着力扩大有效投资，增强经济发展动能

持续推动项目建设。加强项目策划储备，新增“五个一批”入库项目135个以上，实施省、市重点项目20个以上，争取更多项目列入国家、省、市“十四五”规划“盘子”。提升项目攻坚实效，初步安排县级重点项目150个，年度计划投资60亿元以上，力争50个项目开工建设，清航无人机、红狮危废处置及资源化等40个项目建成或部分建成。聚力项目落地开工，坚持“一线工作法”，全力破解项目报批、征地拆迁等难题，加快新能铸造、和圣机械等一批重点项目落地，力争新签约项目当年开工率不低于70%。

持续加强招商引资。主动对接国家、省、市发展战略，抢抓重大政策机遇，用好“6·18”“9·8”“11·6”等招商平台，强化“五企”对接，着力引进一批大项目、好项目。充分发挥区位、资源、生态优势，围绕机械铸造、森林康养、新材料等特色产业，着力抓龙头、引总部、补链条，对接吸

引一批上下游和关联配套企业。创新招商方式，深化“田商回归”工程，用好“一把手”招商、以商招商、产业链招商，切实提高招商实效。成立县招商服务中心，强化招商队伍建设，健全完善招商引资责任落实、评审会商、考核激励等机制，力争全年新签约项目120个以上，其中亿元以上项目25个以上。

持续优化营商环境。贯彻落实国务院《优化营商环境条例》，持续深化“六最”营商环境对标活动，确保“一趟不用跑”和“最多跑一趟”服务事项占比达85%以上。稳步推进工程建设项目审批制度改革，力争年底前基本建成统一的工程建设项目审批和管理体系。全面推进“互联网+政务服务”，开辟企业服务“绿色通道”，实现24小时行政审批自助服务。认真落实减税降费政策，降低企业用电、用气、物流等成本，切实减轻企业负担。建立畅通有效的政企沟通机制，构建亲清新型政商关系。

（三）着力加快转型升级，构建现代产业体系

加快发展新型工业。把传统产业做大，突出建材水泥、机械铸造、轻纺面料等传统产业，实施新一轮技术改造项目25个以上，重点推进新岩水泥技改、岩兴气体二期、红狮水泥工艺改进等增资扩产项目建设，新增规模以上工业企业10家以上，加快推进鑫鹭峰实业和万华实业重组工作。把主导产业做强，围绕铸造和装备制造、新材料两个主导产业，实施产业强链工程，力促凯沃科技、艾佩克斯等项目开工建设，确保科华石墨、展晖机械等项目建成投产。把园区经济做优，按照“一区多园”建设模式，持续提升京口工业园承载功能，加快推进福建（大田）机械铸造产业集聚区、罗丰工业园、均溪工业园、广平工业园等平台建设，新开发园区2000亩以上，同步抓好各园区供电、供水、污水处理等配套工程建设，进一步完善园区与属地乡（镇）工作考评机制，严格亩均投资、产出、税收、用工等指标，推进低效闲置土地清理，提升园区综合效益。

提升发展第三产业。壮大全域旅游，完善提升大仙峰·茶美人、五彩大石、花海乐园等A级景区配套设施，持续抓好五龙山生态休闲游、建设红釉小镇、灵动济阳等乡村特色旅游项目，着力打造文化旅游示范企业。繁荣商贸物流，加快推进县牲畜定点屠宰厂及冷链一体化、城乡标准化农贸市场等项目建设，力争培育限上贸易企业5家以上；制定物流产业布局规划，启动建设现代物流园区，加快培育3A级以上物流企业，推进物流业集群发展；促进电子商务与实体经济融合发展，确保通过国家级电子商务进农村综合示范县验收。培育新兴业态，大力发展文旅康养等特色产业，加快打造五小八丹、北洋崎等康养示范基地，推动桃源最氧睡眠小镇争创国家级森林康养基地。

扶持发展民营经济。始终坚持“两个毫不动摇”，深入贯彻落实中央、省、市支持民营经济发展决策部署，切实优化审批许可、招投标、资源要素配置等政策措施，营造公平竞争的市场环境、政策环境、法治环境，激发民营经济创新创造活力。持续开展“访企业、解难题、促‘六稳’”专项行动，深入推进“百名干部服务百家企业”活动，制定“一企一策”帮扶措施，妥善处理好工业项目建设历史遗留问题，加大清理拖欠民营企业中小企业账款力度，有效解决融资、用地、用工、市场开拓等困难，让企业安心、放心、舒心发展。

（四）着力推动乡村振兴，加快农业农村发展

发展现代农业产业。持续提升粮食综合生产能力，保障粮食安全。稳定生猪生产，确保猪肉供应和市场价格稳定。坚持一产接二连三，持续实施特色现代农业“六个十”工程，拓展延伸茶叶、油茶、富硒稻米、林下经济等10个优势特色产业链，培育发展休闲观光、文化旅游等新产业新业态，加快富硒农业产业园建设，引进富硒农产品加工企业3家以上，以屏山、华兴、东风农场为重点，打造康养茶叶公园、生态油茶基地、田园共享农场。深入开展农产品品牌创建，提升“中国高山茶之乡”“中国油茶之乡”“中国高山硒谷”品牌影响力，打响“大田美人茶”“硒望之田”农产品区域公用品牌，新增“三品一标”认证产品10个以上，强化农产品一品一码全过程追溯监管，确保我县农产品检测合格率达97%以上。

改善农村人居环境。持续深化“一革命五行动”，重点推进农村生活污水、垃圾治理、裸房整治和农村公厕建设提升等环境整治工作，完成上京、桃源等乡（镇）污水治理工程，完善农村生活垃圾转运系统，每个乡（镇）抓好1个裸房整治示范村，新建农村公厕31座，基本实现每万人3–4座公厕的目标，确保农村人居环境明显改善。坚持“留白、留绿、留旧、留文、留魂”，加强魁城、张坑、杞溪等传统村落、历史文化名村保护。因地制宜编制梅林、建国、上坡等试点村乡村规划，推进美丽乡村创建升级，打造各具特色的乡村景观带。

夯实农村发展基础。持续改善发展条件，实施农村电网升级、路网建设、饮水安全巩固提升、天然气进村入户等工程，开工建设谢洋、湖美35千伏等输变电工程，启动实施仙峰、桃溪等12个农村饮水安全巩固提升工程，新改拓建农村公路50公里以上，铺设进村入户天然气管道10公里以上。加强“三农”队伍建设，大力引导返乡农民、大学生、退役军人回乡就业创业，培养农村致富带头人、新型职业农民100名以上。培育新型经营主体，新增省、市农民专业示范合作社、家庭农（林）场10家以上。完善乡村（社区）治理机制，健全村规民约，巩固农村文化阵地建设，着力培育文明乡风、良好家风、殡葬新风和淳朴民风，焕发乡村文明新气象。

（五）着力深化改革开放，激活发展内生动力

深化改革再出发。加快国企国资改革，有序推进全县23家县属国有企业改革改制、资产重组和资源整合工作，推动国有企业做强主营业务，扩大经营性收入。深化医药卫生体制改革，坚持“三医联动”改革方向，进一步完善县乡村一体化县域医共体运营机制，持续推进分级诊疗制度落实，着力提升基本公共卫生服务能力，让群众看病就医更有保障。扎实推进农村综合改革，搭建农村集体产权信息综合平台，组织开展农村宅基地调查，完成农村宅基地使用权确权登记工作。持续深化林权改革，继续推进重点区位商品林赎买规划，推广“福林贷”等普惠林业金融产品，探索林业“投保贷”一体化。

对外开放再扩大。积极融入闽西南协同发展区建设，重点加快广平工业园产业规划，推动与厦漳泉等沿海地区开展山海协作产业园建设，承接转移产业和外迁企业；充分发挥大田工业产品、农副产品比较优势，对接闽西南营销网络和

客户资源，重点推动与厦门、泉州等地建立产销对接关系，引导企业“走出去”。深化田台交流合作，引进台湾资金技术、管理经验和智力资源，推动田台经济、科技、文化深度融合。主动对接海上丝绸之路核心区建设，鼓励企业开拓东南亚等“一带一路”市场，支持南湖针织、硅光通讯等生产性企业扩大出口，引导亿欣手套服装、乐发智能体育等县域企业货源回流，培育外贸出口新增长点，力争全年出口总额增长3%以上。

创新活力再增强。增强企业创新能力，持续开展“小升高”专项行动，推动研发投入增长、高新企业增量、研发机构增加，力争社会研究与试验发展经费投入占GDP比重达到全市平均水平，培育省级以上高新技术企业、省科技小巨人领军企业、科技型中小企业5家以上。激发社会创新活力，优化创新创业产业园区功能，抓好凯立达众创空间等“双创”载体提升，力争引进更多高层次创新创业团队和人才。推进科创平台扩量提质，培育引进一批石墨（烯）、装备制造、特色农业等领域的科技服务机构，充分发挥我县科技创新服务平台作用，加快技术成果转化，确保全年新增专利申请400件以上、授权300件以上。

（六）着力统筹城乡发展，打造宜居宜业环境

科学规划布局。坚持“多规合一”，全面启动国土空间规划，编制完成原石凤水泥厂控制性详细规划、城区通风廊道等专项规划，健全完善全县村庄规划，合理布局空间结构。坚持高标准规划，邀请名家大师规划设计重点片区、重要建筑，让规划更具品位、更有特色。加强城市更新和存量住房改造提升，推进牡丹新村、建山小区等7个老旧小区改造，加快坪尾仑、枫坑垅、福田桥头周边片区等地块开发，优化城市居住、教育、医疗、产业等功能要素布局，全力打造宜居城市。

完善基础设施。有序实施兴泉铁路站前广场及连接道路项目建设，完成南门桥、福田桥、澹多桥等桥梁维护改造。加快推进城乡供水一体化、下岩中型水库等项目建设，新建改造城镇生活污水管网15公里以上、供水管网12公里以上。推进智慧停车场、充电桩建设，新增停车位100个以上、充电桩55个以上。全力推进兴泉铁路（大田段）、莆炎高速公路（大田段）等重大交通基础设施建设，力争国道纵五（大田段）二期具备通车条件，启动建设莆炎高速公路支线大安线（大田段）、国道横六线（大田段），确保栋山支路、福兴路等城区道路建成投入使用。

提高管理水平。加快推进“数字城管”建设，提高城市管理智能化、信息化水平。巩固提升市容市貌攻坚整治成果，加大“两违”综合治理力度，持续开展背街小巷专项治理，全面完成260条背街小巷和10个老旧小区环境整治提升任务。引导流动商贩集中规范经营，改造提升满田春市场、佳龙商贸中心，新建原麻纺厂路口、赤岩良种场空地等便民小市场。提升社区治理能力，提高物业管理水平，完善功能配套设施，让群众享受更加优质的服务。

（七）着力保障改善民生，持续提升幸福指数

健全社会保障体系。把稳定和扩大就业摆在突出位置，落实好各项就业创业政策，新增城镇就业1600人以上、失业人员再就业950人以上、转移农村富余劳动力3200人以上。落实全民参保计划，推动社会保险精准扩面，完善低保动态调整机制，持续开展“救急难”工作，打好根治拖欠农民工工资工作攻坚战，积极构建和谐劳动关系。健全养老服务体系，加快推进社会福利中心二期、夕阳红闽中康养服务中心二期建设，深化互联网+“三化三全”山区养老服务模式，新改建农村幸福院30个以上。加强退役军人待遇保障，落实退役军人有关政策。大力发展残疾人事业、社会福利和慈善事业，切实关心关爱空巢老人和留守儿童，保障弱势群体合法权益。

繁荣社会事业发展。坚持教育提质再快一些，优化教育布局，完成城东小学、建设小学等10个项目建设，新增学位7500个以上，启动一中东部校区、香山学村等项目建设，实施教学质量提升工程，持续推进新高考改革，健全城乡教师交流补充机制，推动城乡教育均衡发展。坚持医疗普惠再广一些，医药费用增长控制在10%以内，加强内科、外科、儿科等重点学科建设，加大全科医生、青年医生、乡村医生培养力度，加快实施太华卫生院迁建、县妇幼保健院二期等项目，新增床位50张以上。坚持文化惠民再好一些，完善图书馆、文化馆、博物馆功能设施，办好省青少年羽毛球锦标赛，进一步唱响“风展红旗如画”品牌，讲好革命先烈林大蕃、“红军挑夫”吴明梗等红色故事，持续抓好第二集美学村、二十四孝、章公祖师、戏曲技艺等文化资源的保护开发，推动华兴杞溪村争创全国地质文化示范村，做好“杂剧作场戏”申报国家级非物质文化遗产工作。

强化社会治理创新。深化“平安大田”“诚信大田”建设，加快推动社会治理体系和治理能力现代化。深入开展扫黑除恶专项斗争，加大网络赌博、电信诈骗等案件侦破力度，持续提升人民群众安全感。加强信访调解、法律援助、社区矫正等工作，提升基层治理和服务能力。健全应急管理工作机制，加大应急物资储备力度，提高防灾减灾救灾工作能力，牢牢守住群众生命财产安全。加强和改进食品药品安全监管方式，坚持“四个最严”要求，让老百姓“吃得放心”。强化与工商联、无党派代表人士联系，提高民族、宗教、侨务工作水平，支持工会、共青团、妇联、残联等群团组织发挥作用，做好双拥共建、档案、气象、老龄和关心下一代等工作，扎实开展第七次全国人口普查。

（八）着力加强自身建设，提高政府治理能力

坚定政治方向。持续学懂弄通做实习近平新时代中国特色社会主义思想，始终把党的政治建设摆在首位，巩固“不忘初心、牢记使命”主题教育成果，增强“四个意识”，坚定“四个自信”，做到“两个维护”。坚持把党的领导贯穿到政府工作各方面，认真落实意识形态工作责任制，严守政治纪律和政治规矩，坚决贯彻执行中央、省、市和县委各项决策部署，确保政令畅通、令行禁止。

坚持勤勉为民。大力弘扬和践行“马上就办、真抓实干”“四下基层”等优良作风，严肃查处庸懒散拖、为官不为、推诿扯皮等行为，落细落实二级绩效考评、干部实绩记账办法、正向激励和容错纠错机制，让广大干部敢担当、善作为。集中财力更好地保障和改善民生，切实抓好县委县政府为民办实事项目，通过“e三明”推进“马上办、掌上办”，下大力气解决群众关切的痛点、堵点问题。

坚持依法行政。严格遵守宪法法律，深化法治政府建设，自觉运用法治思维和法治方式推进工作。健全依法行政制度体系，认真落实“三重一大”决策制度，不断完善“公众参与、专家论证、风险评估、合法性审查、集体讨论决定”程序。主动接受人大法律和工作监督、政协民主监督、纪委监委监督、社会监督和舆论监督，办好办实人大建议议案、政协提案，深化政务公开，让权力在阳光下运行。

坚持廉洁从政。压紧压实政府系统全面从严治党主体责任，严格落实中央八项规定及实施细则精神和省、市、县实施办法，持之以恒纠正形式主义、官僚主义新表现。加强巡视巡察结果运用，更好发挥审计监督作用，健全重点领域、重点环节的廉政风险防控机制，坚决整治侵害群众利益的不正之风和腐败问题，切实做到干部清正、政府清廉、政治清明。

各位代表！扬帆新时代，奋斗正当时。让我们更加紧密地团结在以习近平同志为核心的党中央周围，高举中国特色社会主义伟大旗帜，在上级党委政府和县委的坚强领导下，不忘初心、牢记使命，砥砺前行、开拓进取，奋力谱写新时代多彩大田建设新篇章，为推动高质量发展落实赶超、全面建成小康社会而努力奋斗！

《政府工作报告》有关注解与说明一览表

表 1

注解词	内　　容
五比五晒	比增长点、晒质量，比拉动点、晒投资，比税收点、晒效益，比补短板、晒三产，比真招商、晒服务
十大攻坚会战	招商攻坚会战、征地拆迁攻坚会战、“两茶一硒”攻坚会战、工业提升攻坚会战、现代服务业攻坚会战、交通建设攻坚会战、生态环境突出问题整治攻坚会战、市容市貌攻坚会战、农村人居环境整治攻坚会战、民生社会事业攻坚会战
兴泉铁路	起点为江西省兴国县，终点为福建省泉州市，从永安市进入大田县，途经桃源、上京、石牌、均溪、华兴、屏山、济阳等乡（镇）
莆炎高速公路	起点为福建省莆田市，终点为湖南省炎陵县，从尤溪县进入大田县，途经梅山、文江、奇韬、广平等乡（镇）
国道纵五线	国道 235 线，江苏省至广东省的国道，从尤溪县进入大田县，途经梅山、湖美、均溪、石牌、武陵、谢洋等乡（镇）。大田段分三期实施：一期石牌长溪至均溪溪柏林；二期均溪溪柏林至梅山德州；三期石牌长溪至谢洋溪底
PPP	将部分政府责任以特许经营权方式转移给社会主体（企业），政府与社会主体建立起“利益共享、风险共担、全程合作”的共同体关系
六稳	稳就业、稳金融、稳外贸、稳外资、稳投资、稳预期
	审批最少、流程最短、成本最低、服务最好、门槛最矮、诚信最优的营商环境
一网通办	依托一体化在线政务服务平台，通过规范网上办事标准、优化网上办事流程、搭建统一的互联网政务服务总门户、整合政府服务数据资源、完善配套制度等措施，推行政务服务事项网上办理，推动企业群众办事线上只登录一次即可全网通办
放管服	简政放权、放管结合、优化服务的简称。“放”即简政放权，降低准入门槛。“管”即公正监管，促进公平竞争。“服”即高效服务，营造便利环境
净化金融生态“三大攻坚”行动	金融案件执行攻坚行动、打击恶意逃废债攻坚行动、公职人员清欠攻坚行动
五个一批	谋划一批、签约一批、开工一批、投产一批、增资一批
专精特新	专业化、精细化、特色化、新颖化
两茶一硒	高山茶、油茶、富硒产业
三品一标	无公害农产品、绿色食品、有机农产品和农产品地理标志
三权分置	所有权、承包权、经营权三权分置
三大公司	煤炭工业公司、矿产开发公司、国新建材工业有限公司
闽西南协同发展区建设	厦门、漳州、泉州、三明、龙岩地处福建西南部，五市山海相通相连，协作源远流长。2018 年 4 月，省委省政府做出了加快闽西南经济协作区发展的重要部署；2018 年 9 月底召开的省委十届六次全会提出，把经济协作区上升为协同发展区，要求加快协同融合，提升区域整体竞争力
城市管理“五难”	停车难、如厕难、农贸市场整治难、背街小巷通行难、小区物业管理难
一革命五行动	农村“厕所革命”和农村垃圾治理、农村污水治理、农房整治、村容村貌提升、农村“四好”公路建设

续表 1

注解词	内　　容
天地一体化	综合应用卫星或航空遥感（RS）、GIS、GPS、无人机、移动通信、快速测绘、互联网、智能终端、多媒体等多种技术，开展生产建设项目水土保持监管及其信息采集、传输、处理、存储、分析、应用的过程
“公建民营”运营模式	指政府通过承包、委托、联合经营等方式，将政府拥有所有权的养老设施交给企业、社会组织或个人运营
县总医院“六大中心”	消毒供应中心、心电诊断中心、临床检验中心、医学影像中心、病理检验中心、远程会诊中心
六无村（社区）	无犯罪村（社区）、无涉毒村（社区）、无赌博村（社区）、无邪教村（社区）、无失信村（社区）、无群体性上访村（社区）
干部实绩记账办法	对全县干部进行实绩记账考评，按照“好、一般”评级，应用“红、黄”两色记账，每季末对干部进行分色挂旗并张榜公布，以年末红旗、黄旗总数作为评价干部实绩标准，将实绩纪实结果作为二级绩效考评和干部选拔任用、教育培养的重要参考依据
四篇文章	2019 年 5 月 31 日市委九届九次全会提出，发挥中央苏区优势，唱响“风展红旗如画”品牌；发挥老工业基地优势，推进“老树发新枝”； 发挥绿色生态优势，打造“中国绿都 · 最氧三明”品牌；发挥文明城市优势，提升“满意在三明”品牌
四个着力	着力机制活、着力产业优、着力百姓富、着力生态美
两不愁、三保障	“两不愁”即不愁吃、不愁穿，“三保障”即义务教育、基本医疗、住房安全有保障
一家四业	造福工程建好一个家，发展“房前”劳务业、“屋后”种养业、“院内”手工业、“屋顶”光伏业
五项攻坚	工业污染、畜禽养殖污染、城乡生活污水垃圾、涉砂行为、小水电生态
三项行动	淘汰落后产能、矿山整治、农村环境综合治理
三线一单	生态保护红线、环境质量底线、资源利用上线和环境准入负面清单
五企	中央企业、省属企业、民营企业、外资企业、厦属企业
一区多园	大田经济开发区和福建（大田）机械铸造产业集聚区、罗丰工业园、均溪工业园、广平工业园
两个毫不动摇	毫不动摇巩固和发展公有制经济，毫不动摇鼓励、支持、引导非公有制经济发展
现代农业“六个十”工程	发展 10 个特色产业、培育 10 个省级以上龙头企业、建设 10 个优质农产品标准化示范基地、建成 10 个农产品产地初加工点、新增 10 个“三品一标”农产品、培育 10 个“一村一品”特色产业示范村
三医联动	医保体制改革、卫生体制改革与药品流通体制改革联动
莆炎高速公路支线大安线	起点为广平镇栋仁村（接在建的莆炎高速公路），终点为安溪县官桥镇。在我县境内经建设镇、太华镇、均溪镇，终于石牌镇长溪村（接泉南高速公路），全长 50.18 公里
国道横六线	国道 534 线，起于平潭综合实验区澳前，终于建宁船顶隘（闽赣界），与江西省道 S222 线对接，全长约 568 公里；我县境内起点为文江镇塔头（尤溪界），途经文江、奇韬、广平，在石马岬与现有省道 217 线相交，全长 23.4 公里，按二级公路标准建设
互联网 +“三化三全”山区养老模式	推进服务网格化、实现全地域覆盖，推进服务多元化、实现全方位供给，推进服务精细化、实现全过程监控
多规合一	将国民经济和社会发展规划、国土空间规划、生态环境保护规划等多个规划融合到一个区域上，实现一个县一本规划、一张蓝图
数字城管	又叫“数字化城市管理”，是指用信息化手段和移动通信技术手段来处理、分析和管理整个城市的所有城管部件和城管事件信息，促进城市管理现代化的信息化措施
四个最严	最严谨的标准、最严格的监管、最严厉的处罚、最严肃的问责
三重一大	重大问题决策、重要干部任免、重大项目投资决策、大额资金使用

在县委十三届八次全体会议上的讲话

陈文华

（2019 年 1 月 4 日）

2018 年，县委常委会带领全县上下紧密团结在以习近平同志为核心的党中央周围，认真学习贯彻习近平新时代中国特色社会主义思想和党的十九大、十九届二中、三中全会精神，统筹推进“五位一体”总体布局，协调推进“四个全面”战略布局，坚持稳中求进工作总基调，坚持新发展理念，坚持高质量发展落实赶超，有效应对复杂严峻的外部环境和经济运行下行压力，着力推进供给侧结构性改革、打好三大攻坚战、做好“六稳”工作、加强民生保障，各项事业发展取得了新成绩。

一、旗帜鲜明讲政治，坚定走在落实“两个维护”的最前列。把“两个维护”作为最高政治原则和根本政治规矩，以上率下推动全县上下进一步树牢“四个意识”，坚定“四个自信”，坚决做到“两个维护”。一是持续兴起习近平新时代中国特色社会主义思想“大学习”热潮。把学习习近平新时代中国特色社会主义思想作为重大政治任务，与学习习总书记对福建、对三明、对大田工作的重要指示精神结合起来，全面兴起新思想“大学习”热潮，引导全县党员干部切实以新思想武装头脑、指导实践、推动工作。出台《关于进一步健全完善〈大田县党委（党组）理论学习中心组学习制度〉的通知》，县委中心组全年共组织学习《习近平新时代中国特色社会主义思想三十讲》等 16 个专题 29 个内容，举办轮训班 10 期、参训 2270 人次，县处级领导带头宣讲 40 场，县委宣讲团巡回宣讲 21 场，有力推动新思想在大田落地生根、开花结果。二是认真贯彻落实中央和省委、市委决策部署。及时召开县委常委（扩大）会、县委全会，深入学习贯彻中央和省委、市委全会关于加快高质量发展落实赶超、新时代改革开放等决策部署，出台《关于深入贯彻习近平总书记重要指示精神坚持高质量发展落实赶超的意见》等文件，实施“一十百千”转型升级等“九大行动”，切实把中央和省委、市委全会各项决策部署落到实处。三是切实抓好中央巡视反馈问题整改。把巡视整改作为践行“两个维护”的具体行动，作为“四个意识”的试金石和检验“两个责任”的重要标尺，作为一项重大政治任务来抓，坚决扛起巡视整改的政治责任，针对中央巡视福建省反馈意见中涉及大田共性的 4 个方面 16 个问题，提出 94 条整改措施，2018 年完成整改 89 条，整改率 94.7%，剩余 5 条正按序时推进。

二、坚持高质量发展落实赶超，推动新时代多彩大田建设再上新台阶。县委常委会认真落实省委十届六次全会提出的坚持高质量发展落实赶超决策部署，以供给侧结构性改革为主线，加快推动质量变革、效率变革、动力变革，奋力开创经济社会发展新局面。2018 年，预计全县完成地区生产总值 217.65 亿元，增长 7.7%；地方一般公共预算收入 7.5 亿元；城镇居民人均可支配收入 34744 元，增长 6.8%；农村居民人均可支配收入 16831 元，增长 9.2%。一是加快推动产业转型升级。编制完成《大田县产业布局与发展规划（2018-2025）》，主动对接省上经济发展“百千万支撑工程”，大力开展“一十百千”转型升级行动，全年实施技改项目 29 项、完成投资 3.32 亿元，福建（大田）机械铸造产业集聚区、石墨（烯）产业园、陶瓷文化创意产业园等平台建设加快推进，红狮水泥获评省级工业和信息化龙头企业，清航装备科技公司研发的全球首架 JZ-300“幽灵”系列复合推进无人直升机在 2018 年“6·18”上展出，得到省委于伟国书记、唐登杰省长充分肯定，荣获首批“全国生态旅游胜地”称号，桃源里花海乐园景区、广平五龙山景区获评国家 AAA 级旅游景区。二是加快推进“五个一批”项目建设。全年实施 211 个重点项目建设，其中新增亿元以上“五个一批”产业项目 77 个，累计完成投资 94.78 亿元，国家茶叶公园·美人茶核心区、清航无人机产业化等 89 个项目开工建设，永兴达机动车驾考中心、赤岩广场等 67 个项目建成或部分建成，兴泉铁路（大田段）、莆炎高速（大田段）、国道纵五（二期）、香山北路等 8 个重大基础设施项目加快推进。三是加快实施乡村振兴战略。按照“产业兴旺、生态宜居、乡风文明、治理有效、生活富裕”20 字要求，出台《关于实施乡村振兴战略的实施意见》，编制《大田县实施乡村振兴战略规划（2018—2022）》，确定 6 个乡村振兴示范村，全面深化党建引领小康示范村建设。全年新培育家庭农（林）场 45 个、专业合作社 61 个，新增“三品一标”认证农产品 19 个，成功举办第八届国家茶学青年科学家论坛、中国高山茶高峰论坛，“大田金阳生姜”获国家农产品地理标志证明商标，石牌镇盖山村、太华镇魁城村等 9 个村列入第五批中国传统村落，桃源镇东坂村列入第七批中国历史文化名村，广平镇元沙村入选“中国美丽休闲乡村”，大田晒秋节列入首届“中国农民丰收节”系列活动，建设镇建忠村入选首批省级乡村振兴示范村，济阳乡济中村获评省四星级乡村旅游村，上京镇隆美村入选全省首批三星级农村幸福社区。

三、全面深化改革开放，持续释放发展活力动力。认真贯彻落实习总书记在庆祝改革开放 40 周年大会上的讲话，坚持问题导向、实效导向，以将改革开放进行到底的决心和勇气，着力破解制约经济社会发展难题。一是持续深化改革。深化“放管服”改革，梳理“一趟不用跑，最多跑一趟”办事清单 763 项，全县 57 个单位 1433 项审批和服务事项入驻网上办事大厅，行政审批事项办理时限压缩率达64.2%；深化商事制度改革，新增各类市场主体4483户，注册资金42.9亿元；深化农村综合改革，省级农村集体产权改革试点有序推进，农村集体土地确权登记颁证基本完成；深化经济社会事业体制机制改革，加快推进省级新型城镇化试点工作，梅山、文江实现撤乡设镇，常住人口城镇化率由上年的50.5%提高到51.8%，“三化三全”山区养老模式在《人民日报》等主流媒体广泛报道；深化生态文明体制改革，大田河长制工作列为改革开放40周年“福建影响力”优秀案例，并代表福建省在全国贯彻落实河（湖）长制视频会上作了典型发言。二是扩大对外开放。立足我县的区位优势，发挥在三明、厦漳泉都市区之间“节点”作用，主动融入闽西南协同发展区建设，对接闽南沿海产业分工和产业转移，用好“6·18”海峡项目成果交易会、“9·8”投洽会、“11·6”林博会等招商平台，全力引进一批科技型、环保型、有税型、节地型的“四型”项目，全年共对接项目187个，签约项目32个、其中亿元以上项目11个，落地项目87个、其中亿元以上项目6个，引进了展晖机械、澳粮生态农业等亿元以上项目。鼓励企业“走出去”，积极开拓东南亚等“一带一路”市场，全县外贸出口10.8亿元，超过市下达任务11.34个百分点。三是激发创新动力。坚持创新是第一动力，鼓励企业加大科研投入，参与标准制定，提升自主创新能力，建成县科技创新服务平台，国家开放大学铸造学院在我县设立分院，新获国家授权专利331件，新增国家级高新技术企业1家、省级2家，拥有自主知识产权企业59家，制（修）定国家和省级地方标准3项，新增省著名商标3枚，卫斯特环保院士工作站荣获全国院士专家示范工作站、省级新型研发机构，桃源农民创业示范基地列入省级农村创业创新基地。

四、着力保障和改善民生，不断满足人民对美好生活的向往。坚持以人民为中心的发展思想，抓住人民最关心最直接最现实的利益问题，既尽力而为，又量力而行，不断提高人民群众的获得感、幸福感、安全感。一是坚决打好三大攻坚战。打好防范化解重大风险攻坚战，深入开展公职人员不良清欠、金融案件执行、打击恶意逃废债三大专项攻坚行动，全年处置不良贷款3.96亿元，不良率降至2.35%。打好精准脱贫攻坚战，围绕国家扶贫改革试验先行区建设，深入开展脱贫攻坚三年会战，推广“一家四业”产业扶贫模式，全县2814户8473个贫困人口脱贫，新退出贫困村25个，市级贫困乡武陵乡实现摘帽，“一家四业”产业扶贫经验成果上报国家扶贫办，国网福建电力“服务光伏发电·助力脱贫致富”新闻发布会在我县召开。打好污染防治攻坚战，全面落实中央和省环保督察、“三合一”督查反馈问题整改，淘汰落后产能、矿山生态修复、农村环境综合治理三个专项行动取得实效，闽湖（大田）库区网箱养殖清理、牛蛙养殖清理全面完成，坑口水库饮用水源保护区综合治理及搬迁安置工作顺利推进；新建安全生态水系31.26公里，综合治理水土流失面积5.44万亩，造林绿化面积2.19万亩，森林覆盖率提高到73.07%，城区空气优良天数比例达99.7%，进入全省前十，均溪河、文江河流域各监测断面水质达标率100%。二是办好惠民实事。将新增有效财力主要用于民生社会事业，民生支出比上年增长16.76%，占公共财政支出的84.69%。赤岩小学、恒康医院等一批民生项目建成投入使用，全年新增学位8500个，3家农村幸福院获评全省首批“五星级农村幸福院”，13个村获评市级“老年人健身康乐家园”。建成“四好农村路”21条58公里，实施危房改造123户，解决农村饮水不安全人口0.97万人，新增城镇就业1626人、农村劳动力转移就业3235人，新建城市停车位150个、天然气管道26.14公里，新建改造农村电网162.32公里、城市给排水管网11.97公里。闽中戏曲文化园建成开园，新增省级文物保护单位29个，2个项目通过省级非遗评审，县图书馆获评国家一级馆、全国公共图书馆创新奖，连续两届荣获省级文明县城称号。三是维护社会稳定。严格执行《地方党政领导干部安全生产责任制规定》，严格落实安全生产“党政同责、一岗双责、齐抓共管、失职追责”责任制，全县安全生产形势总体稳定向好。扎实开展扫黑除恶专项斗争，对破坏、阻碍闽鹭矿业正常生产的违法行为实行专案办理，停工6年多的项目，仅用7天时间就恢复了正常施工，形成了强有力震慑。截至目前，全县共抓获涉黑涉恶犯罪嫌疑人171人，打掉涉黑组织2个，查处涉黑恶势力“保护伞”1起，涉恶团伙16个，查封、扣押、冻结非法资产731.35万元。深入开展信访矛盾化解“百日攻坚”行动，弘扬“枫桥经验”，社会治安防控体系、矛盾调处化解机制更加完善。

五、加强民主政治建设，凝聚各方发展合力。坚持党的领导、人民当家作主和依法治国的有机统一，发挥中国特色社会主义政治制度优越性，充分调动各方干事创业积极性，巩固和发展生动活泼、安定团结的政治局面。一是支持人大及其常委会依法履行职责。突出政治引领，县委常委会带头，引导全县各级人大认真学习贯彻习近平总书记关于坚持和完善人民代表大会制度的重要思想，努力做到学深悟透、学以致用。完善党委领导人大工作机制，坚持把人大工作纳入总体工作布局，从更高层次上推进依法治县进程。支持人大加强监督，紧紧围绕推进高质量发展落实赶超、三大攻坚战、乡村振兴等工作开展调研、视察、监督，今年来听取和审议“一府两院”专项工作报告15项，组织开展调研、视察、专题询问、执法检查29项，组织满意度测评13次，促进了全县重点工作的落实。支持人大加强和改进代表工作，加快代表活动室等平台建设，为人大代表履职创造条件、提供服务。支持人大加强自身建设，在全市率先增配乡（镇）人大兼职副主席，配齐配强主席团成员和人大秘书，有力提高了人大工作整体水平。二是推进政协协商民主建设。加强和改进对政协工作的领导，支持政协成立党建工作领导小组，开展“一学双联三争四建”活动，推动党建工作与政协履职互促共进。支持政协开展学习新思想专题研讨，形成理论文章62篇。支持开展民主协商，全年共完成协商任务8件，提交调研报告、建议案6份。支持开展调研视察，全年开展调研视察22次，其中，实地调研民营企业13家，组织座谈会3场，提出挖掘发展潜力、浓厚营商环境等5个方面11条意见；深入5个乡（镇）13个村调研，提出开展农村人居环境整治、加快农村电网改造等8个方面建议。支持协商监督，组织三大攻坚战、重大交通基础设施建设等监督性视察23次，对乡村饮用水保障与安全等4件重点提案开展督办，有力推动经济社会发展。

加强政治协商、民主监督、参政议政、委员管理服务等制度建设，提高政协协商民主制度化、规范化、程序化水平。三是扎实做好统一战线工作。以“突破瓶颈 转型升级”为主题，组织37名民营企业家赴浙江大学参加促进民营经济发展培训班，提升非公有制经济人士素质。开展“大走访”活动，走访调研民营企业50余家，组织民营企业座谈3场次，引导3家有前景的铸造企业初步达成退城入园协议。成立广东省福建大田商会，完成福州市大田商会换届工作，编辑出版了《田商好故事》。成立新的阶层人士联谊会，举办社会各界人士迎新春座谈会和党外代表人士座谈会，征集意见建议39条，培训党外青年干部39名，不断凝聚党外人士智慧和力量。山川回族村、东坂畲族村共争取省市少数民族发展专项扶贫资金19万元，支持少数民族村庄发展。强化宗教领域规范化管理，召开民间信仰活动场所监督管理工作现场会，对宗教场所开展专项检查2轮和财务监督检查5场次，引导宗教人士为农村公益事业捐助12余万元。组织赴港赴台开展联络交流工作，开展“走进侨乡、走进侨企、走进侨园”活动，邀请美国福建联合总会常务副主席庄淑好一行和香港福建希望工程基金会福建访问团一行来田交流，深化海内外联谊交流。同时，县委常委会高度重视加强党管武装工作，巩固发展军政军民团结的良好局面。

六、落实“八个坚定不移”要求，走好新时代全面从严治党长征路。按照新时代党的建设总要求，坚持党要管党、全面从严治党，不断增强党的凝聚力、战斗力和领导力、号召力。一是加强政治建设。始终把党的政治建设摆在首位，以习总书记调研过的红星村、建国村、元沙村等6个村为示范，突出基层党组织“政治引领、堡垒引领、‘双带’引领、服务引领”“四个引领”作用，带动141个党建引领小康示范村创建。严肃党内政治生活，开展“三会一课”等制度执行情况监督检查，开展“新思想、新担当、新作为”支部专题组织生活会，推动党内政治生活融入日常、抓在平常、严在经常。二是加强思想建设。坚持党管宣传、党管意识形态、党管媒体，严格落实意识形态责任制，制定《大田县党委（党组）意识形态工作制度》，把意识形态工作列入县委巡察监督重要内容，推动意识形态工作责任落实到位。出台《大田县网络舆情事件应急处置工作实施方案》，有效处置“广平镇万宅村村民守护水源遭毒打”等舆情引导工作。对全县公共领域宣传载体进行专项检查，进一步规范公共领域宣传载体的宣传内容。开展庆祝改革开放40周年——“镜头里的家乡变迁”照片展等31项活动，深受群众好评。加强对外宣传，在《人民日报》等中央级媒体发表7条，中央电视台播出3条；在《福建日报》发表127篇（幅），在省电视台播76条，讲好大田故事，为多彩大田建设营造良好氛围。三是加强组织建设。深入开展抓党建促脱贫攻坚、促乡村振兴行动，成立新时代党群学习教育阵地61个，在全县266个行政村推进村级活动场所规范化建设，得到省委常委、组织部胡昌升部长批示肯定。创新推行“住村特派员”制度，该做法在《人民日报》专题报道，新华社以通稿和《国内动态清样》（内参）形式刊发。扎实推进村级组织换届选举工作，村党组织换届、村委会换届一次性选举成功率达100%，实现156个村村党组织书记、村委会主任“一肩挑”，占比58.65%。四是加强作风建设。深入开展“思想大解放、推动大发展”活动，组织干部到浙江大学、永安等地交流学习，动员全县上下深入查摆自身问题361个、提出具体措施718条，全县上下思想更加统一，干部精气神不断向好。大力开展“直奔基层、直面问题，大调研、大服务、大督查”活动，县处级领导带队深入全县18个乡（镇）、266个村帮助厘清工作思路，为项目、企业、贫困户解决困难和问题126个。五是加强纪律建设。深化监察体制改革试点工作，完成了县监察委员会人员转隶和挂牌组建。深化提升县委巡察制度，2018年共对7个乡（镇）、31个县直单位开展3轮6批常规巡察，共发现“三大”问题562个，移交问题线索98条。坚持无禁区、全覆盖、零容忍，坚持重遏制、强高压、长震慑，2018年全县共立案140件，风清气正、政通人和的政治生态进一步巩固。

同志们！今年来县委常委会工作的顺利开展和取得的成绩，是以习近平同志为核心的党中央正确领导的结果，是省委省政府和市委市政府大力支持的结果，是全县干部群众共同努力的结果，是各位县委委员、候补委员真诚帮助和大力支持的结果。我们要更加紧密地团结在以习近平同志为核心的党中央周围，坚持以习近平新时代中国特色社会主义思想为指导，全面贯彻落实党的十九大和十九届二中、三中全会精神，锐意进取、埋头苦干，全力推进新时代多彩大田建设，为“建设新福建新三明”作出大田应有贡献，以优异成绩迎接新中国成立70周年。

专 文

□ 编辑 林生钟

大田县传统村落保护发展

大田县政协调研组

（2019 年 11 月）

如何保持以舒适、方便为表征的现代基础设施建设，和以传承、保护为核心的传统遗产之间的平衡，推动传统村落可持续发展，推动乡村振兴？是摆在当前的重要课题。大田县政协选定“传统村落保护发展工作”议题，就县内已经列入中国或者省级的传统村落名录、历史文化名村、特色景观旅游名村，开展调查研究工作并形成报告。

一、大田县传统村落保护发展概况

（一）大田县传统村落主要特点。大田留存、散落着不少传统村落，这些传统村落融自然山水、传统道德、乡风民俗、建筑理念于一体，具有极高历史价值和艺术价值。主要有：一是分布散落。主要分布于偏远山村，南部、北部乡镇较多。2012 年 4 月，国家住建、文化、文物、财政等部门联合启动中国传统村落调查，全县至今整理申报并被列的共涉及 11 个乡（镇）、22 个村，其中：中国传统村落 16 个：济阳乡济阳村、上丰村，桃源镇东坂村，广平镇万宅村，华兴镇杞溪村、横坑村、柯坑村、张垄村、早兴村，梅山镇香坪村，建设镇建国村，吴山镇张坑村，太华镇小华村、魁城村，石牌镇盖山村，屏山乡杨梅村。省级传统村落 13 个：桃源镇杨坑村、蓝玉村，太华镇小华村、魁城村，华兴镇杞溪村、张垄村、早兴村、横坑村、柯坑村，济阳乡济中村、上丰村、大儒村，谢洋乡怀德村。中国历史文化名村 1 个：桃源镇东坂村。省级历史文化名村 4 个：济阳乡济阳村、桃源镇东坂村、华兴镇杞溪村、屏山乡许坑村。省级特色景观旅游名村 2 个：桃源镇东坂村、蓝玉村。二是年代较久。已列入传统村落名录的古建筑多为明清时期，如杞溪村内保存完好的有颖川堂、月形堂等明清古民宅 18 座、宋代狮子岩寺庙、明代世德宫庙宇等古建筑；又如，建国村保留较好的 1 公里明清古驿道、1.5 公里古村道，有琵琶堡、大任堂等 14 座明清古建筑。三是风格多样。我县传统村落风格主要有 3 类：以祖屋、堂屋为中心兴建的姓氏家族型传统村落，如小华村；以交通枢纽形成的商业集散商贸流通型传统村落，如济阳村；以天然形成的自然生态型传统村落，如香坪村、横坑村。四是存世珍贵。全县传统村落文化遗产资源非常丰富，具有重要文物价值，含有诸多物质和非物质文化遗产，其中安良堡等 5 处列为国堡遗产，板灯龙列为国家非物质文化遗产。具有重要旅游价值，如建国村非物质文化遗产内涵丰富，传承有序，每逢春节、元宵等传统节日，都要举办板凳龙、迎铁枝、打黑狮、打旌鼓、点灯等节庆庙会活动，传统村落旅游持续升温。具有重要艺术价值，传统村落是集雕刻、彩绘等于一体的艺术建筑，风格独特，技艺精湛，吸引众多游客驻足观赏。

（二）我县传统村落保护发展较为有力。一是摸底促保护。自 2012 年启动传统村落申报工作，县、乡、村三级联合开展了传统村落调查摸底工作，以“一村一档”的形式，组织编制传统村落档案，及时将有重要价值的村落申报列入传统村落名录。二是规划促保护。委托浙江建院建筑规划设计院、省工大建筑设计院、省村镇发展中心等专业机构，结合村庄建设、村庄布点和中心村建设等规划，编制传统村落保护有关规划，现已完成济阳、东坂、万宅、张坑、香坪、杞溪、建国等 7 个传统村落保护方案。分期分批推进保护工作，严禁大拆大改，引导传统民居村民实施危旧房改造修缮，现已争取中央、省级补助资金，完成修缮紫云桥、凤阳堡、绍恢堡、飞凤戏台、莲花庵、通驷桥和200多处（户）传统民居，有力推进村落遗产保护。三是传承促保护。如东坂村整理收集中医手抄本、古器具、国学书籍、古砚等文物，拟建设平阳书院将较有代表性物品进行陈列展示，目前已完成书院规划设计和主体工程建设。万宅村依托金秋银杏，融入古堡、宗教、民俗及二十四孝文化，成功举办二届银杏文化节，吸引县内外游客前来体验观光。县住建部门组织农村工匠培训，邀请传统建筑老工匠进行授课，传承传统工艺。四是开发促保护。适度开发利用，发展乡村旅游，推动传统村落保护提质升级。如成功打造"灵动济阳·马力小镇"、桃源"畲寨东坂"乡村民俗游等特色旅游项目；建国村对永兴堂、大任堂等10座古宅、古民居进行流转，逐步植入乡村旅游业态，并引进2家企业、成立2家专业合作社，着力打造古堡祈福、古厝文化展示、民宿体验、田园采摘、花海观赏、农耕体验等功能为一体的传统村落游品牌。五是监管促保护。建立传统村落名录警示，对违反保护要求的提出警告并予以制止。加大对违章建筑查处力度，积极保护村落原始风貌。强化村民自治，如建国村成立传统村落保护理事会，将保护工作写入村规民约，引导村民参与传统村落保护与整治工作。

二、我县传统村落保护发展存在的主要问题

（一）传统村落的"认识性破坏"。从领导层面上看，对传统村落文化资源的稀缺性和不可再生性认识严重不足，重申报、轻保护，尚未形成最好的保护是科学合理利用的认识，在村落保护、项目策划、推进、创新等思路、层次不足，没有意识到从传统村落保护中寻求发展机遇。从干部层面上看，受困于发展传统特色文化旅游的意识和眼光，资金申请来后，简单的修修古民居、道路、公园等，历史建筑没有起到应有的带动发展作用，利用传统村落带动乡村振兴效果一般；有的对各级保护传统村落的有关精神研究不够，宣传不到位；有的项目实施完毕后，缺乏长效养护办法，对传统村落的保护、养护等抱着多事不如少一事的想法，导致长期养护难。从群众层面上看，保护一头热，有的村落没有充分发动群众形成村规民约，或者运用成立理事会进行管护，老百姓作为传统村落的保护主体合力不足；有些传统村落古建筑抗风雨侵蚀及灾害能力差、陈旧破损、光线不足等，"破村""烂村"仍是普遍看法，木头房不如水泥房，修缮改造不如直接翻建；村民参与保护项目实施的积极性普遍不高，认为保护传统村落是政府的事，村民得不到什么"好处"，一些长年没人居住的古建筑处于自然性损毁和严重老化现象。从村级层面上看，多数在传统村落的保护和开发中更多的是从城市人（外来人）需求的视角，关注建筑和空间本身的建筑学或历史价值，而对生活在传统村落里的"人"的因素考虑较少；仅仅把当地的传统民俗、仪式等作为满足外来游客观光（猎奇）需求的"表演"，而没有认识到应从民俗文化等传统村落的内在精神进行发掘和发展。

（二）传统村落的"保护性破坏"。一是规划不接地气。不少村落虽请高端名校、人士作了规划，但没有地域特色，没形成多规合一体系，更多的只为列入传统村落名录、争取资金用的，实用性差，而且不少村落没有形成统一思想，很多老百姓也不知道有关规划，被戏称"纸上画画，墙上挂挂"，实施过程难以得到老百姓支持。二是整体风貌不协调。许多传统村落周围的历史空间环境已被所谓的"现代建筑"空间所取代，在许多传统村落的老祠堂、老民居之间，都夹杂着一些新的建筑物，以新代旧，以洋代土，以今代古，与传统村落风貌格格不入，以往古老的空间格局和传统风貌荡然无存。有些农民为改善生活居住条件，随意翻建或修缮古屋古院，破坏了村落的古朴风貌和历史氛围。有的传统村落保护做成美丽乡村建设，人为地将传统民居转化为徒有其表的商品卖场，古民居涂脂抹粉油漆彩化，建农家乐、民宿、编造伪民间故事以及挂红灯笼的套路式开发。有的将传统村落公园化建设，把城市里园林小景的植物搬到乡村，造成不少古村落整体景观不协调，丧失原生态美。三是执法力度不强。县、乡、村监管有些脱节，监管不力，古建筑修旧不如旧，改变了外观风貌，毫无历史沧桑感，浪费难得争取来的资金。有的传统村落的村民在拆旧建新时，存在当地一些职能单位不想管、相互推诿扯皮的现象，对这些行为执法处罚力度不大，起不到应有的警示教育作用。有的职能部门受人员编制所限等原因，日常工作繁重而人手普遍紧缺，对于破坏传统村落的行为往往是心有余而力不足。

（三）传统村落的"开发性瓶颈"。一是监管机制不健全。部门协调机制不完善，传统村落具有物质和非物质文化遗产及自然遗产多重属性，由文旅、住建、宗教、民政、消防等部门负责监管，各部门按照法规要求各自执行职责，对列入文保单位和正在开发的抢着管，对没有列入文保单位和暂未开发的较少关注，尚未有效形成传统村落保护发展工作合力。疏堵机制未健全，配套政策尚未健全，创新机制不足。古民居难以进入市场进行合理流转，或者以租赁形式流转，形式单一，有后遗症；有的村落村民打住宿、土特产价格战，镇、村一级引导不够。二是投融资机制不健全。传统村落是一个地方宝贵的文化遗产，如能对其进行合理地保护性开发利用，可促进当地文化旅游的发展繁荣和村民收入水平的提高。但我县传统村落造血功能一般，在资金方面等、靠、要仍然思想严重，单靠上级补助，有一笔用一笔，争取来的资金主要投入修缮上，修缮后如何长效养护缺乏切实可行的办法。没有好的运作模式和载体，有的引入社会资本发展传统村落举措少，村民财产性收入和村集体收入思路少，如对古民居活化利用不足，对国保、省保级的历史建筑管理一刀切，古建筑空置、无水电。三是产业支撑不足。文旅结合不深，借助传统村落发展地方特色文化、乡愁体验旅游、休闲旅游、观光农业和文化创意产业、康养产业等举措少，难以产业发展的效益来反哺传统村落保护工作。造成村落空心程度较高，大量农村人口尤其是青壮年劳动力不断外流，很多村庄出现"人走房空"现象，并由人口空心化逐渐演化为人口、土地、产业和基础设施整体空心化。四是文化资源挖掘滞后。除了极少数传统村落被列为历史文化名村得到较好保护外，没有组织专门力量挖掘传统村落文化资源并给予文化提升，很多仅停留在口口相传上，民俗、仪式等传统元素不断丧失其内在精神，越来越与当地人的生活疏离，使得传统村落徒具传统之形而难行传统之实。五是人才短缺。部门方面，缺乏传统村落保护利用方面专业性人才，而且高校培养的相关专业人才极少，招不到好的专业人才，缺乏对乡土建筑保护维修的技术指导；对本地的雕工、彩绘等能工巧匠底子不清，没有建立数据库。社会人才方面，不少传统技能和民间艺术基本后继乏人，缺乏熟知乡土建筑的形制样式和特色工艺的工匠。古建筑修缮专业机构少，修缮时主要聘请德化等地的人来修，导致有的修缮风貌不符合当地建筑风格。

三、我县传统村落保护发展的几点思考

（一）加强领导，强化传统村落机制保障。一要健全组织领导。成立全县传统村落保护发展工作领导小组，负责贯彻落实传统村落保护发展的决策部署，统筹、协调、指导全县传统村落保护发展有关工作，审定相关政策措施，研究、协调解决重大事项、重大问题。二要健全联动机制。建立传统村落保护发展联席会议制度，住建、文旅、财政、民族等相关部门应加强协调沟通，定期或不定期地共同研究推动传统村落保护、维修、开发、利用等工作，及时指导、协调解决有关问题，以此形成传统村落保护工作的强大合力。建立会商机制，传统村落的利用不仅仅是利用主体的事，当地政府部门、村集体以及房屋所有者应该共同参与，尤其是针对需要修缮、改造的地方要充分协商，达成共识，确保不影响传统村落整体形态的前提下才能付诸实践。强化执法联动，以制度形式划分责任等级，建立健全各部门联合执法机制，明确各方的责任范围，防止责任空缺的出现，形成严格的具有层次的保护机制，使传统村落保护执法工作有法可依、各部门职责明确。三要健全考核机制。把传统村落保护工作纳入其相关部门及乡镇的绩效考评指标，建立相关责任追究制度，落实重视做好传统村落保护工作。

（二）提高认识，形成传统村落保护合力。一要实行申报保护。进一步深入开展传统村落摸底调查，全面普查辖区内传统村落文化资源，掌握传统村落的数量、种类、分布、价值、生存状况等基本情况，并拍摄相关图片和视频，能申报省级传统村落要抓紧组织审核比对申报材料的完整性和规范性，确保申报对接工作精准到位。要积极努力将传统村落中的古民居、古建筑等发掘申报为保护文物，纳入《中华人民共和国文物保护法》保护范围，加强宣传、巡查，促进传统村落得到更好地保护和发展。二要采取分级保护。通过县、乡、村由上到下加强保护古村落的宣传力度，发动老百姓以主人翁姿态参与传统村落养护，形成“村规民约”，成立理事会，参与传统村落保护发展工作。由行为意识上升到法律层面，提高村民对古村落的保护意识，极力纠正“古村无价值”的错误意识，让村民学法、懂法、守法，从“要我保护”转为“我要保护”，保护好祖先留下的遗产。住建等职能部门要积极采取“请进来、走出去”，举办专题培训，外出考察学习，力争让县、乡、村三级干部和培训的学员成为“火种”，带动更多的村民，营造全社会共同保护传统村落的浓厚氛围。三要广泛发动宣传。注重宣传，全民共与。建议在县融媒体中心开设传统村落保护发展宣传专栏，对已列入传统村落的历史建筑、古民居、特色民俗文化、有关政策文件精神等的宣传，营造全社会关注、支持传统村落保护工作的良好氛围，增强全社会对传统村落文化资源的保护意识和责任感。镇、村一级要充分利用广播、电视、网络及微信、微博、抖音等媒介以及深入传统村落入户宣传等方式，大力宣传传统村落保护工作的重要性和紧迫性，使之家喻户晓、深入人心。四要强化政策保护。传统村落的保护发展离不开政府的政策引导，好的政策一定会起到导向的作用，政府部门从土地政策、建房政策、移民政策等方面入手，制定一些符合村民心理预期又符合发展需要的政策，让村民从心理上愿意让出或腾出自身住宅用于保护发展，维护好传统村落格局和古民居的完整性。强化“历史真实性、风貌完整性、生活延续性”的保护原则，根据实际尽快出台传统村落保护发展的规章、制度和实施细则。建议制定历史建筑保护性改造的相关制度，以鼓励民营企业介入保护性改造，把政府在历史建筑的“保护、利用”中的作用缩小，变“保护、利用”为“监督、管理”。

（三）传承为先，延续传统村落文化底蕴。一要留得住“形”。要树立“依法保护、真实保护、整体保护”理念，大力推动抢救保护，加快实施修缮维护，切实强化政府主导地位，加大公共财政对传统村落的保护传承和整治建设的支持力度，使文物古迹和历史建筑的保护“整旧如故”“延年益寿”，而不是“返老还童”。要传承传统工艺，建议建立能工巧匠数据库，发动镇、村及民间，摸排雕工、彩绘等方面人才，以及本地专家学者；在学校试点设立古建筑修缮专业；与高校、各级书画院、名人等共建实践基地。做好实践传帮带，组织工匠培训，邀请传统建筑老工匠进行授课，传承传统工匠工艺；让老工匠参与传统民居的保护、修缮中，带动传承，并在古建筑维修中坚持使用传统工艺、传统材料，不让传统工艺灭失。二要守得住“魂”。嵌入传统村落的传统手工艺、民俗及价值理念是极其重要的文化资源，承载着优秀传统文化，体现了村落的魂魄。要充分认识到古建筑的历史文化价值、建筑学术价值、独特生态价值，以对历史负责的意识，整理挖掘传统村落、古堡、古庄寨的历史、文化、建筑精华以及村民的生活文化，编辑系列丛书，并提炼传统建筑中的精华元素，比如木雕、石雕、出挑斗等建筑部件，运用到古建筑修缮、乡村建设中。三要“活”得起来。传统村落古民居要让深沉古老的历史记忆“活”起来。要推动“文化再生产”，发动文艺工作者激活传统文化资源传统精神载体和表现形式，将发掘出来的特色文化元素植入旅游，组织开展当地传统文化活动，培育发展传统农副产品和特色旅游商品，讲好传统村落美食、文化等故事，唤醒共同记忆，提升村民和游客的参与感、体验感，为特色文化旅游搭好台，深化文旅档次。要活化历史建筑，对场地和当地文化展品的融合利用提供造血功能，在做好保护修缮和基础设施建设基础上，激活古建筑内部空间，激活沉睡资产，陈列本地特色文化资源，不要空置，形成在发展中保护传统村落。

（四）发展为要，推动传统村落活化利用。一要科学编制规划。传统村落总规、发展规划等经人大会通过，避免规划相互打架落不了地，“长官意志”随意更改规划，或者规划一套另做一套等。规划必须“统筹保护、利用与发展的关系，努力保持村庄的完整性、真实性和延续性”，在充分尊重当地居民的所有权、知情权、参与权、决策权、管理权以及村落文化的基础上，把乡村振兴战略理念、传统村落保护理念以及先进设计理念引入乡村，制定系统、全面的规划，包括古建筑修缮、文化传承保护、产业开发、人居环境改善等各个方面，避免“千村一面”，切实让传统村落的各类要素真正活起来，实现可持续保护，打造成一个安全、友善、富有生命力和充满生活气息的空间。已经国家或者省里公布的传统村落名录中的村落，根据具体村落的不同情况，准确评估价值特色，采用分类、分层次、不同倾向性保护的方法策略，对这部分村庄建档立卡，综合评估其区域和资源情况，发挥其优势，制订让传统村落村民都能接受的、合理的保护规划。二要破解资金瓶颈。要集中资金办大事，整合列入传统村落名录争取的资金、乡村振兴有关资金，同时将传统村落养护资金纳入财政预算，确定一定比例的传统村落文化资源保护费，逐年加大投入，确保传统村落后续养护工作有钱可用、落到实处；集中社会力量，通过发起相关公益性保护项目，吸纳以公益为主的保护性资金，为传统村落的保护发展添砖加瓦；发挥“四两拨千斤”作用，引入工商资本，通过争取项目资金、引进社会资金、招商引资等，以及发挥当地村民作用，探索宅基地三权分置政策，通过村民集资入股、房屋租赁、土地入股等方式，多渠道吸引个人、企业和社会组织共同参与传统村落保护，破解传统村落保护发展资金瓶颈。三要实行一村一品。根据不同的村落制定不同的保护规划，实行“一村一品”模式，将传统村落保护、村庄建设与当地民生补短项目同步策划、同步推进，分期分批实施古建筑保护、配套设施、产业发展等建设。要因地制宜培育特色产业，激发村民保护热情，以产业发展的效益来反哺传统村落保护工作，借助传统村落发展地方特色文化、乡愁体验旅游、休闲旅游、观光农业、文化创意产业、康养产业等，创出各具特色的传统村落品牌。对于历史文化价值高、区位优势明显的村落，可以鼓励其适度发展旅游和康养等产业，如小华村；对于历史文化价值高、意义特殊、区位条件不太好的村庄，可以由政府兜底保护，如全部为本质结构民居建筑的盖山村；对于历史文化价值高、条件可以适当改善的村落，可以引入多方主体共同参与村庄保护和建设，如建国村。四要文旅融合新业态。让资金、人才、技术等要素回归农村，激活传统村落资产，推广“互联网+”等发展方式，培育新农人和农创客，增加农民财产性收入和村集体经营性收入，打通绿水青水转换顾金山银山的畅通通道。要打造优美人居环境，注重保护好传统村落的整体格局、传统建筑要素、民族民间文化及其传承人，特别注重地域特色、风貌协调、修旧如旧，加强修缮工程的监管，并坚决反对任何形式的过度开发，同时，通过保护历史建筑、提升改造现有建筑、整治破败建筑、规划特色建筑来规划传统村落，美化村庄环境，加强农房、院落和山水田林路综合整治，提升村落整治、绿化、美化、靓化水平，保持自然山水生态格局，实现传统村庄整体风貌与资源环境相协调。

大田县茶产业蓬勃发展

大田县农业农村局

（2020 年 10 月 28 日）

大田位于福建省中部，戴云山脉西侧，境内峰峦叠翠，云雾缭绕，甘泉潺流，90% 以上的茶园在海拔高度 800 米—1200 米之间，独特的宜茶环境，滋养出了“大田美人茶”的卓绝品质，使之成为芸芸茶类中的“新生贵族”。

茶园面积逐步增加。通过承租、承包等形式，加速山地流转，促进规模经营，引导茶农和茶叶加工企业采取“公司 + 基地”“公司 + 农户”等模式，从 2000 年以前的不足 2 万亩发展到如今的 9.53 万亩。2020 年，江山美人茶业有限公司、高峰茶业有限公司 2 个基地列入三明市十佳优质茶叶基地，大方广美人茶示范基地列为闽台农业融合发展示范基地；大田美人茶列入福建红茶优势产业集群，被确定为“第二批福建特色农产品优势区”。

加工能力不断提升。全县有茶叶加工厂 1310 家，其中年产 1000 吨茶叶自动化生产线 1 条，年产 100 吨茶叶厂家 21 家，年产 50 吨茶叶加工厂 36 家，全县年毛茶产量 1.28 万吨，产值 11.47 亿元。2019 年 6 月，参加第八届海峡两岸茶文化季暨两岸春、秋茶茶王擂台赛，获得美人茶茶王和红茶茶王；10 月 30 日，参加第十五届海峡两岸林业博览会“林深水美茶香”茶王赛和茶艺赛，获得茶王和茶艺第一名的佳绩。2020 年 7 月，在海峡两岸春季茶王赛获奖 12 只；9 月，在三明市十佳制茶大师评选活动中获得市十佳制茶大师 4 名，其中美人茶组 3 名、绿茶组 1 名，美人茶组包揽全市该组全部奖项；在第 27 届上海国际茶文化旅游博览会荣获上海国际茶文化旅游节 2020 年“中国名优茶”金奖 3 只；10 月，三明市秋季茶王赛获美人茶组茶王、金奖 1 只、银奖 2 只、铜奖 1 只、优质奖 3 只，获闽北乌龙茶组优质奖 1 只。

品牌建设持续加强。全县茶叶注册商标 185 件，其中省著名商标 9 件，106 只茶样获省名优茶称号。2019 年牵头制定了省级《美人茶》团体标准。2020 年 3 月中共三明市委、三明市人民政府出台《关于抓好“三农”领域重点工作确保如期实现全面小康的实施方案》（明委发〔2020〕1 号）和《三明生态茶产业发展实施方案》（明委发明电〔2020〕26 号），明确以大田美人茶以全市茶产业发展主导品牌，加强多媒体推广。2020 年，成功举办“县长直播带货”、首个国际茶日福建省系列茶事活动启动仪式暨三明“林深水美茶香”专场活动、首届大田美人茶开茶节等活动，通过福建电视台新闻频道、乡村振兴·公共频道、直播福建、海博 TV 及央视新媒体等平台同步直播，今年两次登上央视，全方位宣传推介林深、水美、茶香的多彩大田，提升“大田美人茶”知名度。

营销市场加快拓展。茶叶已销往北京、上海、台湾、香港、山东、浙江、广东及本省各城市等地，茶叶外销量 1.03 万吨，销售收入 8.77 亿元。三明市内销售量 1360 吨，销售收入 2.7 亿元。茶农、茶商在福州、厦门、北京、上海等大中城市设立大田美人茶专卖店、现代茶馆茶楼等营销门店 130 余家。

产业链不断延伸。大田茶人始终秉承着“以商兴茶、以旅兴茶、因茶兴业、因茶富民”的理念，着力推动茶产业“接二连三”，打出“互联网 + 茶叶”“旅游 + 茶叶”“文创 + 茶叶”的组合拳，延伸产业链条，建成福建高山茶文化创意产业园，搭建中国大田高山茶创业联盟，连续举办 14 届高山茶文化节。2019 年 6 月大仙峰·茶美人景区成功创建国家 4A 级旅游景区，茶文化、孝道文化、农耕文化、红色文化在这里融汇，南音、山歌会等民俗活动在这里演绎。县里组建茶艺队，多年来，已到北京、上海、香港、广东、杭州、天津及省内各地推介大田美人茶，取得较大凡响，大田已成为闽南沿海大都市休闲、养生、度假的“后花园”。广平镇五龙山生态旅游景区，依托五龙山生态茶园，融入“忠”“孝”两大主题，修建了百香诗院、五龙广场、文体休闲中心、游客服务中心等，已逐步形成极具广平特色的旅游文化，获批国家 AAA 级景区。

电商销售稳步发展。借助于大田高山茶的特色和产地优势进行线上和线下结合的营销模式，茶叶电商销售逐步进入茶企、茶商的销售渠道。线下加线上，线上加直播，直播加服务的模式销售，天猫和有赞等增加分销和线上加盟，增加企业线上收入。电商销售主要企业福建省江山美人茶业有限公司，2019 年总线上销售额有 385 万元。

大事记

□ 编辑 林生钟

1月

4日　中共大田县委十三届八次全体（扩大）会议在县影剧院召开，县委书记陈文华主持并代表县委常委会作报告。全会讨论《中共大田县委 大田县人民政府关于进一步深化改革扩大开放的实施意见》，审议通过《中国共产党大田县第十三届委员会第八次全体会议决议》。

12日　2019全国“乡村春晚”百县万村网络联动活动在大田县白岩公园开幕，活动由文化和旅游部全国公共文化发展中心、中国文化馆协会主办，展示改革开放以来新农村建设成果和文化旅游特色资源，推进非物质文化遗产的传承和文化旅游业发展。大田分会场排演的节目有本土戏曲和山歌等，约1万名市民观看演出。

23日　大田县经济开发区企业联合会成立，设立理事会和监事会等职能部门，实行决策权、执行权、监督权“三权分立”的运行模式。14家会员企业联合认捐1670万元，作为提升京口村和京口工业园教育教学质量和办学水平的教育基金，当年发放奖教奖学、助教助学资金33.46万元。

31日　福建省政协副主席、三明市委书记杜源生到大田县调研水土流失治理工作、慰问贫困户并召开座谈会，市领导黄建平、包萍，县领导陈文华、林金龙、连仁魁参加。

2月

13日　县委巡察工作领导小组组长黄家发主持召开县委巡察工作领导小组会议，组织学习省委巡视办印发的《政治巡视监督重点及突出问题表现清单（试行）》和福建省26个被巡视单位党组织公开发布整改落实情况之部分县（市）的整改情况通报，听取十三届县委第九轮常规巡察县国土资源局（自然资源局）、水利局、库区移民开发局、安全生产监督管理局（应急管理局）、统计局、生态综合执法局党组的情况汇报，研究提出问题线索处置建议和整改要求。

15日　县委、县政府召开2019年平安建设（综治）工作和生态环境保护目标责任书签订仪式，县委书记陈文华、县长林金龙、县委副书记连仁魁、县几套班子分管领导及法院、检察院、公安局主要领导出席会议。会上，县委常委、政法委书记茅有温通报2018年度平安建设（综治）工作目标责任制落实情况，县长林金龙通报2018年度平安先进单位和平安单位以及见义勇为先进和模范个人情况，陈文华和林金龙代表县委、县政府与各乡（镇）党政主要领导签订了平安建设（综治）工作目标责任书。

18日　县委书记陈文华到石牌镇现场办公，专题调研协调石牌镇开发建设工作。会议指出，石牌作为县城的“南大门”，地理位置特殊，加强石牌片区开发建设和管理，打响市容市貌整治和征地拆迁攻坚会战，对提升城市品位，改善人居环境，促进经济社会又好又快发展，具有十分重要的意义。要求石牌镇党委政府及相关部门坚持高标准规划、高质量建设、高水平管理，突出抓好项目建设，集中精力攻坚遗留问题，提升城市综合承载力，树好“南大门”形象。

3月

5日　由县政府主办，县商务局、县委宣传部、农业农村局、市场监督管理局、茶业局、林业局承办的“硒望之田”品牌发布会暨精准扶贫农产品产销对接会，在大田县电商扶贫产业馆举行。通过县域公共品牌“硒望之田”发布会、产销对接会、农产品展销会等多种形式，推介县特色优质农产品，组织产销对接贸易洽谈，签订农产品意向采购合同300万元。

12—13日　县长林金龙带领发展和改革局、经济开发区管委会等相关部门负责人到上海、南京等地招商引资，走访众合投资、金汇通航、上实龙创、东方雨虹、浩鲸科技等公司，就如何加深大田与企业合作进行探讨。全力打好招商攻坚会战，继续深化“田商回归”工程，推动一把手招商工作落到实处。

20日　县公安局在三楼会议室举行“警师制”拜师结对仪式。“警师制”是通过老民警带新民警业务，新民警活跃老民警思维的模式，达到共同钻研业务、提升公安事业的目的。根据警师组合的工作表现及考核排名，评选出年度“优秀警师”和“优秀学员”。

4月

20日　省委巡视五组向大田县委反馈《关于对大田县委巡察工作开展专项检查的情况报告》，指出4个方面11个具体问题，县委细化整改措施44条，并于6月19日完成整改。

4月　大田县借力数字化打造的山区养老服务“110”模式，为市参评全国居家养老服务示范城市，在全省养老服务工作培训班上作典型发言。

4月　县法院正式启用便捷立案信息采集系统，全面推行自助立案服务，并在诉讼服务中心设立自助立案窗口，安排专人指导当事人进行自助立案。当事人通过扫描二维码注册后，填写立案信息，上传相关诉讼材料便可进行自助立案登记，通过自助立案，立案庭工作人员无需重复录入当事人立案信息，提高立案人员的审查效率和速度。

5月

19日　大田旅游集散服务中心开业，位于均溪镇温镇村兴田路边“井美”，投资150万元，建筑面积3000平方米，设有游客服务区、旅游购物区、游客休闲区、旅游美食区、旅游客运区，提供信息咨询、旅游酒店、机票火车票预订、旅游业务接待及特色旅游产品开发等旅游集散服务。

5月　大田县妇联联合县人社局、大田晋农商村镇银行推广“巧妇贷”金融帮扶项目，至年底开展“巧妇贷”业务131笔、1825万元，其中妇女创业贴息19笔、196万元。

6月

7—8日　县教育局在一中举行普通高等教育学校考试，设考场58个，考生1489人，其中文史类考生534人、理工类考生955人。普通高考本科上线1187人、上线率79.71%，本一上线人数356人、上线率27.96%，录取清华大学1人（林延吉），985、211院校107人。

14日　县委书记陈文华主持并代表县委常委会作报告。审议通过《关于贯彻落实习近平总书记重要讲话精神，深化十大攻坚会战，加快推进新时代多彩大田建设的实施意见》《中国共产党大田县第十三届委员会第九次全体会议决议》。

18日　大田县发改局牵头组织20个县直经济主管部门、18个乡镇和多家企业，参加在福州举办的第十七届“6·18”海峡项目成果交易会，对接项目成果45项、总投资28.25亿元。在两用技术项目成果对接会上，清航装备科技有限公司与福建省机电（控股）有限责任公司、首安工业消防有限公司，签订总投资2亿元的无人机关键零部件生产项目，及总投资1.2亿元的工业消防无人机生产项目。活动期间，组织肉兔产业、休闲农业、结构用木材改良技术、铸造产业、校县合作、农业高新技术等专场对接活动6场次，福建农林大学茶学系与大田县江山美人茶业有限公司，就大田江山美人茶及虫害乌龙茶加工工艺技术进行合作签约。

25日　《孝道故里 多彩茶乡（走进大田）》专集首发仪式在县融媒体中心一楼举行，该书由福建省炎黄文化研究会会员、省市内外文学名家、省作家协会会员及当地文学爱好者32人参加撰稿，全书27万字。

26日　96岁的退休干部、抗战老兵郝湄宣讲的红色故事《红太阳映红大田》，在中央电视台新闻频道新闻直播间播出，向社会传播大田红色故事。

6月　大仙峰·茶美人景区被福建省旅游资源规划开发质量等级评定委员会批准为国家AAAA级景区，是大田县首个国家AAAA级景区。大仙峰·茶美人景区是国内首家以高山茶为主题，融文化体验、环境教育、文创展示、休闲度假等功能为一体的生态景区。

济阳乡被福建省气象学会和省旅游协会联合授予“清新福建·气候福地”首批避暑清凉福地称号。

7月

6日　县长林金龙带领发改局、工信局、生态环境局、招商办负责人到泉州精准招商，县领导连仁魁、蔡兴山、阮芳参加活动。林金龙一行与泉州机械配件行业协会座谈，走访泉州市成裕机械设备有限公司、泉州恒通机械有限公司等多家机械铸造企业，听取企业家投资兴业的意愿，回应企业家的关切，促进福建（大田）机械铸造产业集聚区（上京工业园）建设和高质量发展。

8日　县委书记陈文华主持召开会议，研究部署良元220千伏变电站项目建设有关问题。会议指出，良元220千伏变电站项目是省、市重点项目，该项目建设能够进一步完善全县电网布局，保障兴泉铁路用电需求。要求各级各有关部门提高政治站位，强化责任担当，加快项目建设，保障兴泉铁路用电需求。

11日　大田县闽通大田分公司投资1028万元，引进100辆新能源微型公交车在城区投入运营，取代已取缔的三轮车载客。设置汽车站、公园、大南门、石牌汽车站等发车区8个，城区票价每人次3元，城郊票价每人次5元，实行投币购票和微信、支付宝购票。大田县政府按总车价款40%，分3年时间给予运输企业补助。

16—17日　大田县文化馆邀请10余名县内专家、学者、作家，到文江镇朱坂村开展“杂剧作场戏”学术考察活动，并在福建省艺术研究院叶明生教授的指导下，进行“杂剧作场戏”的相关论文写作研讨。此次活动为论文写作以及“杂剧作场戏”申报国家级非遗项目奠定了基础。

19日　县委巡察工作领导小组组长黄家发主持召开县委巡察工作领导小组会议。传达学习全国市县巡察工作推进会、全省巡视巡察工作会议精神并提出大田县初步贯彻意见，专题听取十三届县委第十轮常规巡察大田生态环境局（县环保局）、县直机关党工委、县委党史和地方志研究室、县科技局、县科协、县委统战部、县妇幼保健院、县疾病预防控制中心、县总医院等9个单位及均溪镇玉田村、屏山乡玉屏村、广平镇苏桥村、湖美乡前进村、华兴镇京口村、石牌镇老厝村等6个村的情况汇报，研究提出问题线索处置建议和整改要求。

8月

2日　县委书记陈文华主持召开县委常委议军会议，听取县人武部工作情况汇报，研究讨论县人武部提请研究解决的有关问题。会议指出，全县各级各部门要充分认识国防动员和后备力量建设的重要性，强化国防意识，增强国防观念，切实关心和支持国防建设；要深入推进“双拥”工作，妥善解决退役军人安置、随军家属就业、军人子女就学等问题，以实际行动支持部队建设，为新形势下的强军目标提供有力保障。各驻田部队要进一步发扬拥政爱民传统，在抓好思想政治建设、军事训练、规范化建设等工作的同时，继续主动参与脱贫攻坚、抢险救灾、社会稳定等工作，服务全县经济社会发展，共同巩固军政军民团结大好局面。

3日　中国睡眠研究会专家团到赤头坂国有林场实地调研“最氧睡眠小镇”建设情况，并召开座谈会，市政府党组成员陈瑞喜，县领导林金龙、余维语参加。

10日　大田县建设镇青年林启得原创演唱的闽南语歌曲《大田后生仔》，在网易云音乐发布。至年底，网络点击量突破60亿人次，年度网易云音乐榜单点击量排名第五。

12—13日　副省长李德金带领省直有关部门负责人到大田县调研农业农村和矿山水土流失治理工作。三明市政府党组成员陈瑞喜、大田县委书记陈文华参加调研。李德金指出，要紧紧围绕农村垃圾污水治理、厕所革命、村容村貌提升等工作为主攻方向，推进农村人居环境整治，建设美丽乡村；筑牢基层党组织战斗堡垒作用，因地制宜，以产业扶贫为重点，拓宽农民增收渠道，促进乡村振兴；深入学习贯彻习近平生态文明思想，久久为功，坚决打好水土流失治理攻坚战。

16日，县委副书记、县长林金龙主持召开全县乡村振兴暨脱贫攻坚巩固提升推进会，136人参会，会议总结回顾了大田县上半年乡村振兴、脱贫攻坚、农村人居环境整治和“两茶一硒”攻坚会战工作，安排部署了下阶段工作。强调全县各级各部门要提高站位再加压，切实把乡村振兴与脱贫攻坚统筹谋划、一体推进，以乡村振兴战略的实施带动脱贫攻坚，以脱贫攻坚的实效助力乡村振兴，确保大田县“三农”工作取得实实在在的成效。

8月25日至9月25日　大田县残疾人羽毛球运动员施生倬参加在瑞士（巴赛尔）举行的世锦赛，获得双打亚军；施生倬在天津举办的全国第十届残运会暨第七届特奥会，获得全国残疾人羽毛球锦标赛站立上肢su5男子单打第一名、站立上肢su5男子双打第二名；县听力残疾人运动员郭燕兰获女子听障组田径100米栏、400米栏、4×100接力、4×400接力等项目的4枚金牌；视力残疾人运动员高超强，获得男子T11级800米铜牌、1500米第四名。

30日　桃源举行源荥阳祠建祠950周年暨已亥年祭祖大典，中国台湾工党主席、台湾两岸促进会理事长郑昭明，到桃源镇参加荥阳祠祭祖活动并致辞，县委常委、统战部部长施正立陪同。

8月　五彩大石景区被三明市文化和旅游局批准为国家AAA级景区。景区地处武陵乡东南部，距县城12公里，主要由综合服务区、红色文化教育区、乡村旅游体验区、森林康养休闲区等四大片区11个景点组成。

9月

6日　全县召开信访工作会，陈文华在会上对新中国成立70周年庆祝活动期间信访工作作动员和部署，县委副书记连仁魁主持，县领导陈剑生、茅有温及公检法主要领导出席会议，信访工作联席会议成员单位负责人和各乡镇主要领导、分管领导参加会议。

16日　全县“不忘初心、牢记使命”主题教育启动，4个县处级单位、30名县处级党员领导干部，70个参照实施单位、585名副科级以上党员领导干部，674个基层党组织、18876名党员参加。各级党组织和广大党员干部采取集中学习、研讨交流、专家讲学、现场教学等，分段组织集中学习研讨，开展“砥砺奋进70年、牢记使命再出发”主题党日活动，发动党员19013人次参与志愿服务，为群众办实事好事19335件。

同日　中国艺术节基金会理事长安然博士、国家文物局原副局长张柏、北京大学教授段震文、中国文物保护基金会酒基会主任徐宏等一行，到建设镇考察论证红釉古窑群文保工作。专家指出，该古窑群是目前发现的国内规模较大的活化红釉古窑群，正在使用和生产的古窑群是世界罕见的活化文物，适时建立相关研究机构加大科研力度。基金会与建设镇政府签订“建立红釉窑群保护与利用基地”的合作备忘录。

10月

16日　县长林金龙带领县商务局、住建局、城管局等有关部门主要负责人，现场调研白岩商城运行及岩城新市场改造建设情况，县委常委赖伟平、县政府副县长吴文旗参加调研。要求商务等部门管理好白岩商城、服务好商户，确保商城热闹繁荣；加快岩城新市场设计改造进度，确保岩城新市场按时投入使用；各相关部门要通力协作、加强配合，努力把岩城新市场改造成百姓满意的农贸市场。

18日　驻闽海军部队200名战士，到吴山镇阳春村开展扶贫医疗服务及文艺会演等军民共建活动，县领导陈汉良等参加。村民1000余人到场观看文艺演出，部队医疗分队免费为群众诊疗158人次。

10月　县委党史和地方志研究室组织人员重新收集整理50余个大田红色故事，与县文联一起编撰组稿，汇编成《大田红色故事》初稿，其中5篇入选市里百篇红色故事。“红军挑夫”丁刚的感人革命事迹先后被人民网福建频道、东南网、三明日报、学习强国福建学习平台等媒体宣传报道。“革命的胜利，离不开叱咤风云的将军，也需要默默无闻的挑夫。”市委书记林兴禄在“福建省庆祝新中国成立70周年系列主题新闻发布会——三明专场”上向全省宣传推广丁刚的“红色挑夫”精神。

11月

1日 大田县委、县政府在县政府五楼会议室召开打击治理电信网络新型违法犯罪工作会议。县委书记陈文华出席会议并讲话，县领导茅有温、郑宜堆、刘阳辉、陈庆建等出席会议，18个乡（镇）党委书记和分管综治副书记、县打击治理电信网络新型违法犯罪工作联系会议成员单位负责人、县公安局各派出所所长和有关警种负责人等90余人参加。至年底，全县劝返出境人员1467人，摧毁电信诈骗窝点7个，抓获犯罪嫌疑人85人，破案246起。

2日 县委、县政府在福州市三坊七巷举办大田县第十四届中国高山茶文化节。其间，《美人茶》《美人茶栽培技术规程》《美人茶加工技术规程》《美人茶冲泡与品鉴》四项“美人茶”团体标准正式发布。

24日 在广平镇万宅村银杏公园举办第六届三明（广平）“中国梦·乡村美”音舞诗会暨第四届“大田·集美”山海诗会，由市文联指导，市作家协会、县文联、集美区文联、广平镇党委政府联合主办。表演了音乐、舞蹈、文学、诗歌朗诵等多种艺术表现形式共16个节目，吸引广大游客驻足观看。

26日 县第十七届人民代表大会常务委员会第15次会议听取并审议《大田县人民政府关于提请审议调整大田县城区教育布局专项规划的议案》（田政文〔2018〕85号）。议案对一中东部校区选址进行调整，由均溪镇温镇村原石凤水泥厂片区调整至华兴镇华安村坪尾仑片区。会议同意县政府将一中东部校区调整至坪尾仑片区的建议，决定批准该项议案。

同日 县委书记陈文华主持召开县委专题会议，研究新岩水泥增资技改项目有关工作。水泥制品行业是国民经济的重要基础性产业，也是县财税收入的重要支柱，开展新岩水泥增资技改对促进大田县经济发展具有重要意义，要求各级各部门强化责任担当，创新工作思路，帮助企业解决项目用地问题。

11月 大田县列入国家文物局公布的2020年闽西革命文物保护系列项目6个，分别是朱德率红四军第二、第三纵队出击闽中大田史迹群—路口乡苏维埃政府旧址（凤乾堂）；朱德率红四军第二、第三纵队出击闽中大田史迹群——红四军第二纵队驻所旧址（时思堂）；红四军第二、三纵队驻地旧址（福兴庵）；“第二集美学村”旧址群集美高级农林职业学校旧址（六行堂）；抗战时期大田“第二集美学村”旧址群—教职工办公室旧址（顺善堂）；抗战时期大田“第二集美学村”旧址群—集美高级农林职业学校旧址（正旺祖祠），获得国家文物保护专项资金458.06万元。

12月

5日 岩城新市场改造完工开业，占地2600平方米，设150个摊位，18间店面。主营蔬菜、水产品、肉类、干鲜、禽蛋；兼营调味品、干货（农特产）、粮食制品、水果、中药材等。

9日 全县城镇工作暨农村人居环境整治推进会在建设镇召开，安排部署城镇和农村人居环境整治工作，要求全县各级各部门要认真贯彻落实中央和省、市关于城镇工作和农村人居环境整治会议的安排部署，全面提升城镇规划建设管理水平，持续改善农村人居环境，不断增强人民群众的获得感、幸福感、安全感。参会80人。

19日 县政府与县总工会在县政府二楼会议室召开第12次联席会议。会议作出决议，县财政拨付“金秋助学”补助资金10万元，原则同意以县政府名义每三年评选表彰一批“十佳岩城工匠”。

24日 县委十三届九次全体（扩大）会议在县影剧院召开，县委书记陈文华主持并代表县委常委会作报告。审议通过《中共大田县委关于推进治理体系和治理能力现代化的意见》《中国共产党大田县第十三届委员会第十次全体会议决议》。

26日 大田经济开发区上京工业园举行“五个一批”项目四季度集中开（竣）工仪式，三明市超越中高端铸件生产及机械制造项目、展晖机械铸件生产加工及设备制造项目、凯沃中高端铸件生产加工及整机装备项目开工，项目总投资额6.15亿元。县委书记陈文华，县长林金龙，县委副书记连仁魁，县委常委、常务副县长陈剑生，县委常委蔡兴山，副县长余维语等参加活动。

同日 县政府公布古建筑昭灵庵、步云楼（吴山镇）、步云楼（太华镇）、敦义堂；古遗址大田宫边红釉坊；古墓葬范元超墓、范子高墓；近现代重要史迹及代表性建筑后池祠、磐山祠、青松堂、双龙堂、宜振堂、延福堂、龙门战斗遗址、红四军二、三纵队驻扎地旧址——阳美堂、屏山堂、光前堂、庆隆堂民居、甲魁堂民居、科甲堂民居、厚重堂民居、显应庵等22处第十批县级文物保护单位名单和保护范围，经县文物管理委员会成员会议审议通过，予以公布。香山北路建设项目竣工，道路全长约3.6公里，设计宽度24米，按城市主干道等级建设，沥青混凝土路面，设计时速40公里/小时，总投资4.98亿元。该项目的建成，缓解城区交通压力，加速推开城市框架，提升城市功能品质。

30日 大田县消防救援大队、大田县均溪消防救援站、大田县建设消防救援站正式挂牌，消防队伍属行政编制。

12月 电信大田分公司开通电信大楼营业厅、建山社区营业厅室内5G信号，实现大田5G基站零的突破，为广大群众提供高速率、高带宽、低时延的5G全新体验。

大田概貌

□编辑 林生钟

基本情况

【地理位置】 大田县位于福建省中部、戴云山脉西侧；地处北纬25°28′53″—26°09′42″，东经117°28′58″—118°03′13″；东临德化，西接永安，南靠永春、漳平，北连三元、沙县、尤溪；总面积2294平方千米。域内交通便利，兴泉铁路（大田段）、莆炎高速公路（大田段）、国道“纵五线”（大田段）开工建设，泉南高速公路穿境而过，县城至福州高速公路371公里、至厦门223公里、至泉州141公里、至三明126公里，经省道306线至三明105公里。

【建置沿革】 大田县域周至元朝先后隶属七闽地、吴越地、闽中郡、江南东道福州、福建路南剑州、福建道延平府；明嘉靖十四年（1535年），朝廷割尤溪、永安、漳平、德化四县地，置大田县，隶属延平府；清雍正十二年（1734年）改属永春州；民国时期属福建南路道、厦门道和仙游、龙岩、永安等专署；1949年9月6日大田县解放，中华人民共和国成立后，大田先后隶属永安、晋江和三明专区，1983年专区改市后属三明市至今。

【自然地理】 大田县境地处西南华力西—印支拗陷带之大田—龙岩拗陷的东北部，政和—大埔断裂斜贯全境。地质构造复杂，岩石以钙质砂岩、石英砂岩为主，次为花岗岩、花岗长岩、凝灰岩和变粒岩。地表水域多年平均径流量为19.84亿立方米；地下水总量3.54亿立方米，地下热水有石牌镇老厝、桃源镇广汤、太华镇汤泉、广平镇大竹林、华兴镇京口5处，水温29℃—79℃，总流量11.56升/秒。县境为中低山地带，地势大致由西南向东北倾斜，山岭、谷地分布趋向与境内构造基本一致；境内千米以上山峰175座，大仙峰海拔1553.4米，居全县之首；溪流纵横，是闽江、九龙江和晋江支流发源地之一，汇水面积30平方公里以上河流25条，均溪河最大，其主干流长81.7公里，是街面水库电站的主要水资源。气候属亚热带季风湿润区，无严寒酷暑，雨量丰沛，日照充足。

【气候概况】 2019年，大田县气候属正常年景。年平均气温显著偏高，其中1月异常偏高，2月、8月显著偏高；全年降水量正常，其中11月、12月异常偏少，1月、4月、9月显著偏少，7月显著偏多；全年日照正常，其中5月、7月异常偏少，9月、11月异常偏多。

气温 2019年，大田县气温创历年最高纪录，年平均气温20.3℃，比常年偏高1.2℃；1月平均气温12.8℃，2月平均气温15.6℃，均为历年同期次高值；2月极端最低气温8.8℃，创历年同期最高纪录；年极端最高气温37℃，出现在7月1日；年极端最低气温–0.9℃，出现在12月8日；气温≥35℃的高温日数有23天，比常年偏多3天；“23型”秋寒出现于9月22日，“20型”秋寒出现于10月19日。

降水 2019年，大田县年降水总量为1553.1毫米，接近常年；11月降水总量0.1毫米，为历年同期次少值；一日最大降水量为75.3毫米，出现在5月16日；降水量≥0.1毫米的降水日数有162天，与常年持平；降水量≥50毫米的降水日数有4天，比常年偏多1天。

日照 2019年，大田县年日照总时数为1577.5小时，比常年偏多64.5小时。9月日照时数235.8小时，11月日照时数206.4小时，均为历年同期最多。

气象灾害 2019年，影响大田县的主要灾害性天气是暴雨。5月15—18日受切变影响，出现暴雨到大暴雨，有14个乡镇过程降水量超过100毫米，以奇韬镇的215.2毫米为最大。全县受灾人数1362人，转移人口337人，直接经济总损失2432万元，其中农业经济总损失939.36万元，工业交通运输业直接经济损失423.4万元，水利设施直接经济损失461.18万元；6月7—13日受低层切变影响，出现大雨到暴雨天气过程，各乡镇过程雨量均超过100毫米，有5个乡镇超过200毫米，以广平镇的265.2毫米为最大。全县受灾人口8523人，转移人口375人，直接经济总损失2195万元，其中农业经济总损失574.5万元，工业交通运输业直接经济损失451万元，水利设施直接经济损失895万元。9月7日至12月31日，因持续温度偏高、雨量偏少，旱情明显，部分乡镇气象干旱等级最高达特旱，对水库蓄水、农业灌溉、饮用水源造成影响，但未出现明显灾情。

水文 2019年，大田县均溪年平均水位353.06米，年平均流量9.92立方米/秒，最高水位354.75米，发生于6月10日，相应流量169立方米/秒，最低水位352.82米，发生于12月4日，相应流量1.13立方米/秒，年径流量3.129亿立方米；年平均输沙率3.47公斤/秒，最大日平均输沙率265公斤/秒；年平均含沙量0.35公斤/立方米，最大断面平均含沙量8.32公斤/立方米，最小断面平均含沙量0公斤/立方米，年输沙量110万吨。

【区划人口】 2019年，大田县设12个镇、6个乡，辖8个居委会和266个建制村。年末户籍人口41.61万人，其中城镇人口13.78人，城镇化率33.12%。人口自然增长率7.94‰。

国民经济与社会发展

2019年，大田县完成地区生产总值217.81亿元，比上年增长6.8%，其中：第一产业增加值72.83亿元，增长3.2%；第二产业增加值增长8.3%；第三产业增加值58.79亿元，增长6.1%。规模以上工业总产值增长11.9%。农林牧渔业总产值72.83亿元，增长3.2%。固定资产投资增长6.5%。社会消费品零售总额58.15亿元，增长7.1%。外贸出口额11.73亿元，增长8.91%；实际利用外资10.15万元，增长3%。一般公共预算总收入11.05亿元，降幅1.8%，其中地方一般公共预算收入7.21亿元，降幅3.9%。城镇居民人均可支配收入37678元，增长9.2%；农村居民人均纯收入18309元，增长9.6%。

【农业产业】 2019年，大田县完成粮食播种面积1.63万公顷，粮食产量8.85万吨。省级农产品质量安全县获得认定。主导制定美人茶省级团体标准颁布实施。"三品一标"认证农产品33个，新增认证无公害农产品14个。"江山美人茶"获2019年度福建名牌农产品称号。加快建设特色现代农业，坚决打赢脱贫攻坚战，推进乡村振兴。实施茶叶公园、油茶公园、富硒产品园"两茶一硒"会战项目14个项目，完成投资2.18亿元。桃源镇入选省级乡村振兴特色乡镇，梅林、元沙等10个村入选省级乡村振兴试点村。推广产业扶贫，多渠道增加贫困户收入，建成华兴镇仙峰村"福平堡"和奇韬镇"五龙鼎珠"造福工程易地搬迁集中安置区。深化农村土地"三权分置"改革，全面完成土地确权登记颁证扫尾工作，完成整县推进农村集体产权制度改革试点任务。

【工业产业】 2019年，大田县工业增加值增长8.3%，规模以上工业总产值增长11.9%，固定资产投资增长6.5%。实施重点项目建设156个，总投资155.69亿元。新增省级"五个一批"项目135个，156个县级重点项目完成投资77.12亿元，展晖机械、大音文化等47个项目开工建设，科华石墨、宇隆超纤等29个项目建成或部分建成。广平工业园启动前期工作，红狮水泥有限公司危废处置及资源化、闽盛机械等12个项目开工建设，瓦能科技、星恒化纤等5个项目建成投产，红狮水泥有限公司获评省级龙头企业，硅光科技、中工塑胶、建华纺织通过省级"专精特新"（专业化、精细化、特色化、新颖化）企业认定。全县落实减税降费1.2亿元，为企业减负8288万元，兑现企业扶持资金4730万元，办理应急转贷资金2.97亿元。传统产业改造升级，关闭退出煤矿4家、压减煤炭产能36万吨，实施新一轮技改提升行动计划，岩兴气体、恒隆建材等28个技改项目投资15.72亿元。

【第三产业】 2019年，大田县第三产业融合互动提速，科技创新服务平台建成运营，与清华大学合作的"交叉双旋翼复合推力尾桨无人直升机"项目获中国"互联网+"大学生创新创业大赛总决赛冠军和第八届中国创新创业大赛（福建赛区）总决赛冠军。岩城新市场、白岩商城完成改造，县牲畜定点屠宰厂投入使用，建设镇被列为省级"商务特色镇"。新奇特水果联合体示范推广项目获全国农村创业创新大赛三等奖，国家农村产权流转交易服务标准化试点项目通过国家农村综合改革标准化试点项目考核组验收。

【重点项目】 2019年，大田县新增亿元以上"五个一批"（谋划一批、签约一批、开工一批、投产一批、增资一批）项目49个，兴泉铁路（大田段）全长60.28公里，全线动工建设；续建莆炎高速公路（大田段）征地拆迁基本完成；续建国道纵五线梅山德州至均溪柏林段公路41.7公里，完成路面9公里；完成四级公路改造37.16公里。

【基础设施】 2019年，大田县市政道路建设有序推进，栋山支路、福兴路原汽车站、坪尾仑、鸭蛋山等片区改造加快实施。开展城市供水水质提升三年行动，城乡供水一体化、下岩中型水库等项目稳步推进。整治背街小巷108条，新建改造城市公厕38座。新改建天然气管道29.84公里、给排水管网11.45公里，新增城市停车位170个。

【城乡发展】 2019年，大田县河滨健身栈道三期（全长1675米）、生活垃圾应急填埋场（位于广平镇广平村）基本建成，良元220千伏输变电工程动工建设。取缔违章占道摊点2100余个，拆除占道地锁270余个、违规家禽棚和雨披1300处。全面取缔城区三轮车非法运营，投入电动微型公交车100辆。乡村道路提升工程363公里、新改拓建农村公路58.2公里，新建改造农村公厕25座，整治裸房657座，建设三格化粪池1643户，农村电网改造升级工程228公里。创建美丽乡村14个，桃源镇入选省级乡村振兴特色乡镇，梅林、元沙等10个村入选省级乡村振兴试点村，仙峰、后华、兰玉3个村获评省级森林村庄。环境空气综合指数进入全省前十，新建安全生态水系18公里，湖美高才国控断面水质稳定达到Ⅱ类，水土保持"天地一体化"监管指挥中心建成投入使用，综合治理水土流失面积3873.33公顷。

【社会事业】 2019年，大田县累计发放扶贫小额信贷1.19亿元，建成造福工程易地搬迁集中安置区2个，全县建档立卡贫困人口2798户8437人脱贫，68个贫困（空壳）村、2个市级扶贫开发工作重点乡全部摘帽。新增城镇就业1236人，农村劳动力转移就业3232人，城镇失业率2.28%。新建农村幸福院12个。红星幼儿园新园等8个教育项目建成投入使用，新增学位4480个，争取上级教育专项编制1246个，当年高考本一上线率27.96%，居全市10个县(市)第一。石牌卫生院门诊综合楼和鸿晖养老服务中心建成投入使用，大田医养服务中心被列为全省第二批医养结合试点单位，省级慢性非传染性疾病综合防控示范区通过验收。新建、拓宽农村公路43.3公里。

【生态文明】 2019年1月，大田县获评2018全国首批生态旅游胜地、中国森林旅游美景推广地。6月，大仙峰·茶美人景区被福建省旅游资源规划开发质量等级评定委员会评为国家AAAA级旅游景区；8月，五彩大石景区被三明市旅游景区质量等级评定委员会评为国家AAA级旅游景区。8月，大田县桃源最氧睡眠小镇被中国睡眠研究会授予“中国睡眠康养示范基地”称号；10月，被中国林业产业联合会授予“全国森林康养基地试点建设单位”称号。华闽纸业工业废水治理、涉砂行为专项整治、规模养殖场粪污处理整治等3个项目完成。深化矿山水土流失“开发式”治理，利用银川矿区废弃矿山建成蛋鸡产业化、设施农业智能温控大棚等现代农业产业项目。深化提升河长制，主导起草和制定《福建省河（湖）长制管理规范》，探索“河道＋现代农业”“河道＋光伏产业” “河道＋旅游业”等发展模式，形成武陵大石永强农场、华兴仙峰漂流等一批河道经济典型。均溪河、文江河流域各监测断面水质达标率连续三年为100%。

2019年党政军社团组织机构及其领导人名录

【中共大田县委员会】

电 话 7222097 邮编 366100
地 址 凤山西路40号
书 记 陈文华（2018.4— ）
副书记 林金龙（2016.4— ）
　　连仁魁（2016.7— ）
常 委 施正立（2016.4— ）
　　黄 芳（女，2016.7— ）
　　黄家发（2016.4— ）
　　陈剑生（2016.7— ）
　　蔡兴山（2016.7— ）
　　茅有温（2016.7— ）
　　王怀斌（2016.7— ）
　　赖伟平（2017.10—2019.12挂职）
　　郭佳添（2018.5— ）
（其中书记、副书记为常委不重列）

【大田县人大常委会】

电 话 7222223 邮编 366100
地 址 凤山西路40号
主 任 陈汉良（2011.2— ）
副主任 章 玲（女，2016.12— ）
　　张爱兰（女，2013.12— ）
　　刘永生（2011.12— ）
　　郑宜堆（2011.12— ）

【大田县人民政府】

电 话 7222168 邮编 366100
地 址 凤山西路40号
县 长 林金龙（2016.5— ）
副县长 陈剑生（2016.7— ）
　　赖伟平（2017.10—2019.12挂职）
　　余维语（2009.10— ）
　　涂林瑢（女，2016.7— ）
　　涂剑峰（2015.1— ）
　　吴文旗（2016.12— ）
　　詹冬华（2016.12— ）
　　刘阳辉（2019.9— ）

【政协大田县委员会】

电 话 7220099 邮编 366100
地 址 凤山西路40号
主 席 余真华（2016.5— ）
副主席 陈庆建（2013.12— ）
　　陈钦梅（女，2016.12— ）
　　杨兴和（2016.1— ）
　　阮 芳（女，2016.12— ）

【中共大田县纪委】

电 话 7222226 邮编 366100
地 址 凤山西路40号
书 记 黄家发（2016.4— ）
副书记 黄丽玲（女，2016.7— ）
　　许志鹏（2017.12— ）

【大田县监察委员会】

电 话 7222226 邮编 366100
地 址 凤山西路40号
主 任 黄家发（2017.12— ）
副主任 黄丽玲（女，2018.1— ）
　　许志鹏（2018.1— ）

【大田县人武部】

电 话 7222209 邮编 366100
地 址 凤山西路29号
政 委 郭佳添（2015.6— ）
部 长 蔡 健（2018.1— ）

【县委工作部门及直属单位】

办公室
电 话 7222097 邮编 366100
地 址 凤山西路40号
主 任 黄和新（2016.7— ）

组织部
电 话 7222096 邮编 366100
地 址 凤山西路40号
部 长 王怀斌（2016.7— ）

县委非公有制企业和社会组织工委
电 话 7222550 邮编 366100
地 址 凤山西路40号
书 记 黄圣洁（2013.11— ）

宣传部
电 话 7222093 邮编 366100
地 址 凤山西路40号
部 长 黄 芳（女，2016.7— ）

统战部
电 话 7222413 邮编 366100
地 址 凤山西路40号
部 长 施正立（2016.4— ）

政法委
电 话 7222001 邮编 366100
地 址 凤山西路40号
书 记 茅有温（2016.7— ）

群众工作部
电 话 7332970 邮编 366100
地 址 龙山路4号
部 长 茅有温（兼，2016.7— ）

编 办
电 话 7267897 邮编 366100
地 址 凤山西路40号
主 任 陈汝传（2013.11— ）

县直机关党工委
电 话 7222228 邮编 366100
地 址 凤山西路40号
书 记 王怀斌（兼，2016.7— ）
常务副书记 甘满香（女，2015.10— ）

巡察办
电 话 7332005 邮编 366100
地 址 凤山西路40号

主　任　张春桃（2016.7—2019.7）
　　　　叶玉成（2019.7—　　）

巡察一组

电　话　7332006　邮编　366100
地　址　凤山西路 40 号
组　长　叶玉成（2017.3—2019.7）
　　　　高忠怀（2019.07—　　）

巡察二组

电　话　7332007　邮编　366100
地　址　凤山西路 40 号
组　长　叶德镇（2016.7—　　）

巡察三组

电　话　7332008　邮编　366100
地　址　凤山西路 40 号
组　长　空缺

老干部局

电　话　7223291　邮编　366100
地　址　白岩山南路 1 号
局　长　周建峰（2013.11—2019.8）
张春艳（2019.8—　　）

文明办

电　话　7222255　邮编　366100
地　址　建山路 46 号
主　任　蒋先切（2008.4—2019.7）
　　　　方来银（2019.7—　　）

党史和地方志研究室

电　话　7222086　邮编　366100
地　址　文山路 9 号
主　任　卢作福（2018.12—　　）

党　　校（行政学校）

电　话　7222094　邮编　366100
地　址　文山路 12 号
校　长　王怀斌（兼，2016.7—　　）
常务副校长　周丽华（女，2008.8—2019.7）
　　　　张景程（2019.7—　　）

档案馆

电　话　7222183　邮编　366100
地　址　银山北路 2 号
馆　长　空缺

融媒体中心

电　话　7222562　邮编　366100
地　址　银山北路 2 号
主　任　张知松（2019.7—2019.9）
　　　　颜全飚（2019.9—　　）

【县人大常委会工作机构】

办公室

电　话　7222223　邮编　366100
地　址　凤山西路 40 号
主　任　涂振鹏（2015.5—　　）

内司委

电　话　7225117　邮编　366100
地　址　凤山西路 40 号
主　任　卢建宏（2016.7.7—2019.8）
　　　　林起严（2019.08—　　）

财经委

电　话　7225117　邮编　366100
地　址　凤山西路 40 号
主　任　李方广（2017.4—　　）

教科文卫委

电　话　7226151　邮编　366100
地　址　凤山西路 40 号
主　任　郑小玲（女，2016.7—　　）

人事代表工作室

电　话　7320987　邮编　366100
地　址　凤山西路 40 号
主　任　章宗炼（2013.12—　　）

环城委

电　话　7223423　邮编　366100
地　址　凤山西路 40 号
主　任　林雁强（2013.12—2019.8）
　　　　程美花（女，2009.08—　　）

侨台委

电　话　7335665　邮编　366100
地　址　凤山西路 40 号
主　任　程美花（女，2009.2—2019.8）
　　　　林雁强（2009.08—　　）

农工委

电　话　7335665　邮编　366100
地　址　凤山西路 40 号
主　任　黄军晖（2017.4—　　）

【县政府工作部门及直属机构】

办公室

电　话　7226582　邮编　366100
地　址　凤山西路 40 号
主　任　陈有明（2016.7—　　）

发展和改革局

电　话　7223188　邮编　366100
地　址　建山路 20 号
局　长　温如凤（2019.1—　　）

教育局

电　话　7222064　邮编　366100
地　址　建山路 190 号
书　记　黄　芳（女，兼，2019.7—　）
局　长　涂林瑢（女，兼，2017.8—　）

科学技术局

电　话　7222139　邮编　366100
地　址　凤山西路 40 号
局　长　林奕明（2016.7—　　）

工业和信息化局

电　话　7222048　邮编　366100
地　址　建山路 27 号
局　长　杨维瓦（2019.1—　　）

公安局

电　话　7230909　邮编　366100
地　址　建山路 1 号
局　长　刘阳辉（2016.7—　　）
政　委　空缺

指挥中心

电　话　7230904　邮编　366100
地　址　建山路 1 号
主　任　余建载（2011.12—　　）

国内安全保卫大队

电　话　7230909—3128　邮编　366100
地　址　建山路 1 号
大队长　余新荣（2017.6—　　）

公共网络安全监察大队

电　话　7230904　邮编　366100
地　址　建山路 1 号
大队长　杨维格（2009.1—2019.7）
　　　　吴　欣（2009.10—　　）

刑侦大队

电　话　7223325　邮编　366100
地　址　白岩山北路 5 号
大队长　郑乾智（2011.4—　　）

出入境管理大队

电　话　7230906-3136　邮编　366100
地　址　建山路 1 号
大队长　空缺

治安大队

电　话　7230909　邮编　366100
地　址　建山路 1 号
大队长　陈长裕（2017.4—　　）

经侦大队

电　话　7230909—3143　邮编　366100
地　址　建山路 1 号
大队长　涂红彤（2017.9—　　）

交警大队

电　话　7222013　邮编　366100
地　址　兴田路 9 号
大队长　苏　炉（2017.6—　　）

法制大队

电　话　7230906—3126　邮编　366100
地　址　建山路 1 号
大队长　谢志峰（2015.4—　　）

拘留所

电　话　7222068　邮编　366100
地　址　白岩山北路 5 号

所　长　林芳耀（2011.4—2019.10）
　　　　林　清（2019.10—　）
看守所
电　话　7222067　邮编　366100
地　址　白岩山北路5号
所　长　陈大吉（2017.4—　）
民政局
电　话　7222101　邮编　366100
地　址　雪山南路2号
局　长　黄桂珍（女，2015.10—　）
司法局
电　话　7222107　邮编　366100
地　址　南山路253号
局　长　肖长祥（2016.7—　）
财政局
电　话　7223376　邮编　366100
地　址　凤山西路40号
局　长　吴高勇（2016.7—2019.8）
　　　　林永田（兼，2019.8—　）
人力资源和社会保障局
电　话　7222150　邮编　366100
地　址　赤岩山路2号福万通大厦8楼
局　长　郭育靖（2009.4—2019.3）
　　　　吴高勇（2019.8—　）
自然资源局
电　话　7223527　邮编　366100
地　址　建山路11号2楼
局　长　林宗镇（2011.7—　）
住房和城乡建设局、人民防空办公室
电　话　7222155　邮编　366100
地　址　建山路24号
局　长、主　任
　　　　林建明（2015.5—2019.8）
　　　　刘传贵（2019.8—　）
交通运输局
电　话　7222028　邮编　366100
地　址　凤山中路209号
局　长　郑际楷（2012.3—　）
水利局
电　话　7222063　邮编　366100
地　址　建山路23号
局　长　田仁芳（2013.12—2019.8）
　　　　林建明（2019.8—　）
农业农村局
电　话　7223311　邮编　366100
地　址　凤山中路219号
局　长　郑成鑫（2015.5—　）
商务局
电　话　7223022　邮编　366100
地　址　建山路188号
书　记　周万裕（2019.8—　）
局　长　张春艳（女，2017.4—2019.8）
　　　　苏祎群（女，2019.8—　）
贸促会（国际商会）
电　话　7221796　邮编　366100
地　址　凤山西路40号
会　长　陈华塔（2014.2—2019.12）
　　　　周万裕（2019.12—　）
文体和旅游局
电　话　7222157　邮编　366100
地　址　建山路14号
局　长　叶增稳（2019.1—　）
卫生健康局
电　话　7222116　邮编　366100
地　址　建山路174号
局　长　陈永晶（2015.5—　）
退役军人事务局
电　话　7220016　邮编　366100
地　址　雪山南路2号
局　长　施正钻（2019.1—　）
应急管理局
电　话　7220737　邮编　366100
地　址　福田路216号
局　长　魏初铭（2019.1—　）
审计局
电　话　7222268　邮编　366100
地　址　建山路31号
局　长　严建忠（2011.7—　）
林业局
电　话　7222185　邮编　366100
地　址　雪山南路3号
局　长　肖宏强（2016.7—　）
市场监督管理局
电　话　7221113　邮编　366100
地　址　福田路230号1幢
局　长　林春忠（2019.1—　）
统计局
电　话　7222284　邮编　366100
地　址　建山路20号
局　长　林芳庆（2016.7—2019.8）
　　　　魏祥强（2019.8—　）
信访局
电　话　7222117　邮编　366100
地　址　龙山路4号
局　长　罗　浩（2016.7—　）
经济开发区管委会
电　话　7326776　邮编　366100
地　址　文山路9号
主　任　蔡兴山（兼，2017.5—　）
行政服务中心管委会
电　话　7233100　邮编　366100
地　址　赤岩山路2号福万通大厦3楼
主　任　郭秀完（2015.11—　）
生态综合执法局
电　话　8736356　邮编　366100
地　址　赤岩山路2号福万通大厦6楼
主　任　刘传贵（2016.10—2019.8）
　　　　林芳庆（2019.8—　）
公安局森林分局
电　话　7222058　邮编　366100
地　址　雪山南路3号
局　长　卢有明（2017.6—　）
教导员　林建楠（2017.6—　）
供销合作社联合社
电　话　7222051　邮编　366100
地　址　雪山南路5号
主　任　陈占对（2016.7—　）
城镇集体工业联合社
电　话　7222089　邮编　366100
地　址　宝山路35号
主　任　空缺
水利水电工程移民发展中心
电　话　7243595　邮编　366100
地　址　宝山路107号
主　任　林玉温（2011.7—　）
旅游发展中心
电　话　7260655　邮编　366100
地　址　白岩山南路1号
主　任　廖舒静（女，2019.9—　）
农业发展促进中心
电　话　7223311　邮编　366100
地　址　凤山中路219号
主　任　空缺
机关事务保障中心
电　话　7223202　邮编　366100
地　址　凤山西路40号
主　任　空缺
国土资源执法监察大队
电　话　7263163　邮编　366100
地　址　建山路11号2楼
大队长　廖生抬（2016.7—　）
农村社会经济调查队
电　话　7222260　邮编　366100
地　址　建山路20号
队　长　黄初齐（2016.10—　）
城市社会经济调查队
电　话　7222260　邮编　366100
地　址　建山路20号
队　长　林美华（女，2010.3—　）

文化市场综合执法大队
电　话　7222157　邮编　366100
地　址　建山路14号
大队长　范文革（2019.3—　　）
交通运输发展中心
电　话　7222110　邮编　366100
地　址　凤山中路213号
主　任　郑一刚（2011.6—　　）
交通综合行政执法大队
电　话　7280909　邮编　366100
地　址　建山路210号
大队长　张　文（2011.12—　　）
坑口水库服务中心
电　话　7236870　邮编　366100
地　址　谢洋乡坑口村
主　任　范明铁（2013.12—　　）
勘界办
电　话　7230016　邮编　366100
地　址　雪山南路2号
主　任　林开斌（2011.6—　　）
教育督导室
电　话　7243345　邮编　366100
地　址　建山路190号
主　任　吴成本（2017.8—　　）
机关社保中心
电　话　7222126　邮编　366100
地　址　赤岩山路2号福万通大厦4楼
主　任　陈志清（2010.03—　　）
林业科技推广中心
电　话　7335989　邮编　366100
地　址　雪山南路3号
主　任　陈秉宇（2019.8—　　）
大仙峰省级自然保护区管理处
电　话　7266191　邮编　366100
地　址　雪山南路3号
主　任　周仲琼（2005.1—2019.8）
　　　　高上尧（2019.8—　　）
消防大队
电　话　7222118　邮编　366100
地　址　建山路178号
大队长　谢晓锋（2018.3—　　）

【县政协工作机构】

办公室
电　话　7222099　邮编　366100
地　址　凤山西路40号
主　任　陈德强（2010.3—　　）
文史学习和民族宗教委
电　话　7223628　邮编　366100
地　址　凤山西路40号
主　任　张玉莲（女，2016.7—2019.8）
　　　　陈新镇（2019.8—　　）
经济和港澳台侨委
电　话　7223628　邮编　366100
地　址　凤山西路40号
主　任　田　勇（2016.7—　　）
提案和法制委
电　话　7223628　邮编　366100
地　址　凤山西路40号
主　任　易清花（2013.12—2019.8）
　　　　蔡建峰（2019.8—　　）
社会事业委
电　话　7220193　邮编　366100
地　址　凤山西路40号
主　任　池乃国（2015.8—2019.8）
　　　　易清花（女，2019.8—　　）
农业和农村委
电　话　7223628　邮编　366100
地　址　凤山西路40号
主　任　池乃国（2019.8—　　）

【县人武部工作部门】

军事科
电　话　8736697　邮编　366100
地　址　凤山西路29号
科　长　空缺
政工科
电　话　8736698　邮编　366100
地　址　凤山西路29号
科　长　栾仁豹（2017.6—　　）
保障科
电　话　8736699　邮编　366100
地　址　凤山西路29号
科　长　黄章凤（2016.6—　　）

【地方武装】

武警中队
电　话　7222124　邮编　366100
地　址　白岩山北路5—3号
中队长　刘俊杰（2019.4—　　）

【县人民法院】

电　话　7222232　邮编　366100
地　址　凤山西路30号
院　长　杨绍东（2016.12—　　）
副院长　史小闽（1995.10—　　）
陈　晶（女，2002.5—　）
　　　　肖雄忠（2002.5—　　）

【县人民检察院】

电　话　7223609　邮编　366100
地　址　福田路231号
检察长　张春明（2016.1—　　）
副检察长　蒋原成（1999.10—　　）
　　　　　吴明华（2002.5—　　）
　　　　　郑向阳（2011.7—　　）

【社会团体】

工商联
电　话　7222472　邮编　366100
地　址　凤山西路40号
主　席　涂志敏（兼，2016.12—　　）
常务副主席　李建政（2016.12—　　）
总工会
电　话　7222039　邮编　366100
地　址　凤山西路73号
主　席　施正立（兼，2016.7—　　）
常务副主席　林廷灶（2016.7—　　）
团县委
电　话　7222227　邮编　366100
地　址　白岩山南路1号
书　记　黄璟頔（2017.3—　　）
妇　联
电　话　7222522　邮编　366100
地　址　白岩山南路1号
主　席　林爱红（女，2013.12—　　）
科　协
电　话　7222154　邮编　366100
地　址　凤山西路40号
主　席　方来银（2013.12—2019.7）
　　　　田仁芳（2019.7—　　）
残　联
电　话　7222902　邮编　366100
地　址　建山路231号
理事长　施发烧（2015.11—　　）
侨　联
电　话　7222549　邮编　366100
地　址　凤山西路40号
主　席　连宝聪（2019.10—　　）
文　联
电　话　7222157　邮编　366100
地　址　建山路14号
主　席　颜全飚（2017.4—　　）
社科联
电　话　7222093　邮编　366100
地　址　凤山西路40号
副主席　乐成春（2017.4—　　）

【其他事业单位】

农科所
电　话　7248935　邮编　366100
地　址　赤岩山路2号
所　长　章赞德（2019.8—　　）

良种场
电　话　7382115　邮编　366100
地　址　桃源村308号
场　长　黄志金（2010.3—　　）

总医院
电　话　7222137　邮编　366100
地　址　雪山北路180号
书　记　空缺
院　长　林其汉（2017.7—　　）

疾病控制中心
电　话　7222017　邮编　366100
地　址　香山路181号
主　任　郑雪珍（女，2013.9—　　）

卫生计生监督所
电　话　7238288　邮编　366100
地　址　南山路150号
主　任　苏启睿（2019.3—　　）

妇幼保健院
电　话　7222038　邮编　366100
地　址　建山路69号
院　长　林大平（2002.9—2019.0）
　　　　吴红女（2019.3—　　）

食药监督管理执法大队
电　话　7226800　邮编　366100
地　址　福田路230号1幢
主　任　吴长相（2017.4—　　）

不动产登记中心
电　话　7233878　邮编　366100
地　址　赤岩山路2号福万通大厦3楼
主　任　郭景盛（2017.4—　　）

石牌超限运输检测站
电　话　7275003　邮编　366100
地　址　石牌镇长溪村梅溪路76号
站　长　涂双锋（2015.5—　　）

教师进修学校
电　话　7222197　邮编　366100
地　址　玉山路12号
校　长　林再生（2013.9—　　）

一　中
电　话　7222167　邮编　366100
地　址　文山路17号
校　长　连青阳（2017.8—　　）

五　中
电　话　7222613　邮编　366100
地　址　天山路43号
校　长　廖明昶（2017.8—　　）

福建电大大田工作站
电　话　7222255　邮编　366100
地　址　玉山路12号
站　长　俞建营（2011.6—　　）

职业中专
电　话　7223634　邮编　366100
地　址　福田路160号
校　长　林凤琛（2008.9—2019.7）
　　　　杨生强（2019.7—　　）

二　中
电　话　7408219　邮编　366105
地　址　建设镇建设村272号
校　长　空缺

三　中
电　话　7382819　邮编　366101
地　址　桃源镇桃源村108号
校　长　空缺

【乡镇党委、人大、政府】

均溪镇
电　话　7223419　邮编　366100
地　址　凤山中路156号
党委书记　林永田（2016.5—　　）
人大主席　林永田（2016.12—2019.8）
　　　　　田美颂（2019.8—　　）
镇　长　郑丁炫（2016.12—　　）

石牌镇
电　话　7224731　邮编　366100
地　址　石牌村1号
党委书记　范成火（2016.5—2019.5）
　　　　　陈结章（2019.7—　　）
人大主席　涂建志（2017.7—2019.8）
　　　　　林芳炳（2019.8—　　）
镇　长　陈开尧（2016.12—　　）

华兴镇
电　话　7229968　邮编　366100
地　址　兴田路301号
党委书记　颜佳秀（女，2015.5—　）
人大主席　郑开京（2015.5—　　）
镇　长　吴善寨（2015.5—2019.8）
　　　　林起洲（2019.8—　　）

屏山乡
电　话　7308238　邮编　366116
地　址　兴屏街1号
党委书记　林生长（2016.5—　　）
人大主席　吴绍锯（2016.12—　　）
乡　长　邱　娟（女，2016.12—2019.8）
　　　　柳书报（2019.8—　　）

吴山镇
电　话　7328063　邮编　366118
地　址　吴山新街48号
党委书记　黄永强（2016.5—　　）
人大主席　林起洲（2016.12—2019.8）
　　　　　陈振宋（2019.8—　　）
镇　长　廖卉喆（女，2016.12—　　）

济阳乡
电　话　7348850　邮编　366117
地　址　济阳新街007号
党委书记　杨道成（2016.5—　　）
人大主席　余有龙（2016.12—　　）
乡　　长　范清玲（2019.8—　　）

谢洋乡
电　话　7338115　邮编　366119
地　址　复兴路1号
党委书记　张乃军（2015.5—　　）
人大主席　田首道（2010.3—　　）
乡　　长　李序扶（2016.12—2019.8）
　　　　　罗春苗（2019.8—　　）

武陵乡
电　话　7358088　邮编　366121
地　址　宏图街001号
党委书记　廖正楼（2015.5—　　）
人大主席　林玉华（女，2016.12—　）
乡　　长　陈如双（2015.5—　　）

桃源镇
电　话　7382210　邮编　366101
地　址　桃源村1号
党委书记　范德溥（2016.5—　　）
人大主席　柳书报（2016.12—2019.8）
　　　　　陈首光（2019.8—　　）
镇　长　陈建伟（2016.12—　　）

上京镇
电　话　7363205　邮编　366102
地　址　上京南路1号
党委书记　林世畅（2016.5—　　）
人大主席　方来炽（2014.2—　　）
镇　　长　廖上培（2016.12—　　）

太华镇
电　话　7391020　邮编　366103
地　址　太华村35号
党委书记　陈建文（2016.5—　　）
人大主席　张正春（2016.12—　　）
镇　　长　涂育严（2014.2—　　）

建设镇
电　话　7408018　邮编　366105
地　址　建设街001号
党委书记　乐永权（2016.5—　　）
人大主席　林玉安（2016.12—　　）

镇　长　陈建锋（2016.12—　）

广平镇

电　话　7416237　邮编　366107

地　址　广平村325号

党委书记　陈秀达（2016.5—　）

人大主席　陈首光（2012.1—2019.8）

　　　　　陈文校（2019.8—　）

镇　　长　周茂座（2016.12—　）

奇韬镇

电　话　7438026　邮编　366108

地　址　奇韬村372号

党委书记　黄兴烈（2016.5—　）

人大主席　陈世忠（2014.2—　）

镇　　长　田起杨（2016.12—2019.8）

　　　　　涂锦发（2019.8—　）

文江镇

电　话　7458028　邮编　366109

地　址　文江路161号

党委书记　陈庆进（2016.5—　）

人大主席　陈振宋（2018.2—2019.8）

　　　　　张兆钡（2019.8—　）

镇　　长　连华状（2016.12—　）

前坪乡

电　话　7478134　邮编　366112

地　址　前坪村1号

党委书记　陈结章（2016.5—2019.7）

　　　　　田起杨（2019.7—　）

人大主席　陈文集（2016.12—　）

乡　　长　陈光伟（2016.12—　）

梅山镇

电　话　7468028　邮编　366114

地　址　梅山村036号

党委书记　林起严（2015.5—2019.7）

　　　　　吴善寨（2019.7—　）

人大主席　周万裕（2016.12—2019.8）

　　　　　柯春艳（2019.8—　）

镇　　长　林昌儒（2012.1—　）

湖美乡

电　话　7488011　邮编　366115

地　址　仁美村1号

党委书记　林大红（2016.5—2019.5）

　　　　　李序扶（2019.07—　）

人大主席　徐成章（2014.2—　）

乡　　长　陈志堂（2016.12—　）

【部分省、市直属单位】

永安煤业公司

电　话　7366699　邮编　366102

地　址　上京镇京仙路1号

党委书记、董事长

　　　　　陈荣万（2018.3—　）

生态环境局

电　话　7222081　邮编　366100

地　址　建山路76号

局　长　林起雄（2019.04—　）

医疗保障局

电　话　7236079　邮编　366100

地　址　建山路75号

局　长　周家好（2019.7—　）

国家税务总局大田县税务局

电　话　7230399　邮编　366100

地　址　建山路193-1号

局　长　华　富（2018.7—　）

国网大田县供电公司

电　话　7241888　邮编　366100

总经理　尤国荣（2018.11—　）

书　记　林昌熔（2018.11—　）

三明银保监分局大田监管组

电　话　7261696　邮编　366100

地　址　建山路18号

组　长　乐光锻（2011.6—　）

人行大田支行

电　话　7222372　邮编　366100

地　址　建山路18号

行　长　刘善鹏（2017.4—　）

工行大田支行

电　话　7222281　邮编　366100

地　址　凤山西路36号

行　长　曾钦略（2017.8—　）

农行大田支行

电　话　7222358　邮编　366100

地　址　雪山南路1号

行　长　田生智（2019.1—2019.7）

建行大田支行

电　话　7238579　邮编　366100

地　址　建山路51号

行　长　邱保洪（2016.6—　）

中行大田支行

电　话　7320993　邮编　366100

地　址　建山路18号

行　长　张溪椿（2017.9—2019.2）

　　　　林国莹（2019.2—　）

邮政储蓄大田支行

电　话　7221298　邮编　366100

地　址　建山路99号

行　长　游敏奇（2018.9—　）

农村信用联社

电　话　7232683　邮编　366100

地　址　赤岩山路2号

理事长　廖世星（2015.9—2019.5）

　　　　钟先礼（2019.11—　）

中国财产保险股份有限公司大田支公司

电　话　7222241　邮编　366100

地　址　凤山中路156号

经　理　曾涛（2018.1—　）

中国人寿保险股份有限公司大田县支公司

电　话　7229767　邮编　366100

地　址　建山路10号

经　理　空缺

邮政公司

电　话　7222178　邮编　366100

地　址　宝山路111号

总经理　黄荣生（2017.7—　）

中国电信大田分公司

电　话　7239599　邮编　366100

地　址　凤山西路44号

经　理　林科翰（2018.6—　）

公路分局

电　话　7222076　邮编　366100

地　址　雪山北路210号

局　长　刘文锦（2016.12—　）

气象局

电　话　7222077　邮编　366100

地　址　建山路20号

局　长　高青芳（女，2017.5—　）

烟草专卖局

电　话　7239668　邮编　366100

地　址　建山路37号

局　长　叶建如（2017.4—　）

水文局

电　话　7222115　邮编　366100

地　址　均溪镇福塘村226号

局　长　周铮宏（2018.1—2019.10）

桃源林场

电　话　7382198　邮编　366101

地　址　桃源镇桃源村559号

场　长　林华章（2017.12—　）

梅林林场

电　话　7365345　邮编　366102

地　址　上京镇梅林村93号

场　长　叶远昌（2017.11—　）

福建新华发行集团有限责任公司大田分公司

电　话　7223017　邮编　366100

地　址　建山路6号

经　理　林还诚（2013.12—　）

（乐生梁）

中共大田县委

□编辑 陈妮

综述

【概况】 2019年，中共大田县委坚持以习近平新时代中国特色社会主义思想为指导，深入学习贯彻中共十九大及十九届二中、三中、四中全会精神，落实习近平总书记参加十三届全国人大二次会议福建代表团审议时的重要讲话精神，坚持高质量发展落实赶超，坚决打赢“三大攻坚战”，持续深化“五比五晒”①全年实现生产总值217.81亿元，比上年增长6.8%，城镇居民人均可支配收入37678元，同比增长9.2%，农村居民人均可支配收入18309元，同比增长9.6%；新增省级“五个一批”入库项目144个，156个县级重点项目完成投资77.12亿元。向上争取各类资金16.1亿元，居全市首位。落实减税降费1.2亿元，为企业减负8288万元，兑现企业扶持资金4730万元，办理应急转贷2.97亿元。着力打好招商、征地、“两茶一硒”、工业提升、现代服务业、交通建设、生态环境整治、市容市貌、农村环境整治、民生社会事业等“十大攻坚会战”，全年新签约项目101个，落地65个。完成商住用地征收36.49公顷、出让土地14.52公顷。建设标准化、机械化生态茶园1000公顷，完成油茶林抚育3400公顷、低产林改造1033.33公顷，富硒农民创业基地突破333.33公顷。发放扶贫小额信贷1.19亿元，建成扶贫易地搬迁集中安置区2个，全县建档立卡贫困人口2798户8437人全部脱贫，68个贫困（空壳）村、2个市级扶贫开发工作重点乡全部摘帽。

【上级党委决策部署贯彻落实】 2019年，县委坚持政治统领，严格执行省委“三四八”贯彻落实机制，引导全县干部群众贯彻落实习近平总书记重要讲话重要指示批示精神，自觉提高“四个意识”，增强“四个自信”，做好“两个维护”。开展“不忘初心，牢记使命”主题教育学习研讨648场次、调研844场次，完成8个方面突出问题专项整治105个，化解7个方面难题积案19项。召开县委十三届九次全会，围绕高质量发展目标，以打好“十大攻坚会战”为抓手，努力做实“四篇文章”、推进“四个着力”、深化“五比五晒”，加快老区苏区脱贫奔小康。

召开县委十三届十次全会，贯彻中共十九届四中全会、省委十届九次全会和市委九届十一次全会精神，出台推进治理体系和治理能力现代化的意见，推动各级全面落实支撑中国特色社会主义的根本制度、基本制度、重要制度。着力固化提升行之有效的制度，探索健全解决突出问题的制度，把制度优势转化为治理效能，高质量，推进新时代多彩大田治理现代化。

【党的建设推进】 2019年，县委开展“不忘初心、牢记使命”主题教育。按照“守初心、担使命，找差距、抓落实”总要求，坚持把学习教育、调查研究、检视问题、整改落实贯穿主题教育全过程，全县科级以上领导班子开展集中学习研讨648场次、调研844场次，完成8个方面突出问题专项整治105个，化解7个方面难题积案19项。开展向三钢、焦裕禄、吴祥江等先进典型学习活动，推动各级干部理论学习有收获、思想政治受洗礼、干事创业敢担当、为民服务解难题、清正廉洁作表率。从严管党治党，全面落实新时代党的建设总要求，落实省委“五抓五看”②“八个坚定不移”部署，为新时代多彩大田建设提供坚强政治保障。加强思想文化建设，坚持党管宣传、党管意识形态、党管媒体，严格落实党委（党组）意识形态工作责任制实施细则，完成融媒体中心机构改革，武陵大石等3个村被列入省级基层综合性文化服务中心示范点。开展使用激励性专用领导职数选拔事业副科级领导干部工作，竞争性选拔8名事业干部到一线岗位历练。坚决推进正风肃纪，深化提升县委巡察制度，推行“专项巡察推动专项整治”模式，开展2轮形式主义、官僚主义突出问题暨整治损害营商环境和漠视侵害群众利益问题专项巡察，推动解决问题12个。

【经济建设发展】 2019年，县委坚持发展第一要务，紧扣经济建设中心，把“五比五晒”作为推进高质量发展落实赶超的主抓手，突出项目建设和招商引资，引导各级干部凝心聚力抓产业、抓项目、抓发展，使经济运行保持总体平稳、稳中有进。全年实现生产总值217.81亿元，比上年增长6.8%，一般公共预算收入11.05亿元，同比下降1.8%，地方一般公共预算收入7.2亿元，同比下降3.9%，规模以上工业增加值同比增长8.3%，固定资产投资同比增长6.5%，社会消费品零售总额58.15亿元，同比增长7.1%，城镇居民人均可支配收入37678元，同比增长9.2%，农村居民人均可支配收入18309元、同比增长9.6%。年底不良贷款余额3.82亿元，不良率1.34%，为近五年来最低。全县新增省级“五个一批”入库项目144个，156个县级重点项目完成投资77.12亿元，展晖机械、大音文化等47个项目开工建设，科华石墨、宇隆超纤等29个项目建成或部分建成。组建工作专班，主动对接中央和省、市相关部门，争取中央苏区政策支持，全年向上争取各类资金16.1亿元，居全市首位。开展“访企业、解难题、促‘六稳’[③]”专项行动，创新“1+N”会商联动机制，落实“一业一策”“一企一策”帮扶措施，走访企业241家，解决红狮危废、科华石墨等项目环评、用地、技改等64个问题，推动石牌瓦能高性能靶材等31个项目提前投产或部分投产，全力解决70家工业企业证件不全的历史遗留问题；落实减税降费1.2亿元，为企业减负8288万元，兑现企业扶持资金4730万元，办理应急转贷2.97亿元；持续深化“放管服”改革，推进工程审批制度改革等改革举措，营商环境持续优化。

打好“十大攻坚会战”，加快推进新时代多彩大田建设。聚焦大田当前发展存在的突出问题，成立专门攻坚会战组，坚持“一日一汇报、一季一测评、一年一总评”制度，全力推动各项目标任务落地见效。坚持合规又合算，主动融入闽西南协同发展区，对接闽南沿海产业分工和产业转移，深化“一把手”招商、产业链招商、商会招商、以商招商、田商回归、网络平台招商等方式，实行招商引资全程无偿代办责任制，全年新签约项目101个，落地项目65个，完成年初预定的目标，签约亿元以上项目25个。

实施茶叶公园、油茶公园、富硒农产品园等项目14个，建设标准化、机械化生态茶园1 000公顷，完成油茶林抚育3400公顷、低产林改造1033公顷，建设富硒农民创业基地333公顷，举办第十四届中国高山茶文化节，主导制定的美人茶省级团体标准由海峡两岸茶业交流协会颁布实施，新奇特水果联合体示范推广项目分别获第三届全国、全省农村创业创新大赛三等奖、一等奖。新培育家庭农（林）场45个、专业合作社61个，新增“三品一标”[④]认证农产品14个，被省政府列为省级农产品质量安全示范县、“平安农机”示范县，国家农村产权流转交易服务标准化试点项目通过国家农村综合改革标准化试点项目考核组验收。

做好“老工业基地”文章，坚持一手抓优存量，实施岩兴气体、恒隆建材等28个技改项目，关闭退出煤矿4家、压减煤炭产能36万吨，红狮水泥获省工信厅评省级龙头企业；坚持一手抓扩增量，广平工业园前期工作扎实推进，14个省、市工业重点项目顺利实施，新增规模以上工业企业7家，入库科技型中小企业12家，清航无人机获第五届中国“互联网+”大学生创新创业大赛总冠军，新增高新技术企业、科技小巨人领军企业2家，硅光科技、中工塑胶、建华纺织通过省工业和信息化厅、财政厅“专精特新”企业认定。

新增服务业规模企业4家，营利性服务业营业收入同比增长23.6%，公路客货运周转量完成24.5亿吨公里、同比增长7%。完成岩城新市场、白岩商城改造，县牲畜定点屠宰厂投入使用，建设镇被列为省级“商务特色镇”。推进国家级电子商务进农村示范县创建，新增电商企业28家，申报限额以上贸易企业14家。县旅游集散中心、中国·桃源里旅游度假区、五龙山生态休闲旅游开发等项目建成运营，大仙峰·茶美人景区被省旅游资源规划质量评定委员会批准为国家AAAA级景区，五彩大石景区获批国家AAA级景区，桃源最氧睡眠小镇被评为“中国睡眠康养示范基地”“全国森林康养基地试点建设单位”。

【交通和城市建设推进】 2019年，县委继续推进交通和城市建设，做好鸭蛋山、原麻纺厂三期、福田桥头、香山北路周边、坪尾仑等商住用地片区的土地收储及开发工作，全年完成商住用地征收36.49公顷、出让土地14.52公顷，加快推进原汽车站片区改造、城东水厂棚户区（三远大爱城）改造等项目，完成碧桂园·天誉等房地产开发项目。全力抓好上京工业园、罗丰工业园、均溪工业园等园区工业用地征迁报批336.66公顷，土地平台新开发123.33公顷。

昌厦高铁项目初步形成推荐线路方案并完成专家评审，基本完成兴泉铁路（大田段）红线内土地和房屋征迁工作，完成主体工程70%。莆炎高速公路支线大（田）安（溪）高速公路（大田段）通过工可审查和初勘、初测工作，配合市上报为厦沙高速复线，争取列入国高网规划。完成国道纵五线（二期）德州至溪柏林段路基工程80%、路面工程26.74%，国道横六线通过工可审查、用地预审等前期工作。实施乡村道路提升工程363公里，新改拓建农村公路58.2公里。

香山北路、河滨健身栈道三期、东门桥拓宽工程等市政设施投入使用，推进栋山支路、福兴路、城乡供水一体化、下岩中型水库等工程项目，生活垃圾应急填埋场投入使用。推进城市管理“五难”专项治理，整治背街小巷108条，依法拆除“两违”[⑤]面积2500平方米，新建提升城市公厕38座，新改建天然气管道29.84公里、给排水管网11.45公里，新增城市停车位170个。依法取缔1053辆非法载客三轮车，置换残疾人代步车105辆，投放使用10辆电动公交车和100辆微公交。

【脱贫巩固和民生改善】 2019年，县委坚决打好脱贫攻坚战，巩固脱贫成果。31个教育补短板项目加快实施，红星幼儿园新园区等8个教育项目建成使用，新增学位4480个，向上争取教师专项编制1246个，全县普通高考本一上线率居10个县（市）第一。推进县总医院六大中心建设，石牌卫生院门诊综合楼等2个项目建成投入使用，省级慢性非传染性疾病综合防控示范区通过专家组验收，医养服务中心被省卫生计生委、省民政厅列为全省第二批医养结合试点单位。夕阳红闽中康养服务中心（二期）动工建设，民生医院鸿晖养老服务中心建成使用，新建居家照料中心2个、农村幸福院12个、慈善幸福院42个、农村老年人活动中心70个，新增养老床位476张，文江镇2家农村幸福院被省民政厅评为省“五星级农村幸福院”。持续深化“平安大田”建设，深入开展扫黑除恶专项斗争、打击治理电信网络新型违法犯罪专项行动，推进“七五”普法、“雪亮工程”，创建“六无村（社区）”88个，被市委、市政府评为全市平安建设（综治工作）考评一等奖。县乡村三级退役军人服务中心（站）实现全覆盖，安全生产、食品药品监管形势保持稳定，应急管理能力持续加强，人民群众获得感、幸福感、安全感持续提升。

【生态保护和人居环境整治】 2019年，县委抓好中央和省、市环保督察反馈意见整改工作，推进坑口水库饮用水源地一级保护区搬迁整治，实施闽江流域山水林田湖草生态保护修复等项目，新建安全生态水系18公里，综合治理水土流失面积3873公顷，城区空气质量优良天数比例100%，环境空气综合指数位居全省第八，均溪、文江两河主要流域断面水质按期次达标率100%，湖美高才国控断面水质年均值达到Ⅱ类。持续深化河长制、矿山水土流失开发式治理模式、生态综合执法制度等改革，水土保持“天地一体化”监管指挥中心投入使用，全市矿山水土流失治理座谈会在县召开，生态环境保护指挥中心被省委、省政府评为第四届全省“人民满意的公务员集体”。推进农村人居环境整治三年行动，开展“一革命五行动”，建成农村饮水安全工程15个，裸房整治657座，新改造乡村公厕25座、旅游公厕18座，完成无害化改造农村户用厕所980户，建成三格化粪池1643户，生活垃圾转运系统实现全覆盖。完成新一轮农村电网改造升级工程228千米，创建美丽乡村14个，桃源镇入选省级乡村振兴特色乡镇，兰玉村获评全国乡村治理示范村，华兴杞溪村获评全国首批、全省首个地质文化示范村，梅林村、元沙村等10个村入选省级乡村振兴试点村，兰玉村、仙峰村、后华村被省林业局评为省级森林村庄。

注：

①**五比五晒**：比谋划晒前期、比招商晒签约、比开工晒进度、比投产晒成效、比服务晒质量

②**五抓五看**：2015年省委对全省各级党组织落实主体责任提出的具体要求，即看有没有抓加强教育、看有没有抓制度建设、看有没有抓“一把手”、看有没有抓查处、看有没有抓部署检查落实。

③**六稳**：稳就业、稳金融、稳外贸、稳外资、稳投资、稳预期，涵盖了我国目前经济生活的主要方面。

④**三品一标**：无公害农产品、绿色食品、有机食品、农产品地理标志。

⑤**两违**：违法占地和违法建设的建筑。

（廖尚炬）

重要会议与活动

【概况】 2019年，中共大田县委十三届委员会召开全体（扩大）会议3次，常委会议31次，专题会议17次，专门研究为民办实事、综合财政预算安排、民生及社会事业保障项目建设、商住用地征迁、变电站项目建设等工作。

【县委全委会议】 1月4日，县委十三届八次全体（扩大）会议在县影剧院召开。县委书记陈文华主持并代表县委常委会作报告。全会讨论《中共大田县委 大田县人民政府关于进一步深化改革扩大开放的实施意见》，审议通过《中国共产党大田县第十三届委员会第八次全体会议决议》。

6月14日，县委十三届九次全体（扩大）会议在县影剧院召开。县委书记陈文华主持并代表县委常委会作报告。审议通过《关于贯彻落实习近平总书记重要讲话精神，深化“十大”攻坚会战，加快推进新时代多彩大田建设的实施意见》《中国共产党大田县第十三届委员会第九次全体会议决议》。

12月24日，县委十三届十次全体（扩大）会议在县影剧院召开。县委书记陈文华主持并代表县委常委会作报告。审议通过《中共大田县委关于推进治理体系和治理能力现代化的意见》《中国共产党大田县第十三届委员会第十次全体会议决议》。

【县委常委会议摘录】 1月3日，听取县人大常委会、县政府、县政协、县纪委监委、县法院、县检察院党组工作情况汇报。

2月11日，重温2000年习近平总书记到大田调研时的重要讲话精神，学习省政协副主席、市委书记杜源生到县慰问调研时的讲话精神，研究贯彻意见。

3月18日，研究审定《大田县文明单位动态管理实施办法（试行）》（送审稿）；研究讨论2019年省“五一”劳动奖章候选人推荐和工人（“五一”）先锋号集体单位推荐、2019年市级劳动模范和先进工作者候选人推荐，以及提请县委常委会解决的有关事宜。

3月22日，传达学习市委常委会、市委书记林兴禄到大田调研时的讲话精神，研究贯彻意见；研究讨论为民办实事、综合财政预算安排等有关事宜。

3月27日，研究审定《大田县党政工作部门制定“三定”规定方案（送审稿）》《大田县五个领域综合行政执法改革方案（送审稿）》，研究讨论全市2018年度“五比五晒”项目竞赛活动奖励人选推荐、2018年度科级干部年度考核等有关事宜。

4月30日，研究讨论《关于开展2018年度“五比五晒”项目竞赛活动奖励工作的通知（送审稿）》、加强县关工委班子建设、县政协机关核增人员编制和领导职数，以及提请县委常委会解决的巡视整改有关事宜。

5月10日，研究讨论2018年“五比五晒”竞赛活动表彰奖励人员名单和推荐全省计生协会先进单位和先进个人名单。

5月20日，研究讨论2018年度平安建设（综治工作）的评定和奖金发放，《大田县2019年开展“五比五晒”推进高质量发展落实赶超竞赛活动方案（送审稿）》，推荐全市优秀共产党员、优秀党务工作者和先进基层党组织名单等有关事宜。

6月4日，研究审定《大田县干部实绩记账办法（试行）》（送审稿），研究讨论关于调整部分县领导挂钩联系乡镇等有关事宜。

7月12日，研究审定《大田县矿业管理体制和涉矿县属国有企业改革的实施意见（送审稿）》；听取“五比五晒”工作开展情况汇报，研究部署下阶段工作；研究讨论表彰县见义勇为先模表彰人员名单、市见义勇为先模人选推荐等有关事宜。

7月18日，传达学习市委书记林兴禄到大田调研时的讲话精神、全市水土流失治理座谈会会议精神，研究贯彻意见；研究审定《中共大田县委关于全

面深化改革委员会等 11 个议事协调机构组成人员任职的通知（送审稿）》等有关事宜。

8 月 2 日，研究讨论大田县事业单位激励性专用副科级领导职数设置事宜、《关于大田县融媒体中心建设的实施方案（送审稿）》及县委组织部提请研究的有关事宜。

8 月 12 日，传达学习副省长、公安厅厅长田湘利，市委常委会、市委书记林兴禄到大田调研时的讲话精神，传达学习全省巡视巡察工作会议、全省乡村产业振兴推进会、全市乡村振兴暨农村人居环境整治现场推进会、全市脱贫攻坚工作推进会议精神，研究贯彻意见；研究讨论推荐市 2018—2019 学年教育系统记功和嘉奖人选；研究讨论调整部分县委领导班子成员工作分工等有关事宜。

9 月 2 日，研究审定《2019 年度大田县绩效管理工作方案（送审稿）》《关于开展县直机关内部二级绩效考评工作的通知（送审稿）》《关于开展软弱涣散基层党组织等问题专项整治的工作方案（送审稿）》《中共大田县委全面依法治县委员会工作规则（送审稿）》等文件；研究讨论评选 2018—2019 学年教育系统专项奖励及县委组织部提请解决的有关事宜。

11 月 15 日，通报省委巡视五组巡视大田县反馈问题整改情况，安排部署省委巡视二组巡视三明反馈问题中涉及大田部分的整改工作；研究审定《大田县乡村振兴战略规划（2018—2022 年）》（送审稿）；研究讨论大田县第十七届人民代表大会第四次会议、县级人大代表履职补助及提高县级人大代表活动经费标准、政协第十届大田县委员会第四次会议、福建高山茶文化创意创业园项目、原汽车站周边片区项目开发建设总指挥部申请抽调乡镇领导干部等有关事宜。

12 月 20 日，研究审定县委十三届十次全会、县十七届人大四次会议、县政协十届四次会议、县国际贸易促进委员会深化改革和县纪委监委派驻机构改革等有关材料，研究分析全县意识形态领域情况，研究讨论三明市拟奖励新中国成立 70 周年安保维稳工作对象推荐人选、县招商服务中心组建及县委组织部提请研究解决的有关事宜。

【县委专题会议摘录】 2 月 13 日，县委巡察工作领导小组组长黄家发主持召开县委巡察工作领导小组会议，组织学习省委巡视办印发的《政治巡视监督重点及突出问题表现清单（试行）》和福建省 26 个被巡视单位党组织公开发布整改落实情况之部分县（市）的整改情况通报，听取十三届县委第九轮常规巡察县国土资源局（自然资源局）、水利局、库区移民开发局、安全生产监督管理局（应急管理局）、统计局、生态综合执法局党组的情况汇报，研究提出问题线索处置建议和整改要求。

2 月 15 日，专题研究民生及社会事业保障建设项目相关事宜。会议指出，保障和改善民生，大力发展社会事业，不仅关系改革发展稳定，而且关系人民群众的切身利益和幸福生活。各级各部门要牢固树立民生工作就是最大的政治、改善民生问题就是最大的发展理念，全力打响社会事业攻坚会战，把民生社会事业保障工作作为最大的政绩来抓。

2 月 18 日，县委书记陈文华到石牌镇现场办公，专题调研协调石牌镇开发建设工作。会议指出，石牌作为县城"南大门"，地理位置特殊，加强石牌片区开发建设和管理，打响市容市貌整治和征地拆迁攻坚会战，对提升城市品位，改善人居环境，促进经济社会又好又快发展，具有十分重要的意义。要求石牌镇党委政府及相关部门坚持高标准规划、高质量建设、高水平管理，突出抓好项目建设，集中精力攻坚遗留问题，提升城市综合承载力，树好"南大门"形象。

4 月 1 日，县委书记陈文华主持召开商住用地征迁攻坚会战专题会议。会议要求，各有关乡镇、部门和各指挥部要进一步明确目标责任、加强协同配合、统筹工作安排，确保商住用地征迁和市容市貌攻坚会战取得明显成效。

7 月 8 日，县委书记陈文华主持召开会议，研究部署良元 220 千伏变电站项目建设有关问题。会议指出，良元 220 千伏变电站项目是省、市重点项目，该项目建设能够进一步完善全县电网布局，保障兴泉铁路用电需求。要求各级各有关部门提高政治站位，强化责任担当，加快项目建设，保障兴泉铁路用电需求。

8 月 2 日，县委书记陈文华主持召开县委常委议军会议，听取县人武部工作情况汇报，研究讨论县人武部提请研究解决的有关问题。会议指出，全县各级各部门要充分认识国防动员和后备力量建设的重要性，强化国防意识，增强国防观念，切实关心和支持国防建设；要深入推进"双拥"工作，妥善解决退役军人安置、随军家属就业、军人子女就学等问题，以实际行动支持部队建设，为新形势下的强军目标提供有力保障。各驻田部队要进一步发扬拥政爱民传统，在抓好思想政治建设、军事训练、规范化建设等工作的同时，继续主动参与脱贫攻坚、抢险救灾、社会稳定等工作，服务全县经济社会发展，共同巩固军政军民团结大好局面。

7 月 19 日，县委巡察工作领导小组组长黄家发主持召开县委巡察工作领导小组会议。传达学习全国市县巡察工作推进会、全省巡视巡察工作会议精神并提出大田县初步贯彻意见，专题听取十三届县委第十轮常规巡察大田生态环境局（县环保局）、县直机关党工委、县委党史和地方志研究室、县科技局、县科协、县委统战部、县妇幼保健院、县疾病预防控制中心、县总医院等 9 个单位及均溪镇玉田村、屏山乡玉屏村、广平镇苏桥村、湖美乡前进村、华兴镇京口村、石牌镇老厝村等 6 个村的情况汇报，研究提出问题线索处置建议和整改要求。

11 月 26 日，县委书记陈文华主持召开县委专题会议，研究新岩水泥增资技改项目有关工作。会议指出，水泥制品行业是国民经济的重要基础性产业，也是县财税收入的重要支柱，开展新岩水泥增资技改对促进全县经济发展具有重要意义。要求各级各部门强化责任担当，创新工作思路，帮助企业解决项目用地问题。

【上级领导调研】 1 月 31 日，省政协副主席、市委书记杜源生到县调研水土流失治理工作、慰问贫困户并召开座谈会，市领导黄建平、包萍，县领导陈文华、林金龙、连仁魁参加。

3 月 7 日，省自然资源厅副厅长何南飞到县开展矿山生态修复工作调研，县领导林金龙、吴文旗陪同。

3 月 21 日，市委书记林兴禄到县

调研福建（大田）机械铸造产业集聚区暨清航无人机产业化项目、卫斯特环保科技项目等，县领导陈文华陪同。

5月8日，省交通运输厅厅长黄祥谈到县调研国道纵五项目建设情况，县领导林金龙、吴文旗陪同。

6月26日，市委书记林兴禄到建设镇建国村传统村落、民生医院医养结合项目、建忠村红釉特色小镇、广平镇铭栋幸福院、五龙山生态茶园、施坑工业园区等6个项目现场调研。

7月16日，省政协副主席杜源生带队到县召开全市矿山水土流失治理现场会，市领导黄建平、林俊德，县领导陈文华、林金龙、余真华、连仁魁、陈剑生、王怀斌、涂剑峰、吴文旗、詹冬华参加。

7月25—26日，省委统战部常务副部长臧杰斌到县调研健康扶贫工作，并出席"目浴阳光·睛彩华厦"慈善光明行——走进大田活动启动仪式，县领导陈文华、施正立、涂林瑢参加。

8月1日，市委副书记、市长余红胜到县专题调研"五比五晒"项目竞赛活动、乡村振兴、脱贫攻坚和水土流失治理工作，县领导林金龙陪同。

8月5日，省政府副省长、公安厅厅长田湘利到县实地督办中央生态环境保护督查信访件和突出生态环境问题，调研指导公安工作，市政府副市长陈育煌，县领导茅有温、刘阳辉陪同。

8月13日，省政府副省长李德金到县调研水土流失治理工作，县委常委、常务副县长陈剑生陪同。

8月25日，市委副书记、市长余红胜到县检查指导防御第11号台风"白鹿"工作、调研乡村振兴工作，县领导林金龙陪同。

9月2日，省煤矿安全监察局副局长朱石福到县调研煤炭去产能有关工作，县领导陈剑生陪同。

9月18—19日，国家淘汰和化解过剩产能工作督导组到县调研淘汰和化解过剩产能工作，县领导陈剑生陪同。

12月5日，省科技厅党组成员、副厅长周世举到县调研卫斯特环保科技有限公司、县科技创新服务平台、福建清航装备科技有限公司、凯利达国际创新中心孵化器项目，县委常委蔡兴山陪同。

【市委书记林兴禄到县调研】 3月21日，市委书记林兴禄到福建（大田）机械铸造产业集聚区暨清航无人机产业化项目、卫斯特环保科技项目等项目现场调研，县委书记陈文华陪同。6月3日，林兴禄到桃源里旅游度假区建设项目、屏山乡大仙峰茶美人景区创AAAA建设项目等现场调研，陈文华陪同。6月26日，林兴禄到建设镇建国村传统村落、民生医院医养结合项目、建忠村红釉特色小镇、广平镇铭栋幸福院、五龙山生态茶园、施坑工业园区等6个项目现场调研。7月16日，林兴禄到太华镇、吴山镇、石牌镇、谢洋乡、华兴镇调研乡村振兴、脱贫攻坚和基层党建工作，县人大常委会主任陈汉良陪同。8月4日，林兴禄到广平镇、奇韬镇、文江镇、梅山镇、前坪乡、湖美乡调研基层党建、"五比五晒"、乡村振兴等工作。

【"不忘初心、牢记使命"主题教育会议】 9月16日，县委书记陈文华主持召开全县"不忘初心、牢记使命"主题教育工作会议，市委第三巡回指导组组长张鸿飞到会指导，参会211人。会议要求，全县各级党组织和广大党员要从讲政治的高度，认真学习领会、全面贯彻落实，切实把这次主题教育组织好、开展好。全县各级党组织要加强组织领导，以过硬的作风确保主题教育取得实效，要压实主体责任，坚持严督实导，抓好宣传引导，力戒形式主义，注重统筹兼顾，以高度的政治自觉和务实的作风举措，坚决完成主题教育各项目标任务，为推进新时代多彩大田提供更加坚强有力的支撑和保障。

【全县城镇工作暨农村人居环境整治推进会】 12月9日，全县城镇工作暨农村人居环境整治推进会在建设镇召开，参会80人。会议安排部署城镇和农村人居环境整治工作。要求全县各级各部门认真贯彻落实中央和省、市关于城镇工作和农村人居环境整治会议的安排部署，全面提升城镇规划建设管理水平，持续改善农村人居环境，不断增强人民群众的获得感、幸福感、安全感。

（廖尚炬）

组织工作

【概况】 2019年，组织工作坚持全面从严治党，围绕中心，服务大局，聚焦主业，开拓创新，组织工作质量水平有一定提高，为建设多彩大田提供坚强组织保障和人才支撑。全县基层党组织783个（党委37个、总支30个、支部716个），其中乡镇党委18个、建制村党组织282个、社区党组织11个。党员19508人，其中，女性4088人，占党员总数的20.96%；文化程度高中及以上12481人，占党员总数的63.98%。

【干部队伍建设】 2019年，县委组织部坚持好干部标准，突出实干实绩导向，结合新一轮机构改革和省委巡视整改工作，统筹推进涉改部门干部调配、人员转隶，提拔重用一线工作实绩突出干部70人，重用"狮子型""老黄牛式"干部。加大优秀年轻干部选拔力度，选拔重用35岁左右年轻干部47人，占全年干部提拔总数的66.2%。优化实践锻炼路径，依托"住村特派员""驻村第一书记"等平台，继续选派年轻后备干部、新录（聘）用人员、选调生和大学生村官40人到征地拆迁、"三大攻坚"、巡察监督等一线岗位磨砺。创新推行干部实绩记账办法，每季度实绩记账考评全县干部，并以"红、黄"两色旗对外公布，实绩考评结果与干部培养使用、评先评优、年度考核、职级晋升、职称聘评相结合，与单位二级绩效考评和激励性绩效奖金发放相挂钩，解决干与不干、干多干少、干好干坏一个样问题。完善正向激励机制，制定实施《大田县激励干部实干担当的若干措施》，首次激励性选拔事业单位副科领导8人；完成公务员职级套改，激励广大干部在基层一线建功立业。设立县级干部心理咨询服务中心，开设"干部心灵e家"微信公众号，聘请心理咨询师为干部提供心理疏导等服务。

【干部教育】 2019年，县委组织部加强干部精准化培训和专业化培养，在党校、高校开设专题培训班18期，培训各级各类干部2035人次；举办岩城大讲堂3场，受众395人次；选派领导干部72人参加省、市主体班和专题班培训；注册福建干部网络学院2451人，完成学分150321.31分，干部专业素养和业务能力不断提升。

【干部监督】 2019年，县委组织部强化干部选任监督，全程纪实112名提（转）任干部的选任过程，严格执行任前廉政对照检查和知识测试、个人有关事项公开、任前公示等制度。抽查核实科级干部个人有关事项报告14批185人次，对不如实报告个人有关事项的20人给予批评教育并责令作出检查。畅通群众举报渠道，受理信访问题13个（反映考察对象问题9个），经调查核实结果，或与事实不符或查无实据。聚焦干部干事创业精气神不够、患得患失、不担当不作为等突出问题和具体表现，梳理归纳7个方面重点问题，提出26条具体整改措施，并逐项抓好整改落实，营造鼓励担当作为、崇尚苦干实干的良好风尚。清理规范领导干部在企业、社团、基金会兼职（任职）行为，摸排社会团体150个，解除133名科级以上干部（含科技）在社团中兼任的职务，追缴清退违规兼职取酬5人10.945万元。加强国家工作人员出国（境）管理，审批因私出国（境）13人次，重新备案登记984人，集中保管出国（境）证照142本，将2名涉嫌违纪的科级干部移送纪检监察部门处理。按程序办理干部学历（学位）变更9人。结合县委第十一轮常规巡察，专项检查教育局，规范股级干部选拔任用程序。续聘干部德情观察员44人，动态收集汇总干部特别是“一把手”、关键岗位干部8小时以外生活圈和社交圈的德行情况。开展乡镇和县直部门“一把手”任中经济责任审计和自然资源资产离任审计7人、乡镇领导干部自然资源资产管理和生态环境保护专项审计1人。

【基层组织建设】 9月16日，全县开展“不忘初心、牢记使命”主题教育活动，统筹推进“学习教育、调查研究、检视问题、整改落实”四项重点措施与“五比五晒”“十大攻坚会战”等中心工作相结合。在全县村级公共场所建设“新时代党群学习教育阵地”“初心馆”“红色驿站”等开放式组织生活基地100多个，作为主题教育展馆和教育体验基地，集中式轮训全县各领域党支部书记21班次。依托县驻外“两新”组织，在全市率先建立城区流动党员党组织18个、驻县外流动党员党组织7个，破解流动党员管理难题。落实基本制度，严格执行《关于新形势下党内政治生活的若干准则》，组织全县各基层党组织结合主题教育，做好“三会一课”、组织生活会、民主评议党员等基本制度，开展“1+3”主题党日、党员“政治生日”等活动，让初心和使命成为党员干部锐意进取、开拓创新的精气神和埋头苦干、真抓实干的原动力。

规范支部建设，贯彻落实《中国共产党支部工作条例（试行）》，开展党支部“达标创星”活动，整顿转化24个软弱涣散基层党组织，推动基层党支部全面达标、整体创优。开展村级党组织建设摸排行动，全面掌握150个村（社区）党组织运行情况并登记造册。贯彻落实《中国共产党农村基层组织工作条例》，加强换届后村级班子建设，审查现任村干部任职资格，清理曾受过刑事处罚的村干部25人，并及时补齐，建立274个村（社区）党组织书记档案。实施“党建+乡贤”模式，助力乡村振兴。贯彻落实习近平总书记时任省领导时到大田调研期间提出的“创建小康示范村”重要嘱托，扩大党建引领小康示范村辐射效应，打造不同类型、不同特色的党建方阵、示范片区，培育出“五彩大石”“扶贫客栈”“生态建国”等先进典型，形成“百里百村党建示范走廊”，引领带动“整乡推进、整县提升”。

开展村财增收行动，按照“县乡统一运营，村集体收益”模式，发挥县股份经济联合社总社和18个乡镇股份经济联合社作用，推动村级集体经济提质增效。全县266个建制村自有村财收入均为5万元以上，其中10万元以上的占62.03%。持续推行乡镇“住村特派员”制度，将建档立卡贫困村、软弱涣散村和乡村振兴任务重的村作为选派重点，监督、指导、协助村“两委”开展工作，推动村级事务规范开展。

【人才队伍建设】 2019年，县委组织部完善引才机制，制定年度人才引进和招聘紧缺急需专业目录，组织企事业单位4批次到省内外高校招聘应届毕业生，共招聘紧缺急需专业毕业生26人（硕士研究生3人）。与清华大学、厦门大学、华中科技大学等高校建立产学研合作基地，聘请23名专家、教授定期技术指导。省级“优质特种水稻应用”院士专家工作站落户大田，全年用于兑现各类人才政策经费348.4万元。

拓宽育才渠道，组织开展各类赛事和人才评选活动，与清华大学合作的“交叉双旋翼复合推力尾桨无人直升机”获中国创新创业大赛总决赛冠军；大田新奇特水果联合体示范推广项目获全国农业创新创业大赛三等奖；本土音乐人才林啟得创作的《大田后生仔》网络播放量超过60亿次；郭新芳、苏文炜技能大师工作室等一批先进典型获评全国优秀教师、省级技能大师工作室称号；有针对性选派专业干部17人“一对一”帮扶17家民营企业，选派教育、医疗业务骨干350人到县外专业机构培训进修，委托福建医科大学等高校培养大专以上学历定向生19人。

优化留才环境，落实《大田县领导干部直接联系服务优秀人才实施办法（试行）》制度，全年走访慰问各类人才164人次，帮助协调解决生产生活中遇到的困难和问题87个。向91人提供免费入住人才公寓226天，为1名新招聘的硕士研究生提供住房，为4名优秀人才办理子女入学手续。陈吉行、颜建光等人的创新创业事迹67篇在《福建日报》《三明日报》和东南卫视等平台刊载报道。

【省委巡视问题整改】 4月下旬，县委组织部在全面完成省委巡视反馈涉及组织部门的24项整改任务的同时，针对省委组织部专项检查组指出的选人用人方面存在的14个问题，研究制定《整改任务与分解方案》，将问题细化分解为17项整改任务、64条具体整改措施，分“当下改”“重点盯”“持续抓”3类，明确责任人、责任单位、目标要求、整改时限，在三个月时间内全面完成整改任务，并有针对性地制定、修订和完善21项制度措施，形成县委主抓、选人用人专项整改组具体负责、各级各部门党委（党组）协调配合的巡视整改格局。

【干部人事档案数字化建设】 5月，县委组织部成立干部人事档案数字化建设领导小组，第一阶段申请拨付资金127.48万元，并采用单一来源采购方式。10月，经招标、谈判、报价、签约、公示等程序，确定北京航星永志科技有限公司为项目供应商。12月，项目建设合作单位指派工作人员进场开始常规整理、分类和查缺工作，年内整理干部人事档案124卷。

【事业副科领导激励性选拔】 8月，县委组织部经市委组织部批复同意，启动8个激励性专用事业副科领导职数竞争性选拔工作，其中39周岁以上2人、39周岁以下6人。实行一年试用期，试用期间选派到重点项目指挥部、经济开发区、脱贫攻坚等一线岗位挂职。

【公务员职务与职级并行】 9月，县委组织部根据市委组织部统一部署，研究制定《大田县公务员职务与职级并行制度实施方案》，明确实施范围、职级设置与职数比例、职级套转、职级晋升、职级任职年限计算等相关政策，全面完成县直、乡镇机关公务员（含参照公务员法管理的事业单位工作人员）职级套转工作。

【公职人员经商办企业整治】 10月，县委组织部组织全县4263名公职人员开展违规经商办企业自查自纠，重点抽查核实1629人，对存在问题的68名公职人员逐人逐项抓好自行纠正、责令纠正或立案审查调查，批评教育18人，取得良好的政治效果、纪法效果和社会效果。

【“不忘初心、牢记使命”主题教育】 9月16日，全县“不忘初心、牢记使命”主题教育启动，4个县处级单位、30名县处级党员领导干部，70个参照实施单位、585名副科级以上党员领导干部，674个基层党组织、18876名党员参加。各级党组织和广大党员干部采取集中学习、研讨交流、专家讲学、现场教学等，围绕专题分段组织集中学习研讨，开展学习研讨交流2052场次，组织各领域党支部书记集中式轮训21期679人次，开展“砥砺奋进70年、牢记使命再出发”主题党日活动，发动党员19013人次参与志愿服务，为群众办实事好事19335件。县四套班子领导干部开展调研活动65场次，调查分析问题96条，形成调研报告24份，召开调研成果交流会4场，提出对策建议110条。各级领导干部选定调研课题507个，到一线开展调查研究近千次。召开征求意见座谈会209场次，开展谈心谈话1446人次，收集意见建议899条，召开对照党章党规找差距专题会议74场次，各级领导班子及成员共查摆问题2651个，各基层党支部和党员共查摆问题24130个，亮出承诺25768条。674个党支部均按要求召开专题组织生活会，开展民主评议党员。解决群众最急最忧最盼问题164件，通过“e三明”等渠道处理与群众密切相关的热点问题2237件，办结2169件。完成8个方面突出问题专项整治105个，化解7个方面难题积案19项，12个形式主义、官僚主义问题全部整改。先后召开4次主题教育领导小组会议、17次推进会、座谈会，印发12份指导性文件，下发8次工作提示，组建10个县委巡回指导组，指导推动主题教育各项任务落实。70个参照实施单位主题教育经测评，主题教育开展情况及成效受到群众一致好评，并得到市委第三巡回指导组、省委第五巡回指导组肯定。

【乡镇驻城区流动党员服务站设立】 2019年，县委组织部着力解决流动党员组织活动无场所、学习时间难保证、作用发挥不明显等问题，组织各乡镇在城区及三明、厦门、泉州、福州等流动党员较集中的地区，依托乡贤能人开办的非公企业及园区、商会等场所，设立驻城区流动党员服务站，组建7个驻外流动党员党组织（三明市区3个，厦门市区2个，泉州、福州市区各1个），组织引导流动党员就近就便参加学习教育，实现流动党员管理不遗漏、活动能参与、教育不脱节，做到“流动不流失，离乡不离党”。该做法被“学习强国”平台、省委《八闽快讯》、市委《主题教育简报》及《三明日报》等内部刊物、主流媒体宣传报道，并得到市委常委、组织部部长刘宝怀的批示肯定。

【“乡贤回引”工程实施】 2019年，县委组织部实施“党建＋乡贤”模式，坚持“党建带动、乡贤互动、内外联动”相结合，引导乡贤参与乡村治理，鼓励离退休的机关事业单位领导干部、专家学者、部队军官和企业高管等乡贤回村任职，投身家乡建设，在产业发展、乡村建设、文化传承、矛盾调解等方面发挥作用。退休大校军官林佳山、省公安厅退休厅级干部林乐坚等优秀乡贤回村任党支部书记。相关做法被“学习强国”平台、省委《八闽快讯》、市委《主题教育简报》、中国新闻网、《福建日报》、《三明日报》等内部刊物、主流媒体宣传报道。

（池　正）

宣传思想文化工作

【概况】 2019年，全县宣传思想文化工作围绕学习宣传贯彻习近平新时代中国特色社会主义思想和中共十九大精神，承担起举旗帜、聚民心、育新人、兴文化、展形象使命任务，推进党委（党组）意识形态责任制度工作，落实落细宣传思想文化工作，为加快推动多彩大田建设提供强有力的舆论支持、思想保证和文化条件。10月，县委宣传部被省委宣传部评为全省宣传文化系统舆情信息工作先进单位。

【意识形态责任制落实】 2019年，县委宣传部制定出台《大田县党委（党组）意识形态工作制度》《大田县加强哲学社会科学报告会、研讨会、讲座、论坛、培训等活动管理制度》《大田县党委(党组)理论学习中心组学习制度》等4项制度，明确各党委（党组）意识形态主体责任，推动意识形态工作制度化、规范化。根据省委第五巡视组反馈意见，研究制定《关于落实省委巡视反馈问题整改任务涉及意识形态工作细化方案》，明确“时间表”“路线图”，压实整改责任，细化整改措施，全面完成全县意识形态领域存在的4方面12项问题整改，推动意识形态工作落地见效。建立《县委巡察机构与县委宣传部工作协调机制》，制定《2019年大田县党委(党组)意识形态工作考评细则》，形成“巡察＋考评＋督查”立体监督模式，推动意识形态工作责任落实落细。健全完善《大田县网络舆情工作制度》，做好舆情监管工作，特别是在习近平总书记访欧、“两会”等重要活动期间，落实24小时值班制度，定期巡查县内网站、微信公众号等媒体，编报《大田县网络舆情专报》15期。

【理论学习】 2019年，县委宣传部制定下发《进一步推进习近平新时代中国特色社会主义思想“大学习”活动的实施方案》，持续兴起“大学习”热潮。全年，县委理论学习中心组开展专题学习20次、交流研讨37人次，向基层党委（党组）印发15期《2019年理论中心组学习内容提示》，把好导向，提升基层党委（党组）中心组学习质量。健全完善乡村讲师团，推行“菜单＋点单＋定单”三单宣讲模式，围绕“7+1”宣讲主题内容，分众化、互动化开展“八进”宣讲170余场次。组织“不忘初心、牢记使命”主题教育，县处级领导围绕招商、工业提升、市容市貌等“十大攻坚”任务，带头上党课、抓宣讲、促落实，完成实践课题调研文章32篇，促进理论指导实践成果有效转化。

【新闻报道】 2019年，县融媒体中心完成机构改革，实现人员、业务等深度融合，主流媒体持续巩固壮大。县电视台全年播发《大田新闻》160期1440篇。县新闻网、“大田TV”和“大田融媒体”微信公众号先后开设“新时代、新篇章、新作为”“五比五晒”“不忘初心、牢记使命”“风展红旗如画”等23个专栏，重点聚焦跟踪重大主题宣传、重大项目进展成果，以及各条战线建设新时代多彩大田奋发向上的典型事迹、典型人物进行宣传报道，发布稿件1500余篇。聚焦中心工作，协调媒体沟通，做好对外宣传报道，讲好大田故事。全年，稿件在《福建日报》刊发160多条，《三明日报》刊发500多条，其中头版80多条。在省级以上媒体播发广播、电视新闻170多条，《三明新闻》播发电视新闻235条，《都市全接触》播发电视新闻41条。在人民网、新华网、光明网、中央广播电视总台刊播通讯、消息新闻稿件29条，《追忆一束温暖的光》获“学习强国”学习平台开展的“我爱我的祖国”微视频、摄影作品大奖赛三等奖。讲好多彩大田故事，歌曲《大田后生仔》网络点击量突破60亿人次。

【社会宣传】 2019年，县委宣传部及党史和地方志研究室举办“风展红旗如画”红色三明故事宣讲比赛58场次。6月13日，在全市“风展红旗如画”红色三明故事宣讲比赛中，陈爱莲《岁月尘封下的光辉灵魂》获一等奖，林晓丹《我的爷爷林大蕃》和郑小华《无问西东 唯问初心》获二等奖，章山花《朱德红军在我家乡》获三等奖。陈爱莲、林晓丹入选市红色故事宣讲团，先后到多个省市机关宣讲大田红色故事。建立大田红色故事宣讲“五个一”机制，组织开展百场红色故事宣讲活动。红军“挑夫”丁刚的红色革命故事受市委书记林兴禄肯定。庆祝新中国成立70周年，组织开展庆祝新中国成立70周年群众性主题宣传教育活动、“我和我的祖国”快闪拍摄、“琴系岩城”海峡两岸音乐交流会、《孝道故里 多彩茶乡》专集首发仪式等40余项活动。

【红色故事宣讲】 6月3日，县委宣传部、县委组织部、县直机关党工委、县委党史和地方志研究室、县教育局、县人行联合在县融媒体中心一楼举行“风展红旗如画”红色大田故事宣讲决赛。300多位选手经初赛、复赛，52名选手参加决赛，陈爱莲《一幅珍贵的革命宣传标语》等6名选手的作品获一等奖，连晓玲《九鞠躬》等15名选手的作品获二等奖，张珠凤《诵红色家书，品“红岩”精神》等16名选手的作品获三等奖。9月29日，县委宣传部、县文体和旅游局、县文联在大田影剧院联合主办“风展红旗如画”红色故事宣讲晚会，近600名群众到场聆听《我的爷爷林大蕃》《无问西东、唯问初心》等11个大田红色故事。

【《孝道故里 多彩茶乡（走进大田）》专集发行】 6月25日，《孝道故里 多彩茶乡（走进大田）》专集首发仪式在县融媒体中心1楼举行，该书由福建省炎黄文化研究会会员、省市内外文学名家、省作家协会会员及当地文学爱好者32人参加撰稿，全书27万字。

【本土歌曲《大田后生仔》】 8月10日，建设镇青年林启得原创演唱的闽南语歌曲《大田后生仔》在网易云音乐发布，当年度网易云音乐榜单点击量排名第五。至年底，网络点击量突破60亿人次。

【范兴宗获评三明最美快递员】 12月29日，三明市委宣传部主办的践行社会主义核心价值观“最美人物”评选活动揭晓，大田县韵达公司快递员范兴宗被评为最美快递员。

【“我和我的祖国”传唱微视频征集活动】 2019年，县委宣传部、县直机关党工委、县总工会、县文体和旅游局、县融媒体中心等单位联合开展“我和我的祖国”主题歌曲传唱微视频征集活动，征集作品33部。11月20日公布获奖名单，武陵乡党委和文联合作的作品获一等奖，南街社区精神文明共建理事会、县实验幼儿园的作品分获二等奖，广平镇党委、县农业农村局和屏山乡党委的作品分获三等奖，县发展和改革局、东风农场党委等16个单位分获优秀组织奖。

（周善智）

统战工作

【概况】 2019年，中国共产党大田县委员会统一战线工作部（以下简称县委统战部）推进统战各项工作。加强两岸交流，6月16—17日，台湾陈任公族亲会理事长陈鈦星等陈氏宗亲一行28人到县开展宗亲文化交流活动。6月25—26日，台湾小脚腿宗亲会会长连春富等一行19人到县开展宗亲文化交流活动。广泛凝聚统一战线成员智慧和力量，为新时代多彩大田建设做贡献。

【党外人士工作】 2019年，县委统战部邀请福建工程学院民主党派人士发挥智库优势为前坪乡乡村振兴战略提供智力服务，从如何提升大田知名度美誉度、解决乡村空壳化、提高城市气化率、增强文化品位等入手，在建设避暑山庄、原始公园保护区，发展民宿旅游、现代生姜农业、农村电商等方面提出建议。借助民进省委会、民进市委会的医疗优势，委托三明眼科医院医疗队到均溪镇、石牌镇、济阳乡等14个乡镇开展眼科义诊、对在校幼儿和中小学生开展视力筛查，惠及群众4390人。

【少数民族工作】 7月，县委统战部在统战部会议室召开少数民族工作专题会议，会议由县委常委、统战部长施正立主持，县统战部副部长柯荣辉、县民宗局长邱娟及东坂畲族村、山川回族村村主干共7人参会。会议协调东坂畲族村和山川回族村上级少数民族专项资金使用模式，明确集中使用上级专项资金向生产性项目倾斜，促进村财增长，提高使用效益。全年争取专项资金12万元，实施山川回族村水利灌溉项目和东坂畲族村体验工坊项目。

【宗教工作】 2019年，县委统战部支持宗教团体加强自身建设，指导县道教协会和基督教会完成换届工作，引导宗教界人士和信教群众践行社会主义核心价值观，发挥宗教的积极社会作用。

【新的社会阶层人士工作】 2019年，县委统战部发挥新的社会阶层人士联谊会桥梁纽带作用，组织会员参加华兴中心小学"六一"儿童节活动，向孩子们赠送食物和学习用品。为弘扬孝道文化，增强法治观念，7月2日，在福万通大厦10楼多功能会议室举办"孝与法"知识讲座。讲座邀请了县委党校副校长、县郭居敬孝文化研究会会长郭立新同志和福建宏岩律师事务所余有祜律师为新阶联成员、社工协会会员、旗袍协会会员等71人授课。组织会员创作美术书法篆刻作品13幅参加市委统战部组织的庆祝新中国成立70周年巡展活动。

【非公经济领域工作】 2019年，县委统战部组织非公经济代表人士52人，参加北京大学"企业管理与电子商务（大数据运用）"高级培训班。在县行政服务中心设立非公经济综合服务窗口，提供政策咨询服务，受理非公经济领域各类诉求反馈。制定印发《大田县关于规范政商交往 构建亲清新型政商关系的实施意见》，明确政商交往中公职人员"十严禁"①、企业及其负责人"六不准"②。

【侨务工作】 11月26—29日，市、县统战部、侨办与济阳乡政府、卫生院联合在济阳乡举办为期4天关爱归侨侨眷义诊暨侨法宣传活动。9名医护人员为济阳、济中等7个村16户49人次归侨侨眷入户义诊，免费送药价值3000多元，接受咨询200多人次，发放医疗保健、侨务法律法规等资料300余份。

【慈善光明行】 7月25—26日，省委统战部常务副部长臧杰斌一行7人到县调研健康扶贫、精准脱贫工作，并出席民进福建省委"目浴阳光·睛彩华厦"慈善光明行走进大田活动启动仪式。

【调研民营企业】 11月1日，市委常委、统战部部长肖明光率永安市、将乐县、尤溪县、沙县县委常委、统战部部长及部分香港籍政协委员20余人到鸿远置业等民营企业考察调研。

注：

①公职人员"十严禁"：

（1）严禁在交往中收受企业礼金（红包）、礼品、礼券（卡）等财物；

（2）严禁利用权力影响和职务之便，接受可能影响公正执行公务的宴请；

（3）严禁其本人或亲属参加企业安排的旅游、健身、娱乐等活动；

（4）严禁由企业为单位或个人的消费"买单"；

（5）严禁向企业及其负责人筹资、借款、借物；

（6）严禁以借资或理财的形式，向企业索取高额利息或回报；

（7）严禁默许、纵容、包庇配偶、子女及其配偶等亲属和其他特定关系人从企业谋取利益；

（8）严禁干预和插手企业具体经营管理活动；

（9）严禁对企业乱检查、乱摊派、乱收费、乱罚款、乱募捐；

（10）严禁违犯其他有关廉政廉洁的规定。

②企业及其负责人"六不准"：

（1）不准为谋取非法利益给予公职人员及配偶、子女和其他特定关系人财物或者其他好处；

（2）不准赠予公职人员及配偶、子女和其他特定关系人企业股份及其他资产、为其代持企业股份及其他资产，或安排其挂名领薪；

（3）不准为公职人员及配偶、子女和其他特定关系人理财或帮助其从事经营性活动；

（4）不准以赌博或其他方式输送利益；

（5）不准违规安排离职辞职的机关单位工作人员到企业任职；

（6）不准以不正当渠道或非法手段影响机关单位干部人事任免、公共决策、公务执行等。

（林凤添）

精神文明建设

【概况】 2019年，大田县精神文明建设工作以习近平新时代中国特色社会主义思想为指导，突出庆祝新中国成立70周年主线，培育和践行社会主义核心价值观，深化群众性精神文明创建活动，为推进新时代多彩大田建设提供精神动力和道德支撑。1月18日，大田县文明办被省委文明办评为2018年度精神文明建设信息工作先进单位。

【精神文明创建活动】 2019年，县委文明办制定《大田县实施文明单位动态管理的若干规定（试行）》，就各单位"门前三包"、社区共建、单位所属产权宿舍区（楼）管理、志愿服务、创城指标落实和单位工作人员文明素养等6个方面进行动态管理，每季度末组织全县性环境卫生综合整治。当年，为第六届省级文明县城和市级以上精神文明建设各类先进届中测评年，县级精神文明建设各类先进总评年。全县申报全国文明村镇、校园各1个；省级文明村镇8个，单位17个，校园6个，社区2个；市级文明村镇31个，单位69个，校园32个，社区8个；县级文明村镇134个，单位47个，校园26个，社区15个。

【公民思想道德建设】 2019年，全县公民思想道德建设围绕庆祝新中国成立70周年，开展道德实践活动。电视台等新闻媒体常态化刊播“践行八不规范，争当文明公民”系列公益广告。在春节、元宵节、清明节、“五一”、劳动节等节日，开展“不燃放烟花爆竹、共建文明环境”“平安清明，文明祭扫”等宣传倡导。号召各级文明单位参加“三明人：全民征集！票选您心中的不文明行为和文明行为促进‘金点子’”活动。持续推进模范好人推荐选树工作，太华镇唐名高获第六届省级见义勇为道德模范，沈小云入围5月福建好人榜候选名单。倡导好人有好报价值理念，与省委文明办共同慰问第三届、第六届省级见义勇为道德模范曾垂育、唐名高，慰问金1.5万元；春节前夕，县政府拨专款慰问全县各级道德模范及身边好人26人、发慰问金1.3万元。9月18日，在县体育中心举办第三届“全闽共舞·礼赞新中国”（大田赛区）主题广场舞大赛，26支代表队、360多人参加。

【未成年人思想道德建设】 2019年，全县未成年人思想道德建设突出“扣好人生第一粒扣子”主题教育实践，大田新闻网开设专栏，举办清明祭英烈、“风展红旗如画——传承红色基因”主题教育实践活动，接收信息47条，图片120多张。县实验幼儿园、城关第三小学、城东小学的“风展红旗如画·我的家乡”网上诵读微视频作品参加市优秀作品网上展示。推选“新时代好少年”和先进事迹学习宣传活动，叶王飞、林熙芝获2019年市“新时代好少年”提名奖。开展争做“新时代好少年·与美德同行”活动，宣传好少年事迹，鼓励全县未成年人争做新时代好少年。“七一”期间，组织城区各中小学、幼儿园参加童心向党、优秀童谣展演活动，相关视频在三明文明网播放。大田县石牌中心小学纳入2019年度中央专项彩票公益金支持乡村学校少年宫项目承建校，成为继建设、均溪、太华、桃源、湖美等5所中心小学后的第6所少年宫项目承建校。

【志愿服务活动】 2019年，全县依托“志愿三明”门户网站，推动志愿服务规范化开展，使用“志愿三明”网络平台组织培训会2场，注册志愿服务团体263个，志愿者8902人，全年开展志愿服务项目3024个，时长11.87万小时。结合《大田县实施文明单位动态管理的若干规定（试行）》，组织片区共建单位志愿者综合整治环境卫生。

【“美德少年”慰问】 1月15日，县文明办、教育局、民政局等单位组织人员到县第六中学看望慰问分获市第三届、第四届“美德少年”的岳海燕和陈伟积，发放慰问金各2000元。

【学雷锋活动】 3月5日，县文明办组织县妇联、广电网络公司、大田一中等企事业单位、志愿者50多人，开展“传承雷锋精神、争做时代新人”主题活动。大田一中学生志愿者劝导不文明乘车、行人不走斑马线、车辆乱停放等不文明行为，县妇联、广电网络公司等单位的志愿者清理共建片区背街小巷、楼院等场所，用实际行动学习和弘扬雷锋精神。并在时代广场集中开展学雷锋志愿服务活动，发放食品安全、交通安全、反邪教、法律援助等各类宣传资料8000份。

（叶高平）

台港澳工作

【概况】 2019年，中共大田县委台港澳工作办公室（以下简称县委台港澳办）贯彻执行中央、省、市对台工作决策部署，构筑对台工作新思路，依法处理涉台事务，做好对台经贸交流、文化交流、基层交流、台胞联络、服务台商等组织、协调、管理、指导和服务工作，开展两岸民间民俗信仰交流，拓宽交流渠道，增进两岸人民感情。当年，组织前坪乡交流团赴台开展对口交流，考察美丽乡村建设及农业特色产业，交流水果改良栽培技术，有机茶园开发、种植、精细化管理及茶叶精制、生产、销售等。

【对台经贸合作交流】 2019年，县委台港澳办突出以商招商，发挥在田台商、台胞和台属的作用，多形式多渠道宣传大田特色产业和招商政策。接待台商9批次，洽谈泽惠健康养老服务、屏山雾海茶人家民宿旅游、员林爱乐音乐培训、台湾特色夜市意4个向项目，其中泽惠健康养老服务项目签订合作框架协议。

【两岸宗亲交流】 2019年，县委台港澳办开展宗亲交流5次，其中，台湾陈任公族亲会、台湾林氏宗亲会均为首次回大田谒祖。8月30日，桃源举行源荥阳祠建祠950周年暨己亥年祭祖大典，中国台湾工党主席郑昭明参加并致辞。组织大田县连氏宗亲联谊会赴台与台湾连氏宗亲联谊会开展交流。

【台胞走访联谊】 春节前夕，县委台港澳办走访慰问台胞台属21人，发放

中国台湾工党主席郑昭明在桃源荥阳祠950周年暨己亥年祭祀大典中致辞（8月30日摄，图片源于掌中大田）

慰问金6300元；邀请部分在大田的台胞参加新春团拜会，增强台胞认同感和归属感，参加台胞中秋联谊活动，与台胞交流互动、欢度佳节，进一步稳固两岸联络的桥梁与纽带，增进田台乡亲情。

【台胞、台属和台企服务】 2019年，县委台港澳办做好对接服务，全年上门走访4户、召开座谈会2场，跟踪了解5家台资企业发展情况、意见和需求。帮助台商解决办公场所用房80平方米和纳税申报、党支部建设等问题，配合公安机关为台胞办理台湾居民居住证7本。

【“琴系岩城”两岸音乐交流会】 2019年，县委台港澳办与台湾彰化县员林爱乐交响乐团联合开展音乐教育交流活动，在县第一中学、城关第三小学及县体育馆举办“琴系岩城”两岸音乐交流会3场，2600余人观看演出。

【两岸孝文化和健康养老交流】 2019年，县委台港澳办在县委党校举行海峡两岸孝文化和健康养老交流会，邀请“中华文化经济交流促进会”理事长潘金峄、世界华人企业家联合会全球总会会长潘静雅等8位台湾专家共同探讨健康养老产业合作发展的前景和路径，发掘在生活照料、医疗器械、医学养生、智慧养老、理念技术和服务方面的合作机遇，进一步凝聚合作共识。

【机构调整】 5月，根据县委办、县政府办《关于印发大田县机构改革实施方案的通知》（田委办发〔2018〕11号）精神，经县委编委会会议研究并报县委常委会会议研究同意，调整县委办公室主要职责，增加负责对港澳工作，承担县委台港澳工作办公室的日常工作。撤销台湾工作科，设置台港澳工作科。承担贯彻执行党和国家关于台湾、香港、澳门工作的方针政策和法律法规，组织、协调、指导县直各部门和各乡镇对台港澳工作，协调、指导、管理大田县与台港澳各个领域的交流与合作及人员往来、考察、研讨、联络、接待服务等工作，负责涉台港澳政策调研、咨询工作，负责对台宣传、教育，协调涉台意识形态领域有关工作，负责协调处理辖区内涉台港澳的重大事件、重大活动和突发事件。

（方瑶）

党校工作

【概况】 2019年，县委党校在编在岗15人，其中，专职教师12人中，研究生学历1人、本科学历10人、大专学历1人；高级讲师4人、讲师5人、助理讲师3人。县委党校发挥干部教育培训主渠道、理论宣传生力军、参谋决策思想库的作用。选派理论骨干教师到基层宣讲习近平新时代中国特色社会主义思想、中共十九大和十九届四中全会精神40场次，2000多人次受教育。全年派员外出培训学习27人次，其中中国政法大学8人次、复旦大学4人次。

【干部培训】 2019年，县委党校举办各类培训班、进修班19期，培训各类干部2035人次，其中，科级班2期、89人，青干班1期、43人，优秀年轻干部培训班1期、41人，全县党务干部培训班1期、88人，全县入党积极分子培训班3期、332人，县直机关党支部书记培训班2期、235人，县直机关党支部书记主题教育专题培训班2期、210人，基层党组织书记培训示范班1期、90人，基层党组织书记远程培训班1期、176人，意识形态工作专题培训班1期、130人，县纪检监察干部能力建设专题研讨班1期、130人，村（居）纪检委员（监察联络员）培训班1期、266人，工业企业固定资产投资管理和云上云管理培训班1期、105人，福建省“专家快车农村行”暨新任村妇联主席培训班1期、100人。全年聘请专家学者和省市县乡及县直部门领导授课49人次，其中，省市专家学者8人次，县领导11人次，县直部门和乡镇领导29人次，企业管理人员1人次。

【科研工作】 2019年，县委党校教师参加全市研讨会3人次。获课题立项2项，其中市社科规划课题1项、市委党校课题1项。完成科研论文21篇，其中王升飞的《专题课学术接口之问题导向的路径分析》、田生银的《“用学术讲政治”的几点思考》入选全市党校教育研讨会。1月15—18日，王升飞的《党要牢牢掌握意识形态工作领导权》专题课获三明市校院系统2018年县（市、区）委党校、行政学院理论教学精品课评选活动一等奖。

【省委党校领导到县调研指导】 10月31日，省委党校常务副校长、行政学院常务副院长胡忠昭一行4人到县，调研指导生态文明教学科研基地建设，现场察看生态环境指挥中心、上京镇仙亭煤矿国家级绿色矿山建设试点等现场教学点，并就基地提升目标、布局、机制、教材、展馆提出五点要求。

【市县党校现场教学在大田开展】 2019年，市委党校、市行政学院及兄弟党校到县开展生态文明建设现场教学主体班13个、538人次参加。其中，市委党校、市行政学院10个班次、406人，分别为第75—77期县处级干部进修班，第73、74、76期科级干部进修班，第56、57期中青年干部培训班，第5期青年干部培训班及第14期党外科级干部培训班；长乐区委党校第12期中青年干部培训班44人；清流县委党校落实河长制和水土保持专题培训班45人；建宁县委党校基层农技推广专题培训班43人。

【岩城大讲堂专题讲座举办】 2019年，岩城大讲堂举办专题讲座3场，党员领导干部390多人次参加。4月3日，省委党校、行政学院公共管理教研部主任教授肖文涛应邀作《坚持习近平总体国家安全观，防控重大风险推进安全发展》专题报告；6月4日，省直机关工委讲师团团长赖茂荣应邀作《进一步提升机关基层党建工作水平》专题报告；10月25日，三明市社科联党组书记、主席蔡建境应邀作《领导者的科学精神与人文关怀》专题报告。

（郭立新）

党史和地方志研究工作

【概况】 2019年，县委党史和地方志研究室发挥宣传阵地作用，重点抓好党史编研、红色文化传承保护以及综合年鉴编纂、方志资源开发利用等工作。宣传红色大田，打造“风展红旗如画”品牌，以史鉴今，资政育人。

【史志编研】 2019年，县委党史和地方志研究室继续推进中华人民共和国成立后地方党史研究与探索，编写《中共大田县历史·第二卷（1949—1978）》，完成送审稿，报请省室批准出版，全书分4编、12章、30节，30万字，插图18幅，附录部分收录历届县委人员名单和县委大事记，县委书记陈文华作序。出版发行《大田年鉴（2019）》，全鉴69万字，印制600册；协助大田老区建设促进会编纂《大田县革命老区发展史》。

【史料征集】 2019年，县委党史和地方志研究室组织人员到三明、漳平、永春等地与大田革命活动相关的地区搜集苏区时期、抗战时期的革命史料和文物，进一步挖掘大田红色文化资源。

【红色故事征编】 2019年，县委党史和地方志研究室重新收集整理大田红色故事50余个，与县文联共同编撰组稿，汇编成《大田红色故事》初稿，其中5篇入选三明市百篇红色故事。“红军挑夫”丁刚的感人革命事迹被人民网福建频道、东南网、《三明日报》、学习强国等媒体宣传报道。市委书记林兴禄在“福建省庆祝新中国成立70周年系列主题新闻发布会——三明专场”上向全省宣传推广丁刚的“红色挑夫”精神，并表示“革命的胜利，离不开叱咤风云的将军，也需要默默无闻的挑夫。”

【“风展红旗如画”红色故事宣讲比赛】 2019年，县委党史和地方志研究室联合县委宣传部、县融媒体中心在全县组织开展“风展红旗如画”红色三明故事宣讲比赛58场次、300名选手参赛。比赛在县电视台、大田TV微信公众号、央视新闻移动网《风展红旗如画》红色故事专栏上“微直播”，近150万人次关注聆听。通过比赛推选出5名选手参加全市“风展红旗如画”红色三明故事宣讲比赛，获一等奖1名、二等奖2名、三等奖1名，比赛成绩与永安并列全市第一。其中，宣讲员陈爱莲、林晓丹入选市红色故事宣讲团，到省发改委、省财政厅、省林业厅、省委宣传部、省机关工委、省文旅厅、省残联、三明学院、职业技术学院、市委礼堂等地开展宣讲。

【红色文化传承与弘扬】 2019年，县委党史和地方志研究室联合县委宣传部组建红色文化宣讲队，开展红色文化宣讲“八进”（进镇街、进机关、进乡村、进社区、进企业、进学校、进军营、进网络）活动。全年开展红色故事宣讲100多场，110万人次接受红色革命教育。其中，“不忘初心、牢记使命”主题教育活动期间，98人次进行红色故事宣讲。依托全县5个主要革命历史展馆，引导党员干部参观红色教育基地，至年底，接待省、市级领导，厦门大学、集美大学等高校和各地机关事业单位的参观人员3万余人。推动各级学校组织学生开展“春秋游在爱国主义教育基地”活动，至年底，近万名学生参观爱国主义教育基地。

【学术交流】 7月16—19日，县委党史和地方志研究室陈源发参加在湖南长沙举行的第二届方志文化国际学术研讨会暨第九届中国地方志学术年会，论文《浅谈〈大田年鉴〉的地方特色》在会上交流，并收录大会论文汇编。

（杨佳收）

老干部工作

【概况】 2019年，县委老干局突出思想政治引领，通过召开专题会议、辅导宣讲、集中培训、教育实践等形式，组织引导离退休干部学习习近平新时代中国特色社会主义思想，加强离退休干部政治建设和思想建设。以“常常联系、事事办好、人人满意”为宗旨，推动“348”精准服务[①]离休干部、“5·12”退休干部工作。全县离休干部、“5·12”退休干部生活待遇零拖欠。年底，县委老干部服务管理离休干部17人（享受处级待遇4人），其中行政机关9人、事业单位6人、企业2人；“5·12”退休干部（1949年10月1日至1950年5月12日参加工作）20人；原任副处级以上退休干部19人。加强离退休干部党支部标准化规范化建设，县农业农村局、供销社、电力公司、商务局、水利局、林业局离退休干部支部被市委离退休干部工作委员会授予“五讲六有”（讲理想、讲政治、讲学习、讲作为、讲表率；有班子、有阵地、有制度、有活动、有经费、有记录）示范党支部称号。

2019年，县委老干局通过微信公众号通报工作动态、宣传政策法规、介绍工作的中典型经验等。坚持方便老干部学习制度，为老干部活动中心征订20余种报刊、杂志；每月精选学习材料送至老干部家中，保障老干部政治学习需求。以单位尽责、家庭尽孝、社会尽力、老干部尽职的“四位一体”工作热情，深化联动共建服务模式，使老干部安心、舒心、暖心。

【县领导慰问老干部】 国庆节、重阳节期间，县委书记陈文华、县长林金龙、组织部部长王怀斌等县领导走访慰问老党员、离休干部初钊恩、林以欢等，为他们戴上“庆祝中华人民共和国成立70周年”纪念章，感谢他们为中华人民共和国成立和社会各项事业发展所做出的突出贡献，鼓励他们要老有所为，继续学习，为新时代多彩大田高质量发展出谋划策。11月，县委老干局到离休干部郑钟选家中庆祝其100岁生日，送上蛋糕和长寿面线等慰问品。

【老干部待遇落实】 2019年，县委老干部局全面落实老干部各项政治待遇，组织老干部参加县委县政府重大会议和县人大、政协及重要决策会议，领导干部的述职、测评、推荐会和反腐倡廉报告会、征求工作意见座谈会等14场、参会105人次，参加通报会1次。组织原任副处级以上离退休干部到机械铸造产业集聚区、桃源里花海乐园和最氧睡眠小镇参观考察。全面保障老干部各项生活待遇，走访慰问离休干部、“5·12”退休干部、原任副处级以上退休干部离休干部遗属124人，发放慰问金12.9万元，困难补助0.7万元；探视生病住院老干部25人次；为老干部生日送上米粉蛋、油祝寿。向老干部每人每年发放书报费180元、公务费320元。落实“两费”纳入保障机制，通过入户调查，对县离休干部及“5·12”退休干部的生活待遇落实情况进行全面了解，及时解决拖欠和未及时发放老干部生活待遇问题，实现全县离休干部、“5·12”退休干部生活待遇零拖欠。依托县泽惠服务养老中心，为离休干部、“5·12”退休干部购买家政服务（每人每月50元），为老干部提供相应的便利服务，送学上门、家政保洁、医疗卫生和志愿帮扶等精准服务。

【县老干部党校学习活动】 2019年，县委老干部党校依托老年大学教学资源，根据离退休干部党员思想特点，开展习近平新时代中国特色社会主义思想教育、形势政策教育、党性修养以及老干部政策等相关知识培训，举办“习近平新时代中国特色社会主义思想学习辅导”“风展红旗如画——大田革命斗争史”等15次专题学习，750多人次参加。

【老干部活动开展】 2019年，县委老干部局加强老干部的思想政治工作，增强“四个意识”，组织开展各类活动。3月8日，组织老年大学全体学员456人观看纪念改革开放四十周年献礼励志影片《梦想之城》；在士陵园开展“缅怀先烈·对党忠诚”主题教育活动，60余人参加；6月18日，举办“风展红旗如画”红色故事宣讲活动，各离退休干部党支部成员、老年大学学员15人参加；6月26日，96岁的抗战老兵郝滔宣讲的红色故事《红太阳映红大田》，在中央电视台新闻频道新闻直播间播出，向社会传播大田红色故事；9月28日，县离退休干部党工委、县委老干部局、老年大学组织400多名老年人在公园及老人憩园以快闪的方式唱响《我和我的祖国》，用歌声表达不忘初心的坚定信念和对祖国母亲的美好祝福。

注：

①“348”精准服务：“348”精准服务机制是以“三级分类”网格服务、“四位一体”联动服务新模式，提供“八个方面”个性服务。“三级分类”即根据老干部的健康状况、特殊困难和服务需求，将服务力度分为红级、橙级、绿级3个类别，着重给予“红、橙”对象在医疗保健、生活照顾方面更多的关爱；“四位一体”即建立单位尽责、家庭尽孝、社会尽力、老干部部门尽职的联动服务机制；“八个方面”即按照学习、活动、生活、医疗、生日祝福、生病看望、节日慰问和困难帮扶等细分服务内容。

（陈辉文）

县直机关党的工作

【概况】 2019年，中共大田县委县直机关工作委员会（简称县直机关党工委）围绕“一党委一品牌，一支部一特色”主线，深化“党建服务品牌”创建工作，开展基层党支部“达标创星”活动，确定机关事业、学校、国有企业等不同类型党支部标准化规范化建设示范点10个，以点带面，推进党支部建设。抓实“不忘初心、牢记使命”主题教育，丰富主题教育学习形式，持续推进学习习近平新时代中国特色社会主义思想走深走实。助力机关机构改革，理顺基层组织体系，2019年，新成立党支部17个，撤销16个，更名23个，转隶19个；撤销党总支2个；新成立基层党委3个，更名机关党委13个。强化党员教育管理，抓好党费收缴和发展党员工作，全年共收缴党费173.97万元。加强党建阵地建设，共拨补26.5万元，加强公安、水利、经济开发区等3个党委以及团县委、信访局、大田职专等20个党组织阵地建设。注重党内关怀，落实关心关爱政策，在春节、“七一”等节日慰问的基础上，重点抓好年内因发生重大疾病、重大灾害、家庭重大变故等导致生活困难党员的走访慰问。2019年，共慰问186人次，发放慰问金11.84万元。至年底，县直机关党工委下辖党委19个、党总支10个、党支部258个。党员4571人，其中，年内新发展党员51人，机关事业单位在职党员3664人，离退休干部职工党员907人，女党员1160人，少数民族党员29人，大学以上学历党员2112人，30岁以下党员389人。

【党建工作会议召开】 1月30日，县直机关党工委在政府四楼会议室召开2018年度县直机关党委书记抓基层党建工作述职评议会，下辖各党委书记、副书记、党办主任、机关党工委班子成员，36人参会。会上，县直机关各党委书记逐一述职，开展机关党委书记抓基层党建工作情况民主评议。县委常委、组织部部长、县直机关党工委书记王怀斌点评各党委述职并作重要讲话。3月22日，县直机关党工委在政府四楼会议室召开2019年全县机关党的工作会议，下辖各党委书记、副书记、机关党工委班子成员，36人参会。学习贯彻习近平新时代中国特色社会主义思想和中共十九大精神，传达全省全市机关党的工作会议精神，回顾总结2018年全县机关党的工作情况，研究部署2019年工作任务。王怀斌出席会议并讲话，向16个机关党委颁发《2019年度党建工作责任书》。

【党务干部培训班举办】 6月3—6日，县直机关党工委在县委党校举办县直机关党支部书记培训班2期，每期2天。县直各机关党委、县供电公司党委、县东风农场党委所属的基层党支部书记230人参训，学习习近平新时代中国特色社会主义思想和中共十九大精神，《中国共产党章程》《中国共产党支部工作条例（试行）》《中国共产党党组工作条例》以及党规党纪知识，基层党建工作实务，政治巡察主要内容等。9月24—29日，县直机关党工委在县委党校举办县直机关、企事业单位党支部书记培训班2期，每期3天。县直各机关党委、县供电公司党委、县东风农场党委所属的基层党支部书记206人参训，学习习近平新时代中国特色社会主义思想和党中央、省委、市委、县委关于开展主题教育的部署要求，以《中国共产党章程》《习近平关于“不忘初心、牢记使命”论述摘编》《中国共产党支部工作条例（试行）》《中国共产党党员教育管理工作条例》为基本教材，突出学习党的基本理论、基本政策、基本知识和党的纪律规定等内容。

【系列活动举办】 2019年，县直机关党工委为庆祝中华人民共和国成立

70周年和中国共产党建党98周年，开展系列党内活动，进一步提振机关党员干部精气神，提升机关党建活力。5月28日，县直机关“风展红旗如画”红色故事宣讲比赛在县融媒体中心举办，16个机关党委代表参赛，评出一等奖2名、二等奖4名、三等奖6名。6月21日，县直机关庆“七一”党员趣味运动会在县体育中心篮球馆举办，16个机关党委代表队参赛。6月23日，与县行政服务中心、县委党校等单位联合开展主题党日活动，到永春县参观泉州市党内政治生活体验馆。7月3日，干部心理调适讲座在县委党校举办，共2期，17个机关党委268名干部参加。

【意识形态工作责任落实】 2019年，县直机关党工委把意识形态工作列入年度机关党建工作要点、党建工作责任书内容，纳入机关党委书记抓基层党建述职评议的重要内容、每季度机关党建工作督查范围，做到与机关党建工作同部署、同落实、同检查、同考核。占领党的宣传舆论阵地，抓好党建宣传载体检查整改，成立督导组进行现场督导抽查，机关各级党组织对党建室、宣传栏等宣传载体的内容全面自查更新，促进工作落实落细。组织机关各级党组织开展机关党建重点课题调研和党建信息报送，全年被福建机关党建网、三明机关党建网采用的党建信息10条，《关于激励机关党员干部新时代新担当新作为问题研究》获全市机关党建重点课题调研三等奖。

【机关监督执纪问责】 2019年，县直机关党工委开展警示教育，强化不敢腐的震慑，发挥典型案例警示教育作用，邀请县纪委常委章鹏程到县总医院作廉政警示教育宣讲2场。落实好驻点办公制度，履行监督执纪职责，对县妇幼和县卫生计生监督所新任领导干部进行提醒谈话。配合县级纪委工作，参与巡察县委统战部、县妇幼、县教育局工作，督促县总工会、团县委做好巡察整改工作。突出扶贫领域、民生领域廉政风险防控重点，抓好中央八项规定精神落实，持之以恒纠正“四风”，召开联络员会议4次，加强对各联系监督单位的日常监管，发现苗头性问题，及时红脸出汗、提醒纠正。全年完成上级转交信访件3件，提醒谈话2人，政纪处分3人。

【党建责任制落实】 2019年，县直机关党工委强化责任落实，坚持用责任制管责任人。把全年的党建工作重点写入党建工作责任书，明确各党委工作职责和工作任务。完善机关党建考评机制，调整党工委成员挂钩联系基层党委制度，加大对基层党组织的指导和调研，确保党建工作有人抓、有人管。督促落实“两个责任”，指导党委召开支部书记党建工作述职评议会，推动机关各党组织履行主体责任和监督责任，加强政治生态建设情况的监督检查，把学习贯彻习近平新时代中国特色社会主义思想和中共十九大、十九届四中全会精神作为重大政治任务。县纪委县直机关工作委员会加强对各监督联系单位政治规矩和政治纪律执行情况的监督检查，科学把握运用“四种形态”，引领领导干部进一步增强“四个意识”，坚定“四个自信”，做到“两个维护”，确保责任落实到位。

（方新花）

机要保密工作

【概况】 2019年，中共大田县委机要局、县国家保密局严格落实机要、保密工作责任制，开展警示教育活动4次，完成机要保密各项目标任务，全县机要保密工作“零差错”。做好高等职业教育入学考试、中高考保密工作，落实措施，杜绝失窃密事件发生。县委机要局被市委机要局评为2019年度全市党政系统机要密码工作绩效考评优秀单位，大田县国家保密局获“全省保密系统先进集体”称号。

【机要工作机制完善】 2019年，县委机要局在密码通信“精品年”活动开展的基础上，围绕改进工作方式、改善服务形式、提升保障能力等方面，研究探索建立“精品年”活动的常态化工作机制。重新梳理完善细化密码工作制度和管理规定，更新完善工作制度和工作流程，为密码管理提供制度保障。按照“零差错、零失误、零停留、零阻断、零意见”的工作要求，办理好每份电报，全年没有出现压报、误报事故。选派2名机要干部到北京参加培训。

【保密业务提升】 2019年，大田县国家保密局注重干部业务能力提升，组织干部参加各类培训，提高理论知识和业务水平。以《保密工作》等刊物为学习资料，开展县处级领导、科级干部和涉密人员宣传、警示、忠诚教育活动2场，培训教育250人次，提高干部保密意识和业务水平。组织人员对县直机关、保密要害部门进行保密专项检查2次，对泄密隐患进行督促整改。

（陈富光）

大田县人民代表大会

□ 编辑 郑祥果

综 述

【概况】 2019年，县人大常委会以习近平新时代中国特色社会主义思想为指导，学习贯彻中共十九大和十九届二中、三中、四中全会精神，坚守党的初心使命，围绕“新时代多彩大田建设”目标，聚焦发展献智出力、民生务实重行、法治担当尽责。全年召开人民代表大会1次、常委会12次、主任会议19次，听取和审议“一府两院”专项工作报告18项，组织开展调研、视察、执法检查28项，配合省、市人大常委会开展调研、视察、执法检查等活动13次。加强自身建设。2019年，县人大常委按照中央和省、市、县委的统一部署开展“不忘初心、牢记使命”主题教育，将学习教育、调查研究、检视问题、整改落实四项重点措施有机融合、贯穿始终。坚持领导带头、以上率下，深刻学习领悟，开展集中交流研讨10场；组织城区饮用水源地管护、公交运营情况等5个专题调研，提出务实有效的对策建议23条；党组班子及机关党员深入检视和整改问题216项。常委会认真落实任前法律知识测试、表态发言，任后颁发任命书、宪法宣誓等制度，全年依法任免国家机关工作人员72人次，接受常委会委员、代表辞职11人次。围绕全县经济社会发展中带有全局性、根本性的重大事项，作出《地方政府专项债券转贷方案》《新增政府债务限额纳入预算管理》等决议决定7项。常委会认真履行党建主体责任和意识形态工作责任，坚持不懈推进党风廉政建设。建立健全干部绩效和二级考评等管理制度，进一步激励机关干部干事创业的热情。主动融入县委中心工作，积极参与特色产业发展、重大项目建设等工作，完成各项目标任务。加强乡镇人大工作的联系和指导，组织召开乡镇人大工作座谈会，开展乡镇人大工作专题调研，乡镇人大工作制度化、规范化和程序化水平进一步提升。

服务经济社会发展 2019年，县人大常委会把稳定经济增长摆在监督工作的首位。听取和审议上半年全县国民经济和社会发展计划执行情况报告，强调要合理布局中长远规划，强化政策扶持和创新驱动，做大做强机械铸造、建材水泥等传统产业，加快培育新兴产业。组织开展“改善营商环境、促进工业转型升级”专题调研，提出深化“放管服”改革，简便办事环节、减少审批事项，落实落细项目政策，激发市场活力和社会创造力的建议。听取和审议乡村振兴战略实施情况报告，督促有关部门扬长避短、发挥优势，把抓当前与谋长远有机结合。听取全县油茶产业发展情况报告，组织乡村干部、经营者等多个层面代表座谈，建议政府要“像抓茶产业一样推进油茶产业发展”听取全县乡村旅游发展情况报告，就理顺管理体制、强化服务保障、拓展旅游功能等方面提出意见建议。听取和审议财政预算、预算执行、预算调整、决算等报告，要求政府狠抓财源建设，克服收支矛盾，提高财政管理绩效，着力防范化解重大风险，推进审查监督重点向支出预算和政策拓展。听取和审议审计工作报告，推动建立完善“约谈”、整改“销号”等制度，促进审计查出问题整改落实，依法维护审计监督的严肃性。开展县属国有企业情况专题调研，针对国有企业管理弱化、效益低下及财务核算不规范等问题，建议完善机构建设，加强国有企业分类管理，促进国有资产保值增值。

人民代表主体作用发挥 2019年，县人大常委会始终尊重代表主体地位，积极推行“2345”工作模式，保障代表依法执行职务，切实增强代表履职效力。完善线下“活动室”平台。持续推进18个乡镇“代表联系群众活动室”、75个“代表小组活动室”规范化建设，达到有场所、有牌子、有人员、有设施、有活动的“五有”标准。创建线上“互联网”平台。做好福建省三级代表履职平台推广应用，指导代表查阅会议资料、建议办理情况等；建立“大田县人大代表在身边”微信平台，完善代表工作、代表联系选民微信群。按照“抓重点促全面”的思路，筛选9件事关全县经济社会发展，以及8件初次办理不满意的建议，通过实地调查走访、召开督办会等形式，有力推动解决综合性强、协调难度大的问题。对代表建议进行梳理分类，由常委会各相关委室具体督办，充分发挥其工作对口、业务熟悉的优势，形成联动督办合力。对上年度列入“逐步解决”的13件建议，以及人社局、工信局等部门的建议办理情况，组织代表进行“回头看”，着力解决“重答复、轻落实”的问题。县十七届人大三次会议及闭会期间提出的116件建议，当年解决率为53.4%，代表满意率99.1%。组织各级代表紧紧围绕“十大攻坚会

战”、文旅康养产业发展、农村基础设施建设等中心工作开展视察调研、出谋献策，助推县委重大决策落实。有计划地邀请代表列席人大常委会会议，参与视察调研、执法检查等活动，及时吸纳代表建议。不断完善“一表三单”工作模式，全面推行代表接待群众日活动，努力做到面对面询问基层实情、心贴心梳理群众意愿。根据教育、卫生、茶产业等行业代表小组特点，有针对性地开展公共卫生服务、城区学校建设等专题调研，增强代表活动实效。坚持向代表寄送学习资料，开展网络专题学习，分层级组织代表外出培训考察，夯实代表履职底气。省市县三级代表履职活动一律在代表履职网络平台进行登记，形成履职档案，让代表履职有据可查。及时组织代表向选民报告履职情况，让选民了解代表工作，让代表接受选民监督。对有与代表身份不符行为的，及时约谈或函询，促使代表带头遵守法律法规和社会公德。

【人大机关党支部主题党日活动】 2月20日，县人大机关支部开展“做护河先锋，为党旗添彩”主题党日活动，组织党员对良元溪部分河段进行清理。9月29日，县人大机关党总支组织全体党员到华兴京口村叶炎煌故居，开展“砥砺奋进70年、不忘初心再出发”主题党日活动。通过，了解叶炎煌参加革命斗争的英雄事迹，开展党员集体宣誓和给七位党员集体过党员政治生日等活动，重温入党誓词、给党员颁发政治生日贺卡、佩戴党徽，切实让党员在活动中牢记党员身份，增强党性意识。

【领导调研】 3—12月，市人大常委会副主任工庆、肖长根、刘万年、陈仪等领导，先后8次组成调研组到大田县开展环境保护、企业用工、水库保险、污水处理、教育、水流域整治等工作调研。县人大常委会副主席章玲、郑宜堆、张爱兰，副县长赖伟平、詹冬华、余维语、吴文旗等分别陪同调研。5月30—31日，省人大常委会信访局副局长郭沁带领调研组一行3人到大田县开展人大、信访工作调研。市人大常委会办公室副主任、信访局局长朱凤英、县人大常委会副主任郑宜堆。7月8—10日，省人大常委会环城工委主任朱华带领调研组赴大田县开展传统村落保护情况调研。调研组一行到华兴镇杞溪村、济阳乡济阳村及建设镇建国村等实地察看，市人大常委会副主任工庆、县人大常委会副主任章玲陪同。6月11日，省人大常委会副主任雷春美到大田调研乡村振兴工作。省人大社会建设委主任委员张立先、市人大常委会副主任廖小华、县人大常委会主任陈汉良、副县长余维语参加调研。

6月10—11日，全国人大常委会委员、社会建设委副主任委员陈斯喜到大田调研。县泽惠养老服务中心、县就业和社会保障综合服务中心、县医养服务中心、县职业中专学校等省人大常委会党组副书记、副主任雷春美、市人大常委会副主任廖小华陪同调研。

【湖南祁阳县人大领导到大田考察】 12月18日，湖南祁阳县人大常委会副主任谢铁山率考察学习组一行7人到大田县考察学习饮用水源地保护工作，调查组实地走访了石牌镇搬迁安置小区（一级保护区居民搬迁）、谢洋乡坑口村、吴山镇梓溪村。县人大常委会副主任章玲陪同考察。

（钟苓　范立森）

人民代表大会与人大常委会会议

【概况】 2019年，召开县十七届人民代表大会会议1次，召开人大常委会会议12次、主任会议19次，听取和审议“一府两院”专项工作报告18项。

【县第十七届人大常委会第十七次会议】 1月11日召开第17次会议，在县人大会议室召开（下同），主任陈汉良主持，会期半天。县人大常委会全体委员，县委常委、县政府常务副县长陈剑生，县监察委副主任黄丽玲，县法院副院长陈晶，县检察院副检察长蒋原成参加会议。会议主要内容：人事任免事项；举行宪法宣誓仪式。

【县第十七届人大常委会第十八次会议】 1月23日召开第18次会议，副主任章玲主持，会期半天。县人大常委会全体委员，县政府副县长涂林瑢、县监察委副主任黄丽玲、县检察院检察长张春明、县法院副院长史小闽、各乡镇人大主席、市人大代表县人大代表等24人参加会议，会议主要内容：开展部门工作评议。

【县第十七届人大常委会第十九次议】 3月29日召开第19次会议，副主任张爱兰主持，会期半天。县人大常委会全体委员，县委常委、县政府副县长陈剑生，县监察委副主任黄丽玲，县法院院长杨绍东，县检察院副检察长蒋原成，各乡镇人大主席和部分乡镇人大副主席，市人大代表罗浩、县人大代表9人参加会议。会议主要内容：审议县政府关于2019年县本级财政预算及部门预算细化方案的报告；有关人事事项。

【县第十七届人大常委会第二十次会议】 5月24日召开第20次会议，副主任刘永生主持，会期半天。县人大常委会全体委员，县政府常务副县长涂林瑢，县监察委副主任黄丽玲，县法院院长杨绍东，县检察院检察长张春明，各乡镇人大主席、部分乡镇人大副主席，市人大代表范文华，县人大代表8人参加会议，会议主要内容：常委会集体学习，听取和审议县政府关于教师队伍建设情况的报告，听取和审议县政府关于乡村振兴工作情况的报告，有关人事事项。

【县第十七届人大常委会第二十一次会议】 8月15日召开第21次会议，副主任郑宜堆主持，会期半天。县人大常委会全体委员，县政府常务副县长陈剑生，县监察委副主任黄丽玲，县法院院长杨绍东，县检察院检察长张春明，县人大机关部分委（室）负责人提名人员，各乡镇人大主席（或主席候选人）、部分乡镇人大副主席(或副主席候选人)，市人大代表陈鹏飞，县人大代表8人参加会议。会议主要内容：听取和审议县政府关于2019年上半年国民经济及社会发展计划执行情况的报告，听取和审议县政府关于2019年上半年财政预算执行情况的报告，听取和审议县政府关于提请调整2019年县本级财政收支预算的议案，听取县法院关于刑事审判工作情况的报告，人事任免事项。

【县第十七届人大常委会第二十二次会议】 9月12日召开第22次会议，主任陈汉良主持，会期半天。县人大常委会全体委员，县政府副县长涂剑峰，县纪委副书记、监察委副主任黄丽玲，县法院院长杨绍东，县检察院检察长张春明参加会议。会议主要内容：人事任免事项。

【县第十七届人大常委会第二十三次会议】 9月29日召开第23次会议，副主任张爱兰主持，会期半天。县人大常委会全体委员，县委常委、县政府副县长陈剑生，县监察委副主任黄丽玲，县法院院长杨绍东，县检察院检察长张春明，各乡镇人大主席和部分乡镇人大副主席，市人大代表邓盛鉴、县人大代表8人参加会议，会议主要内容：听取和审议县政府关于2018年度县财政收支决算草案的报告及2018年度县本级财政预算执行和其他财政收支情况的审计工作报告，听取和审议县政府关于提请调整2019年地方政府专项债务转贷项目预算的议案，听取和审议县政府关于2018年度环境状况和环境保护目标完成情况的报告。

【县第十七届人大常委会第二十四次会议】 10月17日召开第24次会议，副主任郑宜堆主持，会期半天。县人大常委会全体委员参加会议。会议主要内容：审议关于接受黄建平辞去市十三届人民代表大会代表职务的事项。

【县第十七届人民代表大会第二十五次会议】 10月23日召开第25次会议，副主任章玲主持，会期半天。县人大常委会全体委员参加会议，会议主要内容：审议关于接受洪华堂辞去市十三届人民代表大会代表职务的事项。

【县第十七届人民代表大会第二十六次会议】 9月29日召开第26次会议，副主任张爱兰主持，会期半天。县人大常委会全体委员参加会议，会议主要内容：审议通过接受代表辞职事项，审议通过《大田县人大常委会主任会议关于提请补选县第十七届人民代表大会代表的议案》，审议通过接受县人大常委会委员辞职事项。

【县第十七届人民代表大会第二十七次会议】 11月29日召开第27次会议，副主任郑宜堆主持，会期半天。县人大常委会全体委员，县政府副县长涂林瑢，县监察委副主任柯永晋，县法院副院长陈晶，县检察院检察长张春明，县人大机关部分委室主任，各乡镇人大主席，部分乡镇人大副主席，市人大代表苏启绵、县人大代表8人参加会议，会议主要内容：听取和审议县政府关于精准扶贫工作情况的报告，并开展满意度测评；听取和审议县检察院关于公益诉讼工作情况的报告，并开展满意度测评；听取和审议县政府关于代表议案建议办理情况的报告，并开展满意度测评；审议关于召开县第十七届人民代表大会第四次会议的决定（草案）。

【县第十七届人民代表大会第二十八次会议】 12月23日召开第28次会议，副主任章玲主持，会期半天。县人大常委会全体委员，县委常委、县政府常务副县长陈剑生，县纪委副书记、监察委副主任许志鹏，县法院院长杨绍东，县检察院检察长张春明，各乡镇人大主席，市人大代表吴永承，县人大代表8人参加会议。会议主要内容：听取和审议《县政府关于提请调整2019年县本级财政收支预算的议案》，人事事项，补选市十三届人大代表，审议代表资格审查委员会关于代表变动情况的报告，听取大田县第十七届人民代表大会第四次会议筹备工作情况的报告，审议大田县第十七届人民代表大会第四次会议议程和日程（草案），审议财政经济审查委员会和议案审查委员会名单（草案）；审议各代表团划分及团长名单（草案），审议大田县第十七届人民代表大会第四次会议主席团和秘书长、副秘书长、主席团常务主席、执行主席分组名单（草案），审议邀请上主席台就座人员和列席会议人员名单（草案），审议大田县第十七届人民代表大会第四次会议选举办法（草案），审议县人大常委会工作报告（草案）。

【县第十七届人民代表大会第四次会议召开】 12月29日至1月1日，大田县第十七届人民代表大会第四次会议在县影剧院召开，代表共201人，出席代表199人，列席人员178人。会议听取和审议县人民政府县长林金龙作的《政府工作报告》、县人大常委会主任陈汉良作的《县人大常委会工作报告》、县人民法院院长杨绍东作的《县人民法院工作报告》、县人民检察院检察长张春明作的《县人民检察院工作报告》，并通过相应的决议。会议审议县发展和改革局局长温如凤作的《关于大田县2019年国民经济和社会发展计划执行情况与2020年国民经济和社会发展计划（草案）的报告》、县财政局局长林永田作的《关于大田县2019年预算执行情况和2020年预算（草案）的报告》，并通过相应的决议。

（钟岑　范立淼）

重大事项审议决定

【概况】 2019年，县人大常委会贯彻中央和省市委的重大决策部署，落实有关法律规定，对本行政区域改革开放、经济建设、民主法制建设及召开重要会议、人事任免等进行审议，并作出决议或决定。全年作出决议3项、决定1项。

【批准财政预算及部门预算细化方案决议】 3月29日，县第十七届人民代表大会常务委员会第19次会议听取县人民政府《关于大田县2019年本级财政预算及部门预算细化方案的报告》，对草案进行审查。会议同意县人民代表大会财政经济审查委员会的审查结果报告，决定批准2019年本级财政预算及部门预算细化方案。

【批准调整财政收支预算议案决议】 8月14日，县第十七届人民代表大会常务委员会第21次会议，听取《关于2019年大田县上半年财政预算执行情况的报告》和《大田县人民政府关于提请调整2019年县本级财政收支预算的议案》，对议案进行审查。会议同意县人民代表大会财政经济委员会的审查结果报告，决定批准调整2019年县本级财政收支预算的议案。

【批准专项债券转贷项目调整方案决议】 9月29日，县第十七届人民代表大会常务委员第23次会议，听取县人民政府《关于提请调整2019年地方政府专项债务转贷项目预算的方案》，对调整方案进行了审查，决定批准2019年地方政府专项债务转贷项目调整方案。

【召开县第十七届人民代表大会第四次会议决定】 12月23日，县第十七届人大常委会第28次会议决定：大田县第十七届人民代表大会第四次会议于2019年12月29日至2020年1月1日召开。建议会议主要议程：听取和审议大田县人民政府工作报告，并通过相应的决议；听取和审议大田县2019年国民经济和社会发展计划执行情况及2020年国民经济和社会发展计划草案的报告，审查和批准大田县2019年国民经济和社会发展计划执行情况的报告及2020年国民经济和社会发展计划；听取和审议大田县2019年预算执行情况及2020年预算草案的报告，审查大田县2019年预算执行情况的报告及2020年预算草案，批准大田县2019年县本级预算执行情况的报告及2020年县本级预算；听取和审议大田县人大常委会工作报告，并通过相应的决议；听取和审议大田县人民法院工作报告，并通过相应的决议；听取和审议大田县人民检察院工作报告，并通过相应的决议；大会主席团决定提请大会审议的其他事项。

（钟岑　范立森）

监督工作

【概况】 2019年，县人大常委会履行宪法和法律赋予的职责，坚持正确监督、有效监督，服务经济社会发展，提升监督实效。全年，听取和审议“一府两院”专项工作报告18项，组织开展调研、视察、专题询问、执法检查27项，组织满意度测评6次，配合省、市人大常委会开展调研、视察、执法检查等活动14次。

【部门工作满意度测评】 1月23日，县十七届人大常委会第18次会议，根据《中共大田县委转发〈大田县人民代表大会常务委员会关于开展部门工作评议的办法（试行）〉的通知》（田委〔2017〕72号）、《大田县第十七届人大常委会工作评议实施方案》（田人大〔2017〕46号）和《大田县人大常委会关于开展部门工作评议活动的通知》（田人大〔2019〕1号）的要求，对工信局、科技局等15个部门进行工作评议。并将测评结果通过县电视台向社会公布。

【油茶产业发展情况调研】 3月下旬，县人大常委会成立以副主任章玲为组长、部分常委会委员、县人大代表、乡镇人大主席为成员调研组一行10人，到华兴镇、湖美乡、三九军大公司、双创产业园等7个调研点，召开座谈会3场，并听取县林业局、农业农村局、财政局等部门工作情况汇报，深入了解县油茶产业发展取得的成效和存在的问题，研究探讨对策建议。

【乡村振兴战略实施情况调研】 4月下旬至5月上旬，县人大常委会成立以副主任章玲为组长、部分常委会委员、县人大代表、乡镇人大主席为成员的调研组一行11人，到吴山镇、济阳乡、桃源镇、建设镇等地开展全县乡村振兴战略实施情况开展专题调研。通过实地察看、听取介绍、座谈交流等形式，重点了解乡村振兴规划、基础设施建设、产业发展、人居环境整治等情况，并听取县农业农村局、财政局、住建局等13个单位的工作情况汇报。调研组针对乡村人力资源不足、产业发展不快、生态环境不佳等问题，提出要强化规划引领、坚持示范带动、加强产业培育、突出生态治理等建议。

【教师队伍建设情况调研】 4月下旬，县人大常委会成立以副主任张爱兰为组长，部分常委会委员、乡镇人大主席为成员的调研组一行13人，对大田县教师队伍建设情况进行调研。调研组一行到石牌、广平、奇韬、谢洋和城区部分学校进行实地察看和座谈，并召开部门座谈会，详细了解相关情况。调研组充分肯定了教师队伍建设所取得的成绩，但是依然存在教师队伍整体缺编、学科结构不合理、教师培训实效性还需加强等问题。调研组提出要进一步推进师风师德建设，加强骨干教师的作用发挥，完善教师考核体系，不断加强教师继续培训等意见建议。

【国有企业管理情况调研】 5月中旬，县人大常委会成立以副主任刘永生为组长、部分常委会委员、人大代表、乡镇人大主席为成员的调研组一行14人，到县经信局、财政局、国资办、商业总公司、煤炭工业公司、城投公司、大田水泥厂、矿产开发公司等单位，就大田国有企业管理情况开展专题调研。调研组认真听取资产经营管理情况的汇报，就如何强化国有资产管理、提高国有资产经营管理水平提出意见和建议。

【工业转型升级情况调研】 6月上旬，县人大常委会成立以副主任刘永生为组长，部分常委会委员、乡镇人大主席为成员的调研组一行12人，到县工信局、发改局、统计局、财政局、税务局、人行、市场监管局、商务局、科技局、生态局、住建局、自然资源局等单位开展改善政务环境促进工业转型升级情况调研。采取听取汇报、查阅相关资料、座谈交流、实地察看等方式，了解当前政务环境，工业转型升级情况，并对存在的困难和问题提出意见建议。

【《中华人民共和国道路交通安全法》执法检查】 6月下旬，县人大常委会成立以副主任郑宜堆为组长，部分常委会委员、乡镇人大主席为成员的调研组一行12人，对全县贯彻实施《道路交通安全法》情况开展了执法检查。调研组一行先后到交通运输局、公路分局、太华镇、桃源镇、交警指挥中心实地了解道路交通运行情况。在座谈会上，代表们听取了相关部门的工作汇报，并结合实地检查情况对如何进一步宣传《中华人民共和国道路交通安全法》、完善交通安全设施、加强队伍建设等工作提出意见建议。

【刑事审判工作情况调研】 7月上旬，县人大常委会成立以副主任郑宜堆为组长、部分常委会委员、人大代表、乡镇人大主席为成员的调研组一行12人，到县法院、检察院、司法局等开展刑事审判工作情况调研。调研组听取县法院、检察院、公安局、司法局关于刑事审判工作情况的汇报，同时围绕调研重点，开展交流座谈，听取意见和建议。

【《中华人民共和国农产品质量安全法》执法检查】 9月上旬，县人大常委会组成以副主任章玲为组长、部分常委会委员、人大代表、乡镇人大主席为成员的调研组一行8人，到县农业农村局、发改局、生态环境局、卫生健康局、市场监督管理局、林业局、供销社等单位开展《中华人民共和国农产品质量安全法》执法检查。采取听取汇报、座谈了解、实地察看等形式，了解政府属地管理责任依法履行情况、农产品质量安全监管体系建设情况、农产品质量安全执法落实情况等，并提出意见和建议。

【公共法律服务体系建设情况调研】 9月下旬，县人大常委会组成以副主任郑宜堆为组长、部分常委会委员、人大代表、乡镇人大主席为成员的调研组一行13人，到县司法局、生态综合执法局、生态环境局、均溪镇、上京镇、屏山乡、谢洋乡等相关单位，采取听取汇报、座谈交流、实地考察、查阅相关资料等形式。了解推进公共法律服务体系建设的基本情况、措施成效和问题短板，并为进一步推进县公共法律服务体系建设提出对策建议。

【人大代表建议办理情况视察活动】 10月上旬，县人大常委会组成以副主任张爱兰为组长、部分常委会委员、人大代表、乡镇人大主席为成员的调研组一行11人，到县工业和信息化局、人力资源和社会保障局等单位开展人大代表建议办理情况视察活动，组织人大代表对有关承办单位当年度代表建议的办理情况进行视察，督促本届以来代表建议办理存在的问题和落实情况。

【乡村旅游发展情况调研】 9月下旬和10月上旬，县人大常委会组成以副主任张爱兰为组长、部分常委会委员、人大代表、乡镇人大主席为成员的调研组一行11人，对乡村旅游发展情况进行调研。调研组一行到华兴镇、屏山乡、济阳乡、谢洋乡、广平镇等进行实地察看，并与当地乡村干部、村民互动交流，探讨当地乡村旅游的经验与做法，了解其发展情况。针对存在的发展模式滞后、特色不突出、服务水平不高、带动贫困户脱贫的效应不明显等困难和问题提出意见和建议。

【《中华人民共和国野生动物保护法》执法检查】 10月中旬，县人大常委会成立以副主任章玲为组长、部分常委会委员、县人大代表为成员的调研组一行13人，到屏山、桃源等乡镇了解《中华人民共和国野生动物保护法》贯彻实施情况，并召开座谈会，听取县林业局、农业农村局、公安局、市场监督管理局等相关单位工作汇报并提出意见和建议。

【精准扶贫工作情况调研】 11月中旬，县人大常委会成立以副主任章玲为组长、部分常委会委员、人大代表、乡镇人大主席为成员的调研组一行11人，到谢洋、武陵、屏山等乡镇，采取实地查看、走访贫困户、查阅扶贫资料等形式，对精准扶贫工作情况进行调研，并召开座谈会，听取住建局、发改局、水利局等10个单位相关工作的汇报，并针对存在的问题提出意见和建议。

【《中华人民共和国精神卫生法》执法检查】 12月上旬，县人大常委会成立以副主任张爱兰为组长、部分常委会委员、人大代表、乡镇人大主席为成员的调研组一行10人，开展《中华人民共和国精神卫生法》执法检查。到县医院、上京恒康医院、上京卫生院、文昌社区卫生服务中心等县、乡（镇）、村（社区）卫生部门进行实地察看，并召集卫健、公安、民政、综治等相关部门参加座谈会了解相关情况，并提出意见和建议。

（钟岑　范立森）

人事任免

【概况】 2019年，县人大常委会坚持党管干部与依法任免有机统一，严格执行任前法律知识测试、表态发言，任后颁发任命书和宪法宣誓等制度，为全县改革发展和法治建设提供了组织保证。全年，任免县政府领导2次，县政府部门人员33人次，县监察委工作人员2人次，审判检察人员27人次，县人大机关工作人员10人次。

【接受辞去县第十七届人大常委会委员职务】 1月11日，县第十七届人大常委会第十七次会议决定：接受叶增稳辞去县第十七届人大常委会委员职务的请求，11月6日，县第十七届人大常委会第二十六次会议决定，接受方来炽、林凤琛辞去县第十七届人大常委会委员职务的请求。以上请求报县第十七届人民代表大会第四次会议备案。

【县政府工作部门人员职务任免】 1月11日，县第十七届人大常委会第十七次会议决定：任命温如凤为县发展和改革局局长；杨维瓦为县工业和信息化局局长，林宗镇为县自然资源局局长，林建明为县水利局局长，郑成鑫为县农业农村局局长；叶增稳为县文体和旅游局局长；陈永晶为县卫生健康局局长，施正钻为县退役军人事务局局长，魏初铭为县应急管理局局长，林春忠为县市场监督管理局局长，罗　浩为县人民政府信访局局长。免去林宗镇县国土资源局局长职务，林建明县住房和城乡规划建设局局长职务，郑成鑫县农业局局长职务，陈永晶县卫生和计划生育局局长职务，施正钻县安全生产监督管理局局长职务，林春忠县文体广电出版局局长职务，周家好县发展和改革局局长职务，施发帅县市场监督管理局局长职务。3月29日，大田县第十七届人大常委会第十九次会议决定，免去郭育靖县人力资源和社会保障局局长职务。8月13日，县第十七届人大常委会第二十一次会议决定，任命林永田为县财政局局长（兼），吴高勇为县人力资源和社会保障局局长，刘传贵为县住房和城乡建设局局长、县人民防空办公室主任，林建明为县水利局局长，苏祎群为县商务局局长，魏祥强为县统计局局长。免去：吴高勇县财政局局长职务，林建明县住房和城乡规划建设局局长、县人民防空办公室主任职务，田仁芳县水利局局长职务，张春艳县商务局局长职务，林芳庆县统计局局长职务。

【县人民检察院检察委员会委员、检察员职务任免】 5月24日，县第十七届人大常委会第二十次会议决定：任命章培源、林起增、徐荣贵等为大田县人民检察院检察委员会委员。8月13日，大田县第十七届人大常委会第二十一次会议决定，免去林芳新、田有彬、肖海县人民检察院检察委员会委员、检察员职务，陈进法、张名芳、范晓燕、连晓婷县人民检察院检察员职务。

【审判人员职务任免】 8月13日，县第十七届人大常委会第二十一次会议决定：任命李勤模为县人民法院审判委员会委员，许剑萍为县人民法院审判委员会委员，张五一为县人民法院立案庭庭长、审判委员会委员，罗世辉为县人民法院民事审判庭(家事少年审判庭)庭长，李春雷为县人民法院生态环境审判庭(综合审判庭)庭长。免去李勤模县人民法院执行庭庭长职务，张五一县人民法院调解速裁庭庭长职务，罗世辉县人民法院民事审判第一庭庭长职务，李春雷县人民法院民事审判第二庭庭长职务，吴永雄县人民法院审判委员会委员、审判员职务，廖小燕县人民法院立案庭庭长职务，余育喜县人民法院审判监督庭庭长职务，苏启谊县人民法院行政审判庭庭长职务，廖明辉县人民法院交通审判庭庭长职务，洪敏书县人民法院少年与家事审判庭庭长职务，曾海鹰县人民法院生态环境审判庭庭长职务，郑传艳人民法院刑事审判庭副庭长职务，范美平县人民法院行政审判庭副庭长职务。任命吴 荣等62位为县人民法院人民陪审员。

【任免县人大机关工作人员职务】 8月13日，县第十七届人大常委会第二十一次会议审议通过决定：任命程美花为县人大常委会环境和城乡建设委员会主任，林雁强为县人大常委会华侨台胞委员会主任，林起严为县人大常委会内务司法委员会主任，薛伟萍为县人大常委会内务司法委员会副主任，钟岑为县人大常委会办公室副主任，免去卢建宏县人大常委会内务司法委员会主任职务，程美花县人大常委会华侨台胞委员会主任职务，林雁强县人大常委会环境和城乡建设委员会主任职务，范功金县人大常委会内务司法委员会副主任职务，薛伟萍县人大常委会办公室副主任职务。

【检查委员会委员任免】 9月12日，县第十七届人大常委会第二十二次会决定，任命柯永晋为县监察委员会委员，免去涂锦发县监察委员会委员职务。

【任命、接受辞去县人民政府副县长职务】 9月12日，县第十七届人大常委会第二十二次会议决定：任命刘阳辉为县人民政府副县长。12月23日，县第十七届人大常委会第二十八次会议决定，接受赖伟平辞去县人民政府副县长职务的请求。

（涂婉琴）

代表工作

【概况】 2019年，县人大常委会始终尊重代表主体地位，积极推行"2345"工作模式，保障代表依法履行职务，指导乡镇开展代表向原选区选民报告履职、开展"集智聚力助脱发人大代表在行动"、召开乡镇人大代表工作座谈会、组织各级人大代表开展调研视察活动，切实增强代表履职效力。

【辞去和补选市第十三届人民代表大会代表职务】 3月29日、10月17日、11月23日，县第十七届人大常委会第十九次、二十四次、二十五次会议决定，分别接受周高山、黄建平、洪华堂辞去三明市第十三届人民代表大会代表职务的请求，报三明市第十三届人民代表大会常务委员会备案、公告。12月23日，县第十七届人大常委会第二十八次会议补选刘宝怀、王锡章、张运明为市第十三届人民代表大会代表。

【市十三届人大代表（大田团）调研视察活动】 8月27—28日，县人大常委会组织市第十三届人大代表一行23人吗（大田团）赴将乐、沙县开展调研活动，11月12日，又组织市第十三届人大代表（大田团）23人开展"大田县中央苏返遗址保护情况"视察活动。

【辞去和补选县十七届人民代表大会代表职务】 11月6日，县第十七届人大常委会第二十六次会议决定，接受黄丽玲、叶增稳、周万裕、涂建志、林大红辞去县第十七届人民代表大会代表职务的请求，并报县第十七届人民代表大会第四次会议备案。12月12日，依法补选章鹏程、杨玉全、林芳炳、田美颂、陈文校、吴善寨、李序扶、田起杨等8人为县第十七届人民代表大会代表。

【强化履职平台建设】 2019年，县人大常委会完善线下"活动室"平台，持续推进18个乡镇"代表联系群众活动室"、75个"代表小组活动室"规范化建设，达到有场所、有牌子、有人员、有设施、有活动的"五有"标准；创建线上"互联网"平台，做好福建省三级人大代表履职平台推广应用，指导代表查阅会议资料、建议办理情况等；建立"大田县人大代表在身边"微信平台，完善代表工作、代表联系选民微信群，实现常委会联系代表、代表联系群众"全天候""零距离""快速度"。

【强化代表建议办理】 2019年，在县十七届人大三次会议期间，代表提出建议113件，经主席团决定由议案转为建议办理的1件，闭会期间代表提出建议2件，计116件，其中主任会议研究确定的重点督办件9件。3月29日，县人大与县政府召开县十七届人大三次会议代表建议交办会。县人大常委会坚持抓好重点督办、对口督办、回头督办，把督办建议同代表定向视察、执法检查、听取专项工作报告等多种形式结合起来，并加强跟踪，促进建议办理工作落到实处，当年解决率为53.4%，代表满意率99.1%。

【代表履职补助制度建立】 2019年，县人大常委会将代表工作经费纳入财政预算，从2019年起给予每名县人大代表履职补助1200元。

（涂婉琴）

大田县人民政府

□编辑 陈妮

综述

【概况】 2019年，大田县政府推动高质量发展落实赶超，经济社会保持平稳健康发展，完成县十七届人大三次会议确定的目标任务。全县地区生产总值217.81亿元，比上年增长6.8%；地方一般公共预算收入7.66亿元，同比增长2%；城镇居民人均可支配收入37338元，同比增长8.2%；农村居民人均可支配收入18291元，同比增长9.5%。继续做好省委巡视反馈意见整改“后半篇文章”。强化廉政风险防控，开展行政事业单位国有资产清理整顿，加强政府采购、建设工程招投标等领域监管。落实中央“基层减负年”要求，坚决反对形式主义、官僚主义，县政府、县政府办印发的文件、召开的会议分别同比下降46%和45.5%，对基层督查检查事项同比下降51%，“三公”经费下降29.54%。全面实行二级绩效考评及干部实绩记账办法，落实正向激励和容错纠错机制，提振干部干事创业精气神，县生态环境保护指挥中心获评省级“人民满意公务员集体”。办理人大代表建议议案116件，政协委员提案113件，满意率99.6%。

【社会事业发展】 2019年，大田县累计发放扶贫小额信贷1.19亿元，建成造福工程易地搬迁集中安置区2个，全县建档立卡贫困人口2798户8437人脱贫，68个贫困（空壳）村、2个市级扶贫开发工作重点乡全部摘帽。新增城镇就业1236人，农村劳动力转移就业3232人，城镇失业率2.28%。新建农村幸福院12个。红星幼儿园新园等8个教育项目建成投入使用，新增学位4480个，争取上级教育专项编制1246个，当年高考本一上线率27.96%，居全市10个县（市）第一。石牌卫生院门诊综合楼和鸿晖养老服务中心建成投入使用，大田医养服务中心被列为全省第二批医养结合试点单位，省级慢性非传染性疾病综合防控示范区通过验收。新建、拼宽农村公路43.3千米。

【项目工作竞赛】 2019年，大田县实施重点项目建设156个，新增亿元以上“五个一批”（谋划一批、签约一批、开工一批、投产一批、增资一批）项目49个，总投资155.69亿元。新增省级“五个一批”项目135个，156个县级重点项目完成投资77.12亿元，展晖机械、大音文化等47个项目开工建设，科华石墨、宇隆超纤等29个项目建成或部分建成。广平工业园启动前期工作，红狮水泥有限公司危废处置及资源化、闽盛机械等12个项目开工建设，瓦能科技、星恒化纤等5个项目建成投产，红狮水泥有限公司获评省级龙头企业，硅光科技、中工塑胶、建华纺织通过省级“专精特新”（专业化、精细化、特色化、新颖化）企业认定。全县落实减税降费1.2亿元，为企业减负8288万元，兑现企业扶持资金4730万元，办理应急转贷资金2.97亿元。全年处置不良贷款3.82亿元，不良率降至1.34%。传统产业改造升级，关闭退出煤矿4家、压减煤炭产能36万吨，实施新一轮技改提升行动计划，岩兴气体、恒隆建材等28个技改项目投资15.72亿元。科技创新服务平台建成运营，与清华大学合作的“交叉双旋翼复合推力尾桨无人直升机”项目获中国“互联网+”大学生创新创业大赛总决赛冠军和第八届中国创新创业大赛（福建赛区）总决赛冠军。岩城新市场、白岩商城完成改造，县牲畜定点屠宰厂投入使用，建设镇被列为省级“商务特色镇”。新奇特水果联合体示范推广项目获全国农村创业创新大赛三等奖，国家农村产权流转交易服务标准化试点项目通过国家农村综合改革标准化试点项目考核组验收。大田县主导制定的美人茶省级团体标准颁布实施，富硒农民创业基地突破333.33公顷，新培育家庭农（林）场45个、专业合作社61个，其中省、部级示范场（社）9个，新增“三品一标”（无公害农产品、绿色食品、有机农产品和农产品地理标志）认证农产品14个。被省农业农村厅评为“福建省农产品质量安全县”。

【生态文明建设】 2019年，大田县加强生态文明建设。桃源最氧睡眠小镇被授予“全国森林康养基地试点建设单位”“中国睡眠康养示范基地”称号。五彩大石景区被市旅游景区质量等级评定委员会评为国家AAA级旅游景区，大仙峰·茶美人景区被省旅游资源规划开发质量等级评定委员会评为国家AAAA级旅游景区。华闽纸业工业废水治理、涉砂行为专项整治、规模养殖场粪污处理整治等3个项目全面完成。深化矿山水土流失“开发式”治理，利用银川矿区废弃矿山建成蛋鸡产业化、设施农业智能温控大棚等现代农业产业项目。深化提升河长制，主导起草和制定《福建省河（湖）长制管理规范》，探索"河道＋现代农业""河道＋光伏产业""河道＋旅游业"等发展模式，形成武陵大石永强农场、华兴仙峰漂流等一批河道经济典型。均溪河、文江河流域各监测断面水质达标率连续三年为100%。大田县获评全国首批生态旅游胜地、中国森林旅游美景推广地。

【城乡区域发展】 2019年，大田县河滨健身栈道三期（全长1675米）、生活垃圾应急填埋场（位于广平镇广平村）基本建成，良元220千伏输变电工程动工建设，栋山支路、福兴路等市政道路建设有序推进，原汽车站、坪尾仑、鸭蛋山等片区改造加快实施，开展城市供水水质提升三年行动，城乡供水一体化、下岩中型水库等项目稳步推进。整治背街小巷108条，新建改造城市公厕38座，新改建天然气管道29.84千米、给排水管网11.45千米，新增城市停车位170个。取缔违章占道摊点2100余个，拆除占道地锁270余个、违规家禽棚和雨披1300处，全面取缔城区三轮车非法运营，投入电动微型公交车100辆。乡村道路提升工程363千米、新改拓建农村公路58.2千米，新建改造农村公厕25座，整治裸房657座，建设三格化粪池1643户，农村电网改造升级工程228千米。创建美丽乡村14个，桃源镇入选省级乡村振兴特色乡镇，梅林、元沙等10个村入选省级乡村振兴试点村，仙峰、后华、兰玉3个村获评省级森林村庄。环境空气综合指数进入全省前十，新建安全生态水系18千米，湖美高才国控断面水质稳定达到Ⅱ类，水土保持"天地一体化"监管指挥中心建成投入使用，综合治理水土流失面积3873.33公顷。

（范训局）

县政府常务会议

【概况】 2019年，县政府召开常务会议13次，主要研究生猪生产及疫病、脱贫攻坚、自聘教师工资待遇、企业减税降费、土地收储使用、项目建设及资金、生态环境保护、民生工程、城市建设等重大事项。

【第一次常务会议】 1月12日，在政府二楼会议室召开（下同）。会议专题研究全面加强非洲猪瘟防控工作有关问题，审议并原则同意《关于开展生猪养殖集中专项整治行动的补充通知》。要求各乡镇、各有关部门进一步加强组织领导、落实责任、规范处置、完善管理，有效有序做好生猪违法违规养殖清理工作；进一步加强巡查，严防被清理的生猪养殖场（户）再从事养殖行为；进一步强化举措，保障春节期间市场供应需求。

【第二次常务会议】 1月26日，传达贯彻《市委市政府关于贯彻落实省委省政府打赢脱贫攻坚战三年行动的十条意见》和省、市"大棚房"问题专项清理整治行动会议精神。审议并原则同意《关于在县城规划区内禁止现场搅拌混凝土的通告（送审稿）》；商讨提高中小学幼儿园自聘教师工资待遇问题。

【第三次常务会议】 3月20日，审议《福建省大田县废弃矿山地质环境综合治理规划（2018—2025）》《推进创新创业产业园高质量发展的若干规定（送审稿）》《2019年县直部门综合财政预算支出安排计划（送审稿）》《2019年县委县政府为民办实事工作计划（送审稿）》，研究县人大常委会对县基本公共卫生服务工作审议意见落实情况、收储石牌汽车修理厂国有土地使用权及房屋所有权、县生活垃圾应急填埋场项目建设、福建兴田城市建设投资有限公司使用县企业贷款应急转贷基金、拨付均溪镇农村基础设施建设资金、给予屏山乡财力补助等问题。

【第四次常务会议】 4月25日，传达贯彻全国和省市自然资源工作会议精神，审议《大田县矿业管理体制和涉矿县属国有企业改革实施意见（送审稿）》《进一步促进建筑业发展壮大实施意见（试行）（送审稿）》《支持本县建筑企业优先承接工程实施意见（试行）（送审稿）》《城区部分农贸市场改造项目实施方案（送审稿）》，研究县卫生计生监督所与疾病预防控制中心资产划分、县新泉包装制品有限公司申请使用县企业应急转贷基金、县人大常委会对城区饮用水源地管护工作审议意见落实情况、宝山路27号地块出让、县劳动就业中心工作人员经费、推进下岩水库项目前期工作、成立机关事业单位记账中心、修订县企业贷款应急转贷基金管理使用暂行办法、收储三明市俊辉农产品冷冻有限公司国有土地使用权、政府投资建设项目审计结算等问题。

【第五次常务会议】 5月17日，听取县扫黑除恶专项斗争工作情况汇报，传达贯彻全市环保督察整改工作集体约谈会议精神，审议《2019年开展"五比五晒"推进高质量发展落实赶超竞赛活动方案（送审稿）》，研究2018年度平安建设（综治工作）评定奖金发放、县京口工业园开发建设有限公司设立制砂项目、县广联木业有限公司及县水利投资有限公司使用县企业贷款应急转贷基金、县生活垃圾应急填埋场等工程项目采用EPC模式建设、给予吴山镇财力补助、退还大帝永隆（大田）置业有限公司原大田县火电厂宗地土地出让金、兑现大田金阳矿业有限公司纳税奖励、县行政事业单位国有资产清理整顿工作实施方案等问题。

【第六次常务会议】 6月20日，传达贯彻全国、全省促进生猪生产保障市场供应会议精神，审议《大田县工业项目招商引资优惠政策规定（试行）（送审稿）》，研究扶贫开发工作、道路交通安全、全县年产能9万吨煤矿核查情况、2019年现代农业发展等专项资金安排、城区载客三轮车回收、闽通公司微型公交车运营补助、建设国道G534线广平栋仁段项目、建筑业企业入驻"一事一议"、收储县腾达保温材料厂和县供销贸易总公司烟花爆竹仓库、成立再生资源回收公司、兑现福建中工塑胶公司扩大再生产奖励、参与竞买县石牌岩城水泥粉磨公司厂房等问题。

【第七次常务会议】 7月29日，听取全县减税降费工作开展情况汇报，研究县人大常委会对县教师队伍建设审议意见落实情况、提高城乡居民低保和特困人员供养标准、2019年重点流域生态保护补偿金分配方案、确定矿业权出让备选项目、原麻纺厂片区三期地块出让、“12345”便民服务平台建设、县统计局和市场监督管理局招聘政府购买服务人员、县总医院申请使用县企业贷款应急转贷基金等问题。

【第八次常务会议】 8月23日，研究进一步规范完善矿业监管制度、大田一中东部校区建筑设计、富硒农产品加工园项目建设、亚行贷款项目、行政事业单位国有资产清理整顿、县政府办、机关事务保障中心购置公务车辆和县京口工业园开发公司、兴田建设公司购置车辆、县审计局和自然资源局招聘政府购买服务人员、凯天龙项目后续开发建设、机关事业单位工作人员公务出行意外险投保、增列城乡居民养老保险费和医疗保险费征收经费预算、享受环境保护监测津贴、兑现科华石墨科技公司奖励和有偿划拨凤山中路96号房地产等问题。

【第九次常务会议】 9月29日，审议《进一步做好财源培植增加财政收入的若干措施（送审稿）》《大田县促进总部经济发展的实施意见（修订）（送审稿）》，研究县人大常委会对县乡村振兴战略实施情况审议意见及改善营商环境促进工业转型升级建议落实情况、县总医院使用县企业贷款应急转贷基金、贯彻落实省市煤炭去产能工作部署及县年产能9万吨煤矿关闭退出工作、县公办中小学及幼儿园班主任考评奖励、吴山镇吉州工业园机械铸造项目、远大（厦门）建筑企业入驻、智慧停车管理平台项目建设、城区路灯照明节能改造、均溪镇下圳及梨树坂地块出让和确定矿业权出让备选项目等问题。

【第十次常务会议】 10月31日，传达贯彻全国、省市清理拖欠民营企业中小企业账款工作会议精神和全市城镇工作会议精神，审议《大田县乡村振兴战略规划（2018—2022年）》，研究退还矿山生态环境恢复治理保证金、桃源最氧睡眠小镇有关事项、县公安局网安情报侦查中心等项目建设资金、统筹安排原汽车站片区棚户区改造项目征迁补偿款等费用、县城投公司申请使用县企业贷款应急转贷基金、均溪镇黎坑垅等3个地块出让、妥善处理工业项目建设历史遗留等问题。

【第十二次常务会议】 11月22日，传达贯彻全省脱贫攻坚现场推进会议精神，研究终止力天环保科技有限公司特许经营协议、坑口水库分层取水、大仙峰自然保护区水电站退出、县自然资源局公开招聘测绘专业技术人员、闽江流域山水林田湖草生态保护修复项目推进、交通重点项目和民生工程有关资金、提高城管协管员工资待遇、鼓励规模以上停产半停产工业企业恢复生产实施增产增效措施等问题。

【第十三次常务会议】 12月19日，审议《2019年政府工作报告（送审稿）》《2019年国民经济和社会发展计划执行情况及2020年国民经济和社会发展计划草案的报告（送审稿）》《2019年财政预算执行情况及2020年预算安排草案的报告（送审稿）》，研究县人大常委会对城区饮用水源地管护和公交运营建议落实情况、中央第二轮环保督察反馈问题整改销号及市委生态环境领域交叉巡察反馈报告整改进展情况、县城投公司非公开发行定向融资产品、坪尾仓片区开发暨毓秀中学建设项目市场化融资模式、县总医院和城投公司申请使用县企业贷款应急基金、推进“访企业、解难题、促‘六稳’”专项行动及“一企一策”、存量房税收征管计税标准、金象温泉城项目涉自建地债务化解方案、福建省大田县新岩水泥公司日产5000吨熟料水泥生产项目等问题。

（范训局）

政府其他重要会议

【国土调查暨“大棚房”问题专项清理整治工作会】 2月15日，全县第三次全国国土调查暨“大棚房”问题专项清理整治行动工作会在县政府四楼会议室召开。会议通报全县第三次全国国土调查和“大棚房”问题专项清理整治行动工作情况，并组织学习第三次全国国土调查操作规程。

【重点生态环境突出问题整改推进会】 9月6日，全县中央生态环境保护督察信访交办件办理暨重点生态环境突出问题整改推进会在县政府四楼会议室召开。会议要求加快推进第二轮中央生态环境保护督察整改工作，及时解决生态环境突出问题，确保按时完成年度生态环境保护目标责任书任务。县长林金龙、常务副县长陈剑生，各乡镇长、县直各有关单位负责人参加会议。

【全县安全生产工作紧急会】 11月1日，全县安全生产工作紧急会在县政府五楼会议室召开。会议通报屏山乡内洋村“10·31”民房火灾事故情况，安排部署下一阶段消防安全工作；县委常委、常务副县长陈剑生通报当年安全生产工作情况，安排部署下一阶段安全生产工作。县长林金龙，县委常委、常务副县长陈剑生，县政府副县长、县公安局局长刘阳辉参加会议。

【坑口水库饮用水水源保护区调整方案及勘界定标评审会】 12月18日，《大田县城区水厂坑口水库饮用水水源保护区调整方案及勘界定标》评审会在县生态环境局三楼会议室召开。省、市特邀专家，市生态环境局特邀人员，省环保设计院有限公司（委托编制单位），县自然资源局、林业局、文旅局、水利局、住建局、交通运输局、农业农村局业务经办人员，屏山乡、吴山镇、谢洋乡业务经办人员参加会议。

【县政府全体会议暨廉政会议】 12月29日，县政府全体会议暨廉政会议在龙山宾馆七楼会议室召开，贯彻县“两会”精神，动员各乡镇、各部门强化理论武装，维护核心，真抓实干，增强履职本领，全面从严治党。要求坚定理想信念、认真履行岗位职责；明确实施计划、阶段目标、工作举措、配套政策，全力推动各项决策部署落地见效；把“两会”确定的目标任务变为现实，努力兑现对全县人民的庄严承诺；不断锻炼提高工作能力，加快补强本领上短板、能力上不足；切实把廉洁从政贯穿到政府工作各领域。高起步、高标准、高质量地做好非洲猪瘟疫情防控、生猪违法违规养殖集中专项整治、社会安定稳定、安全生产等各项工作。常务副县长陈剑生主持会议，县长林金龙、副县长、县政府党组成员及县直有关单位负责人参加会议。

（陈富光）

县政府政务活动

【概况】 2019年，县政府围绕全县经济社会发展，开展重点项目和企业复工复产情况、企业发展、招商引资、安全生产等专题调研，协调解决历史遗留问题，创新招商引资方式方法，全力推动高质量发展落实赶超。全年召开现场办公会议近50次，外出考察培训10余次，专家、学者、副厅级以上及相关部门领导到县考察调研、指导工作20余次。

【重点项目检查调研】 2月13日，县长林金龙到京口工业园区检查重点项目和企业复工复产情况，召开现场办公会。指出园区的开发建设是重中之重，要实现产业的转型升级，有效提升工业水平，把工业园区这个载体建设好。各级各部门要统一思想，提高认识，协同作战，集中力量突破关键环节和瓶颈问题，持续做好林地报批等各项工作，抓紧和施工方对接建设方案，统筹推进园区开发建设。主动做好企业对接服务，针对重难点问题，要想方设法去突破，要有敢于担当作为的姿态，协调解决历史遗留问题。创新招商引资方式方法，有针对性地对接项目，全力推动高质量发展落实赶超。陈剑生、蔡兴山等县领导及县直有关部门负责人参加。11月13日，县长林金龙到福建岩兴气体有限公司调研，就企业在实现产业延伸、产业扩张、总部经济等方面，与企业业主进行深入研究探讨。要求企业明确发展定位，在技改扩建方面加强人才、技术、设备引进，延伸产业链，提高企业市场竞争力，在对外投资方面实行总部经济，为增加税收作出贡献；要求相关部门多与企业对接沟通，及时帮助解决企业遇到的困难和问题，推动新建项目早开工、早建成、早生产、早见效。

【招商引资工作】 3月12—13日，县长林金龙带领发改、经济开发区管委会等相关部门负责人到上海、南京等地招商引资，走访众合投资、金汇通航、上实龙创、东方雨虹、浩鲸科技等公司，详细了解每个公司的主营业务，经营情况，产品功能，并与公司负责人深入交流，寻求大田与项目的契合点，并就如何加深大田与企业合作进行探讨。全力打好招商攻坚会战，继续深化“田商回归”工程，推动一把手招商工作落到实处。7月6日，县长林金龙带领发改局、工信局、生态环境局、招商办负责人到泉州精准招商，县领导连仁魁、蔡兴山、阮芳参加活动。林金龙一行与泉州机械配件行业协会座谈，走访泉州市成裕机械设备有限公司、泉州恒通机械有限公司等多家机械铸造企业，听取企业家投资兴业的意愿，回应企业家的关切。促进福建（大田）机械铸造产业集聚区（上京工业园）建设和高质量发展。

【上级领导到县调研】 8月4日，市委书记林兴禄到广平镇、奇韬镇、文江镇、梅山镇、前坪乡、湖美乡等地，调研基层党建、“五比五晒”、乡村振兴等工作。要求坚持以党建为引领，以“五比五晒”为抓手，立足基层实际情况，加快乡村振兴发展，带动群众增收致富。8月12—13日，副省长李德金带领省直有关部门负责人到县调研农业农村和矿山水土流失治理工作。市政府党组成员陈瑞喜、县委书记陈文华参加调研。李德金指出，要紧紧围绕农村垃圾污水治理、厕所革命、村容村貌提升等工作为主攻方向，推进农村人居环境整治，建设美丽乡村；要筑牢基层党组织战斗堡垒作用，因地制宜，以产业扶贫为重点，拓宽农民增收渠道，促进乡村振兴；要深入学习贯彻习近平生态文明思想，久久为功，坚决打好水土流失治理攻坚战。10月14日，市政府副秘书长、市政府办主任杨永忠到县生态环境保护指挥中心调研。查看县生态环境保护指挥中心，观看河长制专题片，详细听取生态环境保护指挥中心运行模式情况介绍，充分肯定全方位监测生态要素等做法，要求牢固树立绿色发展理念，进一步健全完善相关机制，加快生态文明建设，提高生态治理实效。

【安全生产检查】 10月8日，常务副县长陈剑生带领应急、交通等部门到闽发纸业有限公司、屏山乡农村交通安全劝导站检查节后安全生产工作。要求闽发纸业有限公司落实好安全生产主体责任，节后也不能放松安全生产工作，要开展一次安全生产大检查工作，对检查、排查发现的问题和隐患，列出清单，建立台账，制订管控措施和整改方案，落实安全隐患整改到位。要求内洋农村劝导站劝导员要大力宣传交通安全法和安全文明交通常识，提高广大村民交通安全意识，及时查处纠正超载超员、酒后驾驶、违法载人、无牌无证车辆上路等常见性、多发性乡村道路交通违法行为，确保道路交通安全。

【县城农贸市场改造】 10月16日，县长林金龙带领县商务局、住建局、城管局等有关部门主要负责人现场调研白岩商城运行及岩城新市场改造建设情况，县委常委赖伟平、县政府副县长吴文旗参加调研。要求商务等部门管理好白岩商城、服务好商户，确保商城热闹繁荣；加快岩城新市场设计改造进度，确保岩城新市场按时投入使用；各相关部门要通力协作、加强配合，努力把岩城新市场改造成百姓满意的农贸市场。

（范训局）

人事编制工作

【概况】 2019年，大田县按“严控总量、统筹使用、有减有增、动态平衡、保证重点、服务发展”思路，严格落实机构编制动态管理机制，科学配置机构编制资源。全年办理退休195人，其中干部126人、工人69人。审批机关事业单位在职、离退休死亡抚恤67人，遗属困难补助28人，70周岁以上退休干部发放高龄补贴105人、80周岁以上57人。贯彻实施《事业单位人事管理条例》，完善事业单位人事管理，保障事业单位人员合法权益，促进公共服务发展。全县专业技术人员和管理人员参加继续教育培训5927人，完成2019年度继续教育登记验证5901人。推荐评审各类专业技术人员270人次（高级92人次、中级178人次）。年底，全县专业技术人员高级职称 51 人，中级 93 人，初级 543 人。组织机关事业单位工勤人员 68 人参加等级考核（报考技师 39 人）。全年招录事业单位工作人员 347 人，其中，卫生系统 37 人，教育系统 273 人，其他事业单位 37 人。教育系统中，高初中教师 34 人，小学教师（含特教）209 人，幼儿园教师 29 人，中职学校专业课教师 1 人。

【机构编制管理】 2 月，经县委机构改革工作协调小组研究决定，建立“大田县事业单位空编周转池”制度，统一收回全县现有事业单位空余编制，由县委编委集中管理，统筹调剂用于保障县委、县政府重点工作和民生领域的用编需求。根据职责变化，对工作职能明显增加的部门，适当增加编制和人员；对职能弱化的部门，相应调减人员编制。全年，县党群、政府系统招考公务员、选调生安排等使用编制 29 个；县属事业单位招聘紧缺急需专业和非紧缺急需专业人员、大学生村官安置、退役士官安置、临床医生委培生安排等使用编制 372 个，其中，非教育系统 100 个、教育系统 272 个。办理机关、事业单位申请入编事项 1376 人次。

【县级党政机构改革完成】 2019 年，大田县按照省、市的统一部署，全力抓好《大田县机构改革实施方案》组织实施工作，至 3 月 28 日，全面完成“三定”规定的制定工作。其中，机构和职责调整变动较大的 22 个党政工作部门纳入“三定”范围，未列入“三定”范围但职责和机构编制有作调整的 14 个党政工作部门和 2 个县委直属事业单位，由县委编委行文明确调整后的机构编制事项。做好机构编制、领导职数调整和人员转隶相关工作。本轮机构改革统筹调剂编制 233 个，专门用于补充新组建部门和职能增加的部门，其中行政编制 43 个、事业编制 187 个、机关工勤事业编制 3 个。36 个党政工作部门重新核定科级领导职数 298 个（含暂保留科级领导职数 147 个），比改革前减少 17 个，精简 5.4%；核定内设机构 254 个，比改革前减少 5 个。全县转隶 175 人，其中成建制转隶 152 人。推进事业单位改革工作，全县 28 个事业单位划转调整事业编制 187 个。重新明确 57 个承担行政职能的事业单位职能，规范 18 个事业单位名称。完成 5 个列入生产经营类的事业单位改革，其中，县交通开发公司转制为县明岩公路开发管理有限公司，注销县鱼种场；剥离生产经营职能后撤并 3 个单位，在职人员连人带编并入，将大田一中后勤服务站并入县机关事务保障中心下属县公务用车服务中心、县种兔场并入县农业农村局下属畜牧兽医水产站、县工程咨询信息服务公司并入县发展和改革局下属县项目策划与评审中心。

【教育编制不足问题解决】 1998 年度，县中小学、幼儿园生数为 106489 人，核定中小学幼儿园事业编制 5775 个。2012 年年底（国务院对事业编制实行总量控制），全县总生数为 45594 人，核定中小学幼儿园事业编制 3363 个。2019—2020 学年度全县生数达 64080 人（不含民办幼儿园 5000 人左右），核定事业编制 4609 个，较 2012 年底核定的事业编制至少需增加 1246 个。经与上级主管部门沟通，争取市委编委支持，建立“大田县中小学、幼儿园教师编制周转池”制度，从市级调剂 1246 个事业编制到周转池，专项用于补充大田县中小学、幼儿园教师数。经县委编委研究，报市委编办核准，同意 2019 年度从“大田县中小学、幼儿园教师编制周转池”中使用编制 985 个，用于解决近年来教育系统“先公开招聘，后逐年入编”的问题。周转池中剩余 261 个事业编制，计划用于 2020 年县中小学、幼儿园招聘新教师，彻底解决县教育编制不足问题。

【县委巡察工作保障中心成立】 2019 年，大田县在全省率先成立县委巡察工作保障中心，明确工作职责，核定人员编制，配备专职人员。5 月，经市委编委批复，该中心机构升格为相当副科级。并在均溪镇银山北路设 3 个巡察组开展巡察工作固定场所，提供巡察设备和巡察人员食宿，总面积 710 平方米，纪委监委原留置点改造食宿场所 1100 平方米，为县委巡察提供后勤保障。

（廖之题　郑元粮）

信访工作

【概况】 2019 年，大田县信访工作坚持以人民为中心，稳中求进，完善信访工作“七项机制”[①]，畅通信访渠道，保证信访来有人接，话有人听，事有人办。打造更高水平“阳光信访、责任信访、法治信访”，打好重大矛盾攻坚战、重大决策推进战，化解矛盾、改革创新、防御风险，注重源头研判、减存量控增量防变量。全年接收信访 630 件，其中来访 92 批 160 人次，来信 217 件，网上信访 321 件。到京上访 8 批 8 人次，其中到非接待场所上访 5 批 5 人次；到省上访 8 批 12 人，其中集体访 1 批 5 人次；到市上访 14 批 48 人次，其中集体访 5 批 35 人次。

【县委常委会议研究信访工作】 8 月 26 日、9 月 2 日、9 月 12 日，县委常委会议分别研究信访工作，主要学习习近平总书记对信访工作的重要指示，研究新中国成立 70 周年庆祝活动期间信访保障工作、国庆期间安全工作、企业破产重整信访工作，安排部署开展信访矛盾攻坚，落实信访问题领导包案责任，为信访工作提供组织保障。

【县信访工作联席会议召开】 3 月 1 日，全县政法信访工作会议在县政府五楼会议室召开。会议传达全省“两会”期间及信访重点工作视频会议精神，部署全国“两会”期间的信访工作。县领导连仁魁、陈剑生、茅有温及公检法主要领导出席，各乡镇主要领导、分管领导，县直有关单位负责人等 73 人参加会议。

8 月 16 日，全县召开新中国成立 70 周年期间信访工作会议，县长林金龙主持，县委书记陈文华到会作重要讲话。会议通报上半年信访工作情况，部署新中国成立 70 周年庆祝活动期间信访工作，交办全县排查的 96 件信访积案，列出问题清单、化解清单、责任清单。县领导陈汉良、余真华、陈剑生、茅有温和公检法主要领导出席会议，信访工作联席会议成员单位负责人、各乡镇主要领导等 47 人参加会议。

9月6日，全县召开信访工作会，县委副书记连仁魁主持，陈文华到会作重要讲话。对新中国成立70周年庆祝活动期间信访工作再动员再部署，县领导陈剑生、茅有温及公检法主要领导出席会议，信访工作联席会议成员单位负责人及各乡镇主要领导、分管领导参加会议。

【信访难点疏导化解】 2019年，全县集中开展取缔载客三轮车统一行动，县信访局接访三轮车主（含残疾人车主）来访群体7批320人次，依法依规做好接待和解释工作，全县1058部三轮车全部回收，三轮车载客混乱现象得到整治。岩城新市场升级改造，需将服装鞋帽商户搬迁至白岩地下商城，131户业主群体上访，信访局接访5批270余人次，6月3日至7日，业主在县政府群体上访5天，县信访局配合有关部门做好上访解释疏导工作，签订搬迁承诺书122户，放弃搬迁安置9户。

【倡导网络依法信访】 9月20日，县信访局在电信大楼门前开展网上提质增效暨庆祝新中国成立70周年主题党日活动，通过现场发放宣传材料、演示操作手机APP、解答群众咨询等方式，引导群众通过网络依法信访，表达诉求，解决问题。

【信访评理室创建】 2019年，借鉴“枫桥经验”，县信访局发动和依靠群众，坚持矛盾不上交，就地解决，在信访办理和基层调解过程中启动信访评理，引入和发挥社会公正力量（律师、农村“事大人”、政法部门退休人员、退休教师、村干部等），建立社会信访评理队伍，引导信访人辩明是非、释法析理、定纷止争。建立县信访评理室1个、乡镇评理室15个、村居评理室132个，开展信访评理135件。

注：

①“七项机制”：初访分析和首办责任机制、信访问题风险评估机制、信访积案化解机制、信访听证机制、信访终结机制、违法信访处置机制、信访工作督查问责机制。

②一案三查：既查进京到非接待场所上访的违法信访人，又查化解工作不到位查有责任的工作人员，还查对该信访事项化解有影响的公职人员，系当事人的近亲属。并依法追究相关责任。

（章高乾）

机关事务保障

【概况】 2019年，大田县机关事务保障中心负责全县公有房产管理和公务用车管理，规范公务接待、全县公共机构节能统计与管理，以及各项后勤保障工作。建立党政机关办公用房年度信息统计报告制度，做好全县党政机关办公用房信息统计工作。制定下发《大田县公务用车加油卡使用管理暂行规定》，促进公务加油卡规范有序管理。

【公有房产管理】 2019年，机关事务保障中心根据《大田县行政事业单位国有资产清理整顿工作实施方案》（田委办〔2019〕59号）文件精神，开展行政事业单位国有资产清理整顿，统筹调配办公用房，统一管理空置和出租到期的公有房产81套（间），为办公用房紧缺单位调配14间，评估拍卖11套；评估全县公有住房，8月起，各产权单位按评估价收缴租金；15间租期已到的店面公开招租，总成交额3.97万元/月。

【公务用车管理】 2019年，机关事务保障中心运用统一调配使用、统一集中管理、统一公务用车标识、统一安装GPS监管、统一办理保险“五个统一”管理公务用车平台，全年保障公务用车3000余次，新采购公务平台车3辆。6月25日，开展公车平台服务满意度调查，提升公务用车平台服务质量。

【公共机构节能】 6月，机关事务保障中心开展公用机构节能宣传周活动，开展全方位多角度立体化的节能宣传，提高广大干部职工的节能意识，增强绿色、环保理念。全年做好全县公共机构耗能统计和规划工作。

【后勤保障工作】 2019年，机关事务保障中心将大院安防系统纳入公安“雪亮计划”，强化安保，技防人防相结合，坚持24小时值班巡逻制度；经常性开展消防安全检查、维修，定期更换消防设备，提升政府大院安全指数。引导上访人员按信访程序上访，配合公安、信访部门处置各种群体性上访事件，全年接待上访户1276人次。

【机构改革】 5月30日，大田县机关事务管理局更名为大田县机关事务保障中心，为县政府直属事业单位。现有工作人员9人，其中副主任2人。

【机关事业单位记账中心成立】 8月2日，田委编〔2019〕36号文件批复成立大田县机关事业单位记账中心，代理部分无专职会计人员的县直单位财务记账事宜，解决部分机关事业单位财务管理不规范问题。机关事业单位记账中心属财政核拨事业单位，工作人员5人，其中公开选调1人，事业单位公开招考录用4人。

（王珺珏）

行政服务工作

【概况】 2019年，大田县行政服务中心结合“不忘初心、牢记使命”主题教育，到16个窗口、2个居委会、4个小区、4个乡镇、4个机关单位、12家企业，召开交流会4场、进行个别交流问计26人次，收集解决问题的意见和建议12个，提升服务效能。全年，受理行政审批服务事项19.34万件，办结19.13万件，承诺件提前办结率达98.92%。被团市委评为“市级青年文明号”，被省妇联评为“省级三八红旗集体”，被省总工会和省妇联评为“我最喜爱的妈妈小屋”。

【便民服务平台运行】 2019年，县行政服务中心承接县信访局划转的“12345”平台管理职能，实现诉求件24小时服务、365天全天候受理转办。制定印发《大田县12345便民服务平台运行管理实施办法》《大田县12345便民服务平台联动工作暂行办法》，做好诉求件分流处置和联动处置工作。按照接诉即办、现场协办、跟踪督办、未诉先办的“四办”

工作法，提高平台运行效率。全年受理诉求件2560件、办结2524件，诉求受理率100%，及时查阅率99.8%，按时办结率99.86%，反馈回复率99.9%，群众满意率99.7%。

【行政审批服务环境优化】 2019年，县行政服务中心精简合并事项，梳理公布“一趟不用跑”和“最多跑一趟”事项692项，占审批和服务事项的94.15%。同时，压缩审批时限，县直36个部门各类审批服务事项办理法定时限压缩至3200个工作日，控制在法定时限的21.62%，压缩率达78.38%。房建和市政工程项目实现“一家牵头、并联审批、限时办结、全流程电子监察”，全年实行并联办理项目71个，同步上传国家系统，审批时限总体减少50%。整合县不动产登记中心、税务局、房管所窗口，设立“不动产登记综合窗口”，简化操作流程，缩短群众多个窗口来回排队时间，全年办结不动产登记3600件。推行周末轮班办事便民服务，畅通审批服务绿色通道，12个部门、单位实行周末无休模式，周末无休办理2850件便民服务事项。

【公共资源交易服务功能优化】 2019年，县行政服务中心加强电子交易平台建设，完成与省市公共资源交易电子公共服务平台联接。提供延时服务见证项目46个，延时服务127小时。公平交易创新政府采购管理机制，节约人力和招投标成本，保证政府采购阳光交易，完成交易项目416个、金额19.66亿元，增收9088.86万元，增值率15.27%；节支1.38亿元，节支率9.74%。

（苏晋平）

政协大田县委员会

□编辑 陈妮

综述

【概况】 2019年，政协大田县委员会（简称县政协）引导委员主动面向社会，加强与社会各界人士的密切联系。领导班子带头推进13个重点挂包项目，引进的展晖机械项目开工建设、五小八丹森林康养项目落户太华镇。县委、县政府调整划拨专门场所作为政协委员服务中心、委员之家，促进委员联络交流。丰富履职载体，组织开展调查研究、视察考察、协商座谈等履职活动，推荐委员参加各类征求意见会，邀请党政部门通报工作情况，开展评比表彰，评出优秀乡镇政协委员联络组组长5人，促进委员懂政协、会协商、善议政。健全制度保障，完善委员管理办法，推行委员履职登记、履职通报等机制，做好履职量化评价，促进委员守纪律、讲规矩、重品行。

【专委会工作机制完善】 2019年，县政协发挥专委会基础性作用，健全主席会议成员分工联系专委会、专委会对口联系部门和界别委员的工作机制，加强对专委会工作的领导。夯实专委会组织基础，进一步配齐配强专委会力量，新设立农业和农村委。发挥专委会作用，依托专委会牵头组织委员开展协商议政、调研视察、提案督办、社情民意反映等活动，不断提高专委会工作水平。

【农业和农村委员会设立】 2019年，县政协贯彻落实中共十九大精神和乡村振兴战略部署，推进人民政协履职能力建设，加强人民政协民主监督，优化政协专门委员会设置，更好发挥其作为专门协商机构的作用，根据《中共大田县委办公室、大田县人民政府办公室关于印发〈大田县机构改革方案〉的通知》（田委办发〔2018〕11号）和县委常委会议纪要〔2019〕10号精神，增设县政协农业和农村委员会，核增正科级领导职数1名。整合各专委会中涉及农业、农村工作的职能和力量，增设县政协农业和农村委员会，推进“三农”工作和乡村振兴。

【委员学习培训】 2019年，县政协探索建立委员分组学习平台，鼓励加强同本界别、本行业、本领域群体的互联互学，赠订《人民政协报》《政协天地》，促进委员在学习、履职中强化自我教育，不断提升政治把握能力、调查研究能力、联系群众能力、合作共事能力“四种能力”。4月8—15日，县政协常委会组成人员、乡镇政协委员联络组组长50人，到北戴河参加全国政协第131期地方政协干部（委员）培训班。10月13—18日，县政协陈副主席钦梅到陕西省延安市梁家河培训学院参加福建省计生协宣传思想干部能力建设培训班。11月22日，县政协举办2019年政协委员读书班，传达学习中国共产党第十九届中央委员会第四次全体会议精神、中央政协工作会议暨庆祝中国人民政治协商会议成立70周年大会精神和中共福建省委政协工作会议精神，并邀请中共三明市委党史和地方志研究室主任林善涛和十届县政协常委、县总医院副院长温春水授课。

【联谊交流】 1月18日，县政协主席余真华主持召开社会各界人士迎新春座谈会。3月11—12日，余真华到德化县参加全省政协港澳台侨和外事工作座谈会。3月14—15日，县政协副主席陈钦梅到将乐县参加市政协文化文史学习工作座谈会暨民俗文化传承与发展研讨会议。3月21—22日，陈钦梅参加市政协社法委工作座谈会。7月18日，余真华参加市“打通‘两山’通道推动生态优势转化为经济优势”协商座谈会。10月14日，余真华参加市政协“加快融入闽西南协同发展区建设”专题协商会议。10月31日，余真华带领住大田的市政协委员活动小组到泰宁县学习考察乡村振兴工作经验。11月25日，余真华到市政协参加县（市、区）政协主席座谈会。

【省、市政协领导到县调研视察】 1月31日，省政协调研组到县调研水土流失治理工作。4月8日，省政协“福建省传统村落保护与利用”调研组到县调研，视察中国传统村落和省级历史文化名村——济阳乡济中村。4月18日，市政协主席朱昌贤到桃源镇、武陵乡、石牌镇等地调研。4月23日，市政协副主席蔡光信带队到县进行“依托林博会平台进一步深化明台交流合作”专题调研。5月17日，市政协副主席陈欣带领调研组到县开展“加强公共卫生服务体系建设，夯实健康三明工作基础”专题调研活动。6月19日，市政协调研组到赤头坂国有林场、桃源花海等地开展“打通两山通道，推动生态优势转化为经济优势”主题调研。7月9日，市政协副主席包萍带队到县开展“推进‘谁执法谁普法’工作落实”对口协商调研。7月15—16日，省政协副主席杜源生带队到县开展“生态文明建设和水土流失治理”调研。7月19日，福建农林大学省政协委员活动小组到县调研森林康养有关工作。8月7—8日，省政协研究室处长廖建江带队到县调研“党外人士代表队伍建设”工作。10月21日，陈欣到桃源镇调研“最氧睡眠小镇”项目。11月19日，市政协副主席伍成康、陈欣带队到县开展市政协十届四次会议会前委员集中视察活动。11月29日，市政协副主席朱一勤带队到县调研古村落保护发展有关工作。12月2日，市政协副主席李茂胜到县开展“访企业 解难题 促六稳”专项行动，并召开征求市政协常委会工作报告和提案工作报告意见建议座谈会。

【政协委员小组活动】 2月21日，县政协主席余真华走访弘石机械厂、腾达保温材料厂等委员企业。2月22日，余真华走访鹭之岛眼镜、锦荣茶庄等委员企业。4月25日，县政协副主席陈钦梅到上京镇走访政协委员联络组和凤凰才俊杨连熠；同日下午，陈钦梅参加县第二届厨师烹饪大赛暨餐饮烹饪行业协会成立三周年年会活动。5月22日上午，余真华到武陵乡委员企业桔鑫果场调研。5月28日上午，副主席杨兴和到济阳乡、吴山镇走访政协委员和乡镇联络组，并征求对县政协党组班子及成员巡视整改工作的意见建议。11月6日，余真华带领十届县政协第三、六委员活动小组到建设、广平镇视察“特色小镇”创建工作。11月27日，县政协副主席杨兴和带领十届县政协第四委员活动小组，到漳平市学习考察台创园海峡两岸农业产业合作情况和推进社会事业发展工作经验。

（范鹤翔）

主要会议

【县政协十届四次会议】 12月28—31日，县政协十届四次会议在县影剧院召开，县政协委员188人出席会议，驻大田的省市政协委员、离退休老干部、县直机关企事业单位领导、在县的省市属单位领导列席会议。会议审议通过政协大田县第十届常务委员会工作报告和提案工作情况报告，补选十届县政协常务委员2名。大会表彰优秀政协委员16人、优秀提案5件、提案办理先进单位3个、先进乡镇政协委员联络组组长3人。十届四次会议期间，根据工作需要，于12月30日召开县政协十届十三次常委会议。与会委员列席县十七届人大四次会议，听取并讨论县政府工作报告、县法院工作报告、县检察院工作报告以及其他报告。

【县政协十届九次常委会议】 4月4日，县政协召开十届九次常委会，会上传达学习全国政协十三届二次全会和县委常委扩大会议精神，围绕加快“健全全县养老服务体系建设”发表意见建议，协商通过《城区农贸市场规划建设与管理》调研报告。

【县政协十届十次常委会议】 8月21日，县政协召开十届十次常委会议，听取县政府通报上半年“五比五晒”工作推进情况；协商通过《关于推动小区物业管理规范化的调研报告》；审议通过有关人事事宜。会前，常委会组成人员到城区锦绣福田小区、碧桂园·天誉小区视察物业管理规范化有关工作。

【县政协十届十一次常委会议】 11月4日，县政协召开十届十一次常委会议，传达中国共产党第十九届中央委员会第四次全体会议、中央政协工作会议暨庆祝中国人民政治协商会议成立70周年大会、中共福建省委政协工作会议精神，协商通过《关于大田县传统村落保护发展工作的调研报告》和《关于加快健全大田县养老服务体系建设调研报告》。

【县政协十届十二次常委会议】 12月23日，县政协召开十届十二次常委会议，协商通过召开政协第十届大田县委员会第四次会议的决定、会议议程（草案）、日程（草案）、列席人员、邀请上主席台就座人员组成原则，《政协第十届大田县常务委员会工作报告（讨论稿）》《政协第十届大田县委员会关于十届三次会议以来提案工作情况的报告（讨论稿）》及委员增补等有关人事事宜。

（范鹤翔）

参政议政

【概况】 2019年，县政协持续强化新时期人民政协“一线意识”，承担县委、县政府交办的工作。领导班子成员带头，较好地完成脱贫攻坚、项目建设、征地拆迁、挂钩乡镇、扫黑除恶、综治维稳、软弱涣散党组织整顿等工作。开展“访企业、解难题、促‘六稳’”专项行动，助力“五比五晒”，引进总投资3亿元的展晖重型机械加工项目开、总投资5亿元的五小八丹森林康养项目。引导政协委员和机关干部，投身改革发展实践，参与打好“十大攻坚会战”，助力城区载客三轮车整治、精准脱贫等工作出成效。

【助推白岩商城、岩城新市场改造升级】 2019年，县政协针对城区规模不断扩大，常住人口迅速增加，老百姓渴望建设布局合理、功能齐全、管理科学、文明度高的城区农贸市场体系，县政协主席余真华、副主席阮芳多次组织委员实地走访满田春、商贸中心、岩城新市场和临时小型交易场所，搭建协商平台，引导委员们反映群众呼声，直陈存在问题，和有关部门负责人“面对面”座谈协商。向县委、县政府提交《关于城区农贸市场规划建设与管理的调研报告》。

【养老服务业发展调研】 2019年，县政协为加快县养老服务业健康协调发展，政协副主席杨兴和组织县政协社会事业委、民政、卫健等单位及部分县政协委员成立调研组，先后到太华、建设、广平、武陵、上京、桃源、屏山等乡镇敬老院、幸福院，泽惠养老服务中心、闽中康养服务中心、医养结合服务中心、鸿晖养老服务中心等养老或医养服务机构调研，并到永安市学习考察国德老年公寓、沁园老年公寓发展经验做法。对全县养老服务业现状、存在问题形成《关于加快健全大田县养老服务体系建设调研报告》。

【助力项目建设】 5月26—27日，县政协主席余真华到武汉市中国铁路工程第四勘查设计院对接联系昌厦高铁工作。6月20—21日，又到中国铁路经济规划研究院对接京台高铁工作。10月12日，再次到泉州市天纶集团对接石牌仙峰温泉养生度假区项目建设有关事宜。

【助推招商引资】 2月20—21日，县政协副主席阮芳到广东东莞考察东莞市国冠金属科技有限公司项目，对接年产50万平方米金属表面处理材料建设项目。3月26—28日，阮芳副到北京考察汉能薄膜发电集团，并对接东方雨虹对接项目。4月12—15日，主席余真华到烟台和盛电子产品有限公司、三禾田电子应用材料有限公司等企业考察。5月24日，余真华到德化县对接奇韬镇瓷土开发有关事宜。5月31日，副主席陈庆建到泉州福建经伟天地健康管理有限公司、泉州华光职业学校考察、招商引资。8月19日，余真华、陈庆建到厦门简屋旅游（厦门）有限公司考察，并对接到县投资有关事宜。

【小区物业管理规范化界别协商】 6—7月，县政协围绕加强城市管理、完善城市功能，及提高城市治理体系和治理能力现代化，副主席陈钦梅组织县政协提案和法制委、住建局、城区办等单位、部分政协委员成立调研组，先后赴厦门市海沧区和永安市、沙县等地考察学习物业管理规范化的先进经验，深入城区碧桂园.天誉、锦绣福田、文化广场、龙腾盛世、岩城明珠等住宅小区及物业企业，通过实地走访、现场查看、听取汇报、召开座谈会等方式，对县物业管理工作进行调研，委员们从健全管理机构、规范管理行为、推进共管共建、支持智慧建设、加大宣传引导等5个方面提出16条建议，常委会提交了《关于推动小区物业管理规范化的调研报告》。

【传统村落保护发展专题协商】 10月，县政协成立调研组就县传统村落保护发展开展民主监督联动调研工作。调研组坚持问题导向，先后到东坂村、小华村、建国村、万宅村、杞溪村、盖山村、济阳村、济中村等村落调研，并组织到福州永泰县嵩口镇学习考察古镇、月洲村传统村落保护发展的经验做法。政协常委通过《关于大田县传统村落保护发展工作的调研报告》，提出要分重点分阶段逐步推动县传统村落保护、传承、开发，将传统村落打造成农村“生活、生产、生态”保存最完整的区域和广大人民群众“望得见山、看得见水、记得住乡愁”的理想之地。

民主监督

【概况】 2019年，县政协寓民主监督于协商之中，就百姓日趋重视的健康养老问题，开展对口协商，助力县养老服务业健康协调发展。将提案工作融入县委中心工作的大局中，推动提案办理整体水平提高，审查立案102件提案办理的，经测评满意和基本满意率达98%，促进一批基础性、普惠性民生实事的办理落实。社情民意注重畅通渠道，引导广大委员加强“微调研”，及时反映社会舆情、群众诉求。围绕乡村振兴、美丽乡村建设、乡村旅游发展、社区物业管理规范化、养老服务体系建设、传统村落保护等主题开展调研。

【民生调研】 2019年，县政协注重民生调研，先后到主席余真华和副主席陈庆建、陈钦梅先后到大田六中调研教育工作、到县总医院调研医疗体制改革、到双创园调研农村电商平台发展、到城区各居委会调研社区工作以及到锦绣福田、碧桂园、美地公园等小区开展“推动社区物业管理规范化”专题调研活动。

【乡村振兴调研】 3月7日，余真华到建设镇调研乡村振兴工作。3月27日，陈庆建到太华镇仕坑村、温坑村、小华村、菖坑村、西埔村、大合村调研乡村振兴、美丽农村建设情况。5月24日，余真华到均溪镇后华村等调研乡村振兴工作。6月26日下午，余真华到武陵乡调研乡村振兴工作。7月19日，余真华到桃源镇调研乡村振兴工作。

【乡村旅游工作调研】 3月11日上午，余真华到文江镇文江、后洋等村走访调研美丽乡村建设情况。5月14日上午，余真华屏山乡调研乡村旅游发展工作。6月28日上午，余真华到县文体和旅游局、闽中戏曲文化园等调研。

【养老服务体系建设调研】 10月16日，杨兴和到县民政局、医养结合服务中心调研县养老服务体系建设工作。10月21日下午，杨兴和到上京镇调研农村养老服务工作。11月20日上午，陈庆建到太华镇调研森林康养产业发展。

【传统村落保护调研】 2019年，县政协注重传统村落保护工作调研，主席陈庆建先后到桃源镇、太华镇、建设镇、广平镇、华兴镇、石牌镇、济阳乡、吴山镇调研传统村落保护工作。

（范鹤翔）

提案工作

【概况】 2019年，县政协提案委收到提案113件，立案102件，立案率90.3%。在立案的提案中，个人提案49件，联名提案53件，10月底全部办复，所提问题得到解决或基本解决的51件占50%；正在解决或计划解决的42件占41.2%；受条件限制留作参考的9件占8.8%。委员对办理结果表示满意的91件、基本满意的9件、不满意的2件，满意和基本满意率98%。2件不满意提案经承办单位与提案人重新沟通办理后，得到委员的理解和认可。评出优秀提案办理单位3个。

【优秀提案】 2019年，县政协评选全年优秀提案5件：关于优化城区公交线路和加强整治三轮车辆的建议；关于加强县美丽乡村建设中的文化保护的建议；关于加强城区小区物业管理的建议；关于做好农村居家养老工作的建议；关于优化营商环境的建议。

（范鹤翔）

宣传文史工作

【概况】 2019年，县政协做好文史资料征编出版工作，与时俱进，不断探索文史工作为现实服务的新途径，扩大文史资料交流面，增强影响力。

【《打捞乡愁》出版】 2019年，县政协专题化系列化挖掘整理大田特色老手艺史料，促进文化遗产活态传承。9月，出版大田文史资料第31辑《打捞乡愁》，由福建出版发行集团海峡书局正式出版，作者林生钟，30.6万字，收录文字作品90篇、彩色插图260幅，分“技艺”“物产”“人文”“山川”四个篇章。

【书画摄影展举办】 9月26日至10月10日，县政协在县文化馆举办“庆祝新中国成立70周年暨人民政协成立70周年”书画摄影展。展出作品百余幅，立足大田这方热土，从书言态，从画寄情，以镜头抒怀，讲述大田县光荣的中央苏区红色记忆和深厚的历史文化、秀丽的生态山水。

【陈国成个人邮展举办】 10月25—30日，县政协协助泉州知青陈国成在县文化馆一楼展厅举办个人邮展，展出邮票70框，为其收集的新中国70年来发行的所有“纪特文普”及编年邮票，编组的多部获奖邮集以及珍藏的知青插队期间信札和纪念物品。

（范鹤翔）

纪检监察

□编辑 陈 妮

综 述

【概况】 2019年，中共大田县纪委、大田县监委内设13个职能室（部），乡镇纪委（监察组）18个，县纪委派驻（出）纪检组10个、干部23人，全县纪检监察干部134人，其中乡镇纪委书记（监察组组长）、副书记（监察组副组长）、专干、纪委委员64人。全县纪检监察机关贯彻落实中央纪委和省市纪委全会精神，坚持稳中求进的总基调，把“严”字长期坚持下去，巩固发展反腐败压倒性胜利成果，推动全县党风廉政建设和反腐败工作。

【自身建设】 县纪委监委落实系统内部“两个责任”①，建立“一会一微一网一坛”（即县纪委常委会、“岩城清风”微信公众号、县纪委监委官方网站、“岩城清风”讲坛）学习机制。开展“书香砺初心·整装再出发”读书活动和青年干部学习会，建立系统年轻干部“1+N”“4+1”“3+2”多岗位锻炼机制②。深化乡镇纪委“五统一”模式③，完善派驻机构“四个规范”④，加强和改进干部队伍建设，提升综合素养。践行新时代组织路线，系统内干部共提任、转任、重用23人，从县委办、政府办、组织部等系统吸收优秀年轻干部从事纪检监察工作22人，优化队伍结构。制定纪检监察干部“正负面”清单、“十不准”⑤等规范，完善外出报备、约谈提醒等制度，推动问题早预防早发现早提醒早处置，坚决防治“灯下黑”。县纪委党总支被市委授予“全市先进基层党组织”称号，14名干部被授予县处级以上荣誉。

【典型先进报道宣传】 2019年，县纪委监委推行县级巡察向村级党组织延伸，常规巡察“三多三弱”（涉农资金多、工程项目多、问题反映多，两委班子弱、三资监管弱、阵地建设弱）重点村30多个，采取“开放式、问卷式、地毯式、点穴式”的方法发现问题，建立巡前提醒未巡先改、巡中警示边巡边改、巡后督办全面整改的工作机制。巡察工作的做法先后在中央巡视办巡察调研座谈会上作交流，在《中国纪检监察报》《福建日报》《福建巡视巡察参考》《三明日报》等媒体刊发。信息报道稿件在中国纪检监察报刊登10篇、中央纪委网站10条，报道大田重点村巡察和整治形式主义官僚主义专项巡察。福建日报采用3条，报道大田村级纪检委员事迹。省纪委监委网站采用48条，省纪委微信采用3条，省纪委内刊得分排名居全市第一。《三明日报》刊登20条。市纪委监委网站采用122条，位列全市第一，市纪委微信采用19条，市纪委杂志采用24篇。

（郑祥云）

重要会议

【概况】 2019年，县纪委委员20人，其中常委7人；县监委委员7人。召开纪委全委会1次，常委会、常委（扩大）会议31次。

【县纪委十三届四次全会】 1月25日，中国共产党大田县纪律检查委员会第十三届四次全体会议在龙山宾馆七楼会议室召开，县纪委委员20人出席会议，县委、县人大常委会、县政府、县政协领导，乡镇党委书记、乡镇长、纪委书记，县直单位和纪检监察机构主要负责人参加会议。会议听取并审议通过县委常委、县纪委书记、县监委主任黄家发代表县纪委常委会作《坚决落实全面从严治党政治责任，为坚持高质量发展落实赶超提供坚强保证》的工作报告。县委书记陈文华作讲话。

【县纪委常委会】 2019年，县纪委召开常委会、常委（扩大）会议31次，部署全县纪检监察工作；研究制定2019年度乡镇纪委和派驻（出）纪检组（纪工委）纪检监察工作考评办法；传达学习中共十九届四中全会和十九届中央纪委四次全会精神；研究审查调查案件的有关意见和人事问题。

（郑祥云）

党风廉政监督和反腐败工作

【概况】 2019年，县纪委监委以“一会一微一网一坛”（即县纪委常委会、“岩城清风”微信公众号、县纪委监委官方网站、“岩城清风”讲坛）学习载体为平台，结合县乡村三级联创工作机制，加强政治理论涵养。开展“不忘初心、牢记使命”主题教育，对照党章找差距，落实从严治党主体责任，查处不正之风、违纪腐败等各种案件75起，党纪政务处分46人，通报批评37人，移交司法部门侦办1人。

【“两个责任”清单落实】 2019年，县纪委根据省委“八个坚定不移”⑥“五抓五看”⑦要求，协助县委开展县委常委带队集中检查从严治党主体责任落实情况，交办问题清单、问责清单。深化村级纪检委员能力提升建设，推行村（居）纪检委员规范化履职“一单三权两评议”制度（一张履职清单，村财支出会审权、村务党务事务监督权、“三重一大”事项建言权，季度点评、年终考评），建立村级纪检委员（监察联络员）制度，推动全面从严治党向村级延伸。坚持通过追责问责倒逼责任落实，问责监管不力、失职失责的科级领导干部20人，给予党纪政务处分6人，发出通报2期、3起、4人。

【线索调查】 2019年，县纪委监委做好“三抓三服务”⑧，健全信访举报受理体系，推进分级录入及扫描试点工作，全扫全录本级自收业务内信访件。创新推行“点线面”工作法开展“四访”活动⑨，全年受理信访举报402件，其中检控类初信初访103件，初步核实79件，谈话函询24件，办结1件。探索建立澄清保护机制，出台《为受不实信访举报党员干部澄清正名的实施办法》，发出通报4期，为8名党员干部澄清正名。实行片区协作、挂钩“结对子”联动、乡镇纪委专干“点对组”帮带等督导工作机制，加强问题线索的大起底、大核查，全县新立案131件138人，其中党纪立案117件122人、政务立案14件16人（其中监察立案1件3人），涉及科级干部17人，移送司法机关1件3人。围绕做实审查调查“后半篇”文章，建立案后整改“1+4+1”工作机制，即针对每一个典型案件研究体制机制漏洞，集中开展领域分类、案情归纳、根源深挖、警示警醒等四项工作，提出一份纪检监察建议书。建立审查调查和案件剖析“三同步”工作机制⑩，综合考量事实证据、思想态度和量纪执法标准，精准运用“四种形态”⑪。全县纪检监察机关运用“四种形态”处理412人次，其中第一种形态273人次、占66.3%，第二种形态109人次、占26.5%，第三种形态11人次、占2.7%，第四种形态19人次、占4.5%。

【案件查办】 2019年，县纪委把握职责定位和工作重点，创新监督方式，坚定正风肃纪反腐。紧盯重要时间节点和“关键少数”，开展落实中央八项规定精神“1+X”⑫明察暗访+突击检查、部门单独检查28批次，全县查处违反中央八项规定精神的事件17起，给予党纪政务处分16人，发通报8期，通报17起17人。持续开展“4+1”专项治理⑬，巩固拓展整治成果，查处扶贫领域腐败和作风问题18起23人，党纪政务处分8人，发出通报3期，通报4起6人；查处涉黑涉恶腐败及“保护伞”案件2起，移送司法机关侦办1人；查处移风易俗违规违纪问题1起1人，给予通报批评；查处群众身边的不正之风和腐败问题22起34人，给予党纪政务处分13人，发出通报3期，通报4起6人；查处形式主义、官僚主义典型问题15起20人，给予党纪政务处分9人，发出通报3期，通报5起7人。

（郑祥云）

巡察工作

【概况】 2019年，县委巡察工作坚持探索深化政治巡察、有形覆盖与有效覆盖相统一的路径方法，采取“以乡带村”“1托N”方式⑭，常规、交叉、联动、专项、提级、“回头看”交替进行，探索县级巡察向基层延伸和专项巡察促进专项整治有效做法，建立县处级领导参加指导分管部门和挂钩乡镇巡察整改专题民主生活会、推动整改“点对点”约谈等制度，推行“先行整改、未巡先改”机制，全年开展2轮4批次29个单位和12个重点村常规巡察，覆盖率80.57%，发现问题1265个，移交线索68条，处理42人，给予党纪政务处分26人、移送司法机关查处3人。

【巡察机构“三定”】 3月，县委制定出台巡察机构“三定”⑮方案，明确常设巡察机构为“一办三组一中心”⑯，人员编制由原有的行政编制7人和事业编制2人，扩编至行政编制12人和事业编制6人，其中领导职数9个。5月30日，三明市委编委批复同意将大田县委巡察工作保障服务中心升格为相当于副科级事业单位。

【省委巡视专项检查的整改】 4月20日，省委巡视五组向大田县委反馈《关于对大田县委巡察工作开展专项检查的情况报告》，指出4个方面11个具体问题，县委细化整改措施44条，并于6月19日完成整改。

（郑祥云）

注：

①“两个责任”：中共十八届三中全会提出的落实党风廉政建设责任制，党委负主体责任，纪委负监督责任。

②“1+N”“4+1”“3+2”多岗位锻炼机制：委机关干部采取“1+N”模式，新入伍人员不少于3个科室业务轮训；派驻纪检组干部实行“4+1”模式，每周4天在县纪委机关轮岗学习，1天回原单位抓好本职工作，做到学习工作两不误、两促进；乡镇纪委干部采用“3+2”模式，每周3天在县纪委机关业务轮训或参加片区协作，2天回本乡镇开展岗位实践，以学促用。

③乡镇“五统一”模式：乡镇纪委在人员提名、年度考核、经费保障、任务清单、办公与谈话场所配置等方面实行规范化建设“五统一”模式。

④派驻机构“四个规范”：派驻纪检组在组织阵地、任务清单、教育培训、队伍管理等方面实行“四个规范”模式。

⑤纪检干部“十不准”：一、不准发表与党的路线方针政策和上级决策部署相违背的言论，编造、散布和传播不实信息。二、不准上有政策、下有对策，重大问题不请示不报告，有令不行、有禁不止，自行其是、阳奉阴违和搞团团伙伙、拉帮结派、利益输送。三、不准擅自表态、越权批办和处理监督执纪问责事项；瞒案不报、压案不查或者擅自处理问题线索；以案谋私，办人情案、关系案和选择性办案。四、不准打听、泄露问题线索和执纪审查情况以及其他涉密事项。五、不准违规使用执纪审查措施，未经请示批准私自接触审查对象

及其亲属等相关利害关系人。六、不准截留、挪用、私存暂扣或收缴的违纪违法款物。七、不准收受任何形式的礼金、会员卡、有价证券，参与可能对公正执纪有影响的宴请和娱乐活动；特别是接受执纪审查对象及其亲友的钱物、请吃、请玩和其他好处。八、不准利用职权或者职务上的影响插手干预相关单位人事安排、资金分配、物资采购、工程建设、行政执法和司法活动等事项；默许、纵容、授意亲属谋取私利。九、不准打着组织旗号办私事谋私利，向任何单位报销应由个人支付的各种费用。十、不准进行任何违反作风建设、工作纪律规定以及损害纪检监察机关和纪检监察干部形象的行为。

⑥**“八个坚定不移”**：2018年省委对全省各级党组织落实主体责任提出的具体部署，即坚定不移维护核心，坚定不移学习贯彻习近平新时代中国特色社会主义思想，坚定不移落实党中央决策部署，坚定不移正风肃纪，坚定不移反对腐败，坚定不移强化党内监督，坚定不移深化纪检监察体制改革，坚定不移紧抓“关键少数”。

⑦**“五抓五看”**：2015年省委对全省各级党组织落实主体责任提出的具体要求，即看有没有抓加强教育、看有没有抓制度建设、看有没有抓“一把手”、看有没有抓查处、看有没有抓部署检查落实。

⑧**“三抓三服务”**：抓办信、服务监督执纪，抓分析、服务领导决策，抓接访、服务人民群众。

⑨**“四访”活动**：开门接访、全员接访、带信下访、入户走访。

⑩**“三同步”工作机制**：纪检监察机关与公安机关加强扫黑除恶协作配合的工作机制，即线索同步移送、案情同步会商、案件同步办理。

⑪**“四种形态”**：党内监督必须把纪律挺在前面，经常开展批评和自我批评、约谈函询，让“红红脸、出出汗”成为常态；党纪轻处分、组织调整成为违纪处理的大多数；党纪重处分、重大职务调整的成为少数；严重违纪涉嫌违法立案审查的成为极少数。

⑫**“1+X”**：“1”指纪委监委履行专责监督，“X”指各有关部门根据职责职权进行职能监督，“+”指党委统一领导，发挥有关部门党组织的领导作用，对党内监督和其他方面监督进行统筹协调。

⑬**“4+1”专项治理**：扶贫领域、民生领域、涉黑涉恶腐败移风易俗以及形式主义、官僚主义专项治理。

⑭**“以乡带村”“1托N”方式**：巡察一个乡镇连带巡察辖区内的所有行政村。

⑮**巡察机构“三定”**：对职能配置、内设机构、人员编制进行规定。

⑯**“一办三组一中心”**：巡察办、三个巡察组、巡察工作保障中心。

（郑祥云）

人民团体

□ 编辑　潘　梅

大田县总工会

【概况】 2019年，大田县总工会新增工会组织29个，新增工会会员802人（农民工会员123人）。年底，全县有工会组织554个，其中，非公企业工会392个、国企工会20个、乡镇（园区）工会19个，会员2.9万人。县总工会职工服务中心依法为职工签订和履行劳动合同提供咨询、解答、指导、服务，督促企业用人单位依法履职，提高职工劳动法律意识、维权意识。派员兼任劳动争议仲裁员、人民陪审员各2人，承担办理职工来信来访、法律咨询、指导帮助等，全年派员参与劳动争议案件审理59件，其中调解43件，裁决16件，涉案金额304.7万元。当年，桃源国有林场管理站站长何吓俊被中华全国总工会、中共中央宣传部等部委评为“第十六届全国职工职业道德建设先进个人”，被省总工会授予“第十三届福建省职工职业道德建设标兵个人”称号及“五一”劳动奖章。飞鹰实业（三明）有限公司工会委员会和大田县广联木业有限公司杉木车间工会小组被省总工会分别授予“省模范职工之家”和“省模范职工小家”称号。翰霖泉休闲健身有限公司被省总工会、省文化和旅游厅命名为“福建省职工疗休养示范基地”，被市总工会、市文化和旅游局命名为“三明市职工疗休养基地”。县环境卫生管理处垃圾清理驾驶员邓子强、永安煤业柯坑煤矿采煤班长田富洁、县供电公司项目管理员温秀华、屏山乡内洋村农民苏启绵、阡陌花卉合作社理事长郭美文等5名职工群众被市委、市政府评为市劳动模范；县总医院内二区主任曾德俊、县实验小学教导处主任郭新芳被市委、市政府评为先进工作者。

【市第十八届地方工会运动会承办】 11月22—24日，三明市第十八届地方工会运动会在县工人文化宫举办，设置8字跳长绳、飞镖、气排球、太极拳、八十分、趣味运动6个比赛项目，来自全市12个县（市、区）总工会和市总工会机关及直属事业单位15支代表队260余名职工参加。经过2天的竞技，大田县总工会获团体总分第一名。

【县政府与总工会联席会议召开】 12月19日，县政府与县总工会在县政府二楼会议室召开第12次联席会议。会议作出决议，县财政拨付“金秋助学”补助资金10万元，原则同意以县政府名义每三年评选表彰一批“十佳岩城工匠”。

【“五小”创新大赛】 2019年，县总工会组织53个职工创新项目参加福建省总工会组织的全省百万职工“五小”（小革新、小发明、小改造、小设计、小建议）创新大赛活动，获奖项目9个，其中一等奖1个、二等奖2个、三等奖6个。

【劳动技能竞赛】 2019年，县总工会为有效引领职工建功立业，营造弘扬劳模精神、劳动精神和工匠精神的氛围，先后与市总工会、县消防大队、县公安局、县教育局、南湖针织时装公司、县供电公司等单位举办技能竞赛，评选出市“五一”劳动奖章1人、劳动标兵12人、劳动能手104人。

【帮扶活动开展】 2019年，县总工会开展“四季四送”（春送岗位、夏送清凉、金秋助学、冬送温暖）、城镇困难职工帮扶、职工医疗互助活动。为548名高温作业的职工送去清凉饮料、防暑药品，筹集41.4万元，扶助68名困难职工子女就学，慰问困难职工180人，为1044名职工发放医疗互助金138.94万元。

【劳模工作室创建】 2019年，苏启绵劳模工作室被市总工会命名为“三明市劳模工作室”。至年底，全县有省级示范性劳模工作室1家，市级劳模工作室8家。

【为职工办实事】 2019年，县总工会帮助30名环卫工人实现微心愿；组织51名职工参加省、县示范疗休养活动；帮扶68户在档困难职工缓解生活困难；组织10名市级劳模疗休养；帮助200名民办幼儿园教师实现技能提升；开展快递员等八大群体集中入会行动，共吸收入会426人；落实大病补助政策，全年省总大病补助85人32.4万元、市总大病补助42人10.2万元；在南湖公司举办1期职工子女暑托班示范点；在县总医院建立医生休息室2个；分别在屏山“大仙峰·茶美人”景区、桃源里旅游度假区、县行政服务中心建立“妈妈小屋”，其中县行政服务中心“妈妈小屋”

被评为省级“我最喜爱的妈妈小屋”。

（蒋 鹏 曾玉珠）

共青团大田县委

【概况】 2019年，共青团大田县委围绕县委、县政府中心工作，以服务大局、服务社会、服务青年为宗旨，适应群团改革创新要求，推动团的各项工作。全县有基层团委44个，团员1.58万人。新发展团员601人，超龄退团1563人。

【义务植树活动】 3月8日，团县委组织50名青年志愿者与中共大田县委书记林文华、县长林金龙等县领导，到华兴镇大田一中新校区开展义务植树活动。植树节期间，累计植树2000多棵。

【共青团二十届三次全体（扩大）会议召开】 3月22日，共青团大田县委二十届三次全体（扩大）会议在团县委四楼会议室召开，会议由团县委书记黄璟頔主持，团县委委员、各乡（镇）、县直机关、学校等团组织负责人42人参加。会议总结2018年工作成果，部署2019年工作任务；审议通过《共青团大田县委2019年工作要点（草案）》；部署《关于组织开展“青春心向党，建功新时代”主题宣传教育实践的通知》专项工作；邀请县建设银行“团费云”系统管理员开展团费缴交业务培训。

【“书香大田”阅读节举办】 4月20—28日，团县委联合县教育局、县文联，以世界读书日期间、中华人民共和国成立70周年暨“五四”爱国运动100周年为契机，举办“我的青春·我的中国梦”中小学生征文比赛。各中、小学以弘扬爱国主义为核心开展“全民阅读”，在县白岩公园举办“书香大田”阅读节；通过“以旧换新”的形式，为大田第二中学图书室添置2万元的书籍。

【“阅读·悦享”青年读书会举办】 4月23日，团县委联合樊登读书大田分会，在闽中戏曲文化园举办第一期“阅读·悦享”青年读书会，由县委常委蔡兴山解读《决胜全面建成小康社会夺取新时代中国特色社会主义伟大胜利》一书，鼓励团员青年多读书、多学习。来自党群系统和政府系统团委近40名青年团员参加。11月15日，第二期“阅读·悦享”青年读书会在县龙山宾馆举办，邀请县委常委、副县长赖伟平担任主讲嘉宾，基层团委青年团员30人参加。

【“五四”主题团日活动】 5月4日，团县委组织的“青春心向党·建功新时代”大田县纪念“五四”运动100周年主题团日活动暨新团员入团仪式，在大田中央苏区公园举行。全县各中学的200名新团员代表参加宣誓仪式等活动。

【关爱留守儿童微电影上线】 6月1日，团县委、太华镇、县政法委、县教育局、妇联联合推出的大田县首部关爱留守儿童微电影《迟到的签字》正式上线。故事以真实案例为脚本创作，希望引发社会各界对留守儿童如何健康成长的思考，努力构建和谐稳定的平安大田。

【青少年禁毒嘉年华活动开展】 6月18日，县禁毒办、团县委、公安局、检察院、法院联合主办，县青晨青少年社会工作服务中心承办的“健康人生·绿色无毒”大田县青少年禁毒嘉年华活动在县中小学生社会实践基地举办，通过参观禁毒宣传教育基地、观看仿真毒品展示、VR毒品仿真体验、设立禁毒宣传咨询台、设置禁毒知识有奖竞猜、师生互动、闯关游戏等方式开展毒品预防宣传活动。县禁毒委成员单位分管领导、禁毒联络员及五中500余名师生参加活动。

【优秀创业创新项目评选】 7月12日，团县委联合县人力资源和社会保障局、财政局、退役军人事务局、妇联，在县融媒体中心一楼演播大厅举办“2019年优秀创业创新项目评选现场答辩评审”活动。入围本次评选活动候选创业创新项目20个，青年创业者们依次上台做创业项目陈述展示，评委现场评审。经过角逐，产生一等奖3个、二等奖5个、三等奖10个。

【红色故事宣讲】 7月13日，“我和我的祖国·风展红旗如画——大田红色故事宣讲”活动在县融媒体中心一楼演播厅举行，8名宣传员宣讲了《仙亭山下的集美学村》《我的爷爷林大藩》《无问东西、唯问初心》等红色故事。宣讲活动由县委宣传部、史志室、团县委、县融媒体中心、县关工委联合主办，县“第二集美学村”保护与开发工作指挥部协办。

【小小朗读者比赛】 9月27日，为庆祝中华人民共和国成立70周年、中国少年先锋队建队70周年，团县委、教育局、电信大田分公司联合举办天翼高清杯“我和我的祖国——小小朗读者”朗诵比赛。参赛选手42人，比赛评选出一等奖2人、二等奖3人、三等奖5人。

【少先队主题队日活动】 10月12日，团县委、县教育局、纪委监委、少工委主办的纪念少先队建队70周年“播撒孝廉种子，热爱祖国母亲”主题队日活动在城一小举行。少先队员们通过诵读《弟子规——入则孝》、演唱《百善孝为先》、陶笛演奏《哎呦，妈妈》等活动，表达知孝、行孝的感悟，从小树立孝敬父母、尊敬长辈的情感，营造出以德立身、以孝兴家、祥和共融的校园风尚。

【少先队工作表彰】 10月12日，团县委联合县教育局、少工委授予“大田县少先队红旗中队”称号少先队组织44个、“大田县优秀少先队辅导员”称号64人、“大田县优秀少先队员”少先队员称号126人，增强少先队组织的先进性和少先队员的光荣感，推动少先队事业的新发展。

【青年企业家协会活动举办】 11月28日，大田县青年企业家协会（简称青企协会）成立八周年年会在大田锦绣福田御华园酒楼举行，青年企业家60多人参加。大田青企协会长郑成建、三明市青企协秘书长郑海燕、县委常委、统战部部长施正立分别在年会上发言。

（王尧钦 陈敏敏）

大田县妇女联合会

【概况】 2019年，全县妇联组织305个，其中乡镇妇联18个、村(居)274个、非公经济组织6个、县直系统妇委会7个，县妇联专职妇干7人，乡镇妇联主席18人、村（居）妇联主席及其他组织277人。3月，大田县崇康大棚蔬菜专业合作社理事长范晓燕被全国妇联授予“全国巾帼建功标兵”称号。当年，县第三中学高级教师陈春娥在2019年度“福建省家庭教育讲师风采大赛”中获二等奖。

【慰问关爱活动】 1月15日，县妇联走访慰问患有“两癌”（宫颈癌、乳腺癌）的农村贫困妇女7人，发放“贫困母亲两癌救助”中央专项彩票公益金每人1万元；全年争取全国、省“两癌”救助金32.1万元，救助农村“两癌”贫困妇女65人。2月22日，县妇联干部、爱心妈妈代表到大田县特殊教育学校开展爱心捐赠活动，捐赠爱心毛衣83件、洗衣机1台。5月30日，县妇联亲子阅读室的370册全新绘本、图书入驻县图书馆嘻哈宝贝悦读推广中心，该推广中心为县妇女儿童活动中心亲子阅读示范点。5月31日，在华兴镇中心小学举行的“关爱留守儿童，播撒爱心阳光”活动中，县妇联捐赠价值2200多元的爱心图书。当年，县妇联联合县妇幼保健院到太华镇、桃源镇、屏山乡等乡镇开展“两癌”免费筛查，分别为农村妇女免费提供乳腺癌、宫颈癌筛查3006人、4120人。

【“平安家庭”创建】 1月21日，县妇联联合奇韬镇党委、政府举办大田县“推进平安建设·共创和谐家园”宣传活动。全年举办2场，送出手写对联1000多副、“平安三率”年画800多份；开展法制宣讲5场、巾帼志愿服务活动8场，发放家庭维权宣传材料1万多份。

【“三八”妇女节活动】 3月8日，县妇联联合县行政服务中心管委会、县人社局在县体育中心开展“礼赞新中国 奋进新时代 建设新大田 服务新风采”庆“三八”国际劳动妇女节活动，来自县行政服务中心各入驻窗口8个代表队、县直机关4个代表队120人参加活动。3月7—8日，县妇联领导走访部分老妇干、离任村妇干、女村主干及各级先进女性，探讨如何服务妇女儿童工作并共度节日。

【舞蹈公益培训】 5月7日，县妇联联合县文联举办“巾帼心向党 礼赞新中国”舞蹈公益培训，以《我和我的祖国》等革命歌曲为内容，开展为期3个月的广场舞培训，培训骨干30多人。

【妇女技能培训】 5月8日，县妇联联合县人社局、大田职业中专学校举办的第一期育婴员（月嫂）公益培训班开班。全年举办育婴员（月嫂）、保育员培训班17期，培训妇女1007人，其中考取高级育婴员职业资格证22人、中级证387人，考取高级保育员职业资格证39人、中级证141人。5月23—24日，由省妇联主办、县妇联承办的省“专家快车农村行”设施蔬菜种植技术培训班在县委党校一楼举行，全县从事蔬菜种植的农村妇女、返乡创业女性100人参加培训。

【巧妇贷金融帮扶】 5月，县妇联联合县人社局、大田晋农商村镇银行推广“巧妇贷”金融帮扶项目，通过会议部署、微信宣传、入户面对面讲解等形式，结合巾帼志愿服务活动做好“巧妇贷”政策宣传，全年开展“巧妇贷”业务131笔、1825万元，其中妇女创业贴息19笔、196万元。

【爱国宣讲活动】 6月3日，县妇联干部黄宇婷参加红色三明故事宣讲大田专场比赛获二等奖，其比赛视频《一门三英烈 浩气满乾坤》在央视新闻移动网平台点击量达32.6万人次。其后作为大田县红色故事宣讲团成员，到机关单位、乡镇宣讲红色故事9场次，1200余人听讲，进一步弘扬和传承苏区老区精神。9月20日晚，县妇联联合县委宣传部、县文联等单位在白岩公园举办大田县“风展红旗如画”群众广场文化活动暨大田县“巧妇贷”授信仪式。9月21日，县妇联联合南街社区等单位在文化广场拍摄《我和我的祖国》《相亲相爱一家人》快闪活动，登上学习强国平台，并获县“礼赞新中国、奋进新时代、建设新大田”主题歌曲传唱微视频二等奖。

【家庭文明建设】 6月17日，县妇联联合县教育局、县社区学院举行大田县家庭教育讲师团首批讲师聘任仪式暨《家庭教育讲师的成长之路》讲座，成立家庭教育讲师团并确定首批讲师30人，聘期2年。全年开展公益讲座73场，受益家庭1万多个。当年，余春莲、陈宗养家庭，唐名高、连明琴家庭被评为“福建省最美家庭”，另有3户家庭被评为“三明市最美家庭”。

【“春蕾计划”活动】 8月，县妇联继续开展“春蕾计划”活动，3名女生获省、市2019年度“精准扶贫·春蕾圆梦”助学金各5000元。6名学生获市妇联救助金2500元。

【县妇联十五届二次执委（扩大）会召开】 12月13日，县妇联十五届二次执委（扩大）会召开，县妇联常执委、非执委的乡镇妇联主席、“五好家庭”代表等40多人参加会议。县委常委、统战部长施正立出席会议并讲话；县妇联党组书记、主席林爱红作工作报告，回顾2019年工作特色亮点并谋划2020年工作；会议揭晓“五好家庭”35户，增补执委委员6人。

【岗位建功】 2019年，县人民政府行政服务中心管理委员会被省妇联授予“福建省三八红旗集体”，县职业中专学校招就处副主任余小妹被授予“福建省三八红旗手”称号，县实验幼儿园被授予“福建省巾帼文明岗”称号。县残疾人综合服务中心、县总医院妇产科、县图书馆服务窗口被市妇联授予“三明市巾帼文明岗”称号；县纪委监委信访举报中心、县南湖针织时装有限公司缝盘智能吊挂班组被授予“三明市三八红旗集体”称号，另有吴美华、郭美文、林小珍、田宝玲等4人被授予“三明市三八红旗手”称号。

（陈秋华）

大田县工商业联合会

【概况】 2019年，大田县工商业联合会（简称县工商联）发挥工商联统战性、民间性、经济性的优势和桥梁、纽带、助手作用，促进全县非公有制经济发展。当年，新发展会员24个（人），其中有省人大代表1人、市政协委员3人、市工商联执委14人、县人大代表7人、县政协委员29人。至年底，有会员461个（人），其中，企业会员249个，个人会员208个，团体会员4个。大田工商联（商会）有大田永春、大田兴化、大田南安、大田安溪等4个直属商会，有福州大田、泉州大田、厦门大田、广东大田等4个异地商会。

【非公经济发展】 2019年，全县非公经济新增个体工商户1.33万户、注册资金5.93亿元、从业人员2.46万人，总数分别为2.87万户、20.16亿元、5.73万人；新办私营企业543家，新增注册资金27.71亿元、从业人员4622人，总数分别为4017户、211.58亿元、4.15万人。纳税超百万元民营企业73家，其中超500万元的16家、超1000万元的8家。166家规模以上民营企业完成工业增加值107.45亿元，缴纳税收5.64亿元。15家出口创汇企业出口创汇1.18亿美元。当年，全县非公经济产值（销售收入）358.18亿元，上缴税收7.52亿元，分别比上年增长11.18%、14.84%。

【非公有制经济人士成长】 2019年，县工商联制定印发《关于规范政商交往构建"亲""清"新型政商关系的实施意见》，建立维权协调机制，维护非公经济人士合法权益；制定《大田县党政领导与企业家恳谈会制度》《大田县非公有制企业诉求受理处置反馈工作机制》，加强党委政府与非公经济人士的联系与沟通。在县行政服务大厅设立非公经济服务窗口，为非公人士提供便捷服务；开展工商联（商会）轮值主席"主题日"活动，搭建会员沟通平台；组织非公经济代表52人参加北京大学"大田县非公经济人士高级研修班"，提升民营企业家素质。

【"百企帮百村"活动】 2019年，县工商联引导企业履行社会责任，共有8家会员企业参与"百企帮百村"精准扶贫行动，产业扶贫、就业扶贫、捐资助学24.5万元，大田县广联木业有限公司、厦门大田商会精准扶贫工作获市委统战部表彰。

（李建政　郑彩虹）

大田县科学技术协会

【概况】 2019年，大田县科学技术协会（简称县科协）弘扬科学精神，普及科学技术知识，传播科学思想和方法，提高公众的科学文化素质。开展文化科技"三下乡"等科普宣传、"中国流动科技馆（大田站）"巡展、青少年机器人和青少年航模竞赛培训活动，组织全县青少年科技爱好者参加各项科技赛事。

【文化科技"三下乡"活动】 1月18日，县科协在广平镇举办文化科技卫生"三下乡"活动，捐赠茶叶种植、食品安全科普知识、农药施肥等科普书籍300多册，捐资5000元支持镇、村宣传文化硬件设施建设。

【青少年科技创新项目比赛获奖】 3月14—17日，大田县选手在福州市第三中学举办第34届福建省青少年科技创新大赛中，《关于住宅电梯费用合理分摊的探究》项目获青少年科技创新项目优秀科技项目三等奖。

【中国流动科技馆（大田站）巡展】 6月5日至8月7日，"2019年中国流动科技馆巡展（大田站）活动"在县图书馆一楼举办。巡展活动以"公平、普惠、创新、提升"为主题，设置声光体验、电磁探秘、运动旋律、数学魅力、数字生活等九大主题70件互动展品，展出3D打印设备、VR体验设备、机器人表演等先进科技产品。中小学生及市民约3万人参观了巡展。

【省级院士工作站授牌】 6月18日，由省委组织部、省科协、省科技厅、省财政厅联合承办的"福建省院士专家工作站授牌暨院士项目签约仪式"在福州海峡国际会展中心"6·18"展会现场举行，大田县农业科学研究所谢华安院士工作站被授予"福建省院士专家工作站"称号。

【科普宣传系列活动】 9月17日，县科协联合县委宣传部、教育局、科技局、农业农村局、卫健局、气象局等12个单位，在时代广场举办2019年大田县"全国科普日"主场活动。围绕"礼赞新时代，智慧新生活"主题，通过现场咨询、医疗义诊、赠送书籍等形式，重点进行科学发展、医疗健康、应急救护、反邪教、环境保护等群众关切的问题解疑释惑，消除公众疑虑，县科协发放宣传资料300余份。9月19日，县科协等11个单位参加在桃源镇开展的2019年"全国科普日"乡镇宣传活动，发放宣传资料2300份、宣传品850份，群众咨询50余人次，义诊70余人次。

【科技辅导员培训】 9月20日，县科协联合教育局举办中小学科技辅导员培训班2期、45人参加，以青少年机器人竞赛、青少年航模竞赛辅导为主题，通过培训，进一步提升县科技辅导员业务能力，推动县青少年机器人竞赛和航模竞赛发展。

【中小学航空模型竞赛】 11月16日，由县科协、县教育局联合主办，城关第三小学承办的"大田县第二届中小学航空模型竞赛"在城三小举行。竞赛设置弹射模型滑翔机留空赛、水火箭射程赛、悬浮纸飞机留空竞时赛、扑翼机竞时赛、橡筋动力模型直升机竞时赛等5个项目。全县城区11所中小学、133名选手参赛，决出冠军11人、亚军10人、季军10人。

【青少年机器人竞赛】 12月7日，由县科协、教育局联合主办，城关第一小学承办的"大田县2019年'仙峰古堡·多彩大田'青少年机器人竞赛"在城一小开赛，竞赛主题为"多彩大田——筑梦智能·立志创新"，设置3轮比赛6个项目，城区5所小学15组30人参赛。

经过3轮角逐，实验小学6队、1队，城一小2组获得比赛前3名。

（郑彬彬）

大田县归国华侨联合会

【概况】 2019年，大田县归国华侨联合会（简称县侨联）以侨为本，为侨服务，履行群众工作、参政议政、维护侨益、海外联谊职能，发挥桥梁作用。全年接待华侨华人和考察项目客商3批、21人次，接待海内外客人6批、5人次。慰问困难归侨侨眷9户，发放慰问金1.77万元。

【联络联谊侨胞】 4月，集美校友总会永远名誉会长任镜波带领来自美国、泰国的集美校友探访第二集美学村。

【挂钩帮扶贫困户】 2019年，县侨联开展“百侨帮百村——联村助户”精准帮扶工作，争取帮扶款1.3万元，扶助挂钩村湖美乡旺建村廖某、吴某、施某、林某等7人。

【侨爱心公益活动开展】 2019年，县侨联开展侨爱心“365”行动等公益活动，鼓励、引导侨界热心人士为公益和慈善事业捐赠款物，慰问困难归侨侨眷5户，送去慰问金0.47万元。其中，争取省财政贫困侨专项资金0.38万元，帮扶章某1人和失依儿童1人。

（郑桂珠）

大田县老科技工作者协会

【概况】 2019年，县老科技工作者协会（简称县老科协），团结和组织县离退休老科技工作者继续发挥自身潜能和优势，为建设大田献智出力。当年，有农林牧、工业企业、水利水电、医疗卫生、科教文化5个专业分会和均溪、桃源、上京、建设、广平5个乡镇分会。会员276人，其中，高级职称50人、中级职称168人，女科技工作者39人。新入会26人，70岁以上老会员办理退会手续76人。

【老科协第三次会员代表大会召开】 1月24日，县老科协46名代表在县老科技工作者活动中心召开第三次会员代表大会。会议选举产生新一届理事会9人，高超旺为会长、王民富为副会长兼秘书长；审议通过第二届理事会工作报告和财务收支情况报告，通过对章程部分条款进行修改；表彰奖励先进工作者8人。

【技术咨询服务与指导】 5月2日，县老科协组织科普惠农服务站的高、中级老科技工作者一行8人到永岩家庭农场科普基地指导，建议对农场柑橘新品种试验示范项目采取滴灌技术，并对地力肥力生产技术的提升，病虫害绿色防控技术、高接换种技术、计划密种技术的实施等给予技术咨询服务和指导。8月4日，老科技工作者以“科技惠民基层行”为主题，到武陵乡大石村的永强家庭农场，就农林观光园、水产养殖、水利工程、河道改造、光伏发电等项目开展技术咨询和服务活动。10月9日，老科技工作者到广平镇云悦源生态循环农业产业园（闽台合资），对园区的百香果、火龙果等特色水果种植发展规划、品种引进和栽培技术提供技术咨询服务与指导。

当年，县老科协参与县各类涉林案件鉴定47起；参与农作物种子资源普查，古老品种、涉濒危品种收集和2018—2019年“六三”种业联合体水稻区域试验；指导基层茶叶生产和制茶技术。水利水电组帮助永安市青水乡旱安水电站解决输变电器等技术难题，提升电站发电能力；对县电力公司光伏发电扶贫项目进行技术指导；参加建设水电站、濮溪水电站整改工程的设计和施工。

【与德化老科协开展交流活动】 7月21日，县老科协在高超旺会长带领下，组织第三届理事会新任理事和各专业分会长，前往德化县老科协学习交流，参观科企示范基地德化陶瓷产业和德化赤水农业科普示范基地。8月6日，德化县老科协在常务副会长苏开带领下，一行8人到县参观武陵大石村美丽乡村和永强家庭农场科普示范基地。

【柑橘优良品种引进】 2019年，县老科协从中国柑橘研究所、浙江等地引进名特优柑橘品种进入县永岩家庭农场，其中，金秋沙田橘2300株、甘平3000株、明宏日见3000株、沃柑1300株、大雅柑1000株、红美人600株、绿美人600株、春香橘柚500株、由良300株。

【科普示范基地和示范户建立】 2019年，县老科协新建永岩、永强2个家庭农场科普示范基地，与原有的济阳泮林农林场、谢洋珍山农林开发有限公司、早兴昆山油茶合作社，共有科普示范基地5个。在均溪、广平、武陵、上京、华兴、前坪等建立农林牧科技推广科普示范户10个。

【科普宣传活动开展】 2019年，县老科协组织老科技工作者下乡入村开展科普宣传活动，分发《农村新技术》《农村百事通》和“五新技术”等科技刊物、资料。林振安兽医师在县城建立畜牧兽医咨询服务部，为养殖户开展科技咨询和科普宣传。当年，县老科协组织科技培训班6场、受训380多人次，农业技术推广和服务“三农”活动10次、发放科普资料1800多份。

（王民富）

大田县个体私营企业协会

【概况】 2019年，大田县个体私营企业协会新增个体工商户1.33万户，注册资金5.9亿元。个体户总数2.87万户、注册资金20.16亿元，分别比上年增长63.07%、29.07%。新增私营企业600家，注册资金31.19亿元。私营企业总数4638家，注册资金266亿元，分别比上年增长7.39%、19.28%。当年，国家市场监督管理总局和中国个体劳动者协会授予县个体私营企业协会“全国个私协会系统先进单位”称号。

【主题党日活动】 6月30日，县个体私营企业协会组织20名党员，到武陵开展“坚决维护核心·践行初心使命”主题党日活动，在党旗下重温入党誓词。

【企业会员服务】 2019年，县个体私

营企业协会为企业提供政策宣传引导、遵法守信教育、促进创业就业、服务会员发展等服务。通过短信及微信平台发送信息2.3万余条，开展“温馨提示”“上门指导”“明白告知”和“专业帮办”服务，无偿为会员提供年检、设立、变更等服务1000多人次。

（范宜瑞）

大田县消费者权益保护委员会

【概况】 2019年，县消费者权益保护委员会（简称消委会）加大《消费者权益保护法》《中华人民共和国反不正当竞争法》《中华人民共和国产品质量法》等法律法规的宣传力度，解读《工商行政管理部门处理消费者投诉办法》《侵害消费者权益行为处罚办法》《网络购买商品七日无理由退货暂行办法》等，开展纪念“3·15”国际消费者权益日、“全国食品安全宣传周”等活动，提高市民对食品安全和消费维权的认识，加强各经营户的诚实守信意识。

【“3·15”国际消费者权益日纪念活动】 3月15日上午，县消委会会同市场监管局、烟草专卖局、卫健局、农业农村局、消防大队等行政执法部门及银行、保险、证券、供电、通信、安燃燃气等企业和岩视眼镜、长富牛奶等个体工商户，在时代广场开展以“信用——让消费更放心”为主题的2019年消费维权年现场接诉、宣传、咨询活动，21个单位、96人参加，当天发放宣传材料2000多份，接受消费者咨询126人次，现场受理调解消费者投诉2起，为消费者挽回经济损失108元。在县电视台和城区各大屏幕滚动播出《中华人民共和国消费者权益保护法》及消费维权知识，在城区各大超市门口悬挂“3·15”宣传条幅5条。

【“全国食品安全宣传周”活动开展】 6月20日，县市场监管局、消委会工作人员会同县食安办成员单位在时代广场前举办以“尚德守法，食品安全让生活更美好”为主题的宣传咨询活动，接受消费者咨询116人次，发放宣传材料1200份，提高群众食品安全认识。

【延伸公交运营路线建议被采纳】 6月28日，县消委会推荐6名消费者代表参加县发展和改革局在三楼会议室召开的大田县城区微型公交车票价听证会。消委会秘书长翟永昌就福建省闽通长运股份有限公司大田分公司的“大田县城区微型公交车票价”方案中，提出在城区东西南北4个方向适当延伸运营路线的建议，被县政府采纳。

（翟永昌）

大田县残疾人联合会

【概况】 2019年，大田县残疾人联合会（简称县残联）全年办理换（发）二代残疾人证4151本，注销423本，迁出23本。至年底，全县有残疾人2.78万人，其中持证1.19万余人。当年，全县18个乡镇残联配有专（兼）职理事长和294个残疾人工作联络员，275个村（社区）成立残协，东风农场划分为4个片区，新增3个村级联络员。5月，县残联被省人社厅 省残联表彰为“全省残联系统先进集体”。

残疾人康复 2019年，县残联实施残疾人精准康复服务，将残疾儿童、建档立卡的重度残疾人和精神病人列为重点对象，优先纳入服务范围，提供辅助器具和支持性服务。完成智力残疾儿童接受定点机构康复训练160人，补助196.75万元；为251名贫困精神病患者提供人均500元门诊服药补贴，发放补助12.55万元；为55名贫困精神病患者提供一次性住院医疗救助，每人救助按不高于2000元的实际金额救助，发放补助9.08万元；为1名0—6岁符合人工耳蜗康复救助儿童提出申请，并通过省、市残联审核。全县需要康复服务残疾人1743人得到康复服务，其中，辅助器具适配961件，补助资金86.82万余元。

残疾人教育 2019年，县残联继续实施“助学工程”，为5名低保残疾人家庭子女和残疾学生提供就学补助0.95万元。实施国家彩票公益金助学项目（学前教育），补助25名儿童7.5万元。帮助残疾考生报名参加普通高考7人，其中申请合理便利（使用助行器、优先进入考点考场）1人。支持县特校和康贝启智教育中心发展，捐资1万元。8月21日，省残疾人福利基金会“夕阳红·积善助学”项目在县举办捐资助学活动，为13名残疾学生及贫困残疾人家庭子女捐助爱心助学款5.9万元。

残疾人精准扶贫 2019年，全县建档立卡残疾人1360户、1761人，其中，国定标准1285人，省定标准476人均已脱贫。继续实施农村贫困残疾人新建房补助项目，为39户残疾人家庭补助46.8万元，每户1.2万元。对24户符合无障碍改造条件的给予改造项目资金补助，符合省级改造的每户补助1000元，符合县级改造的每户补助2000元，计发放补助资金4万元。

残疾人就业 2019年，选送视力残疾人参加市级盲人按摩手法提高班培训5人、市级盲人推拿继续教育和业务培训2人。11月，举办农村残疾人实用技术培训3期，参训残疾人150人。与人力资源部门联合开展“就业帮扶，真情相助”就业援助月活动，分发政策宣传资料200多份，家访就业困难人员和零就业残疾人家庭10户，帮助实现就业9户，纳入年度培训计划45人。当年，县残联审核认定残疾人就业保障金征收的机关企事业单位33家，安置残疾职工194人，征收入库残保金400余万元。落实省残联扶持残疾人就业创业政策，发放奖励44.72万元；落实《三明市扶持残疾人就业创业的暂行办法》，给予4名残疾人市级就业创业补助2万元；舒筋堂按摩店评选为市级盲人保健按摩示范店，奖励3万元，福乐盲按店和舒筋堂按摩店纳入医保定点刷卡网络费资金扶持各补助0.3万元，计5.6万元。为7名发展生产经营的残疾人给予小额贷款贴息1.5万元。

残疾人保障 2019年，县残联落实残疾人生活补贴或护理补贴11.74万人次，发补助资金818.3万元。为77名一级重度肢体低保残疾人发放护理补贴，每人2000元，计15.4万元。全县参加居民养老保险残疾人4157人，持证残疾人均免费参加医疗保险，纳入城乡低保残疾人1058人。灵活就业残疾人社会保险补贴152人，补助资金54.96万元。为6998名残疾人建立意外伤害保险，共理赔30人，赔付9万余元。6月起，实施为民办实事项目“重度残疾人团体疾病保险”，全县3400人符合条件，每人保额87.2元，共投入保额29.65万元，至年底，有47名残疾人理赔到位，补助金额8.06万元。

残疾人维权 2019年，县残联完善残疾人法律救助工作站的设施设备，聘请法律顾问1人，开展法律救助，健全残疾人信访工作机制，打造“968891”残疾人服务专线平台，做好日常信访接待工作。年内，会同县司法局法律援助中心为7名残疾人提供维权服务，办理法律援助案件1起，回复信访件4件。为37名残疾人发放燃油补贴0.96万余元。

【公益助残活动】 5月，“全国助残日”期间，县残联通过群发微信10万条、电子屏幕、宣传标语、散发宣传手册等营造助残氛围，倡导扶残助残良好社会风尚。5月19日，平安医院举行康复义诊，县盲协开展公益盲按服务，县智力亲友协会举办知识讲座，县税务局慰问康贝启智教育中心的儿童，县特校举行欢庆活动等。11月，县残联联合福建省凯利粮油发展有限公司在全县范围内举办“帮扶贫困残疾人，共圆美好中国梦”主题粮油捐赠公益活动。当年，全县助残志愿者队伍2100余人，结合重大残疾人节日，组织开展“爱耳日”“关爱残疾儿童”“善行大田、扶贫助残”“国际盲人节活动”“春运便民暖心”等内容的扶残、助残志愿服务，全年服务残疾人2000余人次。

【残疾人体育、技能项目获佳绩】 8月25日，县残疾人羽毛球运动员施生倬参加在瑞士（巴赛尔）举行的世锦赛，获得双打亚军。8月25日至9月1日，在天津举办的全国第十届残运会暨第七届特奥会，施生倬获得全国残疾人羽毛球锦标赛站立上肢su5男子单打第一名、站立上肢su5男子双打第二名；县听力残疾人运动员郭燕兰获女子听障组田径100米栏、400米栏、4×100接力、4×400接力等项目的4枚金牌；视力残疾人运动员高超强，获得男子T11级800米铜牌、1500米第四名。

【残疾人托养服务】 2019年，县残联实施省委、省政府为民办实事项目。为重度肢体、智力、精神残疾人提供居家养护补贴，每人补助2000元，机构托养每人补助5000元，市级叠加补助5000元。至10月底，为208名贫困重度残疾人发放居家托养补助金41.6万元；机构托养12人，补助12万元。

【残疾人专门协会活动】 2019年，县盲协组织盲人推拿师走进县社会福利院和公园开展公益按摩6场，开展盲人节和助残日活动2场，接待建宁、顺昌等地市的盲协到县参观交流，加强基层盲协的建设。县盲协主席苏文炜获省人社厅表彰“技能大师”的称号。县智力亲友协会依托康贝启智教育中心开展了系列宣传服务讲座、户外扩展活动等，邀请福建省爱恳教育中心到大田开展“孩子们的倾听之旅”公益讲座；智力亲友协会主席柳玉麟参加中国·恩启《VB-MAPP语言行为评估》实操班、2019年全国成年智力残疾康复骨干培训班学习培训。县肢协选送胡生洪、苏诗作等残疾人书画、艺术作品3件参加市书画展。

【残疾人代步车置换】 7月，全县141名残疾人三轮车主与县三轮车整治办签订《三轮车回收报废协议》《回收补偿协议》。县残联协同县人大、县纪委、县总医院、县公安交警大队等部门，组成肢体残疾人评定小组，对全县116名肢体残疾人载客三轮车车主进行现场综合评定。县三轮车整治攻坚行动指挥部专题研究确认，同意对105名肢体残疾人发放机动轮椅车，至11月底，车辆全部发放到位。

【残疾人专项调查】 2019年，县残联完成调查持证残疾人1.2万人，其中手机终端信息采集完成1.18万人、电话调查41人、查无此人1人、已搬迁11人、空挂户5人、外出6人、死亡121人，手机终端信息采集率95.46%。县残联组织工作人员对18个乡镇随机各抽1个（社区）进行验收，均符合调查标准。

（颜晓斌）

大田县关心下一代工作委员会

【概况】 2019年，大田县关心下一代工作委员会（简称县关工委）内设农村教育、学校教育、城市教育、法制教育、家庭教育、宣传教育、基金管理7个专业委员会，下辖普法、德育2个报告团和关爱、卫生保健、金秋农业科技3个服务工作团，是一支以老干部、老专家、老战士、老教师、老模范为主体，专兼职结合的青少年思想道德建设队伍。年底，全县有关工委基层组织356个，其中，乡镇18个、县直机关10个、民营企业10个、村265个、社区8个、中小学45个；报告员、校外辅导员、帮教员、家教员、科教员、文化市场督导员等1200余人。当年，鸿图中学关工委被省关工委评为省级基层“五好”关工委示范点，全县被市委市政府评为市级基层“五好”关工委12个、“全市关心下一代工作先进工作者”23人。

【青少年法制教育】 7月15日，县关工委联合司法局、教育局等部门举办的第五届“护青园”法治夏令营开营仪式在鸿图中学举行，通过法治讲座、探访监所、旁听庭审、模拟审判、走访法庭、法治演讲、法制征文等活动，对6所学校100余名学生进行法治教育。收集青少年关切的问题160个，制成学校法治教育“菜单”，由24名兼职法律教师分题备课，举办法治讲座、报告会25场。当年，在全国宪法日、全国普法宣传日进行《中华人民共和国宪法》《中华人民共和国未成年人保护法》宣传，发放宣传材料100余册。

【农业科技服务下乡】 8月6日，县关工委农业科技服务团联合市关工委农村委农业科技服务团专家到桃源镇开展农业科技下乡服务，专家团宣传农业科技，发放农业科技书籍，解答农业生产中遇到的各种问题。专家团还到蓝玉村对智能温控大棚项目、裕田生态农业建设项目、福建省湖田生态农业有限公司等农业企业入户调研，与农技员、种养大户、农业企业技术人员座谈，交流经验，传授知识。

【“爱我中华”主题教育】 2019年，县关工委到城区各学校开展“中华魂”——爱我中华主题教育宣讲活动17场，参与的师生和家长5000余人次；与教育局联合举办“中华魂”主题演讲比赛，通过初选，小学、中学、青年选手27人参加演讲比赛的决赛，并选派3人参加市关工委举办的“中华魂”演讲比赛。

【青少年思想道德建设活动开展】 2019年，县关工委联合民政、教育、团县委、慈善总会、华正义工联合会等单位开展孝道敬老志愿服务活动，组织学校到“孝道敬老志愿服务实践基地”闽中康养中心开展节日慰问、文艺演出活动2次，请康养中心老人为青少年讲述前辈奋斗故事、人生哲理、风土人情、历史文化典故，开展青少年社会主义核心价值观教育。在清明、“七一”、国庆等节日，为未成年人传唱革命歌曲、讲革命故事、开展“党史国史”讲座，开展革命传统教育，引导青少年铭记革命历史、崇尚革命英雄、继承革命事业。通过“新时代好少年”“中华优秀传统文化传承”“学雷锋”“阳光成长·心理健康教育”“爱心圆梦”等活动，开展“扣好人生第一粒扣子”主题教育实践活动。

【青少年帮扶】 2019年，县关工委利用教育基金为12名家庭困难学生发放助学金7000元，担任未成年人合适成年人3次，帮助解决1名刑满获释未成年人复学问题、2名流落街头孩子的家庭问题。

（周调产）

大田县国际贸易促进委员会

【概况】 2019年，县国际贸易促进委员会，有会员企业38家，委员单位40个。会员企业涉及机械、电子、轻工、纺织、建材、商业、农业等行业。县贸促会与省内外40多家商会、工商联合会、外贸协会和其他经贸组织有工作联系。机构改革中，与商务局合署办公，分别“三定”（定职能、定编制、定岗位），但实行统一领导、统一管理。

【博览会和交易会组织参加】 4月18—21日，县国际商会组织浩特体育用品公司和格林童装2家企业参加在晋江举办的第十九届中国（晋江）国际鞋业暨第二届国际体育产业博览会。

【经贸信息发布】 2019年，县国际商会加强经贸信息工作，促进对外贸易发展，对接国家贸促会和厦门贸促会平台，全年整合发布经贸信息96条，为企业提供生产和对外贸易全球经贸动态、中国经贸动态、经贸预警信息、中国企业对外投资（走出去）等信息；推荐国内外精选会展。

（陈燕秋）

大田县老年人体育协会

【概况】 2019年，全县各级老年人体育协会组织321个，其中县级1个、县直机关部门15个、社区8个、各行业俱乐部12个、乡级19个（东风农场1个）、村级266个。老体协有会员3.54万人，其中城区4657人。县老体协工作遵循“没有全民健康就没有全面小康”，开展适合老年人的各项体育活动。当年，大田县被福建老体协授予福建省第一批“老年气排球之乡”称号。

【县第十届老健会比赛】 9月23—27日，县第十届老年人体育健身大会在县文体中心召开，有1500多名老年队员分农村组（19个代表团）、城区组（20个代表团）共39个代表团，参加了门球、地掷球、气排球、乒乓球、台球、象棋、围棋、柔力球、健身球操、24式太极拳、健身气功“八段锦”、广场舞等12个项目的展示。通过交流评选出团体项目金奖57个、银奖60个、铜奖74个；个人项目金奖17个、银奖15个、铜奖16个。均溪镇、华兴镇、建设镇、广平镇、太华镇、上京镇、党政机关、教育、卫健、玉凤社区等10个代表团获优秀组织奖。

【健身辅导员培训】 3月，在县体育活动中心篮球馆举办健身球操（双球）辅导员培训班，共有80多名健身辅导员参加培训。7月，在县体育馆举办“健身气功八段锦”培训班，90多人参加培训。

【康乐家园创建】 2019年，太华镇汤泉村、张地村，广平镇铭溪村，吴山镇吴山村，建设镇建忠村，前坪乡黎明村，济阳乡济阳村，奇韬镇文经村，石牌镇马山村等9个老体协获省级“老年人健身康乐家园”称号。均溪镇仙亭社区、温镇村，太华镇温坑村、玉井村、甲魁村、华山村，前坪乡前坪村、上地村，屏山乡屏山村、许坑村，奇韬镇东佳村、西韬村，梅山镇新楼村，文江镇文江村，石牌镇鳌江村、建设镇建乐村等16个老体协获市级“老年人健身康乐家园”称号。至年底，全县已创建康乐家园的村（居）266个，占总数81.59%，其中三星级65个、二星级72个、一星级89个，获市级称号的49个、省级称号的24个。武陵、上京、华兴、太华、湖美等乡镇创建率为100%。

【展示交流活动】 6月，县老体协组队参加全市老年人健身球操（双球）活动，自选和规定项目获创编奖和优胜奖。9月，创编的小品《康乐家园》参加市老体协喜迎祖国70周年华诞文艺调演，选送8幅书画作品参加市老体协举办的迎祖国70周年华诞老年人书画作品展，组织气排球男队参加2019年“闽光杯”三明市老年男子气排球赛获第1名。10月，组队参加全市老年人持杖健走交流活动获优秀奖。11月，组织男、女气排球队参加在莆田举办的由省老体协组织的全民健身运动会老年气排球赛，女队获优胜奖，男队获优秀奖；组织门球队参加2019年福建省全民健身运动会三明市门球锦标赛，获得优秀奖；组织城区组、乡镇组（广平镇）参加全市老年人“气功·八段锦”交流活动，均获优胜奖。12月3—7日，在云南省景洪市举办的全国气排球之乡交流展示活动中，县男、女气排球队均获得优胜奖和道德风尚奖。

（郭晓云）

计划生育协会

【概况】 2019年，大田县计划生育协会（简称县计生协）协助党和政府落实全面两孩政策，鼓励按政策生育，营造家庭友好的社会环境，满足人民群众日益增长的美好生活需求，落实好中央赋予计生协会的“六项重点任务”。开展县、乡、村、组计生协会“四联创”活动，评出先进乡镇计生协会9个。县、乡镇计生协会走访慰问计生户195户，发放慰问金11万元，分发优生优育、青春健康、生殖健康“蓝氧”等宣传资料5万份，接受优生优育、生殖健康咨询1000人次。

【领导调研】 1月14日，市计生协会党组书记、会长吴金容，专职副会长郑龙华等一行4人到县开展2019年“两节”期间慰问走访下基层活动。调研组先后到华兴镇、均溪镇调研计生协会工作开展情况，其间还走访慰问5户计生困难家庭，发放慰问金2500元。县政协副主席、计生协会会长陈钦梅陪同。7月22—24日，省计生协会会长黄贤模一行2人到县开展调研活动，先后到武陵乡大石村、屏山乡计生户茶叶帮扶基地、济阳乡实地考察，听取县、乡计生协会工作汇报，围绕如何推动计生协会改革发展等问题进行讨论。其间，还走访慰问武陵乡大石村计生困难家庭2户，共发放慰问金2000元。市计生协会党组书记、会长吴金容，县政协副主席、计生协会会长陈钦梅陪同调研。10月22日，市计生协会党组成员、四级调研员、秘书长郑绵生等一行4人到县开展综合改革试点调研。调研组一行在县计生协会召开关于计生协转变职能、完善组织机构、建立健全服务体系等内容的座谈会。县政协副主席、计生协会会长陈钦梅陪同。

【宣传服务活动】 5月，县计生协会联合卫健局、华兴镇计生协会、华兴镇卫生院等单位到华兴镇仙峰村福平堡开展以“共奋进建新功，喜庆新中国成立70周年”为主题的“5·29”会员活动日宣传服务活动，免费提供价值3000元药品，接收现场咨询150余人次，为群众义诊85余人次，发放计生宣传资料800份、宣传品500件、避孕药具200份。在赶圩、纪念日等重要节日期间，县计生协会组织县中医院、县妇幼保健院等医疗志愿者服务队的医生到18个乡（镇）开展义诊服务，全年义诊群众1154人，免费发放药品，价值10万元。

【计生家庭关爱工作】 2019年，县计生协投入幸福工程救助款120万元，救助计生贫困母亲60户；落实计生小额贴息贷款183.5万元，发放利息9.23万元，帮扶计生户40户。实施安居工程，为15户农村二女户家庭发放建房补助金30万元，其中为3户农村二女贫困家庭争取省、市、县计划生育协会建房补助金18万元。开展“金秋助学”活动，为3名贫困二女户学生争取省计划生育协会助学金，每人每学年资助5000元；为7名农村二女户学生争取市计划生育协会“圆梦女孩”助学金，每人一次性5000元；为10名农村二女户学生发放县计划生育协会“圆梦女孩”助学金，每人一次性2000元。

【计生保险】 2019年，县计生协推进计生家庭保险工作，为5684户符合条件的计生投保对象办理意外伤害保险28.42万元；开展计生失独家庭父母住院护理补贴保险，为25名女方年满49周岁的计生失独家庭父母投保护理补贴保险，每人每年保费300元。

【儿童早期发展系列活动】 5月28日，县计生协会联合乐迪幼儿园邀请中国（三明）计生协优生优育指导项目教师团队开展儿童早期发展系列活动，以赠书仪式、科学育儿知识讲座、亲子辅导活动等方式，推动县儿童早期发展项目开展，提升人口素质。当年，县计生协新建乐迪幼儿园为县级儿童早期发展服务中心。同时，在均溪、太华和桃源3个镇依托当地幼儿园创建儿童早期教育示范项目点，结合“六一”儿童节等重要节日，开展科学育儿知识讲座和亲子活动。全年，开展科学育儿知识讲座10次，亲子互动辅导活动8场，覆盖服务家庭数300户。

【青春健康知识讲座】 5月28日，大田县计生协会联合大田县鸿图中学举办青春健康教育进校园健康知识讲座，邀请市计生协国家级青春健康教育讲师苏秀梅作《相逢在花季》专题讲座，讲解青春期各种生理、心理特征和行为变化，帮助同学们科学认识自身生理状况，懂得如何调节青春期心态，做到与异性同学正常交往，做一个自信自尊自爱、健康快乐的青年，300余名高一学生参加。全年举办讲座8场、1000余人次参与，开设“青春健康成长之道”课程6期、受益365人，举办“沟通之道”培训6期、受益355人，发放青春健康宣传品4000余份。

【生殖健康咨询服务】 2019年，县计生协开展生殖健康咨询服务，继续承担国家计生协会“创建幸福家庭——生殖健康援助行动‘蓝氧’项目”试点工作，免费为680名育龄妇女“蓝氧”治疗800人次。2015年，被中国人口福利基金会核准为省首批“蓝氧项目”试点单位以来，免费为3369位育龄妇女“蓝氧”治疗4600人次，发放宣传品6万余份。

（周艳萍）

红十字会

【概况】 2019年，大田县红十字会弘扬“人道、博爱、奉献”的红十字精神，紧扣“三救(应急救援、应急救护、人道救助)、三献（献血液、造血干细胞捐献、人体器官捐献）”的工作重点，开展人道主义救灾、救助、救护工作和应急救护“六进”（进社区、进农村、进学校、进企业、进机关、进家庭）活动，推进社会救助活动，促进红十字事业发展。当年，为本县5名患有白血病的贫困家庭儿童，申请中国红十字基金会“小天使基金”；为3名患有白血病和1名患有重度地中海贫血的贫困家庭儿童申请福建省红十字“福万通少儿重特大疾病人道救助基金”。

【“博爱送万家”活动开展】 12月，县红十字会开展“红十字博爱送万家”活动，慰问文江镇大安村5户（23人），每户500元；接收省红十字会“博爱进万家”慰问物资6件，慰问均溪镇玉田村4户13人，太华镇玉井村1户3人，均溪镇后华村1户7人。

【应急救护宣传活动】 2019年，县红十字会在学校、农村、社区开展红十字应急救护知识宣传活动，组织应急救护知识普及培训6场，培训2531人次，发放宣传材料近3000份，让更多的群众掌握应急救护的基本知识和技能，提升救助他人、奉献爱心的责任感。

【“世界急救日”活动】 2019年，县红十字会在第20个“世界急救日”围绕“急救，关注易受损群体”主题开展宣传活动。按照市红十字会印发的《关于组织参加2019年“99公益日”募捐活动的通知》，组织开展“三明爱过年”子项目，参与58人，筹款300元。

【无偿献血活动】 2019年，县红十字会分别于1月、5月、7月在县影剧院门口组织无偿献血活动3次（1月17—18日献血284人次，献血量9.19万毫升；5月28—31日献血458人次，献血量15.56万毫升1；7月31日至8月1日献血373人次，献血量13.38万毫升）。12月10日，在县总医院献血156人次，献血量4.87万毫升。至年底，共有1271人次参与无偿献血42.99万毫升。

【患儿治疗基金申请】 2019年，县红十字会为本县5名患有白血病的贫困家庭儿童，申请中国红十字基金会“小天使基金”；为3名患有白血病和1名患有重度地中海贫血的贫困家庭儿童申请福建省红十字“福万通少儿重特大疾病人道救助基金”。

（范玉娟）

军事

□编辑 陈妮

人民武装

【概况】 2019年，中国共产党福建省大田县人民武装部委员会以习近平新时代中国特色社会主义思想为指导，全面贯彻强军思想，适应深化民兵调整改革、国防动员组织建设与兵役工作调整改革等形势变化，围绕庆祝新中国成立70周年，举旗铸魂、应急应战、正风肃纪。县人武部被福建省军区评为“先进人武部”“正规化建设先进单位”，被军分区评为“军事训练先进单位”。

【思想政治建设】 2019年，县人武部开展庆祝新中国成立70周年系列活动。开展系列活动，挖掘身边先进人物和感人事迹，引导全体人员以庆祝盛事为契机，更加积极投入工作，投身动员备战当中。抓好主题教育，开展“传承红色基因，担当强军重任”和“不忘初心，牢记使命”主题教育，组织全体干部职工落实理论学习。做好巡视巡察反馈问题整改，通过集中整改和常态抓建，深度纠治问题，抓好整改，梳理党委班子6个方面28个问题清单，指定专人负责，明确整改时限。正风肃纪，彻底肃清郭徐房张流毒影响。围绕上级党委首长的决策部署，牢固树立“四个意识”，坚定“四个自信”，做到“四个服从”，坚决落实“三个维护”，坚决执行上级命令与指示，做好安全形势分析、重要岗位人员政治考核等工作。

【国防动员工作】 2019年，县人武部做好国防潜力数据调查、民兵组织整顿和兵员征集等基础性工作。翔实开展动员潜力数据调查，科学组织民兵组织整顿。适龄青年兵役登记100%，落实所有基干民兵登记建档。上京镇基干民兵“一人一档”工作在三明军分区推广。完成年度兵员征集任务，大学生士兵比率达到69%。提升年度兵员征集质量，实现“无纠纷、无退兵、无违规违纪”目标。加强基层武装机构正规化建设，上京镇人武部和隆美村民兵营部被三明军分区确定为基层规范化建设示范单位。战备管理规范化和民兵政治工作两个专题工作现场会在大田召开。

【战备训练】 2019年，县人武部提升战备质效，把握深化国防和军队改革的新要求，以“能打仗，打胜仗”为目标。开展安全形势、职能使命、法规制度、战斗精神等战备教育；组织民兵信息员队伍调整培训，连接舆情监督系统，落实干部职工值班制度，与协作单位保持密切联系，及时了解辖区情况，汛期每天要与防汛和气象部门联系，掌握雨情、汛情；加强“四知一明白”（知敌、知我、知环境、知技术、明白致胜机理）背记考问和应急处突演练，不断提高应急处突能力。

【国防教育】 2019年，县人武部拨款支持武陵乡八一希望小学国防教育项目，并在暑期派员协助组织中小学生军事夏令营活动；5月4日，县人武部会同团县委，组织新团员入队仪式，开展军训和国防教育；8月1日，邀请陆军指挥学院教授薛志亮到县给处级领导干部上国防教育课，分析国际安全形势。

【安全管理】 2019年，县人武部依法从严治部，按照《人武部规范化运行配套措施》，对学习教育、岗位练兵、值班执勤、考勤登记、安全保密、日常管理、责任追究等十个方面进行细化明确。落实好安全工作每日自省、每周汇报、每月讲评，检查干部职工的履职尽责和遵规守纪情况，确保各项规章制度落到实处、执行严格。投入专项经费，升级兵器室、重要办公场所和营区安防系统，提升重点部位安全系数。围绕人、车、枪、弹、密等关键问题，做好燃爆危险品和信息安全保密清查清理，开展安全工作大检查，做到每日一自查、每周一检查、每月一大查。通过走访了解社会动态，查看家庭一日生活状况，提前预判情况、及时发现苗头、尽早解决问题。对干部职工家庭变故、民间借贷等问题，第一时间介入，做好教育引导和关心关爱工作。

【双拥共建】 2019年，县人武部响应政府号召，开展扶贫帮困和助学兴教活动，协调军分区共同挂钩武陵乡桃溪村和吴山镇梓溪村，扶持贫困户10户、贫困大学生16人和贫困中小学生20人。春节前夕，联合民政局、退役军人事务局、各乡镇政府为现役立功人员家庭送喜报、发放奖励慰问金。

（栾仁豹）

武警大田中队

【概况】 2019年，武警大田县中队强化军事训练，提高执勤标准，确保遇有情况能拉得出、上得去、打得赢。做好县看守所的外围武装警戒工作，完成元宵节、国庆节、“两会”期间安全巡逻等临时勤务，完成各类突发事件处置、反恐和抢险救灾及防卫作战等任务，保证驻地社会稳定和执勤目标安全无事故。7月，依托大田红色资源优势，邀请“风展红旗如画”大田红色故事宣讲志愿者到营区宣讲；8月，备勤备战防御第11号台风“白鹿”；10月1日，参加在大田县政府院内举行的庆祝新中国成立70周年升国旗仪式。

【烈士纪念日活动】 9月30日，武警大田县中队参加在县革命烈士陵园举行的烈士纪念日纪念活动，战士向革命烈士敬献花篮，缅怀革命先烈的丰功伟绩，继承革命遗志，发扬革命传统。

【“风展红旗如画”红色故事宣讲】 7月21日，武警大田县中队邀请“风展红旗如画”大田红色故事宣讲志愿者到营区为官兵们宣讲《我的爷爷林大藩》《陈嘉庚的大田故事》《国家至上，民族至上》等9个感人至深的红色故事。官兵们在感悟革命先辈崇高精神中回望初心。

（曾文祥）

人民防空

【概况】 2019年，大田县人民防空办公室（简称县人防办）夯实平战结合人防工程建设，受理审批人防工程易地建设，收取易地建设费。推进重点项目落地，完善指挥通信系统功能，推进地下空间开发利用，抓好以防灾减灾知识为主要内容的人防宣传教育，提升为民服务能力，人防工作不断巩固提升。对全县人防工程检查，依据《福建省人民防空条例》发放限期整改通知书，责任单位全部整改到位。结合9月20日防空警报试鸣，组织防空演习，提高群众人防意识。

【人防指挥中心信息交流使用】 2月，县人防指挥中心信息系统，经试运行测试，通过专家组验收正式投入使用。

【人防工程维修】 4月，县人防办对秋桐小区、时代广场人防地下室排水问题进行维修，及时恢复人防地下室的正常使用。

（林贵斌）

法 治

□ 编辑 郑祥果

政法综治

【概况】 2019年，大田县政法综治部门以建设“平安大田”为主题，以深化“扫黑除恶专项斗争”为牵引，以公共安全领域“三大攻坚”行动为抓手，全力防风险、守底线、保安全、护稳定，不断开创县平安建设新局面。圆满完成新中国成立70周年，全国、全省“两会”等重大活动安保任务。推进落实重要节点管控工作。全年没有发生重大公共安全案（事）件、无命案、无民转刑和精神障碍患者肇事肇祸案（事）件。全县群众安全感率、扫黑除恶好评率、执法工作满意率分别达98.33%、81.75%、96.81%。大田县在全市平安建设（综治）工作考评中获一等奖。

综治维稳工作 2019年，县委政法委坚持问题联治、工作联动、平安联创，加强重点地区、重点行业、重点领域治理，有力整治黄赌毒、盗抢骗、道路交通、三轮车载客、电信诈骗等7个领域18个行业乱象。开展打击治理电信网络新型违法犯罪“百日攻坚”行动，有效遏制电信网络新型违法犯罪上升势头。推进扫黑除恶专项斗争，集中2个月时间全力开展以“提站位、挖线索、清存量、增质效”为主题的“打伞破网”冬季攻坚行动，社会环境明显净化，停工7年的闽鹭矿业、停工10年的太华甲魁钾长石矿山得以恢复生产。开展“三争”活动和品牌调解室创建工作，完善第三方专业调解机制，全年排查调处矛盾纠纷1851件，调处成功1841件，调解成功率99%。推进“六无”村（社区）建设活动，全县“六无”村（社区）159个，占总数的58.02%。

打击违法犯罪 2019年，全县公安机关立现行刑事案件1460起，破案786起。检察机关共办理各类案件1525件，其中，依法审查逮捕各类刑事犯罪183人，审查起诉455人，办理刑事、民事、行政诉讼及刑事执行监督案件65件。审判机关共受理各类案件6013件，审执结5778件，结案率96.09%。

【见义勇为志愿者先进集体座谈会召开】 1月10日，县委政法委在四楼会议室召开省见义勇为志愿者先进集体座谈会。县委常委、政法委书记茅有温与见义勇为志愿者先进集体（大田县桃源国有林场志愿者服务队）林华章等人亲切座谈。

【省信访局督导组到大田调研】 1月23日下午，省信访局副厅级督查专员张辉一行3人到大田检查指导信访工作。县委常委、政法委书记茅有温陪同。

【平安建设（综治）工作责任书签订】 2月15日，县委、县政府召开2019年平安建设（综治）工作和生态环境保护目标责任书签订仪式。县委书记陈文华、县长林金龙、县委副书记连仁魁和县几套班子分管领导及法院、检察院、公安局主要领导出席会议。会上，县委常委、政法委书记茅有温通报2018年度平安建设（综治）工作目标责任制落实情况，县长林金龙通报2018年度平安先进单位和平安单位以及见义勇为先模情况，县委书记陈文华、县长林金龙代表县委、县政府与各乡（镇）党政主要领导签订了平安建设（综治）工作目标责任书，县委书记陈文华就做好2019年平安建设（综治）工作作强调讲话。县委副书记连仁魁主持会议。

【县委政法工作会议召开】 2月25日上午，大田县委政法工作会议在县政府五楼会议室召开，主要任务是学习贯彻习近平总书记在中央政法工作会议上的重要讲话精神，全面落实《中国共产党政法工作条例》，按照中央和省委、市委政法工作会议要求，部署全县政法工作，为坚持高质量发展落实赶超、推进新时代多彩大田建设营造安定稳定的社会环境。县委书记陈文华出席会议并讲话，县领导连仁魁、陈剑生、茅有温、郑宜堆、林永田、陈庆建，县法院院长杨绍东、县检察院检察长张春明、县公安局局长刘阳辉、各乡（镇）党委书记、乡（镇）长、分管副书记、派出所所长、司法所所长、县直有关单位主要负责人、政法各单位领导班子成员等140人参加会议。县长林金龙主持会议。

【公共安全攻坚行动动员会召开】 2月28日上午，全县公共安全领域突出问题大排查大化解大整治攻坚行动动员会议在县政府五楼会议室召开。县委副书记连仁魁出席会议并讲话。会上，县委常委、政法委书记茅有温就公共安全领域突出问题攻坚行动等作安排部署。县公安局局长刘阳辉通报全县公共安全等有关情况。县教育局、交通运输局等单位负责人作了发言。县法院院长杨绍东、县检察院检察长张春明、各乡（镇）党委书记、分管综治副书记、有关单位和部门负责人参加会议。县委常委、常务副县长陈剑生主持会议。

【创新社会治理机制文章刊发】 3月，县委、县政府在扫黑除恶专项斗争中，探索建立的“医警联动机制”在中央政法委主办的《长安》杂志（2019年第三期）刊发；7月，“大田县三项举措创新人民调解新途径”在《福建政法》信息专刊（第七期）刊发。

【“国家安全教育日”宣传活动开展】 4月15日，县委政法委开展“国家安全教育日”宣传活动。活动通过播放视频短片、悬挂横幅、粘贴海报和发放宣传资料等方式，向群众广泛宣传国家安全、法律援助、反恐防暴、扫黑除恶等法律法规和相关知识，让广大群众进一步了解国家安全知识，提高群众学法、懂法、守法、用法意识，营造“国家安全，人人有责”的社会氛围。

【反恐怖工作成员单位联席会议召开】 9月25日上午，县委、县政府反恐怖工作成员单位联席会议在公安局七楼会议室召开。县委常委、政法委书记茅有温，副县长、公安局长刘阳辉以及县反恐怖工作联席会议成员单位负责人共45人参加会议。

【打击治理电信网络犯罪工作会议召开】 11月1日，县委、县政府在县政府五楼会议室召开打击治理电信网络新型违法犯罪工作会议。县委书记陈文华出席会议并讲话。县领导茅有温、郑宜堆、刘阳辉、陈庆建等出席会议。各乡（镇）党委书记、分管综治副书记、县打击治理电信网络新型违法犯罪工作联系会议成员单位负责人、县公安局各派出所所长、各有关警种负责人等90余人参加会议。

【政法委书记纪熙全到大田调研】 11月5—6日，市委常委、政法委书记纪熙全到屏山、吴山、济阳、武陵等乡镇和县公安局开展平安工作建设调研，并与各乡镇党委政府领导及县公安局班子领导座谈。县委常委、政法委书记茅有温陪同。

（刘利佳　蔡泽鸿）

法治政府建设

【概况】 2019年，县司法局认真贯彻执行《法治政府建设实施纲要（2015—2020年）》，着眼于政策要求、群众关心热点、实践工作难点，推动科学民主决策，规范行政执法行为，加强规范性文件备案审查，补齐法治政府建设短板，全面提升法治政府建设水平。全年报备重大行政处罚案件53件；加强对县政府出台规范性文件审查，及时修改或废止不符合法律规定的文件，确保县政府文件合法有效。向市政府和县人大报备县政府规范性文件各3件，合法率100%。联合县法院推广依法行政与行政审判良性联动机制，全年共办理行政复议案件4件、审结4件，其中作出维持决定的2件，撤销1件，终止1件；办理行政诉讼案件3件。实施法治政府建设年度报告制度，通过政府门户网站向社会公开。

【参与县政府行政决策】 2019年，县司法局参与县政府重大行政决策，接受法治工作重要决定和方案备案。年内，共参与县政府常务会议8次、专题会议13次，审议涉及安全生产、环境保护、房价评估、化解金融风险、城区建设、交通基础设施建设、旅游项目、放管服（简政放权、放管结合、优化服务）改革等系列重要议题。参与市人大常委会地方性法规、规章草案征求意见和立法调研2次。联系县政府聘用的4名法律顾问，广泛、深入参与处置全县社会事务，承接政府各类法律事项，解答法律事务咨询11次，审查合同7份、文件3份，代理诉讼案件1件。

【行政执法行为规范】 2019年，县司法局起草出台《大田县全面推行行政执法公示制度执法全过程记录制度重大执法决定法制审核制度的实施方案》，在全县范围内推行行政执法“三项制度”，全面规范行政机关执法程序和执法行为。开展全县行政执法案卷评查，在前期汇总2019年立案并办结的1559件行政处罚案卷卷宗基础上，从16个行政执法机关中随机抽取36件行政处罚卷宗，对行政执法的主体、事实证据、程序、依据、结果、文书等进行全面评查，及时发现存在的问题，促进执法规范化建设。

【规范性文件监督】 2019年，县司法局严格规范性文件统一登记、统一编号、统一公布的“三统一”工作，向市政府和县人大进行备案报送，做到了格式规范、目录翔实、报送及时。组织开展与现行开放政策不符的规范性文件清理工作，集中清理与现行开放政策不符的规范性文件，年内，未发现有违背法规政策和不利于民营企业发展的规范性文件。

（苏秀琴　吴武熺）

公　安

【概况】 2019年，大田县公安局开展“不忘初心、牢记使命”主题教育，以做好新中国成立70周年大庆安保为主线，以开展“践行新使命、忠诚保大庆”主题实践活动为载体，以“开门红”“双过半”“强攻坚”“大收官”战役为抓手，全力推进打击整治和社会治安防控，确保全县社会大局持续安定稳定。年内，全局受到各级表彰的单位集体24个次，个人159人次。其中，县局被市公安局评为2018年度县级公安机关综合考评优胜单位；刑侦大队获得“公安机关2017—2018年度全国青年文明号创建活动成绩突出单位”“全国维护妇女儿童权益先进集体”称号；民警章晓龙获得福建省五一劳动奖章，吴祥江获“庆祝中华人民共和国成立70周年”纪念章，余勇被省公安厅评为“打击整治枪爆违法犯罪工作先进个人”，乐生许被评为福建省公安系统2017—2018年度“清水蓝天”环保专项执法行动表现突出个人，陈精贴被评为“2018年全省公安刑事技术现场勘验能手”，詹成晰被评为“全省公安刑侦系统侦查破案能手”，方世亮立个人三等功。

治安管理　2019年，县公安局查处治安案件2210起，结案1819起，查处违法嫌疑人1688人次，其中，警告

5人次、罚款1321人次、治安拘留329人次；破获赌博类刑事案件18起，查处赌博治安案件331起；破获涉黄刑事案件6起，查处卖淫嫖娼案件65起；查处吸毒人员23人次，破获涉毒刑事案件2起，提起涉毒公诉2人；破获“食药品”刑事案件13起，“食药环”犯罪案件移送起诉8起；破获涉爆刑事案件7起、涉枪7起。

刑事侦查 2019年，县公安局共立刑事案件1460起、破案786起，抓获逃犯115人，提起公诉犯罪嫌疑人362人；破获电信诈骗案件72起，摧毁电信诈骗窝点6处，抓获电信诈骗犯罪嫌疑人83人；破获各类经济犯罪案件34起，抓获犯罪嫌疑人101人。扫黑除恶专项斗争，收到举报线索93条，办结64条，办结率68.82%；查实成案10条，成案率15.6%。立涉黑涉恶案件37起，破获28起，抓获涉恶犯罪嫌疑人106人，查封、冻结、扣押资金1.03亿元，查封不动产价值1.11亿元。

交通管理 2019年，县公安局接处道路交通事故3034起，其中，一般程序处理的道路交通事故75起，死亡31人，受伤89人，财产损失23.93万元；四项指数分别下降3.85%、3.13%、2.2%、0.92%。发生一起死亡2人的较大交通事故，查纠各类严重交通违法行为3.22万人次。

户籍管理 2019年，县公安局进一步深化户籍制度改革，规范户籍窗口建设，规范办理事项和办理流程，简化户籍办理手续，拓展便民服务举措，提升办事效力和服务水平。年内，全县户籍人口41.61万人，其中城镇人口13.78人，城镇化率33.12%；解决无户口人员7323人，办理居住证53张。

监所管理 2019年，县公安局对县看守所智慧监管和智慧磐石建设方案进行专业设计，相继完成了监室内悬挂点整改工作，实现了监所重点部位监控全覆盖、人脸和指纹识别的双重认证；强化监所日常安全管理，制定了处置各类突发事件的应急预案，把牢头狱霸现象遏制在萌芽状态。看守所全年羁押410人次，拘留所收拘624人次，没有发生监管安全事故。

出入境管理 2019年，县公安局受理审核公民出国（境）及往来港澳台申请8082人次，其中，普通护照3947人次，内地居民往来港澳通行证及签注2312人次，大陆居民往来台湾通行证1073人次，网上警局共受理港澳旅游再次签注600余人次，自助签注机办理签注150余人次。

法制工作 2019年，县公安局持续落实受立案制度、刑事案件“统一审核、统一出口”制度以及派驻法制员制度；认真履行案件审核监督职能，充分应用“福建省执法监督平台”对执法活动和执法环节严格审核把关。全县公安机关案件录入率96.39%，考评率96.47%，问题整改率99.32%，涉案财物管理率99.74%，案件材料扫描率99.21%，及时违法犯罪类警情处理率99.98%。开展执法质量专项考评11次，共查阅案卷1156件，未发生执法执勤安全事故和责任事故。

【第33个“110宣传日”活动】 1月10日，县公安局联合消防、县总院“120”、电力、水务、电信等联动单位开展以“警民牵手‘110’，共创平安迎大庆”为主题的全国第33个“110宣传日”宣传活动。现场向群众介绍如何正确拨打“110”报警求助，详细解读了“110”与“12345”便民服务热线的职责清单和权力边界，宣传解读预防电信网络诈骗、加强个人网络安全、“扫黑除恶”专项行动、禁毒安全知识等。现场发放宣传材料2000余份，接受群众咨询100余人次。

【领导调研】 1月16日，省公安厅党委委员、政治部主任章丽婕到县公安局刑侦大队关心慰问一线民警并送上慰问金，市公安局党委委员、政治部主任邱萍陪同。1月17日，省厅机关党委委员、团委书记毛一根一行3人到大田指导刑侦大队“全国青年文明号”创建工作。8月5日，副省长、公安厅厅长田湘利带领厅属单位相关人员到大田调研公安工作，对大田公安在从严治警抓队伍、开展扫黑除恶专项斗争、打击刑事犯罪、创新民爆物品安全监管等方面工作给予肯定。副市长、公安局局长陈育煌，县委书记陈文华等领导陪同调研。12月29日上午，市政府党组成员、公安局党委书记王锡章到大田调研公安工作。县委常委、政法委书记茅有温，县政府副县长、公安局局长刘阳辉陪同调研。

【“警师制”拜师结对仪式举行】 3月20日，县公安局在三楼会议室举行“警师制”拜师结对仪式。“警师制”是通过老民警带新民警业务，新民警活跃老民警思维的模式，达到共同钻研业务、提升公安事业的目的。根据警师组合的工作表现及考核排名评选出年度“优秀警师”和“优秀学员”。

【“风展红旗如画”红色故事宣讲比赛获佳绩】 5月28日，县公安局城关派出所民警吴月玲、刑侦大队民警戴智恒在县直机关“风展红旗如画”红色故事宣讲比赛中分别获二等奖和三等奖。

【“践行新使命 忠诚保大庆”实战比武竞赛】 6—7月，县公安局与县总工会联合开展“践行新使命 忠诚保大庆”实战比武竞赛暨2019年度大练兵活动。经考核，民警汤江健、苏荣璐、叶幼华获竞赛全能奖，被县总工会授予“大田县五一劳动标兵”称号。

【省部督办案件破获】 1月14日，县公安局在东兜某民房内捣毁两个注水牛肉屠宰场窝点，当场抓获9名犯罪嫌疑人，涉案金额近千万元。4月，县公安局收网捣毁在三明、建设等处的5个非法生产、存储烟丝的窝点，抓获犯罪嫌疑人6人，查获非法生产的烟丝及用于加工的烟叶4400公斤，涉案价值80余万元。7月，县公安局破获，郭某安、彭某祥、丁某波等3名犯罪嫌疑人非法经营案，查明3名犯罪嫌疑人通过网络、快手直播、微信等方式，在全国23个省、市（含三明市）非法销售COHIBA（高希霸）、HabaNos（哈巴拿）等雪茄烟，涉案价值达1200多万元，被公安部列为部督案件；通过部局向全国发起集群战役，实现全网络、全链条打击。

【广平派出所搬迁新址】 8月19日上午，广平派出所由原旧址搬迁至原计生办，举行搬迁新址揭牌仪式。县公安局党委书记、局长刘阳辉和广平镇党委书记陈秀达为派出所揭牌。

【“漳州110”处警新模式启动】 9月1日上午，学习推广新时代“漳州110”处警机制启动仪式在巡特警反恐大队操场举行。县公安局局长刘阳辉宣布“漳州110”处警新模式正式启动。新时代“漳州110”处警机制改革是贯彻习近平总书记“人民的保护神”重要题词，落实国务委员、公安部部长赵克志关于推广“漳州110”模式的指示，县公安局通过整合城关派出所、巡特警反恐大队警力，有效提升接处警快速反应和应急处突能力。

【书法家到大田开展“送福进万家”公益活动】 12月25日上午，省公安文联主席夏钢带领省市公安文联书法家小分队一行12人到大田开展2020年“送福进万家”书写春联公益活动，共送出春联和“福”字500余福。

【电信网络新型违法犯罪打击治理】 2019年，县公安局围绕“两升两降”（发案数、涉案全额下降，破案数、查处嫌疑人数量明显上升）工作目标，通过充实反诈专业队伍建设、制定防范技术方法等方式，不断提高电信诈骗预防和打击工作。劝返出境人员1467人，劝返率76.3%；摧毁电信诈骗窝点7个，抓获犯罪嫌疑人85人，破案246起，其中破获现案80起。3月31日，县公安局破获以苏某发、刘某垚、郭某闻等人为首的重特大跨境网络赌博案，抓获犯罪嫌疑人48人，查扣、冻结涉案资金及财物总计价1.5亿元。5月，县公安局联合河南省南召县警方查获隐藏在河南南召境内的6个电信诈骗窝点，摧毁以“办理网络贷款”实施电信诈骗的犯罪团伙，并抓获逃匿至武汉的主要犯罪嫌疑人黄某及在厦门同安负责洗钱犯罪嫌疑人籍某。

【载客三轮车整治行动】 2019年，县公安局按照县政府统一部署，扎实推进非法载客三轮车综合整治行动，共摸排回收营运三轮车1058部。

【警务序列改革】 2019年度，县公安局根据公安机关职务序列改革实施方案进行职务套改，18名民警晋升（首套）四级高级警长职务，238名民警晋升执法勤务一级警长以下职务，15名民警晋升执法技术一级主管以下职务。

【流动人口信息采集】 2019年，县公安局创新警务模式，通过推动智能门禁系统改造、发动群众出租主和用工单位义务申报人自主申报、为派出所民警开通流动人口采集“拍拍采”手机软件等方式，创新流动人口和出租房屋管理。登记出租房屋11023户、流动人口23353人。其中社会化采集流动人口22208人。

【惠警维权机制建立】 2019年，县公安局坚持“以警为本”，积极开展“进警家、解警忧、暖警心”活动。年内，共帮助民警家属就业和争取辅警就业岗位4人，为4名患病民警落实医疗补助3万余元，为1名患病民警家属捐赠2万元；为民警及民警家属组织一日捐活动筹集爱心基金5.7余万元。共办理民警维权案件9起，依法处理侵权嫌疑人员12人，发放维权抚慰金1万元，依法为13名民警和4名辅警维权正名。

【网安情报侦查中心建设】 2019年，经省公安厅批复，同意在县公安局建设三明市公安局（大田）网安情报侦查中心。址在原县卫生局及大田卫校办公场所进行改造修缮，作为网络犯罪侦查中心业务用房。

（吴美华）

森林公安

【概况】 2019年，县森林公安机关扎实开展“不忘初心，牢记使命”主题教育活动，进一步加强森林公安正规化建设，提高队伍整体素质和战斗力，充分发挥森林公安职能作用，扎实开展林区严打整治专项行动，落实林区治安防控措施，为推进“五个大田”建设创造和谐稳定的林区治安环境。全年受理查处森林案件144起，其中，刑案立32起，破28起，破案率87.5%；刑案移诉18起、28人；林业行政案件受理112起，查处112起。共处理违法犯罪人员140人次，抓获逃犯4人（网上逃犯1人），其中逮捕2人、取保候审24人、刑事拘留4人、林政处罚10个单位、112人次；清理林地面积8.02公顷，没收木材31.6立方米，为国家挽回经济损失172.01万元。

年内，分局受到上级部门集体表彰1个次，个人15人次。均溪森林派出所荣获市森林公安局“集体嘉奖”，2名民警荣获省森林公安局“个人三等功”，5名民警荣获市森林公安局“个人嘉奖”。

【“昆仑4号”行动开展】 8月23日至12月12日，县公安局森林分局根据市公安局部署，在全县范围内开展为期4个月“昆仑4号”行动。其间，共受理查处各类森林案件35起，立涉林刑事案件8起，破7起，林政案件受理查处27起，行政处罚29人次。

【林区道路视频监控卡口系统投入使用】 9月，县公安局森林分局情报指挥中心和前端林区道路视频监控卡口系统正式投入使用。该系统投入专项资金195万元，采用国内通用先进技术和成熟设备以及度高集成系统结构，将现有国有林场及全县林区视频监控资源全部整合到分局情报指挥中心，既加强对全县林区治安的防控，也形成统一指挥调度功能。至年底，系统协助分局侦破案件15起，协助行政派出所侦破案件4起。

【国家林草局驻福州专员办巡视员到县督导】 10月14—18日，国家林业和草原局驻福州专员办巡视员李彦华等一行4人，到大田开展2019年森林督查及责任制检查工作，市林业局副调研员庞闽志等人陪同。

【森林督查违法图斑案件专项打击】 2019年，县公安局森林分局根据国家林业和草原局部署，在全县范围内开展森林督查违法图斑案件专项查处行动。查处县林业局移交违法图斑案件86起，其中侦破刑事案件8起，查处林政案件78起。

【滥伐林木违法案件侦破】 2019年，县公安局森林分局根据上级部署要求，在全县范围内开展“开门红战役”“严厉打击破坏森林和野生动植物资源违法犯罪活动”专项行动，严厉打击滥伐林木违法犯罪活动，共查处滥伐林木案件52起，其中刑事案件侦破10起，林业行政案件查处42起，处理违法犯罪人员52人次，为国家挽回经济损失73.94万元。

【严打非法占用林地违法犯罪活动】 2019年，县公安局森林分局开展“飓风肃毒2019”“林区乱象重点整治”专项行动，严厉打击非法占用林地违法活动，查处非法占用林地案件55起，处理林业行政违法人员55人次，清理林地面积8.02公顷，挽回经济损失90.95万元。

【“补植复绿”督促工作开展】 2019年，县公安局森林分局多次协同县法院、检察院、乡（镇）林业站对全县7起破坏森林资源违法犯罪案件，开展“补植复绿”督促工作，督促补植面积25.6公顷，缴纳保证金5.3万元。对“补植复绿”种植不规范、不达标的现场，要求整改到位。

（郑传收）

消防救援

【概况】 2019年，大田县消防救援大队严格遵循习近平总书记授旗训词要求，以“不忘初心、牢记使命”为着力点，真抓实干、奋力拼搏、攻坚克难，完成各项工作任务。全年，接警出动192起，抢救被困人员55人，疏散群众103人，抢救财产价值514万元。处置各类火灾事故，完成各类急难险重任务。完成全国“两会”、“五一”、国庆70周年、“全闽共舞·礼赞新中国”、广场舞大赛、知青上山下乡50周年大会等重大活动的消防安全保卫任务。全年未发生重特大火灾事故，确保了火灾形势和队伍管理“双稳定”。

当年，县消防救援大队完成建设消防员之家以及网络室，更新营区健身器材，推动京口公寓房建设。

【消防队伍建设】 6月27日，县消防救援大队成立县重型机械工程救援分队。12月30日，大田县消防救援大队、大田县均溪消防救援站、大田县建设消防救援站正式挂牌，消防队伍属行政编制。

【消防宣传活动】 2019年，县消防救援大队开展消防宣传“七进”（进机关、进学校、进社区、进企业、进农村、进家庭、进网站）工作，利用对社会开放消防站、制作发放宣传资料、编发手机短信、举办大型现场咨询活动等消防宣传途径营造浓厚的舆论宣传氛围。组织开展以消防知识普及教育和协助查改火灾隐患为主要内容的“平安消防大走访”活动，深入辖区重点单位开展全员消防安全集中培训和应急疏散逃生演练。联合县教育局开展全县中小学校与幼儿园消防宣传系列活动，部署“中小学幼儿园消防安全三年行动”，全县共设立30余处“消防安全教育角”。利用外卖服务机构“贴近群众、覆盖面广”的特点，开展“美团骑士变身消防宣传公益使者”公益宣传活动。开设中小学校、企事业单位、易燃易爆危险品场所消防知识讲座和各类消防演练30余场次，组织参与“119”宣传日、“110”宣传日、“3·15”宣传日、“5·12”防灾减灾日、“安全生产月咨询日”、“12·5”国际志愿者日等现场咨询活动6场次。全年共开展消防宣传咨询活动15场次、发放消防宣传单2万余份、滚动播放宣传标语1万余条、电视台播放公益广告300余条，发送宣传短信5000余条。

【防火监督专项整治】 2019年，县消防救援大队以“专项整治”为载体，扎实推进“防风险保平安迎大庆”执法检查专项行动、重点行业领域消防安全专项、电气火灾综合治理、电动自行车、居住出租屋、大型商业综合体“回头看”专项整治工作。做细冬春火灾防控工作、夏季消防安全检查、电气火灾综合治理、电动自行车火灾综合治理、文物建筑消防安全、出租屋及校园周边经营场所消防安全管理的整治工作，紧盯商场市场、“多合一”场所、劳动密集型企业、公共娱乐场所、群租房、宾馆饭店、高层建筑、养老院、施工工地等九类重点场所。联合相关部门逐一开展专项治理，落实防控措施，提升单位场所责任主体意识。全年，检查单位748家，发现并督促整改火灾隐患650处，下发《责令改正通知书》304份，下发行政处罚决定书14份，临时查封单位3家，责令“三停”单位1家，罚款9.78万元

【消防工作经费保障】 2019年，县消防救援大队共争取财政经费949.5万元，比上年增长34%，其中业务经费642.5万元，专项经费307万元。同时追加政府专职消防员经费合计121.8万元，列入下年度财政预算。

（高锦灏）

检察

【概况】 2019年，大田县人民检察院坚持以习近平新时代中国特色社会主义思想为指导，坚持“讲政治、顾大局、谋发展、重自强”的检察工作总要求，以新理念引领新发展，以新举措适应新时代，依法全面履行法律监督职能。全年办理各类案件1525件，其中，依法审查逮捕各类刑事犯罪183人，审查起诉455人，办理刑事、民事、行政诉讼及刑事执行监督案件65件。

2019年，全院有9个集体，20人获县级以上表彰。县检察院先后获“全省检察机关先进基层检察院”“第十三届省级文明单位”“全市检察机关‘三等功单位’”等称号；机关党支部获“三明市先进基层党组织”称号，公诉科获“三明市五一先锋号”称号、侦监科获“三明市青年文明号”称号。

刑事检察 2019年，县检察院办理涉枪涉爆、严重暴力、“黄赌毒”犯罪54件、165人，“两抢一盗”、诈骗、敲诈勒索等多发性侵财犯罪90件、179人，民生领域案件10件、25人，持续开展打击电信网络诈骗、网络赌博专项行动，起诉97人，挽回经济损失1.4亿元；在扫黑除恶中对执法不规范等问题发出检察建议3份，追诉到案涉黑犯罪嫌疑人2人，对2016年以来案件进行排查，移送有关资源开发等领域线索8条；在职务犯罪案中与县监察委签订《建立办理职务犯罪案件协作配合机制的意见（试行）》，依法办理县农科所原所长周某某等3人涉嫌贪污、挪用公款案。

刑事诉讼监督　2019年，县检察院立案监督6件、6人，发出《纠正违法通知书》3份，不捕25人，不诉26人，追诉追罪21人。健全行政执法与刑事司法衔接机制，提升检察建议精准化、规范化。针对办案中发现7名公安协警在“公安交通管理综合应用平台”非法获取、贩卖车辆档案信息并从中非法获利的问题，发出检察建议，促成县公安局开展专项整改。

刑事执行检察　2019年，县检察院办理羁押必要性审查案件22件、38人，发出变更强制措施建议书均获得采纳。对全县18个乡镇司法所开展社区矫正巡回检察，针对发现的问题发出纠正违法通知书11份，均已整改。开展重大案件侦查终结前讯问合法性核查，强化对在押人员羁押期限催办、牢头狱霸打击、监管安全隐患排查等问题的检察监督力度，催办羁押期限即将届满的案件9人次，发出《纠正违法通知书》2份，维护在押人员合法权益。

民事行政检察　2019年，县检察院受理民事行政监督案件15件，发出检察建议均被采纳。通过检察建议的刚性监督，与县烟草局、市管局联合开展中小学校园周边无证经营卷烟专项清理行动，查处无证售烟商店4家。开展“协助解决农民工讨薪问题”专项监督，针对民间借款合同纠纷、婚姻家庭纠纷、建设工程合同纠纷等案件，向法院发出检察建议9份，促进法院提升执行质效。对一起借贷伪造成欠薪的虚假仲裁案向县仲裁委员会发出检察建议获得采纳，仲裁委及时撤销该案件仲裁结果。

公益诉讼监督　2019年，县检察院充分发挥诉前检察建议作用，通过诉前程序推动相关部门主动履职纠错，全年收集公益诉讼线索68条，发出公益诉讼诉前程序及督促履职检察建议9件，对2起“注水”牛肉案提起刑事附带民事公益诉讼。针对2018年开展的网络配餐安全问题整治开展“回头看”专项活动，对新发现的问题依法督促行政机关及时履职。

【未成年人刑事检察司法保护】　4月，县检察院与县教育局、辖区学校召开贯彻落实“最高人民检察院一号检察建议”联席会，作《2018年大田县校园安全案件专题分析报告》，以案说法，通报全县未成年人刑事案件典型案例；继续深化“法治进校园”活动，检察长受聘为一中法治副校长；积极拓展“春晖”未检工作室在校园的覆盖面，为师生家长讲解预防性侵害主题教育课，形成《2016年—2018年大田县性侵未成年人案件专题报告》，分析总结县检察院打击性侵未成年人犯罪的工作成效，得到县长的批示肯定。

【检察护航民企发展】　8月，县检察院出台《大田县人民检察院服务保障民营企业健康发展十五条措施》，举办“检察护航民企发展”检察开放日活动，邀请工商联和民营企业家代表走进检察机关，听取意见建议，协调建立与县工商联常态化联络机制，精准服务民营企业法治需求。加强企业产权保护，强化涉民营企业案件专门办理机制，严厉打击破坏市场经济秩序犯罪，批捕31人，起诉26人，为企业发展创造良好的营商环境。

【生态检察联动监督机制】　2019年，县检察院依托与县人大签订的《关于建立人大监督与检察监督联动工作机制的实施办法(试行)》，共同开展坑口水库饮用水源地管护联动监督，助力城区饮用水源地保护；积极推进生态综合治理，与城区公益林管理站合作，深化异地补植修复基地建设，专门设立生态修复履约保证金账户，解决补植复绿履约保证金的收取和使用难题；继续落实跨区域生态环境司法保护协作机制，重点进行生态跨区域的司法保护联防联治，协同打好污染防治攻坚战。

【司法救助服务精准脱贫】　2019年，县检察院贯彻落实最高检检察长张军提出的“群众来信件件有回复”的重要指示精神，全年受理群众来信来访52件，实现七日内程序性回复100%，三个月内实体性答复100%。同时，把服务精准脱贫与办理职务犯罪案件、扫黑除恶专项斗争相结合，加大对因案致贫、因案返贫的刑事被害人或其近亲属司法救助力度，与县扶贫办会签《国家司法救助支持脱贫攻坚协作机制》，建立“司法救助＋扶贫”工作机制，对全县2816户建档立卡的贫困户进行排查，及时救助因案致贫3户，发放救助资金9万元。

【司法责任制落实】　2019年，县检察院针对修改后刑诉法关于认罪认罚从宽制度和速裁程序的规定，配合内设机构改革，繁简分流，会同法院、公安、司法等部门协商建立有关认罪认罚的工作机制。全年适用认罪认罚从宽制度办理案件156件、267人，速裁程序79件、113人。同时，健全内部监督制约机制，严格员额检察官的管理、考核、评价、退出机制，落实院领导直接办案常态化机制，4名入额院领导办理批捕、起诉等案件34件，办理案件评查、流程监控、审议检委会上会案件205件，检察长在全市检察机关率先列席县法院民事案件审委会。

【内设机构改革】　2019年，县检察院按照精简、务实、高效的要求，优化内设机构职能配置，设立第一检察部、第二检察部、第三检察部、第四检察部、第五检察部、综合业务部、办公室、政治部、司法警察大队等9个部门，实现“1+1＞2”的效应。科学构建办案组织，全面推行捕诉合一办案机制，同一案件的批捕、起诉工作由同一个检察官或办案组负责到底，提升办案质效。

【规范司法行为整治活动】　2019年，县检察院认真开展规范司法行为整治活动，利用流程监控和案件评查、信息监管有机结合的三位一体模式，对强制措施、涉案财物、文书制作使用、办案期限等12个大类、68项重点内容加强审查监督。全年共开展案件质量评查182件，在统一业务系统中监控案件393件。积极落实最高检察院关于诉讼档案归档工作要求，开展诉讼档案归档专项清查。

（林琳　陈成炯）

法　院

【概况】　2019年，县法院共受理各类案件6013件，审结5778件，结案率96.09%，同比上升2.76个百分点。其中，受理刑事案件361件，审结352件，判

处罪犯 人；受理民商事案件2528件，审结2484件；受理行政案件28件，审结27件；执结执行案件2893件，执结率94.14%，同比上升6.25个百分点，执行标的额4.021亿元。2月，县法院执行局被三明市创建青年文明号活动组委会办公室评为“2019—2020年三明市青年文明号”；3月，县法院被评为“2018年度全市法院宣传工作先进集体”；10月，县法院3篇审判实务案例入选“中国法院2019年度案例”。当年，县法院共有2个集体、13人受到市级以上表彰。

【司法救助金发放】 1月9日，县法院举行执行司法救助金集中发放活动，为4名困难当事人发放了司法救助专项资金14万元。

【扫黑除恶宣传活动】 1月18日，县法院到广平镇开展扫黑除恶专项宣传活动，通过悬挂宣传横幅、发放普法宣传资料、现场提供法律咨询等方式，并结合典型案例，运用通俗易懂的语言让百姓了解扫黑除恶专项斗争的相关法律法规。当天，共向过往群众发放宣传资料1000余份，现场解答群众疑问30余例。3月，县法院在全市法院扫黑除恶专项斗争推进会上作经验交流；县委书记陈文华在法院呈送的《大田县法院综合施案扎实推进扫黑除恶专项斗争》作了肯定的批示。4月，县法院与清流法院召开扫黑除恶专项工作经验交流会，就扫黑除恶专项工作进行交流探讨。

【执行与保险合作协议签署】 1月9日，县法院与中国人民财产保险股份有限公司大田支公司举行战略合作协议签约仪式，在财产保全、悬赏执行、司法救助等环节与保险公司签署合作协议，将降低申请执行人的经济负担和执行风险，共同保障当事人的合法权益，维护司法权威。

【劳务合同纠纷案件调解执行】 2月，县法院依法快速调解并执行一批劳务合同纠纷案件，为涉多省市的49名农民工追讨工资款221万元。该院巧用电话、微信视频通话，让外省47名农民工用拍照视频等方式，表明身份，确认委托程序，并将调解协议通过微信确认无误。

【春节执行攻坚】 2月，县法院利用被执行人春节集中返家的执行黄金期，开展涉民生案件专项集中执行行动，入户查找被执行人近百人，拘留17人，执结涉民生案件134件，到位标的511.65万元，发放农民工工资492.42万元。

【便捷立案信息采集系统启用】 4月，县法院正式启用便捷立案信息采集系统，全面推行自助立案服务，并在诉讼服务中心设立自助立案窗口，安排专人指导当事人进行自助立案。当事人通过扫描二维码注册后，填写立案信息，上传相关诉讼材料便可进行自助立案登记，通过自助立案，立案庭工作人员无需重复录入当事人立案信息，提高立案人员的审查效率和速度。

【与江夏学院法学院共建签约仪式举行】 4月24日，县法院与江夏学院法学院举行合作共建签约仪式，院长杨绍东与法学院书记张湖北代表双方签署合作共建协议并为法学教育实践基地揭牌。江夏学院法学院作为县法院审判人才教育培养基地，为该院在培养高层次的法官人才提供师资和场地。县法院作为江夏学院法学院的法学教育实践基地。

【首批认罪认罚案件审结】 4月25日，县法院院长杨绍东适用认罪认罚速裁程序开庭审理并当庭宣判被告人吴某故意伤害案、吴某交通肇事案、柯某危险驾驶案等3个案件，对上述被告人分别判处拘役1个月至有期徒刑10个月不等的刑罚，且均予以适用缓刑，三被告人均当庭表示服判。上述案件系2018年《中华人民共和国刑事诉讼法》新修正并施行以来，该院首例适用认罪认罚从宽制度审理的案件。

【职业健康知识讲座举办】 5月，三明市科宣健康教育中心宣教员应晓雯应邀到县法院，为全体干警开展一场主题为“公共安全 职业健康”的专题讲座。讲座上，应晓雯就职工如何做好意外事故的应急处理、CPR现场紧急救护知识及职场人员常见病预防及改善等方面做了详细生动的讲解示范，院全体干警到场听讲。

【刑事速裁同庭审理案件】 5月，县法院首次对4个认罪认罚类案适用刑事速裁程序同庭审理并当庭宣判。四案（章某飘、范某灌、刘某明、刘某恢等4人的危险驾驶案）庭审用时仅12分钟，平均个案用时3分钟，提高诉讼效率，4个被告人均当庭表示服判。

【法官跨国执结涉公案】 6月，县法院执行法官使用微信调解执结一起跨国涉公职人员执行案件。2012年3月，陈某向余某借款4万元未按时还款，尚欠借款本息共计5.05万元，余某具状起诉至法院。该案进入执行程序后，法院未查到其他可供执行的财产，陈某又不主动履行还款义务，遂将陈某工资冻结定期扣划抵款，并将其纳入失信被执行人“黑名单”，陈某急忙筹钱并主动到法院表示愿意偿还借款。申请执行人余某在越南，承办法官利用微信视频成功组织双方进行调解并达成调解协议。

【涉金融案件集中执行】 7月4日凌晨，县法院开展以涉金融案件为主的集中执行行动。30余名干警分成4个执行小组，历经6个小时，成功拘传被执行人17人，司法拘留7人，腾房1处，查扣轿车1辆，执行结案11件，到位标的12.4万元。

【“风展红旗如画”红色故事宣讲系列活动】 7月18日，县法院举办“风展红旗如画”红色三明故事宣讲比赛。10个庭、室12名选手参加比赛，选手们宣讲《革命英雄肖冠槐的故事》《一件棉衣》《屏山来了红军》《数字里的红色记忆》等英烈故事。比赛评出一等奖1人，二等奖2人。30日，县法院到奇韬镇开展“风展红旗如画”红色三明故事专场宣讲活动，5名宣讲员讲述《革命英雄冠槐的故事》《枚字里的红色记忆》等红色故事，受到群众欢迎，其中奇韬镇政府50余名党员干部到场聆听。

【县委理论中心组学习进法庭】 8月，

大田县委中心组将学习会搬进县法院庭审现场，通过旁听一起发生在该县的贪污、挪用公款案件审理，给全体县委中心组成员及参加旁听的机关领导干部上了一堂生动的现场警示教育课。

【人民陪审员宣誓就职】 8月，县法院对62名来自各个行业的新任命人民陪审员进行岗前培训并组织就职宣誓活动，向所有新任陪审员发放《中华人民共和国人民陪审员法》，组织陪审员们面向国旗庄严宣誓。

【执结交通肇事赔偿老案】 9月凌晨，县法院对一起涉民生的交通肇事案件民事赔偿部分进行突击执行，两名失信被执行人在执行强制措施的威慑下履行了全部赔偿款。福建电视台综合频道两名记者对执行过程进行全程跟踪采访。

【院长带队到县域企业调研走访】 10月，县法院院长杨绍东带队走访了县域育灯纺织、仙顶实业等重点企业，与企业建立"一对一"司法帮扶保障机制。通过实地调研走访，与企业负责人和当地政府干部座谈交流，准确把握企业司法需求，听取意见建议，零距离为企业提供法律服务。

【扫黑除恶"打财断血"专项执行行动】 11月，县法院联合县检察院、公安局对已生效的涉黑恶案开展"打财断血"专项执行行动，对经查证确属涉黑恶财产的，穷尽执行手段不折不扣完成追缴、没收任务。对权属尚有争议的，依法全面收集和固定证据，进一步厘清财产权属，依法规范执行。行动共执结罚金4万余元，督促涉黑人员的债务人主动履行到期债权2万余元。

【助失足未成年人重返校园】 11月，县法院在审理一起盗窃案中发现，被告人刘某系大田某乡镇中学九年级学生，因父母长期外出打工无人监管，伙同社会上的闲散人员多次盗窃他人财物，且在被取保候审期间仍继续作案，法院判处其拘役4个月，罚金2000元。刑满释放后，承办法官积极与县关工委、县教育局多方沟通、协调，争取为刘某更换环境复学，并与接收学校制订详细的跟踪教育计划。

【首起骗购外汇案一审宣判】 12月，县法院作出一审判决，被告人何某汕、林某燕、陈某鸿犯骗购外汇罪分别被判处有期徒刑11年6个月至10年不等，并处罚金人民币1200万元、1000万元不等。该案中，被告人购买近2000个银行账户"人头卡"，通过网银虚构出境旅游等事由操作"人头卡"购汇账户购买外汇，给上游人员的巨额资金向境外汇款，从中赚取佣金，涉案金额达9687.3万美元，非法获利约人民币500万余元。

【"注水牛肉"案审结】 12月，大田法院审结一起生产、销售伪劣产品案，林某芽、陈某齐、陈某凤、林某锦等4人非法销售注水牛肉15头，金额15.78万元，非法获利2.25万元。各被告获6个月至11个月不等的刑罚，同时判令其中4人禁止在刑罚执行完毕或假释之日起三年内从事肉类生产、销售经营相关行业。

（刘娇佑）

司法行政

【概况】 2019年，县司法局紧扣"一个统筹、四大职能"新职责新定位，围绕中心、服务大局，持续发挥司法行政法治宣传、人民调解、社区矫正、安置帮教、法律援助、法律服务等职能作用，全面推进法治政府建设。全县共排查调处矛盾纠纷1851件，调解成功1841件，调解成功率99%；全年接收社区矫正对象338人，解除矫正286人，开展社会调查评估313份，无脱管、漏管现象发生；接收刑满释放人员落实安置帮教424人；办理法律援助案件235件，受援人数240人，为受援群众挽回经济损失388万余元，已办结案件受援人满意率达99%；全县律师共担任法律顾问263家，办理案件976件；基层法律服务工作者担任法律顾问5家，办理案件397件；县公证处办理各类公证877件。6月，广平司法所林启镊被省司法厅授予"2016—2018年度人民调解先进个人"称号，11月，均溪镇解委会调解员沈小云被全国普法办表彰为全国"七五"普法中期先进个人。

法治宣传 2019年，县司法局继续开展"七五"普法工作，以全县58个部门年度普法责任清单为基础，深化"谁执法谁普法"责任制落实，组织全县领导干部参加法律知识测试，开展"以案释法"，充分利用节假日和"学生带法回家""护青园法治教育夏令营""律师巡回讲座进校园"等活动开展普法宣传，全年开展各类宣传活动79场次，制作发放宣传材料4.2万份、法治宣传挂图2000余幅、法治宣传纪念品2000多份，解答群众法律咨询1500余人次。着力加强法治文化阵地建设，在福建协胜律师事务所设立中小学法治教育研究中心，在均溪镇华坑村建设"自然资源法律法规"主题法治公园，在县老年人大学建立老年人法治宣传教育基地，增强法治宣传教育感染力和渗透力。

人民调解 2019年，县司法局围绕新中国成立70周年，以开展"大排查、早调解、护稳定、迎国庆""公共安全领域突出问题大排查大化解大整治攻坚行动"等专项活动和人民调解"三争"（争写金牌调解书、争当金牌调解员、争创金牌调委会）活动为抓手，扎实做好矛盾纠纷排查化解工作。全县有3个调委会、4名调解员、4份调解书被评为市级金牌调委会、调解员、调解书。先后2次召开县级人民调解工作现场会，深度总结推广典型经验做法，全县建立各类调委会341个，配备调解员1457人，排查调处矛盾纠纷1851件，调解成功1841件，其中调解民商案件纠纷169件，"公调对接"150件，"访调对接"65件，全年无"民转刑"案件发生。

社区矫正和安置帮教 2019年，县司法局深入推行社区矫正"163"执行模式和"12345"工作法，完成县级社区矫正中心规范化建设。组织开展社区矫正百日安全活动，对在册的323名社区服刑人员严格落实监管和教育措施。依据国家主席习近平6月29日签署发布的特赦令，对县符合特赦条件的社区服刑人员开展特赦评定，于新中国成立70周年前夕完成8名对象特赦工作。全年4次邀请永安监狱民警对在册300余名社区服刑人员开展入矫教育，2次邀请县人民检察院检察官对33名违反矫正管理规定和96名新入矫社区服刑人员开展警示教育；对424名年内刑满释放人员开展走访、衔接，转入安置帮教人员管理，对1732名在册安置帮教对象落实帮教措施，有效预防和减少重新违法犯罪。

法律援助和法律服务 2019年，县司法局完善县公共法律服务中心建设，整合公共法律服务资源，加强“12348”法律服务热线平台建设，扎实开展法律援助、刑事案件律师辩护全覆盖试点工作、认罪认罚从宽制度、法律顾问制度、案件回访制度建设。全年共解答来访法律咨询510人次，来电咨询142人次，办理刑事案件律师辩护112件，认罪认罚案件207件，援助涉黑案件被告人11人次，办理农民工法律援助89件，追索劳动报酬纠纷78件，涉案金额200余万元。已结案件受援人法律援助满意率达99%。县法律援助中心对陈某雄等5人工伤保险待遇纠纷提供的法律援助案件，被省司法厅评为“2019年度十佳农民工法律援助案件”；《对郑某劳动争议纠纷提供法律援助案》《对池某涉嫌故意伤害罪提供法律援助案》两个案例入选中国法律服务网司法行政法律服务案例库。

【协胜律师事务所党支部成立】 1月10日，县直机关党工委关于《成立中国共产党福建协胜律师事务所支部委员会》的批复（田直委〔2019〕3号）文件同意成立“中国共产党福建协胜律师事务所支部委员”，支部党员4人。

【人民调解“三争”活动】 3月19日，在全市开展的争写金牌调解书、争当金牌调解员、争创金牌调委会“三争”活动中，本县《叶某铰与陈某使之间邻里纠纷调解书》《柯某诚与孟丘某家祖祠之间宅基地纠纷调解书》《林某串、林某拨、林某党之间土地纠纷调解书》《苏某练与某电站之间人身损害赔偿纠纷调解书》等4份调解书被评为市级金牌调解书；林启镊、刘宗邦、陈正念、林共诚等4名调解员被评为市级金牌调解员；大田县医疗纠纷调解委员会、梅山镇人民调解委员会、广平镇元沙村人民调解委员会等3个调委会被评为市级金牌调委会。

【司法行政内设机构改革】 3月28日，经县编委审定，中共大田县委办公室关于《同意司法局内设机构》的批复（田委办发〔2019〕13号）文件同意，局内设办公室、普法与依法治理科、法制科、人民参与和促进法治科、社区矫正管理科、公共法律服务管理科等6个科室。新增法制科，承担原县政府法制办职能。

【创新基层人民调解工作现场会召开】 6月6日，县创新基层人民调解工作现场会在上京镇召开，会议总结推广人民调解工作典型经验，统筹研究推进新时代调解工作新举措、新办法，努力在更高层次、更广范围实现人民调解工作新作为。县委常委、政法委书记茅有温，政法系统、各乡镇分管领导、基层调解组织等60余人参加会议。

【市政协副主席包萍到县调研】 7月10日，市政协副主席包萍到县调研“谁执法谁普法”工作。包萍充分肯定大田县近年来在“谁执法谁普法”工作上取得的成绩，对工作提出指导意见。县委常委、副县长赖伟平，县政协副主席陈钦梅陪同调研，并参加座谈。

【“护青园”法治夏令营活动举办】 7月15—17日，县司法局、关工委、教育局、法院、检察院、公安局、团县委、妇联8个部门联合举办2019年“护青园”法治夏令营活动，6所中学的100多名师生参加活动。举办单位还在县集美联校防空袭“森林课堂”旧址组织开展学法用法故事演讲比赛，评出高中组一等奖3人，二等奖6人，初中组一等奖3人，二等奖6人。

【全面依法治县委员会第一次会议召开】 9月2日，县委全面依法治县委员会第一次会议在县政府五楼会议室召开，参加会议人员有县委宣传部、政法委、司法局等单位，会议审议通过《中共大田县委全面依法治县委员会工作规则》等三份文件，对全面依法治县重点工作进行部署推进。

【司法所长配备】 10月9日，县人民政府对9个乡镇司法所长进行职务任免（田政文〔2019〕47号），其中新配7名司法所长，至此，全县18个乡镇司法所长全部配备到位。

【县领导下基层开展法治讲座】 11—12月中旬，县委常委、副县长赖伟平走遍全县18个乡镇开展法治知识巡回讲座，对乡镇领导班子、干部、村主干等进行法律明白人培训，法治教育面达1800多人次。此次巡回讲座是大田县学习贯彻十九届四中全会精神的重要举措，以讲座为抓手，推动法律服务重心向基层下移，把法治资源下沉到基层，为基层更好提供精准化、精细化的法律服务。

【“12·4”宪法宣传活动】 12月1—7日，县司法局组织开展丰富多彩的“宪法宣传周”系列宣传活动。一是开展集中普法活动。12月4日宪法日当天，由司法局牵头，联合县直33个单位在时代广场设立咨询台、律师服务岗等，向过往群众发放法治宣传材料、纪念品，接受法律咨询，为过往群众提供法律服务。各乡镇结合实际，通过开展集镇普法宣传、法律咨询、知识问答、法治讲座、法治进校园、学生晨读宪法等活动，大力弘扬宪法精神，在全县范围内掀起法治宣传的热潮。活动期间，全县共计接受法律咨询1360余人次，发放法治宣传材料3万余份，挂历2000余份，法治奖品1500多个。二是举办有奖竞猜活动。县司法局通过专业软件制作“宪法知识有奖问答”，以微信链接等方式，让群众进行网络答题。参与者答对5题即可抽取微信红包，让群众体验学法答题的乐趣。宣传期间访问量达6085人次，知识点传播数达6793人次。三是举办法律知识讲座。邀请福建宏岩律师事务所余有枯律师到县老年人法治教育基地作《老年人法律常识》专题讲座，以法治为老年人生活护航。四是组织宪法宣誓和宪法知识考试。全县多个单位自行组织干部开展宪法宣誓活动，宣誓结束后组织干部进行宪法知识考试，以考促学、以学促用。

【“评理＋调解”矛盾纠纷化解模式现场会召开】 12月25日，县“评理＋调解”矛盾纠纷化解模式现场会在吴山镇召开，县委常委、政法委书记茅有温，政法委分管领导、公安局、司法局相关领导和各乡镇政法委员、派出所所长、司法所所长等70余人参加了会议。与会人员参观吴山镇、梓溪村评理室，交流学习构建“打、防、控”一体化治安防范管理体系的经验做法和“事大人”评理化解矛盾纠纷创新经验。

（陈靖　陈宝贵　吴丽清　吴武熺　连雪容）

农业·农村

□编辑 陈妮

综述

【概况】 2019年，大田县农业农村工作贯彻落实当年中央一号文件和中央、省、市农村工作会议精神，实施乡村振兴战略，践行精准扶贫精准脱贫方略，推进农业农村现代化。全年实现农林牧渔业总产值72.83亿元，比上年增长8.39%；农村居民人均可支配收入1.83万元，同比增长9.6%。粮食播种面积1.63万公顷，产量8.85万吨。茶园面积6351.6公顷，产量1.28万吨，产值11.47亿元，木薯产量6万吨，蔬菜种植面积2万公顷，产量50万吨，食用菌生产5309万袋。10月10日，省农业农村厅认定大田县为“福建省农产品质量安全县”。

【农业品牌认证】 2019年，全县新认证无公害农产品14个，提交绿色食品认证申请3个，全县有效“三品一标”认证产品33个。组织获证主体大方广、象山岩茶叶有限公司参加厦门绿博会等展会，福建大田大方广茶业有限公司的江山美人茶获2019年度福建名牌农产品称号。所有获证主体均纳入“一品一码”全程追溯监管，获证主体所生产的农产品纳入快速检测预警、风险监测及监督抽查范围。根据获证产品发生质量安全事故概率的高低、质量控制措施等制度管理的难易程度、业主懂法守法水平等条件，分类获证产品。6月，“三品一标”综合检查6家获证主体的8个获证产品，重点检查获证主体规范性、农业投入品使用、标识使用、生产记录记载、制度上墙、场地污染等。

【农业信息服务】 2019年，大田县通过农业“12316”服务窗口受理各类咨询530人次，专家现场指导600人次。举办各类培训40期、2090人次，科技人员下乡达400人次。上报典型案例12个。开展手机农务通APP、“12316”微信小程序的使用培训与宣传推广12期、1080人。推进电商助力精准扶贫，电子商务成交总额1.2亿元，推进大田种植、设施园艺、畜禽水产养殖农业物联网示范应用，提高农业物联网技术应用的覆盖面。依托互联网+农业延伸茶产业项目，扩大线上线下生产，建立大数据平台，推进“一品一码”全过程可追溯体系建设。开展信息网络进村入户，实现数据共享，有效管理和服务。通过中国农业信息网、省农业信息网、三明农业信息网、大田快讯、大田政讯、《福建日报》、《三明日报》等报送各类信息186条，其中，省农业信息网采用83条，采用率44.6%，三明农业信息网采用163条，采用率88%。

【农科教工作】 2019年，大田县围绕优势农产品和特色产业发展需求，按照示范推广到位、培训指导到位、产业引领到位的要求，建设农业科技示范基地2个。推广符合资源节约、增产增效、生态环保、质量安全等要求的优质绿色高效技术模式16项，遴选能力较强、乐于助人的新型农业经营主体带头人、种养大户、乡土专家等农业科技示范主体500人。

【脱贫攻坚】 2019年，大田县建档立卡贫困人口2798户8437人，34个贫困村、38个空壳村（集体经济薄弱、财政亏空的村子），吴山、武陵2个市级贫困乡，全部实现脱贫摘帽。筹集扶贫小额信贷担保基金1611万元，至年底，发放担保贷款1.19亿元，扶持贫困户1956户，贴息974.86万元，覆盖面69.91%。对215户子女读中职、高职或技工院校的建档立卡贫困家庭补助64.5万元。认定创业致富带头人6人，贫困村贫困农户年度培训54人。动员1775户建档立卡贫困户参加产业扶贫保险，覆盖率63.44%。投入68.15万元恢复11个贫困村受灾点，修缮受灾房屋8座，恢复生产26户97人。全县累计建设光伏发电项目16.45兆瓦，总投资1.22亿元，年总发电量1845万千瓦时，年收入1808万元，实现每个贫困户年增收7500元，每个贫困村年增收4.5万元，每个贫困乡年增收30万元。推广“一家四业”产业扶贫模式，多渠道增加贫困户收入，建成华兴镇仙峰村“福平堡”和奇韬镇“五龙鼎珠”造福工程易地搬迁集中安置区。

【农村经济经营管理】 2019年，开展村级财务“监督+内审”专项督查工作，组织90名审计人员全交叉审计266个村。所有建制村按月或按季网络记账，在村财务公开栏公开会计报表和财务收支，接受村民监督。4月，举办一事一议筹资筹劳培训班2期，培训170多人。全县141个村实施一事一议财政奖补项目，占总村数53.01%，财政奖补2800万元。

【示范社、场推荐评选】 2019年，全县经工商注册登记成立的农民专业合作社 752 个、新增 25 个，家庭农场 455 家、新增 32 家。推荐省级示范社 2 家、市级 3 家，评选县级示范社 7 家。推荐省级示范场 6 家、市级示范场 3 家，评选县级示范场 4 家，验收省、市级示范社和家庭农场财政奖补项目 9 家。协审土地征用项目 15 个，面积 141.67 公顷，协审失地养老保障对象 524 户、2985 人。办理上级交办和直接受理的信访件 5 件，行政处罚 3 件，处罚金额 0.6 万元。

（涂萃林　李代胜　张皇滨　陈丽芸　肖长洪　魏初时　谢锦秀）

农村工作

【概况】　2019 年，全县农业农村工作加快建设特色现代农业，坚决打赢脱贫攻坚战，推进乡村振兴。实施茶叶公园、油茶公园、富硒产品园“两茶一硒”会战项目 14 个，完成投资 2.18 亿元。完成农村“厕所革命”、农村垃圾治理行动、农村污水治理行动、农房整治行动、村容村貌提升行动“一革命四行动”，改善人居环境。桃源镇入选省级乡村振兴特色乡镇，梅林、元沙等 10 个村入选省级乡村振兴试点村。深化农村土地“三权分置”改革，完成土地确权登记颁证扫尾工作和整县推进农村集体产权制度改革试点任务。开展农业信息化服务和农机技术培训等工作，促进农业增效、农民增收。

【农产品质量安全监管】　2019 年，全县举办“一品一码”全程追溯管理知识、农产品质量安全监管知识、“三品一标”获证主体“一品一码”追溯监管、“一品一码”追溯监管知识、优质农产品标准化示范基地“一品一码”、资金使用等培训 8 场，农产品生产主体、乡镇监管和检测人员等受训 420 多人次，发放生产记录簿、平台操作手册等资料 1800 多份。组织开展放心农资下乡进村宣传周、食品安全宣传周等活动 3 次，发放《中华人民共和国农产品质量安全法》、农资识假打假等各类宣传材料 5800 多份，在省市农业信息网等媒体发布信息 7 条。

全县开展农产品质量安全线上巡查 6258 家次、线下日常巡查 34 家次，执法检查 2 次，发出责令改正通知书 10 份，农产品质量安全大检查 1 次，检查主体 77 家（户），检测农产品样品 45 个。建立农产品生产主体名录库和食用农产品生产主体备案表，依法实施“一品一码”追溯制度，纳入监管食用农产品生产主体 157 家，备案主体纳入率 100%，建立线上生产档案 961 个，上传信息 2.69 万条，赋码 3458 张。

全县快速检测种植业食用农产品样品 1.24 万个，合格率 97.69%，其中快速检测蔬菜样品 7388 个、水果 1288 个、食用菌 2 个、茶叶 2647 个、禽蛋 257 个、禽肉 270 个。全县开展部级风险抽检食用菌样品 3 个，全部合格；省级农产品监督抽检样品 26 个，合格率 92.31%，其中，蔬菜 17 个，食用菌 3 个，茶叶 5 个，禽肉 1 个。市级农产品监督抽检样品 43 个，全部合格，其中，蔬菜 19 个，水果 2 个，食用菌 2 个，茶叶 8 个，畜肉 2 个，禽肉 1 个，禽蛋 5 个，水产 4 个。县级风险监测样品 158 个，检测农兽药残留、重金属含量等情况，合格率 96.84%，其中，蔬菜 19 个，食用菌 4 个，水果 28 个，茶叶 50 个，畜肉 10 个，禽肉 15 个，禽蛋 15 个，粮油 17 个。

【国家立项农业综合开发】　2019 年，全县完成 2018 年度批复的 9 个土地治理项目实施。总规模 1698.67 公顷，总投资 3802.4 万元，其中国家农发项目 6 个，分别是奇韬镇、武陵乡百大片、建设溪流域高标项目和张地溪（太华）、上京镇、均溪镇；省级高标项目 3 个，分别是广平镇、石牌镇清荷家庭农场、屏山乡苻头寨家庭农场省级农发高标项目。建设拦河坝 12 座、蓄水池 6 座、渠道 35.34 千米、铺设管道 2.92 千米、建排水沟 25.05 千米、机耕路 46.07 千米、筑护岸 2.57 千米。项目区年新增和改善灌溉面积 806.67 公顷，除涝面积 1093.33 公顷，年新增粮食 293.5 万公斤、蔬菜 230.8 万公斤、其他农产品 83 万公斤；年新增产值 1276.3 万元，农民纯收入 787.2 万元。完成年度高标准农田建设（高效节水灌溉）3 个项目的立项工作，批复建设规模 440 公顷（含高效节水灌溉 73.33 公顷，新增耕地 3.6 公顷），投资 1136.8 万元。

【土地承包经营权流转】　2019 年，全县加快推进土地承包经营权流转，稳定和完善农村土地承包关系，制定土地流转操作流程，向社会公开发布流转土地面积、土地状况、产业重点等信息，确定土地租赁对象并签订合同。全年实行土地承包经营权流转 7748 户、面积 3227.47 公顷，占总面积 21.31%。

【乡村振兴战略实施】　2019 年，大田县贯彻落实中央和省、市关于实施乡村振兴战略的工作部署，按照“产业兴旺、生态宜居、乡风文明、治理有效、生活富裕”总要求，全面推进乡村振兴战略，推动农业提质增效、农村文明进步、农民增收致富。县委常委会、县政府常务会分别于 1 月、4 月、8 月、11 月召开全县实施乡村振兴战略推进会，全面部署实施乡村振兴战略。4 月 24 日，组织各乡镇分管领导和试点村党支部书记前往永春县考察学习乡村振兴及人居环境整治试点先进经验。10 月 11—13 日，县委常委、组织部部长王怀斌带领党政考察团赴梅州市梅县区、龙岩市新罗区考察乡村振兴工作。聘请省农林大学教授编制《大田县实施乡村振兴战略规划（2018—2022 年）》，并发布实施。落实省委农办《关于转发中央农办等五部门统筹推进村庄规划工作意见的通知》文件精神，制定下发《大田县村庄规划编制工作方案》，成立乡村规划编制委员会，分类规划县域村庄，明确集聚提升类 108 个、城郊融合类 59 个、特色保护类 90 个、搬迁撤并类 4 个、其他 5 个，先行开展兰玉村、和洋村等示范村庄规划编制。

【农村土地承包确权颁证】　2019 年，大田县督促专业公司整理全县 6.75 万户土地确权，一户一档，完成 5.47 万户、占 81%、54712 户；发放经营权证 67545 户，占 99.92%；做好农村土地承包经营权证书纠错变更 1600 多户，完成 200 多户、占 12.5%；做好土地确权档案扫描的购买第三方服务招投标工作，中标金额 147 万元，11 月第三方中标单位开始扫描；调解土地承包经营权纠纷 1 起。

【产权制度改革】　2019 年，全县 266 个村全部完成清产核资公示确认和乡镇核对校验；完成清产核资和系统数据录入上报工作，集体资产总额 14.88 亿元，负债 2.16 亿元，所有者权益 12.72 亿元；

核查农村集体土地面积16.46万公顷。全县266个村完成成员身份公示确认、2418个村民小组、成员数380295人；全部折股并成立股份经济合作社、制定章程。打印颁发农村集体经济组织登记证，统一刻制村股份经济合作社公章，制作266个村股份经济合作社门牌，购买股权证书7万本。

【农业生产社会化服务资金补助】 2019年，县农业农村局指导乡镇项目实施，落实项目资金，年底完成市局下达社会化服务面积1333.33公顷和资金补助200万元任务，2018年补助资金结余107.39万元，共307.39万元发放到主体农户，做到资金专款专用。全县农机合作社25家，当年新培育注册5家。举办经管站业务审核人员和合作社主体业务培训3期、80多人；加强与财政、农机、农技、植保等部门协作配合，做好粮食生产社会化服务行业管理和指导，按照规范的服务流程和操作规程，分类建立服务台账和档案。审核乡镇提供的材料，统计汇总当季服务主体粮食生产服务面积、补助金额，并经县农业信息网公示无异议后，审核补助资金结算表，报送县财政局；按实际作业量对社会化服务承接主体进行资金补助结算等有关材料复核，及时拨付补助资金。

【农村能源沼气安全排查】 2019年，县农业农村局组织相关农业技术人员和沼气管理人员200多人次，安沼气工程全生产排查整治，排查户用沼气7351户、联户沼气1座、大中型沼气工程5座，发现并完成整改大中型沼气工程安全隐患3处、户用隐患182处，全部整改。举办沼气安全生产培训班2期、90人次，发放《福建省农村沼气服务体系建设技术人员培训教材》100册、《大田县农村沼气安全生产和应用须知》1万份，电视宣传1次、网络宣传2次。

（涂萃林　李代胜　郭文生　方玲珠　王有铭　肖长洪　林永昆）

种植业

【概况】 2019年，县农业农村局继续实施良种工程，做好病虫害测报与防治。抓好粮食、果蔬、食用菌、茶叶生产，促进种植业增产增收增效。培育家庭农场，建设农业标准化示范区，推进无公害、绿色和有机农产品生产，落实增产措施。采集分析土样60个318项次，安排田间肥效试验1个，宣传培训100人次，推广测土配方施肥技术面积4万公顷，带动全县农用化肥施用量减少2%以上，集成一批地力培肥、化肥减量增效技术模式，稳定提升耕地质量。采购紫云英种子2.45万公斤，召开紫云英绿肥工作会议，指导播种紫云英2000公顷，其他经济绿肥3666.67公顷，建立百亩以上示范片5片40公顷。全县申请补助商品有机肥1120吨，经乡镇、县农业农村局审核，补助符合条件93家、1090吨，示范推广289.2公顷、43.38万元，辐射带动全县推广各类有机肥2.93万公顷。设立耕地质量监测点7个，其中省级点3个（D44、D60、D185）、市级点2个（SJD11、SJD14）、县级点2个（DJD01、XJD01）。

【粮食生产】 2019年，全县指导性粮食播种面积1.63万公顷、产量8.85万吨，实际完成粮食播种面积1.6万公顷，比前5年平均水平下降2.4%，粮食产量8.62万吨，同比增长0.2%。

全年，耕地地力保护补贴面积1.42万公顷、1815.8万元。培育承包耕地2公顷（含）以上种粮大户112户，奖补面积344.2公顷、33.7万元，扶持资金比上年增长81.1%。依托福建省谢华安院士专家工作站，培育特种优质水稻，打造“硒望之田”“生态澳粮”院士特种大米品牌，抓好富硒优质稻示范基地建设，重点培育东坂、文江、前坪富硒红米、黑米、薏仁等特色粮食，品种选用优质杂交粮食品种如中浙优8号、甬优9号、闽红6号、紫两优737，亩产值增加3倍以上。完成水稻生产功能区的复核、建档立卡和上图入库等工作，通过省部级验收。6.41万户水稻种植保险投保面积1.03万公顷。

大田县当年作为全省最大木薯种植基地，种植木薯2000公顷，产量6万吨。承担国家木薯产业技术体系三明综合试验站工作，指导建立大田、永春等山地木薯示范片6个20公顷。引进木薯新品种33个，推广食用型品种华南9号、沙田木薯；GR911良种繁育6.67公顷；示范推广木薯间套种玉米、大豆、花生高效栽培模式2公顷。发展木薯产后加工综合利用，产业链延伸至木薯发酵料养殖、木薯酿酒、木薯食品开发、木薯秆（渣）栽培食用菌，综合利用薯渣、秸秆，亩种植效益提高5倍以上。

【果蔬生产】 2019年，全县蔬菜（含菜用瓜）种植面积2万公顷，总产50万吨。优化蔬菜生产布局和品种结构，推广无公害蔬菜生产技术，发展地方特色蔬菜，做好武陵雪山萝卜、前坪金姜、梅山辣椒、太华花椰菜和桃源的莴苣、白菜、黄瓜等区域特色以及均溪、华兴、石牌城郊的蔬菜基地建设，省补助优质农产品蔬菜标准化3个示范基地（桃源6.8公顷莴苣和7公顷大棚西红柿、前坪6.67公顷生姜）各20万元。

继续推广建造适宜本地气候特点的温室建造技术、先进实用的加温降温系统、专用品种与栽培技术、改进型水肥一体化及现代物联网技术，建立果蔬设施农业示范基地。建成智能温控大棚5.03公顷，温室大棚1.35公顷。调整果树品种结构，发展名优新品种，通过高接换种、新植优质种苗等措施，提高春香橘柚、脐橙、特早熟蜜橘、芙蓉李、百香果、青梅、火生果、黑老虎等新品种的比重，引进推广金秋沙糖桔、红美人等柑橘新品种30多公顷。实施优质农产品（果树）标准化示范基地建设项目6.67公顷，12月17日，通过县农业农村局专家验收组的合格验收。

【食用菌生产】 2019年，全县生产食用菌5309万袋（珍稀食用菌2019万袋），产量2.62万吨，产值1.53亿元，分别比上年增长6.67%、1.95%。栽培规模居前五位的品种是香菇990万袋、毛木耳970万袋、平菇580万袋、蘑菇36.67万平方米、秀珍菇350万袋。福建省聚贤农业发展公司在桃源镇兰玉村实施省优质农产品标准化示范基地项目，生产香菇50万袋，完善水电路配套基础设施，新建温控养菌大棚1090平方米。

【烟叶生产】 2019年，大田县全域种植烟叶品种“云烟87”860公顷，比上年增加66.67公顷，烟农544户，同比减少84户；户均种烟规模1.58公顷，同比增加0.32公顷，最大单户种烟面积6.53公顷；由于灾害频发，全县收购烟叶1358.4吨，同比减少253.01吨，烟农售烟叶总收入4498.06万元(含补贴)，同比减少523.21万元。三明市烟草公司大田分公司以严格规范项目管理为重点，抓好烟水路等常规项目建设，提高烟叶基础设施配套水平，持续推进现代烟草农业建设。全县投入烟叶生产基础设施项目3个，资金41.79万元，受益农户69户、面积313公顷。建设Ⅰ型支渠1条，324.3米；排洪渠1条，483米；田间道路1条，610.7米。

【良种工程实施】 2019年，全县实施优质、绿色农作物新品种示范推广工程，建立省级农作物主推品种核心展示示范点5个，其中优质稻示范点3个、33.33公顷，旱作甜玉米示范点2个、13.53公顷。建立县级核心展示示范点22个、95.33公顷，带动推广各类农作物新品种1.61万公顷，其中优质稻新品种8466.67公顷，高档优质稻3733.33公顷，农作物良种覆盖率98.5%，农作物品种优质专用率86.8%，水稻优质率82.8%，高档优质稻推广率36.7%，超额完成省市下达任务。引进农作物新品种95个，其中水稻66个、高效蔬菜10个、旱作19个（甘薯5个，马铃薯2个，玉米12个），分别在上京、均溪、桃源、华兴、太华、广平、武陵、石牌等乡镇试验示范，从中筛选出水稻品种15个、玉米3个、蔬菜5个、甘薯3个、马铃薯1个，为进一步推广应用提供丰富的后备品种资源。完成大田县第三次全国农作物种质资源普查与收集行动项目、大田县省级农作物品种试验站建设项目。

【病虫害测报与防治】 2019年，全县发布《病虫情报》15期，指导农作物病虫防治面积13.53万公顷次，水稻病虫害中等发生，播种面积1.02万公顷（双季早稻360公顷，单晚8666.67公顷，连作晚稻含烟后稻1200公顷），病虫发生7953.33公顷次，防治1.45万公顷次，挽回损失3525吨，实际损失562吨。茶叶病虫害中等发生，种植面积6351.6公顷，发生5246.67公顷次，防治9553.33公顷次。蔬菜病虫中等偏重发生，种植面积1.57万公顷，发生4406.67公顷次，防治7766.67公顷次。柑橘病虫害中等发生，种植面积2866.67公顷，发生6806.67公顷次，防治9733.33公顷次。培育专业化统防统治组织5家、社员56人，植保无人机28架、烟雾水雾机10台、自走式喷杆喷雾机2架，日作业能力400公顷。开展无人机作业面积1181.2公顷，统防统治面积2.53万公顷次，统防统治覆盖率39%。分别在屏山乡美阳村、石牌镇龙坑村建立茶叶病虫害绿色防控示范片73.33公顷、6.67公顷；在广平镇苏桥村建立柑橘黄龙病绿色防控技术示范片46.67公顷；在桃源镇西安村、上京镇溪口村、华兴镇杞溪村、太华镇万湖村建立玉米草地贪夜蛾综合防治示范片33.33公顷。全县完成农作物病虫害绿色防控面积4.07万公顷次，绿色防控覆盖率30%。全年使用农药600.4吨，比上年减少3%。

（涂萃林　李华丽　郑锦生　刘传森　刘连生　章赞德　田新湖　林如馨）

茶产业

【概况】 2019年，全县茶园面积6351.6公顷，年产毛茶1.28万吨，产值11.47亿元，其中大田美人茶2670公顷，产量0.12万吨，产值3.6亿元。茶叶全产业链产值比上年增长9.2%；建立相对集中连片300亩以上不用化学农药茶叶绿色生产示范基地15个，茶园面积2800公顷。在屏山乡、吴山镇实施茶园高效节水灌溉项目333.33公顷，配置建设灌溉泵站3处，灌溉蓄水池10座（100立方米/座），安装计量设施10处，投入资金639万元。由大田县起草的《美人茶》《美人茶栽培技术规程》《美人茶加工技术规程》《美人茶冲泡与品鉴》四项团体标准通过海峡两岸茶业交流协会审定并发布。改良茶树品种95.67公顷，实施绿色防控技术示范43.33公顷。12月12日，县委、县政府下发《关于印发〈大田县茶产业高质量发展三年行动方案（2020—2022年）〉的通知》。福建大田大方广茶业有限公司的“江山美人茶”品牌被省林业局、省海洋与渔业局评为年度福建名牌农产品。福建大田大方广茶业有限公司、福建仙顶实业有限公司被省人民政府评为年省农业产业化省级重点龙头企业。

【茶事活动】 6月15—18日，大田茶企在厦门参加第十一届海峡论坛，签约项目2个，福建省江山美人茶业有限公司与台北市清泉茶业公司签订《休闲农业产业及农旅结合提升合作协议》，县永萱茶业有限公司与（台湾）庭钧农业科技公司签订《生态茶园管理开发合作协议》。

7月28日，大田县选送红茶样品71只、美人茶样品14只，参加第八届海峡两岸茶文化季暨春茶茶王擂台赛(厦门)，获奖茶样30只，其中红茶20只（茶王1只、金奖2只、银奖3只、铜奖14只），大田美人茶获奖10只(金奖2只、银奖3只、铜奖5只）。

9月17—19日，美人茶斗茶赛在县农业产业馆二楼举办，参赛茶样89只，特邀台湾东方美人茶专家张庆泉、翁朝亮评审，评选出茶王1名，金奖2名，银奖3名，铜奖22名。

10月18—20日，秋茶鉴评会在县农业产业馆二楼举办，参赛茶样145只，其中铁观音111只、金观音34只，省茶检站高工陈郁榕、省种植业技术推广总站推广研究员高峰、教授级高级农艺师何孝廷、福建农林大学园艺学院副院长郭玉琼等专家参加评审。经鉴评，评出铁观音茶王1只、金奖2只、银奖3只、铜奖26只，金观音金奖1只、银奖3只、铜奖6只。

10月28日，市第十五届林博会茶王赛在三明市艺术馆五楼多功能厅举办，大田县选送茶样69只，获奖21只，其中茶王1只(大田美人茶)，金奖1只、银奖2只、铜奖4只、优质奖13只。

12月29日，大田县选送大田美人茶样60只参加第八届海峡两岸茶文化季暨秋茶茶王擂台赛(厦门)，获奖16只，其中茶王1只、金奖2只、银奖3只、铜奖10只。

【茶叶种植和制作技术培训】 6月17—18日，大田美人茶生产加工技术培训在屏山乡举办，聘请台湾美人茶制作师张庆泉、翁朝亮、梁金富讲解大田美人茶的生产、加工、烘焙、审评等技术，参训约300人。9月17—19日，茶园高质高效管理与化肥减量增效技术培训在大田县农业产业馆二楼举办，省农业科学院茶叶研究所所长尤志明讲授《茶园绿色高质高效管理技术》、茶叶研究所副研究员吴志丹讲授《茶园化肥减施增效技术模式与茶树专用有机无机复混肥应用》，茶农、茶企代表、县乡技术人员等51人参加。

【茶文化传播和推广】 10月28—31日，大田县选送的茶艺表演“唐韵”“五行禅茶”在市第十五届林博会茶艺大赛中分获一等奖、三等奖。

11月1—3日，大田县第十四届中国高山茶文化节在福州市三坊七巷光禄吟台举办。以“大田美人·雅韵天成”为主题，结合展示大田特色农产品、旅游伴手礼以及源味三明代表性产品推介、展示大田美人茶。

11月20日，县农业农村局高级农艺师、国家一级评茶师林乐全在市艺术馆五楼会议室向市直机关干部和学校老师（茶艺培养对象）讲授“大田美人茶的特点与品鉴”课程。12月22日，林乐全在市农业农村局举行的“三明市美人茶品鉴”活动中向来宾介绍“大田美人茶”的品鉴。

【茶业生产工作会召开】 11月19日，全县茶产业工作座谈会在县政府二楼会议室召开，茶农、茶企代表30人参加，与会者就大田茶产业发展踊跃发言、献策。

12月13日，全县茶产业工作推进会在龙山宾馆七楼会议室召开，林乐全作“美人茶”讲座，屏山乡、吴山镇、农业农村局围绕茶产业发展作主题发言，县人大常委会主任、县高山茶产业工作领导小组组长陈汉良就推进全县茶产业发展作安排部署，县委书记陈文华出席并讲话。

（陈益存　涂萃林　陈联双）

畜牧业

【概况】 2019年，全县出栏生猪17.91万头，比上年下降12.93%；牛1797头，同比减少0.72%；羊4.92万只，同比增长95.24%；禽336.68万羽，同比增长82.88%；兔230.1万只，同比下降25.51%；肉类产量2.4万吨，同比下降6.61%；禽蛋产量7664吨，同比增长71.84%；畜牧业产值10.87亿元，同比增长48.29%。无害化处理病死猪1.2万头，补助95.68万元。畜禽规模养殖场环保设施配套率100%，畜禽粪污资源化利用率91.31%。7月，福建省创辉农业开发有限公司前坪乡蛋鸡产业化项目（总投资3000万元），标准化蛋鸡舍6幢8640平方米建成投产，可存栏蛋鸡30万只。

【动物防疫】 2019年，全县完成生猪口蹄疫免疫12.34万头、牛羊口蹄疫免疫2.46万头、禽流感免疫252.24万羽、小反刍兽免疫1.88万头，应免率均100%；春秋季集中免疫抗体效价合格率90%。全面进行鸡新城疫、猪瘟免疫。3月，确定福建省创辉农业开发有限公司为高致病性禽流感强制免疫“先打后补”政策试点企业，11月6日完成验收，确定蛋鸡存栏29.88万羽，发放“先打后补”资金14.94万元。

【动物疫情测报】 2019年，全县完成省市下达检测和送检任务棉拭子650份，组织样品60份，开展口蹄疫、高致病性禽流感等动物疫病血清学检测2560份，检测结果合格率分别为：猪瘟抗体93.3%，口蹄疫、禽流感抗体均100%。非洲猪瘟病原学检测2630份，检测结果均为阴性。同时定期开展流行病学调查，确保及时掌握了解各种动物疫病流行动态。

【动物检疫】 2019年，全县检疫活畜禽9.07万头（只），检疫肉类产品5767吨。检出病害肉类产品并无害化处理1106公斤。

【生猪屠宰监管】 2019年，县牲畜定点屠宰办开展专项行动21次，出动执法人员59人次，联合执法3次，取缔生猪非法屠宰点4个，检查屠宰企业21家次，全年开展培训9场次、参训33人次。

【质量安全监管】 2019年，县动物卫生监督所与63家养殖业主签订不销售病死畜禽承诺书和健康养殖承诺书。开展“瘦肉精”检测2330头份，其中屠宰场1949头份，养殖场381头份，结果均为阴性。开展兽药、饲料整治行动19次，检查兽药经营企业、养殖场数量65家（次），抽取15个兽药、饲料样品送检，均未检出违禁物质。

（林兴铃　温兴攀　黄其苗　郑名喜）

渔业

【概况】 2019年，全县水产养殖面积1441公顷，其中，池塘110公顷，占7.63%；山塘水库1322公顷，占人工养殖面积91.74%；工厂化设施养殖面积9公顷，占0.63%。水产品产量8120吨，比上年增长4.67%。全县渔业产值（按现行价计算）1.54亿元，同比增长4.7%（按可比价计算），渔业产值占农林牧渔业总产值的2.12%。全县从事渔业专业劳动力1279人，渔农兼业劳动力448人。

【设施渔业项目补助】 2019年，全县完成上年省下达的渔业油价补贴省级统筹部分项目建设补助资金200万元。经企业自主申报、专家评审、项目验收及公示等程序，3家企业获得项目补助资金，其中江氏鳗业有限公司67万元、峰达养殖有限公司55万元、启农地热养殖有限公司78万元。

【基层水技推广项目补助】 2019年，全县项目补助资金22万元。开展水技人员业务能力提升培训5场次、16人参训，在上京镇桂诚养鱼专业合作社、百盛家庭农场建立渔业科技试验示范基地；遴选41个渔业科技示范主体，主导品种为草鱼、鳗鲡，主推技术为山塘水库生态养殖技术、草鱼疫苗免疫技术、池塘培育优质苗种养殖技术，主推技术入户率100%。

【水产品禁用药物残留检测】 2019年，全县抽取渔业企业11家，检测鱼类样品45个，有草鱼、鲤鱼、鲢鱼、鳙鱼、鲈鱼、罗非鱼、三角鲂、黄金鲫等品种，检测氯霉素、孔雀石绿、呋喃唑酮代谢物、呋喃西林代谢物，样品检测合格率100%。

【渔政管理】 2019年，县渔政大队

出动渔业法律法规宣传车4辆次，发放宣传资料372份，接受群众咨询、解答问题150多人次。开展水上执法巡查检查8次，陆上岸边巡查检查17次，出动执法车船13次、执法人员52人次，制止、驱赶电鱼等破坏渔业资源行为13起，立案查处渔业案件3起，没收电鱼机11台、“三无”船只1艘，罚款人民币1500元。检验渔船57艘，新登记渔船19艘，发放渔业船员证书、水域滩涂养殖证书各3本。为全县31艘捕捞渔船、51艘养殖渔船发放2018年度油价补贴款21.19万元，办理渔工人身意外伤害互助保险66份。

（陈仁收　林玉派）

农业机械

【概况】　2019年，县农业农村局围绕创建“平安农机”示范县，开展“农机安全生产月活动”，加强农机监管，推广和引进新机具、新技术，培育专业农机服务户或机构，促进全县农业机械化发展。全县农机总动力19.07万千瓦，机械保有量稳定增长，拖拉机405台，配套机具730套，种植业机械2.36万台，比上年增加1.1万台（增长87.3%）农用排灌机械8123台，植保机械3152台，渔业机械976台。创建“平安农机示范村”90个，“平安农机示范乡镇”14个，大田县被省农业农村厅、省应急管理厅评为年度省“平安农机”示范县。

【农机宣传教育活动】　2019年，全县开展农机安全生产宣传教育活动7场，发放宣传材料3500余份，农机安全知识手册300本，接受农民机手咨询390人次，张贴农机安全生产宣传挂图70套700张，悬挂农机安全横幅180幅；在农机综合楼前设置一块LED显示屏，宣传农机安全法律法规。

6月，开展农机“安全生产月”活动，监理站利用到各乡镇开展拖拉机年检、机手集中的时机，发放各类农机安全宣传材料500多份；在县有线电视报道活动专题新闻及农机安全生产知识2次，现场开展农机安全宣传活动6次，受教育200人次；18日，市农机中心、县农业农村局、县应急管理局、桃源镇人民政府在桃源镇联合开展“农机安全生产月”咨询日宣传活动，活动主题为“防风险、除隐患、遏事故、抓安全生产、促农机富民”。发放宣传资料400多份。

【农机监理】　2019年，县农业农村局与公安、交通、安监等部门合作，联合开展上道路拖拉机“隐患排查”“打非治违”农机专项整治、农机维修经营网点安全大检查和安全宣传活动月等。拖拉机上牌率96%，持证率98%，检验率87%。农机监理站和18个乡镇农机站、乡镇站与486个农机户分别签订年度农机安全生产责任状。免费实地年检拖拉机359台、联合收割机39台。收割机免费上牌3台。免费核发拖拉机驾驶证53本、审验换证132本。“打非治违”活动中，组织执法人员36人次，检查多功能拖拉机110台和农机专业合作社1家，查出一般隐患1起，发出整改通知书1份，整改率100%。开展农机安全事故处置应急演练1次。全年未发生在非等级公路农机造成人员死亡事故。

【农机推广】　2019年，全县办理农民购机指标确认书946份，受益农户843户，补贴机具995台，购补资金145.11万元（中央资金117.42万元、省级资金27.69万元），完成省级下达的零结余任务。带动农民群众投入农机发展资金508.6万元。举办现场推广演示会4场。新增农机专业合作社24家。全县合作社开展农业作业服务面积1666.67公顷。

（章婉虹）

农场

【概况】　2019年，全县国有农场有东风农场和良种场。总户数1100户、4402人。耕地面积412.33公顷，农业总产值8682.5万元。

东风农场　2019年，东风农场有1047户、4223人。耕地面积399公顷，粮食产量140万公斤，工农业总产值8245万元，其中农林牧渔业产值7550万元，工业产值300万元；农工人均纯收入1.42万元。完成粮豆播种283.8公顷；蔬菜玉米种植33.5公顷；烟叶种植33.6公顷，收购1050担；扩大特色产业种植12公顷，其中雷竹6.67公顷，芙蓉李3.33公顷，柠檬柑2公顷；投入林业生产资金140万元，完成幼林抚育144.73公顷、中央财政抚育142.67公顷、省级财政抚育81.6公顷、国家储备林改培53.73公顷、退化人工林修复6.67公顷、造林35公顷等营林生产；完成林木采伐面积26.73公顷、择伐13.33公顷，销售收入419.23万元。

县良种场　2019年，县良种场有53户、179人。耕地面积13.33公顷，农业总产值383.5万元，人均纯收入约8700元。种植玉米10公顷，产量22.8万公斤，产值67.5万元；种植蔬菜24公顷（含复种），产量129.5万公斤，产值182万元；种植大棚花卉1公顷，产值27万元；种植温州蜜柑3.33公顷，产量4万公斤，产值5万元；杂交水稻育种8公顷，生产种子2万公斤，产值52万元。其它多种经营收入50万元。

【泼水村人居环境整治】　2019年，东风农场泼水村作为人居环境整治试点村，改造公厕1座，裸房整治5座，配齐保洁员3人，实现垃圾集中清运，完成村道绿化500平方米，新建三格化粪池32口，完成安全饮用水改造1处（铺设水管1600米，受益191人）。

【基础设施建设】　2019年，东风农场投入20余万元冬修水渠2.3公里、水坝5座，修建机耕路1.5公里；投入7万元维修养护村道15公里；投入8万元建设排吉至登榜、小湖至睦坪村道错车道15个；投入8万余元铺设三门村部分混凝土路面；投入26万元建设八峰管理区社会事务管理服务中心和幸福院，建筑面积512平方米。

【水稻不育系生产】　2019年，县良种场与福建科荟种业股份有限公司合作，引进水稻新品种科荟48不育系春繁生产8公顷，平均亩产167.5公斤，产值52万元。

（郑春莲　林生游）

林 业

□ 编辑 陈吉浣

森林资源培育

【概况】 2019年，大田县林业系统贯彻落实习近平生态文明思想，投入各类营林资金2300余万元，城乡绿化美化、苗木花卉培育、竹业和油茶开发等方面工作取得新成效。

营林造林 2019年，全县完成植树造林面积1443.4公顷，占省市下达任务的105.6%，其中，“两沿一环”（省级以上公路、高速铁路沿线，没事河和城镇周边一重山）森林景观带绿化美化面积46.7公顷、村庄绿化14公顷、珍贵用材树种造林133.7公顷、木本油料示范基地建设（含新造、低改）100公顷，均占任务的100%；林分修复面积103.6公顷，占任务的103.6%；其他造林更新面积1045.4公顷，占任务的107.4%，其中松林皆伐、择伐改造和补植套种400.33公顷。森林抚育面积9702.4公顷，占任务的104%；封山育林2410.3公顷，占任务的101.9%。

苗木花卉培育 2019年，全县育苗面积4.4公顷，产苗347万株，其中，马尾松0.2公顷25万株，杉木2.5公顷230万株，木荷0.4公顷19万株，其他阔叶树1.3公顷58万株，容器育苗15万株。保有苗木花卉面积485.4公顷，其中，观赏苗木（绿化苗木）342公顷、苗木保有量580万株；盆栽植物面积3.7公顷，花卉（鲜切花）种植面积20公顷，食用药用花卉面积119.7公顷。当年苗木花卉种植业总产值5.64亿元，比上年增长17.73%。

竹业开发 2019年，全县巩固“两高一优”丰产竹林面积2333.3公顷，新发展“两高一优”毛竹笋竹两用林400公顷，完成竹山机耕路维护（宽2.5米以上）20公里。全年生产原竹360万根，中小径竹材产量546吨，鲜笋9560吨，清水笋360吨，笋干600吨。实现竹业总产值2.29亿元，同比增长18.04%。

油茶开发 2019年，全县新造油茶林20公顷，抚育3400公顷，低产林改造1033公顷，争取木本油料（油茶）示范基地建设项目资金75万元。年底，油茶林总面积1.01万公顷，当年油茶籽产量6800吨（折茶油1700吨），油茶产业产值3.6亿元，同比增长14.29%。

【全民义务植树活动】 3月，县委、人大常委会、县政府、县政协四套班子领导，及绿化委员会成员单位部分人员，在华兴乡“坪尾仑”义务植树基地，以“绿水青山就是金山银山”为主题，开展全民义务植树活动。新建县级义务植树基地1个，面积10公顷。全县参加义务植树22.3万人次，植树90.7万株。开展“互联网＋全民义务植树”活动，鼓励全县机关事业等单位干部职工，采用网络捐赠的形式尽责义务植树，参与捐资尽责5300人，捐赠资金23万元。

【速丰林基地建设】 2019年，全县完成速生丰产林基地建设面积453.9公顷，其中，速生丰产林工程造林137.1公顷（含森林质量精准提升集约人工林栽培和珍贵树种、用材树种培育造林）；现有林改造培育速生丰产林316.8公顷（含森林质量精准提升退化人工林修复），同比增加87.5公顷。

【油茶栽培技术培训】 2019年，县林业局组织油茶栽培技术专家到华兴、屏山、吴山等9个乡镇，实地进行油茶低产林改造施工、丰产栽培和油茶修枝技术培训，受训农户和技术骨干210多人。

（陈鹏飞 方来毅 陈光畏 乐景传 张锦斌）

森林资源保护

【概况】 2019年，县林业局加大森林、草地、湿地等生态系统保护力度，坚持用严格的制度、高效的手段保护林业生态资源，全县森林覆盖率73.07%，林地保有量17.3万公顷，森林蓄积量1255.5万立方米。

限额采伐 2019年，县林业局执行省林业局下达的商品林采伐计划，确保年度采伐消耗量及分项结构不突破指标。全县分解下达各乡镇、场采伐蓄积量保持29.45万立方米，办理商品材林木采伐证697份、蓄积量19.9万立方米，出材14.6万立方米；办理木材运输证1.02万份，运输木材10.3万立方米；办理植物检疫证3660份，检疫调运木材5.87万立方米，检疫率100%。

依法护林 2019年，县林业执法部门受理各类森林案件144起，查处140起。其中，立刑案32起，破案28起（含积案4起），破案率90.2%；抓获逃犯 4 人（网上逃犯 1 人），刑事拘留 4 人，逮捕 2 人，取保候审 24 人，移送起诉 18 起 28 人；受理林政案件 112 起，全部查处，林政处罚 10 个单位 112 人次，清理林地 8.02 公顷，没收木材 31.6 立方米，为国家挽回经济损失 172.01 万元。

林地管理　2019 年，县林业局受理林地征占用项目 60 宗，审核审批 53 宗，面积 63.9 公顷；林业执法部门开展专项清查行动，发现和处理非法征占用林地行政案件 3 起，清理非法占用林地 1.7 公顷，处罚 3 个单位，责令限期恢复森林植被或补办林地征占用审批手续。

森林防火　2019 年，县林业局全力做好过渡期森林防火灭火工作，召开防火部署工作会议 85 次，发布电文 135 次，县乡出动宣传车 1213 车次，新设固定宣传牌 365 块，发群发警示短信 3.8 万余条，发放纸质宣传材料 8 万多份。新组建一支 30 人的县级专业森林消防队伍。完成护林员智能巡护系统安装并投入使用。举办县乡森林消防队伍培训会，参训 1350 余人。年内，全县未发生较大森林火灾。

森防检疫　2019 年，县林业局编制《松材线虫病等重大林业有害生物防控方案》，落实重大林业有害生物地方政府防控主体责任和林业“双线”责任制。开展松材线虫病疫木检疫执法专项行动，组织林业有害生物防控知识培训和宣传，开展所有松林松材线虫病疫情普查，成立 12 人的林业有害生物应急防治队，防治高速公路周边等重点区位有害生物 344.87 公顷，有害生物防治率 100%。争取国家级中心测报能力提升建设项目资金 50 万元，购置两台无人机用于病虫害监测和防治工作。清理各类松枯死木 1000 余株，完成松林优化改造面积 11.17 公顷，林下补植套种 120 公顷。松材线虫病防控工作走在全市前列，依然保持无疫性发生。

【森林村庄创建】　2019 年，县林业局按照“先易后难、分年度建设、达标申报验收”的原则，创建“福建省森林村庄”。当年，桃源镇兰玉村被国家林业和草原局评定为国家森林乡村；华兴镇仙峰村、均溪镇后华村被省绿化委员会和省林业局命名为“福建省森林村庄”。

【山林纠纷调处】　2019 年，根据县委编办批复，县山林纠纷调处办公室改为县山林处理纠纷工作服务站，受理县内森林和林木林地纠纷 3 起，面积 20 公顷，其中兴泉铁路征占用林地，引发的桃源镇广汤村与桃林村一起纠纷，涉及面积 13 公顷。受理群众信访件 7 件，全部办结，办结率 100%。

（魏初樾　陈思伟　邱光樟　颜志强　叶德杨　苏晋伙　吴善群　郭行泽　郑文增）

林业改革

【概况】　2019 年，县林业局坚持完善集体林权制度改革及配套改革，完善林权交易流转服务制度，全年规范林权流转 680 宗，面积 1515 公顷，涉及金额 1.03 亿元，比上年增长 23.11%；申请林农小额贴息贷款 1996.5 万元，中央财政贴息 53.2 万元。继续推广普惠林业金融“福林贷”，授信林农 1502 户、金额 1.63 亿元，贷款的农户 1130 户，余额 1.13 亿元，放款 2.44 亿元，位居全市各县前列，同比增加 8100 万元。推进培育新型林业合作经济组织，当年新增 7 家，全县林业专业合作经济组织 485 家，其中，林业专业合作社 336 家，股份林场 39 家，家庭林场 85 家，公司 + 基地 + 农户 25 家。加强生态林管理，签订重点生态林管护合同 415 份、重点生态公益林监管责任书 224 份。全年向上级争取资金补助项目 29 个，申请补助资金 4377.75 万元。

【桃源最氧睡眠小镇建设】　2019 年，大田县在全市先行先试探索生态产业化，在赤头坂国有林场建设“大田县桃源最氧睡眠小镇”森林康养基地，规划面积 306.7 公顷，计划投资 1.1 亿元，当年投资 1154 万元。8 月，中国睡眠研究会授予大田县“中国睡眠康养示范基地”。10 月 6 日，由林场旧办公楼改造的宾馆，率先在全市 7 个示范基地中进行试运行；基地被全国产业联合会评选为“全国森林康养基地试点建设单位”，在三明举办的海峡两岸林业博览会上入选“森林康养基地建设十佳”单位。11 月 24 日，由北京林地景园林规划设计院编制的森林康养基地规划通过专家评审，《规划》设置睡眠康养区、失眠调养区、舒心安神区和舒心环、健行环。

【林下经济发展】　2019 年，县林业局实施省、市级 5 个林下经济发展建设项目，获省级项目补助资金 96.75 万元。全县发展林下经济涉林面积 1.92 万公顷，年产值 5.85 亿元，同比增长 6.17%，农民人均创收 2518 元，其中，林下种植中药材、林菌（红菇、梨红菇）6673 公顷，产值 0.33 亿元；林下养殖鸡、鸭、鹅、牛、羊 3807 公顷，产值 1.52 亿元；采集加工笋竹（含小径竹）6480 公顷，产值 3.49 亿元；森林景观利用森林公园、森林人家 2193 公顷，产值 0.51 亿元。

（严千墩　吴成坤　颜志强　柯喜增　余瑞真）

国有场圃

【概况】　2019 年，县境内国有场圃 4 个，其中省属市管林场 2 个，县属林场、苗圃各 1 个。经营面积 1.53 万公顷（苗圃用地 1.2 公顷），其中林地 1.43 万公顷，森林蓄积量 239.84 万立方米。当年迹地更新造林 148.93 公顷，森林抚育 1439.33 公顷，木材生产 2.84 万立方米，业务收入 2914.45 万元。年底，在职职工 168 人，其中专业技术人员 72 人（高级职称 22 人）。

桃源国有林场　2019 年，全场经营面积 6469.6 公顷，其中林地 5953.33 公顷，森林覆盖率 92.02%，林分蓄积量 91.24 万立方米。育苗 0.2 公顷，迹地更新造林 67.73 公顷（营造速生丰产林 17.06 公顷、珍贵树种 20.13 公顷），平均成活率 95.5%，当年树苗长高面积综合达标率、速丰林面积达标率均 100%；完成中幼林抚育 468.73 公顷，林道维修 58.73 公里，新开集材道 11 条、长 6.3 公里，使用林地面积 1.89 公顷。防火林带维修 25.25 公里，调整充实森林消防队伍，采取劳务派遣方式，聘用退伍军人，分为桃源分队和湖美分队，队员共58人，组织全体扑火队员参加森林火灾扑救与安全知识及风力灭火机使用培训，使扑火队员熟练掌握扑火技能及扑火器具的使用方法。松材线虫病、松突圆蚧踏查3000余公顷，施放白僵菌粉剂500公斤，森林病虫害防治67.13公顷。做好巡山护林，查获盗伐林木45株，处理林业行政案1起，收取林木补偿费3.17万元。全年主伐皆伐林木面积79.93公顷，抚育间伐127.73公顷，生产木材1.42万立方米，销售1.40万立方米，木材销售综合单价每立方米1121.46元，年营业务收入1591.71万元。主营业务利润891.32万元，管理费支出1036.56万元。全场内设职能部门6个，管辖5个森林管护站，在职职工61人，其中专业技术人员29人（中级职称9人，高级以上职称13人）。

当年，林场根据《福建省林业局关于积极推进全省国有林场"一场一景"建设的通知》，召开专题会议，制定《福建省大田桃源国有林场"一场一景"建设实施方案》，打造一批独具特色的生态共享产品；林场《马尾松种质评价及速生、高产脂良种选育》科研项目，获省政府科学技术进步三等奖；5月28日，根据市委编制委员会办公室通知，"福建省大田七星湖森林公园管理中心"更名为"福建大田七星湖森林公园工作站"；12月，市林业局人事调整，沙县官庄国有林场林源华、永安国有林场张羽分别任大田桃源国有林场副场长。

梅林国有林场　2019年，全场经营面积6300.8公顷，其中林地总面积5887.87公顷（生态公益林936.1公顷），森林蓄积量107万立方米，森林覆盖率89.4%。林场在森林资源培育与保护、林业科研和生态建设等方面起到示范作用，推进"一场一景"和"四个林场"（品牌、特色、制度、平安）建设。全年迹地更新造林35.87公顷，其中珍贵树种福建柏混交林种植6.67公顷。森林抚育630.6公顷，其中中幼林抚育491.5公顷、中央森林抚育139.1公顷。抚育间伐204.8公顷，森林病虫防治138.5公顷，林道维修60公里，防火林带抚育31公里，冬整地35.1公顷。木材生产、销售8016立方米，销售收入678.4万元，留场国有林价19.47万元，营林投资333.29万元，亏损646.55万元。当年上级专项拨款156.28万元。年底，在职干部职工69人，其中专业技术人员31人（高级以上职称9人，中级职称13人）。在2019年度全市国有林场工作绩效评比中，林场基础工作和"四个林场建设"位居前列；县绩效管理综合考评为优秀，综治考评为平安单位，获市委、市政府2019年度"三明市文明单位"。12月，市林业局人事调整，张加汪任梅林国有林场副场长，章进峰不再担任梅林国有林场副场长。

赤头坂国有林场　2019年，大田县赤头坂国有林场经营面积2550公顷，其中有林地2479.8公顷，森林覆盖率96%，林分蓄积量41.6万立方米。分别完成中央财政、省财政森林抚育补贴项目面积100公顷、96公顷，迹地更新造林种植楠木、杉木、木荷混交林45.33公顷；幼林抚育340公顷，抚育间伐、透光伐33.3公顷，维修防火路57.03公里，森林病虫害防治320公顷。全年木材生产6169立方米，销售5617立方米，销售收入644.34万元，上缴财政利润23万元，税后财务收支节余58.38万元。年底，干部职工36人，其中专业技术人员12人。

汤泉苗圃　2019年，苗圃地面积1.2公顷，其中水田1.07公顷、旱地0.13公顷。在职职工2人。

【先进表彰】　2019年，国有桃源林场充实林场志愿服务队（2017年组建），参加社会各项志愿活动。1月6日被福建省见义勇为基金会评为见义勇为先进集体；6月11日，职工何吓俊被评为福建省职工职业道德标兵；11月28日，林场志愿服务队被评为三明市见义勇为模范（群体），何吓俊、黄成权参加表彰大会。

【爱心捐款】　2019年，梅林国有林场干部职工向见义勇为基金会捐款690元；支持白岩社区共建费3000元；慰问林场困难职工28人次，发放慰问金1.52万元；资助3户困难对象6500元。

（陈森森　田立丰　余瑞真　颜建强）

水利·电力

□编辑 陈妮

水 利

【概况】 2019年，大田县水利局贯彻落实习近平总书记“节水优先、空间均衡、系统治理、两手发力”治水新思想和“绿水青山就是金山银山”发展理念，将水利改革发展与生态环境保护、乡村振兴战略实施紧密结合起来，统筹推进生态水利建设、水土流失治理、河湖长制等工作。全年完成水利资金投入3.35亿元，占市下达任务的101.8%，获2019年度全市水利工作责任目标考评优秀等次。推进城区地表水厂二期项目以及城区第二备用水源下岩水库前期工作，实施农村饮水安全巩固提升工程，推进城乡供水一体化建设进程。加快城区防洪堤建设，推进均溪华安—京口段、周田段防洪堤建设，实现县城区防洪堤全线闭合，提升行洪能力。全年新建城区防洪堤6.5千米，新改建供水管网9.45千米。

【水资源管理】 2019年，县水利局落实建设项目水资源论证、取水许可、水资源有偿使用三项核心制度，年内，延续取水报告评审141份，换发和新办取水许可证171本，征收水资源费326.17万元。

【水土流失治理】 2019年，全县实施水土流失综合治理面积387.33公顷，占省市下达任务的111.7%，完成投资3220万元。完成2018年国家重点水土保持建设工程（文江太华）、省级水土流失治理重点县（均溪吴山）、省级水土流失治理重点乡镇（华兴）等项目验收工作，全面推进2019年国家重点水土保持建设工程（均溪湖美）、省级水土流失治理重点县（文江）、省级水土流失治理重点乡镇（文江武陵）等项目建设，新建生态护岸4.15千米。

【水土保持监督】 2019年，全县审批水土保持方案42份，检查生产建设项目48个，验收报备20个，查处水保违法案件2起，征收水土保持补偿费238.63万元。监督生产建设单位按照水土保持方案做好水土保持防治工作。开展水土保持监测信息化工作，成立水土保持“天地一体化”监管指挥中心。

【农村饮水安全巩固提升】 2019年，全县实施农村饮水安全巩固提升工程13处，分别为太华镇锦溪村、张地村，文江镇大中村、朱坂村，建设镇元山村，华兴镇仙峰村，济阳乡大垅村、大儒村，奇韬镇奇韬村，桃源镇广汤村，武陵乡上岩村、大石村，谢洋乡科里村。解决9565人饮水安全问题，上级补助资金336万元。

【重大水利项目实施】 2019年，全县重大水利项目8个，完成投资1.03亿元，占年计划的100.9%；面上项目12个，完成投资2.32亿元，占年计划的102.2%，其中建设镇建设溪流域安全生态水系、文江溪梅山集镇段河道治理、均溪石牌段河道治理、文江溪广平段河道治理、新桥河西安段河道治理等工程完成年度任务，综合治理河长14.9公里，新建护岸13.45千米，总投资9400.83万元，其中中央补助资金到位3991万元。下岩水库、城乡供水一体化建设前期工作有序推进。

【降水和灾情】 2019年，据县气象部门统计，全年降雨量1544.6毫米，比前30年平均降雨量1533.7毫米多10.9毫米，无台风雨影响。当年降雨时空分布不均，最大湖美站（1542.2毫米）是最小坑口水库站（1312.7毫米）的1.17倍；1—4月降雨量473.2毫米，比多年平均433.4毫米多9.2%；5—8月降雨量972.8毫米，比多年平均828.0毫米多17.5%；9—12月降雨量98.6毫米，比多年平均272.3毫米少63.8%。

水库水位正常，坑口水库于6月12日泄洪，下泄流量约每秒8立方米，6月13日达最高水位611.96米（正常蓄水位614.5米）；六角宫水库7月16日达最高水位533.86米（正常蓄水位539米）。

主要河流情况。文江溪受上游矿山开采影响，河床淤积抬高，多次超警戒水位，6月9日达最高水位257.09米，超警戒水位0.79米（警戒水位256.3米，保证水位258.8米）；均溪河于6月10日达最高水位354.75米，未超警戒水位（警戒水位355米，危险水位357米）。

上半年多次强降雨，8月后基本无有效降雨，下半年出现中旱，全县县内遭受较大灾害。上半年的多次强降雨致10个乡（镇、场）不同程度出现严重洪涝灾害和地质灾害，公路中断、堤防决口、农田受淹，交通、水利、电力等基础设施损毁严重。全县8523人受灾、转移3750人，直接经济损失2195万元。其中农作物受灾面积580公顷，成灾面积94.67公顷，因灾减产粮食1800吨，农牧渔业直接损失574.5万元，工矿企业停产2个。下半年的中旱致全县1.91万人饮水困难。

【贫困人口非柴燃料补贴】 2019年，县水利局依照2015年度水土流失遥感调查数据，对均溪镇、广平镇、建设镇、吴山镇、前坪乡等5个水土流失率13%以上乡镇继续开展建档立卡贫困对象非柴燃料补贴工作。惠及70个村814户2529人，发放补贴50.58万元，其中市级资金25.16万元、县级资金25.42万元。

【五项攻坚行动】 2019年，县水利局开展工业污染、畜禽养殖污染、城乡污水垃圾、涉砂行为、小水电生态等生态环境综合治理五项攻坚行动，83座水电站改造生态下泄流量设施，138座安装在线监控设施，退出小水电站5座（其中大仙峰省级自然保护区2座），34家规模以上养殖场配备粪污处理设施，5家造纸企业实施清洁化改造，为794户居民安装三格化粪池，清理非法涉砂点9处。

（郑新镱　刘珍超）

电　力

【概况】 2019年，县供电公司践行初心使命，推动公司高质量发展。全县有水电站144处，总装机容量15.88万千瓦，年发电量5.27亿千瓦时，比上年增长26.08%。县供电公司售电量15.65亿千瓦时，同比增长12.27%；综合线损率3.57%，同比下降0.44个百分点。固定资产投资9372万元，同比增长28.38%。

【电网建设】 2019年，县供电公司开工建设220千伏良元输变电工程；投运屏山35千伏输变电工程；完成湖美、谢洋、武陵35千伏输变电工程和梅山、奇韬、屏山2号主变扩建工程等项目的核准。完成配网投资8318.17亿元，以36个贫困村改造、21条高故障线路整治和低电压台区为重点，完成新建（改造）10千伏及以下线路128千米、配变59台，表箱改造5439户。

【电力管理】 2019年，县供电公司深化党建内嵌业务融合，开展“党建+线长制”活动，签订责任状，加强线路综合检修。全年，加装避雷器1128组，分段、分界开关98组，走廊清理113.4千米，绝缘化改造37.8千米，高故障线路条数和故障次数分别同比下降76.19%、70.8%。组建共产党员营商服务队，服务光伏扶贫电站730个，助力扶贫收益616万元。服务污染防治，清洁能源利用率100%，水电装机28.13%、电量比重4.78%。

优化电力营商环境，提升办电效率，高、低压办电平均时间分别为28.33个、1.31个工作日，分别同比缩短39.3%、12.2%；小微企业办电成本普降40%—90%；落实一般工商业降电价要求，连续两年降价10%，客户减少用电成本1302.69万元。完善“领导人员全日制帮扶、四不两直[①]现场执规、ORM视频执规[②]”三道防线检查机制，建立全员安全责任清单发布、公示、宣传贯彻、考评一体化机制，连续安全生产4836天、经济安全3120天。组建全国首家大客户用能联盟，全面推广停电协商制，减少企业停电时间46天。推行“能带不停”，带电作业325次，减少2.8万户停电时户数，增供电量175.3万千瓦时；配网计划停电时间同比下降39.11%，故障停电时间同比下降67.32%；城区、乡镇、农村的用户平均停电时间同比分别减少13.09%、37.29%、39.5%。成立供电服务指挥中心，推行城区低压“1+N”网格化综合服务，“五率”[③]绩效评价体系更加完善。

【供电服务指挥中心成立】 2019年，县供电公司成立供电服务指挥中心，以实现供电服务“一个融合”（营配调专业融合）和“两个转变”（专业管理向客户导向转变，被动服务向主动服务转变）为目标，以“人员集中、信息集成、管理集约”为主线，提升供电服务响应能力和速度，提升营商服务获得感。

【先进典型】 当年，选树传播先进员工典型事迹12件，发扬榜样力量；选送优秀选手38人参加各类技能竞赛，开展“五彩家园”季度健步走、关爱女职工心理健康讲座等。慰问80岁高龄老员工、困难职工、单亲女职工等66人次。自主拍摄的《追忆一束温暖的光》获中宣部“学习强国”优秀微电影三等奖，并与《光照扶贫路》分别获得中国首届能源微电影大赛纪实类最佳创意奖、剧情类最佳策划奖。在中华全国总工会和国家应急管理部联合举办的全国“安康杯”竞赛中获评为优胜单位，获得中共三明市委“优秀基层党组织”称号。石牌供电所获评省公司企业文化示范点称号。

注：

①四不两直：是指国家安全生产监督管理总局建立的安全生产暗查暗访制度，分别为“不发通知、不打招呼、不听汇报、不用陪同接待、直奔基层、直插现场”。

②ORM视频执规：施工现场作业风险管控系统。

③“五率”：提升市场占有率、提升台区综合治理率、提升营配档案一致率、提升线损达标率、提升问题清单梳理及内部巡视巡察发现问题整改率。

（王艳菁）

工　业

□ 编辑　潘　梅

综　述

【概况】　2019年，全县工业企业坚持稳中求进的工作总基调，攻坚克难，促进大田工业转型升级。全县新增规模以上工业企业7家，总数178家，产值508.02亿元，比上年增长10.87%；实现工业增加值49.82亿元，实现利税总额13.4亿元。工业能源重点项目建设组实施项目50个，列入省重点项目8个（技改项目7个），列为市重中之中项目13个。全年实施投资千万元以上市级重点工业项目67项，投资额60.46亿元。煤矿关闭退出4家，退出总产能36万吨。

经济运行　2019年，全县工业用电12.5亿千瓦时，比上年增长12%，规模以上工业总产值505.1亿元，同比增长10.24%；产品产销率99.5%，增加值比增8.3%。其中建材水泥、冶铸及机械加工、轻纺服装等产业三大集群产值183.87亿元，占规模以上工业总产值的36.4%，同比下降1.85%；矿产品采选和能源等传统产业产值226.96亿元，占总产值的44.93%，同比增长15.1%；陶瓷、电子等新兴产业产值10.88亿元，占总产值的2.15%，同比下降24.06%。规模以上工业经济效益综合指数441.74%，同比减少64.86个百分点。在全市的“五比五晒”活动中七项总分111.6分，在小组排名第二，全市排名第四。

项目投资　2019年，工业能源重点项目建设组共实施项目50个（省重点项目8个，市重中之中项目13个）。实施市级重点工业项目投资千万元以上67项，投资额60.46亿元，当年建成投产6项、部分投产19项；全年共审批技改项目备案19项，总投资10.25亿元，大圣陶瓷、高新技术靶材等14个项目开工建设，岩兴气体、绿佳木业等项目建成投产；红狮水泥成功列入2019年福建省工业和信息化省级龙头企业；新岩水泥公司技改项目完成中国水泥协会产能置换听证和省、市产能置换公示公告及方案批复；清航无人机“交叉双旋翼复合推力尾桨无人直升机”项目，获第八届中国创新创业大赛（福建赛区）总决赛冠军。

招商工作　2019年，县工业招商组对接闽南沿海产业分工和产业转移，开展一把手招商、商会招商、专业招商活动，多次参与县级领导带队的招商团，到北京、广东、上海、浙江、贵州、安徽、天津、江苏及本省福州、厦门、泉州等地考察，重点对接先进机械铸造、机械加工、轻纺、陶瓷、石墨（烯）、无人机等产业项目。引进总投资3亿元的展晖机械铸造、总投资3.9亿元的中德顺机械铸造、总投资3亿元的艾佩克斯石板材等重大工业项目。12家闽南沿海铸造企业分别入驻吴山工业区和上京机械铸造工业区。

企业服务　2019年，县工信局聘请福建纸业协会专家对县5家造纸企业的产业政策符合性实地调查，为县造纸行业提供可靠性改造方案；开展实地指导，为县康华塑料申请全市首家废塑料综合利用行业规范提供政策指导意见；联合县自然资源局、住建局等部门为科华石墨协调解决厂房不动产权证办理、石墨（烯）电价申请批复；为新岩水泥技改所需产能指标置换及项目立项；为鑫鹭峰公司富锰渣项目解决环评事宜，加快破产重整。排查拖欠民营企业中小企业账款841.98万元，年底全部清偿完毕。

【电力执法】　6月，县电力执法办对大田县某环保科技有限公司扰乱供用电秩序的行为做出行政处罚，该案件被省电力执法办公室树立为电力行政执法典型案例。当年，县电力执法办完成电力用户注册审核用户37家。

【涉矿体制国企改革】　8月，根据县委县政府《大田县矿业管理体制和涉矿县属国有企业改革实施意见》的统一部署，撤销县矿业监督管理领导小组办公室，成立县矿业生产服务中心和县矿产品流通服务中心，分别隶属县工信局和县自然资源局，承接原矿业监督管理领导小组办公室的行业管理和流通领域监管职能。同时，将县煤炭管理局、县冶金化学矿行业管理办公室、县建材行业管理办公室（加挂新材办、散装办牌子）等3个机构整合并入矿业生产服务中心。同时，县矿产开发公司、国新建材公司、煤炭公司等3家县属矿业国有企业启动改革程序，按照"政企分开、事企分开、政资分开"的原则，分别开展清产核资、人员分流、分类安置等工作，至年底，基本完成国企改革。

【信息化建设】 2019年，县工信局牵头，聘请省市有关专家举行工业企业固定资产投资管理和企业"上云上平台"培训，全县160多家企业相关负责人参加；飞鹰实业（三明）有限公司成为全县第一家"上云上平台"企业，获省级专项资金补助3.5万元；上京镇三阳村"数字家庭示范村"项目建成并投入运行，获省级数字家庭示范村建设项目补助20万元；大田县岩盛铸造有限公司、大田县瑞鑫机械制造厂、大田县马竹安空心砖厂等企业完成"机器换工"11台（套）。

【节能减排】 2019年，全县规模以上工业企业单位增加值能耗下降9.5%。红狮水泥获省工信厅县首家省级绿色工厂认证审核。福建岩兴气体有限公司、飞鹰实业（三明）有限公司、大田金阳矿业有限公司、大田县闽发纸业有限公司4家企业开展在线监测系统建设。

【"专精特新"专业化认定】 2019年，福建硅光通讯科技有限公司、福建中工塑胶有限公司、三明建华纺织有限公司3家中小企业获福建省"专精特新"专业化认定。福建硅光通讯科技有限公司获省财政"专精特新"认定奖励10万元。

【中小微企业助力发展】 2019年，县工信局认定中小企业17家，入选三明市融资担保"白名单"企业9家，列入"白名单"的企业在中小微企业资金贷款、融资担保方面享有专门的优惠政策。

【煤炭行业去产能工作】 2019年，县工信局、人社局、财政局等单位联合制定印发《大田县化解煤炭行业过剩产能中央专项奖补资金使用管理细则》，开展去产能中央资金申报发放和清算工作。引导溪口煤矿、永丰矿山、黄沙矿山、文江煤矿4家煤矿关闭，退出总产能36万吨，通过县、市、省验收，并获得关闭煤矿专项奖补经费，省级奖补1800万元、市级奖补600万元。

【"补短板"重大项目签约】 2019年，县工信局策划和对接一批优质的龙头项目和产业链"补短板"的重大项目，全年新增省项目库的项目16项，签约投资额30.33亿元，其中展晖机械铸造生产及设备制造项目、建设脉承竹业制造项目、年产266吨高新技术靶材等12个项目开工，永坤新型建材生产线技改建设项目、兴田混凝土搅拌站建设项目、长隆物流集散中心建设项目、永兴达机动车驾考中心建设项目和三宝双创基地建设项目5个项目建成投产。

【企业或省市资金奖补】 2019年，县工业园区集中供热项目获生态文明建设专项中央预算内补助资金1074万元；红狮水泥有限公司获省级节能循环财政奖励资金74万元；红狮、鑫城2家水泥企业获市财政自发自用电量奖励资金36.8万元；金阳矿业、恒丰工贸、中式塑胶等13家企业获省财政增产增效用电奖励187万元。乐发体育、瓦能科技、佳和服装、基裕科技和鑫茂皮鞋等5家企业获市级新增规模以上工业企业奖励25万元；福建岩兴气体获省级两化融合管理体系贯标奖励资金30万；华阳光电和金阳矿业2家企业获市用工补助奖励资金3万元。

（王　翀）

冶炼铸造与机械工业

【概况】 2019年，全县冶炼铸造与机械工业规模以上企业29家，比上年减少4家；实现产值54.67亿元、销售收入54.28亿元，分别比上年下降43.36%、43%。其中，机械铸钢、铸铁件生产企业22家，比上年减少3家。当年，总投资3亿元的展晖机械铸造、总投资2.5亿元的超越中高端铸件等重大项目全部落地。全县完成"机器换工"11台（套），即岩盛铸造1台（套）、瑞鑫机械1台（套）、马竹安砖厂9台（套）。

【铸造产业提升培训】 2019年，县工信局邀请中国铸造协会咨询服务中心副主任吴仁贵、刘筑雄、张守军3名专家到县开展调研活动，专家组先后到广平、太华、武陵、石牌等8家铸造企业实地调研，对企业发展提出意见和建议。专家组在调研活动结束后，举办铸造行业转型升级专题培训会，全县32家企业80余名企业负责人参加培训会。

【企业技改】 2019年，大田县建忠更新机械有限公司与城鑫铸造厂开展资产整合，推进技改迁建项目。全年有20家铸造企业提交改造提升方案并进行技改项目备案，已完成改造提升全部或部分投产8家，其余12家改造提升正在进行。

【铸造行业监管】 2019年，县工信局落实铸造行业长效监管职能，将打击取缔"地条钢"长效工作机制落实具体工作中，防止"地条钢"非法生产死灰复燃。结合行业管理，开展打击"地条钢"非法生产宣传，指导督促企业抓好安全生产。全年对使用中频炉的企业组织开展大排查5次，联合部门和乡镇开展联合检查12次。

（王　翀）

矿物采选工业

【概况】 2019年，全县矿物采选工业规模以上企业69家，比上年减少5家；实现产值208.28亿元，销售收入207.32亿元，同比增长13.77%。

煤炭采掘　2019年，全县规模以上煤炭采掘企业11家，比上年减少4家；实现产值15.13亿元、销售收入15.11亿元，同比下降24%、23.49%。矿山分布在广平、上京、建设、太华、奇韬、文江 6 个乡镇。

非煤矿物采选 2019 年，全县规模以上非煤采选企业 58 家，比上年减少 1 家；实现产值 193.15 亿元、销售收入 182.21 亿元，同比分别增长 18.38%、18.31%。矿产品有铁矿、铅锌矿、石墨矿、钾长石、石灰石、人工砂等，矿山分布在广平、奇韬、建设、均溪、华兴、上京、太华、梅山、文江、石牌 10 个镇和济阳、前坪 2 个乡。

【矿业企业重整】 4 月，鹭坪矿业公司投资 6 亿元、年产 25 万吨富锰渣重整项目，经县发改局备案立项，按程序开展项目环评审批工作。当年，县工信局开展鑫鹭峰公司破产重整工作，确定项目审理机构、项目管理人和重整方，项目管理人进场开展工作。

【煤矿体检】 5 月，大田县列入体检的煤矿有省级 1 家、市级 2 家、县级 3 家，全部完成省级、市级、县级体检，发现问题 148 条，全部完成整改。

【安全生产知识考核】 7 月，县工信局对 5 家煤矿矿长和安全管理人员进行安全生产知识和管理能力考核，参加考试的 106 人基本掌握煤矿相关安全知识。

【去产能中央资金申报发放和清算】 9 月，县工信局联合人社、财政等单位制定《大田县化解煤炭行业过剩产能中央专项奖补资金使用管理细则》，按照细则要求开展去产能中央资金申报发放和清算工作。引导溪口煤矿、永丰矿山、黄沙矿山、文江煤矿等 4 家煤矿关闭退出，退出总产能 36 万吨，通过县、市、省验收，市、县配套奖补资金 1800 万元已发放到位。

【企业节后复产复工】 2019 年，全县煤矿复工复产 9 家（永安煤业 4 家），非煤矿山企业复产复工有 31 家，选矿企业复产复工 19 家（正常生产的只有 6 家），剩余采、选企业因铁矿市场、有色金属加工费增加或自身经营困难等原因未能复工复产。县工信局召开非煤矿山企业复产复工验收工作会议，从矿山企业提出复工申请、隐患排查、制定整改方案、审批、复工等几个环节实行把关。

【企业责任落实】 2019 年，县工信局实行企业分类管控和黑名单制度，与 43 家矿山和 45 家选矿企业签订安全生产目标责任书。每月定期召开一次行业安全生产例会，每季度召开一次行业安全分析会，全年召开安全专题会议 17 次，制订工作方案 5 个，下发有关工作要求文件 18 个。

【煤矿安全检查】 4—7 月，在全县开展为期 3 个月的煤矿安全生产专项执法检查，发现安全隐患 56 条，全部整改到位。当年，县工信局对辖区内的 9 处煤矿进行安全检查，下达现场检查记录 9 份，查出安全隐患和问题 98 条，现场提出整改要求，落实整改责任。印发《大田县开展“煤矿企业安全生产主体责任落实年”活动方案》，方案要求所有煤矿结合煤矿隐患排查治理专项活动要求，每月开展 1 次全面自查自纠，并形成“两清单、一报告”，即风险和管控措施清单、隐患问题和治理清单，以及风险隐患自查自改报告。

【非煤矿安全生产检查】 2019 年，县工信局对全县非煤矿山、选矿企业等在内的 88 家企业进行节前安全大检查，查处安全隐患 169 条，发出安全整改意见书 11 份，并成立督查组对企业落实主体责任和检查人员管理工作进行督查跟踪。全年组织开展安全生产大检查 5 次，累计出动检查人员 812 人次，检查次矿山 205 家、次选矿企业 95 家，查出事故隐患 533 条，整改率 100%；排查治理矿山 56 家，整顿恢复生产矿山 10 家。

（王 翀）

建材工业

【概况】 2019 年，全县有规模以上建材企业 18 家，实现产值 28.31 亿元、销售收入 27.93 亿元，同比分别下降 20.86%、22.8%。其中，水泥生产企业 4 家，产值 6.79 亿元、销售收入 6.71 亿元，同比上年下降 52.32%、54.97%。

【企业技改】 11 月，大田县绿佳木业有限公司技改项目被列为省级重点技改项目。当年，新岩水泥公司技改项目完成中国水泥协会产能置换听证，获省工信厅产能置换公示公告及方案批复和市工信局产能置换批复，进入项目技改立项备案阶段。恒隆砖厂技改项目办理手续进入尾声。

【机制砖行业梳理】 2019 年，县工信局梳理全县机制砖企业用地、备案、环保、资金、技术情况，掌握行业有关技术数据，为引导产业转型发展、制定行业发展扶持政策提供基础数据。

【红狮水泥列入省级龙头企业】 2019 年，大田红狮水泥有限公司被列为“2019 年福建省工业和信息化省级龙头企业”，其申报的省级绿色工厂项目，已通过省级认证审核，并完成公示。

【水泥企业获电量奖励金】 2019 年，大田红狮水泥有限公司获得工艺系统优化项目和余热余压（气）自发自用电量奖励资金 97.71 万元，大田县鑫城水泥工业有限公司获得余热余压（气）自发自用电量奖励资金 13.19 万元。

（王 翀）

造纸工业

【概况】 2019 年，全县造纸规模企业有华闽纸业有限公司、闽发纸业有限公司、弘惠纸业有限公司、兴洲纸业有限公司4家，职工356人。主要生产工业用纸、生活用纸、机制纸和包装纸。完成工业产值21.28亿元，比上年增长188.74%；销售收入21.17亿元，同比增长191.6%。当年，闽发纸业有限公司列入福建省第一批节水型示范企业；华闽纸业有限公司、弘惠纸业有限公司列入福建省第一批节水型达标企业。

【安全生产工作专题会议召开】 1月10日，县城镇联社在会议室召开安全生产工作专题会议，参加会议的有造纸企业分管安全生产领导、安全员、联社全体工作人员，会议主要传达1月9日全国安全生产工作电视电话会议和省、市、县安全生产工作会议精神。2月27日，召开安全生产工作专题会议，县闽发纸业、华闽纸业、弘惠纸业、兴洲纸业等4家造纸企业分管安全领导、安全员，联社全体干部职工参加会议，县应急局、工信局有关领导应邀到会。会议通报2月15日，广东东莞中堂双洲造纸有限公司发生气体中毒事故，要求县造纸企业做好有限空间安全生产；对抓好安全生产工作落实提出意见；传达贯彻1月22日，全县第一季度防范重特大安全生产事故会议精神，部署当年安全生产工作。3月5日，召开的安全生产专题会议传达贯彻3月4日县政府第一季度防范重特大安全事故及安全生产工作会议精神，部署“两会”期间各造纸企业做好安全生产工作，联社安办拟近期组织一次安全生产大检查。

【纸业企业技改投资】 4月，闽发纸业有限公司对5号生产线进行技改，投入100多万元，技改后年生产民俗用纸2500吨，产值1800万元。12月，华闽纸业有限公司第三车间实行技改，投入50万元，提升特种纸品砂纸原纸的品质质量，完善造纸工艺流程，技改后年生产砂纸原纸2000吨，年产值1500万吨。

【造纸企业检查复查】 5月5—7日，福建省纸业协会专家组3人受县工信局委托到县闽发纸业、易成纸业、弘惠纸业、华闽纸业、兴洲纸业5家造纸企业开展产能产量、技改实施、环保审批、安全生产等检查、复查工作。

【闽发纸业承包人变更】 5月9日，闽发纸业有限公司引进莆田客商郑国俊承包经营，新投入资金80万元，扩大生产规模，增加产量，年产工业用纸3000吨、产值1300万元。

【安全生产月活动】 6月，县城镇集体工业联合社（简称县城镇联社）按照国务院安办和全国“安全生产月”“安全生产万里行”活动统一部署，开展以“防风险、除隐患、遏事故”为主题的安全生产月应急预案演练周活动。成立组织机构，制订应急演练周活动方案，对各造纸企业进行全面安全检查、隐患排查、预案演练，确保生产安全，增强应急处置能力。

【安全生产大检查】 7月18日，县城镇联社组织安办人员对全县造纸企业开展第三季度安全生产大检查，查出各类安全隐患16处，下发整改通知书4份。通过检查，要求各企业做好高温季节消防防火、特种岗位操作、一线职工防暑降温工作。

【县领导到纸业企业调研】 7月22日、12月10日，常务副县长陈剑生带领县工信局、环保局等有关部门人员到闽发纸业有限公司、兴洲纸业有限公司调研，了解企业生产情况，对公司技改进度给予充分肯定，并对企业发展提出意见和建议。7月26日、10月15日，县委书记陈文华带领工信局、环保局、金融等有关部门人员分别到华闽纸业有限公司、闽发纸业有限公司调研，详细了解企业生产经营情况和存在困难问题，对企业今后生产提出建设性意见和建议。11月18日、12月21日，县人大常委会主任陈汉良带领人大部分委室、县有关部门到闽发纸业有限公司调研。

【消防应急救援演练】 9月26日，县闽发纸业有限公司在企业操场内举行“迎国庆、保安全”消防应急救援演练，参加演练的有企业消防安全管理人员、企业中层领导、生产一线职工等，吴山镇政府安办、吴山派出所、园区内有关企业的领导前来观摩指导。

【客商投资引进】 12月，闽发纸业有限公司第5车间引进龙岩客商连永福投资500万元，新建民俗用纸生产线1条，年产量3600吨，产值2160万元。兴洲纸业有限公司引进长乐客商李伊泽投资1100万元，技改新建3200纸机生产线2台，其中一条生产线已完成技改进入调试阶段，年可生产薄页纸1500吨。

（庄家乐）

生物科技工业

【概况】 2019年，全县规模以上生物医药企业有大田华灿生物科技有限公司、聚祥大田生物科技有限责任公司2家企业，当年实现产值2.89亿元，同比上年减少22.31%。福建华灿制药有限公司专业从事生物制药和生物制剂中医药酶和试剂酶等精细化酶及其制剂的研发生产，职工153人，其中，博士3人、硕士3人、本科25人。

【华灿制药药号获批】 6月，福建华灿制药有限公司自主研发的，具有提高人体免疫功能的新产品，“华灿牌超氧化物歧化酶胶囊”获得国家药品批准文号“国食健注G20190055”。

【工具酶标准化工作组年会召开】 12月28—31日，由福建华灿制药有限公司承担的全国工具酶标准化工作组2019年年会在苏州大学召开。会议通过了数个新的工具酶标准草案，来自全国各高等院校及有关大型高科技企业的教授、专家20余人参加。

【酶产品生产】　2019年，福建华灿制药有限公司自主研发的体外诊断试剂“凝血酶”“脱氧核糖核酸酶”“核糖核酸酶”3种原料酶进入产业化生产。

（林芳镇）

其他制造加工工业

【概况】　2019年，全县规模以上其他制造加工工业企业53家，比上年增加4家，实现产值178.99亿元、销售收入178.52亿元，分别比上年增长45.12%、46.32%。涉及糖果加工、蜜饯制作、茶叶制作加工、纺织服装制造、木材加工、人造板生产，门业加工，木制家具、板式小家具、电子元件及组件生产制造，生物质颗粒燃料、合成革制造、PU人造革、塑料再生颗粒生产，胶粘制品、胶水、薄膜的制造、手袋加工、包装装潢及其他印刷、体育用品制造、桶装水的生产等。企业分布在均溪、石牌、广平、上京、桃源、建设、奇韬、太华、吴山、梅山10个镇和武陵、湖美、谢洋、屏山4个乡以及京口园区。

【城镇联社行政职能改革】　3月，县城镇集体工业联合社（简称县城镇联社）按照县委机构编制委员会的统一部署，将行政职能剥离转移至县工业和信息化局，配合其承担全县城镇集体经济相关的公共事务管理职能。

【工艺美术品参展参赛】　4月28日至5月4日，莆田工艺美术城举办第十四届中国（莆田）海峡工艺品博览会和第十届福建省工艺美术精品“争艳杯”大赛，县城镇联社选送县工艺美术人员工艺美术作品15件，其中5件作品获优秀奖。10月1—30日，选送县工艺美术人员红色文化作品参加在市博物馆三楼展览厅举办的三明红色文化艺术作品展，参展作品有木雕《战火中的青春——红色挑夫》《红色堡垒》《吹响号角》《所向披靡》《林大蕃》等。

【市县领导到企业调研】　7月23日，县委副书记连仁魁到枯艺木雕加工坊、博雕石木工艺厂、良兴工艺创作室等工艺美术企业、作坊调研，并与工艺美术创作艺人座谈，了解其生产经营、家庭生活情况，征求对县工艺美术文化产业发展的思路和建议，连仁魁对县工艺美术文化产业发展提出意见和建议。8月16日上午，市城镇联社主任曹春荣一行4人到县城镇联社调研工艺美术文化产业发展情况和城镇联社机构改革工作，联社副主任林起煌汇报上半年联社工作情况，曹春荣对县工艺美术文化产业发展、联社机构改革开展提出意见和建议。

【工艺创作技能大赛】　9月6—11日，县城镇联社组织县工艺美术人员周庆赛、周宗朝、连晋尉、陈加坡、郑祥燮等艺人代表市、县总工会参加由省总工会在惠安县举办的第二届福建省手工艺现场创作技能竞赛石玉雕刻、木竹根雕比赛，这是县工艺美术创作者首次参加技能大赛。

【中国工艺美术博览会】　11月7日，市城镇联社组织各县联社主任，工艺美术大师参加在南京举办的中国工艺美术博览会，县联社负责人与部分工艺美术大师3人随同参加。

（庄家乐）

个体与私营工业

【概况】　2019年，县市场监督管理局持续简化市场主体办理注册登记事项，营造便捷市场准入环境。当年经工商登记注册的个体、私营工业企业289家，注册资金7.22亿元，从业人数1710人。全县个私工业企业1955户，同比增长16.79%；从业人数1.86万人，同比增长5.68%；注册资金55.42亿元，同比增长13.87%。其中，私营工业企业885家，注册资金55.42亿元，从业人数1.45万人；个体工业企业1070户，注册资金1.41亿元，从业人数4688人。

【个私印刷工业】　2019年，全县个私印刷工业企业17家（自2015年以来数量不变），注册资金3393.2万元，其中注册资金500万元以上的有4家、100万元以上的3家，不足100万元的10家。17家印刷企业均分布于城区。

【个私农副产品加工业】　2019年，全县个私农副产品加工237家，注册资金4118万元，其中注册资金300万元以上的有3家，100万元以上的4家，不足100万元的230家。

【股权出质登记】　2019年，县市场监督管理局注册股向金融部门和企业宣传股权质押贷款模式，拓展企业融资渠道。全年办理股权出质登记17件，出质股权份数3533.52万股，被担保债权数额1.15亿元，缓解了企业融资难的处境。

（黄清渊）

大田县经济开发区建设

【概况】　2019年，大田经济开发区以“一区四园”模式，以建设“产业聚集、配套完善、管理先进、运营高效”的现代工业园建设为目标，规划布局皮革纺织、铸造和机械加工、新材料、陶瓷等产业。规划总面积2362公顷（工业面积1201公顷），形成工业平台400公顷。至年底，入驻企业32家，规模以上企业14家，比上年增加2家；完成工业产值37.47亿元，同比增长100.1%，实现税收3638万元；固定资产投资7.89亿元，同比增长2.05倍。8月19日，大田经济开发区管理委员会办公场所搬迁至大田县文山路9号。

【开发区企业联合会成立】　1月23日，大田县经济开发区企业联合会成立，设立理事会和监事会等职能部门，实行决策权、执行权、监督权“三权分立”的运行模式。14家会员企业联合认捐1670万元，作为提升京口村和京口工业园教育教学质量和办学水平的教育基金，当年发放奖教奖学、助教助学资金33.46万元。

【PPP项目实施】 10月，开发区基础设施建设PPP项目的罗丰工业园二标段进场施工，形成工业平台33公顷。PPP项目包含福建（大田）机械铸造产业集聚区（上京工业园）一期工程二、三标段（占地178公顷）、罗丰工业园一期工程（占地80公顷）和均溪工业园二期工程（占地53.33公顷）3个园区基础设施建设，投资总额11.5亿元。当年完成投资2.94亿。

【项目集中开竣工活动】 12月26日，大田经济开发区上京工业园举行“五个一批”项目四季度集中开（竣）工仪式，三明市超越中高端铸件生产及机械制造项目、展晖机械铸件生产加工及设备制造项目、凯沃中高端铸件生产加工及整机装备项目开工，项目总投资额6.15亿元。县委书记陈文华，县长林金龙，县委副书记连仁魁，县委常委、常务副县长陈剑生，县委常委蔡兴山，副县长余维语等参加活动。

【项目引进签约】 2019年，县经济开发区管委会引进三明市星恒化纤加工项目、维真园生物制剂和卫生用品生产项目、福建铿锋精密螺丝制造项目，项目总投资额2.03亿元。7月9日，开发区与三明市星恒化纤有限公司、福建维真园医药科技有限公司以及福建铿锋精密螺丝制造有限公司在开发区文体中心举行项目签约。

【基础设施建设】 2019年，开发区不断完善基础设施建设，京口工业园笼式足球场建成并投入使用；微型消防站建成；9号平台土方石平整工程完成并验收；入园公路滑坡治理工程、C线路灯工程完成施工。上京工业园主路口完成桩基、桥墩墩柱施工，进入预制桥梁阶段。罗丰工业园完成部分边坡绿化，10千伏临时用电和9万立方米“小山塘”选址、地勘、设计等前期工作；罗丰科华石墨110千伏线路基本建设完成。

【项目建设推进】 2019年，县经济开发区管委会完善项目和园区企业配套设施，清航无人机产业化项目完成空域报批及跑道工程和仓库基础建设，1#厂房主体工程完工并进行装修；集中供热项目完成烟囱、主厂房、碎煤楼、干煤棚建设及装修，综合楼基础建设、锅炉安装正在进行中；科华石墨项目完成煅烧车间、石油焦仓库建设，煅烧炉砌筑及煅烧设备安装完成，煅烧生产线投产，石墨化车间、变电房基础、专有设备正在建设、制作、安装；大圣陶瓷项目完成场地平整、护坡工程、厂房、宿舍楼基础施工；展晖机械铸造生产项目完成前期工作，11月26日，开工建设；卓利达生产项目完成一期工程建设，进入机器设备安装阶段。

（郭立桥）

交通·通信

□ 编辑 郑祥果

交通建设

【概况】 2019年，大田县铁路、公路建设总投资48.95亿元。其中，铁路投资29.23亿元、高速公路15亿元、国道3.33亿元、县乡道路0.36亿元，其他投资1.03万元。兴泉铁路（大田段）全长60.28公里，全线动工建设；续建莆炎高速公路（大田段）征地拆迁基本完成；续建国道纵五线梅山德州至均溪柏林段公路41.7公里，完成路面9公里；完成四级公路改造37.16公里，其中：乡道拓宽改造8条（段）、23.79公里；乡村道新建7条（段）、13.37公里。年底，全县有公路322条、1810.43公里。其中，高速公路1条、60.61公里；国道3条、136.27公里；省道1条、79.05公里（含国道G356线重合31.89公里）；县道18条、322.31公里；乡道142条、816.76公里；村道157条、395.43公里；全县有高级（混凝土、沥青）路面1535.22公里，中级（泥结碎石）163.88；晴雨通车1712.47公里。县专业养护班站（养护组）10个，员工56人，配备高空作业车1辆、扫地车2辆、洒水车4辆、划线机1套，挖掘机2台、装载机各1台、沥青洒布车1台及公路养护自卸车14辆、轻型货车7辆。县、乡、村道养护站18个、养护工295人，配备割草机60台、清缝机、灌缝机各2台，装载机、洒水车、小挖掘机、破碎镐、切割机、扫路机、发电机、无人机各1台，照明车、小型自卸车各1辆。

2019年大田县乡村公路建设改造情况表

表1

序号	路线起讫地点	组织实施单位	路基宽（米）	混凝土路面（米）	里程（公里）	总投资（万元）	动工时间	竣工时间
1	大石至大石农场（村扩建条）	大石村	4.5	4.5	1.56	119.02	2018年6月	2018年8月
2	龙头至龙头路口（村新建条）	芹阳村	4.5	3.5	0.7	83.89	2018年7月	2018年8月
3	张坑至外洋（村扩建段）	张坑村	6.5	6.0	0.94	106.62	2018年9月	2018年10月
4	分水隔至西坪（村新建段）	桃源林场	4.5	3.5	3.00	237.07	2018年7月	2019年1月
5	熊田至蒋山（村新建段）	芳林村	4.5	4.5	2.67	275.45	2019年2月	2019年6月
6	美阳至许坑（村扩建段）	许坑村	6.5	6.0	3.45	143.21	2019年3月	2019年8月
7	杨梅路口至杨梅（村扩建段）	杨梅村	6.5	6.0	2.32	147.12	2018年11月	2019年2月
8	王坪至草仔格（村扩建段）	王坪村	6.5	6.0	2.39	164.41	2018年11月	2019年2月
9	光明至龙口（乡新建段）	光明村	4.5	4.5	3.05	241.62	2018年9月	2018年12月

续表 1

序号	路线起讫地点	组织实施单位	路基宽（米）	混凝土路面（米）	里程（公里）	总投资（万元）	动工时间	竣工时间
10	和洋至下尤（村扩建条）	阳春村	6.5	6	4.20	701.92	2019 年 2 月	2019 年 6 月
11	深山坑至王坪（新扩建条）	王坪村	3.5	3.5	1.16	100.43	2019 年 6 月	2019 年 9 月
12	红星至良元（村扩建条）	良元村	4.5	4.5	4.0	125.49	2018 年 1 月	2018 年 2 月
13	科山至锦山（村扩建条）	锦山村	6.5	6	4.9	811.09	2019 年 9 月	2019 年 12 月
14	建成至半路（村新建条）	建成村	4.5	4.5	0.9	86.58	2019 年 7 月	2019 年 9 月
15	后坂洋至金岭（二期）（乡新建条）	金岭村	4.5	4.5	1.89	267.44	2018 年 12 月	2019 年 3 月

注：新建村道 5 条 8.431 公里（3 条+2 段），新建乡道 2 条 4.935 公里（1 条+ 1 段）；拓宽村道 8 条 23.793 公里（4 条+ 4 段），总里程 37.159 公里，总投资 3611.38 万元。

【国省道破碎路面修复】 1—2 月，大田县公路分局组织对国道 534 线、省道 S217 线混凝土路面破碎板进行置换 10321 平方米，由三明永达公路勘察设计有限公司设计，厦门中平工程监理咨询有限公司监理，福建三明盛达公路有限责任公司施工。总投资 223.8 万元，

【上京公路站建成投入使用】 2 月，大田县公路分局上京公路站办公楼建设动工，位于上京镇 三阳村（国道 356 线 K229+500 处），占地 5733.36 平方米，建筑面积 1350 平方米，钢筋混凝土框架结构综合楼 1 幢 4 层及仓库和食堂 1 幢 2 层。由广州黄埔建筑设计院有限公司 设计，福建省蓝图监理咨询有限公司监理，福建省昌阳建设工程有限公司施工。至 11 月，完成办公楼主体及装修工程，年底投入使用，投资 309.6 万元。项目总投资约 500 万元。

【国省干线公路绿化】 4 月，大田公路分局组织对国道 356 线、534 线，省道 217 线绿化补植补种，种植香樟、广玉兰 、红叶石楠、茶梅等乔灌木 2217 万株及地被，投资 103 万元。

【大田城关公路站动工建设】 4 月，大田县公路分局城关公路站应急抢险基地办公楼建设动工，位于玉田村“黑石公仔”处，占地 5733.36 平方米，建筑面积 2660 平方米，钢筋混凝土框架结构综合楼 1 幢 7 层。由中外建华诚城市建筑规划设计有限公司设计，福建省蓝图监理咨询有限公司监理，福建省方顺建设有限公司施工。年底， 办公楼主体工程封顶，附属工程完成边坡防护 3246 平方米，改造涵洞 1 座，完成投资 1400 万元。项目总投资约 2600 万元。

【广平至安溪官桥高速公路通过工可审查】 4 月，莆炎支线大田广平至安溪官桥高速公路建设项目工可，全长 49.2 公里。通过省发改委组织的审查。12 月，完成两个阶段设计招投标。

【国道 235 线公路品位提升改造】 4—6 月，大田县公路分局组织对国道 235 线进行服务品位提升改造，大石至长溪段 11 公里花池砌筑及绿化种植工作，石牌集镇路段 882 平方米沥青路面破损修复，石牌至仕洋段长 10 公里公路标线划设。由福建省大田县盛达建筑工程有限责任公司施工，福建安华发展有限公司监理，完成投资 65.6 万元。

【农村公路养护工程建设】 4—12 月，全县 18 个乡镇组织实施农村公路养护工程建设，完成错车道 517 个，修复水泥路面 21712 平方米，边沟硬化 5700 米。完成投资 420.1 万元。

【县道路面改造】 6 月，大田交通运输局组织对县道管吴线（尤溪管前至吴山）的川石至东坑段 15.66 公里路面置换工程续建完工，混凝土路面置换 324 万平方米，投资 461.2 万元。8—12 月，县道管吴线的东坑至杉板段 6.7 公里，前坪至均溪的上地至东坑段 7 公里，路面置换改造，完成混凝土路面 412 万平方米，投资 637.6 万元；太华镇、前坪乡政府组织对县道湖桃线的川石至万湖段 14.61 公里路面置换改造，完成路面水泥路面 2.89 万平方米，投资 424.8 万元。

【泉南高速上京互通连接线水毁治理】 6 月，县高速公路指挥部对上京互通 C 匝道下边坡滑塌和M K 153+730—M K 153+995 路面沉降、边坡变形水毁进行治理。由福建畅祥公路工程有限公司负责施工。投资 194.2 万元（含地质勘探服务费 79 万元、监测费 59.2 万元）。

【国省道隧道安全专项整治】 7—8 月，大田县公路分局组织对国道 356 线石门格隧道、梓溪隧道，省道 217 线中华岭隧道安全风险专项整治。由三明永达公路勘察设计有限公司设计，漳州市衡达交通监理有限公司监理，大田县鹏程公路有限责任公司施工。总投资 32.8 万元。

【国省道公路安全生命防护工程建设】 7—12月，大田县公路分局组织对国道534线、省道217线建设路段，实施公路安全生命防护工程，增设钢筋砼防撞护栏1063米，A级波形护栏660米，B级波形护栏3919米。投资174.1万元。

【公路站“厕所革命”改造】 8—12月，大田县公路分局组织对桃源、铭溪、文江、广平等4所公路站厕所进行改造提升，改善职工生活条件，项目投资60万元。

【国省干线水毁修复】 8—10月，大田县公路分局组织对国道356、534线，省道217线8处水毁进行修复，卸载边坡3.1万立方米、三维网植草4800平方米、增设挡墙 约450立方米。投资129.62万元。

【农村公路安全生命防护工程建设】 9—12月，县交通运输局组织实施农村公路安全生命防护工程建设，完成防撞护栏42米，波形护栏4040米，反光镜21面，安全警告标志64块，猫眼道钉8248个，路面标线1.65平方米，减速振动标线94.5平方米，道口桩160根。投资240.8万元。

【国道桥梁加固改造工程】 10–12月，大田县公路分局组织对国道534线铭溪一桥上部重建，国道235线宽田桥、356线厝坑三桥、牛田洋一桥、小湖六桥及小湖二桥粘贴钢板加固改造，由福建亿达工程勘察设计研究院有限公司设计，大田县鹏程公路有限责任公司、大田中交建设工程有限公司施工，大田县公路分局监理。总投资549万元。

【国道纵五线德州至溪柏林段工程续建】 2019年，国道纵五线梅山德州至均溪溪柏林段工程续建。完成路基挖方111万立方米、填方140万立方米，铺设路面9.17公里，筑涵洞269.3米，完成桥梁，桩基105根、墩柱65根。6—12月，前进，姜坑1号、2号、3号，高才4号5座大桥动工，11月，梅山，南山，沈口1号、2号4座大桥和秀岭中桥续建完工；开挖隧道1605米。12月，二保、和平、扬场坑、后洋等4座隧道贯通。当年完成投资3.3亿元，累计完成投资10.06亿元。

【莆炎高速公路（大田段）项目工程续建】 2019年，莆炎高速公路（大田段）工程项目续建，完成路基挖方1163万立方米，填方1026万立方米，桥梁桩基1092根、墩柱332根，隧道掘进8234米、二衬1221米，涵洞、通道50道，防护工程70216立方米。续建征地拆迁，完成广平镇苏桥村民房19座面积1.05万平方米拆迁和安置地选址、规划、用地等手续报批及第一期安置地平整施工。办理许可临时使用林地10宗，办理采伐证15本，采伐林木50公顷。完成电力杆线迁改2个，用电项目施工扫尾4个；8个通信综合杆路项目施工扫尾和割接迁改；顺阳矿业压覆矿矿价补偿和有形资产评估；施工爆破造成民房损坏进行公证32座，损失评估鉴定4座。全年完成建安投资15亿元。

【兴泉铁路（大田段）项目工程续建】 2019年，兴泉铁路（大田段）项目续建工程完成总工程量75.2%。中铁十七局承建桃源镇赤头坂将军架至桃源镇广汤村4标段11.72公里，完成工程量62%，其中完成路基98%、桥梁99%，隧道58%完成投资5.8亿元。中铁隧道局承建桃源镇广汤村至华兴镇华安村第5标段33.27公里，完成工程量86.6%，其中完成路基83%、桥梁57%、隧道58.2%，完成投资13.5亿元。中铁十八局承建华兴镇华安村至屏山乡内山村和济阳乡大儒村至大墘村第6标段15.29公里，完成工程量79.58%，其中完成桥梁73%、隧道87%，完成投资6.38亿元。土地征迁工作，完成主线征用土地70.47公顷，占任务99.9%；完成建筑物拆迁148座、8.54万平方米，临时用地征用（施工用地，搅拌站、钢筋制作场、弃土场）132.13公顷，拆迁小湖货运站红线内厂房3座，调查测量评估房屋128座，签订征迁协议128座，拆除房屋128座、面积5万平方米。红湖新村市政道路土石方及道路挡墙部分工程完工，饮用水工程完成招投公示，进入清水池等施工阶段，高陡边坡治理工程和市政基础项目完成设计招投标进入施工阶段；小湖段军用光缆等弱电线路完成迁改；大田客运站土地平整110万立方米，完成工程量65%，三电迁改全部完成。土地征迁完成投资3.55亿元。铁路工程项目完成投资29.23亿元，占总投资63.76%。

交通运输

【概况】 2019年，全县营业性货车（含危货）2559辆、3.91万吨位。全年完成货运量1408.59万吨，周转量13.38亿吨公里。营业性客车163辆（含旅游、出租车）、2778座，平均日发客车263班次、运送乘客3072人次，全年完成客运量222.28万人次，周转量1.89亿人公里。营业性公交班车52辆（含100车微型公交车），全年完成客运量665万人次。至年底，省内跨地（市）线路10条，市内跨县（市）区线路10条，县内线路18条，学生周末班车线路8条，城区公交客运线路17条。年内，闽通大田分公司大田旅游集散服务中心开业，广平综合运输服务站，东景候车亭续建完工，闽通大田公交公司电动车充电桩建设107台（快充桩11台、慢充桩97台）完成。

（注：客货运输量、周转量依据经济普查调整后统计数据）

表 2

2019 年大田县客运班线一览表

线别	序号	营运班线	里程（公里）	客车（辆）
县内	1	大田—广平东景	80	1
	2	大田—广平丰庄	82	1
	3	大田—广平万筹	77	1
	4	大田—桃源	51	5
	5	大田—梅山	50	6
	6	大田—梅山秀岭	48	1
	7	大田—上京	32	6
	8	大田—奇韬	64	3
	9	大田—广平	75	11
	10	大田—太华魁城	36	1
	11	大田—桃源东风农场	60	1
	12	大田—武陵	26	2
	13	大田—济阳	46	2
	14	大田—谢洋	30	1
	15	大田—屏山	23	2
	16	大田—湖美	24	3
	17	大田—太华大合	51	1
	18	大田—奇韬永德村	76	1

线别	序号	营运班线	里程（公里）	客车（辆）
市内跨县（市）区	1	大田—永安（高速）	87	6
	2	大田—沙县（高速）	150	1
	3	大田—沙县（X732、S304）	125	2
	4	大田—尤溪	114	1
	5	大田—三明	105	10
	6	大田—三明（经奇韬）	150	1
	7	建设—永安	107	2
省内跨地（市）	8	梅山—沙县	150	1
	9	上京—永安	55	1
	10	桃源—永安	44	2
	1	大田—泉州（高速）	141	4
	2	大田—福州（高速）	297	4
	3	大田—石狮（高速）	164	4
	4	大田—厦门（高速）	223	5
	5	大田—漳州	248	1
	6	大田—龙岩	218	1
	7	大田—晋江（高速）	154	1
	8	大田—安溪	132	1
	9	大田—莆田（高速）	230	1
	10	建设—厦门枋湖	298	1
合计				99

【组织运力保春运】 1 月 21 日至 3 月 1 日，县交通运输部门按照“便捷、温馨、平安、诚信”春运指导原则，抓好春运组织工作，合理调控运力，采取长短客运经营，多班、双班、包车和卸载分流相结合抓好客运业务。春运 40 天，组织客车 195 辆，发车 9483 班次，安全运送旅客 8.67 万人次（不含县内短途客运），完成周转量 17.73 万人公里。

【县汽车站迁建二期工程续建】 1—12 月，汽车站迁建二期 A 宗块职工安置房和商品房建设项目续建工程，位于均溪镇温镇村兴田路边“井美”，占地总面积 5725.48 平方米，建筑总面积 2.16 万平方米。由福建省新广厦工程设计研究院有限公司设计，福建省蓝图监理咨询有限公司监理，海颐建设有限公司承建。至年底，1、2 号楼地下室已完工，进入 3 层主体施工，完成建筑面积 1.1 万平方米。完成投资 4200 万元。

【大田旅游集散服务中心开业】 5 月 19 日，大田旅游集散服务中心开业，位于均溪镇温镇村兴田路边“井美”，按二级旅游集散中心的标准设计，建筑面积 3000 平方米，设有游客服务区、旅游购物区、游客休闲区、旅游美食区、旅游客运区。为县内美丽乡村旅游提供信息咨询、旅游酒店、机票火车票预订、旅游业务接待及特色旅游产品开发等旅游集散服务。投资 150 万元。

【永兴达机动车驾训有限公司通过许可】 9 月，县交通运输局依照交通行业标准 JT/T433-2004《机动车驾训机构条件》对大田县永兴达机动车驾驶员考训有限公司进行准入资质审核，经审核符合三级普通机动车驾驶员培训资质，准予许可三级普通驾训。

【闽通大田分公司微型公交车投入运营】 7 月 11 日，闽通大田分公司，引进 100 辆云渡新能源微型公交车（群众俗称“小兰车”取代已取缔的三轮车载客），投资1028万元，县政府分三年按总车价款40%补助。在城区汽车站、公园、天玺碧桂园、大南门、福田、县医院、中医院、石牌汽车站等8个区域设置发车区，采取次干道及小巷为主，主干道为辅，点到点、招手即停方式运营。城区票价每人次3元，城郊每人次票价5元。实行投币购票，微信、支付宝购票。

【纯电动新能源公交车投入营运】 8月，县财政出资500万元，购置10辆金旅牌纯电动新能源公交车，分别投入1、2、3、9路公交线路运营，取代原有传统燃料公交车。纯电动新能源客车具有车厢大、车身长、行驶稳，安全性、舒适性好的特点。

【汽车修理企业备案】 2019年，县交通运输局依照国务院《关于取消一批行政许可等事项的决定》（国发〔2018〕28号）文，对大田县汽车保养场、福建福道鑫汽车服务有限公司、三明市福万通机动车服务有限公司、三明市大田县烨辉汽车维修有限公司等4家机动车维修企业经营备案。

【物流有限公司资质审核】 2019，县交通运输局依照《道路货物运输及站场管理规定》，对润达、昊通、仙通、鸿顺、源顺、惠城、宏辉和华城汽车修理等8家物流有限公司经营资质进行审核，准予经营普通货运。

交通管理

【概况】 2019年，全县营业性客运企业2家，客车163辆（含旅游、出租车），公交客车53辆。道路运输证持证率、年审合格率100%；客运驾驶员从业资格证办证11人，办证率100%；乘务员从业资格证办证率99%。营业性货车2559辆，年审合格率77.6%。货运汽车驾驶员从业资格证办证270人（危货105人）、办证率96.8%。汽车维修经营业户35家，其中二类2家、三类32家，摩托车维修经营业户1家。维修质量信誉考核35家，其中AAA级1家、AA级16家、A级12家、B级2家、新办备案4家免考核。机动车综合性能检测站1家。机动车驾驶员培训企业5家，其中二类3家、三类2家，驾培质量信誉考核达到AA级2家、A级2家。教练车204辆，其中小型汽车189辆、摩托车15辆。教练员246人，其中理论教练员31人、实际操作教练员244人。培训机动车驾驶员8063人，其中小型汽车5020人、摩托车3043人。

【货车超限视频监控中心启用】 1月18日，石牌超限运输检测站完成货车超限视频监控中心项目建设并启用。该中心能够实时采集进入站执法区域载重货车车辆信息、货物装载、行驶轨迹等相关执法信息，并对货车超限情况进行自动检测，及时发布预警超限车辆的车辆牌号、车辆轴数、车货总重等实时数据，为一线执法人员精准打击超限运输行为提供技术支撑，为全省推广“科技治超”和非现场执法工作奠定基础。

【县运输管理所职能转变更名】 3月，根据《中共大田县委机关编制委员会关于推进和规范县属事业单位调整有关事项的通知》田委编〔2019〕4号文件，将原县运输管理所“负责道路、水路交通运输行业管理。维护运输行业的平等竞争秩序。承担道路水路运输（含城市出租汽车客运管理）、船员等运输从业人员资格审核、呈报、发证”等行政职能剥离转移至交通运输局。将“负责调查处理水上安全事故、汽车及船舶维修、汽车驾驶员培训市场管理”的行政职能划转至县交通运输综合行政执法大队。重新核定职责“配合县交通运输局承担全县道路客货运输、运输场站、机动车维修和驾驶员培训、城市交通营运等公共事务管理职责”。5月，正式更名为大田县运输发展中心。

【非洲猪瘟疫情防控】 8月，县运输发展发展中心通过加强非洲猪瘟疫情源头管控，抓好承运禽畜车辆排查摸底、登记备案，落实寄递物流安全管理三个100%（100%收寄验视、100%实名收寄、100%过机安检），强化客运、货运、寄递物流企业防控疫情督查，确保疫情防控起得成效。疫情防控其间，共出动检查人员31人次，检查物流企业13家，检获违规调运猪内3件，并及时移交畜牧兽医水产部门进行无公害处理。

【安全生产隐患排查百日行动】 8—10月，县交通运输局开展安全生产风险防控和隐患排查治理百日行动，按照“零容忍、严执法、重实效”的总体要求，压实安全生产工作责任、夯实安全生产基础，突出行业重点领域、重点企业、重点部位，着力防范化解重大风险、排查治理重大隐患，杜绝重特大事故、遏制较大事故、减少一般事故，维护人民群众生命财产安全，确保交通运输生产安全形势持续稳定。行动其间，组织安全检查13次，参加人数49人次，发现隐患4条、整改4条，整改率100%。

【车辆超限超载治理】 2019年，县交通综合行政执法大队与县公安交警大队联合开展车辆超限超载治理行动，以打击运输渣土、石灰石、危险化学品超限超载和擅自改变车型等行为重点，采取加大重点路段巡查布控，重点时段蹲点守候相结合等方式，开展车辆超限超载整治。整治其间，组织联合行动24次，出动执法人员105人次，检查车辆1569辆，查处超限违法行为40起，卸载超限货物1474.35吨。

【公路路域环境整治】 2019年，县交通执法大队开展公路路域环境整治行动36次，出动执法人员217人次，巡查公路里程4758公里，清理占用公路乱堆乱放124处、2985平方米，立案查处车辆扬撒47起、污染公路1起。

【水上交通安全专项整治】 2019年，县交通执法大队与生态执法局、地方海事处、渔政执法大队和湖美乡政府等部门单位联合开展打击“三无船舶”专项整治行动10次，参加人员52人次，约谈库区观光船船主2次，拆除船舶动力装置6艘。

【车辆超限检测治理】 2019年，石牌超限运输检测站出动执法人员3793人次，检测车辆25.99万辆次，同比增长187.55%。查获违法超限车辆183辆次，同比增长27辆次，责令卸载超限货物4741.04吨、责令补办超限运输通行证

1辆次，移交公安交警立案查处183起，立案率、结案率均为100%。超限检测数、超限查处数均居全市首位。

（林加兴）

中国邮政

【概况】 2019年，中国邮政集团公司福建省大田县分公司（简称邮政分公司）业务总收入3725万元，同比上升5.9%。全县城乡邮路59条，总长1785.65公里。报纸订阅468.07万份、杂志订阅25.52万份，出口函件10.88万件、进口函件37.06万件，出口包件14.05万件、进口包件87.54万件。公司蝉联“省级文明单位”称号。

【函件系列活动开展】 4月，县邮政分公司与县委政法委、县教育局、共青团联合举办“创建平安县 礼赞新中国”书信大赛；5月14日、10月16日，结合均溪镇综治办开展“扫黑除恶”活动，制作宣传单2000份；全年，结合卫健局开展儿童保健、产妇保健为主题，制作宣传单2.5万份，儿童保健免费服务券3000份，公民健康素养手册5000本。

【集邮文化建设】4月，县邮政分公司到城一小组织两场“集邮文化进校园”活动，传播集邮文化，培养新一代集邮爱好者；10月25日，县邮政分公司牵头在影剧院召开大田县集邮协会换届工作并协助举办泉州市集邮协会副会长陈国成先生（原大田插队知青）个人邮展活动，展出1949—2019年以来个人收藏邮票70幅。

【爱心公益讲座举办】 5月中旬，县邮政分公司引入《课堂内外》杂志社在赤岩小学、城三小、城东小学、吴山小学开展为期2天、5场爱心公益讲座。

【中华人民共和国成立70周年活动】7—10月，县邮政分公司与县委宣传部联合发文组织各单位党员观看红色电影《廖俊波》和《古田军号》。借助中国共产党建党98周年和中华人民共和国成立70周年，500人次观看。

【捐赠“爱心月饼”倡议活动】 9月，县邮政分公司在中秋节前夕结合“思乡月”项目，续写“爱心亮点”，与县慈善总会联合组织向贫困户捐赠“爱心月饼”倡议活动。乡镇村及县各企事业单位给挂点扶贫户捐赠食用油、月饼等，活动期间共捐赠物品1009份，价值9.36万元。

【邮政普庭服务网点服务能力提升】2019年，县邮政新公司手工营业网点全面上线邮政E网点系统，通过PDA、智能手机采集邮件信息；电子化网点全部开通第三方支付业务，保障特殊服务。通过“人民日报时限微信群”，每日跟踪到报情况，按月纳入考核。在《人民日报》《福建日报》按作业计划交报情况下，实现县级以上城市党政机关当日见报。政务图书发行覆盖县级以下区域90%以上；机要通信全面配备安防设备，确保安全畅通。

（郑园园）

中国电信

【概况】 2019年，中国电信大田分公司电信业务收入6095万元，天翼移动市场份额24.47%，宽带市场份额51.78%。城区及农村集镇光宽带全覆盖，全县265个行政村开通光宽带100%，城区全光网区域达100%。全县拥有固话4.15万部，天翼用户7.46万户、宽带5.59万户；光缆6681.5皮长公里，杆路4661杆程公里；天翼3G基站199个、4G基476个，信号覆盖率99.99%，通话村265个，通话面100%；营业网点34个，为社会提供全方位电信服务。当年，分公司获中国电信福建公司2019年职工之家公众号运营竞赛县级工会优秀运营单位，获中国电信三明分公司2019年度绩效考核二等奖、网建基础管理专项竞赛先进集一等奖、网建基础管理专项竞赛先进集一等奖、无线网络质量提升对赌抢盘先进集体团队三等奖、用户欠费压降贡献奖、年度安全管理工作二等奖、廉洁文化作品创作优秀组织单位一等奖、信息工作优胜单位三等奖、职工之家公众号运营优胜单位一等奖。公司连续23年实现“三无”（无通信责任事故、刑事案件、治安案件）工作目标。

【防汛抗洪抢险演练】 4月，电信大田分公司参加“大田县2019年防汛抗洪抢险救灾暨地质灾害应急救援”演练，通过演练，检验应急预案的可行性和操作性，提升应急处置能力，保证防汛抗洪抢险工作有力、有序、有效进行，达到“模拟实战、锻炼队伍、完善预案”的目的。

【推进医疗系统“上云”】4—5月，电信大田分公司着力为解决总院系统硬件服务器部署“耗时长、成本高、运维难”问题，发挥天翼云“部署快速、灵活扩容、价格优惠”等优势，依靠天翼云专业服务团队，分别推进县医院医疗影像、财务等系统“上云”，起到为医疗业务保驾护航的作用。

【益农信息站点一体化服务】 10月，电信大田分公司以宽带服务为切入点，通过融合政企商务领航套餐，为县农业农村局提供18个乡镇及东风农场益农信息站点一体化打包服务，结合在县级运营中心部署云服务器，运用智能视频云将234个益农信息站点监控视频汇聚至运营中心，促进农业农村局系统性管理。

【首个5G基站开通】 12月，电信大田分公司开通电信大楼营业厅、建山社区营业厅室内5G信号，实现大田5G基站零的突破，为广大群众提供高速率、高带宽、低时延的5G全新体验。

【节能降耗见成效】 2019年，电信大田分公司通过铜缆回收，对接入机房设备进行下电退网，梳理核对接入机房电表清单和用电情况，对已下电的机房电表进行销户，节约电费及机房租金约12万元。

【“一部一品”建设】 2019年，电信大田分公司通过抓“金牌服务”，深化“一部一品”建设，不定期开展岗位练功、服务礼仪培训等。坚持每周二开展政企信息化知识培训及营销场景演练，全年开展能力提升培训5场，岗位练功4场、礼仪培训1场，全面提升服务能力水平，服务健康度列全区前茅，并在三明电信公司首届“讲故事，干全活”营销精英大赛中获得三等奖。

【结对帮扶捐款活动】 2019年，电信大田分公司发挥省级文明单位示范作用，主动参与社区建设，结对帮扶贫困户5户、贫困生2户，支出慰问金2万余元。积极组织开展消费扶贫。当年参与集团公司定点对口扶贫产品和省公司定点扶贫村产品价值1.06万元；组织全体员工为困难员工捐款，利用“水滴筹”平台和以现金的方式为员工李薛彪、陈联晶父亲捐款1.64万元。

（严慧芳）

中国移动

【概况】2019年，移动通信大田分公司把贯彻落实中央、集团、省、市公司决策和部署，通过岗位练兵、市场竞赛等方式，加快企业转型步伐，取得较好成绩。全年运营收入1.35亿元，同比增幅排名全区第二。全县移动客户20万余户，占全县通信用户67.5%。当年，新建4G基站230个，总基站数达1514个，实现城区、行政村、泉三高速、国省道全覆盖。宽带建设共完成52个小区，新增端口4127个，总端口数达到10.72万个，宽带用户数达4.8万余户，手机上网流量同比增幅42%。当年，大田移动分公司党支部获“省级先进集体”“中国移动福建公司2018—2019年度先进基层党组织”称号，移动通信大田分公司获“中国移动福建公司三明公司企业文化示范点”称号。大田移动—大田电力在全区组织的防汛实战演练中成绩突出，获得总分第一名。陈连捷被市委评为2018—2019年度“优秀支部书记”，张裕强被县委评为2016—2019年度“优秀党务工作者”，在“喜迎建国70周年，巾帼建功展风采”等活动中，连晶晶、郑秀娟获“三明市优秀青年岗位能手”，章留玲获“大田县三八红旗手”称号。

【春节期间网络运行保障】 1—2月，春节期间移动通信大田分公司流量同比去年增长200%以上，网络运行平稳，网络投诉同比去年下降50%左右。春节前提前完成OLT10GE扩容6台、12个口，LTE小区硬扩10个，软扩72个；针对传输隐患、动力隐患限时两天内完成整治，确保网络的整体稳定。

【防汛抢险应急演练】 4月，移动通信大田分公司与尤溪分公司联合开展2019年防汛抢险应急演练。演练模拟汛期因外力导致某中继段多条光缆阻断，造成拉远站退服，基站停电等多个科目进行，在规定时间内全部抢通，网络恢复正常。

【“七一”系列活动开展】 7月1日，大田移动分公司党支部开展以“不忘初心 牢记使命”为主题的系列活动。组织到红军村观看陈嘉庚1940年大田抗日演讲《有枝才有花 有国才有家》专题片，听“牢记使命 不负重托”专题党课。参加县直机关庆“七一”党员趣味运动会，丰富党员的文体生活，激励广大党员干部敢于担当、主动作为。

【“移动20周年，进店大回馈”活动开展】 7月26—30日，移动通信大田分公司结合“全球通日”开展进店回馈主题活动，通过店外、店内宣传；开展资源对投，渠道投入油、蛋糕券礼品，建行ETC、养生会所体验券、教育机构字帖等，业务融合推荐，将语音翻翻、定向包、存费送流量、重点客户送流量、88宽带送等多项权益整合等。累计带动存60送1760户、终端合约104户、重拓363户、新入网全家统42户、宽带173户，均排名全市前列。

【首个公益集团彩铃协议签约】 9月18日，移动通信大田分公司与均溪镇玉田村签订首个公益集团彩铃协议；与建设镇建忠村签订公益视频彩铃协议，达到党建和业务的双合作。

（章留玲）

中国联通

【概况】 2019年，中国联合网络通信有限公司大田分公司，全年完成业务收入4656万元，比上年增长17%。全县联通基站373个，联通2G用户9000余户，3G/4G用户3.12万户。优质的网络服务、优良的客户服务使企业的核心竞争力得到加强，为改善大田投资环境、促进经济发展提供通信保障。

【“五新”联通建设加强】 2019年，联通大田分公司深化“五新”新基因、新治理、新运营、新动能、新生态联通建设，企业党建全面加强、经营转型步伐加快，网络强企战略深入落地，体制机制改革纵深推进，移动手机、固网等传统业务的同步发展。

【“智慧医疗信息化”项目中标】 3月，联通大田分公司继大田妇幼保健院“智慧医疗信息化”建设后，通过公平公开竞标，又获得了大田总医院“智慧医疗信息化”建设标的，标的总金额530万元，为大田总医院早日进入信息化时代做出努力。

（郭秀明）

商业贸易

□编辑 潘 梅

商务工作

【概况】 2019年，县商务局围绕“五比五晒”竞赛活动、“十大攻坚会战行动”、高质量发展落实赶超目标的要求，坚持稳中求进工作总基调，商务经济发展稳中向好，主要指标增速好于预期，呈现“内外贸齐头并进、各领域协同发展”的良好态势。全县社会消费品零售总额58.15亿元，比上年增长7.1%。新增限额以上企业14家，退出4家，共83家，其中批发企业34家、零售企业38家、住宿餐饮企业11家。全县城乡集市贸易市场总面积4.59万平方米，全年交易额4.73亿元，同比增长3.28%。9月，县商务局被省商务厅授予“全省商务系统先进集体”称号；6月，商务局机关党支部被中共大田县委评为2016—2019年度“先进基层党组织”。

城乡集市贸易 2019年，城区有满田春市场、岩城新市场（好多多超市、服装鞋帽市场各占一半）2个市场，总面积1.2万平方米，商贸中心市场2600平方米基本处于闲置状态。在城区白岩山南路（公园门口）、雪山南路（农行附近）、南山路（中段）桥头、桥山路1号临街、东兜、福田大道原纺织厂路口设7个农产品临时交易点。城区市场全年交易额2.08亿元。济阳、梅山、华兴、建设、武陵、文江、前坪、太华、石牌、奇韬、湖美、屏山、吴山、上京14个乡镇建有农贸市场，总面积3.39万平方米，全年交易额2.67亿元，同比增长5.12%。建设镇被列为省级“商务特色镇”。满田春市场占地面积为7045.56平方米，实用面积5794.34平方米，内设有服务总台、信息中心、食品安全检测中心。市场分A、B两个区域，其中A区为干货区，设有店面38间、固定摊位81个，主要经营干鲜果、三类小药材、茶叶、青草药、食杂、粮食、菜籽、干海产品等11个门类产品；B区为鲜货区，设有店面34间、固定摊位258个，主要经营鲜肉类、蔬菜、家禽、卤制品、熟食品、面豆制品、食用菌、酱菜调味品、糕点、活鱼、海产品、冰冻产品等20多个门类产品。全年交易额1.98亿元。岩城新市场经营面积6229.88平方米。南侧为三明好多多超市，经营面积约3500平方米。北侧原经营服装鞋帽百货至9月30日止，1—9月经营成交额763.4万元。10月升级改造为农贸市场，12月5日投入使用，改造后经营面积约3114.54平方米，设固定店面18间、摊位150个，主要经营肉类、蔬菜、粮食、水果等行业，12月经营成交额26万元。位于县白岩山公园左侧地下商城的白岩商城10月1日正式对外营业，由县国投公司根据县委县政府市容市貌整治攻坚战的要求进行改造后投入使用。该商城面积约2300平方米，共有店面130间，经营户122户，均是原岩城新市场因提升改造的搬迁户。10—12月，成交额约260万元。

国有企业管理 2019年，商业总公司职工61人，营业收入539.87万元，税利346.65万元（利润179.57万元）。食品公司营业收入134万元，上缴税收13万元，亏损66万元。饮服公司营业收入276万元，上缴税收56万元，盈利116万元。县市场服务中心干部职工5人、协管员9人，联防队8人，下辖满田春市场、岩城新市场、白岩商城3个市场，全年收入137.07万元，支出165.35万元。

副食品基地建设 2019年，全县县级可调控副食品基地40个，其中，省级副食品调控基地4个，分别为桃源镇的生猪基地“大田县昌荣畜牧有限公司”、上京镇的生猪基地“大田县昌荣裕牧有限公司”、奇韬镇的蛋鸡基地“大田县米桶山禽业有限公司”、桃源镇的蔬菜基地“大田县桃源镇无公害蔬菜基地”。

商务执法 2019年，县商务局出动执法人员121人次，检查市场、商场、餐饮住宿、加油站、报废汽车回收拆解点、二手车交易市场安全生产58次，排查整改各种隐患16处。其中联合开展安全生产专项检查2次，消除安全隐患6处，处理商务执法案件1起。通过LED显示屏、横幅等宣传安全生产标语55条。

外资引进 2019年，全县新批落地开工外资项目1个（福建铿锋精密螺丝制造有限公司，合同外资3000万元），新签约外资项目1个（大田县光纤通信无源产品生产项目，意向合同3500万元）。

外贸出口 2019年，新增三明福炜伞业有限公司、福建岩兴气体有限公司、福建省大田县辉胜竹制品有限公司4家外贸出口企业，全县备案在册的外贸企业62家。全年完成外贸出口11.73亿元，同比增长8.91%，位列全市第三名。

电子商务 2019，全县新增电商企业26家，至年底，电商企业239家、网店1万余家，从业1万多人，全年完成电子商务交易额14.43亿元、网络交易额5.94亿元，同比分别增长12.03%、10.2%。整合县域物流资源，建成2000平方米县级物流仓配中心并投入使用。国家级电子商务进农村综合示范县创建项目顺利通过商务部示范县中期绩效评价，成绩位列全省第二；均溪镇被阿里研究院评为2019年度“淘宝镇”，福塘村被评为2019年度“淘宝村”。

【“硒望之田”品牌发布会举办】 3月5日，由县政府主办，县商务局、宣传部、农业农村局、市场监督管理局、茶业局、林业局承办的“硒望之田”品牌发布会暨精准扶贫农产品产销对接会在大田县电商扶贫产业馆举行。通过县域公共品牌“硒望之田”发布会、产销对接会、农品展销会等多种形式，推介县特色优质农产品，组织产销对接贸易洽谈，签订农产品意向采购合同300万元。

【“9·8”中国国际投资贸易洽谈会项目对接】 9月8—11日，县委、县政府组团赴厦门国际会展中心参加第二十一届中国国际投资贸易洽谈会，对接洽谈项目18个，其中外资项目8个，内资项目10个，总投资8740万美元，涉及文旅康养、服务业、通信技术等领域。

【牲畜定点屠宰厂投入使用】 9月，县食品公司下辖的牲畜定点屠宰厂项目一期正式投入使用，其中，猪屠宰车间5522.4平方米，牛羊屠宰车间2700平方米，其他配套设施2400平方米。日屠宰猪、牛可达500头，进一步推进“放心肉”生产。

（周懋钾　林凤洁　廖生铖　叶五二　魏　威）

供销合作

【概况】 2019年，大田县供销合作社联合社（简称县供销社）内设办公室、人事科、财务科、经济发展科、合作指导科、资产管理科、工会等7个科室，下辖4个基层中心社；县供销贸易总公司辖烟花爆竹经营部、农业生产资料公司、县龙得宝农资有限公司（股份制）3家直属商业企业。经营网点127个，在职干部职工37人，离退休人员195人。全年商品购进总额26.59亿元，比上年增长44.87%，商品销售总额34.43亿元，同比增长46.01%，实现利润875.95万元，同比增长63.34%。

【社有资产清理盘活】 2019年，县供销社对长期占用、不缴租金的社有房产清理整顿，清理面积4000多平方米，催收历年欠缴房租3万多元，并对长期占用却不缴租金、不签订合同的住户进行起诉。对到期的社有店面公开拍租，年租金较上年大幅增长20%。对基层社的闲置资产，采取基层供销社出地，乡镇、村及农村能人出资的方式联合开发利用、提升优化。

【基层合作经济组织建设】 2019年，县供销社建设、推进基层组织体系，构建为农服务网络，围绕创新乡村治理，推进基层组织再造。推动农民专业合作社及联合社、创办工作，领办农民专业合作社12家。利用供销社资产、资金与村“两委”、社会力量共建城乡社区综合服务社（中心）12个。

【“三农”服务项目优化】 2019年，县供销社在文江、奇韬、屏山、吴山4个基层社建设“惠农服务中心”，进行经营网点信息化改造；对梅山供销社进行“中华全国供销合作总社基层社标杆社”提升改造。土地托管及农业社会化服务中心完成项目建议书和土地托管协议书签订，投资230万元；装修综合服务中心主体建筑，购置农资配送车2辆、插秧机5台、烘干机1台、收割机6台。

【农村电商发展】 2019年，县供销社以电商福建明恒电子商务（农易购）服务平台为基础，在乡镇设立电子商务信息服务站18个，整合所辖农民专业合作社、农村综合服务社、日用消费品经营网点等资源，构建供销农村电商综合服务网，逐步形成网上交易、仓储物流、终端配送一体化经营，采取“互联网+专业合作社+农户”方式，提供优质货源保证网络销售，将特色农产品推向全国各地，全年农产品网上交易额950万元，实现助农增收。

【烟花爆竹经营管理】 2019年，县供销社加强烟花爆竹安全经营管理，全县设烟花爆竹配送中心1个，位于石牌镇鳌江村牙口自然村的陈尧村，占地面积4162.95平方米，建筑面积1236.66平方米，设计存药量10吨以上，经营网点48个，其中城区点8个、乡镇40个，从业人员96人。全年与公安、安监、市场监督管理局等部门联合执法，出动车辆32辆次，出动执法人员89人次，查处违规营运烟花爆竹案件1起，查扣烟花爆竹1620多件，实现烟花爆竹规范、安全、有序经营和管理。全年销售烟花爆竹3180万元，实现利润395万元，上缴税收160万元。

【农资储备与服务】 2019年，县供销社发挥农资供应服务主渠道作用，从货源把关、质量监督、品种优化、总量保证、价格平稳等方面，完成化肥冬储任务，储备化肥2.81万吨、农药141.4吨、农（地）膜588.2吨，确保供应不缺货、不脱销，不误农时，满足全县农业生产的需要。组织春耕农资科技下乡，开展“放心农资下乡进村”“推优打假护农”活动，配合食品药监局和工商局，实行农资产品备样检查、劣质农资下架、严厉打击经营假冒伪劣农资产品和虚假广告宣传等违法违规行为。

【创新服务农业机制】 2019年，县供销社打造“供销社庄稼医院”品牌，建立病虫害防治和科学施肥、测土配方、出诊巡访、预防预报、统防统治等联动机制。组织开展农作物栽培技术、病虫害防治等专业培训服务项目，提供适时信息服务，定期发布防治信息，开展试验示范，向农民宣传推广高效优质的新产品。提供农机专业化服务，对接种植大户开展高效、环保、新型农资产品联采直供配送到家业务。开展稻田、茶园、果园、烟田半托管农机作业、无人机农药喷洒作业和病虫害防治等服务，全年完成机耕作业、无人机农药喷洒作业各

1677 公顷。

【再生资源回收点建设】 2019 年，县供销社制定《关于参与农村人居环境整治的行动方案》，推进再生资源企业向农村环保行业转型。全县建成再生资源回收点 27 个，其中县级 7 个、乡镇 8 个、村 12 个。全年回收农田残膜 1380 吨、回收废弃包装物 85 吨。

【农村假冒伪劣食品整治】 2019 年，县供销社配合县农业农村局、市场监督管理局开展农村假冒伪劣食品专项整治行动，对供销社系统连锁超市、门店等经营网点及食品仓储、加工场所各类社属企业，重点对开放办社加入供销社、悬挂供销社标识的农村加盟店、村级便利店以及各类经营网点和租赁供销社设施的加工、存储、运输经营单位进行全面整治，确保经营食品安全可靠。

【引进社会能人开放办社】 2019 年，县供销社采用联合办社、引进社会能人的方式，打造“中村”模式新型基层供销社，为供销合作事业改革发展注入动力和活力。当年，梅山供销社引进农村能人西坑茶叶农民专业合作社理事长叶聿燎担任梅山供销社名誉副主任，成为基层供销社成员。

（颜琼洲）

专卖商品经营与管理

【概况】 2018 年，全县烟草、民爆物品、食盐等商品仍实行专卖经营。大田县烟草专卖局、三明市烟草公司大田分公司（分别简称县烟草局、县烟草分公司）合署办公，一套人马、两块牌子，员工 126 人，履行全县烟草专卖管理、执法和卷烟、烟叶经营管理职能。大田县永丰民爆器材专卖有限公司（简称永丰民爆专卖公司）有干部、职工 16 人。大田盐务局员工 2 人。

烟草专卖 2019 年，县烟草专卖局围绕“夯基础、谋创新、增赋能、转导向”思路，探索卷烟营销网建新模式，持续推进市场化取向改革。实现卷烟市场稳中向好、卷烟结构稳步提升、品牌发展高质量推进、零售终端持续优化、队伍素能不断提升的持续向好新局面。全年卷烟销售 1.2 万箱，销售额 3.46 亿元，基本与上年持平。年底，全县有烟草专卖零售许可证经营卷烟持证户 1870 户。坚持以烟叶市场需求为导向，落实烟叶生产各项措施，烟叶生产提质明显。上等烟比例 83.12%，4C 烟叶比例 44.64%，分别比上年提高 6.47%、12.48%，全县烟农户均售烟收入 8.27 万元，同比上年增长 3.36%。因受长期阴雨寡日照及风灾、洪涝灾害频发的影响，烟叶产量减少，全年收购烟叶 1358.4 吨，完成计划合同量的 79.21%，比上年下降 15.7%，实现烟叶税 911.41 万元。

民爆物品经营 2019 年，大田县永丰民爆器材专卖有限公司加强企业管理，做好工农业生产建设，特别是重点工程建设所需民爆物品供应，抓好企业安全生产标准化和对标管理、增收节支工作，确保国有资产保值增值。年底，总资产 2353.96 万元，比上年增长 24.98%；净资产 2015.73 万元，同比增长 28.89%。全年销售工业炸药 5682.1 吨，同比增长 31.74%；工业雷管 432.32 万发，同比增长 18%；实现销售收入 7409.28 万元，同比增长 40.37%；利税总额 1499.12 万元，同比增长 61.58%。

盐业专营 2019 年，全县食盐供应网点 40 个，其中，城区 6 个（超市直供点 3 个），农村 34 个。当年，大田盐业分公司销售各种盐 1002.62 吨，比上年减少 128.98 吨，下降 11.4%，其中，小包装碘盐 842.62 吨（含品种盐 111.35 吨），同比下降 10.44%；大包装盐（小工业用盐）160 吨，同比增长 0.25%。

【卷烟烟叶违法查处】 2019 年，县烟草专卖局依据《中华人民共和国烟草专卖法》《中华人民共和国烟草专卖法实施条例》《烟草专卖许可证管理办法》等烟草专卖法律法规履职尽责、依法行政、文明执法、规范服务。全年查办各类违法案件 70 起，其中 5 万元以上案件 4 起，共查获违法卷烟 15.43 万支、烟丝 3.18 吨、烟叶 6 吨，涉案金额 970 万元。追究刑事责任 9 人、逮捕 8 人、取保候审 16 人，罚没款 2.67 万元。

【食盐法律法规宣传】 2019 年，大田盐务局围绕工作目标，到社区、乡镇，走访食盐经销点、加工用盐户、消费者，开展现场咨询和国家盐业管理法律法规、非食用盐、假冒食盐危害群众健康等宣传教育，发放告知书 1000 余份。

（林如馨　陈华贡　连期炽）

粮食和物资储备

【概况】 2019 年，大田县粮食和物资储备局（县发改局挂牌机构）履行粮食宏观调控与市场监管和服务职能，依法管理粮食流通和物资储备。全年县地方储备粮库安全储存储备粮 1.16 万吨、大米 360 吨，储备油 70 吨，国有粮食企业实现净利润 1.91 万元。推进科学保粮新技术和仓储管理规范化标准化，确保储粮质量良好，数量真实，增强调控市场能力。固定资产原值 8935.38 万元（粮食企业 1760.66 万元），比上年增加 7.97 万元；粮食企业流动资产 4436.09 万元，比上年减少 411.16 万元。年底，局及下属企业职工 27 人（局机关 7 人，国有粮食企业 20 人），比上年减少 3 人。

【粮食市场监督检查】 1 月，召开粮食统计工作会议，部署统计工作，进行粮食经营及加工业主粮食统计业务培训，确保粮食统计的及时、准确，为政府做好粮食宏观调控工作提供决策依据。开展政策性粮食库存数量和质量大检查，秋季粮油安全大检查，政策性粮食出库和粮食收购专项检查等 4 次，督促粮食经营企业加强管理，确保粮食品质；加强“放心粮油”工程建设，参与“餐桌污染”治理专项行动，加强粮油质量安全检测监督，督促粮食经营者依法经营，杜绝陈化粮食进入口粮市场。粮食收购期间，组织人员进乡入村检查哄抬粮价、压级压价等行为，维护正常收购秩序，保证粮源质量。

【订单粮食收购】 6 月，县发改局、财政局将 3301 吨的订单粮食收购任务分解到梅山、建设等 9 个乡镇。县粮食和物资储备局根据周边县市粮食收购价格，结合县内粮食市场的实际，制订合理的订单粮食收购价格。当年产国标中等晚籼稻收购价格每50公斤126元。直接补贴标准保持每50公斤12元。为方便粮农售粮，坚持粮食收购“五个一”优质服务[①]，县地方储备粮库收购订单粮食实行“三公开一预约一兑现”[②]优质服务办法。做到定点收购中午不休息、傍晚延时收，预约村民上门收，执行收购“五要五不准”制度[③]，全年收购晚谷2528吨。

【县级储备粮周期轮换】 6月，县地方储备粮库根据3年轮换周期要求，委托有资质的粮油检测机构对3301吨到期轮换粮进行质量检验，全部符合陈粮质量标准，委托福州市粮食批发交易市场竞价销售。12月，通过订单粮食收购晚谷2528吨，通过上网公开采购方式采购晚谷773吨，轮换储备粮食3301吨及时补库到位。

【粮食局机构改革】 2019年，根据《大田县机构改革方案》，将原县粮食局职责划入县发展和改革局，县发展和改革局加挂县粮食和物资储备局的牌子，不再保留县粮食局。6月，根据县机构改革后职能划转工作安排，从民政部门接收的县救灾物资、应急储备物资由县粮食购销公司管理。

注：

①“五个一”优质服务：发放一张便民联系卡，方便群众联系；坚持一个标准，接受群众监督；提供一份保障，帮扶农户解决粮食生产困难；兑现一个服务承诺，方便农户售粮；搞好一次回访，加强信息服务。

②“三公开一预约一兑现”：公开订单直补标准、收购价格、质量标准，预约收购时间，及时兑现粮食收购款和直补款。

③“五要五不准”制度：要敞开收购，随到随收，不准折腾农民；要公平定等，准确计量，不准克扣农民；要依质论价，优质优价，不准坑害农民；要现款结算，不打白条，不准算计农民；要优质服务，排忧解难，不准怠慢。

（张加泰）

石油经营

【概况】 2019年，中石化森美（福建）石油有限公司三明分公司大田加油站14座（含泉南高速路4座）、中国石油天然气股份有限公司大田加油站9座。中石化、中石油大田加油站均为国有控股非独立核算单位，人、财、物由上级公司统一管理，油品由上级公司配送，销售由省级公司根据国家规定统一定价。

【石油销售情况】 全年度因油源充沛、国际油价平稳，未出现市场紧张现象。年均柴油每吨含税价7547元，93号汽油每吨含税价8804元，97号汽油每吨含税价9545元。当年，大田片区中石化森美成品油零售2.73万吨（代批发0.17万吨），上缴税收252.34万元；中石油销售1.29万吨，上缴税收140.07万元。

（李保健　邱桂宝）

个体私营商业

【概况】 2019年，全县个体商业户和私营商业企业2.65万户，比上年增长67.72%；从业人员5.87万人，同比增长4.45%；注册资金81.65亿元，同比增长13.04%。其中，城区2.09万户，从业人员4.7万人，注册资金55.54亿元；农村5680户，从业人员1.17万人，注册资金26.11亿元。全年新登记的个体私营商业1.29户，从业人员2.47万人，注册资金13.07亿元。其中，私营商业305户，从业人员3121人，注册资金8.62亿元；个体商业1.26万户，从业人员2.22万人，注册资金4.45亿元。

【助力网络经济】 2019年，县市场监督管理局落实《中华人民共和国电子商务法》，规范网络经营市场主体登记工作，全县有网商9801户，从业人员1.84万人，注册资金6.89亿元。其中，全年新登记网商7850户，从业人员1.43万人，注册资金2.22亿元。登记网商虚拟产业园运营有限公司2家，为网商提供群注册登记、商务托管、推广代理等服务。当年，入驻虚拟产业园网商4928户，从业人员9856人。

【个私住宿餐饮业】 2019年，全县个私住宿和餐饮业2089家，注册资金4.09亿元。其中，企业住宿餐饮业58家，注册资金3.01亿元；个体住宿餐饮业2031户，注册资金1.08亿元。当年，新登记92户，注册资金458.3万元。

（张秀莹）

城乡建设

□编辑 潘 梅

城市建设

【概况】 2019年，县住建局以基础设施为重点，强化公共服务配套建设，加强市政道路建设与维护、燃气行业管理、城市美化等工作。对城区绿化进行种植、补植、修剪、施肥和病虫害防治；对锦绣福田、文化广场夜景全面更新修复，督促维护单位加强夜景日常巡查及时修复，确保夜景正常运行。新建提升城市公厕38座，新改建天然气管道29.84公里、给排水管网11.45公里，新增城市停车位60个。

【市政道路改造】 2019年，县住建局栋山支路完成排洪管理设392米、临时碎石便道400米、挡墙施工60米，临时配电房砌筑完毕；完成福兴路道路工程清表，进入施工图审查阶段；完成闽中交电背后建山小区雨污分流，管线入地，燃气管道铺设等工作；完成兴业路隧道口至象山路口路灯改造工程、人行道铺设隔离栏、监控等工作。更换井盖106块，修复水泥路面620平方米、沥青路面450平方米、路面护栏400米、人行道500平方米、桥梁栏杆30米。集中治理市政设施，修复湖山路面积120平方米，集中治理老印刷厂道路约850平方米。

【污水清理】 2019年，县住建局施工污水管道非开挖CIPP修复4.25公里，清理污水截流井和检查井40座。人工掏挖井淤泥约62立方米、清通车清淤疏通计16台班。内外河污水井巡查整改，清理垃圾，排查污水管15公里，内外河检查井清淤208座，改变河水脏臭现象，基本实现河水清澈见底。

【燃气行业管理】 2019年，县住建局组织燃气企业参加各种业务知识培训，修订完善企业燃气应急预案，提高企业员工对突发事件的应急能力及相关部门综合应急协调能力。市政管网敷设6.24公里、庭院管网7.66公里，完成17家供应点年检工作。

（郭南城）

城市管理

【概况】 2019年，县城市管理综合执法局（简称县城管局）建立长效机制，提高城市管理水平。加强城市环境卫生管理和城市监管制度建设，加大市容违章和违法用地、违法建设的“两违”整治力度。加大城区餐厨垃圾处理，确保食品卫生安全。

【城区环境卫生管理】 2019年，县环卫处完善城区环卫设施，处理各类违章现象800余起；添置垃圾箱和勾臂箱30个、大型垃圾运输车辆3辆、压缩式垃圾车2辆、分类不锈钢果皮箱150个；清运垃圾3.15万余吨，清运率100%。升级改造老城区旧公厕5座，添置装配式模块公厕3座。

【市容违章整治】 2019年，县城管局办理行政处罚案件145起，处罚金额91万余元。印发市容市貌攻坚战宣传材料9万多份，设置文明宣传牌364块，发表在微信、微博、美篇公众号的图文宣传报道236篇。推进“五难”治理专项行动，完成富山新村等108条背街小巷整治工作。督促餐饮业安装油烟净化器67家，实现露天烧烤全进店36家。

【“两违”综合治理】 2019年，县城管局通过加大宣传力度、巡查防控、两违联审、严厉打击等举措，对新增“两违”行为坚持“露头就打、出土就拆”，实行零容忍，违法建设行为等到有效管控。全年及时发现并制止违建200余起（含石牌、华兴等），实现新增“两违”零增长。

【餐厨废弃物处置】 2019年，大田县洁岩餐厨垃圾处置中心项目二期投入使用，再添置10吨全自动餐厨垃圾生化处理设备1套、餐厨垃圾专用车1辆等。完成餐厨垃圾全自动生化处理设备的安装、调试并投入使用。

（郭南城）

房地产

【概况】 2019年，县住建局以落实宏观政策为重点，坚持“房子是用来住的，不是用来炒的”定位，规范房地产市场经营行为，推进住房供应结构调整，引导开发中小户型、中低价位普通商品房，满足不同人群的合理住房需求，加大保障性住房小区后续管理，促使房地产市场良性健康发展。

【房地产开发】 2019年，全县完成房地产开发投资12.07亿元，比上年增长 6.1%；房屋施工面积 106.74 万平方米，同比增长 7.8%。其中本年新开工面积 18.63 万平方米，同比下降 12.5%；商品房销售面积 21.69 平方米，同比增长 11.52%；销售额 13.69 亿元，同比下降 2.7%。房地产期末从业人员人数 1061 人，同比增长 24.38%；从业人员工资总额 4059.1 万元，同比增长 37.62%。

【保障性住房建设】 2019 年，县房管所对于历年审计和动态管理发现不符合承租条件的退出公租房，进行公开分配，配租公共租赁住房 46 套，退出保障性住房 7 套。

【房地产登记管理】 2019 年，县住建局房屋租赁备案 228 宗，面积 5.38 万平方米；商品房预售许可 19 宗，面积 18.3 万平方米，其中住宅 15.5 万平方米；商品房销售 18.4 万平方米，其中住宅销售 1361 套，面积 15.6 万平方米；存量房网签备案 900 宗，面积 11.4 万平方米；个人建房建筑面积备案 230 宗，房地产开发企业预算及实测面积备案 40 宗。住宅专项维修资金归集金额 850 万元，累计归集金额 5668 万元。

【住房公积金】 2019 年，全县住房公积金缴存基数调整为工资总额，依法规范扩大缴存规模。做好住房公积金贷前调查、贷中审查和贷后管理工作，实施贷款计划管理，研究分析房地产市场形势，加强与房地产交易部门、楼盘开发企业和委托银行的联系沟通，做好贷款发放。开展纯公积金贷款、组合贷款、公转商贴息贷款等业务，满足缴存职工住房贷款需求。提升为民服务水平，简化手续，实现公积金提取业务“一站性服务”、资金转账实现秒到，逐年冲还贷一次性办结。优化公积金网上办事大厅功能，实现网上支取、还贷等功能，年度缴存基数调整实现网上审批，提升办事效率和服务质量。

当年缴存公积金 3.09 亿元，同比上年增长 18.85 %；累计缴存总额 20.83 亿元，期末余额 8.19 亿元，比年初净增长 6730 万元。发放公积金贷款 2.46 亿元（含公转商贴息贷款 1.87 亿元），历年累计发放公积金贷款 18.8 亿元，期末贷款余额 12.24 亿元，个贷率 149.48%，累计为 8557 户解决职工购房贷款资金。

（陈进端）

建筑业

【概况】 2019 年，县住建局把好建筑安全关，实现建筑业有序发展。加大工程造价监管力度，按省建设工程材料综合价格编制规程，每月编制建设工程材料价格信息，审核重置建安造价和监管重点项目资金。强化勘察设计管理，加强继续教育，提高设计人员专业水平，严格“一校一审”制度，满足施工图设计深度及施工图审查要求。全年完成施工图设计项目 148 个，建筑面积 11.17 万平方米，实现收入 286 万元。

【建筑市场管理】 2019 年，县住建局发放施工许可证 28 项，建筑面积 28.61 万平方米，工程造价 10.82 亿元；竣工备案 16 项，建筑面积 34.4 万平方米，工程造价 6.98 亿元。本地企业完成建筑业产值约 12.43 亿元，同比增长 18.4%。监督、指导、开展招标 27 项，工程造价 11.14 亿元。

【施工质量与安全监督】 2019 年，县住建局组织开展质量安全季度检查，给予项目经理动态记分 68 人次、912.32 分，总监动态记分 48 人次、760.3 分，42 家施工单位动态记分 912.48 分，18 家监理单位动态记分 760.3 分。出具建筑工程质量监督报告 13 份，建筑面积 25.89 万平方米。依托检测室的技术力量及技术手段，实体结构检验抽测 65 个工程。开展安全生产，推进建筑施工安全专项治理行动，排查治理隐患企业 11 家次，排查一般隐患 50 条并督促整改，整改率为 100%。

（郭南城）

村镇建设

【概况】 2019 年，县住建局以“助力乡村振兴”为目标，围绕宜居环境建设、农村生活污水垃圾治理、传统村落保护、美丽乡村建设、农村危房改造等系列项目开展工作，提升乡村人居环境。

【农村生活垃圾污水处理】 2019 年，县住建局加快配齐乡镇垃圾转运车辆，共配备垃圾转运车 5 部，投入约 175 万元。建设完成梅山镇、文江乡集镇污水处理厂各 1 座。

【美丽乡村建设】 2019 年，县住建局继续开展 14 个村美丽乡村的创建工作，按照乡村振兴要求，突出村庄生活污水、垃圾治理、裸房整治和新建改造公厕 4 项工作重点，全年完成项目规划、项目落地，共投入 550 万元。

【农村厕所改造】 2019 年，县住建局根据“厕所革命”三年行动工作计划，当年投资 270 万元，新建、改造乡镇公厕 4 座和农村公厕 21 座，建设完成文江镇大安村、前坪乡上地村村庄公厕 2 座、集镇公厕 1 座。

【农村裸房整治】 2019 年，县住建局按照“村庄住房建设统一规划、统一设计、统一配套、特色明显”要求，结合村庄传统建筑的特点，采取个性化外墙装饰或外墙统一简易装饰，与自然融为一体，形成错落有致的农村住宅。确定桃源、吴山镇 2 个乡镇作为试点，其他每个乡镇选择 1 个非集镇所在地的村作试点，全面推进农村裸房整治试点工作，解决既有农房“层数过高、体量过大、布局过密、半拉子房（裸房）多、私搭乱建严重”问题。全年完成裸房整治 40 户。

【传统村落保护】 2019 年，建设镇建国村列入 2019 年传统村落改造提升项目，已投入 1000 万元进行规划和村内基础设施提升。自 2012 年济阳乡济阳村入选第一批中国传统村落名录以来，已入选中国传统村落 7 个村，入选省级传统村落 13 个村，入选省级历史文化名村 4 个村，第五批中国传统村落申报入选 9 个村。

（郭南城）

旅游经济开发

□编辑 潘梅

旅游项目开发与推介

【概况】 2019年，县文体和旅游局（简称县文旅局）打生态牌，走绿色路，实施全域旅游战略，突出抓好乡村旅游发展，持续推进茶旅融合、农旅互动，推介“闽中之秀，多彩大田”旅游品牌，全县旅游产业持续保持良好态势，旅游基础设施不断完善，旅游接待能力进一步增强。依托大田“中国高山茶之乡”“中国高山硒谷”孝道、土堡、戏曲、章公肉身菩萨、板灯龙以及中央苏区红色旅游等丰富文化旅游资源，推进桃源中国最氧睡眠小镇、五小八丹森林康养基地、中国·桃源里旅游度假区等项目，加快培育文旅康养产业，举办“2019绿都三明四季行系列·第二届大田高山茶海跑”等活动，推动大田旅游营销向专业化、市场化转变。全年接待游客174.39万人次，比上年增长22.81%，旅游收入17.45亿元，同比增长44.21%。

【大田旅游集散中心建成使用】 5月19日，大田县旅游集散中心建成启用。该集散中心位于县兴田路井美处，项目主体投资9500万元，2019年追加投资150万元，按国家二级旅游集散服务中心标准建设，利用大田汽车站现有设施嵌入游客咨询、旅游产品展示、旅游商品购物、旅游交通引导标识、旅游数据、游客综合服务等功能，为广大游客提供最新、最全的旅游资讯和服务。

【茶美人景区获评国家AAAA旅游景区】 6月，大仙峰·茶美人景区被福建省旅游资源规划开发质量等级评定委员会批准为国家AAAA级景区，是全县首个国家AAAA级景区。大仙峰·茶美人景区是国内首家以高山茶为主题，融文化体验、环境教育、文创展示、休闲度假等功能为一体的生态景区。

【第二届大田高山茶海跑活动举办】 7月6日，由市文旅局、县政府主办，县文旅局、屏山乡、石牌镇政府承办的“2019绿都三明四季行系列·第二届大田高山茶海跑”活动在“大仙峰·茶美人”景区举办，市文旅局副局长罗振青，副县长涂林瑢参加。本次茶海跑以“风展红旗如画，跑进多彩大田”为主题，包括16公里的高山茶园主题约跑和8公里的红色生态茶园越野跑以及特色民俗活动等，跑步、骑行爱好者和游客1000多人参加。活动期间，还举行大仙峰·茶美人、灵动济阳、桃源里花海乐园、五龙山等4个国家A级景区授牌仪式。

【五彩大石景区获评国家AAA旅游景区】 8月，五彩大石景区被市文旅局批准为国家AAA级景区。五彩大石景区地处武陵乡东南部，距县城12公里，主要由综合服务区、红色文化教育区、乡村旅游体验区、森林康养休闲区四大片区组成，有苏维埃展示馆、永强家庭农场、刘公庙、共产党员护河先锋岗、光伏长廊、百香荷苑、渔家晚钓休闲渔庄、人口主题公园、三漈潭森林公园、网红喊泉、欢乐谷等11个景点。至此，全县共有国家AAAA级景区1个，国家AAA级景区4个。

【乡村旅游品牌项目申报】 2019年，广平镇万宅村申报乡村旅游特色村项目，武陵乡桃溪村、太华镇高星村、吴山镇梓溪村、屏山乡内洋村、上京镇梅林村、太华镇魁城村和均溪镇周田村申报旅游扶贫村项目，桃源花海乐园景区申报景区提升项目、东坂村申报乡村旅游提升工程项目。当年4月，济阳乡济中村被省文旅厅和省住建厅联合授予省级“金牌旅游村”称号。6月，济阳乡被省气象学会和省旅游协会联合授予“清新福建·气候福地”首批避暑清凉福地称号。

【旅游宣传推介】 2019年，县文旅局发挥“大田文旅”官方微信的宣传作用，及时发布旅游资讯及信息，宣传大田旅游景区点、游览线路、旅游项目，编写发布微信文章700多期，订阅4000多人。先后安排旅游系统10多人参加泰宁寻花穿越节、梅列瑞云郊野乐、建宁云海帐篷节、三元顶太划酒令等宣传营销活动。组织旅游酒店和旅行社20多人参加海峡旅博会、福建旅游生活展、国际旅游商品博览会、高山茶文化旅游节等活动。

【旅游项目招商】 2019年，县文旅局对接省内外大型旅游企业，策划文旅康养招商项目6个，带领客商考察和参与项目策划35人次，重点推介及精准招商、做好跟踪对接及服务。落地实施项目有药香竹木结构用材生产线技改项目和屏山彩奇泉生态文化旅游区项目，总投资分别为6200万元和6000万元。

【旅游厕所建设】 2019年，县文旅局从“方便”处入手，继续实施厕所革命工作，提升景区旅游公厕的文明度和舒适度，改善旅游环境，提升全域旅游品质。全年投入资金290万元（争取国家专项基金96万元），新建旅游厕所14座、改建4座，至此全县共完成新建和改建旅游厕所68座。

旅游服务与管理

【概况】 2019年，县旅游局的行政职能划归新组建的县文体和旅游局，县文旅局加强旅游服务与管理，推广使用全国旅游监管服务平台，落实《加强旅游市场综合监管暨开展“放心游福建·满意在大田”旅游服务承诺实施方案》，加强旅游督导检查，对接“12315”旅游投诉服务平台、全国旅游监管服务平台，实现全年旅游质量监督服务零投诉。

【参加市烹饪比赛获奖】 12月，县文旅局组织县烹饪协会参加市文旅局主办的“三明十大碗”特色菜品烹饪大赛并获得团体三等奖，“大田烤兔”获得“三明十大碗”特色菜品奖。

【旅游业务系列培训】 2019年，县文旅局先后安排旅游系统30多人次参加“风展红旗如画·展现导游风采”全市导游、讲解员大赛、红色三明故事宣讲员、讲解员专题培训班、全省乡村旅游扶贫重点村村主官培训班、全省乡村旅游提升培训班、全省全域旅游培训班、全省文化旅游产品建设和投融资培训班等，加强县旅游企业自我管理、自我监督，提升文明旅游服务制度化、常态化。

【旅游质量监督服务】 2019年，县文旅局在各旅行社推广使用全国旅游监管服务平台，落实行前说明会制度，加强内部管理制度、应急机制建设，提升应急处置能力，保障旅游安全，把好旅游服务质量关，优化旅游服务环境，实现全年旅游质量监督服务零投诉的目标。

【旅游安全管理】 2019年，县文旅局按照旅游安全管理“党政同责，一岗双责”实施细则，履行行业监管责任，强化隐患排查治理。加强旅游市场秩序管理，定期排查景区接待设施、警示标牌、路灯照明、引水管道、休闲栈道等安全隐患；节假日期间，联合县交通综合行政执法大队到大仙峰·茶美人、灵动济阳、花海乐园等景区开展旅游包车检查工作；在强降雨期间加强应急值守工作，及时张贴安全告示，关闭大仙峰·茶美人、花海乐园、灵动济阳等景区并进行安全巡查，做好各类旅游突发事件的应急处置工作，防止旅游安全事故发生。当年，出动检查人员50人次，排查并整改隐患10项。

【文明旅游工作】 2019年，县文旅局继续开展文明旅游进旅行社、星级酒店（含拟评星级饭店）、景区、社区宣传活动，宣传文明旅游，落实旅游法规和文明旅游制度，加强文明旅游督导检查；以乡村旅游村、旅游景区等为重点，结合文明县城创建、“旅游服务质量提升工程”和旅游扶贫等工作，开展旅游志愿服务和帮扶共建活动共40多人次。

（蔡慧明）

财政·税务

□编辑 陈吉浣

财政工作

【概况】 2019年，县财政部门按照县委、县政府总体部署，贯彻实施减税降费政策，支持实体经济发展，着力培植壮大财源，坚持“三保”（保工资、保运转、保基本民生）底线，保障民生领域和社会事业等重点支出；加强财政科学化管理，防范政府债务风险，促进经济提质增效和社会事业协调发展，预算执行总体较为平稳，为新时代多彩大田建设提供坚实的财力保障。

一般公共预算收支 2019年，全县一般公共预算总收入11.05亿元，比上年下降1.76%。其中地方一般公共预算收入7.21亿元，同比下降3.87%。全县一般公共预算支出28.01亿元，同比增长8.67%。

一般公共预算平衡 2019年，全县地方公共财政预算收入7.21亿元，上级补助收入16.16亿元、债务转贷收入2.17亿元、政府性基金调入3.3亿元、国有资本经营预算调入132万元、其他调入655万元；体制上解支出4932万元，专项上解支出2067万元，债务还本支出7735万元，动用稳定调节基金4053万元，当年总财力加上年结余1.98亿元，总财力31.33亿元；一般公共预算支出28.01亿元，安排预算稳定调节基金6299万元，结转下年支出1.22亿元。

基金预算收支 2019年，全县政府性基金预算收入5.93亿元，同比下降1.82%；政府性基金预算支出5.59亿元，同比下降17.80%。

基金预算平衡 2019年，全县政府性基金预算收入5.93亿元，省市补助0.39亿元，上年结转1.5亿元，地方政府专项债务转贷收入1.62亿元，基金总收入9.44亿元；政府性基金预算支出5.59亿元，政府性基金调出3.3亿元，基金总支出8.89亿元。收支相抵，滚存结余0.56亿元。

2019年大田县财政收入情况表

表3

收入项目	决算数（万元）	比上年	
		增减额（万元）	增减幅度（%）
一、全县一般公共预算收入	72148	–2905	–3.87
1. 国内增值税	19629	1381	7.57
2. 改征增值税	6580	–233	–3.42
3. 营业税	0	–10	-100.00
4. 企业所得税	5524	258	4.90
5. 个人所得税	1468	–390	–20.99
6. 资源税	3074	261	9.28
7. 城市维护建设税	2086	–52	–2.43
8. 房产税	1501	–52	–3.35
9. 印花税	593	–51	–7.92
10. 城镇土地使用税	753	105	16.20
11. 土地增值税	3293	557	20.36
12. 车船税	791	99	14.31

续表 3

收入项目	决算数（万元）	比上年	
		增减额（万元）	增减幅度（%）
13．耕地占用税	1007	–805	–44.43
14．契税	3138	661	26.69
15．烟叶税	911	–130	–12.49
16．环境保护税	364	130	55.56
17．其他税收	72	—	—
18．专项收入（含教育费附加、残疾人就业保障金收入、水利建设专项收入）	2550	–1	–0.04
19．地方森林植被恢复费	703	–1500	–68.09
20．提取的教育农田水利金	2106	–172	–7.55
21．行政性收费收入	2177	635	41.18
22．罚没收入	7731	4202	119.07
23．国有资产（资源）有偿使用收入	5017	–7820	–60.92
24．其他收入	141	–494	–77.80
25. 政府性住房租金收入	939	444	89.70
二、政府性基金预算收入	59346	–1237	–2.05
三、上划中央收入	38374	1207	3.25

2019 年大田县财政支出情况表

表 4

支出项目	决算数（万元）	比上年	
		增减额（万元）	增减幅度（%）
一、一般公共预算支出	280108	22346	8.67
1．一般公共服务支出	21455	1290	6.40
2．国防支出	353	66	23.00
3．公共安全支出	10717	–3130	–22.60
4．教育支出	81628	8048	10.94
5．科学技术支出	569	–927	–61.97
6．文化体育与传媒支出	4942	291	6.26
7．社会保障和就业支出	23725	3978	20.14
8．医疗卫生与计划生育支出	13219	–5630	–29.87
9．节能环保支出	12701	2680	26.74
10．城乡社区支出	21079	–7681	–26.71
11．农林水支出	34517	2103	6.49
12．交通运输支出	29049	15483	114.13
13．资源勘探信息等支出	3050	903	42.06
14．商业服务业等支出	1302	–1806	–58.11
15．国土海洋气象等支出	5881	1933	48.96

续表 4

支出项目	决算数（万元）	比上年	
		增减额（万元）	增减幅度（%）
16．住房保障支出	3574	956	36.52
17．粮油物资储备支出	431	–68	–13.63
18．其他支出	959	356	59.04
19．债务付息支出	7943	512	6.89
20．债务发行费用支出	23	–2	–8.00
二、政府性基金预算支出	55865	–12186	–17.92
合计	335973	10211	3.13

【财政收入增长】 2019年，县财政制定增收措施，财政局牵头出台《关于进一步做好财源培植增加财政收入的若干措施》《促进总部经济发展的实施意见》等文件，提出16条有针对性的培植财源措施，并从上海引进总部经济企业大田大衢网络科技有限公司。根据《进一步促进建筑业发展壮大的实施意见》，县住建、水利等部门引进华宇、海颐等一、二级建筑企业，培育县财政收入新的增长点。持续落实积极财政政策，帮助企业用好用足减税降费、技改基金、企业应急转贷基金等政策，营造良好的营商环境，减轻企业税负约1.5亿元，降低企业生产经营成本；为短期资金周转困难的6家企业提供应急转贷资金3亿元；发放企业奖补资金4730万元，推进实体经济良性发展。分析研究中央支持海峡西岸经济区建设、中央苏区县发展等政策，加强与省市财政部门对接，实时了解最新政策动态，向上争取转移支付补助和地方政府债券资金，全县各级各部门向上争取转移支付等补助资金16.16亿元，位列全市第一；新增地方政府债券资金3.02亿元；增加的1246名教师编制列入省财政新增的转移支付补助。

【财税征管加强】 2019年，县财政完善财税协调机制，定期召开财税库联席会议，分析解决财税征管中存在的困难和问题，持续对重点行业、重点建设项目、重点税源企业加强监管，协调解决永安煤业上京分公司从2020年起，企业所得税在县税务部门缴纳问题（预计年可增加税收4000万元），当年地方级税收收入5.08亿元，同比增长3.67%。完善协税护税机制，实行各乡镇、各部门协税护税责任目标考评，加强责任落实和纳税审核，堵塞市政、水利、交通、农业等工程和政府采购等政府性投资项目税收流失漏洞。各乡镇协税护税完成任务的104.4%；加大欠税清理力度，清欠税款3265万元。完善纳税评估调整机制，对财税征管中存在的问题及时进行评估并适时调整，加强对物流、木材加工、废旧物资回收和煤矸石、页岩、黏土等薄弱行业的税收征管；调整2017年、2018年煤炭企业计税价格，追征税款1200多万元；调整机砖行业计税标准，追征税款300多万元。

【财政资金管理加强】 2019年，县财政科学调度资金，统筹用好财政资金，加强财政资金监控，坚持保证重点、兼顾一般，突出计划性、调控性，按每个月2次集中统筹安排财政资金拨付和"特事特办"相结合的原则，坚持"三保"支出底线。树立过"紧日子"思想，优化民生支出，调整优化财政支出结构，持续压减一般性支出，重点保障扶贫攻坚、教育卫生、社会保障、基础设施建设、社会治理等民生方面的资金需求，着力保障和改善民生，全县财政用于民生支出23.22亿元，占总支出的83.01%，同比增长8.9%。加强地方政府隐性债务化解，摸清隐性债务底数，对政府债务实行动态监管，积极稳妥处置隐性债务存量，遏制隐性债务增量，防范财政风险，化解地方政府隐性债务1.7亿元，全面完成债务化解目标。坚持"花钱必问效，无效必问责"，出台预算绩效管理措施，加强全口径预算管理，做好年初预算编制，完善财政绩效评价机制，引导和规范第三方机构参与重点项目绩效管理，清理压缩效益不理想的财政资金，开展财政监督检查，检查县商务局等4个单位会计信息质量，要求针对问题立行立改，把钱用到刀刃上。

【民生事业发展保障】 2019年，县财政持续提升社会保障水平，实行城乡低保标准一体化，落实低保标准，每人每月从512元提高至538元，全年发放低保资金2737万元。落实医疗保障精准扶贫，财政配套城乡居民基本医疗保险补助资金3539万元。支持精准脱贫攻坚，对接中央省市级扶贫开发政策，争取各类专项扶贫资金2403万元；县财政拨付各项扶贫资金3474万元，推动产业、就业、金融、健康、教育、低保等综合扶贫政策落实；发挥省扶贫资金在线监管平台作用，做好扶贫资金动态监控，确保扶贫资金安全。落实支农强农惠农政策，县财政安排涉农资金3663万元，推进现代农业、茶产业、水土保持、生态修复等农业发展；实施村级公益事业建设"一事一议"财政奖补项目140个，奖补资金2920万元，受益人口18.83万人。坚持教育优先发展，全年教育支出7.61亿元，占财政一般预算支出的25.9%，同比增长3.37%，其中，拨付教育建设项目资金8966万元，落实义务教育"两免一补"经费5130万元，支持实验小学、实验幼儿园分别组建总校制办学；落实基础教育正向激励机制，兑现奖励性经费1.48亿元。

（周荣岁）

税收工作

【概况】 2019年，大田县税务局围绕落实减税降费工作，组织税费收入和完善税务监管体系工作，圆满完成既定目标任务，确保全县经济社会持续高质量发展。

税费收入 2019年，全县税务系统组织各项收入15.13亿元，比上年增收3.08亿元，增长25.56%。其中，税收收入9.3亿元，同比增收0.19亿元，增长2.1%；非税收入5.82亿元，同比增收2.89亿元，增长98.3%。县本级公共财政收入5.33亿元，同比增收1789万元，增长3.47%。其中，税收收入5.08亿元，同比增收1799万元，增长3.7%；非税收入2532万元，同比减收10万元，下降0.3%。

税费管征 2019年，县税务局坚持依法治税，提升税收征管质效。相继上线金三并库版系统、ITS系统和社保子系统，使税收治理网络化、数字化、智能化。推进税制改革，1月1日起，个人所得税第二步改革全面铺开，执行六项专项附加扣除；清理个人所得税扣缴申报异常数据，组织汇算清缴培训；4月1日起，执行降低增值税税率及配套措施，全面试行增值税留抵退税制度；6月1日起，对部分先进制造业出台更加优惠的留抵退税政策；调整县城镇土地使用税征收范围、税额标准及存量房交易计税价格。加强风险管理，以应对综合、专项、管理三类风险为重点，加强风险管理专业化团队建设，科学配置人力资源，落实增值税发票风险快速反应机制。落实国家税务总局关于社会保险费和非税收入征管职责划转有关工作部署，做好各项承接、转接业务，全年完成社保费收入5.42亿元，同比增收2.91亿元，增长115.1%。完善内控机制，加强内控监督平台疑点数据监控；推行行政执法“三项制度”①，和“双随机一公开”监管制度，配合跨部门联合抽查。

纳税服务 2019年，县税务局提升办税缴费服务的质量和效果，开展春季“大走访、大宣传、大辅导”税企互动，建立小微企业涉税诉求和意见快速响应机制，落实33条便民办税缴费新举措。推进多元办税服务，设立1个24小时自助办税服务厅，设置自助办税终端20台，所有乡镇税务分局均设立闽税通自助办税室，方便纳税人就近办税，扩大办税覆盖面，12个大类159项涉税事项实现“最多跑一次”，176个事项“一趟不用跑”；推广“电子税务局”、微电子税务局和自助办税管理平台，90%的常办业务全程网上办；涉税文书和发票“O2O”线上办理，98%的纳税人通过自助办税终端或“O2O”方式申领发票；联合多部门设置二手房交易“1+X”窗口，不动产登记、房屋交易、税收征缴“一窗受理”；不断深化“银税互动”，帮助企业解决融资难题。落实各项服务制度，严格首问责任、限时办结、预约办税、延时服务、导税服务、一次性告知、容缺办理等服务制度。做好税收宣传，举办纳税人学堂12期，参加1000多人；联合县委宣传部、行政服务中心等部门开展税收宣传，让各项税收政策到户，全年发放相关宣传册2000多份，为1000多户小微企业提供税收政策咨询。

【社会保险费征收划转】 1月1日起，县税务局接受全县机关事业单位养老保险费（含职业年金）和城乡居民基本养老保险费划转征收，4月1日起，接受全县城乡居民基本医疗保险费划转征收。全年征收社会保险费2.75亿元，其中，机关事业单位养老保险费（含职业年金）1.75亿元，城乡居民基本养老保险费2452.03万元，城乡居民医疗保险费7618.52万元。

【“金税三期”系统并库】 1月初，县税务局着手原国税地税金税三期系统并库，针对数据量大、种类多样不一致、质量参差不齐等情况，开展数据清理、并库大双轨测试、人海压力测试、停机升级、上线运维等工作，完成金税三期税收管理系统并库。2月1日，并库版金税三期系统上线运行。

【数字人事制度推行】 4月1日，县税务局根据上级统一部署，税务系统全面推行数字人事制度。以平时考核为核心内容，运用大数据思维和管理方法，按照税务干部的成长轨迹设计考核要素，将德、能、勤、绩、廉等方面的信息进行个人账户式量化归集，并运用到干部管理工作中，形成日常化、多维化、数据化、累积化、可比化的干部综合考核评价管理体系。

【减税降费政策落实】 2019年，县税务局确保减税降费政策的落实，成立以主要领导为组长的工作领导小组，减税降费集中办公；制订宣传辅导方案，细化宣传辅导措施，广泛宣传政策，营造浓厚的舆论氛围，制订《大田县减税降费督察督办工作方案》，对减税降费全程、全方位督查督导，并接受县纪委、监委、审计等部门监督。全县新增减税降费1.27亿元，其中，减税1.21亿元；社会保险费降费556.01万元，支持民营和小微企业发展。

【队伍建设和文化提升】 2019年，县税务局开展税务干部业务融合互补、税收专业知识和岗位胜任全员培训5期，全体干部职工分4批到厦门理工学院进行税收业务知识更新培训。开展“岗位大练兵、业务大比武”选拔，获得三明市税务局大企业税收管理项目竞赛第二名和第三名各1人，全省税务系统文秘专业第一名1人，入选省税务局专业人才库7人。开展庆祝中华人民共和国成立70周年演讲比赛和县税务局第一届税收文艺作品征集活动，编撰出版税务文化书籍《税苑田耕》，选送40篇（幅、件）作品参加市局首届文学、摄影、多媒体作品艺术展，得奖7篇（幅、件），获奖积分排名第一。

注：

①行政执法“三项制度”：行政执法公示制度、执法全过程记录制度、重大执法决定法制审核制度。

（练福平）

金　融

□ 编辑　陈吉浣

中国人民银行大田县支行

【概况】　2019年，中国人民银行大田县支行贯彻国家金融的方针政策和上级行会议精神，支行党组制定《2019年落实全面从严治党责任清单》《关于新时代加强员工的思想行为管理工作方案》，加强员工思想教育和行为管控，推动各项工作高效优质开展。年底，支行内设办公室、信贷调统股、外汇管理股、保卫股、营业室，员工25人，其中，本科学历15人、大专7人、中专3人，中级职称13人、初级10人。

存款贷款　2019年，全县金融机构本外币各项存款余额126.74亿元，比上年增长6.73%，其中储蓄存款86.59亿元，同比增长11.64%。本外币各项贷款余额95.92亿元，同比增长10.85%，其中，住户贷款余额69.43亿元，同比增长10.75%；非金融企业及机关团体贷款26.49亿元，同比增长11.12%。全县银行结汇250.7万美元，同比下降44.43%；售汇98.14万美元，同比下降62.91%；对外贸易进出口总值1740.2万美元，同比下降8.14%，其中，出口额1453.4万美元，同比下降8.63%；进口286.8万美元，同比下降5.59%。进出口顺差1166.6万美元。

2019年大田县金融机构本外币存款余额情况表

表5

项　目	年底余额（万元）	比上年增减	
		增减额（万元）	增减幅度（%）
一、境内存款	1266662	79539	6.70
1. 住户存款	865883	90302	11.64
（1）活期存款	417393	30755	7.95
（2）定期及其他存款	448490	59547	15.31
2. 非金融企业存款	150912	19258	14.63
（1）活期存款	104667	14036	15.49
（2）定期及其他存款	46245	5222	12.73
3. 广义政府存款	235530	–20793	–8.11
4. 财政性存款	14328	–9203	–39.11
5. 非银行业金融机构存款	9	–25	–47.06
二、境外存款	787	381	93.84
合　计	1267449	79920	6.73

2019年大田县金融机构本外币贷款余额情况表

表6

项目	年底余额（万元）	比上年增减	
		增减额（万元）	增减幅度（%）
一、境内贷款	959190	93910	10.85
1. 住户贷款	694299	67408	10.75
（1）短期贷款	216663	24574	12.79
（2）中长期贷款	477636	42834	9.85
2. 非金融企业及机关团体贷款	264891	26502	11.12
（1）短期贷款	89467	-29309	-24.68
（2）中长期贷款	157100	52687	50.46
（3）票据融资	18324	3124	20.55
二、境外贷款	0	0	0
合计	959190	93910	10.85

货币政策 2019年，人行县支行稳步推进宏观审慎评估（MPA）工作，科学规划广义和狭义信贷增量，确保评估预期结果。发挥好贷款市场报价利率（LPR）对贷款利率的引导作用，促进实际贷款利率下行。通过呈阅件、经济金融形势分析会、货币政策传导会等渠道，及时将稳健的货币政策和宏观审慎管理要求向地方政府、经济主管部门和金融机构传导，引导金融机构按照《关于加强实体经济金融服务进一步缓解融资难融资贵实施意见》《金融助力大田县乡村振兴（2018—2020年）行动方案》，加大对民营企业、小微企业、“三农”领域的信贷投放力度，小微企业贷款余额54.69亿元，涉农贷款余额58.68亿元。

金融服务 2019年，人行县支行坚持以“绣花”功夫，精准推进“一家四业”产业扶贫，通过造福工程建好一个家、“房前”劳务业、“屋后”种养业、“院内”手工业、“屋顶”光伏业，多渠道增加贫困户收入，推动金融机构落实《大田县2016—2018年贫困户和贫困村金融帮扶行动方案》，继续做大“金融+扶贫客栈”旅游脱贫、“金融+光伏产业”借光脱贫、“金融+生态农业”大棚脱贫等三种扶贫模式贷款总量，让建档立卡贫困户受益，小额扶贫贷款1877户、余额9127.75万元。推动金融机构利用人民银行征信中心的应收账款融资服务平台等金融基础设施，开展各类质押融资业务，疏通企业融资堵点。贯彻落实全市统计工作会议精神，制定《中国人民银行大田县支行调查统计数据质量管理办法（试行）》，加强数据保密和信息安全管理。组织地方法人金融机构学习《金融机构资产管理产品统计制度》，确保资产管理产品统计制度落实到位。开展城镇居民家庭资产负债情况调查问卷活动，现场填报有效问卷20余份，完成问卷调查报告。

金融稳定 2019年，人行县支行强化央行评级结果运用，推动政府履行属地责任。联合县金融办、银保监组到安溪县学习帮扶村镇银行的做法与经验，起草呈阅件《关于大田晋农商村镇银行帮扶脱困的建议》，县委、县政府召开专题会议研究大田村镇银行帮扶脱困措施。完善风险防控机制，拓宽风险监测广度与深度，开展约谈和风险提示，对大田村镇银行高风险的法人金融机构发出《风险警示函》，并抄送当地政府，得到县主要领导批示。推动全县不良贷款率从年初的2.31%降至年底的1.3%。抓“风险监测”、确保“风险排查”到位，抓“早期纠正”、确保“风险预警”到位，抓“合力联动”、确保“维稳措施”到位的做法得到上级行肯定，在全省、全市金融稳定工作会议上作书面交流。

征信管理 2019年，人行县支行贯彻新修改的《金融信用信息基础数据库企业信用报告查询业务规程》，简化申请材料提交查询要求，整合授权代理查询企业信用报告规定，全年查询个人信用报告1.3万份、同比增长23%，查询企业信用报告167份、同比增长11%。举办“征信杯”职工篮球赛活动开展征信宣传，借助直播大田平台，在线上推送征信维权案例和维权小知识，比赛期间征信维权现场直播点击量超过5万人次。

外汇管理 2019年，人行县支行引导“走出去”进行境外融资，应对中美贸易摩擦，稳妥推进台资企业资本项目管理便利化试点工作，加强对出口不收汇企业监管，进行窗口指导，辖区贸易流通型进出口企业基本停止在辖区代理出口业务。全年出口不收汇金额为零，减少346.21万美元，同比下降100%。在定期开展非现场核查的同时，对3家金融机构、1家企业开展数据现场核查工作，规范银行国际收支与结售汇管理。做好指定银行外汇业务合规与审慎经营评估，推动银行加强内控。

反洗钱管理 2019年，人行县支行在与县检察院、公安局、税务局等部门联合制定合作备忘录的基础上，就涉嫌洗钱案件推动进展情况展开商讨，协助公安局刑侦大队，破获辖内的网络赌博、倒卖银行账户案件2起，推动法院审结某公司虚开增值税专用发票案；加强反洗钱资金监测，筛查甄别重点可疑交易线索，全年接收重点可疑交易线索7条，向公安部门移送3条；配合有关部门开展涉黑线索排查，支持扫黑除恶专项斗争。

支付结算 2019年，人行县支行保证城区网点100%落实“取消企业银行账户许可”工作；推进移动支付便民工程和“云闪付”示范店建设，辖内商圈基本实现“云闪付”和二维码扫描全覆盖；持续推进农村助农取款点建设，辖内各银行机构办理贴现118笔、金额4942.1万元，再贴现46笔、金额1.25亿元，电子化率均100%。

国库管理 2019年，人行县支行制定《大田县开展县支库国库标准示范库建设方案》《县支行国库岗位设置与工作内容一览表》《国库岗位标准化管理手册》等制度，创建国库示范库台账，国库人员监督台、业务流程、投诉电话上墙，改造国库业务办公环境等。同时，按照《福建省“省级国库县支库示范库”创建评分标准》进行支行国库业务自评，通过市行检查验收，获“市级国库县支库示范库”称号，并申报省级示范库。开通绿色通道，落实减税降费政策，支库共办理小微企业减税降费业务2640笔、金额105.78万元。

【硬币兑换缴存服务】 2019年，人行县支行开展硬币预约兑换服务，利用“三明市现金综合管理服务平台”，将农村普惠金融服务点逐步纳入预约兑换管理，提升农村现金便民服务质量，完成市行下达的15个农村普惠金融服务点链接起来的任务。建立银行网点、重点企业、群众广泛参与的现金综合管理服务平台“互联网+”管理新模式，解决硬币兑换、缴存等环节预约的时空限制，全年完成客户680个。配备硬币回笼机1台，解决群众硬币存取不方便的问题。

【文明创建】 2019年，人行县支行把文明创建任务融入分解至各环节、各领域，制作“文明品行电子书”，将音视频动画有机融合，通过互联网、内联网、微信小程序、阅读手册等载体全景呈现，选为全省人行系统十佳“文明品行”作品。文明单位创建的做法被总行党委宣传部《文明单位创建经验系列宣传》刊物登载，在全省县支行建设座谈会作专题汇报。支行获2015—2017年度总行级文明单位称号，“红领巾”金融志愿服务队获2017—2018年度福建省人民银行系统优秀志愿服务团队称号。

【惠民金融工作受肯定】 2019年，人行县支行推进普惠金融工作，全县185个农村普惠金融服务点100%改造到位，100%受理“云闪付”，县域乡镇卫生院移动支付终端在全市首个投入使用，“云闪付”缴纳城乡医保交易量全市银行业第一。实施“整村授信”工程，解决农村贷款难、担保难、融资贵等问题，当年，农户贷款成本从7.8%降至7.2%。调研报告《融“惠”贯通，大田普惠金融工作成效显著》得到县委书记、县长批示肯定。

（王莉文）

三明银保监分局大田监管组

【概况】 2019年，三明银保监分局大田监管组（简称银保监大田监管组）围绕防风险、促发展、保稳定的监管工作重点和以人民为中心的监管工作理念，加大监管力度。辖区银行保险业稳健发展，存贷款呈现“双增”态势，年底，全县存贷款余额分别比上年增加7.99亿元和9.59亿元，同比分别增长6.73%和10.85%；保费收入和理赔支出也呈现同步增长态势。通过深化信贷文化建设年活动，持续推进不良贷款化旧控新工作，不良贷款呈现“双降”态势。全县不良贷款余额1.24亿元，不良率1.3%，同比分别减少0.76亿元、下降1.01个百分点，降幅居全市10个县市第一位，为近五年最好水平。银行保险业金融秩序明显好转，内控案防和消保维稳工作良好，全年零案件和无重大风险事件。11月25日，组织辖内各银行业机构到大田职专集中开展“送金融知识进校园”金融宣传活动，教育引导在校学生增强金融风险防范意识和金融安全意识。

【银保监大田监管组成立】 5月19日，根据《国务院机构改革方案》和上级的统一部署，三明银保监分局大田监管组在建山路18号挂牌成立，为三明银保监分局的派出机构，履行对大田县辖内银行保险业机构的监管工作。

【服务实体经济发展】 2019年，银保监大田监管组加强窗口指导和监管引领，加大金融服务实体经济力度，督促辖内各银行业机构与市分行、省分行加强沟通，做好信贷投放工作，重点加大对县重点项目、民营经济和小微企业、涉农、精准扶贫等方面的信贷支持。督导辖区银行业机构落实“两增两控”① 的小微企业服务，推广无还本续贷等模式降低贷款周转成本，减轻企业负担。结合新经济特点创新金融产品，推出小微企业“成长贷”“易速贷”“云税贷”和农户“易家贷”“幸福贷”等信贷产品；推广“园区企业资产按揭贷款”模式，支持小微企业双创工作，同时推进普惠金融和精准扶贫工作。年底，小微企业贷款、涉农贷款、小额扶贫贷款余额分别54.69亿元、58.68亿元、9128万元。

【不良贷款处置】 2019年，银保监大田监管组围绕县委县政府金融工作目标，会同金融办将不良贷款压降指标层层分解到各行（社），并加强对重点监控机构的日常监管督导；建立政、司、银、企“四位一体”联防联控机制，加大重大债权案件部门间协调沟通力度；督促指导银行业机构主动配合相关部门持续推进打击恶意逃废债、公职人员清欠、金融案件执行等风险防控“三大攻坚”行动。督促四方置业指导建行大田支行对省定重点风险企业四方置业有限责任公司不良贷款加快处置，通过分批转让、司法拍卖和部分核销收回不良贷款0.5亿元，年底，该企业的不良贷款2.1亿元全部处置完成。当年，辖内银行业不良贷款3.82亿元，风险暴露匹配度130%以上，全县不良率1.3%。

【重点机构风险处置】 2019年，银保监大田监管组针对大田晋农商村镇银行不良贷款率年中剧增问题，多次约谈高管人员，并与发起行多次沟通交流，研究化险措施；多次会同县金融办、人行等部门就该行依法起诉和司法清收等问题与县法院协调沟通，争取加大司法支持力度；同时会同金融办、人行到安溪金融办学习取经，联合拟定《关于提请县政府支持大田晋农商村镇银行加快化险发展的若干意见建议》，协调县政府召开专题会，研究出台支持该行化险发展8条措施，帮助该行增加3个对公账户，支持存款资金2000多万元，协调化债900多万元。年底，该行不良率4.76%，实现控制在5%的目标，拨备覆盖率83%，比上年上升50%。大田农信联社提前一年实现和完成三年化险规划目标。

【法人机构监管加强】 2019年，银保监大田监管组加强非现场监管，按照"1104"非现场监管信息系统的要求进行数据异常变动及趋势风险分析，及时进行风险提示，同时做好年度监管评级，组织审慎监管会谈，针对存在问题及时提出监管意见。加强流动性指标监测，要求辖内2家法人机构建立流动性风险监测机制，加强现金流预测和限额管理，做好流动性压力测试并完善应急计划。加大关联交易监测和排查，开展法人机构不规范股权调查，督促加强股东股权管理，完善法人公司治理，强化内控案防工作。

【保险业监管加强】 2019年，银保监大田监管组不定期召开保险业监管工作通报会，加大保险业监管政策宣导；部署开展保险业市场乱象整治，重点规范车辆险和学生险市场秩序；引导保险业机构进一步改进保险业金融服务，特别是做好重大事件如"5·16"水灾的理赔服务，人保财险大田支公司及时查勘赔付260余万元。

注：

①"两增两控"，即单户授信总额1000万元以下（含）小微企业贷款同比增速不低于各项贷款同比增速、贷款户数不低于上年同期水平，合理控制小微企业贷款资产质量水平和贷款结合成本。

（苏立墩）

中国工商银行股份有限公司大田支行

【概况】 2019年，中国工商银行股份有限公司大田支行（简称工行大田支行）贯彻落实省市行工作会议精神，围绕支行竞争力考核指标存款和中间业务收入两个核心，加强对经营目标执行情况的监测与分析，总存款时点和日均全年增量同业（县工行、建行、农行、中行）双第一，全年实现中间业务收入1128万元，拨备前经营利润1383万元。支行机关内设综合部、市场部、外拓部4个部，离行式自助银行3个，员工37人。

存款贷款 2019年，工行大田支行全部存款余额8.06亿元，比上年增长15.31%，其中，储蓄存款4.49亿元，同比增长13.96%；机构存款1.9亿元，同比增长8.52%；公司存款1.66亿元，同比增长29.69%。各项贷款余额4.57亿元，其中，公司贷款1002万元，同比增加52万元；普惠贷款余额同比增加396万元；全年营销票据贴现4198万元，同比增加1402万元；个人贷款余额4.47亿元，同比增加4668万元。个人不良贷款余额586万元，不良率1.31%，全部贷款不良率1.28%，完成上级行下达的清收处置任务。

内控管理 2019年，工行大田支行按照总行合规文化建设的总体规划，落实操作风险管理责任，有效管控监管监测指标，提高案防合规意识，开展专题培训，加大履职评价考核力度；加强案防管理机制建设，夯实案防要求传导闭环，推进重点领域和关键环节风险深度治理，时时排查员工异常行为；做好案件通报，加强大额操作风险损失管控，探索强化操作风险管理工具的应用；定期监测分析，增强外部风险预警能力，加强风险评估，增强重点部位的风险防控，杜绝外部风险在支行的发生；大力清收不良贷款，全年清收个人不良贷款193万元，不良率同比下降0.64%。

金融服务 2019年，工行大田支行着力打造星级网点，把服务理念、服务意识当作长期的工作进行训练，全年新增信用卡1374张，新增有效客户1094户，新增有效客户完成率居全市工行系统第三。融e行、融e联客户4378户，互联网金融客户4731户，新开对公有效结算账户64户，其中，日均金融资产5万元以上客户增加55户，日均金融资产100万元以上机构客户增加3户，个人客户增加4423户，个人金融资产增长0.5亿元，客户数增长完成率和增长量完成率均在全市工行排名第四；完成网点的装修升级工作，给客户一个舒适、整洁的服务环境；宣传推广"云闪付"APP，向广大群众详细讲解云闪付的安全便捷特性并指导扫码下载。开展"银校通"项目专项营销，与第一、第二实验幼儿园签订"银校通"协议，新学期开学前完成相关信息导入和平台搭建。

【"工银e"分期业务营销】 2019年，工行大田支行开展目标客户筛选，精准营销，推进"工银e"分期业务的发展。全年营销1606万元，比上年增长4.18倍，让客户充分体验"工银e"分期业务的高效、便捷、实惠。

【金融知识普及】 2019年，工行大田支行到大田五中、广平镇开展"普及金融知识，防范金融风险"宣传活动，发放宣传单、宣传手册近千份，现场为群众宣讲金融知识，听讲授的学生、群众1000余人，传授非法金融广告识别技能，引导广大群众正确识别非法金融广告，防范非法集资、电信诈骗、银行卡盗刷等常见风险，引导其远离非法金融活动，避免盲目投资和冲动交易，守护好自身的"钱袋子"。

（范锦茂）

中国建设银行股份有限公司大田支行

【概况】 2019年，中国建设银行股份有限公司大田支行（简称建行大田支行），围绕上级行提出的"三进三提"[①]工作目标，突出存款核心，抓好增收创效，支行入围县政府投资工程造价审核委托中介机构，取得市政、水利、国土等造价业务的审核权，中间业务收入2934万元，完成市分行下达任务的128.53%，居全市首位。各项业务继续保持良好的发展态势，经济增加值位居全市建行系统前列。至12月，县域市场竞争力居全省第16位，三明地区排名最高的县域支行。支行内设办公室、客户部和营业部，辖营业网点镇东支行，员工39人。1月，建行三明分行党委聘叶继达任大田支行副行长，凌秀英为助理专员；7月，聘柯仁碧任大田支行委派营运主管（二级分行部门副经理级），解聘高连华大田支行委派营运主管职务。

存款贷款 2019年，建行大田支行一般性存款余额16.11亿元，比上年增长0.88%；时点新增1299万元，占县内四行（工行、农行、中行）的38.27%；日均余额15.85亿元，日均新增6846万元，占四行的37.39%，时点、日均余额位四行第一；其中，个人存款余额8.31亿元。各项贷款余额17.04亿元，同比新增3571万元，增长2.16%，余额占四行41.72%，居首位。回收四方置业有限责任公司现金3200万元，核销1999万元，不良贷款余额1375万元，不良贷款比年初下降4885万元，不良贷款率0.81%，同比下降2.94%，资产质量进一步好转。

内控管理 2019年，建行大田支行持续推进合规管理深化年活动，制定活动方案，按季召开"合规文化提升年"活动推进会。制定、修订《2019年主体责任和"两防"工作考核办法》，增加主动积分问责考核，把党风廉政案防作为目标绩效考核调节系数，做到与业务同落实、同考核，奖惩措施落实。推进反洗钱工作，客户信息补录完成率96.82%，在人行反洗钱工作评比中列为A类。做实平安建行及消保工作，在银行业金融机构新一轮安全评估中获得第一名，全年安全无事故。

金融服务 2019年，建行大田支行推进普惠金融、住房租赁、金融科技三大战略，支持县域经济发展，普惠金融申贷客户223户，有效客户184户，同比增加66户，完成任务的147%，贷款余额9573万元，同比增加4194万元。推出住房租赁、金融科技服务产品。1—8月KPI各指标完成得分12.25分，列全市第一；金融科技客户党群平台对公60户，对私401户；企业撮合平台50户，企业ERP419户，完成率居全市首位。开展"3·15"金融消费者权益保护日、"金融知识普及月 金融知识进万家"等活动。

【镇东支行重新开业】 8月19日，建行镇东支行新址投入使用，原址拆除迁至雪山北路82号，新址的镇东支行较原址营业面积更大，投资100多万元，装修后各项功能区布局更加合理，设置ATM自动取款机、CRS存取款一体机各2台，智慧柜员机3台，自助回单柜和网银体验机、电话银行体验机各1台等自助设备，全方位为客户提供存取款、查询、转账、修改密码、网银服务、电话银行等一般性金融自助服务。

【挂钩与帮扶】 2019年，建行大田支行向上级行争取资金3.8万元，用于挂钩的均溪镇贫困村后华村党支部党员活动阵地建设，慰问村1户贫困户和3户困难党员2次。与县总工会开展"金秋助学"活动，支行与3户贫困大学生结对子，当年资助每人3000元。至毕业每年每人资助2000元。

注：

①"三进三提"：等级行、KPI、领导班子综合竞争力考评进位，市场竞争力、价值创造力、员工收入提升。

（姚　诚）

中国农业银行股份有限公司大田县支行

【概况】 2019年，中国农业银行股份有限公司大田县支行（简称农行县支行），贯彻落实省市农行党建和经营工作会议精神及各阶段工作的部署，坚持"稳中求进"，各项业务取得明显成效。全年实现拨备后利润4953万元，比上年增长296.56%。年底，支行内设综合管理部、运营管理部、信用与风险管理部/计划财会管理中心、公司业务部、个人金融部5个部门；城区设支行营业部、岩中支行、东门支行、南大街支行，乡镇设上京支行，共有营业网点5个，员工85人。6月，三明分行公司业务部科员刘天军调任农行县支行副行长；7月，三明分行网络金融部副总经理伊威威调任县支行副行长，副行长黄长福主持县农行全面工作，行长田生志调任三明分行网络金融部总经理。

存款贷款 2019年，农行县支行各项存款余额14.36亿元，同比下降6.33%，其中，对公存款余额4.62亿元，同比下降29.03%；个人存款9.74亿元，同比增长10.43%。各项贷款余额14.17亿元，同比增长6.06%。

内控管理 2019年，农行县支行推进从严精细管理，保障依法合规经营。加强员工行为排查，确保行为风险早发现，早控制，早排除；压实案防工作责任，开展"知敬畏、守底线、促合规"案件警示教育活动，定期召开运营主管例会、运营操作风险分析例会，加强柜面现场管理，提升运营基础管理水平，防控案件风险。

金融服务 2019年，农行县支行推进快农贷和农户贷款投放，加大力度支持特色现代农业发展，全年为1140户发放快农贷贷款1.37亿元，余额同比增加8404万元，覆盖全县18个乡镇208个村，解决农户融资难问题。开展营业厅堂暖心服务，增配一次性雨衣、养生壶等物品，提升客户的暖心服务体验。

【工会主席选举】 8月3日，农行县支行分别召开第七届职工（工会会员）代表大会第五次会议和第七届工会全体委员会议，听取相关工作及工作汇报，增补刘天军为第七届工会委员会委员，选举刘天军为第七届工会委员会主席。

【三明分行工作组到县农行巡察】 10月，农行三明分行巡察工作组到县农行，以"六个围绕、一个加强"①和党委落实脱贫攻坚政治责任等为重点，开展巡察工作，提出整改意见23条。

【东街口自助银行终止营业】 11月，农行县支行南山路1—8号（东街口）自助银行，因交易量少，经三明银监分局批准终止营业。

注：

①"六个围绕、一个加强"：围绕党的政治建设、思想建设、组织建设、作风建设、纪律建设和反腐败开展监督

检查；加强对巡察整改情况的监督检查。

（林纪伟）

中国银行股份有限公司三明大田支行

【概况】 2019年，中国银行股份有限公司三明大田支行（简称中行大田支行），围绕县委、县政府的战略部署，坚持党建引领、队伍管理、营销攻坚、服务拓展，做好各项金融服务工作，加强从严治党、内控管理、量质并重，千方百计解难题，全力破瓶颈，争取更大的经营成效，各项业务平稳增长，全年平安，资产与负债结构持续优化，服务实体经济的能力进一步提高。

存款贷款 2019年，中行大田支行各项存款日均余额3.72亿元，较上年减少2926万元，市场份额同比下降0.51%。其中，公司存款减少2853万元，市场份额同比下降0.14%；储蓄存款新增1204万元，市场份额同比增长0.23%。各项贷款余额4.87亿元，同比增加7000万元、增长16.79%，其中，零售贷款增551万元，公司贷款增4170万元。不良贷款余额441.83万元，不良率0.87%。

内控管理 2019年，中行大田支行坚持“晨会案防内控一分钟”“安全员轮值”工作制度，落实上级行内控案防各类检查的要求，通过晨会和周例会，对员工培训、传导和检查，使合规文化成为全体员工的行为准则。加强市场乱象整治、信用风险防控等小组工作，对各项可能存在的问题自查自纠，防范风险于未然。

金融服务 2019年，中行大田支行做好县域社会经济发展和群众生产生活的金融服务，为福建中工塑胶有限公司等企业投放贷款3075万元，美地公园和大田碧桂园项目的63户业主提供住房按揭贷款4055万元；全年发放有效信用卡450张，消费金额近1.3亿元；拓展结算产品，分别激活网上银行和手机银行客户累计2709户、2912户；配合社区工作人员对南街社区和红星村老年人协会、第二实验小学，进行防电信诈骗、理财产品及防范金融诈骗等知识宣传，开户145户，新增定期存款840万元。

【普惠金融贷款】 2019年，中行大田支行推出普惠金融贷款利率低至年4.6%的金融产品，是一款高额度、长期限、50万元以内，手机提款超便捷、多种还款方式供客户选择的优质产品。为海韵农牧有限公司投放475万元、宇隆超纤有限公司900万元的普惠信贷；投放个人经营性贷款800万元，全面完成分行下达的普惠金融五项指标任务，得分率位列辖内12家机构第一。

【不良率控制】 2019年，中行大田支行严格管理资产质量，加强风险管控，11月底，不良率1.24%，较年初下降0.12个百分点。12月，结清福梅农业有限公司全部不良贷款本息，同时推进金盈粮油有限公司贷款核销，年底，不良率降至0.87%，实现不良率控制在1%以内的目标。

（吴开斌　余丽萍）

中国邮政储蓄银行股份有限公司大田县支行

【概况】 2019年，中国邮政储蓄银行股份有限公司大田县支行（简称邮储银行县支行），围绕省、市行工作会议部署，落实“普惠金融、服务三农、服务中小微企业”和县委、县政府的决策，坚持稳中求进，实现持续健康发展。给挂钩的广平镇西园村教育基金会捐款2000元，为2户贫困户送上爱心礼包（礼品价值1000元）。

存款贷款 2019年，邮储银行县支行各项存款余额17.69亿元，比上年增长1.96%，其中，储蓄存款余额16.3亿元，同比增长4.02%；公司存款1.39亿元，同比下降21.91%。各项贷款余额9.54亿元，同比增长11.06%。不良贷款余额1341万元，同比减少578万元，不良率1.41%。

内控管理 2019年，邮储银行县支行落实“党政同责、一岗双责、齐抓共管、失职追责”的安全生产责任体系，加强到期还款资金的落实管理，完善相关预警制度，降低逾期风险；做好存量客户潜在风险摸排，采取“一户一策”管控措施，实行名单制动态管理，防止关注贷款向不良迁徙；加快不良贷款处置，加大自主清收和司法清收力度，逐一突破清收环节存在的难点问题；做好新客户的质量管控，严把客户准入关，严格执行贷款“三查”（贷前调查、贷中审查、贷后检查）制度和信用卡“三亲”（亲见本人、亲见原件、亲见签名）制度。

金融服务 2019年，邮储银行县支行持续做好惠农送贷、送金融下乡和金融结算、金融知识及送征信、反洗钱宣传、送国债下乡，收集普惠金融服务需求。实行综合金融服务到农村去，使申贷渠道更便捷，在互联网线上增设全网络申贷产品，互联网线下提升渠道服务面，设立农村普惠金融服务站15个，信用乡镇1个，信用村42个，评定信用户1536户，授信929户、授信金额7264万元，放款5240万元，同比增加1480万元。扩大农村市场的金融服务覆盖面，全年投放小额贷款3.61亿元，同比增加1.9亿元，解决2936户农户的资金短缺问题。

【乡村振兴战略支持】 2019年，邮储银行县支行持续与县政府、乡镇政府开展乡村振兴战略合作，支持吴山镇梓溪村、建设镇建国村、桃源镇兰玉村、广平镇铭溪村等新农村建设，立足当地特色产业，推出“振兴乡村贷”专属产品，具有额度高、利率低、期限长的特点，涉农贷款余额4.67亿元。

【中小微企业扶持】 2019年，邮储银行县支行加大中小微企业信贷投放力度，实施利率优惠，在上年低利率的基础上再降低利率0.5个百分点，全面执行LPR利率定价，为企业降低融资成本100多万元。全年投放小微企业法人贷款1.05亿元，同比增长133.52%。

【信贷新产品推出】 2019年，邮储银行县支行简化优质客户申贷流程，开辟绿色通道，推出“极速贷”产品，额度高、审批时限快、用款灵活、足不出户提款到账，全年投放1653万元。同时持续支持生源地国家助学贷款，为400多位学子圆了大学梦。全年发放生源地助学贷款321.87万元。

（肖玉玲）

兴业银行三明大田支行

【概况】 2019年，兴业银行三明大田支行按照推动高质量发展、打造价值银行总要求，坚持稳中求进工作总基调，稳业绩、优结构、强特色、补短板、打基础、增动能，继续深化改革，资产质量持续向好。年底，支行内设综合科、小企业部、零贷部、营业厅、运营科，员工15人。

存款贷款 2019年，兴业银行三明大田支行本外币各项存款余额11.3亿元，比上年增长73.46%，其中，对公存款6.37亿元，同比增长111.63%；储蓄存款4.79亿元，同比增长37.25%。各项贷款余额11.99亿元，同比增长60.29%，其中对公贷款10.32亿元，同比增加4.76亿元；个人贷款1.67亿元，同比减少2605万元。不良贷款余额413万元，同比减少396万元，不良率0.34%。

内控管理 2019年，兴业银行三明大田支行结合市场客户群体需求及工作实际，开展增存活贷工作，拓展业务服务范围。落实党风廉政建设责任制，增强服务意识，提高队伍整体素质，采取内培和外培相结合，做到书本教育、集中与日常教育、正面典型与警示教育“三个结合”，对员工进行系统培训，组织员工学习和贯彻总行《兴业银行员工行为十三条禁令》，开展“兴航程”2019合规内控提升年活动，观看反腐倡廉电教片等，运用正反面事例，特别是近年来发生在金融系统的案例教育员工知法、懂法、依法办事，严禁违规操作和越权办事，使员工筑牢思想道德和党纪国法两道防线。

金融服务 2019年，兴业银行三明大田支行服务地方经济建设和社会和谐发展，创新金融产品，提高服务效率，推进“个人创业担保贷”“现金宝·添利”系列等金融特色产品，构建“贷款+理财”组合的“一站式”金融服务体系和个人创业金融服务；支持省市县重点项目大型基础设施和水利设施建设、扶持中小企业等新增贷款5.17亿元，占贷款余额的50.15%，全年续办贷款3.96亿元。

【理财产品推进】 2019年，兴业银行三明大田支行推进“现金宝·添利”系列理财产品，具有流动性好、收益高等特色，“现金宝·添利1号”产品客户2515户，余额3.2亿元，分别比上年增长179%、60%。

【个人创业金融服务】 2019年，兴业银行三明大田支行联合县财政局、人力资源和社会保障局做好利民惠民的个人创业担保贷款，服务个体工商户创业，财政全额贴息，全年发放贷款30笔、金额310万元，年底余额590万元。

（洪新阳）

大田晋农商村镇银行股份有限公司

【概况】 2019年，大田晋农商村镇银行股份有限公司（简称晋农商村镇银行），坚持服务“三农”、支农支小的市场定位，夯实工作基础，加强风险管控，克服不利因素，稳步推进审慎合规经营与健康有序发展，实现利润30.34万元。内设营业部、业务部、综合部，年底员工24人。

存款贷款 2019年，晋农商村镇银行各项存款余额1.49亿元，其中储蓄存款7176.01万元，比上年增加1100.33万元。各项贷款余额2.55亿元，同比增长50.89%，其中涉农贷款2.26亿元，占各项贷款余额的88.63%。贷款农户1555户，余额2.12亿元，同比分别增加364户、0.95亿元。全行户均贷款15.04万元，同比增加1.88万元。

内控管理 2019年，晋农商村镇银行加强信贷管理，遵循“小额、流动、分散”的信贷投放原则，做好“贷前调查、贷时审查和贷后检查”三查制度；加大不良贷款清收力度，对存量不良贷款逐笔分析归类，制订“一户一策”化险方案，把清收任务层层分解，落实到人，多渠道多方法清收，全年清收289万元，不良贷款率达到监管要求。开展风险自查与排查，公司治理、内控制度、信贷资产风险、会计决算等序时性检查3次，并进行整改后续稽核，推动依法合规经营。

金融服务 2019年，晋农商村镇银行坚持“支农支小、服务民生”，推广“党建+金融助理”模式，选派8名业务员作为各乡镇的金融特派员，对接乡村振兴战略，调整优化信贷结构；成立3个营销小组，树立“小客户、大市场”的理念，在武陵乡大石村、上京镇隆美村设立金融服务便民点，创新产品和服务，推出“融易贷”“安居贷”等以农村为主的8个小额信贷产品；推广“自助循环贷”，对资金阶段性回笼的客户采用中长期的贷款期限；拓展一手房、二手房按揭贷款业务，增加公职人员消费信贷，力推创业贴息贷款，支持小微企业和个体工商户，简化贷款手续，提高办贷效率。

【金融知识技能赛区选拔赛获名次】 8月26日，晋农商村镇银行陈艳艳、章华军、黄钟霖参加三明市中心支行举办的2019年福建省金融统计知识与技能竞赛三明赛区选拔赛，获集体第三名。

【“巧妇贷”产品推出】 2019年，晋农商村镇银行推广妇女创业贷款“巧妇贷”，为城乡创业妇女提供金融帮扶，促进妇女创业就业和脱贫致富，贷款余额1564万元，其中妇女创业贴息贷款181万元。

（陈艳艳）

大田县农村信用合作联社

【概况】 2019年，大田县农村信用合作联社（简称县农信联社）围绕省联社“五个聚焦、五个更有”①工作部署，坚持稳中求进，确立“123”②发展目标，以“三强三优”③为抓手，营业网点“乡乡通”、普惠金融便民点“村村通”、电子银行服务“户户通”。2月，与县税务局签订大田县社会保险费金融服务合作协议，为县域居民提供代扣医保、农保缴费服务。5月，设立党群部。12月，清收大队从资产管理部分离单设，资产管理部并入风险合规部。年底，职能部门12个，营业部1个，信用社16个，分社7个；员工222人，其中研究生学历1人、本科156人、专科65人，中级职称56人、初级29人。5月，理事会选举钟先礼为县农信联社理事长；聘任蔡朝阳为县农信联社主任。

存款贷款 2019年年底，全县信用社各项存款余额52.73亿元，比上年增长8.17%，占市场份额的41.63%，其中，个人储蓄存款40.42亿元，同比增长12.4%。各项贷款余额31亿元，同比增长12.94%，占市场份额的32.32%，其中，涉农贷款余额26.92亿元，占各项贷款余额的86.82%；小微企业贷款余额10.51亿元，同比增长53.43%，完成“三个不低于”目标。

内控管理 2019年，县农信联社着力打造理事会决策、高管层经营、监事会监督的现代企业治理模式，实行任期、离任、离岗人员在职在岗期间行为监督，与三明金盾押运公司签订社会化押运合同，将押运任务全部外包押运公司，“让专业的人处理专业的事”并不断完善押运机制，最大程度减少押运风险。出台《员工行为管理办法》《信贷业务尽职免责管理办法（暂行）》等文件，完善内控治理制度，并提升制度执行力。修订完善《大田联社财务费用管理办法》，明确费用审批权限，健全费用审批制度，严格控制各项费用支出。开展案防工作，全年稽核审计立项57个项目；做好干部任前廉政谈话、廉政测试、对照检查和个人重大事项报告等，任前廉政谈话8人次；组织任职前廉政法规知识、客户经理等级、柜员等级、“不忘初心、牢记使命”主题教育知识竞赛等考试7次。推动依法合规经营。

金融服务 2019年，县农信联社梳理乡村振兴产业兴旺、生活富裕、普惠金融三大系列信贷产品，新增“振兴贷”“万通宝·小微贷”“拥军贷”“银税宝”“社保贷”等信贷产品，满足农村、城镇居民生产经营、消费等多元化的信贷需求。授信增户扩面，推行“整村授信”，地毯式营销“振兴贷”，拓展优质信贷客户，年新增精准建档1.48万户，新增贷款1838户，覆盖面39.28%。设定不同的信贷产品，其中，生源地助学贷款余额4191万元，农村青年创业贴息贷款6540万元；并向社会各界及重病员工捐助8.79万元。推广“党建＋金融助理”模式，实施“万名金融助理驻万村”工程，与县委组织部联合印发《关于选派大田县农信联社干部挂职基层网金融助理的通知》（田信联〔2019〕181号），选派77名金融助理，覆盖274个村（居）；召开“整村授信”现场启动会（推进会）24场、开展金融知识宣传16次、培训村主干4次、党建共建16次，授予桃源镇“信用镇”。9月，220余名员工分两批进行一周“网格化精准营销”培训，提高金融助理的服务能力和营销技巧。新增贷款1834户，新增用信3.55亿元。加快转型发展，加大电子银行建设，提高手机银行、微信银行、二维码收单等业务的覆盖率和使用率，至年底，电子交易占96.68%，同比增长10.97%。普惠金融卡“量”“质”并进，存量3.68万张，位居三明市农信系统第一，授信总额度14.17亿元。手机银行客户存量10.92万户，微信用户关注数9.17万户，微信银行绑定数8.94万户，分别同比增长16.51%、10.75%、49.84%、119.12%；二维码收单8100户，同比增长93.87%；小额支付便民点机具186台。10月，在全市率先柜面无线化服务，简化操作流程。

【石牌信用社搬迁】 1月29日，县农信联社石牌信用社从石牌村后溪坂（三星汽车运输公司一楼）整体搬迁至石牌镇石牌路31号107，总面积270平方米，新场所安防达标，设施配备齐全，功能分区清晰。

【母亲节文艺晚会举办】 5月13日，县农信联社工会联合建设镇建强村委会在建设镇汽车站举办“农信杯”母亲节文艺晚会，为母亲们演出“迎酒欢歌”“生僻字”等歌舞节目18个，还融入6个抽奖问答的环节，上千人观看。

【岗位“双选”推行】 6月，县农信联社推行岗位“双选”，优化人力资源配置，提高队伍整体素质，提任中层干部8人，调整主办会计10人、客户经理22人、柜面人员43人，分流富余人员7人。

【党的基层建设加强】 10—11月，中共大田县农村信用合作联社委员会成立营业部支部委员会、机关第一支部委员会、机关第二支部委员会、退休支部委员会，撤销机关支部委员会。并建立党支部“123”工作机制，“1”即党委委员兼任支部书记，坚持“一竿子插到底”；“2”是党支部书记在分管领域、党建引领两个维度发力，履行“一岗双责”；“3”是发挥支部书记做表率、带团队、强督导三个方面作用。

【审计项目获奖】 11月14日，县农信联社监事长吴郁带队参加全省农信系统2019年“优秀审计项目”评选活动，“员工异常行为排查”审计项目获三明农信系统二等奖、全省农信系统三等奖；吴郁获该项目三明市农信系统演示第一名、综合成绩第二名。

【农村集体产权改革合作协议签订】 11月25日，县农信联社与县农业农村局签订大田县农村集体产权制度改革合作协议，提升县域农村集体资产、资源、资金“三资”的规范化管理水平，建设农村集体产权制度改革综合软件平台，解决“三资”管理存在的问题，县农信联社同时做好农村集体产权制度改革中农村股份经济合作社开户工作，奠定了吸收维护低利率存款的基础。

【省联社主任到县调研】 12月3日，省联社主任张镇雄到县农信联社调研指导，与联社领导班子和机关中层干部座谈交流。并走访看望基层一线员工，与他们面对面交流沟通。

【实施员工暖心工程】 2019年，县农信联社工会倾力打造“家文化”，投入专项资金50余万元，实施“五小建设”[④]暖心工程，改善基层干部职工工作、生活条件。10月，开展员工家访活动，领导班子与员工及其家属谈话谈心，听取意见和建议，及时帮员工解决实际困难，增强队伍凝聚力。

注：

①“五个聚焦，五个更好”：聚焦党的建设，更有成效地强化引领、从严治党；聚焦夯实根基，更有活力地增户扩面、增强实力；聚焦回归本源，更有勇气地坚定宗旨、做优资产；聚焦错位发展，更有特色地转型升级、提质发展；聚焦合规经营，更有力度地防控风险、稳健发展。

②“123”发展目标：“1”即一年脱困，2019年摆脱困难，争取达到股金分红条件；“2”即两年摘帽，至2020年摘脱高风险社“帽子”，所有监管指

标达标；“3”即三年翻身，至2021年员工平均年收入比2018年翻一番。

③“三强三优”：即强党建、强管理、强化险，优队伍、优服务、优发展。

④“五小”：即小食堂、小宿舍、小阅览室、小活动室、小菜园（或小花园）。

（陈汝君　林五二　范荣伟）

中国人民财产保险股份有限公司大田支公司

【概况】　2019年，中国人民财产保险股份有限公司大田支公司(简称人保财险大田支公司)，内设综合部、理赔分部、非车险部、农险部、续保团队、车商团队、营销业务部等7个部门，下辖建设保险营销服务部。各类性质用工48人，其中，总公司劳动合同员工6人，地方劳动合同员工17人，劳务派遣人员25人。全年保费收入4530.63万元，比上年增长3.76%，其中，企财险保费247.47万元，同比下降3.04%；工程险保费73.57万元，同比增长210.68%；车辆交强险725.34万元，同比增长12.53%；车辆商业险1872.14万元，同比增长5.79%；责任险279.71万元，同比下降22.63%；意外险296.42万元，同比增长24.47%；健康险24.57万元，同比下降7.42%；家财险185.64万元，同比增长0.25%；农业保险821.40万元，同比下降4.69%。全年理赔结案5878件，赔款2330.85万元，简单赔付率51.45%，其中，企财险赔款186.48万元，工程险19.88万元，车辆交强险439.08万元，车辆商业险911.01万元，责任保险224.32万元，意外险134.03万元，健康险13.56万元，家财险115.86万元，农业保险286.63万元。8月，支公司理赔分部经理郭显文被总公司授予“理赔铁军”称号。

【联动交通劝导】　3月，人保财险大田支公司与县交警大队开展警保联动活动，在石牌老厝设立“大田县石牌镇老厝农村交通劝导站”。节假日，公司安排2—3人到劝导站参加高速出口与省道306线交叉复杂地段的交通劝导服务。

【保险新业务开办】　4月，人保财险大田支公司统保大田县社会治安综合治理财产保险，为全县10.36万户居民提供家财风险保障，收取保费19.68万元；年内与县扶贫办联合开展产业扶贫保险，为贫困户提供种植养殖等五大类产业政策性扶贫保险，支付赔款1.70万元；全县544户烟农投保烟叶种植保险，统保面积860公顷，收取保费68.37万元。

【洪灾损毁理赔】　2019年，人保财险大田支公司实地查勘“5·15”洪灾水毁情况，保险赔付267.83万元，其中，为损毁的204处农村公路赔付159.6万元，为87户（座）农村受损住房赔付108.23万元。

（陈开篇）

中国人寿保险股份有限公司大田县支公司

【概况】　2019年，中国人寿保险股份有限公司大田县支公司(简称中国人寿县支公司)，围绕“稳中求进”的工作总基调，坚持总公司提出的新发展理念和高质量发展、重振中国人寿的战略部署，开展“不忘初心，牢记使命”主题教育，提高政治素质和业务素质，推进各项业务发展，在保险业当年度反洗钱监管考核评级中，被县人行评为A级机构。全年保费收入1.28亿元，比上年下降12.33%，其中短期险保费865.03万元，同比增长27.36%。办理理赔案2035件，赔付金额739.5万元。年纳税77.28万元。年底，县支公司在全县设营销服务部5个，员工26人、代理业务员462人。

【新险种营销】　2019年，中国人寿县支公司推出“鑫福临门年金保险”“百万如意行(庆典版)”“康宁终身2019版”“福佑人生终身重大疾病保险”等新险种。为全县3497人残疾人提供保险，实现保费31万元。

【保险理赔】　2019年，中国人寿县支公司为上京镇村民连某在矿硐意外死亡，赔付意外身故保险金15.6万元；为太华镇村民连某在车间作业时被意外砸伤致死，赔付意外伤害身故保险金13.2万元；为均溪镇温镇村村民温某患胃癌，赔付重大疾病保险金10万元。

（范婷婷）

证　券

【概况】　2019年，全县证券营业部2家，员工22人，主营证券经纪、代销基金等权益类金融产品，开户3035户，股基等交易量48.94亿元。

兴业证券大田营业部　2019年，兴业证券大田营业部员工9人，主营证券经纪、投资咨询，与证券交易、投资活动有关的财务顾问，证券承销与保荐，融资融券，证券投资基金和金融产品代销等业务。开户1419户，全年股基交易量33.56亿元。

华福证券大田营业部　2019年，华福证券大田营业部员工13人，主营证券经纪及代销基金等权益类产品，发展目标客户，开发潜在客户，提高服务客户质量，引导客户适当性投资，对员工进行业务知识、合规及反洗钱等方面的培训200余人次，提升员工的业务素质及合规意识。当年开户1616户，交易量15.39亿元。

【金牌投顾组合订阅】　2019年，兴业证券优理宝交易软件上线金牌投顾订阅组合，兴业证券大田营业部有序推动业务发展，每人每天约访3名潜在客户，通过投资沙龙活动促成金牌投顾组合订阅88人，加强员工与客户的联系，提高二级交易专业服务体验。

【股市沙龙】　2019年，华福证券组织周三晚股市沙龙活动24次，参加207人次，向新入市投资者普及证券投资基础知识，与新老客户交流股市行情变化，及时向投资者解读国内外发生的大事件，进行融资融券、期权、港股通等新业务知识培训，向投资者揭示“飞单”、非法证券反洗钱等相关投资风险，引导投资者理性投资，减少盲目跟风，投机炒作。

（林万春　林　媛）

自然资源与生态环境管理

□ 编辑 陈吉浣

自然资源管理

【概况】 2019年，大田县自然资源局优化营商环境做好生态、资源保护、加强监督，服务民生保障社会经济发展。坚持“合算又合规”“优惠与贡献对等”原则，开展“定位、定点、定向、定策、定责”招商活动，以诚招商、以情感商，引进4个项目，总投资2.2亿元，其中三明中工塑胶项目增资2000万元；永腾物流、恒隆建材、聚丰铸造3个项目，总投资2亿元。当年，省自然资源管理监测评价及辅助决策系统显示，大田县位处全省第九名，全市第二名；被评为县平安先进单位、县水土保持先进单位，获县“五比五晒”综合协调服务部门和工作绩效综合考评一等奖。

法规宣传 2019年，县自然资源局以“珍爱美丽地球，守护自然资源”为主题，举办第五届“自然资源杯”篮球赛，县纪委、供电公司等8支男子代表队参加。4月26日，联合中国地质调查局南京地质调查中心在凤山中路时代广场前开展纪念第50个“世界地球日”宣传活动，发放自然资源法律法规宣传材料100余份、现场讲解问题，布设宣传展板，展示岩石矿物、古生物化石标本等，倡导人们珍惜自然资源，保护生态环境，激发亲近、了解、保护自然的生态意识。

执法监察 2019年，县自然资源局受理有关自然资源的信访件70件（重复15件），反馈率100%；接待群众来访2批3人次；依法立案查处土地行政案件44宗，涉及土地面积12.9公顷（耕地2.82公顷），处罚款105.47万元。

耕地保护 2019年，全县耕地保有量保持面积2.02万公顷，其中永久基本农田1.59万公顷，占78.71%；逐级签订县、乡、村三级永久基本农田保护责任书，落实自然资源部“保增长保红线行动”和基本农田“五不准”①的要求，补充耕地62.71公顷。

规划管理 2019年，县自然资源局推进国土空间规划领域改革，将主体功能区规划、土地利用规划、城乡规划等空间规划融合为统一的国土空间规划，合并规划选址和用地预审“多规合一”“多审合一、多证合一”，合并建设用地规划许可和用地批准，多测合一、多验合一，简化报件审批材料。全年审批有条件建设区项目71个，涉及调整面积88公顷。批复广平镇仙亭“苍”新村项目乡级土地利用总体规划修改，涉及修改面积2.93公顷。

自然资源调查与确权管理 2019年，县自然资源局第三次全国国土调查工作。国家下发全县图斑9.42万个，总面积2233.13平方公里，县级实际调查图斑15.09万个，完成3.13万个举证图斑调查，数据成果通过核查。推进不动产登记制度改革，有序开展宅基地和集体建设用地使用权确权登记发证工作。完成辖区内246个村的农村地籍和房屋调查，按照国家、省、市建立和实施不动产统一登记制度的有关要求，全县范围内的农村地籍和房屋调查完成92%。

建设用地管理 2019年，县自然资源局办理建设项目用地预审37宗面积222.21公顷（其中耕地35.57公顷）；经省批准农转用和征收土地20个批次53个项目面积97.44公顷（耕地15.88公顷）；上报市政府批准农转用和征用土地4个批次4个项目面积4.7公顷（耕地1.25公顷），组卷上报1个批次1个项目面积12.83公顷。拍卖7宗14.51公顷、成交价6.16亿元，挂牌出让16宗36.22公顷、成交价3237万元，划拨公益性建设用地使用权21宗42.67公顷，全年入库土地出让金5.66亿元；城乡建设用地增减挂钩指标对外交易30.21公顷，交易金额1.51亿元。

矿产开发管理 2019年，县自然资源局实施矿产资源“探、储、采、冶、查”一体化监管模式，建立矿山黑名单、矿业权人勘查开采信息公示随机抽查、实地核查等制度，开展矿山专项整治行动。全县有效采矿权证57本，矿产品经营许可证54本，其中新办3本、年检26本；受理省、市级发证矿山报件2宗，新立、延续矿山发证2本，注销采矿许可证5本；81个全国矿业权人勘查开采信息全部公示，随机抽检矿山3个，均无异常；办理矿业权抵押登记2宗，抵押金额3280万元；催缴采矿权出让收益1宗，金额2790.83万元。建立勘查项目台账，督促探矿权人提交开工报告、地质资料17份；开展29个矿山储量动态检测，提交年报18份，其中11个停产矿山储量没变。年底，全县有效探矿权证20本。

国土空间修复地灾防治管理 年初，县自然资源局编制地质灾害防治方案，全面巡查、排查县域2233平方公里范围内的地质灾害隐患和群众居住的高陡边坡，跟踪管理地质灾害隐患点326处、高陡边坡2025处；7户地质灾害搬迁户完成重建。

不动产登记管理 2019年，县自然资源局简化登记手续，优化办理流程，压缩业务办结时限，推进工程建设项目用地规划审批改革，建立“统一受理、并联审批、实时流转、信息共享”工作机制，梳理制定权责清单和“一趟不用跑”“最多跑一趟”办事项目清单，创新林权不动产抵押登记模式。全年办理不动产各类登记1.77万宗，其中，办理不动产权证书4559份，不动产登记证明5959份，出具不动产登记信息证明9050份。抵押登记4227笔，协助社会和企业融资贷款34.99亿元；并完成全部房屋和林权档案移交和整理上架，数据汇交1.35万条。

土地收储 2019年，县土地储备中心完成原均溪水泥厂、腾达保温材料厂、永大工艺制品有限公司、石牌汽车修理厂、俊辉农产品冷冻有限公司，弘石、金山、玉鑫机械有限公司等18宗土地收储补偿，新增储备土地0.31公顷；推出黎坑垅、原均溪水泥厂、麻纺厂三期、石牌汽车修理厂、宝山机械等地块约0.33公顷土地房地产开发项目，土地出让金6.16亿元。县自然资源局与财政部门、交通银行配合，发行土地储备专项债券1.62亿元，推进土地储备项目前期开发工作。

测绘管理 2019年，县自然资源局配合县京口工业园区、均溪东毂坑工业区、吴山万华二期、上京三阳工业区、太华罗丰工业区、均溪陶瓷产业园、国道纵五线公路、兴泉铁路、莆炎高速公路、香山北路片区建设以及相应的安置点等，县重点工程361个宗地建设项目用地测量；完成409宗地的土地登记地籍图测绘、2018年度卫片执法检查项目和信访等53宗地地图的测量面积约8.5公顷。

【罗城“青山挂白”治理】 1月16日，建设镇建国村闽兴矿业有限公司罗城废弃采石场“青山挂白”治理项目，通过监管、设计、施工、监理等单位竣工验收。该项目于2018年1月12日动工，采取坡面整治、清除浮土、覆土回填、设置截排水沟等措施，结合高陡岩面 槽绿化，平台坡面播草籽等生物绿化措施，治理面积33.93公顷。投资165万元。

【内设机构确定】 3月28日，根据《大田县机构改革实施方案》，确定大田县自然资源局班子成员职位和内设机构，行政领导设局长1名，副局长4名，总规划师1名；内设机构为办公室（人事股）、法规监察股（信访办公室）、自然资源调查与确权股（不动产登记局、审核审批股、测绘地理信息管理股）、所有者权益与开发利用股、国土空间规划编制股、国土空间规划管理股、国土空间用途管制股、国土空间生态修复与地灾防治股、耕地保护监督股、矿业权管理股、财务与资金运用股等11个股室，18个乡镇设派出机构。

【地质灾害应急救援演练】 4月30日，县防汛抗旱指挥部在均溪镇温镇村举行防汛抗洪抢险救灾暨地质灾害应急救援演练活动。县自然资源局、民政局、气象局、人武部、卫健局、均溪镇政府等17个部门及省地质工程勘察院专家等230人参加。模拟短时强降雨等极端气候现象，河水超警戒水位2米，2处低洼地带受淹，河水漫堤，滑坡体开裂，桥梁主体受损，道路、交通、电力、通信和供水出现中断等，演练按设置的实战步骤有序进行，群众紧急转移20人。

【废弃矿山地质环境治理规划编制】 4月，县政府印发大田县废弃矿山地质环境综合治理规划（2018—2025年），以2018年为基期，2018—2025年为规划期，加强生态敏感区和脆弱区生态修复，最大限度地遏制和减少因矿产资源勘查开发引发的矿山地质环境问题，推进矿山生态环境恢复，全面治理历史遗留的矿山地质环境问题，是统筹规划矿产资源开发利用的重要依据。

【自然资源管理工作会召开】 8月19日，县政府在五楼会议室召开自然资源管理工作会，县直有关单位和乡镇领导，县自然资源局领导班子成员和局机关股室、直属事业单位负责人等105人参加，邀请县法院、检察院领导参加会议。县自然资源局党组书记、局长林宗镇传达全国、省、市国土资源工作会议精神，总结2018年国土资源管理工作安排2019年自然资源管理工作。县委常委、常务副县长陈剑生、副县长吴文旗分别作讲话。会议向18个乡镇和3个县直部门颁发2019年度耕地保护目标责任书21份；向18个乡镇和10个县直部门颁发2019年度矿产资源管理工作目标责任书28份。

【全县城镇规划工作培训会召开】 11月15日，县自然资源局在六楼会议室召开全县城镇规划专题培训工作会，各乡镇分管领导、村建站站长，局机关股室、直属事业单位、各自然资源所负责人等108人参加，邀请省规划院高级规划师陈树荣作城镇规划，工作授课，从规划体系、自然资源新背景新格局、国内动态与主要案例借鉴、新一轮国土空间规划工作推进建议四个方面，详细介绍自然资源背景下的国土空间规划编制要求。

【杞溪地质文化村建设推进会】 11月28日，县政府、中国地质调查局南京地质调查中心联合，在龙山宾馆七楼会议室召开“大田县杞溪地质文化村建设推进与现场考察会”，副县长吴高祺及南京地质调查中心专家组成员、县住建局、华兴镇等7个单位领导参加，共132人。介绍杞溪地质文化村建设进展及全国地质文化村建设情况与展望，交流全国地质文化村建设理念，并互相借鉴建设经验。

【民居特色传承与创新讲座举办】 12月2日，县政府在龙山宾馆七楼会议室，举办“大田传统民居地域特色传承与创新”专题讲座，邀请国家工程勘察设计师、北京市建筑设计研究院有限公司顾问、总建筑师柴裴义和中国民居建筑师、福建省建筑设计研究院有限公司顾问、总建筑师黄汉民，讲解现代建筑创作、传统民居地域特色传承与创新等，120多人到场听讲。

【废弃矿山生态修复动工】 2019年，县自然资源局推进山水林田湖草（废弃矿山）项目实施，以均溪、太华、前坪等3个乡镇银锭岬、马头岬、崩额前矿区为主要治理区域，规划治理总面积约216.56公顷，预算投资约1.8亿元。完成项目预算编制和审核、可研批复、项目测量、勘查、设计，并通过市级组织专家评审。11月，工程队进场施工。

【国土空间规划体系编制】 2019年，县自然资源局制定国土空间规划编制工作方案，整合城乡规划、林业、环保、土地等各类专项规划，完成“多规合一”业务协同平台数据录入、转换。做好县生态保护红线评估审查和对接工作，开展城关通风廊道规划，参考国内外城市通风廊道的案例，结合县精细化风场和城市热岛分布情况，识别城区范围内一级和二级通风廊道。一级通风廊道7条，以贯穿城区的均溪、道路主干道为依托，从东至西，从南至北，穿过整个城区，起到分隔城市空间，控制城市发展形态的作用。二级通风廊道16条，从周边山地到达城区建设密集、开发强度大的区域，将山区清凉空气引入城区，起到增加城市通风能力，缓解城市热岛强度的作用。启动上京镇梅林村、吴山镇和洋村等10个省级乡村振兴示范村村庄规划编制，组织第二集美学村保护利用、城乡统筹与村庄管控等相关重大专题研究，有针对性地分析研究重大领域国土空间开发保护现状和发展要求；评估现有主体功能区划、土地利用规划、城乡规划等空间规划实施情况，提出县“十四五”时期国土空间开发利用保护格局中存在的突出问题及优化提升目标方向。

【矿产品流通监管和服务】 2019年，县自然资源局制定细化矿产品流通领域管理改革工作实施方案，明确县矿业流通服务中心职能配置、内设机构和岗位人员安排。全年开单销售煤炭95.76万吨、铁矿石（原矿）107.38万吨、铅锌入选矿（原矿）12.63万吨、铁精矿13.45万吨、铅锌精矿1.58万吨、石灰石161.68万吨。

【旧村复垦和土地整理项目实施】 2019年，县自然资源局实施18个乡镇旧村复垦项目59个，总规模约281.22公顷，可产生增减挂钩指标约256.22公顷。年底，竣工验收项目11个，规模、新增耕地、产生增减挂钩指标31.53公顷；太华等8个乡镇11个旧村复垦项目在实施，规模45.06公顷；申报项目8个，规模30.8公顷。对外交易城乡建设用地增减挂钩指标30.21公顷，交易金额1.51亿元。均溪等7个乡镇8个土地整理项目经市自然资源局验收，规模411.74公顷，新增耕地26.35公顷；华兴等7个乡镇11个土地整理项目在实施，总规模636.99公顷，预计可新增耕地86.25公顷。

【废弃矿山土地复垦】 2019年，广平镇1个废弃矿山土地复垦项目通过市自然资源局、农业农村局验收，完成规模和新增耕地1.75公顷，产生土地增减挂钩指标1.21公顷；在武陵等4个乡镇实施4个废弃矿山复垦项目，预计新增耕地12.65公顷。

【卫星遥感监测图斑执法检查】 2019年，县自然资源局对照自然资源部下发四个季度土地变更和遥感监测的138个图斑进行检查，总面积232.69公顷（耕地45公顷）。其中，合法图斑30个，面积202.85公顷（耕地38.63公顷）；违法图斑29个，面积5.38公顷（耕地1.13公顷），依法立案查处违法图斑；设施农用地图斑18个，面积5.2公顷（耕地1.62公顷）；临时用地图斑6个，面积2.45公顷（耕地1.28公顷）；伪变化图斑9个，面积16.81公顷（耕地2.34公顷）。

注：

①基本农田“五不准”：不准非农业建设项目占用基本农田（法律规定的除外）；不准以退耕还林为名违反土地利用总体规划，将基本农田纳入退耕范转，除法律规定的国家重点建设项目以外；不准占用基本农田进行植树造林、发展林果业和搞林粮间作以及超标准建设农田林网；不准以农业结构调整为名，在基本农田内挖塘养鱼、建设用于畜禽养殖的建筑物等严重破坏耕作层的生产经营活动；不准占用基本农田进行绿色通道和城市绿化隔离带建设。

（陈燕萍）

生态综合执法

【概况】 2019年，大田县生态综合执法局建立生态环境行政执法联席会议制度、行政审批备案制度和案件移送制度，加强部门之间的联系互动，促进生态环境治理工作责任的落实。建立行政监察责任追究制度，强化执法监督工作，进一步规范生态环境领域行政执法工作，建立生态执法与部门司法联动机制，增强打击破坏生态环境行为的工作合力。优化改进执法方式，分析跟踪各乡镇、企业分布及生产经营情况，健全以“双随机一公开”监管为基本手段、重点监管为补充、信用监管为基础的监管机制，改变分散执法、突击整治的行政执法方式，避免管理部门之间推诿扯皮现象，执法力量更加集中，效率和水平显著提高。全年，生态环境行政处罚案件立案48件，收缴罚没款261.19万元，移送公安行政拘留2件2人，涉嫌犯罪移送公安机关立案侦查2件，县法院依法作出有罪判决2件13人，打击生态违法犯罪，巩固生态综合执法效果。7月，《大田县河长制与生态综合执法研究》课题备选三明市社科院生态文明研究课题；8月，县生态保护指挥中心被省委、省政府评为第四届全省“人民满意公务员集体”；10月，县生态综合执法工作通过省级检查验收，大田县被省政府推荐争创“全国生态综合执法示范县”。

【生态环境指挥监管体系建立】 2019年，县生态环境保护指挥中心坚持“大集中、全覆盖、一体化”的理念，动态监测全方位覆盖水体、大气、土壤等主要生态要素，建立1＝N指挥监管体系，集生态环境问题发现、任务派遣处置、绩效考核评价为一体的统一指挥协调机制，统一管理、分类处置、及时监督反馈，统一评价考核，全方位、及时快速有效处置生态环境问题。

【生态环境案件联动联办】 2019年，县生态环境指挥中心设立行政执法与司法联动办公室（公安生态侦查大队、检察院生态环境检察科、法院生态巡回审判庭入驻），及时联动，适时会商，打造纵向到底、横向到边、统一指挥、统一管理的“一盘棋”工作格局，全年联办生态环境案件6起。

【网格化信息管理系统开发运用】 2019年，县生态环境指挥中心开发“生态大田·智慧环保”网格化信息管理系统，对重点污染源、重点企业、河流水质断面、环境空气、重要部位等进行24小时远程在线监控，及时掌握全县水体、大气、土壤等环境因子的变化情况。依托“生态通”APP移动执法终端，对责任人员处置环境事件实行全过程跟踪、督办、评价；对各乡镇各部门落实生态环境保护责任情况进行事前、事中、事后考核评价。

（柯双根）

生态环境保护

【概况】 2019年，三明市大田生态环境局贯彻习近平生态文明思想，以改善环境质量为核心，以“五比五晒”活动为抓手，持续推进蓝天、碧水、净土三大保卫战，实施重点生态环保项目73个。城区空气质量优良天数比例100%，居全省58个县级城市月空气质量综合排名第八位；辖区内均溪、文江两条主要流域各监测断面水质按期次评价达标率100%，城区及乡镇集中式饮用水源地水质均符合Ⅲ类考核要求，尤1国控断面各项指标均值符合Ⅱ类水考核要求，无劣Ⅴ类水质；城区噪声等效声级符合Ⅱ类标准，土壤环境质量整体稳定。

建设项目环境管理 2019年，大田生态环境局深化“放管服”改革，围绕环评审批、排污交易和排污许可等，出台环保简政放权、提质增效改革“十条措施”。建设项目环境影响报告表（书）审批41个项目，环境影响登记表审核78个项目；夜（午）间建筑施工作业许可项目14个（次），审核排污许可证62本，共缩短法定审批流程时间3886天。

环境监察 2019年，大田县强化环境监管，开展“环境执法大练兵”“清水蓝天”和“双随机”等专项检查，推进各项环境监察工作。查办环境行政案件40件，处罚款308.58万元；查办违反配套办法案件17件，其中，移送公安部门行政拘留7件、查处涉嫌环境污染2件，查封扣押8件。执行24小时环保“110”联动值班制度，办理省、市、县批办件和“12369”环保举报、三明市“12345”政务服务、福建省网上信访信息系统等各类平台书面答复信访件165件，处理率和办结率均100%。进一步完善预警预案，督促49家企业编制突发环境事件应急预案，交大田生态环境局备案，提升企业自救能力。

环境监测 2019年，大田环境监测站开展常规监测、污染源监督性监测、执法监测等工作，城区空气质量、降尘、酸雨常规监测；完成城区饮用水源每月1次、省小流域9个断面每季度采、送样工作，18个乡镇集中式生活饮用水源地水质监测；定期开展高才尤1国控交接断面地表水预警监测；完成18个河长制小流域乡镇交接考核断面监测；开展8家省控重点企业监督性监测、4家污染物减排监测、27家重金属防控企业监督性监测和122家次执法性监测。

【生态环境局垂直管理改革】 1月11日，县环境保护局根据《三明市市级机构改革实施方案》，作为三明市生态环境局的派出机构，更名为“三明市大田生态环境局”，在建山路76号揭牌，三明市生态环境局副调研员邓纯喜、副县长詹冬华出席揭牌仪式。5月17日，市生态环境局党组副书记、调研员张德乾莅局宣布：林起雄任三明市大田生态环境局分党组书记、局长，吴贵灯、郑新华任分党组成员、副局长、主任科员（任职时间从4月23日始），至此，完成分党组成员调整，配齐领导班子。

【第二轮中央督察组到县督察】 8月1日，第二轮中央生态环境保护督察下沉组卢诰宇一行6人到县开展专项督察，到腾顺矿业有限公司、银顶格矿山水土流失治理项目、海鑫矿业有限公司对信访件核实，察看突出生态环境问题整改落实情况。其间，全县接到信访交办件38件，涉及环境问题53个（涉及水的10个、气的15个、噪声的5个、土壤的7个、生态的8个、其他类8个），由相关乡镇、部门牵头在规定时限内反馈，办结率100%。

【第二次全国污染源普查数据审核】 2019年，大田生态环境局根据国家、省、市对第二次全国污染源普查工作的安排，全面进入数据审核阶段。6月，按照上级反馈的县上报数据审核的意见，县污染源普查办公室56次对疑似问题数据进行核实、修改、确认和情况说明。10月，依据上级要求，通过普查数据处理软件，再次对普查数据进行汇总、分析、比对。至年底，完成全县数据统计分析，形成成果库，集成普查成果数据。

【企业环境信用评价】 2019年，大田生态环境局开展四批次强制参评的企业环境信用评定和一批次应约评定，纳入环保评价企业109家。经评价，环保诚信企业1家、良好企业94家，环保警示企业和环保不良企业各7家，守信企业占87.2%。

【闽湖水生态修复二期项目实施】 2019年，湖美乡人民政府作为项目建设业主，大田生态环境局提供业务技术支持，委托华川技术有限公司实施闽湖水生态修复工程二期项目，投资1300余万元，对闽湖水质各项指标进行修复治理。至年底，完成工程设备安装。

【畜禽养殖禁养区调整划定】 2019年，县政府按照党中央、国务院及省市有关规范畜禽养殖禁养区划定和管理，促进生猪生产发展的要求，开展禁养区划定情况排查，严格将法律法规规定的饮用水水源保护区、风景名胜区、自然保护区的核心区和缓冲区等区域划定为禁养区，对排查发现的超法律法规规定范围划定的禁养区进行调整，调整划定后县畜禽养殖禁养区总面积303.55平方公里，比原来划定的减少21.9平方公里。

【万湖矿区土壤环境试点建设】 2019年，大田县作为全省土壤环境风险防控试点县，加快探索土壤污染治理的制度建设，打好净土保卫战，加强土壤环境风险防控，实施太华镇万湖矿区土壤环境风险防控水土保持项目建设。至年底，完成土地整治1.5公顷、覆土0.45万立方米、建排水沟480米和沉沙池5座39立方米，投资91.45万元。

（林青霞）

经济管理与监督

□ 编辑 陈吉浣

发展计划管理

【概况】 2019年，大田县发展和改革局（简称县发改局）按照中央和省市县的决策部署要求，围绕深化“五比五晒”①竞赛活动和打好“十大攻坚会战”②，抓好发展和改革工作，促进全县经济社会保持平稳发展。

年度计划编制与实施 2018年12月，县发改局完成2019年，大田县国民经济和社会发展年度计划编制，提交县第十七届人民代表大会第三次会议审议通过。2019年大田县国民经济和社会发展各项主要指标的预期目标及完成情况：地区生产总值增长8%，当年完成217.81亿元，比上年增长6.8%；农林牧渔业总产值增长3.6%，当年完成72.83亿元，同比增长3.2%；规模以上工业增加值增长8%，当年完成同比增长8.3%；固定资产投资增长8%，当年完成同比增长6.5%；社会消费品零售总额增长5%，当年完成58.15亿元，同比增长7.1%；出口总值（海关口径）增长3%，当年完成11.73亿元，同比增长8.91%；实际利用外资（验资口径）增长3%，当年完成10.15万元；地方公共财政一般预算收入增长2%，当年完成7.21亿元，同比下降3.9%；城镇居民人均可支配收入增长8%，当年实际37678元，同比增长9.2%；农村居民人均可支配收入增长9%，当年实际18309元，同比增长9.6%；城镇登记失业率控制在2.66%以内，全年城镇登记失业率2.76%。

投资项目审批 2019年，县发改局衔接中央、省、市下放的审批权限，审批（核准、备案）建设项目253个，总投资194.49亿元，办结率100%，其中，审批（核准）项目89个，总投资67.34亿元；备案项目164个，总投资127.16亿元。

项目竞赛活动 2019年，县发改局继续协调组织开展“五比五晒”活动，实施省重点项目13个，总投资76.53亿元，当年完成投资29亿元；市重点项目24个，总投资93亿元，当年完成投资36.38亿元。实施县“六个重大项目组”重点项目156个，总投资863.03亿元，当年完成投资77.11亿元，其中，工业能源项目50个，完成投资25.72亿元；交通项目13个，完成投资29.11亿元；城建环保项目31个，完成投资10.27亿元；农林水利项目18个，完成投资5.17亿元；现代服务业项目18个，完成投资3.27亿元；社会事业与民生保障项目26个，完成投资3.57亿元。全年开工建设项目47个，竣工投产项目29个，其中，宝山熔模精密铸造生产线、原汽车站片区改造地块开发、均溪食用菌规模化生产等13个项目提前开工建设；瓦能高新技术靶材、红星幼儿园新园区、牲畜定点屠宰厂等11个项目提前竣工投产或建成使用。

争取上级补助 2019年，县发改局加强与省、市沟通对接，争取中央和省级预算内资金支持，全年得到中央和省级预算内补助资金1.4亿余元，保障23个补短板、惠民生、强基础的项目顺利实施。其中，山水林田湖草生态保护修复试点项目9298万元，京口工业园区集中供热项目1074万元，闽江上游尤溪流域防洪二期工程（大田段）897万元，广平中心幼儿园480万元，建设中心小学1号教学楼420万元，上京镇集镇供水改扩建项目272万元，原火电厂及福塘桥头周边片区改造(一期)配套基础设施项目235万元，奇韬镇农村饮水安全工程231万元，济阳乡标准足球场180万元，2019年森林质量精准提升示范项目120万元，吴山镇集镇供水改扩建项目116万元，文江镇集镇污水配套管网改造工程、梅山镇集镇污水垃圾处理工程、武陵乡集镇污水处理工程3个项目各100万元，济阳标准化林业站建设项目80万元，太华镇魁城村、吴山镇梓溪村、上京镇梅林村、屏山乡内洋村、均溪镇周田村5个乡村旅游基础设施建设项目各50万元，济阳乡济中村饮水灌溉工程项目46万元，武陵乡百束村村尾至下坂基础设施提升项目30万元，重大项目前期经费15万元。

第三产业发展 2019年，县发改局统筹协调推进现代服务业攻坚会战，实行一月一会商制度，会同有关部门加强主要支撑指标运行情况研判和监测，实施重点建设项目30个，完成投资10.7亿元；新增规模以上服务业企业8家。全县完成第三产业增加值58.79亿元，同比增长6.1%。

生态修复治理 2019年，县发改局统筹推进闽江流域山水林田湖草生态保护修复试点工作，持续抓好10个重点项目建设，两年累计完成投资3.25亿元，其中周田溪小流域水环境综合整治工程、建设镇建设溪流域安全生态水系建设2个项目，建成或基本建成；废弃矿山生态修复治理、城区饮用水源地（坑口水库）综合治理工程等8个项目在加紧实施。

【项目成果对接】　6月18日，县发改局牵头组织20个县直经济主管部门、18个乡镇和多家企业，参加在福州举办的第十七届“6·18”海峡项目成果交易会，对接项目成果45项，总投资28.25亿元。征集并推介企业技术需求18项。在两用技术项目成果对接会上，清航装备科技有限公司与福建省机电（控股）有限责任公司、首安工业消防有限公司，签订总投资2亿元的无人机关键零部件生产项目，及总投资1.2亿元的工业消防无人机生产项目。活动期间，组织肉兔产业、休闲农业、结构用木材改良技术、铸造产业、校县合作、农业高新技术等，专场对接活动6场次；福建农林大学茶学系与县江山美人茶业有限公司，就大田江山美人茶及虫害乌龙，茶加工工艺技术进行合作签约。

【“五个一批”项目建设】　2019年，全县纳入市“五个一批”（谋划一批、签约一批、开工一批、投产一批、增资一批）项目库管理项目144个，总投资182.08亿元。其中，谋划一批项目61个，总投资79.31亿元；签约一批项目8个，总投资7.72亿元；开工一批项目28个，总投资29.49亿元，当年完成投资12.72亿元；投产一批项目34个，总投资56.9亿元，当年完成投资16.9亿元；增资一批项目13个，总投资8.66亿元，当年完成投资3.58亿元。

【重大项目策划储备】　2019年，县发改局围绕加快建设现代经济体系，推动经济社会高质量发展，初步谋划储备县“十四五”规划重大项目279个，总投资783.4亿元。其中，农林水利项目41个，总投资65亿元；工业项目66个，总投资206.8亿元；服务业项目44个，总投资93.8亿元；社会事业项目45个，总投资31.7亿元；交通能源项目34个，总投资255.2亿元；生态环保项目13个，总投资14.4亿元；城市基础设施建设项目36个，总投资116.4亿元。

注：

①“五比五晒”：比谋划晒前期、比招商晒签约、比开工晒进度、比投产晒成效、比服务晒质量。

②“十大攻坚会战”：招商、征地拆迁、“两茶一硒”、工业提升、现代服务业、交通建设、生态环境突出问题整治、市容市貌、农村人居环境整治、民生社会事业等攻坚会战。

（林子琨）

人力资源和社会保障管理

【概况】　2019年，大田县人力资源和社会保障局（简称县人社局）按照省、市人社部门的工作部署，结合工作实际，加强岗位责任制和绩效目标管理，抓好工作落实，做到全县就业工作稳定，社会保障全覆盖，建立和谐的劳动关系。

创业就业　2019年，县人社局鼓励支持就业和创业，搭建招聘求职的平台，举办“春风行动”“企业招聘日”“就业扶贫行动日”等各类招聘活动9场，提供就业岗位6264个，现场达成就业意向957人；加大力度支持创业担保贷款贴息政策落实，发放创业担保贷款372笔4323万元；扩大就业见习补贴范围，就业见习基地扩大到15个，参加就业见习20人，发放补贴5.76万元。落实就业创业扶持政策，做好优秀创业创新资助项目评选，评出县级优秀项目18个，资助资金29万元，推荐获得一、二等奖的8个项目参加市级优秀创业创新项目评选。推进精准就业扶贫，为1339个贫困劳动力参加2018年度城乡居民养老保险，补发放补贴6.7万元；制定《2019年度开展建档立卡贫困劳动力职业技能培训实施方案》，编制以农村劳动力转移和创业为主要内容的培训教材，组织各乡镇开展贫困劳动力专题培训1462人；设立企业扶贫车间2个，发放奖补资金2.7万元，贫困劳动力就业27人。开发公益性岗位，吸收贫困户和就业困难人员就业。

社会保障　2019年，县人社局针对各类职业特点，加大养老保险扩面征缴工作力度，参保范围覆盖各类企业、企业化管理的事业单位、个体工商户、自由劳动者，解决百姓老有所养问题。

城乡居民基本养老保险　全县参保18.72万人，参保率97.3%，其中应缴费13.75万人，当年征缴保费2414.83万元；领取基础养老金4.98万人，发放7688.64万元。新增审核报批农民被征地项目22个批次，征收耕地面积27.28公顷，被征地农民养老保障资金收入1778.49万元，年底全县纳入被征地农民养老保障3.1万人，当年，0.51万人领取养老保障金1489.48万元。

机关事业单位养老保险　全县参加机关事业养老保险单位430个，在职参保8158人，离退休3301人。全年养老基金收入1.37亿元，基金支出1.71亿元，历年滚存结余2249.04万元；全年职业年金收入4115.27万元、支出631.38万元，上解上级9284万元，历年滚存结余3157.29万元。

城镇企业职工基本养老保险　全县城镇企业职工参保3.09万人，其中在职2.01万人，全年为离退休的7920人发放养老金2.31亿元，社会化发放100%。

失业保险　全县参保单位538个、1.53万人，收缴失业保险金422.39万元，为680人次发放失业保险基金332.02万元，为失业人员205人代缴医疗保费42.32万元。

工伤保险　全县参保3.83万人，征收工伤保险费2374万元，为1503人支付工伤保险费3985.81万元。为75家建筑企业按项目办理工伤保险，参保5661人，缴纳费用270万元。

职工权益保障　2019年，县人社局建立健全用人单位内部预防和化解劳动人事争议的机制，妥善处理劳动纠纷；加强对乡镇基层劳动争议委员会、县劳动人事争议仲裁院的帮扶指导，推动仲裁法规进园区，增强劳动争议裁审信服力。探索与人民法院裁审衔接工作，参与司法领域调解，切实保障劳动者劳动权益。全年受理劳动争议案件447件，涉及职工447人，涉案金额1860.69万元。其中，属于劳动报酬的89件、社会保险的160件，确认劳动关系73件，解除终止劳动合同122件，其他3件。案件审理438件，其中调解处理263件、裁决175件。开展农民工工资防欠治欠工作，落实农民工工资保证金和工资专户设置，推进实名制和工资打卡发放。全年查处和化解拖欠农民工工资案件49起，其中立案13起，解决欠薪金额156万元，涉及职工124人；协调解决和立案各1起，行政处罚（处理）2件。全年没有因欠薪引发重大群体恶性事件，维护农民工合法权益，促进社会稳定。

【职业技能培训】 5月，县人社局落实县委打赢脱贫攻坚战的决策部署，针对贫困人员就业差就业难、无技能低技能的问题，牵头组织建档立卡贫困家庭劳动力职业技能培训，让有培训愿望的贫困人员，100%参加免费技能培训，18个乡镇分别承办，共有1462人参加。

【公益性岗位开发】 2019年，全县20个单位开发100个公益性岗位，其中，安置贫困户劳动力就业的岗位44个，在招聘录用人员公示中，拟录用就业困难人员62人，其中贫困户劳动力37人。

（郑元粮）

安全生产监督管理

【概况】 2019年，全县强化安全发展理念和安全红线意识，开展安全生产隐患排查治理，推进重点行业领域专项整治，抓好重大安全风险管控，打击安全生产非法违法行为，安全生产形势继续保持平稳向好的态势。全县发生各类生产安全事故12起，死亡11人，受伤13人，事故起数与上年持平，死亡人数比上年下降8.3%（上年死亡12人），受伤人数同比上升44.4%（上年受伤9人），未发生较大以上生产安全事故。其中，生产性道路交通生产安全事故11起（非亡人事故2起），与上年持平，死亡10人，同比减少1人，受伤13人，同比减少7人；工矿商贸安全事故1起，死亡1人，与上年持平。

【安全风险分级管控】 5月，县安委会下发《关于做好全县重点安全风险管控责任清单的通知》，全面摸排本辖区、本行业有可能引发重特大生产安全事故的企业、场所、部位，制定66家县级重点风险防控企业责任清单，并按照“红、橙、黄、蓝”四色实行安全风险分级管控；制定市县级安全生产红色隐患领导挂钩清单，由县委、县政府领导分别挂包督促整改落实，19项红色隐患整改全部销号；推进隐患“清零”，督促企业健全分级分类和隐患辨识、公示、治理、销号全过程闭环管理。全年，检查生产经营单位8122家次，排查发现各类安全隐患9073项，至年底完成整改9032项，占99.55%，到期隐患全部整改。

【“安全生产月”活动】 6月，全县开展以“防风险、除隐患、遏事故”为主题的“安全生产月”和“安全生产万里行”活动，县安全生产委员会办公室（简称县安办）印发煤矿、非煤矿山、危险化学品、烟花爆竹、人员密集场所等领域，安全生产应知应会知识手册3100余份；举办安全发展主题宣讲21场次，安全生产法律法规讲座和警示教育135场（次），开展安全知识技能竞赛117场，参加1600多人次。培训一般工贸企业主要负责人和安全管理员330余人、特种作业人员920余人，确保特种作业人员全部持证上岗。6月17—23日“应急预案演练周”活动期间，开展各类应急救援演练187场，参演1600余人次。

【安全生产隐患排查治理】 9月，县安委会下发《关于进一步深化做好安全生产隐患排查治理行动的通知》，落实有限空间作业、动火作业、高处作业、吊装作业等危险作业安全防范措施。隐患排查治理专项行动全覆盖，835家生产经营单位均签订隐患排查治理专项行动自查自改承诺书，组织43个执法检查组，检查生产经营单位和场所1811家次，排查发现一般事故隐患4296项，年底前全部整改；排查发现重大事故隐患5项，整改销号4项；停产停业整顿8家，取缔关闭16家，行政处罚210.67万元。

【应急管理机构完善】 2019年，县委、县政府着力解决应急管理工作人员编制、办公场所、救援物资仓库“三个不足”问题，新增编制10人，转隶、调入、新录用9人，拟2020年新招考4人；将福田路216号原质监局办公楼划拨3层给应急管理局，财政拨付搬迁资金35万元；将福田路县创新创业产业园划拨300平方米作为存放新采购和原有应急救援物资的仓库。

【安全生产举报奖励】 2019年，县矿山“打非治违”办公室对群众举报的3月4日，李某某等人在宝树矿业公司关闭矿井盗采铅锌矿；4月10日，廖某某等人在建爱锰矿违法违规挖掘巷道，盗采小溪洋煤矿关闭矿井。现场调查取证两起安全生产非法违法行为，核查属实后，违法违规行为人按法定程序移交司法机关处理。县安委会根据《大田县安全生产举报奖励办法》规定，按法定程序给予每起举报人奖励5000元，首开安全生产非法违法举报奖励实例。

【安全生产执法专项行动】 2019年，县安办采取事前执法、集中查办典型案件、健全联合执法制度、开展乡镇委托（授权）执法等举措，实行安全生产处罚关口前移，加大非事故预防性处罚工作力度，解决安全生产执法宽松软问题。年内，全县限期整改单位521家，停产停业整改18家（非煤矿山6家、工贸企业12家），取缔关闭17家（煤矿4家、非煤矿山3家、烟花爆竹经营点10家），非事故预防性处罚35家、金额251.54万元（非煤矿山25.2万元，建筑施工企业14万元，工贸企业7.4万元，矿山“打非治违”①34.94万元，火工品违法行为170万元），约谈、警示10家，政府网站曝光非法违法企业3家。同时，按照“四不放过”②原则，严厉查处太华非金属矿甲魁石英石矿“5·6”车辆伤害一般事故，处理相关责任人员5人，行政处罚22.44万元。

【重点行业领域专项整治】 2019年，全县开展道路交通、煤矿、非煤矿山、危险化学品、烟花爆竹、民爆物品、建筑施工等重点行业领域专项整治。查处“五类十项”严重交通违法行为3.22万起，其中，酒驾、醉驾670起，超员3165起，货车超载212起，现场超速116起，涉牌涉证8543起，未使用安全带、占用应急车道、不避让特种车、未戴头盔和疲劳驾驶1.95万起。11月30日，辖区内4家年产9万吨煤矿关闭到位，经省、市验收并公告；完成煤矿建设项目清理、煤矿爆破作业人员清理工作，开展4家在生产企业、1家“三同时”③建设煤矿（年产15万吨）安全大检查，排查消除隐患212项；排查消除非煤矿山隐患549项，打击违法违规行为9起，责令停产停业企业6家；全县33名尾矿库库长检查尾矿库169座次，排查消除隐患314项，打击违法违规行为2起；矿山“打非治违”排查采矿权证有效矿山55个，重点区域巡查747次、一般区域巡查1443次，巡查覆盖率100%，立案查处非法违法采矿行为15宗，行政处罚34.94万元；排查消除危化品、烟花爆竹和民爆物品隐患162项，依法取缔关闭不符合条件的烟花爆竹零售点13家，立案查处违反民爆物品管理规定4宗、处罚170万元；检查86家建筑施工单位，排查消除隐患407项，处罚施工建设单位14万元。

【应急救援管理专家库建立】 2019年，县应急管理局依托县消防救援大队，整合县应急、交通、住建、自然资源、工信等部门专业人才资源，建立安全生产、应急救援专家库，随时应对自然灾害、突发事件应急救援需要。收录各行业部门和永安煤业矿山救援队、三泉矿山救护队等企业中级以上职称专业人才、专业救援人才63人。

【防震减灾科普示范校创建】 2019年，县应急管理局按照《国家防震减灾科普示范学校建设指南》创建标准，在上京中学建设大田县防震减灾科普馆，运用VR、数字多媒体、光电一体化等技术，为全县中小学生提供“零距离”接触防震减灾知识的科学平台。该项目经省地震局现场核查，上报国家地震局评审。

注：

①“打非治违”：打击非法、违法生产；治理违规、违章作业。

②“四不放过”：事故原因未查清不放过、责任人员未处理不放过、整改措施未落实不放过、有关人员未受到教育不放过。

③“三同时”：生产经营单位新建、改建、扩建工程项目的安全设施，必须与主体工程同时设计、同时施工、同时投入生产和使用。

（范建伟）

市场监督管理

【概况】 2019年，大田县市场监督管理局坚持商事管理改革，优化营商环境，全县市场主体比上年增加63.7%，注册资金增加17.69%。加强产品质量、计量和特种设备管理，保障食品药品安全。在标准化、实施品牌战略以及名优商标培育等三方面工作，取得新成效。当年，企业信用信息归集工作排在全市首位，企业年报率93.83%、列全市第四，农民专业合作社年报率95.4%、位全市第六，个体工商户年报率93.07%、排全市第七。

商事管理 2019年，全县市场主体总数3.71万户，注册资本总额300.64亿元，分别比上年增加1.42万户、45.84亿元；新增市场主体1.39万户，注册资金37.13亿元，其中，新登记注册企业577户，注册资金30.84亿元。简易注销企业174户，依申请简易注销个体工商户189户，依职权注销个体工商户633户。全年颁发记载有社会统一信用代码的企业营业执照5890张，电子营业执照4368份，同比分别增加828张、656份；记载有社会统一信用代码的个体营业执照2.89万张，同比增加1.1万张。

质量计量管理 2019年，县市场监管局开展质量提升行动，加强对7家工业产品许可证生产企业、14家原纸生产及纸制品生产企业检查指导，提升产品质量监督有效性。组织8家企业参加省局“企业首席质量官”“企业现场管理”培训。新建重力式自动装料衡器社会公用计量标准，年内完成11项。

食品药品安全保障 2019年，县市场监管局加强食品安全监管，联合多部门开展猪肉市场专项整治，立案查处未经检验检疫销售猪肉案件29起，没收未检测猪肉531.2公斤；加强校园食堂及周边商铺食品安全监管，检查学校（含幼儿园）食堂186家次、周边食品经营单位243家次，立案查处校园食堂使用过期食品行为1起；保障农村集体聚餐和重大活动、赛事餐饮服务安全89场次，受保障约2.74万人次；持续推进“一品一码”追溯体系建设，全年，食用农产品、预包装食品、餐饮（食堂）追溯系统注册421家，进货4.23万批次；完成食品监督抽检298批次，合格294批次，合格率98.7%。宣传贯彻新修订的《中华人民共和国药品管理法》和新颁布的《中华人民共和国疫苗管理法》，举办相关人员培训，参加60人，督促药械经营使用单位依法经营使用。开展药械安全整治和医用氧、疫苗等专项检查，跟踪认证药店22家，专项整治牙科诊所、执业药师“挂证”行为、中药饮片等，检查药械经营企业78家次、使用单位268家次，抽检药品55批次，检测药品、医疗器械化妆品不良反应/事件180例。查处各类案件13起（药品案件7起、化妆品1起、医疗器械5起），处罚没款21.81万元，药品安全满意率在全市位居第二。药品不良反应报告224例，可疑医疗器械不良事件56例，化妆品不良反应14例。

特种设备监察 2019年，县市场监管局深入开展特种设备隐患排查治理，检查使用单位127家次，排查安全隐患24条；开展“清网行动”，接到检验机构报告的重要问题38条，完成闭环整改37条；组织指导县总医院、福建岩兴气体有限公司等重点单位举行电梯、压力容器等应急演练10场次；进行矿山企业特种设备摸排整治，摸排出未检验的压力容器27台套，至年底完成检验15台套，扫除监管盲区，持续保持县内特种设备安全零事故的良好态势。

标准化工作 2019年，大田县“国家级农村产权流转交易服务试点”通过国家标准委考核验收；全县发布实施行业标准2项、地方标准1项、团体标准4项，正在制定地方标准1项，其中，县市场监管局参与制定的《美人茶》《美人茶冲泡与品鉴》《美人茶栽培技术规程》《美人茶加工技术规程》团体标准，实施后将进一步提升美人茶品牌知名度和市场竞争力。争取到省政府标准化专项资金45万元，居全市最多。

名优商标培育 2019年，县市场监管局持续加强商标培育，指导“江山美人”“留芳园”申报中国驰名商标。当年新申报注册商标28件，“华兴茶油”地理标志证明商标获得国家知识产权局核准注册；“济阳黄花菜”地理标志证明商标经国家知识产权局核准公示。

消费维权 2019年，县市场监管局受理投诉、举报、咨询817件，其中，受理e三明平台（含“12345”便民服务平台）转批件、投诉举报件82件，按时办结率100%；受理商品、服务消费申诉251件，争议金额54.55万元，以调解、协商和解方式全部办结，办结率100%，为消费者挽回经济损失39.9万元，维护消费者合法权益。

企业信用监管 2019年，市场监管局加强企业信用监管，依法列入经营异常名录企业317户，经营异常状态标注个体工商户1136户；严重违法失信企业名单内资企业94户，农民专业合作社9户。不良信用信息全部通过国家企业信用信息公示系统（福建）向社会公示。建立完善信用记录公示和联合惩戒制度，推动“一处失信，处处受限”落到实处，联合评审优秀先进的市场主体、非公经济人士20余次；与县法院、人社局等开展失信联合惩戒，冻结股权等10余次，对列入严重违法失信负有责任的企业法人进行任职限制；建立信用修复机制，行政约谈有意向修复被列入经营异常名录信用的企业。全年按规定移出经营异常名录企业217户次；移出经营异常标注的个体工商户1061户次。同时，牵头组织40个部门将全县企业注册、监管、惩罚等各类企业信息归集到国家企业信用信息公示系统（福建），截至12月31日，归集企业行政许可证、行政处罚等相关信息1.63万条，居全市第一，全部信息向社会公示。

行政执法 2019年，县市场监管局持续推进扫黑除恶专项斗争，摸排上报涉黑恶势力线索6条，并完成整治。开展“保健”市场乱象整治行动，检查相关经营场所195家次，行政约谈11人次，立案5起，端掉涉嫌虚假宣传的“保健”场所1处；开展成品油市场专项整治，查获销售来源不明油品“黑加油点”1个。全年查办违法案件134起，罚没金额163.4万元，其中食品安全案件37起、药械药品等案件13起。

【电子商务发展】 1月，县市场监管局贯彻实施《中华人民共和国电子商务法》，作好网商登记和服务。2月，玉西网商虚拟产业园在城区湖山路六巷落户；11月，张云网商在建山路193号落户；12月，海际网商在南山路68号落户。搭建县网商平台，提供注册登记、商务托管、推广代理等服务。年底，全县网商虚拟产业园3家，入驻网商4928户，从业9856人。

【全县食品安全会召开】 8月，全县食品安全暨市场监管工作会议在县市场监管局召开，各乡镇分管领导、县食安委成员单位分管领导、县市场监管局中层以上干部等80人参加会议，县政府办公室副主任叶长著主持。县食安委副主任、副县长余维语出席会议并讲话，提出三点意见：一要科学总结、肯定成绩，坚定推进改革发展自信心；二要突出重点、合力攻坚，努力开创市场监督新格局；三要加强学习、从严治党，着力打造干部队伍新形象。

【市场主体随机抽查】 2019年，县市场监管局全面推行“双随机、一公开”①联合抽查，牵头组织农资市场、重点工业产品、网络交易市场等抽查6次，检查各类市场主体431户，经检查列入企业经营异常名录73户、个体经营异常标注49户。开展跨部门联合检查，做到“进一家门，查多项事”，克服“任性”“随意”检查，实行“阳光”“公正”文明执法。

【无证无照查处】 2019年，县市场监管局落实《无证无照经营查处办法》，牵头在全县进行无证无照经营查处，全年查处无证无照案件38起，涉案金额9.63万元，没收4.66万元，罚款26.27万元。其中，与烟草专卖局协作，建立卷烟市场证照管理长效监管工作机制，联合执法，立案查处无证无照经营烟草制品案11起，罚没款金额1.1万元。

【成品油市场整治】 2019年，县市场监管、公安、商务、安监等部门组成联合执法队，立案查处非法成品油经营案件2起，没收油品6.6吨，取缔非法加油点1处，责令自行清除或强制铲除非法设置的加油罐4个、加油机4台。并进行“回头看”，严查原址重建、私自营业、私搭乱建等违法现象。开展成品油市场样本“双随机一公开”联合抽查，抽检柴油样本6个、汽油样本2个，均合格。在加油站开展诚信计量公开承诺活动，12个乡镇的34家加油站，免费强制计量检定在用燃油加油机293枪，首检合格率92%，经调修合格率100%。

注：

①“双随机、一公开”：在监管过程中随机抽取检查对象，随机选派执法人员，抽查情况及检查结果及时向社会公开。

（黄清渊 叶德潮 郭碧珍 林积歌 陈德薪 陈美玲 林昌济 叶德绵 涂联文 郑承惠 陈碧钦 黄 玲）

物价管理

【概况】 2019年，大田县发展和改革局围绕“稳价控价，惠及民生”总目标，稳妥推进价格改革，适时适度疏导价格矛盾，做好价费管理、价格监测、成本监审及成本调查、价格认定、价格服务等工作，保持城乡市场价格总水平基本稳定。

价格管理 2019年，县发改局会同县水利部门做好农业综合水价综合改革前期调研、参与总体实施方案（2018—2025年）初评审等，农业综合水价定价前各项准备工作，联合县交通运输管理部门制定城区微公交票价，会同县供电部门巩固电网和转供电环节清理规范收费工作成果。

收费管理 2019年，县发改局根据省、市发改部门和县政府有关优化营商环境要求，加强收费清单管理，1月8日及9月18日两次公布《大田县县级政府定价管理的经营服务性收费目录清单》，并在县政府门户网站公开发布；8月21日公布《大田县本级2019年行政事业性收费单位名单及收费项目》；完成62个行政事业性收费单位2018年度收费情况报告，收费金额7677.05万元；落实国家、省发改委发布的各项收费改革及降费政策措施，及时将有关收费政策文件送达执收单位；加强对涉企行政事业性收费、政府定价管理的经营服务性收费、中介组织服务收费、社团收费的跟踪管理。

价格监测 2019年，县发改局继续开展民生商品价格监测、预警、分析及信息发布。完善24个主副生鲜食品等价格信息采价监测点，监测各类价格信息，每月5日、15日、25日上报省市发改部门；2018年12月21日至2019年2月1日，价格监测中心监测上报"非洲猪瘟"防控专项价格监测43期；全年发布城区超市（市场）"价比三家"监测51期，全县重要商品价格、工业品报价价格监测上报各36期，城镇化相关商品价格监测上报12期。

价格认定 2019年，县发改局提供价格认定公共服务，提高涉纪、涉案、涉税等重要事项价格认定水平。价格认证中心全年办理各类价格认定业务78件，标的金额972.07万元。

【城区微公交营运票价制定】 6月，县发改局启动城区微型公交车营运票价定价程序，7月11日联合县交通运输局出台微公交票价文件，于是日起执行。

【临时价格补贴发放】 2019年，县发改局会同民政、财政、人社部门，实行社会救助和保障标准与物价上涨挂钩联动机制，3月全市启动联动机制，至12月，共向保障对象8.14万人（城乡低保5.3万人，特困人员9122人，革命"五老"216人，优抚对象1.91万人）和领取失业保险金人员3037人发放价格临时补贴239.63万元。

（林子琨）

审　计

【概况】 2019年，大田县审计局树立正确审计理念，突出审计重点，依法继续对公共政策、公共资金、公共资产、公共资源、公共权力和经济社会中的热点、难点及领导关注、群众关心的问题履行审计监督职责。全年审结项目（单位）24个，其中，预算执行审计9个，经济责任审计10个，专项资金审计3个，自然资源审计2个。配合上级审计机关完成审计项目2个。经审计查出有问题的资金金额6.19亿元，其中，违规金额0.14亿元，管理不规范金额6.05亿元。损益收支不实金额3.87亿元。审计后处理的资金中应上缴财政1190万元、应归还原渠道1568万元、应调账处理的3360万元。审计促进整改落实有问题的资金3366万元，政府投资项目工程预结算审计核实净减7783.06万元。向上级审计机关和县委、县政府提交审计报告及专项审计调查报告32篇，被采纳的审计建议40条；提交审计信息、专题40篇，其中被上级审计机关采用的审计信息28篇。

当年，县审计局获2019年度县直机关单位工作综合考评优秀等次和县综治平安先进单位称号，被中国时代经济出版社评为2019年度审计通联工作先进集体。

重大政策措施贯彻落实跟踪审计 2019年，县审计局围绕运用积极财政政策推动经济高质量发展，乡村振兴战略，打好"三大攻坚战"，跟踪审计全县贯彻落实国家重大政策措施情况，推动中央和省市重大决策部署的贯彻落实。先后审计调查减税降费政策措施落实情况，清欠民营企业、中小企业账款，专项审计地方政府债务，跟踪审计京口工业园区集中供热项目、香山北路建设工程项目、大圣日用陶瓷生产项目、大田红狮水泥有限公司年处置10万吨危废焚烧和资源化环保项目等重点建设项目，涉及总投资额16亿元。整改期限内，跟踪审计反映的19个问题，落实整改到位17个，提出并被采纳审计建议8条，促进国家宏观调控部署和重大政策的落实，推动政策不断优化和取得实效。

县本级财政预算执行情况审计 2019年，县审计局对2018年度县本级预算执行情况和其他财政收支情况进行审计。主要审计县财政局组织县本级预算执行情况及决算草案和县卫健局、县工信局、县商务局等部门预算执行情况及决算草案，延伸审计单位29个。重点核查财政资金预算执行总体情况、部门预算执行效率效果，项目资金分配管理及使用绩效，政府性债务管理和财政专户资金管理、分配、使用等情况。审计查出主要问题资金5.45亿元，其中，未按规定征收缴纳收入234万元，违规改变项目计划和资金用途1403万元，资金滞留闲置510万元，违规使用发票金额180万元，扩大开支范围1.1亿元，会计核算不实3.6亿元，其他问题金额4287万元。县审计局对存在的问题提出审计建议，依法依规出具审计报告，下达审计决定，责成有关单位整改。同时，向县人大常委会、县政府提交审计工作报告和审计结果报告。

领导干部任期经济责任审计 2019年，县审计局制定《2019年大田县经济责任审计工作方案》，围绕履行重大经济事项决策、重大项目安排、大额资金支出等情况实施审计，加强对领导干部监督。全年审结领导干部任期经济责任审计项目10个，审计查出主要问题金额3512万元，其中，违规金额1095万元，管理不规范金额2417万元。提交审计报告和结果报告16篇，提出审计建议23条。审计促进落实整改，促增收节支585万元、归还原渠道资金662万元，促进领导干部更好地履行经济管理职责。

领导干部自然资源资产责任审计 2019年，县审计局对重点自然资源资产管理和开发利用过程中，贯彻执行生态文明决策部署，遵守法律法规、重大决策、目标任务完成、履行监督责任等情况实施审计，对县林业局局长和武陵乡党政领导干部自然资源资产离任（任中）审计。审计查出主要问题金额126.24万元，非法占用林地4.26公顷。落实整改问题金额17.98万元，补植复绿恢复林地1.19公顷。审计促进领导干部践行绿色发展的理念，节约集约利用自然资源资产和生态环境保护意识。

固定资产投资审计 1—7月，县审计局组织固定资产投资审计中心开展政府投资工程预算审计17个项目，总造价2.41亿元，审计核实净减1917万元，占7.96%；竣工结算审计完成63个项目，总造价4.37亿元，审计核实净减7783万元，占17.81%。派出审计组，跟踪审计调查县第二实验小学（原赤岩小学）建设项目，促进和提高财政资金使用绩效。

民生事项审计 2019年，县审计局重点审计民生领域、重大民生项目和重点民生资金，加大对重点民生资金和项目审计力度，实施乡村振兴政策的制定落实和资金投入、薄弱校改造资金、为民办实事教育补短板、非户籍人口在城市入户实施方案的落实等项目审计调查。审计查出乡村振兴政策落实不够到位、滞留资金等四个问题，违规资金1739.28万元，促进强农惠农政策贯彻落实。

专项审计调查 2019年，县审计局开展专项审计和审计调查等，配合省审计厅开展亚行贷款和世行贷款专项审计。审计县城投公司资产负债损益情况，专项审计数字经济、2018年工业企业技改专项资金、网络安全建设资金管理使用情况，审计调查省级电子商务进农村示范专项资金。结合当年审计项目，开展公务支出和公款消费审计。

【审计咨询中心划转】 8月，根据国家审计署《关于进一步完善和规范投资审计工作的意见》，县审计局直属的自收自支事业单位固定资产投资审计咨询服务中心（1998年8月县政府批准设立），隶属关系划转到县财政局，更名为大田县财政投资评审中心，单位性质不变。

【审计回返督查】 2019年，县审计局执行县政府《关于进一步加强审计监督做好审计决定执行工作的意见》，组织审计人员回访督查2017年度5位领导干部经济责任审计结果执行及整改情况；跟踪检查2018年度本级预算执行和其他财政收支审计及专项审计调查中发现问题的整改落实，金额共1065万元，其中，增收节支53万元，调账处理1012万元。

【内部审计】 2019年，县审计局加强内部审计工作指导、监督及内部审计队伍培训，提高内审工作质量。县农村审计总站及所属基层审计站履行内部监督职能，按照《福建省农村集体经济审计工作规程》规定，抽调18个乡镇经管干部审计人员68人，组成18个审计组，交叉审计266个村2015—2018年财务收支情况，审计总金额20.37亿元。全县查出违纪的村有202个、金额209.16万元，清退105.63万元；查出贪污、挪用集体财物1人，违纪金额2.98万元全部收回。太华、均溪、上京、广平等乡镇开展内部审计，县民政局、林业局、自然资源局、住建局、卫健局、人社局、工信局等单位开展专项审计、任期经济责任审计和财政财务收支审计。县供销社加强内审和完善财务管理制度，促进增收节支与效益提高。县教育局对全县各学校资金运作进行有效监督与服务。

（林起昌）

统计管理

【概况】 2019年，大田县统计系统按照省、市统计局的工作部署，进行统计改革，做好统计服务和统计基础建设，树立和贯彻落实新发展理念，提高统计服务水平和统计数据质量，夯实基层统计基础，稳步推进统计的各项工作，为县委、县政府科学决策提供良好的统计服务。

统计业务 2019年，县统计局执行国家统计报表制度，准确、及时、全面上报各种统计数据，完成县地区生产总值核算，工业、农村社会经济、建筑业、批发零售和住宿餐饮业、固定资产投资、房地产经营业、劳动工资、外经贸易、能源、文化产业、服务业等统计；完成第四次全国经济普查录入、审核和验收工作。城市和农村社会经济调查队分别完成城乡住户、工业价格、粮食播种面积和产量、小微企业、畜禽等调查，及时为县委县政府及有关部门、社会公众提供统计服务。

统计执法 2019年，县统计局做好统计法律法规宣传，健全统计法制建设，严格统计报表报送登记制度和执法错案责任追究制度，健全统计法律文书送达制度和统计执法程序。根据年初制定的统计巡查方案和经常性统计检查，对8家企业进行执法检查，其中立案查处存在统计违法行为的基层单位3家。

城乡社会经济调查 2019年，县城市社会经济调查队、农村社会经济调查队分别对城乡居民生活收支情况、工业品出厂价格情况进行调查。经统计，当年全体居民人均可支配收入26938元，比上年增长9.5%；其中，城镇居民人均可支配收入37678元，同比增长9.2%。农村居民人均可支配收入18309元，同比增长9.6%。工业生产者价格调查涉及县内34家工业企业的36种工业品价格。

统计信息服务 2019年，县统计局加大力度做好经济运行预警监测，分析研究主要经济指标运行情况，为克服经济持续下行的压力打造服务型统计。全年发布年度统计公报1篇，编制《大田统计年鉴·2019》1册，编印《大田统计月报》11期，编辑分县（市区）、分乡镇主要经济指标对比表11期，向县委、县政府和有关部门提供统计分析、统计报告、统计调查89篇，统计信息165条，接待群众和有关单位来访查询数据185人（次），出具统计相关证明8份。统计信息被省市有关刊物采用23条（次），被县委办、县政府办刊物采用1条（次）。

【统计制度改革】 2019年，县统计局结合第四次全国经济普查，抓好地区生产总值统一核算制度改革，完善非公经济增加值核算，客观反映全县非公经济发展状况。推进服务业、固定资产投资统计制度改革，深化能源统计改革，加快推进“新经济”统计工作。持续推进住户调查一体化改革，定期实地查看城乡住户调查户记账的规范性、及时性、准确性，稳步推进住户调查电子记账工作，电子记账率100%。开展“五比五晒”

（比谋划晒前期，比招商晒签约，比开工日晒进度，比投产日晒成效，比服务晒质量）相关制度指标统计，为县委县政府的决策做好服务。

【经济普查通过验收】 2019年，县第四次经济普查办公室，全面完成县辖内从事第二、三产业的法人单位、产业活动单位入户普查（金融、军队系统除外），及部分第二、三产业的个体经营户抽样调查。经查：全县法人单位3293个，普查表录入、审核产业活动单位977家，并通过国家统计局审核验收。

【统计数据质量审核】 2019年，县统计局按照上级统一部署，结合本县实际，建立数据质量审核管理长效机制，抓好统计普法宣传和统计巡查，开展执法稽查，提高源头数据质量。严把企业入库关口，长期跟踪和重点培育拟入库企业，常态化实地核查固定资产投资项目，从源头加强数据产生流程节点管理和质量管控，并组织专业人员到乡镇、企业指导、检查和调研，发现问题及时解决，统计法制建设和执法检查落实到月、季、年报表的审核和重大统计数据的评估，严格各环节质量标准和工作要求，加强数据质量管控，确保应统尽统、应报尽报。

（黄钟煊）

科学技术

□ 编辑 潘 梅

科学技术研究与开发

【概况】 2019年，大田县科学技术局（简称县科技局）组织实施县级科技项目6项，其中凯立达国际创新中心孵化器项目、高新技术企业认定奖励各1项，县级科技计划项目、县科技创新平台建设、产学研对接项目各1项，科技特派员1项，下达科技经费180万元。

2019年大田县科技项目情况表

表7

序号	项目名称	类别	研究开发内容	承研单位	经费（万元）
2019-1	凯立达国际创新中心孵化器运营经费补助	双创	双创　根据《关于研究凯立达国际创新中心孵化器项目合作有关问题的纪要》要求，每年给予凯立达大田公司130万元运营经费补助	大田县科学技术局	100
2019-2	高新技术企业认定奖励	政策建立	根据《中共大田县委、大田县人民政府关于深化科技体制改革加快创新体系建设的实施意见》要求，对获认定的高新技术企业进行奖励，激发企业创新活力	大田县科学技术局	20
2019-3	2019年度县级科技项目经费	科技项目	用于组织实施2019年度县级科技计划项目，发挥科技项目带动作用，助力企业开展研发创新转型升级	大田县科学技术局	30
2019-4	大田县科技创新平台建设	创新平台	经费主要用于科技创新服务平台的展示场所运营管理	大田县科学技术局	5
2019-5	产学研对接	产学研	为县企业与国内高校科研院所对接“产、学、研”合作，为提高科技创新能力、优化创新环境、提升产业竞争力等提供科技创新服务	大田县科学技术局	15
2019-6	县级科技特派员工作经费	其他	根据《大田县人民政府办公室关于深入推进科技特派员制度的实施意见》，给予县级科技特派员每年每人0.5万元的工作经费补助	大田县科学技术局	10
	合　计				180

【科技项目立项】 2019年，县科技局立项的科技项目6项，分别是福建省绿晶生态农业有限公司银锭岬矿山生物修复植物引进筛选项目、大田县毅德家庭农场黑水鸡繁育及养殖技术研究项目、大田县源生竹业有限公司双创园分公司竹炭陶技术研发项目、福建省大田县福梅农业开发有限公司辣椒新品种“明椒9号”推广、大田县医院五官科的鼻内镜下泪囊鼻腔开放术治疗慢性泪囊炎、三明市壶山农业科技有限公司五彩水果玉米引进筛选及推广项目。

【高新技术企业认定】 2019年，福建清航装备科技有限公司被省科学技术厅认定为省级高新技术企业。该公司成立于2018年6月12日，位于上京镇机械铸造产业集聚区，经营范围包括智能无人飞行器制造，计算机软、硬件技术研发，自然科学研究和试验，计算机、通信设备、汽车、飞行器配件的制造与销售，进出口贸易等。

【科技型中小企业认定】 2019年，全县被省科学技术厅认定为国家科技型中小企业12家，分别是福建卫斯特环保科技有限公司、力天环保科技有限公司、三明市康华塑料科技有限公司、福建大联新型材料发展有限公司、福建宝山机械有限公司、福建秦朝木业科技有限公司、福建硅光通讯科技有限公司、福建华伦特重工股份有限公司、三明市竞源生物技术有限公司、大田伊鑫新型材料有限公司、福建山瓜瓜农业发展有限公司、福建清航装备科技有限公司。

【创业创新工作】 2019年，福建清航装备科技有限公司的“交叉双旋翼符合推力尾浆无人直升机”项目获第八届中国创新创业大赛（福建赛区）初创组冠军。大田县科技创新服务平台投入使用，为智库提供对接平台，为专家办公提供场所，为政府决策及企业创新提供智力外援。

（连光毅）

科技推广与普及

【概况】 2019年，县科技局做好科学技术的培训和科技知识的宣传解读，举办各类技术培训班，组织人员到乡镇开展科技服务及宣传，受惠群众4800多人次，增长广大人民群众科普知识，提高疾病预防、生态环保意识。

【科技培训】 2019年，全县举办各类技术培训85期，参加培训2800多人（次）。其中，企业专利知识、高新技术企业及项目申报等专题培训7场、220人次。

【科技下乡】 2019年，县科技局组织科技人员100多人次，到建设、广平等乡镇开展科技咨询、义诊、农林技术支持等服务活动，展出科普、防震减灾、节约水资源、果树栽培等宣传挂图300余幅；赠送和发放农业实用新技术丛书、科技惠企政策等科普手册书籍2000多册，分发科普宣传材料3000多份，科普知识咨询现场服务2000多人次。

（连光毅）

专业技术队伍与科技交流合作

【概况】 2019年，科技局推进企业与高校产学研用合作，解决企业实际需求，加强科技资源共享，提升技术创新能力。全县有各类专业技术人员5586人，占全县总人口的1.74%，其中，高级职称862人、中级2818人、初级1906人。

表8

2019年大田县各类专业技术人员情况表

单位：人

类别	合计	职称		
		高级	中级	初级
农林牧渔技术人员	245	56	118	71
卫生和社会事业技术人员	758	119	221	418
教育专业人员	4213	641	2336	1236
文化、体育和娱乐专业人员	38	3	16	19
公共管理专业人员	55	7	13	35
其他专业人员	277	36	114	127
总计	5586	862	2818	1906

【产学研用合作】 6月18日，福建农林大学与江山美人茶业有限公司签订乡村振兴战略协议，合作成立江山美人茶研究中心；福建省创辉农业开发有限公司、福建山瓜瓜农业发展有限公司分别与农林大学、省农科院签订技术合作协议，同时合作共建大学生实训实践基地；农林大学园艺学院与福建山瓜瓜农业发展有限公司开展新品种优选和组培指导；谢华安院士团队培育的优质杂交水稻“野香优航148”成果在省科技厅展馆参展。

【科技特派员选任】 2019年，全县选任省级科技特派员46人，市级18人，县级30人，选任团队科技特派员3人，实现科技特派员贫困村全覆盖，并在华兴镇、屏山乡建立科技特派员工作站。

（连光毅）

教 育

□ 编辑 郑祥累

综 述

【概况】 2019年，全县幼儿园（班）129所（个），在园幼儿1.65万人；小学76所，在校生3.47万人；中学22所，在校生1.58万人；职业中专1所，在校生1600人。全县共有留守儿童2756人，其中小学1695人、中学1061人。全县教育系统行政编制11人，事业单位教职工5728人，其中，公办4354人，非公办1374人。公办教师中，研究生学历20人，大学本科2575人，专科1313人，中专412人，高中及以下34人；正高级职称3人，高级职称595人，中级职称2304人，初级职称1141人，未定级311人。

德育工作 2019年，县教育局全面贯彻党的教育方针，落实立德树人根本任务，持续推进社会主义核心价值观“1335”长效机制建设，开展社会主义核心价值观“三进”教育活动。以“新中国成立70周年”为契机，挖掘红色文化教育资源，利用《三明红色文化读本》开展红色文化教育，组织广大学生讲好红色故事；深入开展以爱国主义为核心的民族精神和以改革创新为核心的时代精神教育，全县中小学校举办“我的青春·我的中国梦”为主题征文比赛、“创建平安县，礼赞新中国”书信大赛、“我爱我的祖国”主题拉歌比赛等活动，进一步增强学生爱党爱国爱乡情感。坚持把意识形态工作情况纳入德育工作重要内容，加强思政课程和课程思政建设，推进新形势反恐反邪教工作，在全县中小学校形成以政教处为龙头，团委（少先队）、学生会、班主任和思想品德教师为主力的学校德育工作网络，全年分期分批培训德育干部500多人次，暑假期间组织全县5000多名教师参加集体政治理论学习活动。结合“6·1”《中华人民共和国禁毒法》实施纪念日、“6·3”虎门销烟纪念日、“6·26”国际禁毒日，组织各校开展内容丰富、形式多样的禁毒活动。推动法制宣传教育进学校进课堂，营造法制教育宣传浓厚氛围，在第六个国家宪法日，县教育局70余名干部参加宪法宣誓活动，全县中小学校7.4万名师生参加升旗仪式和宪法晨读活动。完善留守儿童就学状况动态监测机制，建立留守儿童情况登记、家庭联系、寄宿管理、结对帮扶、安全教育等工作机制，发挥群团和社会组织作用，各学校政教处、团委组织开展关爱留守儿童志愿服务活动200余次、2.6万人次参加，均溪中心小学、太华中学等学校每个月为留守儿童过集体生日，广平中学、武陵中学等学校依托传统节日开展“陪留守儿童过端午、过中秋”活动。推进“五好”基层关工委创建工作，加强各校关工委班子和队伍建设，动员退休教师参加关心下一代工作，发挥“五老”人员的积极作用，鸿图中学等5所学校被市关工委评为关心下一代工作先进集体，林冬梅等8位教师被推荐为市关心下一代工作先进工作者。一中获评“书香校园”特色学校，实小、五中等4所学校获评“书香墨香校园”示范校，城二小获评“嘉庚精神育人”特色示范校，武陵中小获评“少年军校”特色项目学校，均溪中小获评“生活化德育实践”特色学校。

智育工作 2019年，县教育局贯彻落实县委、县政府《关于补短板提质量加快教育事业发展的实施意见》《大田县进一步落实教育教学质量提升工程的实施意见》精神，教育行政部门、教研机构、中小学校“三方发力”，推进“小学强基、初中壮腰、高中筑梦”三大工程，提升全县教育教学质量。开展学科竞赛、教学质量监测、语言文字等工作。1月21日，成立大田县高考研究室，为应对新高考、提升高考备考效率奠定基础。4月21日，选拔120名优秀学生参加县“毓秀杯”初中学科竞赛，共评选出一等奖9人、二等奖21人、三等奖68人、优秀奖94人，优秀指导教师72人。10月17日，完成省义务教育质量监测工作，12所小学样本校参测学生350人、校长12人、德育教师50人和科学教师35人。继续做好国家通用语言文字县域普及工作，五中、六中、鸿图中学、均溪中心小学、吴山中心小学获评“省语言文字规范化示范校”。9月30日，全国“中华经典诵写讲”大赛学生获一等奖3人、二等奖5人、三等奖7人。12月3日，市第五届教师书画展和中小学生书法大赛教师获一等奖2人、二等奖1人、三等奖6人，学生获一等奖8人、二等奖23人、三等奖16人。

队伍建设 2019年，县教育局继续开展教师“托底培训”、名师名校长培养工程、教学管理人员培训和优秀教师表彰等工作，教师队伍建设有效推进。教师进修学校做好教师培养培训工作，健全完善“课程、项目、师资、管理、共享”五位一体的中小学教师培训体系，实施学科带头人、骨干教师、管理者能力提升、信息技术应用、乡村教师、班主任、保育员、心理健康、“壮腰”工程等30余个培训项目，全年举办培训班47次、7132人次参加。依托高校和上级教育培训机构，形成联合办学模式，组织教师到教育先进地区和课改前沿开展高中职业规划、学校管理领导力提升、教研员和骨干教师综合素质提升等异地研训，与福建师大、集美大学、闽南师大、省教育学院、省电大、泉州师院、三明学院等7所院校高位嫁接，组织16批次、1126名学员前往上海、苏州、大连、嘉兴等11省市高等院校参加高端研训。推进名师名校长工程，一中郑仁水、城三小肖玉琳、进修学校苏元楚3人被确认为市首批中小学幼儿园名师，城二小吴生煌、教育督导室吴成本、教育局田剑锋、职专林凤瑮、济阳学校章赞扬、城三小苏元炜、城关幼儿园李幼贞7人被确认为市首批中小学幼儿园名校（园）长。教育局、教师进修学校考核认定“十三五”第三期县级骨干教师培养对象219人、第三期县级学科带头人培养对象95人。在第35个教师节中，实小郭新芳被教育部评为“全国优秀教师”，均溪中心小学连素云被省教育厅、总工会授予省第二届“最美教师”提名奖，梅山中心小学苏宗沿被评为市“最美教师”，一中、职专2所学校获市教育系统集体嘉奖，一中林克煅获市教育系统个人记功，五中廖明昶、武陵中心小学吴昌琦、六中连春坤、实幼王雯君、鸿图中学周以火、建设中心小学郑成泉、武陵中学陈昌灿等7人获市教育系统个人嘉奖，教育局、教师进修学校、五中、实小、奇韬中学、石牌中心小学6个单位获县教育系统集体嘉奖，章选东等60人获县教育系统个人嘉奖，温乃聪等9人被评为市“教学能手”。7月1日，二实小林芳锃被评为市“优秀党员”，五中党支部被评为市“先进基层党组织”。

精准扶贫工作 2019年，县教育局实行领导带头结对帮扶、党员干部包户脱贫，4次组织精准扶贫工作队到谢洋乡谢洋、怀德、珍山和梅山镇秀岭、高泉等9个村开展挂钩帮扶活动，走访慰问38户贫困家庭，帮扶资金4.1万元。

校外教育工作 2019年，县青少年学生校外活动中心举办书法、美术、声乐、器乐、科技、舞蹈、棋类、语言类、手工类、多米诺骨牌等10大类、32个项目培训，开设392个教学班、5300余人次参加，免除37人次低保户子女学费1.14万余元。县中小学生社会实践基地开展中小学生拓展训练活动24期、5000余人参加，开展“叶炎煌旧居”“第二集美学村”等线路研学旅行活动12期、1600余人参加。城三小学与县科协合作建设科普宣传馆和科普展览馆，与县科技局合作建设防震减灾宣传馆，并将场馆免费向未成年人开放。“中国流动科技馆三明巡展”在县开展3个月科普宣传，1.4万人次中小学生参加。

体质健康监测工作 2019年，县教育局组织学校做好学生体质健康监测和测查数据上报工作，当年数据上报率100%，学生健康合格率95.2%，优秀率18%。开展“爱眼日”宣传教育活动，做好全县中小学生视力测查统计分析反馈跟踪，当年，全县幼儿园学生近视率13.53%，小学生近视率为37.87%，初中生近视率为83.85%，高中生近视率为92.06%。与全县中小学幼儿园签订青少年儿童近视防控工作责任书，定期开展近视防控试点工作。

艺术工作 2019年，县教育局组织各学校学习贯彻《教育部“体育、艺术2＋1项目”技能标准（试行）》《三明市教育局关于全面推进我市中小学生艺术素质测评工作有关事项通知》，对全县在校3年级至9年级学生掌握一项艺术技能测评，达标率94.13%、优秀率19.51%、良好率40.94%、合格率39.48%。举办全县中小学生优秀艺术节目展演，评选出一等奖节目17个、二等奖20个；优秀指导教师85人、优秀演员37人，选送优秀节目参加市展演，其中6个器乐、舞蹈类节目获二等奖。

学生资助管理工作 2019年，县教育局贯彻落实教育扶贫政策，全年累计发放各类扶贫专项资金10.79万人次、3372.97万元。其中，学前教育助学金1145人次、85.7万元，义务教育营养餐及生活补助金1.18万人次、640.32万元，教科书补助资金8.79万人次、541.63万元，高中教育助学金1182人次、122.74万元，中职教育助学金3733人次、398.4万元，高等教育助学贷款2143人次、1584.18万元。

教育项目建设 2019年，全县共争取省级专项资金5536万元，其中，中小学校舍长效机制专项补助资金1696万元、义务教育薄弱环节与能力提升补助资金647万元、公办幼儿园建设项目资金3193万元。统筹推进教育补短板项目建设，完成红星幼儿园、文江中心幼儿园、鸿图中学教学综合楼、上京中小教学楼、石牌中学教学楼、建乐小学教学楼、济阳学校学生宿舍楼、桃源中心小学综合楼等8个项目，共投资7759万元，新增学位4480个。在建项目城东小学、赤岩幼儿园、建设中心小学（迁建）、武陵中心幼儿园、太华第二中心幼儿园、广平中心幼儿园、石牌中心小学前教学楼、广平中学东教学楼等8个项目，一中东部新校区、香山小学、香山幼儿园等12个项目在做前期工作。

校园安全工作 2019年，县教育局推进学校综治安全“党政同责、一岗双责、齐抓共管”责任体系建设，健全学校内部各级综治安全管理机构，落实责任，签订责任书，确保综治安全工作落到实处。推进安全教育主题活动，组织开展第24个全国中小学生安全教育日、第12个福建省学校安全教育周、全国第18个“安全生产月”、扫黑除恶、综治宣传周、“5·12”防灾减灾日，安全知识网络竞赛、体验式生命等教育活动。部门联动，净化校园周边环境，召开由县政府办、交通、交警、公路、道安、财政、市政、教育等部门参加的学校周边安全专题工作会，对学校周边交通安全全面排查。建立健全消防安全大排查大整治长效机制，开展火患清剿战役，全年共排查学校78所，整改一般火患56处，确保校园消防安全稳定。加强接送学生车辆安全管理，开通4条线路，3个乡镇、5所中小学校426名学生、3.17万人次乘坐周末班车，周末班车运送2301车次，财政补贴26.35万元。完成“平安校园”等级考评，30所学校获评“2019年度平安先进校园”、20所学校获评“2019年度平安校园”。

【中小学生体育联赛】 3月23—24日，县教育局举办第二届青少年羽毛球锦标赛暨中小学生联赛，实小、六中、一中分获小学组、初中组、高中组团体总分第一名。4月12—14日，县教育局、文旅局联合举办县第五届中小学生校园足球联赛，21所学校、28支代表队、300多名运动员参赛。实小、五中、职专分获小学组、初中组、高中组冠军。5月19日、7月15日，五中、实小分别获市中小学生足球联赛中学男子组冠军、小学女子组冠军。7月15—21日，县教育局、文旅局联合主办“新岩杯”中小学生篮球联赛，20所中小学校、32支代表队、400多名运动员参赛，太华中小、实小分获小学男子组和女子组冠军，五中获初中男子组、高中男子组、高中女子组3项冠军，石牌中学获初中女子组冠军，6所学校获体育道德风尚奖，评出优秀教练员24人、优秀裁判员10人。8月24日，县教育局在翰霖泉运动中心举办首届中小学生游泳比赛，一中、实小、六中获团体总分前三名。

【“我的青春·我的中国梦”征文比赛】 4月，团县委、教育局、文联在“4·23”世界读书日期间联合举办“我的青春·我的中国梦”主题征文比赛，中学组、小学组分别评选出一等奖10人、二等奖20人、优秀奖30人，高中组评选出一等奖5人、二等奖10人、三等奖15人。

【红色故事宣讲比赛】 5月27日，县教育局在实小举办“风展红旗如画”红色故事宣讲比赛，46名教师参赛，评选出一等奖5人、二等奖10人。12月17日，县委宣传部、县委党史和地方志研究室、县教育局在实小联合举办“风展红旗如画”红色故事宣讲比赛活动。中学组、小学组分别评选出一等奖3人、二等奖5人。12月6日，县关工委、教育局联合举办“中华魂”——爱我中华演讲比赛，选拔出小学组、中学组、青年组各1名优秀选手参加市演讲比赛，城南小学陈子艺获小学组优秀奖，职专陈辉获中学组三等奖，实幼杨新婷获青年组二等奖。

【家庭教育讲师团】 5月28日，县教育局、妇女联合会、社区学院联合成立大田县家庭教育讲师团。6月17日，在县教师进修学校一楼多媒体教室举行首批家庭教育讲师聘任仪式，成员30人，至年底，举办70多场“家庭教育公益讲座”活动。

【“创建平安县 礼赞新中国”书信大赛】 5月，县政法委、团县委、教育局、邮政分公司联合开展“创建平安县 礼赞新中国”书信大赛。中学组、小学组分别评选出一等奖10人、二等奖20人、优秀奖30人，高中组评选出一等奖6人、二等奖15人、三等奖20人。

【“护青园”法治夏令营活动】 7月15—17日，县关工委、教育局、司法局、法院、检察院、公安局、团县委、妇联等8部门联合举办大田县2019年“护青园”法治夏令营活动，城区6所中学、100名学生参加活动。

【教育系统教职工篮球联赛】 10—11月，县教育局、教育工会举办“人保杯”教育系统教职工篮球联赛，44所学校、37支代表队、400多名运动员参赛，一中、太华中学获一等奖，职专、城三城南联队获二等奖，湖美中学、实小、二实小、五中获三等奖，五中等6所学校获“体育道德风尚奖”，评出优秀教练员18人、优秀运动员37人、优秀裁判员10人。

【“禁毒防艾宣传进校园”宣讲活动】 11月18日，在第32个“世界艾滋病日”，县禁毒办、疾控中心在五中开展“禁毒防艾宣传进校园”宣讲活动，4000余名学生接受教育。

【第七届中小学生围棋和中国象棋比赛】 11月22—24日，县第七届中小学生围棋和中国象棋赛在县青少年学生校外活动中心举行，参加比赛学生和教师383人。围棋比赛获奖学生48人、教师3人，中国象棋比赛获奖学生51人、教师7人。

【首届民办幼儿园教师技能竞赛】 12月12日，市总工会、县总工会、县教育局联合举办县首届民办幼儿园教师技能竞赛，贝贝幼儿园刘美琴获一等奖，当年被市总工会授予“市五一劳动奖章”；宏博幼儿园赵成等5位教师被县总工会授予“大田县五一教学能手”称号。

【第五届学生学习成果展示活动】 12月29日，县教育局主办、县青少年学生校外活动中心承办第五届学生学习成果展示活动，展示主要内容近400名学员参演、17个节目。

【“青少年校园足球特色学校”获评】 2019年，石牌中学、城二小2所学校被教育部认定为“全国青少年校园足球特色学校”。至年底，全县有16所“全国青少年校园足球特色学校”。

【幼儿园责任督学挂牌督导】 2019年，县政府教育督导室出台《大田县幼儿园责任督学挂牌督导工作实施意见》，聘任51人为责任督学兼职督学，对县域内经审批注册的幼儿园（含民办）进行责任督学挂牌督导。

【中小学、幼儿园新教师招聘】 2019年，县教育局根据“国标、省考、县用”标准公开招聘新教师，全县招聘新教师272人，其中中学34人、小学207人、幼儿园29人、特殊教育2人。

【教师资格认定】 2019年，全县教师资格申请认定合格429人，其中幼儿园77人、小学278人、初中46人、高中23人、中职5人。

（陈吉胜　乐玲繁　林进栖　李序达　张斌　余孔值　柳成铭　王英德　连占斗　郑肇盛　陈德红　张毓贞　温兴聪　杨庆愉　连雪卿　陈希贤　郭志萍　林青珠　林凤海　陈美蓉　林其铃　郭佳河　池小湖　郭桂霞）

学前教育

【概况】 全县幼儿园129所（点），其中，公办34所、民办33所、其他部门办1所，61个幼儿教学点。省级示范园1所，市级示范幼儿园5所，县级示范幼儿园22所（民办园3所），普惠性幼儿园26所。全县在园幼儿1.65万人，其中公办园1.15万人、民办园4984人。3—5周岁幼儿入园率99.03%。教职工1334人，其中公办教师483人、非公办851人。公办教师中大学本科195人、专科224人、中专59人、高中及以下5人，高级职称7人、中级165人、初级280人、未定级31人。当年，均溪温镇幼儿园认定为“市级示范幼儿园”，城关幼儿园、济阳中心幼儿园、实幼京口开发区分园、文江中心幼儿园认定为“县级示范幼儿园”；新批准设立美迪民办幼儿园。

【民办园评估认定】 1月，县教育局对民办幼儿园进行定级评估，伟才、小京星、兴田、乐迪4所民办园评定为一级园。7月，县教育局认定瑞地、七色花、贝贝3所幼儿园为第二批普惠性民办幼儿园。9月，赤岩山、小叮当、大拇指、桃源小星星4所民办幼儿园停止办园。

【招生听证】 3月，县教育局召开城区公办幼儿园秋季招生听证工作会，将东门居委会、赤岩居委会（不含纳入福兴幼儿园招生片区的对象）、镇东居委会（不含纳入温镇幼儿园招生片区的对象）从实幼总园片区中剥离，暂由红星幼儿园接收入园，保留实幼玉山分园部分班级。

【入学准备宣传月活动】 5月20日至6月20日，县教育局组织全县幼儿园开展“科学做好入学准备”系列宣传月活动，贯彻落实《幼儿园教育指导纲要》和《3—6岁儿童学习与发展指南》，引导广大教师和家长树立科学理念，尊重幼儿发展规律和学习特点，关注幼儿身心全面发展，将入学准备教育贯穿幼儿园教育的全过程，为幼儿终身发展奠定良好基础。

【学前教育行动计划】 10月，县教育局、财政局、人社局、住建局等7部门联合出台《大田县第三期学前教育行动计划实施意见》，对学前教育发展目标、工作任务和工作措施提出具体要求，确保学前教育行动计划各项工作落实到位。

【幼儿学籍信息管理】 10月，县教育局根据全省对全国学前教育管理系统进行升级，重新启用幼儿学籍信息管理平台，进一步做好学前教育管理信息系统运行和维护工作。

【教研活动】 2019年，县教育局进一步做好学前教育片区管理工作，调整精准帮扶乡村小规模学校附设幼儿园（班），划分5个联动协作片区教研组，每个联动协作片区以省、市示范性幼儿园为牵头单位，开展园际交流合作、帮扶支教等形式的片区教研活动。当年，在实幼、城关幼儿园、瑞地、妈咪爱等4所幼儿园开展片区教研活动18场次、362人次参加。

【“总园制”改革】 2019年，县教育局持续推动“总园制”改革，推进实幼“1+N，总园＋分园”运作模式，在实幼总园下设第二实幼、玉山、京口开发区3个分园。12月，新组建“城关幼儿园（总园）+赤岩幼儿园（分园）”。

【保教改革中期评价】 2019年，市级中期评价工作专家组对实幼《幼儿园游戏改革实践》、城东村幼儿园《深化幼儿礼仪教育，构建礼仪文化新时代特色园所》保教改革项目进行中期评价，均评定为A级（优秀）指标。

（林　蓉　潘丽清　吴春祥）

义务教育

【概况】 全县义务教育学校97所（点），在校生4.59万人。其中，小学76所（实小2所、城小5所、中心小学19所、村完小5所，教学点45个），在校生3.47万人，一年级招生6815人，六年级毕业生4147人；初中21所（初级中学17所、九年一贯制学校4所），在校生1.12万人，七年级招生4053人，九年级毕业生2725人。录取中专1053人（含中专、职专、技校）；录取普高1579人。教职工3661人，其中公办3198人、非公办463人。公办教师中，研究生学历7人、大学本科1775人、专科1046人、中专345人、高中及以下25人；正高级职称1人、高级355人、中级1824人、初级773人、未定级245人。当年，石牌中心小学、桃源中心小学、广平中心小学、上京中心小学、三中、太华中学6所学校被确认为“省义务教育管理标准化学校”。全县初中县级课题立项138个、结题140个，64个课题取得阶段性成果。

【教学质量监控评价实施】 1月，县教育局、教师进修学校组织全市初中开展毕业班教学质量检查测试及县七、八年级期末统一考试。3月，县教育局召开2018—2019学年第一学期初中期末考试质量分析会议。5月，召开全县初中毕业班市质检质量分析会议。9月，召开全县中考质量分析暨初中教育教学工作会议。

【科技创新大赛获奖】 4月，一中学生刘宇菲获第34届福建省青少年科技创新大赛科技创新项目三等奖。7月，一中学生连婧怡、杜宇晨获第35届三明市青少年科技创新大赛二等奖。8月，五中获省中学生定向越野锦标赛初、高中组团体总分“双冠军”。

【小学五、六年级期末统一考试】 6月，县教育局开展全县小学五、六年级期末统一考试，考试科目设语文、数学、英语。全县五年级设立39个考点、163个考场，4455名考生参加考试；六年级设27个考点、146个考场，4161名考生参加考试。

【中招考试】 6月21—23日，全省中考实行统一命题和标准化考试，九年级考试科目设语文、数学、英语、物理、化学、历史、思品7个学科，八年级考试科目设地理、生物2个学科。全县设立五中、六中、鸿图、职专4个标准化考点206个考场，其中，九年级考场91个、考生2715人，八年级考场115个、考生3393人。全省统一中考尖子生成绩大田县位居全市前列，考生原始总分进入全市前10名1人、前50名10人、前100名12人、前200名28人、前500名60人、前1000名97人。

【义务教育小片区管理】 8月，县教育局进一步深化小学义务教育小片区管理和农村小学薄弱校托管工作，将小片区由5个调整为7个，将薄弱校托管对象由原5所对10所学校、调整为7所对14所学校。

【进城务工人员子女招生】 8月，县教育局以电脑分组抽签录取方式安排进城务工人员子女961人，到五中、六中、鸿图中学等3所城区中学就读。9月，县教育局完成城区小学一年级招生任务，城区各校报名3438人，其中外来人员随迁子女（含本县农村进城务工人员随迁子女）1479人。

【基础教育总校制办学改革】 2019年，县教育局持续推进基础教育总校制办学改革，推广“总校＋分校”模式。10月，组建六中（总校）＋华兴初中（分校）。12月，组建城关第三小学（总校）＋城南小学（分校）；扩大实小总校制办学规模，组建实小（总校）＋二实小（分校）＋城东小学（分校），实现优质教育资源有序有效下沉。

（张 斌 苏世佳 余孔值 郑联鸿 章选辉）

高中教育

【概况】 2019年，全县有高中5所，其中独立高中1所、完全中学4所，在校生4606人。高中招生1542人，高三毕业生1474人。教职工501人，其中公办教师472人、非公办29人。公办教师中研究生学历8人、大学本科435人、专科22人、中专4人、高中及以下3人；正高级职称2人，高级174人、中级217人、初级50人、未定级29人。9月11日，一中通过省教育厅复评，被继续确认为“省一级达标高中”。

【高考综合改革正式启动】 2月，教育部正式确定福建等8省市作为第三批进入高考综合改革试点省份，大田县自2018年秋季入学的高一年级学生启动高考综合改革。二年按照“3+1+2”的高考选考模式正式实施“选课走班”制。

【省质量检查测试】 3月30—31日，高三毕业班省质检在大田一中举行，设考场54个，考生1473人，其中文史类考生523人、理工类考生950人。

【普通高等教育入学考试】 6月7—8日，县教育局在一中举行普通高等教育学校考试，设考场58个，考生1489人，其中文史类考生534人、理工类考生955人。普通高考本科上线1187人、上线率79.71%，本一上线人数356人、上线率27.96%，录取清华大学1人（林延吉），985、211院校107人。

【“新高考改革与学校变革”专题讲座】 11月24日，县教育局在影剧院举办《推进“新高考改革与学校变革”》专题讲座，上海市特级校长、市政府督学、华东师范大学兼职教授、外国语大学附属大境中学校长卢起升主讲，全县高中九大高考学科教师370人、学生家长260人听讲。

（余孔值 郑联鸿 章选辉）

职业教育

【概况】 2019年，全县职业中专（下简称职专）1所，在校生1600人。教职工187人，其中公办教师172人、非公办15人。公办教师中研究生学历5人、大学本科158人、专科6人、中专2人、高中及以下1人；高级职称55人、中级89人、初级职称24人，未定级4人。当年，县职专被省教育厅、财政厅评估为“省示范性现代职业院校”A类校，确定为省产创融合教育实践示范基地，被省心理援助协会评为“省心理健康教育特色校”。教师余小妹被省妇联评为“三八红旗手”，获省市教师技能竞赛获奖22人，教师共发表CN论文42篇，参与省级课题研究5个、结题1个。

【校企合作办学新进展】 2019年，县职专与福建船政交通职业学院、福建农业职业技术学院、三明医学科技职业学院签订3+2联合办学协议，与省普华永道教育投资有限公司、和谐号人力资源有限公司、中影华龙科技有限公司、高动人力资源有限公司和厦门宏发电力电器有限公司、北京翔宇通用航空集团6家企业开展校企合作，参加学生700余人；与集美工业学校结对共建，促进产教融合。

【技能鉴定与职业培训】 2019年，县职专组织2017级学生参加中级钳工、电工、汽车维修工、花卉园艺师、客房服务员、装饰美工6个国家职业资格证书鉴定考试，以及幼儿艺术教育、办公软件操作员、财务软件操作员3个专项职业能力鉴定考试，参加487人、通过467人，通过率95.89%。全年共承办安全员、育婴员、保育员、预算编制等项目培训，参训1822人。

【办学硬件设施改善】 2019年，县职专建设电子实训大楼、中华茶艺实训室、电子商务实训室，投入355.6万元；开发虚拟现实（VR）课程体系，投入18万元；采购新能源汽车等设备，投入72.3万元。

【春季高考创佳绩】 2019年，县职专春季高职单招考试本科上线55人、上线率16.8%，廖生涛、肖婧怡分获电子信息类和农林牧渔类省状元，农林牧渔专业本科上线30人、上线率36.9%，全省前10名占7个。

【学生技能大赛获奖】 2019年，县职专组织学生参加各级职业院校技能大赛（中职组），获省赛二等奖1人、三等奖3人，市赛一等奖10人、二等奖6人。

【省市文体竞赛获奖】 2019年，县职专代表队获省青少年航空航天模型锦标赛暨全国青少年“飞向北京 飞向太空”航空航天模型竞赛（福建赛区）总决赛中学团体二等奖、市航空航天模型锦标赛团体一等奖、市第七届艺术节合唱类现场比赛二等奖。

（陈希贤）

特殊教育

【概况】 2019年，全县有特殊教育学生320人，其中在其他全日制学校随班就读128人。县特校1所，内设教学班10个，在校生192人，其中，幼儿3人、小学70人、初中41人、送教上门78人。教职工45人，其中专任教师22人；教师中特教专业院校毕业13人；本科学历12人、大专学历15人、中专2人；高级职称4人、中级9人、初级职称14人，未定级2人。

【市实训基地校列入】 1月，县特殊教育学校被列入市首批特殊教育实训基地校。

【“送教上门”培训】 12月25日，县教育局、教师进修学校联合举行全县中小学残疾儿童少年“送教上门”教师业务培训，中小学分管副校长及“送教上门”教师100余人参训。至年底，县特殊教育资源与指导中心已形成“特校+普校”服务体系，对97名学生开展“送教上门”服务。

【才艺大比拼活动】 12月30日，大田特校举行庆元旦暨第三届“小鬼当家”才艺大比拼活动，“西式糕点”“花式馒头”“花式饺子”“推拿按摩”4个实践训练小组120人参加活动，评选出“最佳选手”12人。

（潘丽清）

成人教育

【概况】 2019年，全县成人教育有教师进修学校、卫生进修学校、农广校、老年大学等4所。专（兼）职教师124人，其中研究生学历5人、大学本科85人、专科27人、中专（高中）7人；高级职称58人、中级59人、初级6人、未评1人。特级教师1人。

教师进修学校 2019年，县教师进修学校在职教职工36人，其中在编28人、借用8人；大学本科学历32人、专科3人、高中1人；高级教师23人、一级教师12人、科员1人，特级教师1人。内设校长室、办公室、培训处、中研室、小研室、幼研室、德研室、信研室。教师进修学校以“培训、研究、指导、服务”为中心工作，全面做好做实“推进全县教师专业成长、提高教育科研水平、助推教育教学质量上新台阶”三项核心工作。当年，教师进修学校受到县委、县政府嘉奖，教师林福岗受到县委、县政府个人嘉奖。

卫生进修学校 2019年，县卫生进修学校有专（兼）职教师25人，其中大学本科学历18人、大专5人、中专2人；高级职称6人、中级17人、初级2人。开办全日制中专学历护理专业2个班，农村医学专业1个班，当年毕业1个班、33人。4月，16级护理班毕业统一考试，33名学生参加；5月，护理专业毕业生参加全国职业护士资格考试，通过率高达80%以上。7—8月，举办全县乡村医生规范培训，培训388人。

老年大学 2019年，老年大学有专（兼）职教师19人，其中大学本科12人、专科4人、中专2人、高中1人；高级职称5人、中级13人、未评1人。开设太极拳、南音、电脑、乒乓球、合唱、卡拉OK、烹饪、器乐、电子琴、国学、腰鼓、交谊舞、摄影摄像、保健推拿、民族舞、健身舞、拉丁舞、瑜伽、聊天、旗袍、铜管乐、象棋、戏曲等23个专业、24个班，学员1865人次。当年，县老年大学开展“缅怀先烈”“踏青健步跟党走”“欢度国庆、情暖重阳”“社会教育实践”“健康夕阳红·共筑中国梦”等专题实践活动。

农广校 2019年，现专兼职教师41人，其中取得正高级职称2人，副高级职称22人，中级职称（新型职业）14人，初级职称3人；研究生5人，本科21人，专科14人，中专1人。

【“风展红旗如画”红色故事宣讲比赛举办】 6月18日，县老年大学举办“风展红旗如画”红色故事宣讲比赛，离退休干部、老年大学学员500多人参听宣讲。有15位参赛者参与角逐。其中，96岁高龄学员郝滔的宣讲《红太阳映红大田》，6月26日在中央电视台新闻频道新闻播出。

【快闪唱响《我和我的祖国》】 9月28日上午，县老年大学组织400多名老年人在白岩公园及老人憩园以快闪的方式唱响《我和我的祖国》，用歌声表达不忘初心的坚定信念和对祖国母亲的美好祝福。

【卫生进修学校迁址】 9月，县卫生进修学校由建山路19号整体搬迁，暂搬至福田路160号职专校区。

【技能比赛获奖】 11月，县卫生进修学校17级护理班学生吴淑琪参加全市中职学生技能比赛获二等奖，黄淑婷、周佳玉、陈媛媛分获三等奖。

【新型职业农民认定】 11月，县农广校组织农业专家开展新型职业农民认定工作，对符合新型职业农民标准的农业从业者进行评审认定，共认定了新型职业农民125人。

【新学习点成立】 12月初，县老年大学先后成立分校、教学点及教养结合学习点，并举行城东分校、仙亭社区教学点、闽中康养中心教养结合学习点、翰霖泉森林人家教学实习基地挂牌仪式，

【食品安全志愿者服务队成立】 12月20日，县老年大学食品安全志愿者服务队成立，在成立仪式后，开展队员保健食品安全知识讲座及志愿服务岗前培训。

【新型职业农民培训】 2019年，县农广校采取送教下乡培训和异地培训的模式开展新型职业农民培训工作，通过招投标的方式，由中标的培训机构—漳州市好未来职业培训学校和福建省前沿职业培训学校承担培训任务。全年培训12期，培训学员953人，超额完成任务。课程设置有水稻、蔬菜、果树、食用菌、雷笋、畜牧等现代种植、养殖技术及农产品营销课程，丰富农民的知识结构和营销理念。同时，选送优质学员参加由省、市举办的新型职业农民培训25人，分类分批次参加粮食、水果、蔬菜、茶叶、农产品加工、休闲农业等培训班。

【教师培训】 2019年，县教师进修学校以提升教师教学能力为核心，以促进教师专业化成长为目标，以新教师培养培训、骨干教师能力提升培训和乡村教师托底培训为重点，坚持“按需施训”的工作原则，开展“中小学教师全员继续教育”“学科带头人”“骨干教师”“管理者能力提升”“培训师能力提升”“信息技术应用”“农村教师”“班主任”“保育员”“心理健康”“学科专题研修”等培训105场次，参训人员8507人次。

【片区教研】 2019年，县教师进修学校开展片区教研活动。中学以五中、六中、鸿图为龙头校组建3个片区，片区教研活动共36场，参加教师1151人。小学以实验小学、城一小、城二小、城三小、第二实小、城南小学、均溪中小为龙头校组建7个片区，片区教研活动共26场，参加教师1287人。幼儿园以实验幼儿园、第二实幼儿园、红星幼儿园、城关幼儿园、均溪中心幼儿园为龙头校组建5个片区，片区教研活动共10场，参加教师625人。

【课题立项】 2019年，县教师进修学校有5项省级课题获得立项。校长林再生负责福建省普通教育教学研究室立项课题《核心素养下初中数学“让学促思”教学实操的研究》，副校长苏元楚负责福建省教育规划领导小组办公室立项课题《乡土文化资源纳入山区农村初中校本课程开发的实践研究》，办公室主任郑祥旦负责福建省教育规划领导小组办公室立项课题《教育现代化2035视域下农村义务教育优质均衡发展的策略研究》，信研室主任洪玲玲负责福建省教育规划领导小组办公室立项课题《核心素养导向的小学语文统编教材课后练习应用策略研究》，教研员陈秀华负责福建省教育规划领导小组办公室立项课题《核心素养视角下小学数学关键能力培养途径与策略的探究》。

【质量检测】 2019年，县教师进修学校高水准地县级质量检测体系业已建成。发起六县（大田、明溪、清流、将乐、泰宁、尤溪）联合命题。率先采用与高考同等规格的全县全学段网上阅卷系统。做出高水平的质量检测评价报告，为县教育局的教育决策提供参考，为全县中小学的教学管理提供依据。

（郑祥旦　陈小忠　范双龄　罗晓明）

高等教育

【概况】 2019年，县电大工作站（社区学院）有专职教师10人，均为大学本科学历，其中高级职称3人、中级6人、初级1人。开办35个专业、77个班、学生896人，当年招生370人、毕业253人。其中，国家开放大学（中央广播电视大学）开放教育开设14个专业、64个班、学生669人，当年招生292人、毕业130人。本科有法学、汉语言文学、小学教育、会计学、行政管理、学前教育等6个专业，专科有法律事务、行政管理、会计学、学前教育、小学教育、劳动与社会保障、农业经济管理、农村行政管理、林业技术等8个专业。奥鹏远程教育中心合作高校有东北师范大学、东北大学、大连理工大学等3所，开办数学及应用数学、计算机应用技术、土木工程、采矿工程、水利水电工程、机械工程及自动化、安全工程、机电一体化、电气工程及其自动化、金融学、心理健康教育、美术教育等本专科专业21个、13个班、学生227人，当年招生78人、毕业123人。当年，县电大工作站获福建省广播电视大学2019年春季开放教育“招生工作先进集体”。

【县社区学院合唱团挂牌成立】 3月16日，大田县社区学院合唱团在县老人憩园挂牌成立，县委常委、宣传部部长黄芳，副县长涂林瑢参加揭牌仪式。成立社区学院合唱团，旨在通过开展经常性活动，坚持群众性与艺术性相结合，为歌唱爱好者提供一个学习、交流、展示的平台，进一步丰富社区居民的精神文化生活。年底，合唱团成员100余人。

【县家庭教育讲师团成立】 6月17日，大田县社区学院会同县教育局、县妇联成立大田县家庭教育讲师团，聘任首批讲师30人，聘期二年。家庭教育讲师团贯彻落实习总书记关于“注重家庭、注重家教、注重家风”的指示精神，落实家庭教育立德树人根本任务，推动家庭教育和学校教育、社会教育的有机融合，采取“菜单点菜”的形式，当年到全县各中小学、幼儿园，开展家庭教育讲座73场次，受教育8000多人次。

【“礼赞新中国　奋进新时代”合唱音乐会】 10月12日晚，大田县社区学院、县文体与旅游局、县教育局联合主办的“礼赞新中国 奋进新时代”合唱音乐会在县影剧院举行。《青春舞曲》《鼓浪屿之波》《外婆的澎湖湾》《美丽中国》《今天是你的生日—中国》《茉莉花》《不忘初心》等13首经典曲目在会上演唱，为庆祝中华人民共和国成立70周年奉献了一场高雅的艺术盛宴。

【县社区学院被列为福建省社区教育示范基地】 2019年，大田县社区学院被列入第二批省终身教育重点项目名单，成为福建省社区教育示范基地。

（郑祥全）

文化·体育

□编辑　潘　梅

文学艺术

【概况】 2019年，大田县文学艺术界联合会（简称县文联）组织各协会开展各项文学艺术活动，举办各类书画、摄影、美术品展6场、承办市级音舞诗会1次。5月，县委宣传部表彰2018年度优秀文艺志愿者27人。

【“红色武陵”迎春书画摄影展】 2月，县文联联合武陵乡政府在县文化馆一楼展厅举办“红色武陵”迎春书画摄影展，展出反映武陵沧桑历史与美好的现实，弘扬老区精神风貌的摄影作品10帧、美术作品20幅、书法作品30幅。

【“岩城新五友”书法作品展览】 4月30日至5月10日，由县文联、县文化馆主办，县书法家协会承办的“祖国颂.翰墨情”大田县“岩城新五友”书法展在县文化馆一楼展厅举办，展出范丽萍、蒋先茂、范承锋、施发蟠、王辉钟5人新一代大田青年书法家的楷、行、草、隶书法作品。县委常委、宣传部长黄芳出席开幕仪式，市书法家协会副主席傅志宏到场指导。

【温春派诗歌获奖】 5月，县志办退休干部温春派《七绝·退役军人信息采集感怀》《归自谣·春回》诗词2首，在黄鹤楼寻春诗会组委会、诗词百家杂志社举办的“第四届跟着古诗词去旅行黄鹤楼寻春诗会活动”中，获得金奖。

【国家、省级会员新加入】 4月，县美术协会郭守福、林联泰加入福建省美术协会。6月，县志办退休干部温春派加入省诗词协会。7月，县统计局退休干部林钟瑜加入省摄影家协会。11月，温春派、县实验小学退休教师张世楚加入中华诗词学会；县图书馆馆长郑圣泉加入省美术家协会；县第五中学教师苏惠蓉（剪纸）、吴山乡梓溪村李剑铭（雕刻）加入省民间文艺家协会。

【“文心清韵”王鹏飞国画作品展】 6月，由县文旅局、市书画院主办，县文化馆承办的“文心清韵”王鹏飞国画作品展在大田县文化馆一楼展厅开展。此次作品展的作者王鹏飞接受大田县文化馆的邀请，回乡创办个人作品展，展出以写意花鸟画为主的国画作品60余副，作品融合现代艺术色彩，为群众带来全新艺术体验。

【林啟得歌曲引发全国热潮】 8月，大田籍中国内地民谣男歌手、音乐制作人林啟得发行闽南语单曲《大田后生仔》。原唱版和两个翻唱版，在同一天登上网易云音乐飙升榜前5位，并在各大短视频平台引发翻唱热潮。全年在抖音平台上有相关主题视频10.84万个，总播放量58.5亿次；歌曲配音改编的“大田后生仔舞”视频2.3万个，播放量10.7亿次。传播到新加坡、日本、美国，以及非洲一些国家。12月3日，林啟得参加中央电视台《开门大吉》节目录制，演唱《大田后生仔》。

【大型音舞诗会】 11月24日，在广平镇万宅村银杏公园举办第六届三明（广平）“中国梦·乡村美”音舞诗会暨第四届“大田·集美”山海诗会，由市文联指导，市作家协会、县文联、集美区文联、广平镇党委政府联合主办。表演了音乐、舞蹈、文学、诗歌朗诵等多种艺术表现形式共16个节目，吸引广大游客驻足观看。

【严垂壁作品入编《福建省姓氏志》】 11月，县文联严垂壁的作品入选由中共福建党史研究和地方志编纂办公室、福建省姓氏源流研究会联编，福建人民出版社出版，海峡出版发行部发行的《福建省姓氏志》（第一卷）中“文化遗产”的“著作与艺文”章节。并担任《福建省姓氏志》“严姓篇”副主编、“庄姓篇”编委。

（严垂壁　连福石）

群众文化

【概况】 2019年，县文化馆围绕元旦、春节、元宵节等节庆日，组织开展群众文艺演出活动，全县群众文化活动异彩纷呈。以庆祝中华人民共和国成立70周年为契机，开展“风展红旗如画”群众广场系列活动、乡镇巡回宣演晚会。

【2019全国“乡村村晚”】 1月12日，由文化和旅游部全国公共文化发展中心、中国文化馆协会主办的2019全国“乡村春晚”百县万村网络联动大田分会场在白岩公园开幕。此次活动以突出民俗风情、地方特色为主题，表演了歌

曲《大孝无言》、茶艺《乡愁》、旗袍表演《茉莉花开》、大田民间戏曲联唱、剪纸表演、五谷拼字等节目。

【“见龙在田”大田板灯龙文化展】 3月21—27日，由县文化馆主办的“见龙在田”国家级非遗项目大田板灯龙文化展在闽中戏曲文化园举行。文化展既有形态各异的龙头、龙身、龙尾的实物展示，又有各个乡镇、村的民俗活动图文介绍，让参观者了解大田板灯龙的历史渊源、制作工艺、主要特征、重要价值以及存续状况。

【合唱指挥与声乐讲座】 5月21—22日，由省合唱协会、县文化馆主办的免费开放系列活动之合唱指挥与声乐讲座在大田县闽中戏曲文化园举办。此次活动由福建省合唱协会会长邵宁教授领衔的“福建省合唱公益八闽行”团队进行教学培训，采取理论知识讲座与教学实践相结合的培训方式，全县共计80余名音乐教师及合唱指挥爱好者参训。

【村级文化协管员培训活动】 6月3—5日，县文化馆在闽中戏曲文化园举办村级文化协管员培训班，培训课程内容包括“文心清韵”国画展开展仪式、《著名画家黄慎及中国画浅析》讲座、《写意花鸟画技法》讲座 、国画实训等，通过培训，推动县基层的基本公共文化服务建设，加快提升了村级文化队伍的思想水平和业务素质。

【闽中乡村戏曲文化节活动】 6月4—15日，由县文旅局、市艺术馆主办，县文化馆承办的闽中乡村戏曲文化节开幕仪式在文化广场正式启动，活动内容包括戏曲展演、闽中戏曲文化展、非遗文创展。活动期间，县文化馆组织30多场优秀传统戏曲进社区、进乡村，丰富群众文化生活，推动文化和旅游深度融合健康发展。

【中国国际钢琴艺术节“伯牙奖大赛”】 6月23日，由中国国际钢琴艺术节伯牙奖（福建）组委会、三明市钢琴学会主办，县文化馆承办的2019中国国际钢琴艺术节·伯牙奖（大田赛区）在闽中戏曲文化园举行，有105名琴童报名参赛，最终产生各组别一、二、三等奖。

【庆祝新中国成立70周年群众广场系列活动】 6月30日，由县文化馆主办的“风展红旗如画”大田县群众文艺展演在岩城广场开幕。活动时间在每周周末，为期2个月，持续到8月；活动内容包括舞蹈表演、戏曲文化展演、山歌演唱等。9月20日，由县文化馆主办的庆祝新中国成立70周年“风展红旗如画”系列活动之“山歌唱响新时代”在文化广场举行。大田县及周边地区的多名农民山歌手，通过自由发挥、独唱、对唱等不同表演方式，吸引观众700余人观看。9月21日，由县文化馆主办，草根乐队承办的庆祝中华人民共和国成立70周年“风展红旗如画”群众文化系列活动“多彩大田”专场音乐会在文化广场举行。表演了女子独唱、笛子独奏、男女生对唱等活动内容，吸引观众500余人观看。

【朱坂村“杂剧作场戏”学术考察活动】 7月16—17日，县文化馆邀请十余名县内专家、学者、作家进行“杂剧作场戏”的相关论文写作研讨。在福建省艺术研究院叶明生教授的指导下，开展文江镇朱坂村“杂剧作场戏”学术考察活动，此次活动为论文写作以及“杂剧作场戏”申报国家级非遗项目奠定了基础。

【“风展红旗如画”苏区精神巡回宣演晚会】 8月6日，大田县庆祝新中国成立70周年“风展红旗如画”苏区精神巡回宣演晚会在太华镇举办。此次活动由大田县委宣传部主办，文化馆承办，为基层群众表演了舞蹈、山歌对唱、红色故事宣讲等节目。

【书画摄影展】 9月26日，“政协大田县委员会庆祝中华人民共和国暨人民政协成立70周年”书画摄影展在文化馆一楼公共文化展厅开展。活动由政协大田委员会主办，县文化馆、书法家协会、美术家协会、摄影家协会承办。此次入选的百幅书画摄影作品，以书画、摄影形式讲述大田县中央苏区红色记忆和深厚的历史文化和生态山水，展现县政协委员及社会各界人士的才情智慧和艺术品格、时代风采。县委书记陈文华到展厅观展。

【大田特色汉剧展演】 10月1—7日，县文化馆在闽中戏曲文化园举行大田特色汉剧展演7场。展演主题内容有《斩经堂》《屠夫状元》《天门阵》《玉带记》《龙凤阁》《雪梅教子》《御妹配马夫》及《下河东》等，吸引大批观众看展。

【“镜头里的乡愁记忆”摄影展】 12月6日，县文化馆在公共文化展厅开展以“40年岩城巨变”为主题的“镜头里的乡愁记忆”摄影展。此次摄影展先后征集了2000多幅摄影作品，从中选出271幅照片组成63个展板，以“改革开放改变了大田人的生活”为轴线，按照城镇、经济、民生、时政、文化五大版块构思布展。展览照片记录大田几十年来的沧桑巨变，是大田本地人深刻的“乡愁”记忆写照。

【“百名画家画三明”写生作品展】 12月23日，由市旅局主办，县文旅局、市书画院承办，县文化馆、县美术家协会协办的“风展红旗如画”系列活动——百名画家画三明（大田题材）写生作品展在县文化馆一楼展厅开展。参展的百名画家来自全国各地，展出作品80多幅，其中大田题材作品50多幅。展览期间，县委宣传部部长黄芳、副县长涂林瑢到场观展。

（连福石）

图书

【概况】 2019年，县图书馆有各类图书及报刊文献总馆藏量45.19万册，总馆藏书13.91万册，分馆藏量31.29万册（18个乡镇村的农家书屋30.92万册、电力分馆1298册、残联分馆1146册、白岩分馆1183册）。全年县图书馆新办借书证近1200张，图书借还15万册（次），读者到馆人数近19万人次，开展阅读推广活动209场。当年接收22家单位报送的政府公开信息363条。“大田县图书馆”微信认证公众号对外发布馆内信息动态377多条，阅读12.98万人次。

大田县新华书店 2019年，县新华书店继续抓好教材、教辅及一般图书发行，同时多元经营复印纸、新华眼镜、预包装食品等。全年销售2015万元，比上年增长9.79%，其中，教材及教辅资料销售1518.83万元，同比增长9.4%；一般图书销售460.41万元，同比增长22.45%；多元产品销售85万元，同比增加19.5%。营业收入2024.35万元，同比增长7.72%，其中，主营业务收入完成1915.23万元；其他业务收入完成99.8万元。利润206.81万元，同比增长27.66%。人均利润居全市第一。

【图书流通点新设】 2019年，县图书馆新增“陌上期刊流通点”“大田县妇女儿童亲子阅读点”。至年底，图书馆有电力公司、白岩社区、残联、闽中戏曲产业园4个分馆和上京镇城口村、赤岩社区、县武警中队、县消防中队、陌上期刊流通点、大田县妇女儿童亲子阅读点6个图书流通点。

【阅读推广服务】 2019年，县图书馆组织一系列阅读推广活动，开展公益主题绘本故事会、金话筒故事会、小学生读书会、“蒋蒋父母读书会”、“四月驿站读书会”、公益优秀少儿影片展播、图书漂流进校园、青年志愿者走进图书馆、幼儿园小朋友走进图书馆、我们的传统节日、VR·AR数字体验、时间胶囊等活动。当年新增“丁丁全脑识字悦读会”阅读品牌活动，全年开展阅读推广活动12期。

【阅读工作亮点】 2019年，县图书馆实现与省图书馆、厦门市图书馆等全省20个区域大馆的通借通还，馆内添置儿童版自助借还机、24小时还书机等便民服务设施。县图书馆获邀成为国家图书馆“文津图书奖”联合参评单位、“读吧！福建”福建文学好书榜联合参评单位，并获优秀组织奖。

【“读一本好书”活动】 2019年，县新华书店根据省教育厅、省语委《关于印发加强中小学“书香墨香校园”建设指导意见的通知》以及《三明市教育局关于深入推进中小学“书香墨香校园”建设的实施意见》的精神和要求，开展中小学生“读一本好书”活动。全县996名学生及指导老师征文获奖，19所学校获优秀组织奖，入选省优秀作文选集37篇，推动全民阅读，促进“书香家庭、书香班级、书香校园”的氛围的建设。

【卖场图书阅读活动】 2019年，县新华书店在卖场二楼设置活动场所面积约80平方米，添置桌椅、更换卖场照明灯等，营造良好的阅读场所。利用周末时间开展图书阅读活动16场，得到广大读者和家长的关注和认可。

（郑圣泉　郑新妹）

文物

【概况】 2019年，县文旅局围绕“保护为主、抢救第一、合理利用、加强管理”的工作方针，全面保护和合理利用文物资源，加大《中华人民共和国文物保护法》《福建省文物保护管理条例》宣传力度，增强全社会爱护文物、保护文物的意识，发挥博物馆社会文化公共服务作用，加强文物管理，保障文物安全。

【革命文物保护利用片区入选】 3月，国家中宣部、财政部、文化和旅游部、国家文物局发出关于公布《革命文物保护利用片区分县名单（第一批）》的通知，确定革命文物保护利用片区15个。其中，大田县上榜7个，分别是：三民乡苏维埃政府旧址暨红军标语墙，大田革命烈士陵园，罗荣桓旧居，红四军前委机关、三纵队旧址（林志群故居），红四军军部旧址、林笏隆故居，红四军指挥部旧址，路口乡苏维埃政府旧址暨朱德旧居。

【越中艺术博物馆馆藏越窑青瓷展】 5月10日，县博物馆与绍兴市越中艺术博物馆联手推出“千峰翠色——越中艺术博物馆馆藏越窑青瓷展”，在博物馆的二层展厅展出，展出越窑青瓷111件，吸引广大民众参观。

【大田革命纪念馆、大田历史展馆建设】 6月，县委十三届九次全体会议决定筹建“中共大田县革命历史纪念馆”，成立项目建设指挥部，负责“大田革命历史纪念馆”和“闽中之秀——大田历史展”两个主题陈列的展示、文物征集，专家指导、展馆设计、工程招投标、施工等一系列工作。

【清代时期的木质牌匾收入馆藏2件】 7月5日，永安私营博物馆“桓裕堂”收藏家罗上层捐赠清代时期的木质牌匾2件给大田县博物馆。

【北京专家对建设镇红釉古窑群考察】 9月16日，中国艺术节基金会理事长安然博士、国家文物局原副局长张柏、北京大学教授段震文、中国文物保护基金会酒基会主任徐宏等一行，到建设镇考察论证红釉古窑群文保工作。专家指出该古窑群是目前发现的国内规模最大的活化红釉古窑群，正在使用、生产的古窑群是世界罕见的活化文物；建议尽快申报县级文物保护单位，为申报省级、国家级文物保护单位创造条件，应适时建立相关研究机构，加大科研力度，使这一世界罕见历史文物和传统工艺发扬光大。基金会与建设镇政府签订“建立红釉窑群保护与利用基地”的合作备忘录。

【2020年闽西革命文物保护系列项目入选】 11月，大田县列入国家文物局公布的2020年闽西革命文物保护系列项目6个，获得国家文物保护专项资金458.06万元。6个项目分别是朱德率红四军第二、第三纵队出击闽中大田史迹群—路口乡苏维埃政府旧址（凤乾堂）、朱德率红四军第二、第三纵队出击闽中大田史迹群——红四军第二纵队驻所旧址（时思堂）、红四军第二、三纵队驻地旧址（福兴庵）、“第二集美学村”旧址群集美高级农林职业学校旧址（六行堂）、抗战时期大田“第二集美学村”旧址群—教职工办公室旧址（顺善堂）、抗战时期大田“第二集美学村”旧址群—集美高级农林职业学校旧址（正旺祖祠）。

【中国·大田第五届古玩钱币交流会】 11月23日，中国·大田第五届古玩钱币交流会暨“福建省收藏家协会鉴定中心大田古银币鉴定处”授牌仪式在位于建设镇的中国大田古银币交易市场举行，建设镇党委书记乐永权、县文旅局副局长黄荣忠，福建省收藏家协会会长周野、常务副会长丁建南、副会长兼常务副秘书长邓颖春、副会长邓象占、张勇杰，福建省收藏家协会名誉会长陈美河等参加授牌仪式。这家省级鉴定组织在县级设立的权威古银币鉴定机构，推动了中国（大田）古银币交易市场的规范交易。

【银丁坂银矿遗址调查勘探】 11—12月，县博物馆组织专业人员会同福建华巽文化遗产保护有限公司的专家对矿洞、矿石加工区、冶炼区、矿渣堆积区、道路交通区、管理区、生活区进行调查勘探。银丁坂银矿遗址位于前坪乡黎明村大石磨山，是福建省第七批文物保护单位。根据第三次全国文物普查资料，遗址分布范围长约1000米、宽600米，面积0.6平方公里，属宋至明时期冶银遗址。

【第十批县级文物保护单位名单公布】 12月26日，县政府公布古建筑昭灵庵、步云楼（吴山镇）、步云楼（太华镇）、敦义堂；古遗址大田宫边红釉坊；古墓葬范元超墓、范子高墓；近现代重要史迹及代表性建筑后池祠、磐山祠、青松堂、双龙堂、宜振堂、延福堂、龙门战斗遗址、红四军二、三纵队驻扎地旧址——阳美堂、屏山堂、光前堂、庆隆堂民居、甲魁堂民居、科甲堂民居、厚重堂民居、显应庵等22处第十批县级文物保护单位名单和保护范围，经县文物管理委员会成员会议审议通过，予以公布。

【“大田土堡群”文物本体修缮】 2019年，大田县完成全国重点文物保护单位“大田土堡群”（安良堡、泰安堡、广崇堂）文物本体修缮及周边环境整治和省级文物保护单位林埔祠修缮工程。

（陈其忠）

文化市场

【概况】 2019年，县文化市场综合执法大队落实春节、“五一”、年初岁末文物保护单位和文化经营场所的安全生产检查；从市场、印刷、物流、入境、网络等5个环节，集中清理各类非法宗教出版物、印刷品的违法违规销售、传播活动。整治网络游戏，打击非法印刷，开展网吧、车载影片及娱乐场所安全等检查，进行“扫黑除恶”专项斗争宣传和排查，净化社会文化环境。

【春节前文物安全检查】 1月21日，县文化执法大队为确保文物安全，组织专业人员，对均溪镇省级以上文物保护单位4处20个点存在的安全隐患和违法行为逐一排查。通过排查发现大部分文保单位保存状况良好，文保员认真负责，针对部分存在安全隐患的文保单位，检查人员现场给予整改意见，督促在短时间内整改完成以确保文物安全。

【加强出版物和网络市场监管】 1月，县“扫黄打非”领导小组办公室组织县文化执法大队在全县范围内展开出版物市场集中清查。加强春节期间出版物市场及网络文化环境监管工作，加强网下清查，强化网上监管，检验行动成效。3月11日，县“扫黄打非”领导小组针对“两会”期间加强出版物监管召开联席会议，县委宣传部部长黄芳主持，公安、市管、文旅局主要领导和“扫黄打非”业务负责人参加，主要研究加强网络零售出版物的监管问题。要求工商部门在办理网络销售出版物、音像制品的营业执照时，严格把关，实地勘验是否有线下实体书店；对已办理执照的，加强日常监管。通过开展网络巡查，立案查处未办理出版物经营许可证在淘宝销售图书案件1起。

【学习类APP等移动应用程序专项整治】 1月，根据三明市“扫黄打非”领导小组办公室《关于开展学习类APP等移动程序专项整治行动的通知》要求，县“扫黄打非”领导小组办公室于2018年12月29日至2019年1月22日开展学习类APP等移动应用程序专项整治行动，通过制定工作方案，明确责任分工，防止有害APP进入校园，营造良好的“互联网＋教育”育人环境，保障中小学生健康成长。

【春节娱乐市场监管巡查】 2月，县文化执法大队多措并举加强网吧市场监管工作，严查违规经营行为，通过将日常巡查、错时检查、突击检查等检查方式相结合，督促网吧经营业户落实各项消防安全管理制度，做好防范措施。在春节期间加大了对娱乐市场的监管巡查力度，重点查看各娱乐场所关于未成年人进入的有关规定的落实、消防设施及通道安全畅通，应急预案是否健全、有无违禁歌曲、值班人员是否在岗及营业值班记录等。为进一步规范娱乐场所经营秩序，为青少年健康成长创造良好社会文化环境。

【卫星地面接收设施专项整治】 3月，县成立卫星地面接收设施管理工作领导小组，在全县开展地面卫星接收设施整顿工作。县委宣传部部长任组长，县文旅局、公安局、市管局局长任副组长，成员由3个单位执法人员组成。领导小组制定整治方案，召开专门会议研究卫星地面接收设施整治工作。加大法律法规的宣传工作力度，利用广播电视媒体、文化下乡、乡镇墟日宣传，通过散发传单、张贴通告、播发游动字幕、出动宣传车等形式，广泛宣传《卫星电视广播地面接收设施管理规定》及其实施细则，发放宣传单1000多份。检查组以检查整顿销售市场和酒店宾馆为重点，出动执法人员22人次，检查家电经营和家电维修门店12家次，检查宾馆酒店23家次，查处非法销售卫星地面接收设施的商家1家、没收接收天线2套。

【“扫黄打非”护苗专项行动】 1—3月，大田县开展“扫黄打非”护苗专项行动，以查处制售非法有害少儿出版物及传播网络有害信息等为工作重点，对出版物市场、印刷企业和互联网空间进行高密度巡查；在春季开学、秋季开学和“六一”儿童节前部署集中检查行动，突出整治校园周边文化市场，将日常检查和重点检查相结合；同时注重打防并举，通过宣传活动进校园等场所，引导少年儿童多读书、读好书，远离和抵制非法有害少儿出版物及信息。要求各中小学组织开展主题班会课，加强教育引导。通过县图书馆，打造“书香大田”，每月定期举办读书讲座，营造良好的读书环境。第一季度护苗专项行动共出动执法人员20余人，清查印刷企业15家次、打字复印店9家次、书刊音像制品经营店铺6家次，取缔无证经营摊点2个，收缴盗版光盘80余张。4月26日，县“扫黄打非”办、文旅局、文化执法大队、县图书馆举办了“护苗2019”专项行动暨“绿书签”主题活动。此次“绿书签”发放仪式以“护助少年儿童健康成长，拒绝有害出版物及信息”为主题，工作人员向在场群众宣讲有关法律法规知识，倡导绿色阅读、抵制有害出版物和信息。此次活动张贴“绿书签”海报20余张，发放“绿书签”300余份，参与的青少年儿童及家长200多人。同时，联合县广播电视台制作公益广告，在主要时段播出，进一步扩大宣传覆盖面。

【文化市场专项检查行动】 4月9日，县文化执法大队对辖区内报刊出版物、网吧、娱乐场所进行专项检查。检查辖区内书店6家、印刷厂11家、网吧5家、娱乐场所14家。执法人员要求书店和印刷厂不得销售非法出版物、邪教组织刊物、侵害国家领土、领导人的书籍报刊；要求网吧、娱乐场所，经营者禁止未成年人进入网吧、娱乐场所，场所内不得传播政治性有害信息、淫秽色情信息、低俗文化等。经检查，执法人员未发现辖区内出现违法经营行为。

【公共场所视听载体监管】 5月，县文化执法大队对辖区内公共场所视听载体进行建台账和约谈等监管工作。联合县公安局网安大队对公共场所视听载体的设置单位、地点、责任人、应急联系人、联系方式等进行详细摸查登记，对机关、事业、国有企业单位、乡镇（村）、个私企业设置的510块大彩屏、LED屏建立台账。联合县公安局网安大队、国保大队分批对以上视听载体的责任人进行约谈，宣讲有关政策规定，提醒业主加强视听载体的物理管理、播放内容管理，并开展自查自纠。将公共场所视听载体纳入文化市场监管范围，同其他行业的监管同安排、同部署、加强日常巡查、双随机抽查，增强业主的责任意识，确保播放内容的安全。

【旅行社租赁旅游包车专项治理】 6月，根据《三明市文化和旅游局转发省文厅关于开展旅行社租赁旅游包车治理行动（2019—2021）的通知》，县文旅局与县交通综合行政执法大队组织人员在端午节期间，到各重点景区联合开展旅行社租赁旅游包车专项治理行动，未发现黑车和旅行社违规租赁旅游包车。

【高考期间娱乐场所专项检查】 6月，县文化执法大队开展2019年高考期间娱乐场所专项检查，要求歌舞娱乐场所在高考期间，严格控制噪音，限时经营，6月5日18:00至8日18：00停止营业，杜绝影响考生学习、考试等扰民现象的发生。整治期间，县文化执法大队加大检查频率和检查次数，通过日常检查和突击检查相结合的方式，对重点地段的重点场所进行重点监管，做到监管到位、措施到位、责任到人，为考生提供一个安静舒适的考试环境。

【文化市场经营主体管理专题会议】 8月28日，县文化执法大队召开全县文化市场经营主体管理专题会议。会议首先总结2019年以来市、县检查组在大田县开展文化市场检查的情况，提出存在问题和整改要求；组织学习了文化市场管理有关法律法规。同时，对在国庆前后加强文化市场管理，特别是文化安全、消防安全等提出强调要求，要求各业主在思想上高度重视，在行动上加强内部管理，落实有关整改要求，确保不出问题，不出事故。县内娱乐场所、网吧、印刷等企业负责人共35人参加。

【文化市场安全生产专项检查】 9—10月，县文化执法大队在新中国成立70周年之际，开展文化市场安全生产专项检查行动。加大对文化市场经营场所的日常消防安全检查力度，对网吧、歌舞娱乐场所和影院等重点部位的重点监控。明确各经营单位消防安全工作第一责任人，督促严格执行消防安全管理制度，并完善应急疏散预案、灭火预案，适时组织演练，提高灭火扑救的能力。健全安全生产责任制，落实安全生产责任，强化安全生产教育和培训，打击违法违规经营行为。

【打击网络侵权盗版“剑网2019”专项行动】 11月，县文化执法队组织开展打击网络侵权盗版专项治理“剑网行动”，通过采取联合执法、宣传教育、拉网式排查等一系列措施，加强网络环境下的版权行政执法和监管工作，打击网络侵权盗版行为，净化网络版权环境。共主动监管网站2家，微信公众号18个，未发现网络侵权盗版行为。

【“扫黄打非”普法宣传】 12月4日，县“扫黄打非”办以全国法制宣传日为契机，在县城中心的时代广场开展普法宣传活动。为了使普法宣传活动的形式更直观、制作了一批“扫黄打非”普法展板。同时，印制《出版物市场管理规定》《印刷业管理条例》500份向群众分发。活动现场设立咨询台，为群众答疑解惑20多人次。并把宣传活动延伸到学校、乡（村）和社区，让广大群众了解有关法律法规知识，提高遵纪守法的自觉性。

（范文革）

档案工作

【概况】 2019年，县档案局对县域内的机关、团体、企业事业单位和其他组织的档案工作实行监督和指导。强化档案安全意识，落实安全保密责任，开展档案安全隐患排查，确保档案实体和数据的安全与完整。开展网络安全整改，提高网络与安全信息工作水平。推行馆藏档案数字化，当年，馆藏档案全文数字化（二期）完成全文扫描220万页、著录2万条，有效落实档案馆“存量数字化”的目标。

【县级机构改革中档案工作】 1月，县档案局根据全县机构改革的总体方案，起草《关于做好县级机构改革中档案工作的意见》，提请县委、县政府同意转发。5月，县档案局发出《关于做好机构改革过渡期间档案工作的通知》，要求各单位配备专兼职档案员，编制《文件材料归档范围和文书档案保管期限表》，做好文件当年立卷和到期档案进馆工作，落实相关职责。

【档案部门机构改革】 4月，中共大田县委办公室、大田县人民政府办公室关于印发《大田县机构改革实施方案》

的通知，县档案局（馆）承担的行政职能划入县委办公室，县委办公室加挂县档案局牌子。县档案局（馆）更名为县档案馆，作为县委直属事业单位，机构规格相当正科级，归口县委办公室管理。

【“新中国记忆”主题宣传活动】 6月9日，县档案局在第12个国际档案日，以“新中国的记忆”为活动主题，在馆楼一层公共区域陈设主题展板12面，结合庆祝中华人民共和国成立70周年，以馆藏档案资源为依托，突出新中国建设主题，开展档案宣传活动。同时，在档案查阅服务大厅陈列“档案工作和档案馆建设”展板，便于查档群众了解县档案事业的发展进程以及档案工作在服务经济建设和社会发展中的作用。

【到期档案进馆指导】 2019年，县档案局开展到期档案移交进馆业务指导，县委办、人大办、政府办、政协办、县委统战部等单位历年的2503卷文书档案，县委组织部、公务员局的449袋干部死亡档案移交进馆；指导县纪委做好历年积存的1000多卷档案移交寄存的准备工作。指导59个单位和第三方公司签订档案整理和数字化合同，其中29个单位已开展档案整理和数字化工作，9个单位完成档案数字化并移交进馆。

【档案安全除患排查整治】 2019年，县档案局重视馆库安全保密工作建设，加强人员和档案出入库房的管理及安全保卫。落实安全保密责任，明确馆藏档案数字库的安全工作目标，将档案信息管理系统的安全和维护，作为当前档案馆安全工作的重点。要求数字化加工服务机构加强自身的人员管理，强化安全责任，确保档案实体和数据的安全与完整。开展档案安全隐患排查，对馆库的安全和消防设备设施、机电水暖管道、档案信息系统进行全面的检查和维护，及时消除安全隐患。

【《抗日战争档案汇编·大田卷》编纂】 2019年，县档案馆完成由国家档案局批准的重点档案专题开发项目《抗日战争档案汇编·大田卷》的初稿，报送省、市档案馆审稿。

【档案教育社会实践活动】 2019年，县档案馆结合档案知识的学习和大田地方史的传播，开展档案教育社会实践活动，接待中小学生4批、共280人，到馆参观档案展览和学习档案收集整理等基础知识，引导学生建立个人“成长档案”，了解档案工作的价值和意义，推动档案馆面向社会，使档案教育社会实践常态化。

（李建忠）

广播电视

【概况】 2019年，大田县融媒体中心组建后，对一楼演播厅、新媒体部直播设备进行添置优化，专题部、技术部、运营部等多部门实现融合，通过拍摄部门专题汇报片、联办栏目、直播等形式，拓展运营空间。全年播发《大田新闻》160期、1440篇，拍摄专题、快闪18部，在直播中心举办直播、录播活动11场，增收近40万元。新闻稿在《福建日报》刊登160多条，《三明日报》刊发500条，其中头版80多条，融媒体中心被福建日报社授予“十佳报道组”称号。在省级以上媒体播发广播、电视新闻160条，《三明新闻》播发电视新闻235条，《都市全接触》播发电视新闻41条；党建、生态、文化建设等新闻稿件在人民网、新华网、光明网、中央广播电视总台等国家级媒体刊播29条，提高大田县对外知名度和影响力。

上级广播电台节目转播 2019年，县融媒体中心转播中央、省、市广播节目5475小时，其中新闻资讯类1217小时20分钟、专题服务类1611小时45分钟、综艺益智类2524小时15分钟、其他节目121小时40分钟。广播电台稿件被省、市台采用320件。

上级电视节目转播 2019年，县融媒体中心按规定转播中央、省、市台电视节目，全年制作电视节目时间37小时20分钟，其中新闻资讯类28小时20分钟、专题服务类4小时30分钟、其他节目3小时30分钟。

【“河长制”在《人民日报》报道】 3月7日，在《人民日报》民生版刊发通讯稿《生态高颜值，发展高质量》，报道大田河长制再次升级，河段长、督查长、民间河长组成“一河三长”队伍，共同管护一个河段，三管齐下、互动补位，实现“管河、护河、治河、养河”全覆盖，联动协作换来水清岸美。

【融媒体中心组建】 8月2日，县委报道组、县广播电视台、县新闻网编辑部的机构、职责、人员编制以及县网络新闻服务中心有关新闻服务方面的职责进行整合，组建大田县融媒体中心，加挂中共大田县委报道组、大田县广播电视台牌子，为县委直属一类事业单位，机构规格相当正科级，归口县委宣传部管理。中心内设办公室、总编室、采访部、报刊部、专题部、新媒部、运营部、技术部8个股室，核定事业编制32人，核增政府购买服务岗位10个。

【重要节点关注】 2019年，县融媒体中心在庆祝中华人民共和国成立70周年期间，关注升国旗仪式、公祭活动，电视、微信播发精神文明建设、茶产业发展、交通道路变化、绿色生态、河长制等系列专题，展示全县70年来发展变化。宣传报道“不忘初心，牢记使命”主题教育，特别是流动党员受教育、退役军人守初心、记使命等特别做法，在大田新闻网发布相关主题专栏新闻25条、在大田TV公众号发布主题新闻33条，在福建日报发稿2篇、福建电视台2条、省人民广播电台1条、《三明日报》5篇、三明电视台3条、市人民广播电台1条。组织记者、编辑在春节、元宵节、重阳节、劳动节等节日重点报道县委、县政府的中心工作、市场食品安全检查，职能部门在电力、运输、安全等方面的保障服务，老百姓欢度节日等，用小切口反映大背景，小故事反映大时代，展现全县各地欣欣向荣、人民群众欢度佳节的景象。

【专题专栏报道】 2019年，县融媒体中心在电视《大田新闻》、大田新闻网、大田ＴＶ微信公众号，先后开设23个专栏，其中，《新时代、新篇章、新作为》5条，《壮丽70年，奋斗新时代》7条，《不忘初心，牢记使命》20条，

《脱贫攻坚》12条，《风展红旗如画》9条，《五比五晒》9条，《扫黑除恶》7条，《访企业、解难题、促六稳》6条，《健康大田》24期，聚焦跟踪全县开展“十大攻坚会战”进展成果，对发展历程、建设成就，以及各条战线上的典型事迹、典型人物进行宣传报道，共发布稿件1500余篇。《红军挑夫——追寻已故老红军丁刚革命足迹》《退役不褪色，乡村振兴再立功》《金山银山的东风农场路径》《让文明城市更加文明》《大田骄傲，林大幂》《来自天上的“馅饼”》等专题专栏新闻稿获较大反响和关注。

【重点热点新闻发布】 2019年，县融媒体中心聚焦百姓关心关注的热点问题，对城区人居环境改造、三轮车整治、商场改造，以及东部新城、香山北路、教育、交通项目等进行持续跟踪报道，在《三明日报》刊发新闻稿135条、电视播发68条、微信编发77条，以媒体监督形式，推动重点项目建设。同时，关注全县“两会”等重大会议、知青返乡、高山茶文化节、海峡两岸林博会、全省首届青少年羽毛球巡回赛、海峡两岸大学生篮球赛事，研究报道计划，采取会前、会中、会后继续关注综合报道，用文字、图像，全面反映全县各项工作成绩。

【新媒体运营】 2019年，县融媒体中心建有大田电视台、大田新闻网站、大田新闻网微博、大田TV微信公众号、大田TV头条号、大田县融媒体中心抖音号，入驻央视新闻移动网、海博TV矩阵、澎湃新闻“大田问政”等，初步形成新闻产品一次生成、多元发布模式，一个优势互补、聚合共振的主流媒体初步成型。“大田TV”微信公众号申请更名为“大田融媒”，可实现“大田融媒”微信公众号一天多次发布，提高新闻时效性。大田TV微信公众号粉丝突破3万人，点击率突破3万人次的微信文章有2条、突破1万人次的40多条；《大田新闻网》全年编发稿件2500多条；“学习强国”平台选用文章43条，央视新闻移动网矩阵号发布视频200条；海博TV及时更新上传的大田新闻。

【专题视频制作直播活动】 2019年，大田县融媒体中心在直播中心举办“风展红旗如画”演讲比赛、红色故事宣讲比赛电视和微信直播等11场直播、录播活动；拍摄快闪18部，其中在新华社发表的《百筝齐鸣颂祖国》快闪视频点击量突破120万人次，在移动央视网发表的红色宣讲故事系列总点击量突破15万人次；桃源睡眠小镇视频、屏山美人茶专题片被精选至移动网热门板块，海博TV上传视频110条、移动央视网上传视频222条；设立微博热门话题4个，全媒体平台发布精彩视频（快闪、抖音）400余条。

【信息源拓展】 2019年，县融媒体中心创建融媒体通讯员群，覆盖18个乡镇、县直各单位等，联合县内多家自媒体，资源共享。与广东、福州、厦门、泉州商会对接，关注天南地北大田人，发布外地商会活动等，形成信息互动，对外传递大田故事。其中，大田人杭州壹网壹创科技股份有限公司林振宇、大田音乐人林啟得等，在微信形成强烈反响和关注。

（徐刚毅）

群众体育

【概况】 2019年，县文旅局加强体育设施建设，健全完善体育组织网络，组织开展大田县全民健身运动会、第十届老年人健康运动会、第二届大田县职工运动会及篮球、城区各所学校运动会气排球、羽毛球、乒乓球、健身跑、趣味性运动会等一系列活动赛事，推动全县贯彻落实《全民健身条例》；成功举办海峡两岸大学生篮球赛、福建省首届青少年羽毛球巡回赛、三明市第七届运动会群众组乒乓球比赛等一系列大型体育赛事，县文旅局被省篮球协会授予“2019年海峡两岸大学生篮球赛贡献奖”。

【第十一届冬泳日活动】 1月5日，由县文旅局主办，县冬泳协会承办的第十一届“泸州老窖杯”冬泳日活动在县体育中心游泳馆举办，有16队120人参加。

【第六届返乡大学生篮球赛】 1月28—30日，由县文旅局主办、篮球协会承办的大田县第六届返乡大学生篮球赛在县体育中心篮球馆开赛，有大一联队、大二联队等4支大学生代表队近50人参赛，经过3天的角逐，大四、大三、大一代表队分获冠、亚、季军。

【春节趣味性体育活动】 2月7日，由县文旅局主办的大田县春节趣味性体育活动在县体育中心举办，活动设有“点鼻子”、飞镖、投球、跳绳等多个项目，约600多名群众参加。

【市县（区）气排球邀请赛】 3月23—24日，由县文旅局局主办的大田县气排球协会成立五周年暨市县（区）气排球邀请赛在县体育中心举办，近135名运动员参加。比赛分为会员赛与邀请赛，经过角逐，会员赛男队中的野狼一队、女队中的野狼队获冠军；邀请赛男队中梅列队、女队中的沙县队获冠军。

【第二届“马可瓷砖杯”羽毛球锦标赛暨中小学生联赛】 3月23—24日，由县文旅局主办，县羽毛球协会承办的大田县第二届“马可瓷砖杯”羽毛球锦标赛暨中小学生联赛在县体育中心举行，活动有12队、144人参加。

【大田县“新岩杯”三人篮球赛】 3月28—31日，由县文旅局、新岩水泥公司、县篮协联合主办的大田县“新岩杯”三人篮球赛在县体育中心举办，比赛设甲乙丙3组，全县20队100人参加此次活动。

【大田县第五届中小学生校园足球联赛】 4月12—14日，由县教育局、文旅局主办的大田县2019年中小校园足球联赛在县体育中心举行。有28支代表队360名运动员参加比赛。经过3天的比赛，最终大田实小获小学组男队、女队双冠军，大田五中代表队获初中组冠军，大田职专获得高中组冠军。

【大田县第二届职工运动会暨“征信杯”职工篮球赛】 4月20—28日，由县总工会主办，县文旅局、人民银行大田县支行、县农信联社、县金融工会联合会协办，县篮球协会承办的“中国梦·劳动美”大田县第二届职工运动会暨“征信杯”职工篮球赛在大田县篮球馆举办，本次比赛太华建设联队、教育裕升队、供电队分获职工A组、职工B组、特邀组第一名。

【大田高山茶海跑活动】 7月6日，由市文旅局、县人民政府主办，县文旅局、屏山乡人民政府、石牌镇人民政府承办的2019年“清新福建·绿都三明四季行——大田高山茶海跑”活动在石牌美食城开跑，包括16公里的高山茶园主题约跑和8公里的红色生态园茶园越野跑，来自大田马拉松协会以及周边市县近千名运动员参加。

【2019福建省青少年羽毛球巡回赛】 8月24—25日，在县体育中心举办的福建省首届青少年羽毛球巡回赛（大田站）由省体育局主办，省乒羽网运动管理中心、省羽毛球协会、县人民政府、市体育局承办，全省241名运动员参加，大田县少体校运动员获2金3银1铜。

【2019年海峡两岸大学生篮球赛】 10月26—28日，省篮球协会、省广播影视集团海峡电视台、省广播影视集团体育频道为主办单位，县文旅局、县台港澳工作办公室、县篮球协会共同承办的2019年海峡两岸大学生篮球赛大田分赛在县体育中心篮球馆开幕。浙江大学、中国民航大学、康宁大学、健行科大等4支队伍参赛，经过角逐，健行科技大学、中国民航大学晋级2支队伍在龙岩举行的第二阶段决赛。

【教育系统教职工篮球联赛】 10月20至11月10日，2019年全民健身系列活动“人保杯”大田县教育系统教职工篮球赛在大田职专体育馆举行。本届篮球联赛有37支中小学校代表队近400名运动员参赛，最终大田一中、太华中学获一等奖，大田职专、城三城南小学联队获二等奖，大田实小、大田第二实小、湖美中学、大田五中获三等奖；大田五中、大田职专、城三小等6所学校获体育道德风尚奖。

（陈继棉）

体育训练与竞技

【概况】 2019年，县文旅局致力提升县体育竞技水平，抓好竞技体育人才培养，向省体校输送运动员3人，其中举重2人、羽毛球1人；向市少体校输送运动员14人，其中举重9人、游泳2人、击剑1人、水上运动2人。组队参加三明市第七届运动会，获金牌24枚、银牌25枚、铜牌22枚，其中羽毛球团体总分第一名，举重团体总分第二名。

【市第七届运动会少儿组比赛参赛】 2019年，县文旅局组队6个代表队参加在市体育馆举办的三明市第七届运动会。4月26—28日，在少儿组武术赛事中，县代表队获5金5银4铜，团体第二名；7月13—16日，在少儿组乒乓球比赛中，县代表队获1金2银1铜，团体第五名；8月7—9日，在少儿组跆拳道比赛中，县代表队获1金5银6铜，团体第五名；8月14—15日，在少儿组游泳比赛中，县代表队获5金6银4铜，团体第四名；10月24—27日，在少儿组举重比赛中，县代表队获9金3银6铜，团体第二名；10月24—27日，在少儿组羽毛球比赛中，县代表队获3金5银1铜，团体第一名。

【市第七届运动会群众组比赛参赛】 2019年，县文旅局组队参加三明市第七届运动会。7月12—14日，在永安举办的2019三明市第七届运动会群众组笼式足球比赛中，县代表队获得一等奖。8月2—4日，在市体育馆举办的三明市第七届运动会群众组羽毛球比赛中，县代表队获得一等奖3个、二等奖3个、三等奖3个。8月9—11日，在大田县举办的2019三明市第七届运动会群众组乒乓球比赛中，县代表队获得男子团体赛三等奖，女子团体赛一等奖5个、二等奖1个、三等奖3个。

（陈继棉）

卫生与计生服务

□编辑 陈妮

医药卫生管理

【概况】 2019年，全县各类医疗卫生机构453家，其中，县乡公立医疗卫生机构24家：县总医院、中医院、疾病预防控制中心、卫生计生监督所、妇幼保健院、卫生进修学校、社区卫生服务中心各1家和乡镇卫生院17家，民营医院5家（协和医院、民生医院、东南医院、平安医院、恒康医院），社会医疗机构15家（包括厂矿、学校及其他部门医疗室），社区卫生服务站8家，村卫生所（室）348家，个体诊所53家，乡村医生425人。完成高等学校招生、义务兵征集和公务员录用等健康体检4453人次，选派医务人员参加县级各类重大活动医疗保障工作、紧急医学救援和公益宣传义诊等活动120人次。全县卫技人员1570人，每千人4.89人；病床1383张，每千人4.31张。公立医疗机构在编人员845人，其中，卫生专业技术人员780人，其他专业技术人员49人，工勤人员16人。临时聘用卫生技术人员469人，个体医生56人，社区卫生服务站卫技人员58人，民营医院卫技人员129人，社会医疗机构卫技人员33人。

县乡两级公立医疗机构全年门诊70.29万人次、比上年增长11.47%，住院3.84万人次、同比增长3.78%。其中，县级医院门诊35.13万人次，同比增长9.1%，住院2.24万人次，同比增长4.67%；乡镇卫生院门诊35.16万人次，同比增长13.93%，住院1.6万人次，同比增长2.56%。公立医疗单位收入3.18亿元（财政补助7052.27万元），同比增长8.53%，其中县级医院2.15亿元（财政补助1953.86万元），同比增长8.59%，乡镇卫生院收入1.04亿元（财政补助5098.41万元），同比增长8.8%。医疗单位支出2.87亿元，总结余1146.98万元，其中县级医院总支出1.98亿元，收支对抵亏损246.64万元，其中财政项目亏损1578.95万元，医疗盈余1332.31万元；乡镇卫生院支出8966.55万元，业务收支对抵结余1393.62万元。

【县级公立医院改革】 2019年，县级公立医院继续实行药品零差率，县总医院、中医院药品收入5459.4万元，不含肿瘤药物及中药饮片药品耗材收入5159.38万元，药品收入占医药收入（1.71亿元）的30.08%。县级总医院、县中医院医保支付方式改革，按疾病诊断相关分组（C-DRG）收付费，次均住院费用4828.12元。县总医院全年住院患者2.24万人次，符合C-DRG入组1.87万人次，入组结算1.59万人次，入组结算率85.08%。

完善院长目标年薪制考核办法，落实“全员目标年薪制，年薪计算工分制”，经全市年终考核，大田县总医院核定工资总额7636万元，同比增长1139.88万元，实际发放7117.12万元。其中，县总医院本部5332.11万元，县中医院1785.01万元，院党委书记、院长年薪36.37万元，县总医院本部医生年人均工资13.7万元，最高年薪29.22万元，总会计师年薪15.85万元，县中医院医生年人均工资14.14万元，最高年薪36万元。

坚持医联体建设，县总医院与福建医科大学附属第一医院、福建医科大学附属协和医院、厦门中山医院、省人民医院、省康复医院、晋江市中医院、三明市第二医院等7家医院搭建为医联体单位或协作医院，开设康复科、骨外科、中医科等名医工作室，全年4批31人次各类专家到大田援医，进行业务讲座21场次、远程会诊133人次。邀请省内外专家开展义诊咨询活动5场次，诊治各类疾病900余人次，手术21台，老百姓家在门口享受“名院名医”服务。县妇幼保健院与省妇幼保健院建立医联体关系，精准帮扶学科建设，并请专家到院长期或定期开展诊疗、举办学术讲座，引进新技术，提升诊疗能力。

6月1日起，县总医院全面落实跟进国家“4+7”中选药品集中采购和使用试点工作，采购中选药品23种30个品规，采购中选药品189.43万元，完成协议量的74.86%，测算节省药品采购经费285.59万元。

【基层医务人员和乡村医生待遇保障】 2019年，基层医疗卫生机构完善绩效工资分配制度改革，通过增收节支提高医务人员待遇，允许年终收支节余提取80%作为绩效工资，实行院长（主任）管理绩效奖励，根据年终考核结果，按本单位人员平均工作绩效奖的2—3倍发放。按照《大田县人民政府办公室关于印发大田县乡村医生养老保障实施意见（试行）的通知》《大田县卫计局关于做好乡村医生身份和从业年限确认工作的通知》等文件精神，全年发放在岗乡医养老保险补助及离岗乡医生活补助76.87万元。

【医师电子化注册管理】 2019年，县卫健局根据国家卫生计生委、国家中医药管理局《关于加快医疗机构、医师、护士电子化注册管理改革的指导意见》要求，实施医疗机构、医师、护士电子化注册工作，全年完成电子化注册医疗机构账号452个，医师账号656个，护士账号833个，完成率100%。

【医学教育与科研】 2019年，全县临床医护人员参加福建医学通讯继续教育和网络医学继续教育各333人，远程教育282人，到上一级医院进修31人；参加各种短期培训、学术交流等117人次。全年取得执业资格护士16人、执业医师（含助理）资格42人；取得初级职称147人、中级51人、高级7人。县卫校开办护理、农村医学专业，3个班在校学生110人，5月，2016届护士班毕业学生33人。

（廖美妹　蒋丽蓉）

公共卫生

【概况】 2019年，大田县卫生健康局加强重点传染病的预防控制和公共场所、饮用水、食品安全等卫生监督，巩固卫生应急综合示范县创建成果，推进基本公共卫生服务项目，开展省级慢性病综合防控示范区创建活动和爱国卫生运动，保障人民群众身体健康。全县建立辖区内居民健康档案2.65万份，电子建档率82.62%，健康档案合格率85%。做好儿童保健，预防接种报告出生儿童5085人，建卡率100%，免疫规划疫苗接种率98%。全县7岁以下儿童5.47万人，儿童健康管理5.21万人，管理率95.27%，新生儿访视4884人次，婴幼儿健康管理4.57万人次，4—6岁儿童健康管理1.49万人次。全县孕产妇保健分娩活产数5085人，产前检查4901人，产后访视4868人，访视率95.73%。做好老年人和中医药健康管理工作，管理65岁以上老年人3.41万人，管理率54.14%，全年为65岁以上老年人免费体检和健康指导1.85万人，其中接受中医药健康管理服务1.62万人，管理率47.63%。辖区内应管理0—36个月儿童21469人，按照月龄接受中医药健康管理服务1.43万人，管理率66.67%。管理高血压患者1.73万人，按照规范要求进行高血压患者健康管理1.27万人，管理率73.35%，年末最后一次随访血压达标1.31万人，血压控制率75.74%，纳入一体化管理7349人，管理率42.39%。管理Ⅱ型糖尿病患者5155人，按照规范要求管理3787人，规范管理率73.46%，年末最后一次随访血糖达标3397人，血糖控制率65.9%；纳入一体化管理1699人，管理率32.96%。发现并登记严重精神障碍患者1638例，规范管理率84.07%，患者服药率85.16%，规律服药率51.71%。管理肺结核病患者127人，管理率100%，治疗肺结核病患者106人，按照要求规则服药101人，规则服药率95.28%。做好传染病及突发公共卫生事件报告和处理，法定传染病疫情报告率、报告及时率均100%，无突发公共卫生事件。卫生计生监督协管报告率100%。

【疾病控制】 2019年，县卫健局强化重大传染病防控力度，全县无传染病暴发流行。报告法定传染病17种961例。无甲类传染病；报告乙类传染病11种660例，死亡2例（艾滋病、恶性疟各1例），发病率（205.61 / 10万），死亡率（0.62 / 10万 ）。报告丙类传染病6种301例。均溪社区卫生服务中心获2018年度中国疾病预防控制中心、中国健康教育中心联合颁发的优秀志愿团队称号。11月，县地方病防控工作通过省卫健委复评验收。计划免疫控制的相应传染病均控制在部颁标准以下。报告出生儿童5085人，免疫建卡率100%。4月25日，开展“防控传染病，接种疫苗最有效”为主题的第33个全国儿童预防接种日宣传活动。12月1日，在白岩公园开展主题为“社区动员同防艾，健康中国我行动”大型公益宣传活动。

登记新发活动性肺结核病人125例，其中涂阳率40.8 %（51/125），发现并处置学校结核病散发疫情4起。3月24日，开展主题为“开展终结结核行动，共建共享健康中国”第24个世界防治结核病日系列宣传活动。

全年调查8—10岁儿童217人，甲状腺肿大率为0。采集饮水型地氟病区（桃源镇桃源村）居民末梢水样本1份，检测结果氟含量每升0.23毫克；调查8—12岁学生105人，未发现氟斑牙患者；调查25岁以上人群150人，尿氟含量范围每升0.05—3.84毫克、几何均值每升0.56毫克。5月15日，开展主题为“科学补碘益智，健康扶贫利民”第26个全国防治碘缺乏病日现场宣传咨询活动。

全县各医疗卫生机构报告死亡病例2076例、新发恶性肿瘤病例421例、急性心脑血管病例1101例，其中死因监测报告死亡率646.73/10万，死因诊断不明比例4.34%。完成《2018年大田县死因监测分析报告》《2018年心脑血管疾病急性事件监测分析报告》《肿瘤随访登记分析报告》。

【卫生监督监测】 2019年，全县新发公共场所卫生许可证49家，延续22家，变更3家；发放放射工作人员证9本，新发放射诊疗许可证3家、校验6家、变更10家，放射预评价审核1家；新发医疗机构执业许可证1件、变更67件、延续85件，公示注销医疗机构执业许可证1件，年检校验128家。全年办理一般程序卫生行政处罚简易程序2件，一般程序卫生行政处罚案件28件，其中公共场所10件、医疗服务市场10件、传染病防治8件，放射诊疗1件，职业卫生1件，罚没金额15.1万元。

做好食品卫生工作，11家医疗机构监测上报食源性疾病590例，未发现食源性聚集性病例和暴发线索。

公共场所卫生监督检查各类公共场所经营单位246家次，监督覆盖率100%，立案查处10起。监督抽检公共场所31家，公共用品258份，合格253份，合格率98%；监督抽检泳池水39份，合格率100%；快速检测池水7份，合格率100%。公共场所公共用品监测164份，合格156份，合格率95.12%；游泳池水监测25份，合格18份，合格率72%。

监督检查供水单位105家次，快速检测水样108份，全部合格。监督检查城区市政供水水样58份，全部合格，监测结果定期在县电视台公示。检测城区二次供水水样33份，全部合格；检测乡镇集中式供水水样64份，合格54份，合格率84.38%；检测农村学校自备供水水样12份，合格9份，合格率75%。国家城乡饮用水监测198份，其中市政供水合格率100%（30/30）、二次供水合格率100%（14/14），农村供水合格率58.4%（90/154）；城市用户水龙头水监测56份，全部合格。

开展放射诊疗单位卫生监督检查。从事放射诊疗工作人员66人均进行个人剂量监测和健康监护。开展职业卫生专项整治工作，职业病危害申报49家，完成作业场所职业危害因数的定期检测企业45家，40家企业组织员工进行职业健康检查，对1家未开展作业场所职业危害因素定期检测的企业予以警告并责令限期整改。重点企业工作场所职业危害因素监测56家，其中煤业4家、非煤21家、冶金22家、水泥4家、化工及其他5家，调查结果作业场所主要危害因素为粉尘和噪声，其中以矽尘、噪声超标为多。回顾性随访职业性尘肺病人1721人。职业工人体检2444人，从业人员健康体检6937人。监督检查学校卫生42校次。5—6月，开展城区7所学校学生2033人近视调查。

督查医疗机构医疗卫生1035户次、生活美容院24户次，下达意见书11份。开展联合整治保健市场乱象百日行专项监督，检查宾馆、酒店等重点场所18个、保健类店铺23个，未发现违法行为。开展中医养生保健服务乱象专项整治，监督检查辖区设置新生儿科、产科的医疗卫生机构。开展儿童青少年近视矫正监督工作。开展医疗乱象专项整治行动，检查各类医疗机构48家，下达意见书13份。

开展传染病防治分类监督综合评价74家医疗卫生机构，优秀14家、合格59家、重点监督1家。县政府将乡镇卫生院污水处理列入2019年为民办实事工作，并要求第二季度完成项目设计、预算和招标工作。监督检查26家托幼机构冬春季传染病防治。专项监督检查24个预防接种点。

【卫生应急】 2019年，县、乡两级医疗卫生机构储备应急设备、救治药品、消杀灭药品、个人防护物品、监测检验设备等卫生应急物资320万元。继续做好国家、省级卫生应急综合示范县巩固工作，完善卫生应急预案体系。报告突发公共卫生一般事件1起、苗头事件4起，经多部门联合多举措处置，疫情得到有效控制，患者痊愈。县医院急诊科接到各类急诊电话约2500个，“120”救护车出诊2276车次，派出医护人员4552人次，接诊病员1928人，院前病人急救抢救成功率85.89%，各类意外伤害得到及时妥善救治。

【妇幼保健】 2019年，县妇幼保健工作坚持保健与临床相结合、预防为主的方针，做好孕产妇系统管理。住院分娩率100%，剖宫产1053人、剖宫产率20.71%，全县高危产妇2037人、筛查率40.34%，高危产妇管理率100%，全部住院分娩。无孕产妇死亡。全县7岁以下儿童54685人，儿童健康管理人数52099人，管理率95.27%。开展婚前医学检查，治疗及指导所查出的各类疾病。每年开展一次托幼教师和0—7岁儿童健康查体，全县55所托幼园所，入托儿童1.77万人，体检1.76万人，体检率97.98%，龋齿8465人，患龋率49.66%。当年全县托幼机构无重大意外事故和食物中毒等重大事件发生。实施妇幼重大公共卫生服务项目，落实育龄妇女增补叶酸、地中海贫血防控、妇女两癌筛查等妇幼重大公共卫生项目。落实好优生检测、孕产妇和儿童保健系统管理、产后访视等服务，孕产妇、儿童系统管理率分别91.96%、91.28%。全年免费孕前优生健康检查1441人。组织人员开展全县3岁以下婴幼儿照护服务机构调查摸底，并做好网络录入填报工作。

【爱国卫生】 4月，全县开展“共推厕所革命，共促卫生健康”主题的第31个全国爱国卫生月活动；11—12月，在城区开展大规模的蚊子、苍蝇、蟑螂消杀和灭鼠等除“四害”活动，投放鼠药3吨；实施农村改厕工作，新建、改造无害化厕所950户；继续开展卫生创建工作，申报创建2个省级卫生乡镇、15个省级卫生村和1个省级卫生社区。组织县总医院、县疾控中心等单位到太华镇开展“烟草和肺部健康”无烟日宣传义诊活动。

【健康教育与宣传】 2019年，县卫健局与县电视台联办《健康大田》栏目，每半个月播出1期，每期10分钟，播出24期。组织“维护人人健康，迈向全面小康”“健康进校园”等宣传活动8场次，组织“健康大田”宣讲队到县六中等地开展讲座、培训24场次，印制发放宣传材料9万份。开展妇幼健康教育活动29场次，惠及妇女、儿童5500人；开展孕妇学校授课96场，听课孕妇2010人，宣教率77.07%；新婚学校健康宣传教育345人次，宣教率98%。利用“健康大田”“大田疾控”“大田县总医院”“大田县中医院”“大田县妇幼保健院”等微信公众平台，普及健康知识，全年发文700余篇。

【心血管病早期筛查与综合干预】 2019年，全县完成2018年度心血管病高危筛查项目任务，完成初筛1.4万人，完成率100.4%；检出高危对象3735人，检出率26.6%，完成高危对象调查及干预3248人，完成率92.3%；短期随访及干预3015人，完成率86.0%，面访率82.9%；长期随访及干预1301人，完成率92.9 %，面访率99.7%。大田县心血管病高危人群早期筛查与综合干预项目被国家心血管病中心评为国家先进项目点。

【慢病综合防控示范区建设】 2019年，县卫健局在户外公交站点、健康一条街、健康主题公园、公众号等载体融入健康元素，建设健康单位、健康学校、健康餐饮单位各5个，健康社区85个，健康家庭170户；在县总医院、各乡镇卫生院、桃源睡眠小镇建设“健康小屋”20个；完成《2018年大田县社会因素调查报告》《2018年大田县慢性病监测分析报告》《2018年大田县居民综合健康状况报告》《建设慢性病综合防控示范区工作报告》。11月，大田县省级慢性病综合防控示范区建设工作通过省卫健委评估验收。

（廖美妹　蒋丽蓉　肖其富　林起业　陈亚周　黄骄莲）

城乡居民医疗保险

【概况】 2019年，全县贯彻落实市医改精神，完善基本医疗保险制度，在县级及以上公立医院实行住院费用按疾病诊断相关分组（简称C-DRG）收付费改革，加强定点机构监管，规范基金运行，扩大保障范围，提高保障水平。当年，城镇职工参加基本医疗保险的单位498户，参保人员2.6万人，其中：在职人员1.64万人，退休人员9629人，赡养比1.7 ：1；城乡居民基本参加医疗保险32.86万人，每年人均筹资740元，其中，个人缴费220元，各级政府配套补助520元，全年筹集资金2.43亿元（农村低保、五保、重点优抚人员、持证残疾人、建档立卡贫困人员等特殊对象2.24万人，其个人缴费部分由县财政统筹支付）。全县参加城镇职工生育保险1.55万人。

【医疗保险基金收支】 2019年，全县城镇职工基本医疗保险基金系统收入1.01亿万元，其中，个人账户收入3776.7万元，统筹收入6341.31万元；系统支出8535.41万元，其中，个人账户支出3500.77万元，统筹账户支出5034.64万元；系统结余1582.6万元，其中，个人账户275.93万元，统筹账户1306.67万元。

城乡居民基本医疗保险基金收入2.43亿元，其中，个人缴费7229.77万元，各级财政补助1.7 1亿元；基金支出2.34亿元，其中住院费用1.68亿元，特殊门诊3691.12万元，普通门诊1793.79万元，大病补充补偿1153.19万元。基金使用率96.42%。

城镇职工生育保险基金收入398.95万元，支出338.6万元，其中生育保险津贴支出228.08万元，生育医疗费109.14万元，计划生育医疗费1.38万元。

【医疗保险基金报销补偿】 2019年，全县职工基本医疗保险受益19.77万人次，统筹基金支付4609.72万元，其中，住院费用报销6129人次、总费用5570.53万元，基金支付2875.02万元，次均4690.85元，实际支付比例51.61%。特殊病种门诊费用报销4.56万人次，总费用1464.02万元，基金支付1078.7万元，次均236.37元，实际支付比例73.68%。普通门诊就诊14.59万人次，总费用1991.63万元，基金支付656万元；定点药店刷卡23.2万人次，个人账户支付1767万元。

城乡居民基本医疗保险受益100.39万人次，统筹基金支付2.23亿元，其中，住院费用补偿6.2万人次，3.3亿元，基金补偿1.68亿元，次均补偿2712.27元，实际补偿率50.88%；特殊病种门诊费用补偿21.08万人次，总费用4835.45万元，基金补偿3691.12万元，次均补偿175.08元，实际补偿率76.33%；普通门诊费用补偿73.11万人次，总费用6279.38万元，基金补偿1793.79万元，次均补偿24.54元，实际补偿率28.57%；大病补充补偿737人次，基金补偿1153.19万元，次均补偿1.56万元。

（郑启祥）

医院建设

【概况】 2019年，全县各医疗卫生单位加强卫生专业技术人员培养和公开招聘，委托省内医学高等院校委培县内医学定向本科生13人、专科生5人、农村医学专业中专生32人。公开招聘卫技人员37人。完善基础设施建设，更新添置医疗设备，改善县、乡两级医疗卫生机构服务环境，施行医疗新技术、新项目，提升医疗质量和服务水平。在2019年度全省公立医院满意度调查中，县总医院出院患者满意度86.84分，县中医院90.22分。县总医院2018—2019年投入1200多万元，全面完成县域远程医学影像诊断中心、心电诊断中心、病理诊断中心、远程会诊中心、临床检验中心、消毒供应中心等“六大中心”建设，并通过市卫健委组织的专家现场评估验收。

【新技术施行】 2019年，县总医院投入1000多万元建设“卒中中心”“胸痛中心”“血透中心”“治未病中心”等县域医疗技术服务中心。在两个院区12个科室开展新技术、新项目18项，其中经脐单孔腹腔镜妇科手术、大隐静脉激光治疗术、内镜下介入治疗术、阻塞性睡眠呼吸暂停低通气综合征的综合治疗等4项被市卫健委列为2019年度三明市医疗新技术、新项目管理目录（明卫函〔2019〕146号）。

【睡眠专科建设】 2019年，县总医院和三明市第一医院协作在桃源最氧睡眠小镇设立睡眠专科门诊，占地面积210平方米，有医务人员5人。

【医疗卫生项目建设】 2019年，大田县投入1250万元建设石牌分院门诊综合楼主体工程、二次装修改造及室外附属工程；投入43.8万元重新装修上京分院医疗业务楼；投入260万元建设17个分院（除太华分院）医疗废水处理工程项目；投入646.33万元改造肾内科及血透中心；投入20万元设置县中医院中医药文化展示区；投入13万元建设华兴分院中医馆；投入11.29万元改造湖美乡岬才村卫生所、济阳乡砚坑村卫生所、华兴镇洪坑村卫生所等3所贫困村卫生所。

【分级诊疗】 2019年，县总医院组织县级专家到基层医疗卫生机构帮带171人次，派出医务人员诊疗280余人次，诊治患者1600余人次，查房带教207次，开展教学讲座25次。同时，建立领导挂点联系分院制度，加强县、乡、村一体化管理，完善基层医疗卫生机构运行管理机制，调整优化工作考核方案，不断提升基层机构服务能力。全年实现县域内住院量89.26%，基层医疗卫生机构门急诊58.09万人次，占辖区内门急诊总量的62.5%。

【诊疗设备添置】 2019年，县总医院投入1300多万元购置大型医疗设备。其中，病理中心冷冻切片机1台31.9万元；心血管筛查彩超1台89.8万元；检验中心特定蛋白分析仪、全自动血凝仪、全自动酶免分析仪等设备145.1万元；供应中心酸性电位水机、煮沸槽等设备33.6万元；慢病一体化自助体检机等设备99.9万元；电脑验光仪13.6万元；丹麦国际听力检测设备44.6万元；呼吸机2台37.5万元；多导睡眠监测仪 36 万元；血液透析机等设备 379.4 万元；医用分子筛制氧设备 390 万元。县妇幼保健院投入 267.5 万元购置医疗设备。其中，耳鼻喉头颈外科综合治疗仪 1 台 6.1 万元；彩色多普勒超声诊断仪 1 台 224 万元；生物刺激反馈仪 1 台 20.8 万元；熏蒸床 2 台 16.6 万元。

【医疗卫生信息化建设】 2019 年，县总医院投入 980 多万元，分别完善医院资源规划系统、合理用药系统、处方点评系统、输血管理系统、院感管理系统、护理管理系统、智能排队叫号系统、移动支付系统、网上预约管理系统、消毒供应追溯系统、安全等级保护、集成平台互联互通系统及医养服务中心管理系统等软件配置。

【医养结合服务优化】 2019 年，县总医院南院区医养结合中心医护人员 8 人，护理员 15 人。以“优化服务流程，提高服务水平”为工作重点，为入住老人提供全方位康复运动治疗、送餐、代煮等个性化服务，入住老人 50 人（完全失能或重度功能障碍老人 35 人），全年入园 45 人，出园 20 人，护理 9729 人次，护理带管 2575 人次。

【医患纠纷调处与保险理赔】 2019 年，全县 360 家医疗机构参加医疗责任保险，投保率 81.82%（360/440），其中公立医疗机构 21 家和民营医院 5 家投保率 100%，村卫生所及个体医疗机构投保率 80.68%（334/414）。当年发生医疗纠纷 16 起，申请医疗事故鉴定 4 起，其中调解完成 15 起，在调解 1 起，调解补偿额 13.66 万元，保险公司分担理赔 8 起，赔付 12.29 万元。

（廖美妹　蒋丽蓉　廖乃基）

人口监测与计生服务

【概况】 2018 年 10 月至 2019 年 9 月，计生统计全县期末总人口 43.38 万人，期内出生 5282 人，政策符合率 89.32%，出生人口性别比 112.73，自然增长率 7.94‰。县卫健局落实计划生育奖励扶助政策，做好新时代计生服务。

【计划生育奖励扶助】 2019 年，全县落实计生各项奖励优惠政策。奖励农村二女户 1072 户，二女户家庭子女就读高中免学费 72 人、升大学奖励 35 人，计生贡献奖励 14 人，城镇奖励扶助 272 人，农村奖励扶助 289 人，农村二女家庭建房补助 8 人，发放各类奖励金 163.68 万元。政府补助农村计划生育特殊家庭、独女户和二女等家庭成员参加城乡居民 2027 医疗保险应缴纳的费用 50.68 万元，补助参加城镇养老保险的居民 4042 人（每人 50 元）20.21 万元。落实计生特殊家庭扶助关怀工作。建立计生特殊家庭人员就医绿色通道和医疗保险救助制度，开展免费健康体检、送健康包、慢病补助、大病补助、签约服务、结对帮扶等“六大关怀服务”。走访慰问特殊家庭，组织特殊家庭人员在县医院免费体检一次 (485 元 / 人)，补助体检费 2.8 万元。发放慰问金 3.1 万元、计划生育特殊家庭就医服务证 31 张。做好计生失独家庭父母住院护理补贴保险工作，为投保计生失独家庭父母 26 人护理补贴保险 7800 元。

【计生优质服务】 2019 年，全县推进母婴设施建设。统计母婴设施建设使用情况，并对的 12 个母婴设施进行定位、拍照，把相关信息录入电脑，推动相关部门加大母婴设施建设力度。7 月，县行政服务中心被省卫健委、总工会、妇联评为 2019 年全省“我最喜爱的妈妈小屋”。

推进计生服务管理改革。开通网上办证、微信办证平台，指导督促乡镇卫生计生办规范网上办理服务证登记和再生育审批登记制度。全县办理线上生育证 1022 条，办理线下手动录入生育平台 891 条，网上办证率 87.18%。做好避孕药具服务管理，提高避孕药具可及率，推行避孕药具智能免费发放，全县避孕药具免费发放网点 311 个，覆盖率 100%，18 个乡镇卫生院全部安装避孕套智能发套机。

（陈淑丹）

社会生活

□ 编辑 陈 妮

民政工作

【概况】 2019年，大田县实现城乡低保（特困）一体化，开展养老服务质量提升年活动，提升救灾救助水平，做好优抚安置工作，稳定专项社会事务管理秩序。

【社会救助】 2019年，大田县建立乡镇临时救助备用金制度，解决城乡困难群众突发性、紧迫性生活困难。全年临时救助1033户、313.06万元，其中，重大疾病救助669户、195.73万元，教育救助235户、78.4万元，突发意外事件救助67户、24.19万元，其他困难救助62户、14.74万元。为流浪乞讨人员提供食宿、医疗225人次，帮助寻找亲人、购买车票或护送返回原籍，投入资金24.2万元，其中自主返乡204人次，异地护送8人次，流浪乞讨及重性精神病人13人安置到医疗机构治疗。

【城乡居民低保】 2019年，县民政局实行低保对象动态管理，经查实，取消不符合城乡低保（特困供养）条件的原低保对象732人，将家庭生活确实困难的纳入保障范围1154人。每月进行集体研究审批，符合条件的“应保尽保”。7月起，农村低保标准从年人均6144元提高到6456元，特困人员生活费分散供养的从每月666元提高到700元，集中供养的从800元提高到840元。全年，全县农村低保对象2272户5291人，发放低保金2649.17万元，月人均补助418元；城镇低保对象144户236人，发放低保资金123.07万元，月人均补助437元；特困供养对象920人，发放特困供养资金1172.75万元，月人均补助1088元。

【基层组织建设】 2019年，县民政局依法指导石牌镇桃山村、建设镇建国村、吴山镇张坑村等村的村民委员会成员补选工作。指导全县村（居）委会全面修订完善村规民约和居民公约。检查石牌镇桃山村等15个村的村财透明公开及村民自治、村委会换届回头看、村级组织扫黑除恶、喜迎国庆七十周年氛围营造等相关工作的开展情况。仙亭社区被应急管理部风险监测和综合减灾司评为全国综合减灾示范社区。上京镇隆美村被省民政厅评为三星级农村幸福社区。玉凤、东门、白岩、东门、南街居委会分别招聘1名大学生参与社区服务和管理。会同县局人社局开展2017年、2018年服务社区大学生考核工作，确定优秀1人、合格5人。下发通知要求各乡（镇）贯彻落实《中华人民共和国国旗法》《中华人民共和国国歌法》《中华人民共和国国徽法》，并将贯彻成效纳入城乡社区标准化建设考评内容。争取10万元资金将均溪镇赤岩社区建设为“三社联动”示范点。

【殡葬工作】 2019年，县民政局与县委文明办联合向殡仪馆、县直各单位、各乡镇发放《文明祭祀倡议书》1000多份。4月底，殡仪馆升级改造工程完成并投入使用，县总医院灵堂搬迁至殡仪馆；开通老汽车站至殡仪馆专线公交车。继续推行惠民殡葬政策，全年境内火化遗体2022具，免除费用235.92万元。其中，免除基本殡葬费178.95万元（每具885元）；困难对象74人（城乡低保40人、农村五保33人、重点优抚和革命“五老”人员1人）免除其他项目费用1.84万元；处理公安立案侦查案件移送尸体1具、免除费用1300元；财政物价差补55万元。

【社团管理】 2019年，县民政局新登记社会团体2家，分别为大田县社工协会、大田县经济开发区企业联合会，注销社会团体6家，分别为大田县农村思想政治工作研究会、大田县职工思想政治工作研究会、大田县税务学会、大田县谢洋乡茶农贷款担保基金协会、大田县农资协会、大田县平安建设工作协会；新登记民办非企业单位3家，分别为大田县众联职业培训学校、大田县青晨青少年社会工作服务中心、大田县鸿晖养老服务中心。年检社会团体110家、民办非企业单位30家，合格率86%。参加评估社会组织0个。

【勘界区划工作】 2019年，县勘界办开展县乡两级行政区域界线联检，7月底，完成梅山镇与文江乡行政区域界线等7条乡级行政区域界线联检、界线总长84.75公里，完成大田县与永安市（县级市）县级行政区域界线联检、界线总长度105.37公里，界桩4个（广平大吉、谢洋仕福、太华罗丰、太华高星）。界定跨界公路隧道2个，即石马岬隧道（跨大田县与沙县界线）和石门格隧道（跨大田县与永春县界线），树立界标牌，明确双方行政区域走向。联合开展平安边界建设，与永安市、漳平市、永春、德化等县签订《平安边界建设协议书》，建立平安边界共建联谊互访和联席会议制度。

【地名工作】 2019年，县地名办加强地名管理工作，太华镇泮车村更名为潘车村，完成栋山支路、美地福邸等地名的审核、备案工作。征集“美丽中国、诗意地名”专项地名诗词作品，完成《大田县地名志》征稿、审稿，编纂民政部地名志词目表大田县部分。

【老区扶建】 2019年，县民政局做好老区扶建项目落实工作。争取老区专项扶贫发展资金60万元，其中，谢洋乡科里村河道建设项目20万元、石牌镇盖山村道路建设项目15万元、武陵乡岬坪村村道和红色文化设施建设项目15万元、茶山村草洋老年活动室建设项目10万元。8月起，革命五老人员（老地下党员、老游击队员、老交通员、老接头户、老苏区乡干部）生活定补标准每人每月从1170元提高到1370元。

【残疾人补助】 2019年，县民政局将领取困难残疾人生活补贴和重度残疾人护理补贴人员名单与火化、低保、五保人员名单数据变动进行比对，实行领取补贴人员数据动态管理。全年，向4295名困难残疾人发放生活补贴354.78万元，向5589名重度残疾人发放护理补贴463.53万元。

【慈善救助】 2019年，县慈善总会开展助医、助老、助农、助学等慈善救助工作发放救助款247.6万元。其中建设镇居家养老服务照料中心15万元；水利基础设施修复13.5万元；张垅村烟叶道路混凝土铺设2万元；太华镇群团村等42个老年活动中心150万元；助孤7人、0.84万元；助医1人、2万元；定向资助30人、10.9万元；开展“金秋爱心助学”，资助低保、孤儿、二女结扎户、病残等贫困家庭大学生24人、12万元；开展情暖万家活动，扶贫济困20人、2万元；中秋节慰问五保户、低保贫困户1009人，发放“传递幸福简单”大礼包1876个、价值9.36万元；定向慰问太华镇群团村500位老人、30万元。

【婚姻登记】 2019年，县婚姻登记处实行周末无休制。9月底，完成中华人民共和国成立以来婚姻登记信息补录入21262对。全年，办理结婚登记2262对、离婚登记948对，补发结婚证书493本、离婚证书50本。

【农村幸福院建设】 2019年，当年新增农村幸福院10个：谢洋乡科里村、屏山乡美阳村、奇韬镇桃舟村、梅山镇沈岭村、华兴镇张垅村、湖美乡元安村、太华镇大合村、桃源镇兰玉村、吴山镇程堂村、太华镇温坑村。新建农村幸福院由省市县民政部门每院补助17万元，共170万元。全县有农村幸福院70个，为老年人提供日间照料、就餐、文化娱乐、精神慰藉等服务，缓解社区高龄、空巢、独居等老人的养老问题。

【助孤工程】 2019年，县民政局加强孤儿身份审核，实现动态管理，新增社会散居孤儿4名，核减福利机构养育孤儿3名。孤儿基本养育标准社会散居为每人每月900元、机构代养为每人每月1500元，全年为22名机构养育孤儿和10名社会散居孤儿发放生活保障金47.49万元。

【福利彩票销售】 2019年，全县福利彩票销售额1030.81万元，比上年减少16.97万元。其中，电脑福利彩票409.05万元，同比减少89.53万元；刮刮乐32.95万元，同比增加9.6万元；“中福在线”即开型彩票588.81万元，同比增加62.96万元。

【养老服务体系建设】 4月，大田县借力数字化打造的山区养老服务“110”模式，为市参评全国居家养老服务示范城市，在全省养老服务工作培训班上作典型发言。引进台湾健康促进与指导服务理念，探索“健康养生、快乐养老”服务。全年为老服务17.89万人次，志愿服务1.29万人次。县社会福利中心二期项目，完成金岭村道路改道、坟墓征迁、高压杆线迁移、地面物赔偿、土地平整。15个乡镇敬老院进行消防改造，通过消防评估，实行社会化、连锁化、规模化运营。争取344万元新建12个农村幸福院和2个居家养老服务照料中心。县慈善总会投入260万元，建设农村慈善幸福院42个和农村老年人活动中心70个。9月15日，民生医院鸿晖养老服务中心（总投资2380万元）投入使用。夕阳红闽中康养中心项目（总投资7050万元）完成投资550万元。补助140万元，建设均溪镇福塘村和湖美乡居家养老服务照料中心。

【社会工作人才队伍建设】 2019年，县民政局组织55名社区工作者和从事社会工作的相关人员参加全国社会工作者职业水平考试。取得全国社会工作者职业资格证书7人，其中助理社会工作师4人，社会工作师3人。举办社工人才及志愿者培训2场，170多人参训。

注：

山区养老服务“110”模式，即为每位老人配备一部“老人机”，实现一键“SOS”呼叫，政府、村（居）、志愿者、商家多方联动最短时间解决老人需求。

（詹金花）

退役军人事务管理

【概况】 2019年，大田县退役军人事务局服务军人军属，维护军人军属合法权益，让军人成为全社会尊崇的职业，褒扬彰显退役军人为党、国家和人民牺牲奉献的精神风范和价值导向，更好地为增强部队战斗力和凝聚力做好组织保障。为39名优抚对象报销住院医疗补助1.06万元，门诊补助7.9万元，生活困难补助0.75万元。优抚定补资金下达到位1040.4万元，其中优抚对象抚恤和生活补助资金894万元，自主就业退役士兵地方经济补助金40.8万元，军休干部定期增资经费8万元，集中供养孤老优抚对象伙食费补助资金0.6万元。

发放义务兵家属优待金共401.18万元，发放大学生士兵优待奖励金17.5万元，发放退役士兵地方经济补助金321.68万元，发放优秀士兵奖励金5.93万元，安置转业士官3人到县工作。

【县退役军人事务局设立】 2018年12月24日，根据大田县机构改革实施方案和大田县退役军人事务局职能配置、内设机构和人员编制规定，县民政局退役军人优抚安置和拥军优属职责，县人力资源和社会保障局的军官转业安置职责，由组建的县退役军人事务局承担。县退役军人事务局为县政府工作部门，机构规格为正科级，加挂大田县双拥共建工作领导小组办公室牌子，内设机构有综合股、业务股两个股室。局机关行政编制4名，设局长1名，副局长2名，机关事业编制工勤人员2名。主要职能是做好退役军人服务保障体系建设工作，全面提升退役军人服务管理保障水平。2019年4月19日，成立中国共产党大田县退役军人事务局支部委员会，隶属县政府直属部门机关党委领导和管理，有党员7人。7月10日，设立中共大田县委退役军人事务局党组，党组成员3人。

【大田籍军人立功】 现役军人方来浮，男，奇韬镇文经村人，1984年5月出生，2002年9月入伍，中校军衔，现任73127部队营长。2019年5月参加陆军组织的“防空奇兵”比武中，凭借过硬的军事素质、顽强的拼搏精神，拼体能，比技能，赛智能，最终在81名防空营长中脱颖而出，取得陆军个人4个单项第一的好成绩。春节前夕，某旅政治处副主任郑亚鹏一行4人到奇韬镇文经村慰问现役军官二等功荣立者方来孚的军属，并送慰问金和慰问品，县人武部部长蔡健等陪同。

【军属军人慰问】 春节期间，退役军人事务局慰问上年遭遇自然灾害、重大疾病等家庭困难退役军人300人，慰问金300元/人。在春节、“八一”建军节期间，慰问部队官兵15.6万元；慰问县残疾军人、在乡老复员军人、带病回乡退伍军人、参战人员等重点优抚对象424人25.4万元，每人慰问金300元。春节前夕，县人武部、县双拥办、县退役军人事务局联合走访慰问2019年度在部队获得三等功荣誉的军属12户，送去喜报和慰问金每户1000元。为现役军人家庭和重点优抚对象送“光荣之家”年画，营造“让军人成为全社会尊崇的职业”的良好氛围。

【退役军人服务机构建立】 3月23日，根据中共福建省委办公厅、福建省人民政府办公厅《关于加快推进退役军人服务保障体系建设的通知》（闽委办〔2019〕19号）和中共大田县委机构编制委员会《关于成立县、乡（镇）退役军人服务机构的通知》（田委编〔2019〕8号）文件精神，成立大田县退役军人服务中心，在18个乡镇人力资源和社会保障服务中心加挂乡镇退役军人服务站牌子。大田县退役军人服务中心为股级事业单位，核定财政核拨事业编制2名。乡镇退役军人服务站由乡镇核定财政核拨事业编制各1名。全县266个建制村，东风农场3个片区，8个社区居委会，设置村（居）级退役军人服务站277个，人员由各村（局）民兵营长兼任。

【“双拥共建，扶贫助学”捐赠】 4月11日，三明陆军预备役通讯团与太华镇汤泉小学共同举办“双拥共建，扶贫助学”捐赠仪式。三明陆军预备役通讯团向汤泉小学捐赠40万元爱心助学款，并向贫困学生发放助学金和服装、书籍等。

【部分优抚对象抚恤和生活补助标准调整】 8月1日起，县退役军人事务局再次提高部分优抚对象抚恤和生活补助标准，对残疾军人、“三属”、在乡老复员军人、带病回乡退伍军人、参战参试退役人员、部分烈士子女、部分农村籍退役士兵定期抚恤和生活补助金标准。在乡老复员军人生活补助标准在现行基础上每人每年提高2400元；在农村和城镇无工作单位的参战参试退役人员每人每月提高的745元；年满60周岁的农村籍退役士兵每服役一年每人每月补助40元。

【中华人民共和国成立70周年纪念章的颁发】 2019年，县退役军人事务局和吴山镇政府局联合向林再生等2位在乡老复员军人颁发中华人民共和国成立70周年纪念章。

【医疗保障落实】 2019年，县退役军人事务局落实医疗救助、补助政策。重点优抚对象因病住院医疗救助后给予报销医疗补助39人次1.06万元。发放门诊医疗补助每人180元，共7.9万元。发放生活困难补助0.75万元。

【各项奖励金发放】 2019年，县退役军人事务局发放义务兵家属优待金401.18万元，新入伍大学生一次性奖励金17.5万元。2018年秋冬季退役士兵地方经济补助金321.68万元，优秀士兵奖励金5.93万元。

【转业士官安置】 2019年，县退役军人事务局接收春季安排工作转业士官3人，安置到县纪委监委、县应急管理局等单位工作，占机关工勤事业编制。

（陈开奖）

库区移民工作

【概况】 2019年，大田库区移民工作主动适应新常态，用新思维、新举措推进全县库区移民工作，优化服务，加强内部管理，提高办事效率。严格落实党风廉政建设责任制，开展廉政风险防控工作，组织全体党员干部接受廉政教育，激励和引导广大库区移民干部职工刻苦学习、爱岗敬业，鼓励干部职工参加各种学习培训，不断提升移民干部队伍综合素质。

【移民人居环境改善】 2019年，县库区移民局筹集移民资金1297.74万元，其中直补资金338.82万元，项目资金958.82万元，实施项目15个，并按照省局要求按时保质抓好落实。实施后期扶持扶助政策，确保集中安置移民饮水安全，各自然村实现主干道路混凝土路面硬化，27个村安装路灯，建设和改造11个村的文化活动中心，46个村的村内道路和宅前路实现混凝土路面硬化。标准厂房建设、“农家乐”建设、贷款贴息、村环境综合整治、扶贫解困、科教培训和视频监控等重点项目获批并实施，库区家园逐步呈现“路畅、水清、灯亮、村美”的宜居环境。

【项目资金管理规范有序】 2019年，县移民直补资金及时足额发放到位，人口管理步入常态化。贯彻执行省、市水利局和县政府有关项目实施管理规定，严把规划设计、公开招标、资金拨付、审核结算等10个程序，所有项目均列入省网上监控管理，坚持和完善受益移民代表参与项目管理办法，确保项目实施和资金使用安全。省移民局对县2015—2017年度移民后扶政策实施情况进行稽查审计，并给予好评。

【精准帮扶助推脱贫解困】 2019年，县库区移民局开展“温暖在库区，倾心为移民”慰问活动，为库区困难户和老年移民发放慰问金18.13万元。向就读于福建工程移民职业技术学校和全日制本科院校的移民按每人3000元的标准予以生活补助。缓解部分移民想发展生产但无资金的实际问题，激发移民自主创业积极性，探索“造血型”生产扶持道路。

（李求景）

社会新风

【春运“暖冬行动”】 1月30日至2月11日，团县委组织开展“青春志愿行 温暖回家路”青年志愿者服务春运“暖冬行动”。青年志愿者到汽车站为群众春运出行提供服务，围绕“提供咨询、秩序维护、重点帮扶、便民利民、应急救援”等项内容开展志愿服务。志愿者向乘客发放春运出行安全、防诈骗宣传材料3000多份，提醒他们提高警惕，避免人身伤害和钱财损失；引导旅客按秩序乘车，营造良好的乘车环境；为老弱病残孕提供拎包服务，减轻该类人群的出行负担。

【学雷锋系列活动开展】 3月5日，团县委组织开展学雷锋系列活动，在校园周边、集镇街道等地开展清洁家园志愿服务活动；在公交车站旁，开展“文明交通，你我同行”交通出行文明劝导活动，志愿者们热心提醒乘客站在安全区域等候红绿灯、有序上下公交车，并及时劝阻市民闯红灯、横穿马路等危险举动，礼貌纠正随手乱扔垃圾、随地吐痰等不文明行为；开展“学雷锋，讲奉献”等学雷锋主题活动；开展“学雷锋”主题班队会，帮助同学们深入了解雷锋生平，学习雷锋精神；开展慰问孤寡老人志愿服务活动，为老人带去水果、蔬菜等慰问品，并为老人打扫房屋，整理内务，陪老人聊家常。

【爱心助考】 6月7—8日，团县委与闽王驾校联合开展为期两天的爱心送考活动，组织教练车为考生提供免费接送服务，考生只要看到贴有“高考爱心免费车”标识的教练车，均可以免费乘坐，招手即停。

【移风易俗】 2019年，全县将移风易俗作为一项政治任务和民生工程，依托266个党群服务中心，建立“移风易俗服务台”，指导和受理群众红白喜事操办报告和反馈事宜。各村以威望高、讲公道、责任心强、村“两委”为主要组成人员，成立266个村级红白理事会、村民议事会，引导广大群众落实“婚事新办、喜事俭办、丧事简办、积德行善”。采取“一村一策”，制定266个村村规民约制度，将移风易俗情况列入《村规民约》；实行红白喜事“事前报备、事后反馈”制度，制定村级（党员干部）白喜事操办报告表和红白喜事操办事后反馈表。

【夏日送“清凉”慰问】 7月22日，县总工会组织夏日送“清凉”慰问组到兴泉铁路中铁项目部、交警执勤岗、一线环卫工人作业点慰问在高温一线和露天作业的工作人员，慰问组送上防暑降温清凉饮品，了解单位和企业防暑降温后勤保障工作情况。

【无偿献血活动开展】 5月29—31日，三明市中心血站到大田县开展无偿献血活动。献血志愿者们有序地排队填表、测量血压、化验、抽血，本次献血活动共有458人参加，共采集合格血浆15.56万毫升。

（王尧钦　陈敏敏）

乡镇概况

□ 编辑 陈妮 陈吉沈 郑祥果 林生钟 潘梅

均溪镇

【概况】 2019年，全镇面积139.86平方公里，辖建制村23个，村民小组205个。全镇总人口8.15万人，其中农村人口4.66万人。均溪医院获中国疾控中心、中国健康教育中心“结核病防治知识传播活动志愿者团队”称号；仙亭社区获国家减灾委员会、应急管理部、中国气象局、中国地震局“年度全国综合减灾示范社区”称号；均溪镇获阿里研究院“2019年淘宝镇”称号；12月，后华村被省绿化委员会、省林业局命名为“2019年福建省森林村庄”。

农业 2019年，全镇耕地面积792.87公顷，其中水田532.67公顷；种植主要农作物2373.67公顷，其中谷物532.67公顷、产量2971吨，薯类275.07公顷、产量728吨，豆类54.93公顷、产量91吨，花生27.87公顷、产量120吨，烟叶4公顷、产量3吨，蔬菜1376.27公顷、产量54649吨，瓜果58.6公顷、产量2312吨。出栏生猪1.53万头、禽兔64.79万羽（只）、牛羊1005头；林地面积1.03万公顷，造林136.73公顷、森林覆盖率68.01%；农林牧渔业产值5.67亿元、比上年增长7.59%；专业合作社90个、社员1681人。

工业 2019年，全镇规模以上企业27家，产值72.73亿元，同比增长11.89%；新增固定资产投资5000万元以上项目10个；新增规模以上工业企业2家。

第三产业 2019年，镇内集贸市场面积1.17万平方米，固定摊位602个，年交易额1.98亿元；个体工商户1.06家，其中商业6915家、餐饮业3681家。金融机构13家，服务网点37个；全镇运输企业42家，货车1311辆，其中挂车473辆；社会消费品零售总额40.21亿元。新增限额以上商贸企业2家、规模以上服务企业1家

社会事业 2019年，均溪中心小学有教师280人，其中公办教师167人，代课教师113人；小学生2327人，幼儿1395人。学校下属3所幼儿园（均溪中心幼儿园、温镇幼儿园、福塘幼儿园），3个幼儿教学点（分布在周田、上太、东坑三个村）。投入23万元在学校东侧旧旱厕处改建教工停车场约730平方米。筹措资金，合理规划，继续推进场馆建设，包括运动场塑化工程和图书馆建设工程。卫生院建筑面积2500平方米，其中业务用房1700平方米，病床65张、实际开放40张，配备卫技人员59人。村卫生所40所、乡村医生48人。完成翰林、和丰坪、金山、金岭、太山崎等5个村41处错车道建设，上级补助20.5万元。太山崎村完成380.4米的水沟混凝土硬化，上级补助2.09万元。新建金岭、建成两村5公里乡（村）道路。协助太山崎、大道山、良元、金岭等村完成23万元水毁理赔款。完成大道山、金岭、良元等村3处水毁修复。金岭、宋京、周田、太山崎等农村道路完成升级改造45公里。群众（老年人）活动场所面积3640平方米。

社会保障 2019年，全镇村级低保户201户448人，全年发放低保金225万元；五保户85户88人，发放五保金103万元；参加新农保农村参合5.7万人，金额1425.8万元，其中特殊群体3166人，税务征收到账5.39万人，参加新农保社区参合9930人，金额248.25万元。参加新农合参保缴费1.32万人，领取养老保险待遇6083人，发放养老金961万元，注销审核215人，发放丧葬金补助35万元；两个幸福院总面积880平方米，9个床位，当年入住45人，配有多功能室、棋牌室、阅览室、厨房餐厅等。

【重点项目建设】 2019年，全镇完成项目用地征迁73公顷，其中，商住用地片区征迁收储21.33公顷。其中，原均溪水泥厂地块、黎坑垅片区、麻纺厂（三期）地块、宝山机械地块等宗地完成收储出让，城东小学、赤岩幼儿园、天福岩竹制品加工等项目开工建设，兴泉铁路、国道纵五（二期）、香山北路等重点项目持续推进。全年，新增“五个一批”项目23个，其中，谋划项目5个、签约项目1个、开工项目5个、投产项目11个、增资项目1个。

【市容市貌整治攻坚】 2019年，全镇推进城市管理“五难”专项治理，整治背街小巷108条，完成三轮车整治和二市场搬迁任务。

【和丰坪村美丽乡村建设】 2019年，和丰坪村争取上级部门资金59万元，新建农村公厕一座、裸房整治10座，改建三格化粪池20户，花费15万元修缮旧学校，修建花圃600平方米，改造污水沟350米，制作操场防木栏杆100米、竹篱笆580米、挡墙100米，并混凝土硬化路肩、整治幸福院后沟、铺设路牙石、清理村道杂草水沟。

【红星幼儿园新园使用】 8月31日，红星幼儿园新园区投入使用，位于均溪镇雪山南路，占地面积5686.67平方米，建筑面积6370平方米，建有教学楼、办公综合楼及配套设施，总投资2200万元，设19个班，760个学位。

【沈小云获评普法先进个人】 11月，均溪镇调解员沈小云被全国普法办评为“七五”普法中期先进个人。他运用多媒体、大数据创新调解方法，配齐配全同步录音录像视频监控、电视显示屏等硬件设施，采用国内首家提供专业法律智能问答服务的“法信智答”平台，“耐心、细心、真心”为居民群众调解矛盾纠纷、法律咨询。年间，化解矛盾纠纷千余件，案件调解满意率100%。

【岩城新市场改造】 12月5日，岩城新市场改造完工开业，占地2600平方米，设150个摊位，18间店面。主营蔬菜、水产品、肉类、禽蛋；兼营调味品、干货（农特产）、粮食制品、水果、中药材等。

【香山北路竣工典礼举行】 12月26日，香山北路建设项目竣工，县委书记陈文华、县长林金龙等主要领导出席竣工典礼。道路全长约3.6公里，设计宽度24米，按城市主干道等级建设，沥青混凝土路面，设计时速40公里/小时，总投资4.98亿元。该项目的建成，缓解城区交通压力，加速推开城市框架，提升城市功能品质。

（李晓敏）

华兴镇

【概况】 2019年，全镇面积89.64平方公里，辖建制村10个、村民小组108个、户籍数3602户、人口2.1万人；镇财政收入711.17万元，举办杞溪地质文化村建设推进与现场考察会议、全县第二届丰收节暨华兴油茶旅游文化节、全国扶贫日大田县现场会等。大田一中东部校区在华兴镇动工兴建。

农业 2019年，全镇耕地面积419.2公顷，其中水田299.8公顷、旱地119.4公顷。主要农作物有油茶、水稻、小薯、玉米、花生、生姜等。出栏生猪2890头、禽兔4.62万只；林地面积7435.33公顷，当年造林50.73公顷，森林覆盖率76.58%；农林牧渔业总产值1.77亿元，比上年增长2.91%。新增专业合作社2个、社员14人。

工业 2019年，全镇企业132家（规模以上24家），固定资产投资4.5亿元，工业总产值44.33亿元，同比增长143.04%，销售收入9.07亿元，实现税收2380万元。主要企业有福建省华闽纸业有限公司，生产生活用纸、薄页纸、民俗用纸等8000吨；大田县山友机械有限公司生产矿山破碎筛分、重力筛分一体机等设备380台。

第三产业 2019年，全镇个体工商户206户，其中商业132户、餐饮业11户，其他服务业63户；金融网点1个，机动车523辆（卡车35辆，小汽车451辆，农用车15辆，拖拉机22辆）；社会消费品零售额3786.9万元，同比增长2.4%；第三产业增加值980.36万元，同比增长10.03%。发展“彩虹小镇”、仙峰漂流、水上乐园、油茶林、古村落群、杞溪地质文化村以及叶炎煌红色文化园等旅游资源。

社会事业 2019年，华兴中心小学有教师40人，学生189人，入园幼儿101人。华兴卫生院面积1332平方米，病床10张，卫技人员12人（含编外6人）。村卫生所7家、乡村医生7人。老年人活动场所2000平方米。

社会保障 2019年，全镇村民享受低保165人，发放低保金84.09万元；享受五保43人，发放五保金36.45万元。参加新农保5679人，缴交基金135.86万元，当年度享受1961人、金额473.5万元。参加新农合11850人，缴交基金296.25万元，当年为757人次支付补偿金18.93万元；仙峰幸福院建筑面积356平方米，建设康复健身室、餐厅、娱乐活动室、老年人日间休息室等场所，床位7张；张墩村幸福院建筑面积418.2平方米，设有按摩室、休息室、厨房、餐厅、卫生间、阅览室、办公、网络室等场所，床位5张。

【地质文化村考察会在杞溪召开】 11月28—29日，中国地质调查局南京地质调查中心与县人民政府在杞溪村联合召开“福建省大田县杞溪地质文化村建设推进与现场考察会”。自然资源部中国地质调查局水环部主任邢丽霞，南京地质调查中心副主任毛晓长，省自然资源厅副处长何文斌，华兴镇、县自然资源局、住建局、农业农村局、文旅局、林业局、水利局等单位负责人出席会议。毛晓长与大田县人民政府常务副县长陈剑生签署合作意向书，并向杞溪地质文化村陈列室赠送书籍和矿物标本。

【第二届丰收节暨华兴油茶旅游文化节举办】 9月22日，县第二届丰收节暨华兴油茶旅游文化节在仙峰村举办，文化节现场展示华兴油茶、花生、地瓜、百香果等农特产品，开展水上漂流、引水入田、稻海开镰等活动，吸引数千名游客前来旅游、观光和体验。

【传统村落保护与开发】 2019年，杞溪村获传统村落补助资金300万元，规划建设地质遗迹解说系统、地质文化陈列室、科普广场、生命进化之路科普游步道等项目，建设完成祖祠荷花塘5300平方米、古官道修缮850米、原始森林漫步道1200米。

【油茶产业提质增效】 2019年，华兴镇与福建省农林大学合作共建，攻坚“两茶一硒”项目，鼓励各村改造低产油茶林600公顷，建设高产栽培示范基地4个、省级种质源基地33.33公顷，茶油产量300吨，产值近5000万元。注册“昆山小果”商标，申报“华兴油茶”国家地理标识。

（田春秀）

石牌镇

【概况】 2019年，石牌镇面积129.52平方公里，辖建制村16个，村民小组136个；总户数5090户、总人口2.08万人，镇财政收入1610.67万元，比上年增长34%。做好兴泉铁路小湖货运站建设土地征迁工作，完成征地54公顷，拆迁房屋126座。

农业 2019年，全镇耕地面积976公顷，其中水田555公顷，旱地421公顷。粮食种植面积474.93公顷、总产量3286吨；种植蔬菜631.67公顷、产量1.7万吨；种植中药材15.33公顷、产量8吨；种植烟叶14公顷。出栏生猪 8170 头、牛羊 1360 头、禽兔 40.17 万羽（只）。林地面积 1 万公顷，林木蓄积量 94 万立方米，森林覆盖率 73.9%。全镇农林牧渔业总产值 2.44 亿元、同比增长 5.2%。农民专业合作社 23 个、社员 580 户。

工业 2019 年，全镇完成规模以上工业产值 8.324 亿元，同比增长 40.2%。工业企业 36 家，产值 33.8 亿元，同比增长 32.4%。其中规模以上 11 家、产值 24.98 亿元，同比增长 34.8%。职工总数 1046 人。主要有岩石机械、欣胜机械公司等企业生产矿山机械 500 台套；嘉福铸造、福盛铸造、瑞鑫铸造厂等企业生产铸件 5 万吨；雅安居家具公司生产家具 5000 件；金阳矿业公司生产硅锰合金 5 万吨；新泉包装公司生产编织袋 2.5 亿个；黎祥食品公司生产各类糖果、巧克力 200 吨等。4 月，福建瓦能科技有限公司（总投资 6320 万元）正式投产，主要生产硅、硅铝、氧化铌、氧化锆、氧化钛等靶材，年产量 266 吨；7 月，昇辉建筑材料有限公司（总投资 7036 万元）正式投产，主要生产煤矸石矿渣页岩综合利用机制砖，当年生产 1.2 亿块。

第三产业 2019 年，全镇社会消费品零售额 1.12 亿元，同比增长 23.02%；集贸市场 2 处，面积 2 千平方米，固定摊位 4 5 个，集市贸易额 3108 万元，同比增长 11.20%；流通领域的国有企业 3 家、私营企业 87 家、个体工商户 921 户。全镇机动车 964 辆（客车 7 辆、卡车 371 辆、小汽车 345 辆、农用车 194 辆、拖拉机 47 辆）；金融服务网点为农村信用社；第三产业增加值 4.98 亿元，同比增长 24.5 %。

社会事业 2019 年，石牌镇新增校舍 2246 平方米，教育事业投入 30 万元。石牌小学（含幼儿园）有教师 170 人，在校小学生 1608 人、入园幼儿 719 人；石牌中学教师 68 人，在校学生 590 人。卫生院总建筑面积 2967.17 平方米，医护人员 25 人，其中中高级职称 13 人，初级 12 人；设有临床科室 5 个，医技科室 4 个，病床 35 张；主要设备有全自动生化分析仪、全自动心电图机、200 毫安 X 光机、彩超机、尿十项分析仪、血球计数仪、心电监护仪、洗胃机、急救设备等。全镇有 17 家卫生所（室）乡村医生 17 人。新建和改扩建乡村道路 2.48 公里、1.12 万平方米。

社会保障 2019 年，全镇 107 户 298 人纳入低保、67 户 67 人纳入五保，发放补助 221.4 万元；农房保险、扶残助残、临时救济等惠民政策覆盖面进一步扩大，涉及 3521 户；临时救助 74 人，发放补助款 20.3 万元；残疾人两项补贴惠及 389 人，发放补助 57.4 万元。参加城乡居民社会养老保险 7121 人，参保率 99.5%，收取基金 499 万元；参加城乡居民医疗保险 1.76 万人，参保率 98.06%。缴基金 387 万元，当年支付补偿 1372 人次、30.18 万元。老年人活动场所面积 1530 平方米。

【“信访评理室”建立】 2019 年，石牌镇在上坡村、石牌村、长溪村建立“信访评理室”，政府干部和派出所干警等人员参与信访评理。当年，处理信访案件 69 件。

【河长制工作持续推进】 2019 年，石牌镇投入 14.52 万元整治河湖“四乱”问题。制定石牌镇村容村貌综合整治及“河长制”考评办法，对河道专管员分类管理，列出自检清单、问题清单、任务清单、责任清单，建立“一河一策”，完善“一河一档”，确保河长制工作“有名”更“有实”。由 12 名驻村领导分别担任全镇 4 条 16 段河流村级河长，聘请河道专管员 16 人，全年巡河晒河 4.5 万余次，通过建立村级环境综合整治领导工作小组、雇用专人保洁、配备环卫设施整治河湖“四乱”问题中的乱占、乱建行为 4 起。

【红湖新村安置项目推进】 2019 年，石牌镇红湖新村市政道路（土石方及道路挡墙部分）工程 A、B 标段土石方部分完成总工程量的 95%；挡墙部分完成总工程量的 95%。红湖新村位于小湖村，占地 10.6 公顷，村民 247 户。

【精准脱贫有力有效】 2019 年，石牌镇 164 户 545 人贫困户精准脱贫，全面深化“六促六进”扶贫举措，以点带面、示范带动，修缮改造 8 户建档立卡贫困户危旧房 820 平方米，拱桥、下洋 2 个贫困村和盖山、京程 2 个空壳村完成脱贫工作，全镇 545 人脱贫，完成预期脱贫目标。

【上坡河道治理】 2019 年，石牌镇争取上级项目资金实施均溪石牌段河道治理工程，清淤疏浚 4 千米，新建护岸 2638 米、堤防 671 米、排涝与排水涵管 6 处、下河台阶 8 处，投入 1200 万元。

（张瑜琼）

吴山镇

【概况】 2019 年，全镇总面积 83.55 平方公里，辖 9 个村，31 个自然村，90 个村民小组；总户数 2679 户，总人口 1.03 万人。镇财政收入 858.53 万元。争取 32.1 万元扶贫资金，对已脱贫的建档立卡贫困户 95 户、296 人继续帮扶，巩固脱贫不返贫。

农业 2019 年，全镇林地面积 6649.4 公顷，造林 47.4 公顷，森林覆盖率 74.48%。耕地面积 478.6 公顷，其中，水田 273.93 公顷。主要农作物水稻播种 367.2 公顷、产量 2435 吨，甘薯种植 84.7 公顷、产量 464 吨，木薯 24.13 公顷、产量 598 吨，蔬菜 354.6 公顷、产量 6654 吨；茶园面积 1209.13 公顷、年产毛茶 2110 吨，柑橘园 77.53 公顷、产量 954 吨。生猪出栏 5000 头，鸭子出栏 1 万羽。拥有农机总动力 1.2 万千瓦。农林牧渔业总产值 2.8 亿元，比上年增长 4.8%。农民专业合作社 47 个，社员 1143 人，经营性收入 270 万元。

工业 2019 年，全镇企业 12 家（私营 6 家），职工 317 人，固定资产 18.5 亿元；工业总产值 27.5 亿元。当年，新增福建省鑫茂皮革制造有限公司、福建基裕科技有限公司规模以上企业 2 家，年底规上企业 6 家；年内聚丰中高端铸铁件、鑫茂 PU 人造革项目开工；聚丰、佳丰、融通 3 家铸造企业入驻吉州工业园区，投资 2.16 亿元。省级重点项目高精尖产业岩兴气体项目，总投资 4.2 亿元，10 月，技改投资 6100 万元；二期工程投资 2.1 亿元，年内完成“三通一平”。该企业当年产值 6010 万元，纳税 332 万元，被县委县政府评为 2019 年度财政贡献大户，纳税百万元以上企业牌匾。艾克佩斯人造石英石项目，总投资 2 亿元，完成和征用林地 2 公顷等工作。

第三产业 2019 年，全镇集贸市场面积 1120 平方米，固定摊位 58 个，年交易额88.3万元；投入175万元改造集贸市场，全镇布天猫快递服务点6个，实现全覆盖。个体工商户645户，其中商业341户、餐饮业22户，限额以上140户；社会消费品零售额7034.6万元；1家金融机构服务网点2个；运输车辆11辆。市重点项目、县首家危货运输企业卓效物流公司，投资1.06亿元，仅8个月投产，产值1008万元，纳税55万元。吴山是县高山茶发展的核心区，建有中国高山茶城，全国推广普通话展览馆、葫芦岩圣泉寺、普照堂、禅林祠，张坑传统古村落是“肉身坐佛”章公祖师的故里。利用章公、推普、禅茶等文化，依托县百公里骑行道和万亩生态茶园，规划生态休闲观光旅游线路，发展旅游业。

社会事业 2019年，镇内学校3所，大田第四中学学生195人、教师36人，吴山中心小学学生594人、教师56人，吴山中心幼儿园入园幼儿313人、教师28人。当年，革命老区投入专项资金125万元为四中运动场铺设塑胶跑道。四中学生考入一中9人、五中13人，优秀率居全县第五位。吴山卫生院建筑面积1539平方米，设病床20张，卫技人员12人，有生化、尿常规、血常规等检查和远程影像、心电等设备。村卫生所5个、乡村医生5人。阳春、张坑、锦山、科山、东埔5个村道路拓宽铺设混凝土路面共15.7公里，投资1800万元。群众（老年人）活动场所5000平方米。

社会保障 2019年，全镇低保户54户140人、五保户20人，发放低保金29.23万元、五保金73.98万元。参加新农保3844人，缴交基金76.88万元，1385人领取基础养老金224.10万元；参加新农合8404人（免缴费人员682人），缴交医保基金172.08万元。养老院床位21张，入住16人；幸福院4所，占地990平方米，床位12张，入住208人次，设休息室、棋牌室、观影室、健身房、阅览室等。

【“不忘初心，牢记使命”主题教育】 9月17日，吴山镇启动“不忘初心、牢记使命”主题教育，12名副科级以上党员领导干部，16个基层党组织、426名党员参加。设立“周一夜读学习班”，由值周领导带领党员干部开展读一篇原著、看一片优秀视频、讨论一项常规业务。将主题教育与党内政治生活结合，开展上好一堂专题党课、过好一个集体政治生日、举行一次入党宣誓活动、做好一期志愿服务、观看一部廉政教育片、过一场次组织生活会的“六个一”活动。做到思想认识、检视问题、整改落实、组织领导四到位。

【林乐坚退休回乡发光发热】 9月，省公安厅原网安总队长、警务技术二级总监、二级警监林乐坚，退休后回到家乡阳春村担任党支部书记。发挥个人专业特长优势，研究分析现状，确定“建茶园、植文化、树品牌、搞旅游”的精准扶贫和乡村振兴思路；为项目建设提供政策指导、可行性分析等。争取红军路、红军亭建设补助资金65万元，村级组织活动场所、警务室建设资金81万元，年底党群服务中心和警务室搬迁；为和洋至阳春道路拓宽争取资金200万元。

【海军战士到阳春村开展服务活动】 10月18日，驻闽海军部队战士，到阳春村开展扶贫医疗服务及文艺会演等军民共建活动，县领导陈汉良等参加，村民1000余人到场观看文艺演出；部队医疗分队免费为群众诊疗158人次。

【城区饮用水源地生态环境优化】 2019年，吴山镇配合做好第二轮中央生态环境保护督察，深化河长制工作，加强日常巡查，实行一天一巡查一汇报，对水源地环境实行动态监管、管护无死角；依法打击水洗砂、水洗矿等违法行为，开展环保专项整治4次，拆除拦砂坝、拦河坝13座，养鸡场6处，非法养猪场1处，关停整改搬迁企业5家。种植桂花、紫玉兰、杜英等30余株，其他树500多株。

【人居环境整治】 2019年，吴山镇在全镇开展“人居环境整治攻坚会战”，村民自觉 “门前三包”，整治农户房前屋后杂乱堆物、生活和河道垃圾等，集镇农贸市场主体结构和外墙进行装修，圩天街边摊位移到市场内，集中整治店面占道经营、路面乱堆乱占等行为，拆除占道违建80处，规范商户经营，通信光缆下地，新装路灯等，集镇街道面貌焕然一新。筹集资金3万余元，维修垃圾运输车和购置垃圾桶30个；投资100万元建设垃圾中转站，配齐铲车、转运车、保洁员，按照“村收集、镇转运、县处理”模式，全年转运垃圾1900吨；改造集镇公厕1座，和洋村改造裸房27座，张坑村实现无裸房村。

【乡村振兴】 2019年，吴山镇结合“三八”节活动，组织镇村干部（含妇女干部）40余人，到永春仙夹镇龙水村、岵山镇茂霞村、五里街镇大羽村、旅游集散中心等地考察，学习环境整治、污水处理、旅游兴乡，以及白鹤拳传统文化传播等振兴乡村的经验。当年，组织驻村领导、住村工作队长、各村主干38人，开展“走村看点”乡村振兴现场观摩，并召开实施乡村振兴推进会，部署乡村振兴工作。张坑村的“传统古村落”整治提升项目获省批准，锦山村道路拓宽5.18公里；科山村建设河溪岩古茶树基地，吴山村建设茶文化公园，阳春村完成改造生态茶园20公顷；程堂村建设新村部和水尾桥亭，和洋村“裸房”入选省级乡村振兴试点村，东埔村新村点40户住户生活污水统一收集处理；梓溪村建设新奇特果苗研发示范推广基地。

【梓溪村新奇特果苗研发基地建立】 2019年，吴山镇对接省农科院和福建农林大学，在梓溪村建立新奇特果苗研发及推广示范基地20公顷，计划投资1000万元，分两期实施，年内建立黑老虎、八月瓜、九月黄等品种的木本筛选园和嫁接穗采集园及品种展示园21公顷，繁育种苗0.66公顷，驯化火参果、姑娘果、羊角蜜等品种0.67公顷，共占地3.33公顷，投入300万元。

【防范和打击电信网络诈骗】 2019年，吴山镇开展“打击防范电信网络新型违法犯罪”主题活动，成立打击治理电信网络新型违法犯罪工作领导小组，建立相关工作机制。悬挂宣传横幅27条、发宣传单和宣传手册1300余份、张贴宣传海报50余份，各村LED屏定时滚动和朋友圈转发等，将防范电信网络诈骗知识传进千家万户；摸排出境人员72人，并由镇综治中心建档跟踪。

【县矛盾纠纷化解会在吴山召开】2019年，吴山镇党委、政府做好多元化解矛盾纠纷工作，成立矛盾纠纷接访“评理室”，打造“事大人”评理模式，做到“小事不出村、大事不出镇”，矛盾纠纷比上年下降60%，未发生越级上访、重复信访事件，推动乡村善治新格局。12月25日，全县矛盾纠纷“评理+调解”化解模式现场会在吴山召开，县政法委、公安局、司法局有关领导、各乡镇分管综治副书记、派出所所长、司法所所长70余人参加。

【“两茶一硒”攻坚会战】2019年，吴山镇开展“两茶一硒”攻坚会战，引导茶农因地制宜，多茶类品种开发，改植换种67公顷，在县每亩补助1200元的基础上，连片5亩以上，每公顷再补助9000元；连片30亩以上的，每公顷再补助1.05万元。发挥村茶叶合作社作用，“走出去”参观学习，“请进来”邀请茶叶专家到村实地指导、答疑解惑，提高制茶水平，提升茶叶品质。抓好茶业关联产业项目策划开发，引导社会资金投入，延伸茶业产业链，提升茶叶资源综合利用率，重点抓好龙头企业培育，“三品一标”（无公害产品、绿色食品、有机农产品、农产品地理标志）认证，创建高山茶品牌和茶叶深加工企业入驻，逐步做强吴山茶产业。

（邱明琴）

桃源镇

【概况】2019年，全镇辖村13个，村民小组83个。户籍数5683户、人口1.86万人，镇财政收入1166.52万元。1月，东坂村被住房和城乡住建部授予“中国历史文化名村”称号，桃源镇被省财政厅、省农业农村厅列入省级“乡村振兴特色乡镇”，兰玉村被省财政厅、省农业农村厅列入省级“乡村振兴试点村”；2月，兰玉村被省绿化委员会、省林业厅授予“福建省森林村庄”称号；6月，桃源镇被市农业农村局授予“三明市平安农机示范乡镇”称号；7月，桃源镇党委被大田县委授予“2016—2019年度先进基层党组织”；8月，赤头坂被中国睡眠研究会授予“中国睡眠康养示范基地”称号，东坂村被省文化和旅游厅授予“四星级旅游村”称号；12月，兰玉村被国家林业和草原局授予“国家森林乡村”称号，赤头坂被中国林业产业联合会授予“全国森林康养基地试点建设单位”称号；12月，兰玉村被中央农办、农业农村部等五部门授予“全国乡村治理示范村庄”称号。

农业 2019年，全镇耕地面积1411公顷，其中水田1005公顷，旱地406公顷；主要农作物（玉米、马铃薯、大豆、花生、甘薯）、种植面积1526.67公顷；粮食总产量7215吨；出栏生猪1.3万头。林地面积1.88万公顷，森林覆盖率79%；农林牧渔业总产值3.1亿元，增长5.1%。当年发展插秧机、联合收割机、无人植保机等农机具2300余台；全镇良种率及农业机械率均85%以上。

工业 2019年,全镇企业508家(集体11家，私营66家，个体429家）；职工总数1628人，固定资产3.9亿元，增长9.8%；工业总产值25.04亿元，增长22.9%。销售收入21.24亿元，实现利税378.5万元。新上项目15个（其中4个落地、1个签约、10个对接），总投资额5.7亿元。引进岜峰小分子团水技改项目、佳和服装织造项目2个，推进岜峰小分子团水、福大塑料再生加工及永青增炭剂等技改扩容项目3个，新增佳和服装、永坤新型建材2家规上工业企业。

第三产业 临时过渡市场面积3000平方米，固定摊位数量112个，年交易额6125.24万元；个体工商户429家，其中商业户数248家、餐饮业户数105家、限额以上户数76家；2家金融机构服务网点（农村信用社1家、邮政储蓄银行1家，）；运输车辆1526辆；社会消费品零售额7546.52万元；第三产业增加值1.78亿元。

社会事业 2019年，全镇各类学校3所：桃源中心小学（含中心幼儿园）、大田三中、桃源镇童之梦托幼中心，在校学生2135人，比上年增加359人；总投资62万元的中心幼儿园木屋教室扩建项目建成并投入使用；总投资138万元的大田三中食堂综合楼改造工程建成并投入使用。闭路电视用户2436户，同比增加25户。镇卫生院建筑面积约2000平方米、病床30张、医务人员25人、村卫生所13座、乡村医生13人。群众（老年人）活动场所面积约5000平方米。总投资1200万元东岭线完成东坂至西安道路扩宽3公里、第二标段招投标工作（东岭线：东坂村至东风农场公路建设工程）。镇妇联开展两癌筛查6次516人。

社会保障 2019年，全镇村民享受低保185人，发放低保金92.58 万元；享受五保32人，发放五保金29.31万元；享受基础养老金的60周岁以上村民2692人，发放养老金41.69万元（250元/人·月）。村民参加新农合1.73人，参合率99.8%，收集医保基金433.25万元。敬老院建筑面积773.1平方米，床位数36个、当年入住20人。

【文明乡风创建】2019年，全镇新配备“广播村村响”设备11套、智能音箱2套，建设省级农家书屋14个、农民健身工程7个、农民休闲公园6座。东坂村安坤桥设置“家规家训”公示牌8块。兰玉村法治公园添置“肖氏家训”长廊1处。完成安良堡修缮工作，整理畲医手抄本、国学书籍2万余卷册。利用圩日，LED、微信、悬挂横幅等形式，制作微信3期、LED宣传标语13条、悬挂横幅15条、开展宣传活动4次。新评选出19对文明家庭、平安家庭示范户。举办“风展红旗如画”专题演讲1场、“致妈妈的一封信”征文比赛1次，文明讲座3场次，策划农民春晚1场次。组织拍摄快闪《我和我的祖国》，并成功入选“学习强国”平台。

【“党建+金融助理”工程启动会】8月8日上午，大田县“党建+金融助理”工程启动会暨桃源镇“信用镇”授牌仪式在桃源镇政府举行。仪式上为24个信用社网点负责人颁发“金融助理”聘书，向桃源镇的“信用镇”“信用村”“信用户”授牌授信。

【环境综合治理】2019年，全镇新建三格化粪池200个、生态公厕8个、氧化塘2个，拆除牛蛙养殖场4家、涉沙点2家。新增中型压缩式垃圾车1辆，垃圾桶60个。投资2552万元实施大田县新桥河西安段河道治理工程，广汤溪护岸种植红叶石楠、茶树、木槿花等2万余株。整治街道“店外店”71家，拆除遮阳雨披52顶、帐篷20顶，占道“僵尸车”18辆；兰玉村125座裸房中整治完成72座。

【特色农业发展】 2019年，桃源镇分两期在良种场场部、柑橘园和浮山工业园区规划建设富硒农产品加工园项目。引种闽甜6855玉米、夏阳大白菜、长茄等新品种，种植玉米266.67公顷、大白菜100公顷、茄子53.33公顷。推广插秧机、无人机、耕整机等农业机械使用，全镇良种率及农业机械率均85%以上。引进五兴肉兔生态养殖项目；扩大湖羊养殖规模；成立辉达养蛇基地，养殖水律蛇、眼镜蛇等。发展立体式草莓1.33公顷、养殖蜜蜂500箱、林下经济基地4处。

【精准扶贫】 2019年，桃源镇使用专项扶贫资金109.51万元，资金使用率100%，做好产业扶贫和教育扶贫，提高造血功能，推行“一带双薪”扶贫模式（“一带”，即发挥企业带动作用，对有劳动力、发展底子薄、无就业致富门路的贫困户，引领企业带动贫困户，促进贫困户增收致富；“双薪”，即企业在流转贫困户土地的同时，返聘贫困户为工人，使土地流转农户成为“双薪”农民。），流转贫困户土地11户3.2公顷，提供就业岗位120个，带动扶贫户二次收益分红32户；落实教育助学补助，雨露计划补助中高职和技工院校学生7人2.1万元；发放低保、五保金48.44万元，惠及44户建档立卡贫困户。

（郑琪雅）

上京镇

【概况】 2019年，上京镇面积152.97平方公里，辖建制村16个，村民小组161个；总户数6028户，总人口2.39万人，其中流动人口1223人。镇财政收入2851.6万元（含上级各项专项补助资金1232.68万元），比上年增长15.68%。光伏扶贫项目安装光伏板898.35千瓦，惠及2个贫困村、1个空壳村、125户贫困户。

农业 2019年，全镇耕地面积995.47公顷，其中，水田812.35公顷，旱地183.12公顷。粮食总产量6937吨，同比下降0.08%，其中，省中稻新品种新育和生产试验基地2.33公顷，产量2.097吨；种植烟叶181.67公顷，产量6340.13担；出售生猪2.53万头。全镇农林牧渔业总产值2.8亿元，同比增长13.4%。大田县森展林业有限公司万亩闽楠基地闽楠纯林、混交林种植267公顷，其中闽楠20公顷；鼎农农业花椒种植17公顷、总投资4358万元，年内开花挂果。

工业 2019年，全镇有企业143家（私营51家、个体92家），同比增加12家，职工7230人，固定资产5000万以下的9家、5000万以上的8家；规模以上企业14家，完成工业产值55.3亿元。销售收入52亿元，实现利税6.3亿元；实施技改5项，投资3.54亿元。

主要企业有华阳光电、新岩水泥有限公司，生产的结晶硅、水泥产值6.2亿元；京融新型建材（总投资3.6亿元）第一条生产线和六福新型建材（总投资4369万元）投产；恒隆空心砖（总投资8600万元、占地面积2.67公顷）异地技改项目在施工；京福新型建材（总投资6050万元、占地面积2.67公顷）技改项目完成签约；华唐（三明）木制品项目完成初步选址；福建（大田）机械铸造产业集聚区项目二标段完成土地征收78公顷，坟墓迁移268穴；完成清航无人机项目（总投资10亿元）跑道建设；凤凰湾物流园项目（总投资8000万元、占地26.67公顷）完成土地征迁、林地和土地报批等工作；石牛岬加油站项目建成并投入运营。

第三产业 2019年，全镇社会消费品零售额达8821.3万元，同比增长3.38%；集市贸易额9112.32万元，同比增长9.44%；流通领域的国有、集体、私营企业和个体工商户1112家，同比增加52家，全镇有机动车1159辆（客车12辆、卡车345辆、小汽车422辆、农用车125辆、拖拉机255辆）；金融服务网点3家；第三产业增加值3214.5万元，同比增长3.79%。

社会事业 2019年，全镇教育事业投入800余万元，辖区内初级中学2所，中心小学1所，初小4所，民办、企业办幼儿园各1所，在校生2935人，同比增加67人。上京中心小学教学楼（总投资700万元）建成并投入使用；上京中心幼儿园（总投资1500万元）完成选址、征地。上京中学中考上一中线29人，上线率26.9%，二级达标校以上升学上线率51.9%，连续两年居乡镇学校第一名。上京卫生院病床30张，医务人员19人；大田恒康医院病床70张，医务人员36人。

社会保障 2019年，全镇享受低保的村民115户299人、五保45户45人，发放低保金125.2万元，发放救灾救济金4万元；参加城乡居民社会养老保险8588人，参保率92.94%。享受基础养老金村民2971人，发放养老金427.9万元。参加城乡居民医疗保险18928人，参保率99.3%。养老院建筑面积920平方米，床位数40床、当年入住21人等。

富民小镇造福工程地灾集中安置区挡土墙、水电及道路混凝土铺设等基础设施建设完成，37幢房屋（总面积平方米）主体建设完成，安置109户，其中建档立卡贫困户4户11人。实施上京老年活动中心、白水架水渠、曼陀山机耕道硬化、赤水水尾桥亭、城口安全饮用水工程和溪口村部装修及竹坪道路硬化等项目建设，累计投入500万元。完善镇颐养中心暨养老院配套设施，并投资80余万元入住五保户25人。

【美丽乡村建设】 2019年，上京镇实施梅林主路口广场、LED文化宣传屏、荷园光伏扶贫栈道及隆美村部、红色驿站、隆美公园、中心示范卫生所等20余个项目，三寨顶公园、崆峒山天然“十八溶洞”等项目完成规划设计，累计投入500余万元。整治裸房22座、道路混凝土铺设3.5公里、修复河堤1公里、路灯新增72盏。隆美村整治裸房4栋、自来水管网改造5公里、道路混凝土铺设1公里、水渠修复4.8公里、修复河堤2.3公里等项目建设。梅林村入选省级乡村振兴试点村。隆美村入选省级农村社区建设示范单位。

上京镇投入117.9万元重点实施上京村、赤水村等7个村“一事一议”项目；投入40余万元，新建公厕6座、改造三格化粪池756个、完成裸房整治193座；投入300余万元，实施美丽乡村建设，完成黄城前溪垅水渠修复、三阳自来水管网改造、城口村部修缮和上平、赤水老年活动中心等40余个项目，拓宽上京大坂洋、上平温上线、城口岬山、溪尾赤坂等道路11.2公里；新安装路灯142盏。

【精准扶贫】 2019年，上京镇发放扶贫专项资金109.75万元。其中，三阳村中央财政专项扶贫发展资金（试验区建设专项资金）30万元，省级财政专项扶贫发展资金30万元；梅林村省级财政专项扶贫发展资金35万元。加大投入，完善设施，进一步提升桂坑花椒、上平萝村蔬菜、黄城苗木等产业扶贫基地建设。

（詹文兴）

太华镇

【概况】 2019年，全镇面积245.54平方公里，辖建制村24个，村民小组280个。总户数8740户，总人口3.7万人。镇财政收入652.7万元，比上年增长7%。农业 2019年，全镇耕地面积2809.6公顷，其中水田2358.61公顷；农林牧渔业产值6.17亿元、同比增长35.31%。种植水稻1319.27公顷、产量8387吨，烟叶210公顷，蔬菜532.67公顷，柑橘467.73公顷。出栏生猪1.09万头、禽兔48.8万只（羽）。林地面积1.96万公顷，当年造林134.47公顷，森林覆盖率67.49%；农机总动力2.9万千瓦。昊华白槿花茶有限公司生产的白槿花茶获第十五届海峡两岸（三明）林业博览会森林饮品金奖。

工业 2019年，全镇有企业235家，其中规模以上企业17家、产值62.54亿元。新开工项目5个，罗丰工业园区总投资9亿元，规划面积255.6公顷，其中工业用地178.87公顷，项目分三期实施，其中一期以PPP模式开发建设，总投资2.4亿元，当年，福建科华石墨科技有限公司入驻。

工业固定资产投资6.8亿元。铁矿石10.62万吨，铁矿石粉矿20.18万吨，原煤35.23万吨，石英石矿4.1万吨，石灰石矿19.68万吨。

第三产业 2019年，集贸市场面积2400平方米，固定摊位460个，个体工商户731家，其中商业436户、餐饮业198户、其他服务业97户；集市贸易额3.85万元；社会消费品零售额3.59万元，同增长3.06%；金融网点3个。

社会事业 2019年，全镇新增校舍2596.34平方米，改造610平方米，教育事业投入42.2万元。总投资300万元的太华中心幼儿园二期项目和总投资200万元魁城小学教学综合楼项目建成投入使用；改造太华中学食堂和混凝土硬化魁城小学操场。共有学校9所，教师232人，在校学生2834人、入园幼儿1052人。当年，争取三明陆军预备役通信团捐赠资金40万元，完善汤泉小学教学设施。卫生院建筑面积1800平方米，医护人员35人，病床22张；主要设备有菲力普台式彩超、全自动十二导心电图机、五分类血球仪、全自动生化分析仪、尿十项、全自动化学发光免疫分析仪、糖化血红蛋白检测仪、DR机、多功能产床、胎心监测仪、多功能牵引床、电动洗胃机、心电监护仪等。卫生所（室）26家，乡村医生30人。老年人活动中心24个，投入21万元新建汤泉门球场1个，投入32万元建设汤泉村下太堡宫休闲活动广场。

当年，太华镇投入4300余万元实施乡村道路提档升级工程，建设道路20.4公里，桥梁2座，候车亭1座；投入100余万元实施群团、万湖、高星、仕坑等村机耕道建设项目；置换万川公路板块13.14公里，坑头、魁城、池元、德安、莒坑、西埔、高星、华溪、华山等路面置换板3.83万平方米，边沟修复410米，修复盖板涵2处，圆管涵1处。社会保障 2019年，全镇享受低保533人、发放低保金270.4万元，特困人员66人、发放补助金58.13万元；临时救助86人，发放补助款27.78万元；参加城乡居民社会养老保险2.1万人，收取基金273万元，为5009人支付基础养老金752万元；参加城乡居民医疗保险3.07万人，收缴基金767.5万元，当年为1936人次、支付补偿48.4万元。幸福院11个，建筑面积4030平方米，有活动室、棋牌室、阅览室、网络室、休息室、厨房等，床位40张，21人入住。

【池元、玉井村环境改善】 2019年，太华镇投入150多万元改善池元村、玉井村环境卫生，新建雨水、污水收集处理点1个，拆除乱搭乱盖18处，新建排水沟300米、挡墙265米、栈道护栏415米、凉亭1座、党建文化广角1个、党建文化墙1处，道路铺设混凝土180米，设垃圾桶255个，铺设花坛、花圃100米，加固上池元桥，重新修缮玉井村村部及老年人活动中心。

【农村人居环境整治】 2019年，太华镇开展“一革命五行动”，新建“三格式”化粪池266个，拆除旱厕15个，无害化户厕普及率95.45%，在温坑、群团、万湖、黄沙、池元、玉井6个村各新建生态公厕1座。整治农村裸房169座，拆除危房、旧房、残垣断壁、违章建筑35处。清理村内水塘23口，清淤27吨。安装路灯341盏，道路两侧种植绿化树苗320棵，修建汤泉生态护岸1.5公里，河边景观道绿化2000米，建设温坑村幸福院围墙100多米。

【招商引资】 2019年，太华镇谋划招商引资项目7个，开工项目5个。红狮固废处置和资源化项目开工建设；省市重点项目科华石墨负极材料生产项目一期煅烧车间建成投产；太华航空用品加工项目开工奠基；投入资金3.2亿元实施山贵崎煤矿、东埔水电站、恒丰工贸、鑫华、东辰、金辉、金华等企业技改升级10项。

【汤泉革命斗争史迹展览馆落成】 2019年，汤泉革命斗争史迹展览馆落成，该馆位于汤泉村中城，总投资180余万元，其中省民政厅拨款20万元，村民自发捐款30万元，于2018年4月动工建设。该馆以时间为顺序，展览实物资料、原始照片等，系统展示了蒋光斗等革命先烈英雄事迹。整个展览分为革命地点与革命形势分析、革命故事长廊、革命者遗物展示等3个部分，展出革命遗物18件。

【昌华槐猪养殖专业合作社成立】 6月，大田县昌华槐猪养殖专业合作社在大田县成立，注册资金203.3万元，社员21人，重点养殖早熟易肥、肉质细嫩、产脂量高的大田槐猪，由镇畜牧兽医站进行专业技术指导。1958年，县畜牧场挑选体短胸宽、早熟易肥的猪种，选育出适合大田县养殖的大田槐猪。2000年8月，槐猪被农业部纳入《国家级畜禽遗传资源保护名录》。2017年1月，经专家评定，由中国绿色食品发展中心对外公示，获农业部颁发《中华人民共和国农产品地理标志登记证书》。

（廖丽燕）

建设镇

【概况】 2019年，建设镇镇域面积68.59平方公里，辖行政村12个，村民小组105个，户籍数5939户，总人口2.81万人。镇财政收入1677.49万元，比上年增长1.5%。当年3月大田县红粬制作技艺人选福建省第六批省级非物质文化遗产代表性项目名录，12月被福建省商务厅评为福建省级商务特色镇。建设镇建国村党支部被三明市委评为2016—2019度全市优秀基层党组织，建中村党支部被大田县委评为2016-2019度全县优秀基层党组织。

农业 2019年，建设镇全镇耕地面积861.4公顷，其中水田785.04公顷；农作物播种面积800公顷，培育水稻、柑橘、雪蔗栽培技术示范户45户，总产值2.97亿元；生猪存栏1200头，家禽存栏6.3万羽，畜牧业总产值3343.79万元；林地面积4745公顷，当年造林17.3公顷、森林盖率69.74%，总产值2494万元。农林牧渔业总产值3.71亿元，同比增长4.8%；专业合作社32家，社员397人，推动腊鸭、雪蔗、红粬、烟叶、柑橘等农产业发展，人均收入1.88万元。

工业 2019年，全镇工业企业30家（集体2家，私营28家），职工总数4325人，其中规模以上企业16家、产值57亿、主要工业产品煤、锰、建材、木材、石材、陶瓷、空心砖。新上规模以上贸易项目2个、规模以上服务业1家、新增固定资产5.9亿元。

第三产业 2019年，建设镇集贸市场面积9800平方米，店面233个、固定摊位数量159个、流动摊位328个，实现年交易额集市贸易额6333.6万元，同比增长9.2%；个体工商户数1586家，其中专卖店160余家、餐饮业47家、中小超市14个；金融网点2个，快递服务网点3个；全镇机动车1643辆（客车43辆，农用车23辆，拖拉机12辆，卡车135辆，小汽车1430辆）；社会消费品零售额1.75亿元；建国村传统古村落（琵琶堡）景区投入500余万元，完成旧宅修缮、休闲步道等基础设施建设，建忠村笔架山景区完成登山步道建设，全年接待游客1.8万余人次。

社会事业 2019年，建设镇投入1200余万元，完成建乐小学扩容项目建设，新建全框架五层教学综合楼1栋、建筑面积2185平方米，新增教学班12个，增加学位350个；推进建设中心小学迁建项目建设，规划建筑面积2.19万平方米，其中：教学楼1.41万平方米，宿舍楼5538平方米，艺体馆2250平方米，可容纳学生2160个。共有学校9所（中学1所、中心小学1所、教学点5个、中心幼儿园2所），专任教职工257人，在校学生4561人，其中幼儿入园1080人，当年高考本科录取69人。建设卫生院建筑面积1506.06平方米，主要诊疗设备有彩超、生化机、五分类血球仪、DR机、心电图等，病床20张，配备卫技19人。全镇共有村医所数20所，村医在岗21人。新建农村错车道11处、边沟硬化3000米，X717文西线（前坑至建设段）公路改建工程完成半幅混凝土铺设。老年人活动场所面积约8300余平方米。

社会保障 2019年，建设镇全镇享受低保199户、39人，五保37户、39人，全年低保、五保发放补助235万元，发放受灾、临时救助补助24.3万元。参加城乡居民养老保险7981人，基金缴交约219.93万元，当年度享受的城乡居民养老保险3723人、576.61万元，被征地养老保障224人，64.09万元。参加新农合2.26万人、基金缴纳497.35万元。镇敬老院面积980平方米，村级幸福院5个，总面积3839平方米，34间、40个床位，入住五保户11人。2019年，贫困户195户、692人，其中，国标122户、428人，省标73户、264人，已全部实现脱贫。

【建设溪安全生态水系建设竣工】 1月30日，建设镇建设溪安全生态水系建设项目竣工验收。项目总投资约1100万元（省级补助资金800万元，县水利局配套资金80万元），建设总长度8.89公里，起点位于高云水库大坝下游河道，终点位于建忠村楂堆坪桥，途经建国、建乐、建丰、建民、建强、建设、建忠7个村。该项目于2018年5月3日开工建设。

【建乐小学教学综合楼竣工】 3月20日，建乐小学扩建项目开工建设教学楼，11月28日竣工验收，12月27日举行揭牌仪式，正式投入使用。总投资742万元，新建全框架五层教学综合楼1栋、建筑面积2185平方米的，新增教学班12个，增加学位350个。

【大田县鸿晖养老服务中心启用】 9月15日，大田县鸿晖养老服务中心项目建成启用。位于建设镇建设村688号，总投资2600万元，建筑总面积4228.63平方米，业主为大田民生医院。该项目于2018年12月开工建设，配套居家养老服务100个日夜照料床位，设有文化娱乐厅、棋牌室、休闲保健厅、日间休息室、餐饮服务区、阅览室、心理疏导室等；有室外活动区，有篮球场、体育器材健身场和园亭式休闲区，为辖区老年人提供日间照料、康疗旅居等服务。

【建忠村红釉窑群研究考察】 9月6日，中国科学院高级职称评审委员会委员、中国艺术基金会理事长安然率领的考察团一行7人，对建设镇建忠村红釉窑群进行实地考察，审阅相关资料，听取汇报，结论该窑群是目前发现的国内规模最大的活化红釉窑群。考察组建议尽快申报县级文物保护单位，为申报省级、国家级文物保护单位创造条件，适时建立相关研究机构，加大科研力度，使这世界罕见历史文物和传统工艺发扬光大。

【笔架山登山步道竣工】 10月，建设镇笔架山登山步道项目竣工验收。起点建忠村部、终点笔架山古迹寨，全长3.6公里，分三期实施，总投资165.2万元。10月竣工并验收。

【“一事一议”财政奖补项目完工】 2019年，建设镇实施村级公益事业建设一事一议财政奖补项目8个，投资853.5万元。其中财政补助660.9万元，铺设混凝土村道9.3公里、安装路灯61盏、新建桥梁1座。

【大田建设红粬酒】 2019年，建设红粬酒（又名“宫边红”）。早在元朝初年，建设镇建忠村就开始做红粬，粬母最初是从剩饭糖化发酵得来的。用其与当地生产的糯米酿造的红粬酒多呈红褐色，醇厚芳香，透亮光泽，口味甜中带酸，深得世人喜爱，是大田县的地方特色产品之一，在当地仍保留着古法生产红粬和红酒的传统。年产15万公斤，产品远销北京、上海、广东、江苏等地，全年利润350多万元。

（陈杨煊）

广平镇

【概况】 2019年，全镇面积171.58平方千米，辖行政村15个，村民小组数190个，户数8830户，人口数4.4万人。镇财政收入1185万元，比上年下降5.6%。郭居敬“二十四孝”诗选及怜目唱本入选第六批省级非物质文化遗产代表性项目名录。第六届三明（广平）“中国梦·乡村美”音舞诗会暨第四届“大田·集美”山海诗会在万宅村银杏园举办。广平村、丰庄村获三星“康乐家园”，西园村、大吉村获一星“康乐家园”称号；元沙村党总支书记张乃善获三明市“优秀党务工作者”称号。10月1日，西园村王玉潮在天安门广场参加中华人民共和国成立70周年国庆阅兵式，列领导方队。

农业 2019年，全镇耕地面积1743.37公顷，其中水田面积1541.73公顷。粮食总产量1.1万吨，同比增长18%。主要农作物有蔬菜132.3公顷、柑橘113.3公顷、玉米65.3公顷、甘蔗24.4公顷、烟叶57.5公顷，东西坑片区培育笋产业800公顷，总产值1000多万元。林地面积1.24万公顷，当年造林36公顷、森林覆盖率76.56%；农林牧渔业总产值7.81亿元，同比增长31.7%。专业合作社42个、社员1262人，人均收入1.59万元。

工业 2019年，全镇企业44户，其中规模以上企业数15户、产值27.7亿、主要产品为石灰石、水泥、机制砖、煤、碳化木。福建省大田县鑫城水泥工业公司被中国材料研究学会评为科技进步类一等奖。新办非公企业14家，引进犁田峰机制砂、广平石灰石深加工、纺织机械配件铸造、艺森竹木加工等项目，实施宏岩建材、五广铸造等企业技改，进行东景梅花鹿产业园，盛田机械、铭景建材、云悦源奇珍异果等项目建成投产，闽鹭矿业石灰石生产项目取得采矿权审批并初步确定股权重组方案。

第三产业 2019年，全镇共有集贸市场面积4200平方米，固定摊位225个，实现年交易额9243万元；全年个体工商户593家，新办个体工商户143户，其中商业户数105家、餐饮业户数38家；银行金融网点数3个、快递服务网点9个；全镇机动车1182辆（客车24辆、卡车127辆、农用车152辆、拖拉机96辆、小汽车783辆）；大田县五龙山生态旅游景区投入58万，建设廉政文化馆、当年纳游客约2.8万人次。

社会事业 2019年，全镇共有幼儿园、托儿所个数5所、小学5所，专任教师数263人，在校学生数2547人。卫生院建筑面积1800平方米、主要诊疗设备有低压机1台、彩超1台、心电图1台、血常规1台、尿常规1台、化验机1台、病床数40床，配备卫技人员数26人（含借用3人）。村卫生所39所、乡村医生42人。改建苏桥珍山自然村道路400米，设置错车道9处。老年人活动场所面积7500平方米。11月，广平中学东侧教学楼动工建设。

社会保障 2019年，全镇享受低保203人，保障金发放5150人、金额63.35万元。参加新农保人数9450人，基金缴交数207.9万元，当年享受9450人，金额207.9万元。参加新农合3.26万人，基金缴交206.84万元，当年支付补偿3.26万人次，金额206.84万元；敬老院建筑面积500平方米，住五保户12人、低保户1人，工作人员2人，房间内设床铺、热水器、柜子、床头柜、桌子等。幸福院建筑面积5000平方米，主要设施有娱乐室、阅览室、餐厅、休息室、操场等。

【敬老孝老文化交流座谈会召开】 1月10—11日，中华文化经济交流促进会潘金峄先生和台湾佳冠洪铭泽先生到广平镇参加“两岸一家亲，喜结孝道故里情！同根同祖同缘”座谈会，交流两岸敬老孝老文化、健康养老服务体系建设。

【文化科技卫生“三下乡”进广平】 1月18日，由县委宣传部和县文旅局、县科技局、卫生健康局4家单位主办，县委文明办和县教育局、县民政局等30家单位联办的大田县文化科技卫生“三下乡”活动在广平举办，开展为群众书写春联服务、提供优生优育、发放药具，进行科技、养殖、种植、税收、法律、心理健康等咨询活动，为广平镇筹集价值12.49万元的项目资金和物品。

【居敬舞狮队获金狮奖】 2月17日，应广东省清远市之邀，广平居敬舞狮队前往佛冈县举办的“狮王争霸闹春晚”中国民间狮王大会中，获得金狮奖。

【广平方言调查研究】 6月28日至7月10日，台湾“中山大学”中文系教授张屏生到广平镇进行为期12天的后路话方言调查研究。表示广平方言在学术上被归为闽南方言和闽中方言过渡地带的一种混合型方言，有独特的音韵格局、语音变化和复杂的文白异读模式。

【何晓斌教育奖学基金会成立】 12月21日，广平中学校友何晓斌在广平镇牵头成立“何晓斌教育奖学金”基金会，并为教育奖学基金会注入首期资金10万元。何晓斌为广平中学“百年文昌”校庆捐款8.88万元。

【建档立卡贫困户全部脱贫】 2019年，全镇建档立卡贫困人口243户、747人，其中，一般贫困户119户、387人，低保户124户、360人。国定195户、576人、占贫困总人口的77.1%，省定48户、171人、占贫困总人口的22.9%，2019年建档立卡贫困人口全部脱贫。

【生活垃圾应急填埋场投产】 2019年，广平镇生活垃圾应急填埋场在广平村陈坑建成投产，占地面积15公顷，建筑面积1179.13平方米，库容94.12万立方米。该填埋场分两期建设，其中近期填埋库容34.95万立方米已建成投产，远期填埋库容59.17万立方米在建设中，预算总投资1.35亿元。

【工业集中区项目建设】 2019年，广平镇工业集中区项目列入三明市2020年“三个十”重大项目建设。2019年6月4日，市委林兴禄实书记两次到广平镇调研时指出：“建设施坑工业园区条件较为成熟，可以考虑作为与泉州市合作项目，打造成制造产业园区”。

（池家庆）

奇韬镇

【概况】 2019年，奇韬镇土地面积70.74平方公里，全镇辖12个村、71个村民小组，总户数3875户，总人口15098人。镇财政收入1562.71万元，比上年增长12.12%（收入增加主要来源为各项补助资金）。当年，全镇工作亮点一是美化一个“巾帼村”——龙溪村；二是打造“五龙鼎珠”新型农村社区建设；三是全力以赴完成莆炎高速公路红线内及施工便道征迁工作。农业、工业第三产业、社会各项事业都上新的台阶。

农业 2019年，全镇耕地面积724.7公顷，其中，水田705公顷，旱地135公顷；拥有农机总动力7240千瓦；粮食总产量3816吨；出栏生猪8768头。当年造林170亩，森林覆盖率72.67%。全镇农林牧渔总产值3.56亿元，同比增长3.79%。

工业 2019年，全镇企业174家（集体12家，私营25家，个体137家），工业固定资产2.1亿元；完成工业总产值13.17亿元，同比增长17.58%；销售收入12.55亿元，实现利税3952万元。当年实施技改项目2项，投入资金7000万元。

第三产业 2019年，全镇社会消费品零售额4189万元，比上年增长2.0%；现有农贸市场1个，固定摊位132个，集市贸易额4058万元，同比增长3.2%；国有、集体、私营企业及个体工商户394家；金融服务网点1个。全镇拥有机动车1074辆（客车5辆，卡车69辆，小汽车853辆，农用车133辆，拖拉机14辆），比上年增加30辆。固定电话机1383部，同比增加30部，移动电话机9818部，同比增加305部；第三产业增加值2585万元，同比增长4.11%。

社会事业 2019年，全镇教育事业投入43.6万元，学校9所，在校学生1683人，同比增加141人。闭路电视用户1791户，同比增加120户。镇卫生院病床30张，医务工作人员13人。村卫生所6个，乡村医生13人。新建混凝土道路11公里，老年人活动中心5个。95%以上的人口饮用自来水。

社会保障 2019年，全镇享受低保218人、五保32人，发放低保金104.27万元、五保金28.66万元；参加新农保7526人，参保率98.5%，享受基础养老村民2398人，发放养老金289.78万元；参加新农合1.25万人，参保率99.5%，缴存医保基金313.6万元。

【龙溪村美丽乡村建设】 2019年，奇韬镇龙溪村班子成员女子化，开展美丽乡村建设，建成综合性文化中心1座，筑文化墙150平方米；成立女子清洁家园服务队，拆除旱厕、猪圈、鸡舍等乱搭盖建筑31座；完成“裸房”整治8座、危房改造3座、三格化粪池改造23户，提升龙溪村民人居环境。

【莆炎高速公路土地征迁工作】 2019年，奇韬镇完成莆炎高速公路、施工便道征迁工作，安置好拆迁户28户、征收耕地、林地269亩，调解纠纷13件，确保莆炎高速公路项目建设用地需要。

【“五龙鼎珠”社区一期工程完工】 2019年，奇韬镇顺应农村城镇化趋势，按规划建设“五龙鼎珠”新型农村社区。至年底完成一期90座房屋的雨污管道建设和强弱电下地基础工程，第一、二批次共72座房屋主体已全面完工，在社区内规划有民俗文化馆、社区医疗服务站、老年人活动中心等场所，周边配有太平寨公园、汽车客运综合服务站等公共服务设施，着力打造高标准高质量的新型农村社区。

（廖永靖）

屏山乡

【概况】 2019年，屏山乡区域面积106.34平方公里，辖村13个，村民小组150个，3972户、1.53万人。乡财政收入697.58万元，与上年持平。农村居民人均可支配收入1.58万元，比上年增长0.7%。获得全县年度工作生态农业、旅游经济类乡镇综合考评先进单位三等奖。3月12日，13个村签订乡“生态环境保护目标责任书”，乡村干部带头，全乡栽植胸径3厘米以上树木3万多株。4月24日，三明市精神文明建设指导委员会恢复屏山乡第十三届市级文明单位资格。7月4日，福建江夏学院设计与创意学院和福建茶天下度假旅游开发有限公司大学生校外实践教学基地在大仙峰·茶美人景区挂牌。7月11日，内洋村罗荣桓旧居被列为全市首批分级保护红色遗址，为县级三级文物保护单位。

农业 2019年，全乡耕地面积623.87公顷，其中，水田578.73公顷，旱地46.14公顷；农机动力4598千瓦，粮食产量4782吨，同比下降0.5%；出售生猪2199头。茶园面积1066.7公顷，年产毛茶800吨。农林牧渔业总产值3.18亿元，同比增长40.71%。林地面积8080公顷，当年造林27.6公顷，森林覆盖率75.55%；农民专业合作社63个，社员191人。5月6日，台资企业福建省富田青创农业发展有限公司在瑞美村落户，注册资金6000万元，主营蔬菜种植、茶叶种植加工、休闲观光旅游等。年底台资企业3家。11月，山瓜瓜农业发展有限公司新奇特水果农业产业化联合体示范推广项目，在农业农村部举办的全国农业创业创新大赛获三等奖。

工业 2019年，全乡有福建大田大方广茶业有限公司、大田县高峰茶业有限公司、福建省一方茶业有限公司规模以上农产品加工企业3家，职工1337人，固定资产10.2亿元，总产值6.5亿元，同比增长18%；销售收入3.59亿元。

第三产业 2019年，屏山乡集贸市场面积220平方米，固定摊位60个，集市贸易额903万元，同比下降0.6%，社会消费品零售额1936.2万元，与上年持平；个体工商户396家，其中商业户385家、餐饮业13家；金融服务网点2个，第三产业增加值724万元，同比增长0.5%。2月11日，由省茶叶学会、台湾地区茶协会、省1537自驾游营地股份有限公司、台湾地区东南亚收藏协会四家联合主办的“2019年闽台茶旅房车打卡赛”，首站到大仙峰茶美人茶旅融合示范点巡游打卡，全省旅友团队200多人、近30部房车参加。7月6日，“清新福建·绿都三明四季行—大田高山茶海跑”活动在大仙峰·茶美人景区举行，三明、泉州等地长跑协会近千名运动员完成16公里高山茶园主题约跑和8公里生态茶园越野跑，并举行AAAA级景区授牌。大仙峰·茶美人景区当年接待游客18.3万人次，年旅游经营收入208.7万元。

社会事业 2019年，全乡教育事业投入43万元，学校3所（幼儿园、小学、初中各1所），教职工68人，在校学生278人，同比增加2人。闭路电视用户225户，同比增加5户。乡卫生院病床15张，医务人员13人。村卫生所15个、村医15人。村道铺设混凝土路面15公里、拓宽10公里；集镇群众（老年人）活动场所600平方米。90%以上的人口饮用自来水。创建屏山乡"公共文化服务体系"，发展红色旅游文化和民俗传统文化等投入26万元。

社会保障 2019年，全乡享受低保村民887户、1837人次，发放低保金77.16万元；给特困群众779人次发放特困金54.9万元。参加农保4831人，参保率84.7%，收集农保基金111.11万元，为符合条件村民2518人，发放养老金397.94万元。村民参加新型农村合作医疗1.3万人，参保率100%，收集医保基金295.25万元。幸福院建筑面积1200平方米，床位数28张，当年入住17人。

【35千伏输变电工程投运】 1月21日，国家电网屏山35千伏输变电工程投运。2017年8月动工，起点110千伏吴山变，终点新建35千伏屏山变，线路长10公里，屏山变梯接35千伏温镇—济阳线，长0.4公里，总投资1851万元。工程投运结束屏山乡由一回10千伏线路长距离供电的历史，解决供电半径长、末端电压偏低和线路故障率高的电网薄弱问题，为中国高山茶主产区提供可靠电力保障。

【庆"三八"节活动举办】 3月8日，屏山乡为纪念第109个国际劳动妇女节，举办庆"三八" "巾帼追梦建新功·同心共庆七十年" 活动，表彰"五好家庭""最美庭院"13户、"先进工作者"5人；开展有奖问答、"畅享屏山美·大步奔小康"健步走等系列活动，乡直机关妇女干部职工、村妇联主席等30余人参加。

【茶美人景区批准为AAAA级】 6月5日，屏山乡大仙峰·茶美人景区被省旅游资源规划开发质量评定委员会批准为国家AAAA级景区，为县首个AAAA级景区。8月1日，该景区被市总工会、市文化和旅游局命名为三明市首批职工疗养基地。12月，被省"旅游+"质量等级评定委员会评为2019年省级养生旅游休闲基地。

【流动党员管理服务站成立】 6月12日，屏山乡在县电商产业园（福田路）成立县首个流动党员管理服务站，建筑面积100多平方米，投资5万元。设有便民服务、党员活动、党员议事、谈心谈话、调解说事等功能区，为流动党员教育管理、便民服务的党建综合平台。

【美人茶生产技术培训班举办】 6月17—18日，县农业农村局在屏山乡举办大田美人茶生产技术培训班，邀请台湾地区喜堂茶业股份有限公司总经理翁朝亮和制茶名师张庆泉，进行美人茶加工技术和审评技术、茶园生态防控技术等培训，县内茶农110余人参加。

【农林大学服务团队工作站成立】 6月，福建农林大学在"6·18"海峡成果交易会期间协同创新茶产业分院专家实地开展乡村振兴专题培训、茶园病虫防控及生产管理技术辅导培训，茶企（农）代表50余人参加。该校与福建省江山美人茶业有限公司在福州签订乡村振兴战略项目协议。7月6日，福建农林大学乡村振兴茶产业技术服务团队工作站，在福建省江山美人茶业（大田）有限公司挂牌成立；7月12日，该校乡村振兴花果全产业链三产融合服务团队工作站，在福建山瓜瓜农业发展有限公司成立。

【内洋乡村旅游开发项目签约】 7月13日，福建彩奇泉旅游发展有限公司与屏山乡内洋村委会签订《屏山乡内洋乡村旅游开发项目协议书》，计划投资6000万元，分三期建设，3—5年内完工，规划在内洋村"水尾"处建设红色文化旅游拓展区、2.67公顷花海和旅游水滑道漂流体验区、民宿文化旅游度假区、水尾河道、人工湖、原始森林公园、大峡谷和瀑布观光体验区、游客服务中心和儿童游乐园等。

（林　慧）

济阳乡

【概况】 2019年，济阳乡面积66.43平方公里，辖村12个，村民小组113个，总户数2936户，总人口9515人。乡财政收入366.22万元，比上年增长3.5%。乡政府被评为全省"七五"普法中期先进集体，济阳乡获省文化和旅游厅、省气象局指导评定的首批"清新福建·气候福地"避暑清凉福地称号，济中村被省文化和旅游厅评为首批"金牌旅游村"、省级乡村振兴试点村，上丰村被列为第五批中国传统村落。

农业 2019年，全乡耕地面积447.73公顷，其中，水田377.33顷，旱地70.4公顷，茶园面积522.5公顷，同比增长0.69%，产量3962吨；生猪出栏5823头；肉兔出栏5.3万只。林地面积4936.71公顷，当年造林26.87公顷，森林覆盖率74.71%。全乡培育农民专业合作社12个、社员179人，带动社员人均增收2.1万元，其中农机合作社1个（济山农技合作社）、社员26人，机耕推广率62.08%。固定资产投资5000万元以上企业有福建绿田生态农业有限公司、大田县岩农生态农业有限公司，主要产品茶油、生猪，产值800万元。11月，引进泉州客商初阳农业发展有限公司产业化及生态种植综合开发项目，投资3.3亿元，至年底完成国土、农业、发改等部门审批，进行厂区设计。

工业 2019年，全乡工业企业23家，其中规模以上企业5家。完成工业总产值15.32亿元。规上企业大田县海汇新型建材有限公司，年生产3700万块砖，产值2050万元，当年实施年产1.2亿块（折标）煤矸石页岩综合利用机制砖生产线技改，投入资金0.6亿元；新引进凯沃中高端铸件生产加工及整机装备建设项目，落户上京工业园区，投资6200万元，完成土地摘牌和图纸设计。

第三产业 2019年，济阳乡集贸市场面积600平方米，固定摊位20个，年交易额418.88万元；个体工商户78家，其中商业20家、餐饮业6家；金融网点1个；机动车256辆（客车2辆、卡车75辆、小汽车156辆、农用车13辆、拖拉机10辆），同比增加23辆；旅游业投资850万元，同比增长12%，营业收入475万元，同比增长6.7%。固定资产投资5000万元以上企业有大田县凯烨贸易有限公司，乌山头农业休闲观光有限公司2家，规模以上服务业有大田县济山旅游发展有限公司、福建省马力展览有限公司2家。当年引进灵动济阳·问佛景区建设和灵动济阳·灯光小镇2个项目，投资4000万元。10月1日，灵动济阳·灯光小镇项目开业，开启济阳夜游新经济，为国庆节网红打卡地，试营业三天，每天游客达万人。12月，流转花田氧吧4.67公顷，种植四季花卉，引入儿童乐园和安装多彩风车30万支，供游客四季观赏。

社会事业 2019年，全乡投入教育事业资金330余万元，中小学1所，幼儿园1所，在校生535人，同比减少40人。在建职工宿舍楼，占地465平方米，建筑面积2315平方米。卫生院建筑面积1236.5平方米，有B超、生化仪和尿液、血球分析仪及心电图等诊疗设备，病床10张，医务人员9人；村卫生所7个、乡村医生5人。扩建乡村道路5.04公里，设置错车道10个；群众（老年人）活动场所面积1000平方米。12月，乡政府建设笼式篮球场726平方米（33米×22米），配置标准篮球架、安全简易看台，四周安装整体框架式围网和观光系统。

社会保障 2019年，全乡享受低保的村民94户216人、五保31户33人，发放低保金9.02万元，为9户村民发放救灾救济金8500元，为58户村户发放临时救助金16.3万元；参加城乡居民医疗保险6967人，参保率98.28%，收集基金191.7万元。参加城乡居民社会养老保险5349人，收集基金73.2万元，享受基础养老金村民1441人，发放养老金225.6万元。养老院床位40张，入住16人。幸福院建筑面积200平方米，床位数3张。

【山水艺术品在京展出】 4月10日，济阳国画院在北京恭王府举办“古韵烟岚—济阳山水艺术精品展”8天，展出40余件济阳山水画作品，到场参观的中外游客近万人。

【亚行项目开工】 5月，济阳乡亚洲银行建设项目一期开工，总投资540万元，铺设自然村混凝土道路8公里，建漫步道5公里、排洪沟2公里等，使济阳、济中连片古村落互通。12月，二期项目总投资1500万元，济阳至泮林四级公路双车道拓宽至6.5米宽，路面混凝土和自来水厂改造等完成挂标。

【问佛·民宿建设】 6月，济阳乡在济阳村开工“问佛·民宿”建设，总投资900万元，至年底建成观景台1处、游客接待中心900平方米、停车场220平方米、漫步道2.2公里和水厂，完成10座全景玻璃房40平方米安装。

【共建教学实践基地协议签订】 7月9日，济阳乡与福建江夏学院、泉州华光职业学院等院校签订教学实践基地共建协议，由校方投资修缮龙榜堂、阳中堂等古民居作为学校实训基地。

【国庆70周年活动】 9月14日，厦门黄道周书画院10余人组织“走进济阳”笔会活动，进行灵动济阳—书香古村作品创作。9月30日，济阳乡干部职工参加快闪视频创作和拍摄，庆祝中华人民共和国成立70周年。

【涵德书院落成】 12月27日，济阳乡涵德书院落成，举行祭孔仪式和首期“幸福家庭 圆满之道”公益讲堂，书院为乡贤郑红莲历经两年半将破败祖房“晋笏堂”修整改造而成，投入30万元。

（邱 悦 杨开茅）

谢洋乡

【概况】 全乡面积115.13平方公里，辖14个行政村，91个村民小组；总户数2081户、总人口7959人。乡财政收入1035万元，比上年增长10.29%。当年，谢洋派出所所长吴祥江获由中共中央、国务院、中央军委颁发的“庆祝中华人民成立70周年”纪念章。

农业 全乡耕地面积746.67公顷，其中水田面积524.8公顷。主要农作物水稻种植面积524.8公顷，产量3369吨；茶叶种植面积414.2公顷，年产量1291吨。出栏生猪7202头、鸡16.25万羽、鸭3.47万羽、兔11.44万只、牛153头、羊624头。林地面积1.16万公顷，造林49.2公顷，森林覆盖率82.07%（全县首位）。农林牧渔业总产值2.73亿元，比上年增长21.68%。农业专业合作社35个，社员169人，经营性收入45万元。

工业 2019年，全乡工业企业2家，均为规模企业，产值2.96亿元。主要产品茶叶、铅锌矿，年产量分别为5.43吨、9391吨。

第三产业 2019年，全乡个体工商户115家，其中商业112户、餐饮业3户。金融网点数1个。运输车辆586辆（中型客车1辆、小汽车199辆、载货车386辆）。社会消费品零售额875万元。当年，坑口生态旅游开发建设项目开工建设。

社会事业 2019年，谢洋乡教育投入766万元，教职工51人、在校生166人（小学生78人，初中生36人，幼儿生52人）。卫生院建筑面积280平方米，病床数8张，医技人员7人，配备有大生化、心电图、B超等诊疗设备。村卫生所12个，乡村医生12个。碧山村、三角尾村新拓宽道路5.53公里，仕福村、三角尾改建道路2.57公里，新建错车道61个，总投资185万元。群众（老年人）场所面积2500平方米。

社会保障 2019年，全乡低保户、五保户共238人，发放保障金154.08万元。参加新农保4277人，缴交基金78.7万元，1295人领取保障金2047.02万元。参加新农合6862人，缴交医保基金171.55万元，参保率98.9%，4300人次获补偿金额68万元。幸福院4所，建筑面积2000平方米，床位40张，入住14人，主要设施有消防设备、厨房、卫生间、洗衣机、电视、床、柜子等。

【饮用水源保护区综合治理】 2019年，谢洋乡继续开展坑口水库饮用水源保护区综合治理及搬迁安置，签订搬迁安置协议124个、210户，占任务97.7%，拆除房屋37座。实施坑口水库一级保护区及大仙峰自然保护区内生鸡养殖清理，清理生鸡10.5万余羽，拆除鸡舍33家、1.25万平方米。9月，该项目被增列为“省政府2019年第二批参照省重点项目管理”的项目。

【产业发展新进展】 2019年，谢洋乡培育大田县南鑫矿业有限公司，前期投资1300余万，年产值0.31亿元。培育限上贸易企业福建群烨贸易有限公司。坑口生态旅游开发建设，完成景区漫步道、木屋、垂钓中心、观光休闲屋、夜景灯、耕牛雕塑、“坝王别居”装修及其他基础配套设施建设，流转闲置土地1公顷用于木槿花种植。

【各类茶赛获奖】 2019年，谢洋乡在大田美人茶斗茶赛、大田县秋季茶王赛、大田县秋季茶王赛、第十五届林博会茶王赛、海峡两岸春季茶王赛等赛事评比中，共获金奖3个、银奖3个、铜奖13个。

【基础设施建设】 2019年，谢洋乡实施农村电网改造升级工程，谢洋35千伏变电站完成选址；仕福村、三角尾村、谢洋村等3个村农村公路铺混凝土路面2.5公里；实施蕉坂村、珍山村、和春村自来水改造工程；完成大田至谢洋城乡客运一体化线路开通运营；完成集镇饮用水新水源勘探取水工程，解决集镇饮用水供需矛盾。

（叶生涛）

武陵乡

【概况】 2019年，全乡面积107.83平方公里，辖有9个行政村，村民小组94个；户籍数3713户，总人口1.3万人。乡财政收入1055.84万元，其中专项收入300.6万元。完成农业综合开发项目，总投资650万元。2019年，获评市级征兵工作先进单位、市级农机先进乡单位、2016—2019年度县级先进基层党组织，并在2019年度综合考评中获得二等奖。

农业 2019年，全乡林地面积6270.84公顷，当年造林76公顷，森林覆盖率69%。耕地面积829.74公顷，其中，水田面积483.5公顷。农作物播种总面积1454.07公顷，其中，种植谷物443.33公顷、产量2890吨，薯类140.13公顷、产量641吨，烟叶47公顷、产量73吨，蔬菜745.53公顷、产量2.63万吨。主要特色产品有雪山萝卜、食用菌，年产量分别为1.31万吨、244吨。出栏生猪7200头，出栏肉兔17.17万头，出栏牛195头、羊972头。农林牧渔总产值2.8亿元、比上年增长4.63%。拥有农机总动力6000千瓦，机耕面积80%。农民专业合作社33个，社员415人，经营性收入330万元。

工业 2019年，全乡企业35家，工业总产值20.25亿元（其中规模以上企业6家，产值18.43亿元、同比增长29.33%），固定资产2.15亿元。武陵大石工业园区以铸造产业为主，产品有消防设备及矿山机械铸件等。当年，新增绿佳木业竹子加工技改项目，改造厂房5000平方米，新建厂房5000平方米，年可加工竹子10万吨、年产1.5万吨机制炭的生产线2条。

第三产业 2019年，全乡集贸市场面积2000平方米，固定摊位30余个，年交易额2501.7万元，同比增长4%。新增个体工商户57户，其中商业56户、餐饮业1户。社会消费品零售额5001.4万元，同比增长4.2%；金融机构服务网点1个。运输车辆42辆。第三产业增加值3865.2万元，同比增长5.8%。

社会事业 2019年，全乡学校4所（中学1所、小学3所），教职工71人、在校学生813人。全乡教育事业投入39.43万元，其中教育基金会投入28万余元。武陵中心幼儿园项目开工建设，计划投资1000万元。武陵卫生院建筑面积1289平方米，病床数16张、卫技人员11人；配备血生化仪、血常规、尿常规、电解质分析仪、心电图、B超、自动洗胃机、健康体检一体机等诊疗设备。村卫生所（室）10个、乡村医生11人。完成武梅线（武陵至上岩）修复、拓宽，以及百束村道扩宽、大石小坑道路硬化、雪山道路硬化等20余公里；全乡9个村均完成“健身康乐家园”创建，群众（老年人）活动场所1950平方米。

社会保障 2019年，全乡低保户84户198人，发放低保金79.82万元；五保户49户52人，发放生活费、护理费54.94万元。参加新农保3522人，缴交基金70.08万元，1769人领取基础养老金265.65万元；参加新农合1.06万人，缴交基金233万元。敬老院床位40张，入住21人；幸福院3所，建筑面积约2000平方米，床位10张，配有娱乐室、健身室、休息室等6室。

【武陵中心幼儿园项目动工】 6月，武陵乡中心幼儿园项目动工建设，位于武陵乡武陵村。占地面积8332.5平方米，其中，建筑面积1098.01平方米，建设教学楼、门房、附属配套设施及接送广场。

【水土流失综合治理项目建设】 2019年，武陵乡政府在大石村实施水土流失综合治理项目，总投资145万元。打造安全生态水系1390米，新建生态护岸661米、亲水步道597米、亲水台阶1处，新建拦水坝4座，河道621米，建设水保生态园2个。

【集镇污水处理工程建设】 2019年，武陵乡实施集镇污水处理工程，计划投资1980万元，桃溪村、百束村新建污水处理厂2座。当年完成污水配套管网改造设计。

【乡村旅游项目完善】 2019年，武陵乡利用大石、仕洋村自然资源，持续完善三漈潭森林公园、油菜花观光基地4.67公顷、荷花观赏基地2公顷等乡村旅游项目，打造集“下地采摘、上山观瀑、休闲垂钓、亲子互动、美食体验”为一体的乡村旅游胜地。改造大石游客服务中心，新建旅游公厕3个，安装旅游标识系统。完善旅游基础设施建设，硬化道路5.7公里，新建下尾桥1座。美化村庄环境，整治裸房23座，整治、修建水渠2.3公里。8月，五彩大石旅游景区被评审为国家AAA级景区。

【雪山萝卜深加工】 2019年，武陵乡加大对“雪山萝卜”国家地理标志证明商标和省级名牌产品价值挖掘力度，扶持壮大雪山萝卜产业，引进晋大农业有限公司，在武陵雪山标准化种植萝卜基地33.33公顷，建设标准化生产厂房3万平方米，蓄水池2个1500立方米，工人农用房7个，雪山道路铺设混凝土路2.8公里、扩宽1公里。

【红色文化遗址保护】 2019年，武陵乡加大对红色文化遗址保护力度，投入130万元完成林鸿图（烈士）故居及其周边环境的整治提升项目，修缮林鸿图故居—中孚堂主房，对其2间附属房按原貌进行重建，拆除周边危房2座，绿化故居道路及整治河道各300米，并在故居路口设立红色文化地理标识；修建景观廊桥1座，休闲仿木栈道300米。

（罗 程）

文江镇

【概况】 2019年，文江镇总面积112.71平方公里，辖村20个、村民小组122个；总户数5384户、总人口2.31万人。镇财政收入799.01万元，比上年增长25.85%。争取上级扶贫资金56.72万元并对已脱贫的建档立卡贫困户186户、608人继续帮扶。

农业 2019年，全镇耕地面积2187公顷，其中水田1093公顷。水稻种植692.27公顷、产量4532吨，甘薯种植209.13公顷、产量967吨，马铃薯种植131.53公顷、产量309吨，黑米种植26.67公顷，产量100吨，蔬菜种植805.2公顷、产量2.5万吨。出栏生猪6491头，出栏肉兔21.01万头，出栏鸡11.52万羽、鸭7.73万羽。林地面积8800公顷，造林147公顷，森林覆盖率71.47%。农林牧渔业总产值4.91亿元，同比增长10.34%。拥有农机总动力1.19万千瓦。农民专业合作社44个，社员288人，经营性收入350万元。

工业 2019年，全镇企业60家，其中，私营企业46户、内资企业14户，比上年增加3家，职工总数1158人，固定资产13.1亿元。工业总产值5.78亿元，实现利税4350万元，其中规模以上企业有振鸿煤矿和兆丰矿业，完成工业产值5.27亿元。当年引进大田县腾跃箱包有限公司、福建博德眼镜有限公司、福建福道鑫汽车服务有限公司，大田县橄榄树幼儿园有限公司等4家企业，总投资额2.06亿元。

第三产业 2019年，全镇社会消费品零售额1.68亿元，同比增长2.98%；集贸市场面积2800平方米，固定摊位78个，实现年交易额1.31亿元，同比增长3.15%；个体工商户280个，其中商业269户、餐饮业11户；金融机构1家、服务网点2个；第三产业增加值9902万元，与上年度持平。

社会事业 2019年，全镇教育事业投入983万元，其中，幼儿新建项目940万、捐资助学43万；校舍新增面积2850平方米，新建、改造面积2850平方米。初中1所、小学4所、幼儿园4所，教师121人、学生765人、幼儿入园296人；卫生院建筑面积2600平方米，主要诊疗设备有五分类血球计数仪、尿液自动分析仪、全自动生化仪、心电图机、DR机、彩超机等6台，病床30张，配备卫技人员17人。村卫生所20所、乡村医生20人；群众（老年人）活动场所面积2600平方米。

社会保障 2019年，全镇低保户160户、396人，发放低保金181.78万元；五保户54人，发放五保金48.02万元。参加新农保1.4万人，基金缴交280万元，3856人领取基础养老金623.92万元；参加新农合人数2.1万人，基金缴交252万元，支付1.5万人次医疗补偿费135万元。养老院1所，建筑面积450平方米，床位26床、入住7人，设休息室、棋牌室、观影室、健身房、阅览室。

【公共停车场建成】 1月，位于文江镇街道的公共停车场建成并投入使用，占地2495.12平方米，建设车辆停靠车位80个，总投资70万元。

【文江中心幼儿园建设完成】 9月，位于文江中心小学学生宿舍楼背后的文江镇中心幼儿园建成并投入使用，占地3145.66平方米，其中建筑面积735.99平方米，教学综合楼建筑面积2850平方米，总投资980万元，教学班9个，可容纳幼儿270人。

【集镇市场建设完成】 12月，位于供电所和国土所背后的文江镇集镇市场项目建设完成并投入使用，占地1366.15平方米，建筑面积926.19平方米，设计摊位22个，投资300万元。

【龙门战斗遗址入选县级文物保护】 12月，位于文江镇光明村的龙门战斗遗址被县人民政府纳入第十批县级文物保护单位。

【水利工程项目竣工】 2019年，文江镇完成闽江上游尤溪流域防洪二期工程（文江段）、投资3200万元；文江溪支流（民主溪）小流域整治等水利工程后续配套设施建设、投资700万元。2个水利工程涉及文江、朱坂、民主3个行政村，累计修建河堤10.4公里，两岸绿化10公里，沿面补植复绿54公顷。

（程 楠）

梅山镇

【概况】 2019年，全镇总面积204.43平方公里，辖村21个，村民小组187个，户籍数5963户，总人口2.59万人，其中非农业户282户、415人。镇财政收入2340.85万元，比上年增加64.59%。

农业 2019年，全镇耕地面积1163.7公顷，其中水田940公顷、旱地223.7公顷；农机总动力8856千瓦；粮食播种面积1227.47公顷，总产量9030吨，与上年持平；生猪出栏4746头；农林牧渔业产值5.1亿元，同比增加21.42%。完成造林更新78.1公顷、幼林抚育773.5公顷；沧洲村种植珍贵树种164亩；卓坑里库边绿化15亩。投入资金30万元。

工业 2019年，全镇工业企业180家（私营85家，个体95家），职工总数1304人，固定资产5.01亿元，其中规模以上企业3家；完成工业总产值1.8亿元，同比减少64.74%；固定资产投资8795万元。

第三产业 2019年，全镇社会消费品零售额3014万元，与上年持平；集市贸易额1510万元，同比下降11.79%。流通领域的国有、集体、私营企业115家；金融服务网点1个。第三产业增加值3836万元，与上年持平。全镇机动车381辆（客车33辆、卡车45辆、小汽车141辆、农用车102辆、拖拉机60辆），同比增加2辆。固定电话1510部，同比增加215部；移动电话1.6万部，同比增加10部。

社会事业 2019年，全镇初级中学1所、中心小学1所、初小6所，在校生1074人，其中，中学生270人、小学生804人，同比减少22人，小学义务教育入学率100%，初中巩固率99.2%；梅山初中学生考上大田一中高中13人，上线率4.8%。

人民生活 2019年，全镇农民人均可支配收入1.61万元，同比增长2.54%；农村居民人均住房49平方米，集镇居民32平方米；95%人口饮用自来水。

社会保障 2019年，全镇居民参加基本养老保险9398人，收缴城乡居民保险费213.39万元，参保率90.2%；为60周岁以上村民3723人，发放基础养老金598.22万元；村民参加新型农村合作医疗2.12万人，参合率97.8%；收集医保基金432.87万元，为1.68万人次支付医疗补偿费182万元；享受低保380人，发放低保金192万元；镇卫生院病床20张，医务人员14人。

【梅山溪生态治理项目动工建设】 2月，梅山镇梅山溪生态治理项目动工，建设生态护岸8公里，河岸绿化12公里，河道清淤5.5万立方米。项目总投资3000万元，其中中央预算内补助资金640万元，省市县财政补助920.79万元，镇自筹1439.21万元。至年底，该项目已完成生态护岸建设6.27公里，河道清理1.77万立方米，河岸绿化3.5公里，完成投资1400万元。

【集镇河道治理项目动工建设】 6月，文江溪梅山段集镇河道治理工程项目动工，河道整治4.5公里，河岸清淤3.86公里，新建护岸3.876公里、堤防0.322公里、排涝涵管3处。项目总投资2691万元，其中上级补助1649万元，地方配套、自筹300万元。至年底，该项目已完成防洪堤332米、护岸3.88公里、排涝涵管3处，河道清理3.86公里，完成投资1279万元。

【集镇建设】 2019年，梅山镇完成集镇污水垃圾处理设施、路灯亮化安装、休闲亭建设。铺设污水管网4228米、雨水管网1472米；建设污水井134座、雨水井54座、雨水口50座；配备垃圾车33辆、果皮箱200个、垃圾桶1000个；安装河边休闲道路路灯180盏、村道路灯150盏；新建休闲亭6座。投入资金1260万元。

【村级饮水工程建设】 2019年，梅山镇完成长坑、西坑、黎坑3个村自来水管道、水源改造修缮。其中，长坑投入6余万元，新建取水坝1个、铺设自来水管道700米；西坑投入7.6万元，新建100吨的蓄水池1个、铺设自来水管道700米；黎坑投入7万元，新建3吨的蓄水池2个、铺设管道600米。

（李丽娟）

前坪乡

【概况】 2019年，全乡面积48.6平方千米，辖村11个，村民小组55个，户籍数2244户，总人口8419人，其中，非农业户84户，148人；乡财政收入230万元，比上年上升53.33%；全乡农村居民人均可支配收入1.69万元，同比增长5.9%；村民人均住房80平方米，集镇居民28平方米；当年，开展扫黑除恶和电信网络新型违法犯罪打击专项行动，创建“六无村”（零上访、无重大刑事案件、无治安事件、无毒、无邪教、无群体性事件）5个，获大田县平安先进乡（镇），商贸经济类乡（镇）综合考评良好。

农业 2019年，全乡耕地面积542.6公顷，其中，水田206.27公顷，旱地340.33公顷；农机总动力6012千瓦；粮食播种面积809.7公顷，总产量3158吨，同比增长2.66%；果树种植面积58.67公顷，产量1016吨；生猪出栏3205头；拥有手扶变形机械21辆，微型耕整机80部；全乡森林面积3220公顷，农林牧渔总产值1.47亿元，同比4.25%，主要农产品有优芬鸡蛋、高峰金姜、生态油茶、乡下美人茶等。

工业 2019年，全乡企业322家（其中集体企业1家，私营企业58家，个体企业263家），职工总数2334人，其中规模以上企业15家；完成工业总产值57亿元，同比增长6.47%；工业固定资产4.89亿元，销售收入22.3亿元，实现利税7954万元。引进项目6个，总投资5.5亿元，通过“以商招商”宣传推介，引进晋江市创华铸造机械有限公司铸造机械建设项目，总投资1亿元。

第三产业 2019年，全乡社会消费品零售额658万元，集市贸易额884万元，均与上年基本持平。流通领域的国有、集体、私营企业128家；第三产业增加值5000万元，同比增长0.21%。金融服务网点1个。全乡机动车132辆（卡车84辆，农用车48辆）；移动电话5236部，同比增加285部。

社会事业 2019年，全乡教育事业投入6万元，各类学校4所，教职工72人，在校学生423人、幼儿入园51人；闭路电视用户364户；乡卫生院建筑面积1150平方米，病床6张，医务人员9人。村卫生所4个，乡村医生8名；新建、改建乡村道路13.8千米；群众（老年人）活动场所面积1358平方米。

社会保障 2019年，全乡居民参加基本养老保险3077人，参保率84.23%；为60周岁以上村民1003人发放基础养老金148万元；村民参加新型农村合作医疗6416人，参合率100%；收集医保基金160.4万元，为6013人次支付医疗补偿费29.42万元；享受低保58户156人，五保20人；幸福院建筑面积600平方米，床位7张；敬老院建筑面积260平方米，床位8张，入住人数8人。

【生态建设】 2019年，前坪乡完成福建省公安厅挂牌督办的沈宏矿业直排工业废水问题整改销号；银顶格—川石矿区山水林田湖草生态修复项目A标段完成土方回填3万立方米、石砼浇筑2200立方米、挖填土方4.5万立方米；全年开展环保专项督察2次，环保检查167次，发现生态环境安全隐患12处，截至年底已全部完成整改、停产整顿企业1家。

【创辉农业蛋鸡产业化项目完工】 2019年，前坪乡创辉农业蛋鸡产业化项目新增投资1.03亿元，建成育雏厂房3幢、育成厂房6幢，存栏蛋鸡30万羽，日产蛋15吨以上；饲料加工厂、蛋品库、有机肥加工厂、千吨玉米罐、职工食堂和宿舍，投入使用；企业与福建农林大学动物科学院签订共建实践教学基地协议，厂区作为农林大研究生校外实践基地。

【鑫鹭峰实业股份有限公司破产重整】 2019年，前坪乡开展福建鑫鹭峰实业股份有限公司破产重整工作。至年底，光正大律师事务所完成前期资料调查，三明市中级人民法院立案受理转破产程序，与湖南意向重整方嘉禾铸友有限公司签订初步合作协议。

【脱贫攻坚项目见成效】 2019年，前坪乡累计发放扶贫小额信贷320万元，发放产业扶贫资金98.952万元，带动贫困村和贫困户增收39万元；建成造福工程易地搬迁新房20座，发放建房补助150.9万元；全乡建档立卡贫困人口60户176人全部脱贫，2个贫困（空壳）村全部摘帽。

【上地村美丽乡村建设】 2019年，前坪乡上地村争取上级部门资金439万元，完成小河坝建造27个、路灯亮化120盏、路面水泥硬化1.6公里、饮用水蓄水池3个、小型停车场1个、党建公园1座，村部修缮、周边环境整治、康乐家园修缮、裸房和生态污水改造；邀请福建工程学院教授到村调研，聚焦村中原始森林、特色老屋等资源，规划原始森林参观、民宿旅游和避暑山庄等旅游项目，打造"知青故里"人文特色，培育新的经济增收点。

【上地跑山鸡】 2019年，上地村引进江西跑山鸡品种开展专业养殖，通过佳田农业开发有限公司对接东部战区陆军和中铁一局厦门分公司进行销售4000余只，销售额20余万元。跑山鸡外形美观，体型紧凑，尾羽高跷，呈元宝型。养殖过程中，让其自由啄食林地昆虫，不喂混合饲料、添加剂、激素等药物。养殖周期200天左右，崽鸡进行阉割后饲养，成鸡重量1.5—2公斤。鸡肉胴体丰满，切面光亮，有弹性，肉风味独特，肉质细嫩，鲜香味浓郁，富有浓厚的野味特点。跑山鸡含有人体所必需的氨基酸21种之多，其中有多种是人体自身所无法合成的，符合世界卫生组织规定的氨基酸模式。

（张知瑞）

湖美乡

【概况】 2019年，全乡总面积142平方公里，辖行政村16个，村民小组107个，户籍数4013户，总人口1.53万人，其中非农业237户、442人。乡财政收入812.35万元，比上年增长1.1%。

农业 2019年，全乡耕地面积432.6公顷，其中水田302公顷、旱地132.6公顷；粮食总产量4496吨，同比增加0.07%；全乡农林牧渔总产值1.89亿元，同比增加2.1%。

工业 2019年，全乡工业企业34家（集体企业4家，私营31家），职工总数815人，固定资产6000万元；完成工业总产值4.15亿元，同比增加0.25%；销售收入2.46亿元，实现利税3200万元。全乡有三资企业4家，总投资12050万元。

第三产业 2019年，全乡社会消费品零售额984.3万元，同比增加2.2%；集市贸易额6000.35万元，同比增加0.12%。流通领域的国有、集体、私营企业及个体工商户286家；有金融服务网点1个。第三产业增加值达2958万元，同比增加0.44%。全乡拥有机动车442辆（客车3辆、卡车31辆、小汽车344辆、农用车51辆、拖拉机13辆），同比增加47辆。固定电话196部，同比减少208部；移动电话7901部，同比增加48部。

人民生活 2019年，全乡农民人均纯收入18408元，同比增加2.1%；农村居民人均住房52平方米，集镇居民33平方米；每百户拥有洗衣机88台、自行车33辆、电视机165台、电冰箱74台、摩托车98辆；98%的农户用上液化气、电磁炉、沼气池。

社会事业 2019年，全乡教育事业投入99.8万元，有各类学校6所，在校学生619人，减少48人；全乡有闭路电视用户459户，减少25户；100%的人口饮用自来水。

社会保障 2019年，全乡居民参加基本养老保险556人，参保率128%；村民参加新型农村合作医疗1.1398万人，参合率98.5%；享受低保266人，发放低保金11.4468万元；乡卫生院病床12张，医务人员10人。

【国道纵五线建设】 2019年，全面完成国道纵五线征迁任务，涉及78座房屋、92座附属房、3家企业、1046亩土地。

【水生态修复】 2019年，实施水库生态环境整治，总投资986万元实施闽湖水生态修复（二期）工程，总投资1.17亿元实施闽湖流域环境综合治理项目，国控高才断面水质持续稳定达标。

【美丽乡村建设】 2019年，投入450多万元实施高才村休闲场所项目，拆除违章搭盖50余处，裸房整治20座，建设环湖步道1.6公里、休闲凉亭1座、驿站1座、景观亭1座、文化长廊1000平方米、绿化美化工程1000平方米。

【民生事业】 2019年，投资2700万元的35千伏变电站完成选址设计、征地；投资1000万元的湖美中心幼儿园动工建设；投资350万元的夕阳红闽中康养湖美分中心（二期）基本完工；投资180万元实施旺建小流域治理项目；投资315万元拓宽硬化道路7.8公里；大力开展人居环境整治，集镇存在多年的乱搭乱盖、占道经营等得到基本整治。

（张婉婷　郑祥阵）

县城社区

【概况】 2019年，大田县城区管理工作办公室（简称县城区办）辖社区居委会8个，面积12.11平方公里，户籍人口1.53万户4.15万人，流动人口2.99万人，辖区内共建单位172个。社区工作者45人。党支部8个，党员794人，外出流动党员334人，当年新发展党员8人。个体工商网点3850个，非公有制经济组织和新社会组织392个。全年调解处理各类矛盾纠纷98起。做好就业和社会保障工作，下岗人员再就业507人，困难人员再就业191人，城镇新增就业人员实现就业503人；组织待业青年136人参加县人社局技能培训。

参加城镇居民养老保险续保 865 人，新增参保居民 129 人；参加城镇居民医疗保险 1.16 万人，新参保 832 人。

【住宅小区管理】 2019 年，大田县城区住宅小区 59 个，其中有物业管理小区 19 个（成立业委会小区 16 个），封闭式管理小区 29 个，开放式小区 11 个，文明安全小区 18 个。社区充分利用社区网格化管理手段，对各小区实行社区工作者包片区治安制度，每个片区由相对应的网格员具体负责联络各小区的治安工作，小区的治安主要依靠物业公司的保安人员和门卫人员进行监督和检查，形成小区网格员、楼栋长、小区保安员三级治安防范网络。在小区管理方式上探索社区、辖区单位、家园理事会（业主委员会）等“三位一体”管理模式，形成社区共建、资源共享的工作格局。社区充分调动热心业主的积极性，协助小区成立业委会，使小区实现自我管理，形成“人人为我，我为人人”的良好氛围，推动小区向好发展。

【“三社联动”机制试点】 2019 年，赤岩社区委员会被列入 2019 年“三社联动”（社区、社会组织、社工）社区治理项目市级试点建设单位，并获得 10万元省级补助资金。“三社联动”机制，以社区为基础平台以社会组织为服务载体，以社会工作为专业支撑，以满足居民需求为导向，把矛盾纠纷化解在基层。为 26 户弱势群体服务对象设立入户探访信息跟进表，其中建立一对一个案帮扶 4 户；开展“三社联动 + 周末课堂”5 期，参与学生 26 人次，家长 8 人次。

【惠民政策落实】 2019 年，县城区办关心弱势群体，把各类惠民政策落到实处。至年底，社区低保对象共 147 户 232 人，特困户 5 户 5 人。为 32 个家庭申请大病救助资金 6.7 万多元，慰问下岗困难对象 147 人。社区有残疾人 487 人，其中重度精神残疾 69 人，有暴力倾向 3 人。为重度残疾人申请免费轮椅 5 辆；为 8 名残疾人或残疾人子女各申请到助学贷款 5000 元。

【老年人工作】 2019 年，县城区办开展居家养老特色工作，保障老年人权益。文昌、赤岩、仙亭、南街 4 个社区以“立足社区、面向老人、专业服务”为特点，加强社区居家养老服务站建设。投入 235 万元按三星级标准改造老年人日间照料中心 1200 多平方米，65 位老人入住。为 37 名高龄老人办理高龄津贴，提高老年人的生活水平。

【网络化管理】 2019 年，县城区办把平安网格创建工作同加强社区组织建设相结合，将辖区划分为 81 块网格，选择政治素质强的社区党员担任网格长，发动各楼栋长参与，现有网格化志愿者（或网格员）193 人，楼栋长 265 人，联系居民 1.29 万户。常态化管理和服务辖区人口，及时反映本楼栋居民生活需求、困难和问题。发放平安社区建设各种宣传材料 4 万余份，受加强社区矫正对象 38 人的管理，安置帮教对象 94 人。

（章开苗）

2019年大田县村级概况表

表9

乡镇别	村别	村民小组（个）	户数（户）	人口（人）	耕地（亩）	村财收入（万元）	党支部书记	村委会主任
均溪镇	红星	19	1551	6577	656.68	408.19	杨善芬	杨善芬
	玉田	21	1357	5685	334.8	280.23	范联中	范先右
	福塘	18	1185	4790	260.12	26.19	陈有桂	陈上国
	金岭	4	159	691	832.21	8.12	陈其秘	陈其秘
	宋京	8	542	2295	918.18	10.36	范永烨	范祯照
	良元	6	243	1118	536.45	0.22	温如雕	温如雕
	郭村	5	190	755	361.63	19.61	柳书政	柳书政
	翰林	4	174	767	635.66	6.66	李勤寮	李勤寮
	温镇	8	693	2907	694.02	9.01	叶壮秀	温春开
	周田	4	413	1708	589.14	5.75	茅有浪	李代列
	许思坑	5	210	893	516.99	10.14	周以际	周以际
	建成	4	200	824	565.9	45.73	柳传宁	柳传宁
	东坑	12	447	1914	814.24	10.01	郑善池	郑祥眺
	金山	6	234	880	533.17	5.69	郑传宝	郑传宝
	上华	6	442	1917	1623.6	27.97	杨红专	杨宜森
	和丰	8	262	1069	797.07	5.55	周仲军	周仲军
	和丰坪	6	269	1094	982.8	7.58	周调汉	周调汉
	后华	6	235	965	551.51	9.34	严昌垓	严昌垓
	华坑	6	298	1235	479.43	5.71	丁宜相	乐光回
	上太	10	444	1827	1045.08	6.04	严景朝	乐光邓
	太山崎	7	232	1011	819.17	5.11	林善孝	林贤款
	大道山	3	97	428	386.6	5.1	周细琴	周细琴
	城东	7	919	4404	—	84.71	廖明镜	刘文广
	白岩	—	1706	4653	—	—	连荣诗	连荣诗
	文昌	—	1527	3871	—	—	唐清香	唐清香
	南街	—	1881	5432	—	—	刘晓玲	刘晓玲
	仙亭	—	2548	7131	—	—	陈玉音	陈玉音
	玉凤	—	2640	7233	—	—	张丽美	张丽美
	赤岩	—	1415	4036	—	—	陈春辉	郑淑梅
	东门	—	1404	3745	—	—	柳梅妹	郑爱萍
	镇东	—	1508	4291	—	—	林开发	林开发

续表 9

乡镇别	村别	村民小组（个）	户数（户）	人口（人）	耕地（亩）	村财收入（万元）	党支部书记	村委会主任
华兴镇	华安村	9	566	2044	816	174.31	郑新权	郑日炫
	仙峰村	12	481	1940	748	133.01	翁扬鑫	卢祥成
	早兴村	15	382	1474	779	88.27	卢开室	卢开室
	张乾村	11	267	1056	600	44.75	邱元增	邱元增
	杞溪村	7	168	680	326	33.96	陈捷选	陈捷选
	柯坑村	8	239	792	491	183.347	杨连怀	杨连怀
	横坑村	12	240	943	570	20.76	杨国事	杨国事
	京口村	17	736	3401	875	82.30	叶玉团	叶玉团
	昆山村	15	533	1803	788	49.29	程作谦	程作谦
	洪坑村	2	90	387	295	22.70	颜和富	颜和富
石牌镇	石牌	6	633	1742	512	32.1	陈亨国	陈亨善
	老厝	10	463	2007	453	75.09	陈华坚	陈学创
	上坡	8	305	1306	584	42.75	郑大温	黄兴煖
	马山	6	185	803	318	32.89	陈永运	陈立慎
	盖山	6	148	631	259	330.5	苏启锭	陈永分
	拱桥	5	129	477	369	67.23	苏亨武	苏亨龙
	石坑	7	191	730	526	64	陈祥碧	陈开法
	长溪	13	340	1442	512	37.37	李春华	李家棋
	小湖	13	466	2023	1061	92.84	乐景川	乐发广
	桃山	8	364	1536	1043	78.62	杜明旗	杜生芽
	桃坑	8	313	1475	1103	94.99	乐生杖	乐志炳
	鳌江	14	523	2337	1545	105.02	陈荣泰	吴文教
	三坊	10	335	1409	1071	92.95	乐建景	张有坂
	下洋	10	291	1218	460	68.84	魏起安	魏开仁
	龙坑	8	288	1197	645	30.59	乐成贝	乐丁代
	京程	5	117	480	391	34.74	池冬妹	刘起生
吴山镇	张坑村	3	78	332	438	164.47	章德固	章得樑
	锦山村	10	218	951	958	129.99	刘贵忠	刘贵忠
	科山村	9	170	698	1042	75.61	刘珍珊	刘珍珊
	程堂村	8	268	1133	594	43.99	陈兴繁	陈兴繁
	吴山村	21	845	2872	1414	111.14	陈生文	陈生文
	和洋村	6	177	698	214	23.83	陈德书	陈德书
	阳春村	17	401	1813	1387	368.54	林开安	林开安
	东埔村	4	338	89	502	21.88	林传丁	林传丁
	梓溪村	12	280	1130	630	58.22	林芳梓	林芳梓

续表 9

乡镇别	村别	村民小组（个）	户数（户）	人口（人）	耕地（亩）	村财收入（万元）	党支部书记	村委会主任
桃源镇	桃源村	11	1414	4630	3504	59.19	张福财	林玉窗
	西安村	10	356	1470	2589	14.77	郑和取	吴　嘉
	东坂村	9	225	890	1823	28.03	张吉清	巫叶星
	桥山村	6	180	777	925	7.43	郑得进	林传模
	翁厝村	8	405	1890	2640	26.15	翁文普	翁文东
	前厝村	3	287	1133	1368	10.06	郑英雄	郑烈垒
	前村村	8	230	925	1130	70.65	张兆良	张成周
	广汤村	7	590	2430	3280	27.45	俞上武	张钟伟
	杨坑村	6	224	939	1174	43.20	肖兆海	柯祖满
	上举村	4	146	613	547	10.19	肖先锋	肖先钦
	兰玉村	5	502	2149	2028	16.50	肖基武	肖锦进
	桃新村	3	172	645	230	13.89	郑永田	苏桂明
	桃林村	3	62	254	391	7.38	涂德热	涂景堤
上京镇	上京	18	728	3060	147	143.67	陈天利	陈乘耿
	上平	16	526	2533	1406	51.69	吴义腰	吴元全
	黄城	13	556	2479	2126	35.76	曾垂贤	陈兆治
	桂坑	9	275	1193	1302	25.1	肖文强	肖文强
	城口	9	286	1297	1065	28.75	黄来樟	黄来樟
	丰田	10	259	1270	1187	47.10	朱升本	朱升本
	南坑	5	170	742	691	20.01	吴琴凤	吴琴凤
	溪尾	8	174	816	555	23.81	魏祥坪	魏祥坪
	下溪口	10	318	1443	912	54.20	刘美宾	刘美锦
	溪口	11	482	2122	996	35.49	刘美万	刘开远
	三阳	6	370	1678	278	27.52	叶一忍	叶长久
	赤水	13	185	998	1091	132.38	魏祥胞	魏祥胞
	梅林	10	299	1610	675	105.80	田美依	田美依
	隆美	8	272	1228	473	155.47	田五九	田富量
	灵川	7	196	819	237	24.75	田民鑫	田民鑫
	延京	8	229	1036	511	61.51	陈初著	陈荣全
太华镇	群团	34	847	3633	3058	97.0	陈首烛	陈增旭
	太华	4	228	864	483	40.7	叶万新	田加坛
	华溪	7	297	1386	2175	30.0	陈传绍	陈首整
	高星	4	106	431	962	36.9	黄荣积	罗振忠
	小华	12	313	1357	1463	40.7	林新登	林新标
	温坑	12	305	1221	1154	99.0	连加益	陈兴泉

续表 9

乡镇别	村别	村民小组（个）	户数（户）	人口（人）	耕地（亩）	村财收入（万元）	党支部书记	村委会主任
太华镇	仕坑	10	336	1430	743	52.0	吴为堆	唐金湘
	魁城	18	854	3771	2924	71.9	连良钢	连佳接
	张地	6	208	951	803	43.3	连福朴	连宇体
	玉井	9	307	1249	1409	25.7	叶高专	黄春秀
	万湖	36	935	4000	4798	161.6	连仁昌	连广周
	西埔	10	387	1713	2063	20.4	乐忠维	郑正宣
	甲魁	8	209	893	1370	30.1	苏进电	苏进燎
	大合	12	287	1350	2194	33.5	廖明斗	廖生湖
	菖坑	7	179	775	1000	20.2	连善石	连良诗
	坑头	9	211	1037	759	11.3	周初柱	周初善
	汤泉	27	898	3636	3649	200.2	陈文峰	陈维善
	池元	8	225	1021	1749	20.1	陈代坦	苏立钗
	德安	8	293	1150	2027	24.6	陈开茂	陈克昌
	罗丰	14	483	2117	3621	57.5	高超广	方正焕
	黄沙	6	201	893	306	42.2	张流龙	张善灿
	锦溪	5	114	479	1062	30.4	周先继	周荣铭
	华山	8	249	1054	1819	10.4	章国首	章先篇
	潘车	6	167	775	541	23.2	郑占龙	郑占彻
建设镇	建爱村	12	585	2854	1069	37.7	黄文津	黄长造
	建忠村	12	711	3404	1413	10.55	陈昌沐	陈昌沐
	建设村	12	1042	4145	1764	23.74	李凤益	林起埜
	建强村	7	365	1867	712	22.7	池瑞建	池瑞建
	建民村	7	346	1691	733	10.03	郑宗分	李占在
	建丰村	10	727	3606	1684	5.19	高锦栖	高孝泥
	建乐村	9	533	2573	1185	5.03	高加禄	高加禄
	建国村	7	297	1415	752	13.64	田生炳	田生炳
	和平村	10	441	2178	1183	12.24	郑永镇	黄开座
	元山村	8	286	1426	102	5.39	池上专	池上专
	大同村	10	484	2369	1736	5.25	廖世连	吴作宪
	香浮村	3	122	529	588	5.03	周文舍	周文舍
广平镇	广平	1129	24	5450	3433.8	35.53	林维河	郭兆开
	五峰	469	12	1939	1128.6	10.48	蒋联文	蒋联文
	万筹	600	15	2752	1786.8	47.28	郑宣斌	郑恢宋
	万宅	269	5	1174	1597.35	42.64	余文敏	余文敏
	元沙	1326	27	6709	4164.45	10.51	张乃善	张玉成

续表 9

乡镇别	村别	村民小组（个）	户数（户）	人口（人）	耕地（亩）	村财收入（万元）	党支部书记	村委会主任
广平镇	苏桥	1454	23	7100	3044.85	55.71	詹恢显	廖新添
	铭溪	946	19	4477	1812.45	20.6	张裕森	池其胜
	栋仁	1176	29	6070	3008.55	20.97	郑新严	张玉吉
	岬头	173	4	873	596.1	11.01	林青奋	林青奋
	东景	148	5	704	952.2	14.22	李兴勇	李兴勇
	西园	322	8	1548	1243.65	8.33	王升平	王英珊
	丰庄	437	11	2140	2220.6	10.15	罗施秀	林潘德
	大吉	63	6	319	296.4	9.47	郭碧芳	郭碧芳
	兴埔	141	1	646	197.7	10.29	廖占锦	廖占锦
	龙宫	75	2	420	653.25	6.09	郑振广	郑振广
奇韬镇	奇韬村	23	1460	4442	3254	203.98	郑上林	郑际厚
	东佳村	11	470	1435	408	258.94	张春校	郑成溢
	丁华村	3	117	362	975	14.03	谢宏壮	谢宏壮
	西韬村	3	234	719	646	40.74	吴成贤	吴成贤
	文经村	9	891	2740	532	41.13	方胥金	方胥坤
	桃东村	3	415	1282	878	60.48	方来烧	方来烧
	桃舟村	3	380	1161	437	33.66	黄其为	黄德云
	洋地村	5	335	1015	456	21.05	胡上润	胡新勤
	龙坪村	4	315	952	1061	27.08	黄其普	黄来尧
	金华村	2	117	370	527	16.49	陈生干	陈生干
	龙溪村	2	159	493	1580	118.8	吴美华	吴美华
	永德村	3	168	509	117	37.48	刘思谨	刘思谨
屏山乡	屏山村	11	289	1268	721	114.24	郭守梆	张慧
	内洋村	16	496	2132	1225	46.16	苏庆俊	苏庆烨
	溪头村	15	262	1230	695	54.09	苏华隆	苏诗鑫
	玉屏村	16	312	1721	930	50.16	陈文煌	陈文煌
	芹阳村	9	214	717	401	10.65	陈荣候	陈荣泰
	和坑村	18	532	2213	1241	56.39	陈敬清	陈敬清
	美阳村	15	495	2232	1234	22.05	郭文杰	郭天登
	瑞美村	15	344	1170	738	85.85	郭盛理	郭传祖
	内山村	6	152	635	415	34.41	郭传钦	郭传钦
	王坪村	8	163	630	346	17.66	章选服	章选服
	杨梅村	8	236	1011	617	14.97	章进电	章进电
	蒋山村	5	110	562	342	6.12	章永伟	章永伟
	许坑村	8	130	650	417	52.64	章双标	章双标

续表 9

乡镇别	村别	村民小组（个）	户数（户）	人口（人）	耕地（亩）	村财收入（万元）	党支部书记	村委会主任
济阳乡	济阳	17	478	1736	1131	58.54	涂振级	涂振级
	济中	11	283	1009	853	132.38	涂志贤	涂志贤
	三扎	4	136	332	251	11.08	涂南田	涂南田
	德仁	5	117	348	302	20.79	涂秋龙	涂秋龙
	芳林	6	151	365	353	34.13	章选煌	章选煌
	国庆	10	223	732	553	28.48	涂继星	涂继星
	上丰	13	327	1204	803	74.47	涂双跃	涂双跃
	洋林	8	177	521	321	22.96	涂志良	涂志良
	高升	10	182	628	428	17.10	涂凤绵	涂凤绵
	砚坑	4	103	311	218	101.54	章绍裕	章绍裕
	大儒	14	425	1313	816	93.35	章志雄	章志雄
	大乾	11	332	1016	687	53.85	陈大军	陈大军
谢洋乡	谢洋	12	212	845	1200	10.55	林昌明	林玉添
	怀德	13	254	1018	2000	7.79	林起满	林凤约
	坑口	4	121	531	300	14.49	林开品	林启坛
	白玉	3	71	298	100	20.46	林芳靛	林起汉
	象山	4	81	343	400	9.75	林凤枢	林起梁
	科里	11	277	1163	1600	7.4	林丁勇	林芳读
	珍山	8	311	835	1200	8.18	林丁智	林文基
	草垄崎	4	123	490	700	5.14	林昌多	林昌多
	三角尾	3	54	220	300	5.65	林起兴	林起兴
	上珍	3	65	254	400	5	陈春坦	陈春暖
	蕉坂	2	53	118	300	5.04	林起周	林开联
	和春	6	102	417	600	10.32	林开庚	林广盛
	碧山	4	80	315	500	5.01	林银香	林丁铬
	仕福	14	277	1112	1600	8.45	林起聪	林起库
武陵乡	武陵	12	653	2097	1427.8	7.22	林其言	林美烘
	红君	11	381	1358	908	10.74	林振听	林振听
	桃溪	16	576	2032	1922.9	30.69	林共河	林元意
	上岩	12	387	1570	1539.69	17.23	叶一栽	叶一栽
	百東	12	458	1592	1876	11.05	林光灯	林发琳
	茶山	7	223	759	1389	19.44	陈丁勇	陈建喜
	岬坪	7	167	598	671.9	22.05	陈进保	陈进保
	大石	14	782	2721	2114.9	48.33	林庆业	林庆业
	仕洋	3	87	275	595.7	19.52	陈进省	陈进省

续表 9

乡镇别	村别	村民小组（个）	户数（户）	人口（人）	耕地（亩）	村财收入（万元）	党支部书记	村委会主任
文江镇	文江村	13	640	3212	1723	51.69	陈汝治	余育大
	大中村	11	453	2183	1289	53.79	李凤铨	陈加强
	民主村	9	347	1685	821	27.57	吴上垠	吴高荣
	大文村	6	380	1505	903	48.61	陈先仑	陈先安
	小文村	4	136	712	531	12.91	余成碧	余成碧
	典坑村	3	95	434	403	31.85	陈初溧	陈初溧
	朱坂村	12	536	2547	1490	23.23	廖启赐	廖之燉
	琼口村	8	406	1939	847	63.82	余联跃	余开科
	白沙村	2	72	1165	473	129.26	黄其政	其政
	大安村	4	224	1165	473	129.26	廖尚堆	廖世前
	桥下村	3	102	440	331	10.65	陈启土	陈福毅
	龙门村	5	269	1329	670	201.34	周延炽	其政
	光明村	6	220	1100	910	23.47	林启求	林廷田
	后洋村	4	175	956	424	53.8	林朝湘	林朝湘
	温厝村	3	190	980	595	26.31	张树学	邓招统
	花桥村	3	118	660	534	13.2	王景行	王景行
	小芹村	5	139	870	482	16.65	柯桂万	柯景岁
	山芹村	3	118	499	395	17.63	林志江	林志江
	昭文村	13	234	1526	956	30.18	杨连秀	杨丰钤
	联盟村	5	137	762	561	16.06	陈升彩	陈升彩
梅山镇	新楼	4	99	398	228.01	13.33	陈育苑	陈育苑
	梅山	16	678	2345	2108.55	69.35	吴同仲	吴联地
	郭井	14	396	1899	1294.52	24.12	吴占宝	吴英炳
	秀岭	16	416	1835	1818.56	29.26	詹宏天	陈清溪
	沈岭	9	362	1773	780.21	33.69	吴同针	吴同村
	沈口	9	265	1212	1300.69	23.68	陈长植	陈荣善
	雄锋	12	376	1613	1970.72	51.45	吴大增	吴秉浩
	盖竹	2	97	43*9	583.36	16.57	朱自城	朱自城
	德州	3	79	365	283.57	12.38	黄初源	黄初源
	沧州	16	532	2267	3030.59	40.87	陈天湖	陈在灼
	璞溪	4	148	679	488.97	46.82	苏开照	苏开照
	西书	13	390	1831	1388.74	24.9	吴开炜	吴初辉
	西坑	7	256	1114	1307.02	16.52	叶清涵	叶清涵
	龙口	6	154	739	633.01	18.08	陈占柑	陈占柑
	岭后	5	212	883	1017.35	14.59	陈上华	陈开金

续表 9

乡镇别	村别	村民小组（个）	户数（户）	人口（人）	耕地（亩）	村财收入（万元）	党支部书记	村委会主任
梅山镇	金阳	14	402	1817	1824.98	48.03	林顺轮	林顺轮
	高泉	12	357	1555	1306.77	41.49	陈占地	陈高桥
	长坑	8	195	880	1034.92	13.91	陈文炉	陈文炉
	长津	6	170	773	570.71	13.7	陈高建	陈高建
	香坪	7	259	1045	1177.42	22.38	叶聿淑	叶聿概
	黎坑	4	120	506	744.08	39.7	吴美园	吴美园
前坪乡	前坪	6	256	751	361	30.28	蒋加物	蒋加奋
	黎明	7	296	1024	431	38.27	蒋先斜	陈其余
	上地	4	195	745	416	46.61	林初级	林长泉
	下坑	7	316	1217	415	49.02	廖青途	廖春跨
	下地	4	153	575	353	30.55	林绍楼	林建省
	山川	4	160	640	475	38.27	陈添斌	丁长远
	湖坪	7	256	1020	654	44.96	林英国	林青松
	黄龙	6	207	853	537	31.44	林建翁	林芳秋
	北坑	2	104	349	183	36.64	杨先修	杨腾艳
	福井	4	195	745	201	55.25	张春巍	张春茂
	吉坑	4	145	579	251	23.01	林廷昌	林廷殿
湖美乡	大尤	4	141	595	495	25.89	刘春坤	刘春占
	前进	5	240	926	682	42.69	林芳佤	林芳伦
	旺建	9	495	1897	651	142.19	廖新旭	廖应地
	西燕	5	295	1095	1089	41.77	张芳和	张钦琳
	元安	12	333	1249	916	107.12	颜全斌	刘全群
	仁美	10	373	1371	559	40.39	廖明炜	廖明金
	湖上	11	342	1248	577	33.46	施素梓	施生晖
	岬才	9	254	942	336	159.25	施生塔	施正棚
	宏才	12	418	1471	762	34.36	颜如修	施发众
	长坂	5	174	669	286	33.7	吴祥卢	吴仁调
	后坪	4	107	388	546	33.73	吴祥电	吴全友
	高才	4	90	308	236	59.09	刘长清	刘建叶
	后坑	4	104	352	365	22.98	施明沦	施生添
	林兜	6	274	985	358	30.03	林高善	林宗谭
	汉口	4	207	749	319	16.3	吴其灯	林文拱
	仁东	4	166	575	287	33.88	廖明塘	廖生维

2019 年社区居委会基本情况统计表

表 10

居委会	常住		区域面积（平方公里）	享受低保		补助金额（每月 / 元）	医保情况（人）	支部书记	居委会主任	居委会电话
	户数	人口		户数	人数					
白岩	2099	5176	1.30	25	40	16888	997	连荣诗	兼	72223124
文昌	2047	5273	0.82	12	17	7544	943	唐清香	兼	7236379
玉凤	2864	7109	0.86	16	34	12628	1767	张丽美	兼	7223493
仙亭	2505	8371	3.25	13	27	10228	1620	陈玉音	兼	7236397
南街	2040	5466	0.68	13	26	10416	1457	刘晓玲	兼	7222123
赤岩	1473	4205	1.60	14	27	10536	1127	陈春辉	郑淑梅	7236392
东门	1402	3771	1.73	17	23	10568	1104	林淑香	郑爱萍	7222939
镇东	1282	3259	1.87	12	18	11156	915	林开发	兼	7236391
合计	15702	42630	12.11	122	212	89964	9930	—	—	—

人 物

□ 编辑 郑祥果

先进人物

何吓俊 桃源国有林场管理站站长。2019年5月，被中华全国总工会、中宣部等联合评为“第十六届全国职工职业道德建设先进个人”。

郭显文 中国人民财产保险股份有限公司大田公司理赔分部经理。2019年8月，被中国人民财产保险股份有限公司评为“理赔铁军”称号。

范晓燕（女） 崇康大棚蔬菜专业合作社理事长，2019年8月，被全国妇联授予“全国巾帼建功标兵”称号。

郭新芳（女）大田县实验小学教师。2019年，被教育部评为“全国优秀教师”。

（蒋鹏 陈开篇 陈秋华 陈吉胜）

逝世人物

毛亦香 （1925—2019）男，福建福清人。1948年1月参加工作，历任中国人民解放军某部战士、援朝志愿军某部战士，上海海洋大队、华东、福建荣誉军人学校学员，福清县油脂公司保管员、粮食局营业员。1958年9月到大田县工作，任太华粮站保管员、上京粮食加工厂碾米工，石牌粮站保管员等职。1987年12月离休。

杨保元（1926—2019）男，山东宁津人。1941年2月参加工作，1942年4月加入中国共产党。历任八路军、中国人民解放军战士、文教干事，福建省运输公司股长、涵江办事处主任、交通厅办公室秘书、地质大队政工办公室副主任，建宁县委办主任、食杂公司经理、商业局局长、人委办主任，大田县铭溪硫铁矿矿长、书记、第二铁厂厂长、县矿山公司经理、食品厂厂长、党支部书记等职。1985年5月离休。

曲传英（1931—2019）男，山东牟平人。1947年3月加入中国共产党，同年6月参加工作。历任中国人民解放军战士，大田县建设卫生所所长、县医院副院长、防疫站副站长、县第二医院、县医院院长兼书记、县爱卫办主任等职。1987年3月离休。

吴炳光（1922—2019）男，大田梅山人。1949年8月参加工作。历任均溪游击大队四连指导员，龙际、屏山中心小学校长，武陵中心小学教导主任等职。1981年12月退休，1984年9月改办离休。

孙广宗（1931—2019）男，河北邱县人。1946年6月加入中国共产党，1947年6月参加工作。历任中国人民解放军战士、排长，梅山、上京、均溪供销社主任，县供销社组导科副科长。1988年9月离休。

肖健明（1929—2019）男，大田桃源人。1949年8月参加工作。曾参加中国共产党地下革命工作，1950年6月后，曾在永安行政公署、省轻工业厅、文江公社、县农业局工作。1980年9月退休，1983年6月改办离休。

（陈辉文）

重要文件选编

□ 编辑 林生钟

在县委十三届九次全会上的报告

陈文华

（2019年6月14日）

这次全会的主要任务是，深入学习贯彻习近平总书记在参加十三届全国人大二次会议福建代表团审议时的重要讲话和对福建、对三明、对大田工作的重要指示批示精神，认真落实省委十届八次全会、市委九届九次全会部署，动员全县干部群众牢记重托、奋力前行，坚持高质量发展落实赶超，全力推进新时代多彩大田建设。经县委常委会研究，我讲四点意见。

一、牢记嘱托再出发。习总书记在福建工作近18年，对福建、对三明、对大田作出了一系列重要指示，这是我们宝贵的精神财富，是指引我们建设新时代多彩大田的行动指南。

（一）深刻领会习总书记对福建工作的重要指示精神。习总书记对八闽大地一山一水、一草一木，对3900多万福建乡亲充满深厚感情。2014年，习总书记在福建调研时要求，努力建设机制活、产业优、百姓富、生态美的新福建。2019年全国“两会”期间，习总书记亲临福建代表团参加审议并作重要讲话，要求福建营造有利于创新创业创造的良好发展环境、探索海峡两岸融合发展的新路、做好革命老区中央苏区脱贫奔小康工作、全面推进新时代党的建设。2019年1月23日和5月19日，习总书记又两次对福建坚持高质量发展落实赶超作出重要指示批示。这些充分体现了习总书记对福建发展的高度重视，对福建工作的科学指导，对福建人民的亲切关怀，在新时代新福建建设进程中具有重大里程碑意义。省委专门召开了十届八次全会，就深入学习贯彻习总书记重要讲话和对福建的重要指示批示精神作出全面部署，提出了推动新时代新福建建设实现“六个新突破”的部署要求。全县各级各部门要始终牢记习总书记对福建发展的殷切希望，按照省委决策要求，把对习总书记的深切爱戴之情，转化为贯彻落实习总书记对福建工作系列重要指示批示精神的实际行动，确保“四个意识”“四个自信”“两个维护”发自内心、成为自觉。

（二）深刻领会习总书记对三明工作的重要指示精神。习总书记在福建工作期间曾先后11次深入三明调研指导工作，对三明各项事业作出了一系列重要指示。加快老区苏区脱贫奔小康方面，指示三明要加大对老区工作的力度，谱写苏区新篇章；推进老工业基地转型方面，要求三明要围绕提高经济效益，做好结构调整这篇大文章，把加快经济结构调整作为提升三明经济综合竞争力的主要着力点来抓；发挥生态优势方面，嘱托三明要牢固树立“青山绿水是无价之宝”，走资源开发与生态保护相结合的路子；深化精神文明建设方面，强调要继续开展群众性精神文明创建活动，树立更多更好的典型，进一步提高城乡文明程度和全体公民的文明素质。市委专门召开九届九次全会，深入学习贯彻习总书记重要讲话和对福建、对三明工作的重要指示批示精神，提出了做好“四篇文章”、突出“四个着力”的工作重点，为我们学习贯彻习总书记重要讲话和指示批示精神指明了方向。全县各级各部门要在重温习总书记对三明工作的重要指示精神中，汲取智慧和力量，切实把习总书记对三明的重要指示贯穿到大田发展全过程，为加快推进“机制活、产业优、百姓富、生态美”新三明建设贡献大田力量。

（三）深刻领会习总书记对大田工作的重要指示精神。习总书记在福建工作期间曾先后2次深入大田的4个乡（镇）6个村调研指导，提出了一系列重要指示精神和重要论断，至今仍闪耀着真理的光芒。在产业发展方面，提出了“多方式、全方位发展好村办企业及农林牧等产业”“茶叶产品要往绿色、有机和深度加工方向发展”；生态建设方面，提出了“要做好山、水、田、堡文章，发挥资源和生态优势，发展乡村旅游，带动农村发展和农民增收”；精神文明创建方面，提出了“农村精神文明建设也是小康工作的一部分，要打造村级精神文明阵地，推进农村精神文化繁荣发展”；党的建设方面，提出了“要强化基层党组织的政治引领和服务功能”“党员干部要继续发挥好带头示范作用”。这些重要指示与习近平新时代中国特色社会主义思想一脉相承，是我们做好工作的根本遵循。全县各级各部门要牢记总书记嘱托，科学谋划部署、全面贯彻落实，推动习近平新时代中国特色社会主义思想在大田开花结果、落地生根。

二、思想观念再解放。对于大田来说，落实好习总书记重要讲话和对福建、对三明、对大田指示批示精神，加快新时代多彩大田建设，关键在于进一步解放思想，不断开阔眼界、开阔思路、开阔胸襟。自去年开展“思想大解放、推动大发展”活动以来，全县各级领导干部认真贯彻落实中央和省、市决策部署，锐意进取、扎实工作，全县经济社会持续平稳健康发展。一是思想观念进一步转变。干部作风变化有目共睹，求稳怕变的少了，敢于突破条条框框束缚的多了；松松垮垮“熬日子”的少了，上紧发条“加油干”的多了，广大党员干部的精神面貌焕然一新，苦干实干巧干正成为干部队伍更加鲜明的主流，大家都在用自己的“辛苦指数”换取群众的“幸福指数”、地方的“发展指数”。比如，石牌镇的干部仅用10个月时间，就征收拆迁了125座民房，征收土地810亩，顺利完成兴泉铁路小湖货运站、红湖新村等项目征迁；华兴镇加快推进坪尾仑片区征迁工作，目前已完成88.4%征迁任务。二是发展思路进一步明晰。各级各部门把发展壮大产业、做强工业摆在“头等重要”的位置，坚持各方力量向工业聚合，各种要素向工业聚集，各项服务向工业聚焦，改造提升机械铸造、矿产品深加工、建材、纺织等传统产业，突破发展高端装备、节能环保等新兴产业，全力推动我县经济向高质量发展迈进。比如，卫斯特环保公司通过对接中建集团共同实施城市垃圾处置与产城融合开发项目，每年可实施垃圾填埋场或原生垃圾治理项目5个以上，带动环保装备制造产值近10亿元；清航无人机已与首安工业消防集团达成2000万元订单，在研飞行器列入陆军未来无人直升机发展路线图，并与陆军装备部签订预研合同。三是工作实效进一步提升。各级各部门围绕县委各项决策部署，坚持发展第一要务，聚焦经济建设中心，抓产业、跑项目、优服务、促落实等各方面有新进展新突破。比如，县发改局、自然资源局、林业局、经济开发区等部门加大跑省进厅力度，做了大量扎实细致工作，推动上京工业园“铸造装备产业基地”列入2019年第一批参照省重点项目管理项目，有力促进了园区林地报批工作。

学习贯彻习总书记重要讲话精神，是对全县各级党组织和广大党员干部政治上能不能看齐、思想上能不能统一、行动上能不能跟上、工作上能不能达标的根本检验。全县上下要持续保持高度的政治定力、过硬的工作作风，以观念的再更新、思想的再解放，推动学习贯彻习总书记的重要讲话精神转化为生动实践和丰硕成果。扎实做好大田工作，总的要求是：坚持以习近平新时代中国特色社会主义思想为指导，牢记习近平总书记重要嘱托，坚持发展第一要务，坚持新发展理念，坚持聚焦经济建设中心，坚持稳中求进工作总基调，坚持高质量发展落实赶超，按照省委十届八次全会和市委九届九次全会部署，统筹做好稳增长、促改革、调结构、惠民生、防风险、保稳定工作，主动融入闽西南协同发展区建设，积极营造创新创业创造良好环境，全力推动苏区振兴发展，持续深化十大攻坚会战，加快推进新时代多彩大田建设。2019年全县生产总值增长8%以上，2020年增长8.5%以上，民生等各项事业有新发展。在具体工作中做到：

（一）激活创新“头脑风暴”。针对大田长期依靠矿业经济发展，形成的“矿业行情高涨，不愿转型；行情适中，不急转型；行情低迷，无力转型”的状况，在全县开展思想解放“掀‘头脑风暴’、树‘大田形象’”大讨论活动，动员全县上下转变观念、更新理念。通过大讨论把解放思想的成果加速转化为创新政策、创新思路和创新举措，全力破解长期困扰大田“因矿而兴，也因矿而困”的问题，让解放思想的强大动力真正成为推动高质量发展落实赶超的“金钥匙”。要善于借力借势，大力弘扬苏区精神，积极向上争取支持原中央苏区振兴发展的政策措施，全力建设红色苏区、小康苏区、活力苏区、生态苏区。

（二）营造创业“最优环境”。大力开展“六最”营商环境对标活动，持续深化“放管服”改革、商事制度改革，落实好鼓励引导支持民营经济发展的各项政策措施，最大限度释放创新创业创造新动能。全面推进工程审批制度改革，完善工程招投标、政府采购管理制度，进一步压缩企业开办、工程建设项目审批、不动产登记等事项办理环节和时限，实现统一审批流程、统一信息数据平台、统一审批管理体系、统一监管方式等“四统一”。特别是在服务台胞台企方面，要落实中央“31条惠台措施”和省上“66条实施意见”和《关于探索海峡两岸融合发展新路的实施意见》，发挥我县宗亲文化、美人茶文化等独特对台优势，鼓励台商到田投资兴业，努力建设台胞台企登陆的第一家园。

（三）激发创造“活力因子”。创造活力，归根到底是看人才积极性创造性的发挥。全县各级各部门要牢固树立“人才是第一资源”的意识，完善人才评价、流动、引进、培养、激励等机制，扎实做好“凤凰才俊”等人才评选活动，探索一条符合山区实际的人才发展路径。要加强企业家队伍和产业人才培养，表彰突出贡献企业和企业家，推动人才向产业聚集。要以教育、医疗等行业领军人才队伍建设为重点，实施名校优生、名师名医引进计划，全力建设一支满足发展需要的人才队伍。要畅通人才服务“一条龙”绿色通道，及时协调解决住房保障、医疗保健、家属就业、子女入学等实际问题，让人才来得了、留得住、发展得好。

三、十大攻坚再加力。在年初的县委工作会上，针对大田经济社会发展存在的突出问题，吹响了十大攻坚会战的号角。这是今、明两年工作的总抓手和作战图，是检验“思想大解放、推动大发展”成效的重要载体。下阶段，全县各级各部门要树立“功成不必在我”的理念，一任接着一任干，一张蓝图绘到底，力争取得更大突破。

（一）招商攻坚会战要持续加力。习总书记在大田调研时指出，“要从存在的问题入手，眼界要宽一点，加大引进外资力度”。今年来，招商攻坚会战组创新“7+3”精准招商机制，持续推进“一把手”招商、专业招商和闽西南协同招商，全县共组织开展招商活动105次，对接项目49个，签约落地项目20个，招商攻坚会战取得阶段性成效。但签约落地项目少、大项目好项目不多等问题依然突出，截至目前签约落地亿元以上项目仅4个，仅占全年目标的16%。

下阶段，全县上下要大力发扬“四千精神”、践行“四皮作风”，瞄准闽南沿海、“长三角”“珠三角”等重点区域，真招商、招真商，不断拓展项目源、壮大项目库、形成项目群。要落实好市委林书记“在招商引资中，不要过度关注投资强度，还是要盯住税收”的指示要求，更加注重项目税收贡献率，摒弃“拣到篮子都是菜”，提高招商引资辨别能力，着力引进科技型、环保型、有税型、节地型“四型”项目。招商攻坚会战组要紧紧围绕发展装备制造、新材料、文旅康养、特色现代农业四个主导产业，完善产业配套，延伸产业链条，确保2019年签约亿元以上项目25个、2020年签约亿元以上项目30个以上。

（二）征地拆迁攻坚会战要持续加力。习总书记在大田调研时强调，“统筹城乡发展的基础是发展生产力，如何使生产力增加，载体是小城镇”。今年来，园区征地拆迁攻坚会战组持续加大征地拆迁力度，腾龙纳米等难点工作实现突破，截至目前完成园区征地拆迁1200亩；商住征地拆迁攻坚会战组做深做细群众工作，今年来共公开出让土地6宗192亩。但全县仍有5285亩土地批而未供，其中工业用地3640亩；园区林地还有2225亩占补指标不足，商住用地征迁工作整体推进较慢。

下阶段，全县上下要牢固树立抓征迁就是抓发展的意识，加大征地拆迁力度，为项目落地提供用地保障。要完善建设用地投资强度控制标准和评价体系，加大对停产、半停产状态闲置厂房土地收储处置力度，有效盘活闲置资产，优先供给科技含量高、投资规模大、财税贡献多的企业。园区征地拆迁会战组要重点围绕福建（大田）机械铸造集聚区、石墨（烯）产业园、陶瓷工业园等新兴产业园区建设，确保2019年平整工业用地1500亩、2020年平整工业用地2000亩以上。商住征地拆迁会战组要重点围绕鸭蛋山、原麻纺厂三期、福田桥头、香山北路周边、坪尾仑、枫坑垅、原火电厂周边等7个片区，有序推进土地供给，确保2019年出让300亩、2020年出让400亩以上。

（三）“两茶一硒”攻坚会战要持续加力。习总书记强调，“要加快特色现代农业建设”。今年来，“两茶一硒”攻坚会战组将产业发展与乡村振兴、矿山水土流失治理等相结合，打造了废弃矿山发展现代设施农业、蛋鸡产业化等一批矿山开发式治理典型，参与制定《国家茶叶公园标准及评定》并颁布实施。但富硒特色农产品规模较小，目前仅开发大米、茶叶、生姜、红菇、萝卜等五大类20余种富硒农产品，且经营分散、不成规模。

下阶段，全县上下要认真落实市委林书记“发展精致农业”的要求，立足我县美人茶、油茶、富硒大米等特色农产品，坚持走精品、优质、特色路线，因地制宜发展“小而精，小而美”特色农业。要对照市委全会下发的关于支持特色现代农业产业加快发展的政策措施，加快发展设施农业、智慧农业、休闲农业等现代农业新业态，推动农业从无税型向有税型转变。“两茶一硒”攻坚会战组要大力推进国家茶叶公园、油茶公园、桃源富硒农业加工园建设，确保2019年完成福建美人茶省级行业协会标准制定，建设生态茶园2500亩，茶园高效节水灌溉5000亩，实施油茶林抚育5万亩、低产林改造4200亩，建立富硒农产品标准化种植基地2万亩以上；2020年建设生态茶园5000亩，实施油茶林抚育5万亩和低产林改造1500亩，建立富硒农产品基地5万亩以上。

（四）工业提升攻坚会战要持续加力。习总书记强调，“要营造有利于创新创业创造的良好发展环境”。今年来，工业提升攻坚会战组对全县矿产、铸造、纺织、建材等企业的厂房、后备园区建设用地和要素保障等情况逐一调查摸底，“一企一策”帮助企业解决实际问题，实施省市重点技改项目25个，目前已有13项动工技改，5项投产。但企业融资难融资贵、机关办事难办事繁等问题没有得到根本解决，截至目前，仅新增1家规模以上工业企业，全县172家规上工业企业中仍有67家处于停产半停产状态。

下阶段，全县上下要坚持以愚公移山精神抓产业，认真对照市委全会下发的关于支持装备制造产业高质量发展、支持氟新材料加快发展等政策措施，“一企一策”做好政策扶持、减税降费“加减法”，培育创新型企业、淘汰落后产能“进退法”，向上对接、下沉服务“上下法”，推动传统产业增资扩产、技改提升。工业提升攻坚会战组要加快培育红狮水泥、清航无人机、科华石墨等“小金娃娃”企业，确保2019年科华石墨负极材料、红狮危废处置、展晖机械等一批工业项目建成投产，新增规模以上工业企业8家，规模以上工业增加值增长8%以上；2020年新增规模以上工业企业5家，规模以上工业增加值增长8.5%以上。

（五）现代服务业攻坚会战要持续加力。习总书记在闽工作期间到大田调研时指出，“实现小城镇、新农村，要依托三产，这是大田经济今后发展的关键问题”。今年来，现代服务业攻坚会战组加快实施现代服务业发展倍增行动计划，一季度，全县实现服务业增加值23.78亿元、增长7.9%，在全市排名第2位，大仙峰·茶美人景区获批国家AAAA级景区。但今年来尚未新增一家限上、规上服务业企业，社会消费品零售总额、限上批发销售额等指标在全市排名靠后。

下阶段，全县上下要主动融入市里打造“绿都三明·最氧三明”活动，认真学习领会市里关于支持文旅康养产业加快发展的政策措施，以赤头坂国有林场为示范带动，大力发展集康养、旅居、医疗、文化等于一体的康养文旅业态，打造“中国最氧睡眠小镇”，争创国家级森林康养基地。现代服务业攻坚会战组要围绕国家级电子商务进农村综合示范县创建目标，加快发展冷链物流、教育培训、家政服务等新兴服务业态，确保2019年卓效物流等一批三产项目建成运营，新增培育限上商贸企业4家、规模以上服务业企业2家，全社会消费品零售总额增长11.5%以上；2020年新增培育限上商贸企业5家、规模以上服务业企业3家，全社会消费品零售总额增长10%以上。

（六）**交通建设攻坚会战要持续加力**。习总书记指出，“交通基础设施建设具有很强的先导作用”。今年来，交通建设攻坚会战组策划争取、加快实施一批重大交通基础设施项目，莆炎高速及支线大安高速（大田段）通过工可审查，国道纵五二期停工标段复工建设，新建、拼宽农村公路20.58公里。但国道纵五二期征迁、莆炎高速房屋征迁、安置点用地报批工作进展滞后，特别是县自然资源局、林业局和有关乡（镇）协调配合力度需进一步加强。

下阶段，全县上下要加强政策研究，用好用足苏区政策，积极争取上级重大交通基础设施建设项目资金支持，全力打通老区苏区经济发展的交通“大动脉”。交通建设攻坚会战组要加快推进重大交通基础设施建设，确保兴泉铁路（大田段）2019年完成红线内土地及房屋征迁工作，2020年完成工程建设95%以上；莆炎高速（大田段）2019年完成红线内土地、房屋及压覆矿征迁工作，2020年完成路基建设；莆炎高速公路支线大安高速（大田段）力争2019年完成工可批复，2020年确定建设模式并完成招标工作；国道G235线（大田段）二期2019年基本完成路基工程，2020年完成主体工程；国道G534线一期（大田栋仁段）2019年动工建设，2020年完工。

（七）**生态环境突出问题整治攻坚会战要持续加力**。习总书记强调，“要多做经济发展和生态保护相协调相促进的文章”。今年来，生态环境突出问题整治攻坚会战组认真做好中央、省环保督察和省级环保“三合一”督察反馈意见涉及我县的问题整改，截至目前，全县非法涉砂点全部拆除完毕，规模养殖场粪污处理设施装备配套率达100%，在2019年1—2月全省水质考核中排名全省第一。但力天环保有限公司环境问题整改进度整治滞后，多次被省市约谈；县内水电站安装在线监控设施进度滞后，截至目前，仅安装1座，占全年计划的1.2%。

下阶段，全县上下要牢固树立“绿水青山就是金山银山”理念，持续深化矿山开发式治理模式、河长制等创新做法，将生态环境保护与产业发展相结合，加快形成绿色发展方式和生活方式。生态环境突出问题整治攻坚会战组要围绕2019年坑口水库饮用水源地整治等16个重点整治攻坚项目，加快推进中央和省环保督察反馈意见和我县突出环境问题整改；要更加注重水土流失治理实效，确保2019年全县水土流失率控制在9%以内，剧烈流失斑减少50%以上；2020年第一轮中央环保督察和省环保督察反馈问题及省市通报各项生态环境突出问题得到全面整改销号，第二轮中央环保督察反馈意见问题整改工作按要求达到序时进度。

（八）**市容市貌攻坚会战要持续加力**。习总书记强调，“要健全城市管理体制，提高城市管理水平”。今年来，市容市貌攻坚会战组加快实施市政设施建设、背街小巷整治、环境卫生整治、载客三轮车整治、农贸市场整治等“五大行动”，取缔违章占道摊点1500个，拆除占道地锁200余个、违规家禽棚210处。但城市精细化管理机制不健全，背街小巷、农贸市场环境卫生仍然较差。

下阶段，全县上下要充分挖掘红色文化、孝道文化、“三田”文化等大田特色文化内涵，融入城乡规划建设中，优化县城空间布局、要素配置，提升县城中心区配套功能。要提升城市管理水平，有序推进智慧城市建设，加强社区治理体系建设，让群众生活更便捷、更舒适。要深化共建共享的群众性创建活动和文明实践，引导人民群众认真践行社会主义核心价值观，持续巩固省级文明县城创建成果。市容市貌攻坚会战组要持续深化“五大行动”，确保2019年全面取缔城区载客三轮车非法营运，完成富山新村片区背街小巷整治，河滨健身栈道三期、栋山支路等市政设施建成投入使用；确保2020年完成岩城新市场搬迁、福兴路项目建设，城区环境卫生保持省级文明县城卫生标准。

（九）**农村人居环境整治攻坚会战要持续加力**。习总书记强调，“要建设好生态宜居的美丽乡村，让广大农民有更多获得感幸福感”。今年来，农村人居环境整治攻坚会战组大力推进农村人居环境整治三年行动，目前已完成13个乡镇21个村村庄绿化工作，桃源镇东坂村率先突破全村无裸房，奇韬镇龙溪村在“娘子军”村支委的带领下开展“巾帼环境卫生整治”行动，形成了一批各具特色的示范村。但调动群众参与人居环境整治的办法不多，裸房整治等重点整治任务进展偏慢。

下阶段，全县上下要发挥好河长协会等村民自治组织作用，从村规民约入手，引导村民由“要我干”向“我要干”转变。农村人居环境整治攻坚会战组要扎实开展“一革命五行动”，厕所革命方面，确保2019年完成无害化厕所改造500户，2020年基本实现农村无害化厕所全覆盖；生活垃圾治理行动方面，确保2019年各乡（镇）配齐保洁人员，建立长效保洁机制；农村生活污水治理行动方面，确保2019年农村生活污水治理率达65%以上，2020年达70%以上；村容村貌提升行动方面，确保2019年完成全县70%村庄整治，2020年完成全县85%村庄整治，争创省级森林村庄；农房整治行动方面，确保2019年创建“无裸房”示范村10个，2020年15个以上；农村“四好”公路建设行动方面，每年提级新建“四好农村路”50公里以上，争取建制行政村100%通客运车辆，2019年完成错车道500个；确保2020年实现农村人居环境阶段性明显改善，村庄环境干净整洁有序。

（十）**民生社会事业攻坚会战要持续加力**。习总书记指出，“人民对美好生活的向往，就是我们的奋斗目标”。今年来，民生社会事业攻坚会战组加快补齐民生社会事业短板，10个教育项目共争取到省级补助资金4422万元，11个教育在建项目、4个医疗与卫生项目、1个养老项目、8个交通基础设施建设项目加快实施，年内完成投资7亿元以上。但对照到2020年我县民生领域补短板的目标任务，教育学位仍缺口1.7万个、养老床位缺口180个、医疗床位缺口310张。

下阶段，全县上下坚持以人民为中心的发展思想，深入实际，摸清实情，全力破解老百姓关心的痛点堵点，增强百姓获得感、幸福感、安全感。民生社会事业攻坚会战组要围绕补齐教育、卫生健康、养老等民生社会事业短板，教育方面，确保2019年广平中心幼儿园、上京中心小学教学楼等10个项目建成投入使用，新增学位4285个；2020年新增学位6375个以上。医疗与卫生方面，确保2019年县总医院六大中心（消毒供应、心电诊断、临床检验、医学影像、病理检验、远程会诊等中心）、石牌卫生院综合楼2个项目投入使用，新增床位50张；2020年新增床位60张以上。养老方面，2019年确保鸿晖养老服务中心、10个农村幸福院、42个慈善幸福院、2个居家养老服务照料中心等项目投入使用，新增养老床位200张；2020年新增养老床位150张以上。

四、党的建设再加强。习总书记强调，“党的建设一刻也不能放松”。全县各级党组织要时刻保持永远在路上的清醒和坚韧，全面贯彻新时代党的建设总要求，深化落实省委“五抓五看”“八个坚定不移”具体部署，推进全面从严治党，为高质量发展落实赶超提供坚强保证。

（一）坚持政治标准，激励干部担当作为。一要发挥“头雁”效应。县处级领导干部要紧抓十大攻坚会战，谋划具体推进思路，带头深入挂包乡（镇）部门推进重大项目、带头攻坚克难，一级带着一级干，一级干给一级看，积极营造干事创业谋发展、齐心协力促落实的良好氛围。各单位“一把手”要争当运动员、推销员、服务员，靠前服务、靠前协调、靠前解难，推动县委各项决策部署落地见效。二要树立正确用人导向。落实新修订的《党政领导干部选拔任用工作条例》和《党政领导干部考核工作条例》，执行公务员职务与职级并行规定，落实干部实绩记账办法，以三大攻坚战、“五比五晒”项目竞赛、十大攻坚会战等工作为考核重点，全方位、全过程记好干部“实绩账”，把政治过硬、本领高强、实绩突出的干部及时选出来、用起来。要严格正向激励和逆向惩戒制度，借鉴市直单位内部二级绩效考评等做法，在全县开展二级绩效考评，让干多干少不一样、干好干坏不一样。三要关心关爱干部。坚持严管厚爱相结合，贯彻落实关心关爱基层干部省委20条、市委28条措施，出台我县正向激励干部12项措施，整合用好我县人才发展专项资金，把关心关爱干部工作做到干部心坎上。要按照“三个区分开来”的要求，进一步健全完善容错纠错机制，为干净干事、担当尽责者撑腰鼓劲。

（二）增强政治功能，筑好基层战斗堡垒。一要开展“不忘初心、牢记使命”主题教育。按照守初心、担使命，找差距、抓落实的总要求，突出用习近平新时代中国特色社会主义思想武装头脑，并与习总书记对福建、对三明、对大田工作的重要指示精神结合起来，持续兴起“大学习”热潮，促进广大党员干部把增强“四个意识”、坚定“四个自信”、做到“两个维护”，体现在担当作为的实际行动上，转化为干事创业的实际成效。二要提升基层组织力。围绕把每个基层党组织都建成坚强战斗堡垒，深入开展党支部“达标创星”活动，推进党支部标准化、规范化建设。要针对不同群体党员特别是流动党员，采取精准有效的教育管理措施。要加强服务型基层党组织建设，统筹推进农村、机关企事业单位、“两新组织”、互联网企业等党建工作，扩大基层党组织覆盖面，抓好软弱涣散基层党组织整顿工作。三要深化抓党建促脱贫攻坚、促乡村振兴。以习总书记在闽工作期间到大田调研过的红星村、建国村、元沙村等6个村为示范，持之以恒推进“抓党建促脱贫攻坚、促乡村振兴”，突出基层党组织“政治引领、堡垒引领、‘双带’引领、服务引领”“四个引领”作用，深化提升“住村特派员”“跨村联建”等制度，推动基层党组织全面进步、全面过硬。

（三）永葆政治本色，营造良好政治生态。一要着力狠抓基层减负。认真贯彻中央、省、市为基层减负的措施，大力精文简会，力戒形式主义、官僚主义，大力倡导和弘扬“马上就办、真抓实干”精神，坚决反对表态多调门高、行动少落实差，坚决反对摆拍、作秀、表演，切实把主要精力集中到抓发展、抓产业、抓民生上。二要严防“四风”反弹回潮。深刻汲取本次巡视暴露的违规发放津补贴、违规公务接待的教训，加强对有关制度规定和上级最新精神的学习，严格落实中央八项规定和实施细则精神及省市县实施办法，紧盯“四风”隐形变异问题，深挖细查、分类施治。各级领导干部要从严管好自己、亲属和身边工作人员，依法依规用权、干事，严防被围猎、落陷阱，清清爽爽做人、干干净净做事。三要保持反腐高压态势。坚持反腐败无禁区、全覆盖、零容忍，坚持重遏制、强高压、长震慑，紧盯重点领域、聚焦突出问题，加大监督和查处力度。要把扫黑除恶专项斗争与反腐败、基层“拍蝇”结合起来，坚决打掉黑恶势力“关系网”“保护伞”，最大限度挤压黑恶势力滋生空间。要加强干部警示教育，扎紧制度笼子，堵塞风险漏洞，一体推进不敢腐、不能腐、不想腐，巩固发展反腐败斗争压倒性胜利。四要扎实推进巡视整改。各级党组织和党员领导干部要把巡视整改工作作为检验“四个意识”的试金石，作为践行“两个维护”的具体行动，落实好“五个一”工作机制，以最坚决的态度、最有力的行动、最扎实的措施、最严格的要求，确保按期高质量完成整改工作，切实把整改成效转化为推动大田高质量发展落实赶超的生动实践。

同志们，让我们更加紧密地团结在以习近平同志为核心的党中央周围，认真贯彻省委、市委决策部署，加快高质量发展落实赶超步伐，奋力开创新时代多彩大田建设新局面，以优异成绩迎接新中国成立70周年，为决胜全面建成小康社会、推进新时代新福建新三明建设作出新的更大贡献！

县委十三届十次全会工作报告

陈 文 华

（2019 年 12 月 24 日）

县委十三届八次全会以来，县委常委会牢记习近平总书记重要嘱托，坚持以习近平新时代中国特色社会主义思想为指导，深入学习贯彻党的十九大及十九届二中、三中、四中全会精神，把做实习近平总书记参加十三届全国人大二次会议福建代表团审议时的重要讲话精神作为重大政治任务，牢记习近平总书记在闽工作期间到大田调研时的重要指示，贯彻省委十届八次全会、市委九届九次全会精神，召开县委十三届九次全会，动员全县上下增强“四个意识”、坚定“四个自信”、做到“两个维护”，坚持高质量发展落实赶超，坚决打赢“三大攻坚战”，持续深化“五比五晒”，着力打好“十大攻坚会战”，加快推进新时代多彩大田建设。

一、深化“五比五晒”，全力推进高质量发展落实赶超

坚持发展第一要务，紧扣经济建设中心，把“五比五晒”作为推进高质量发展落实赶超的主抓手，突出项目建设和招商引资支撑，引导各级干部凝心聚力抓产业、抓项目、抓发展，全力推动经济运行保持总体平稳、稳中有进态势。

（一）*着力稳增长*。1-9 月，全县完成地区生产总值 159.58 亿元、增长 7.6%，农林牧渔业总产值 42.15 亿元、增长 3%，城镇、农村居民人均可支配收入分别增长 8.2%、9.9%。1—11 月，规上工业增加值增长 8.2%，工业用电量增长 12.9%，固定资产投资增长 8.4%，社会消费品零售总额增长 2.3%，限上批发业销售额增长 3.3%，公共财政总收入 9.99 亿元、增长 2%，地方公共财政收入 6.52 亿元、增长 2.9%；本外币金融机构存款、贷款余额分别为 125.29 亿元、95.56 亿元，增速分别为 8.5%、9.5%，分别居全市第 3 位、第 4 位；处置不良贷款 2.65 亿元，不良率 1.34%，为近五年最低。在全市“五比五晒”三季度考评中总得分 640.45 分，第一产业增长点引导项目、规上工业增加值增量、工业供电增长情况等 12 项指标排名居小组第一。

（二）*着力增后劲*。1-11 月，全县新增省级“五个一批”入库项目 135 个，156 个县级重点项目完成投资 89.5 亿元，展晖机械、大音文化等 66 个项目开工建设，科华石墨、宇隆超纤等 40 个项目建成或部分建成，三季度“五个一批”项目平均投资、新增签约项目数均居全市前 3 位。组建工作专班，主动对接中央和省、市相关部门，积极争取中央苏区政策支持，1—11 月，全县共向上争取各类转移支付资金 15.2 亿元。

（三）*着力优环境*。深入开展“访企业、解难题、促‘六稳’”专项行动，创新“1+N”会商联动机制，落实“一业一策”“一企一策”帮扶措施，妥善处置工业项目建设历史遗留问题 66 个，解决红狮危废、科华石墨等项目环评、用地、技改等问题 32 个，推动石牌瓦能高性能靶材等 31 个项目提前投产或部分投产。落实减税降费 1.2 亿元，为企业减负 8288 万元，兑现企业扶持资金 4646 万元，办理应急转贷 2.97 亿元。持续深化“放管服”改革，扎实推进工程审批制度改革等改革举措，营商环境持续优化。

二、打好“十大攻坚会战”，加快推进新时代多彩大田建设

聚焦大田当前发展存在的突出问题，实施“十大攻坚会战”，成立专门攻坚会战组，坚持“一日一汇报、一季一测评、一年一总评”制度，全力推动各项目标任务落地见效。

（一）*坚决打好招商攻坚会战*。坚持合规又合算，主动融入闽西南协同发展区，对接闽南沿海产业分工和产业转移，用好“6·18”海峡项目成果交易会、“9·8”投洽会、“11·6”林博会等招商平台，深化“一把手”招商、产业链招商、商会招商、以商招商、田商回归、网络平台招商等招商方式，实行招商引资全程无偿代办责任制，全面完成年初预定的签约 25 个亿元以上项目目标。1—11 月，全县开展招商活动 108 场次，共对接签约项目 185 个，其中签约项目 101 个（亿元以上项目 29 个），落地项目 65 个（亿元以上落地项目 9 个）。

（二）*坚决打好征地拆迁攻坚会战*。商住用地方面，全力推进鸭蛋山、原麻纺厂三期、福田桥头、香山北路周边、坪尾仑等片区的土地收储及开发工作，1—11 月，完成商住用地征收 521.9 亩、出让土地 158.2 亩，原汽车站片区改造、城东水厂棚户区（三远大爱城）改造等项目加快推进，碧桂园·天誉等房地产开发项目完成建设。园区征迁方面，全力抓好上京机械铸造园、罗丰工业园、均溪工业园等园区征迁报批工作，1-11 月，完成工业用地征迁报批 5049.96 亩，土地平台新开发 1850 亩，为项目建设提供了用地保障。

（三）*坚决打好“两茶一硒”攻坚会战*。坚持走精品、优质、特色路线，实施茶叶公园、油茶公园、富硒农产品园等项目 14 个，富硒农民创业基地突破 5000 亩，新培育家庭农（林）场 45 个、专业合作社 61 个，其中省、部级示范场（社）9 个，新增“三品一标”认证农产品 14 个，被列为省级农产品质量安全示范县、“平安农机”示范县，国家农村产权流转交易服务标准化试点项目通过验收。茶产业方面，建设标准化、机械化生态茶园 1.5 万亩，预计毛茶年产量 1.27 万吨，年产值 10 亿元，主导制定的美人茶省级团体标准颁布实施，茶文化体验中心建成并投入使用，成功举办第十四届中国高山茶文化节，组织茶企参加杭州国际茶博会、林博会等各项活动，共获茶王等各类奖项 50 余个。油茶产业方面，完成油茶林抚育 5.1 万亩，油茶低产林改造 1.55 万亩，新建高产栽培油茶林 300 亩。富硒农产品方面，富硒农产品标准化种植基地 5705 亩，辐射带动面积 2.19 万亩，新奇特水果联合体示范推广项目分别获第三届全国、全省农村创业创新大赛三等奖、一等奖。

（四）坚决打好工业提升攻坚会战。做好“老工业基地”文章，坚持一手抓优存量，实施新一轮技改提升行动计划，投资 15.7 亿元完成岩兴气体、恒隆建材等 28 个技改项目，关闭退出煤矿 4 家、压减煤炭产能 36 万吨，红狮水泥获评省级龙头企业。坚持一手抓扩增量，广平工业园前期工作扎实推进，14 个省、市工业重点项目顺利实施，新增规上工业企业 7 家，入库科技型中小企业 12 家，清航无人机荣获第五届中国“互联网 +”大学生创新创业大赛总冠军，新增高新技术企业、科技小巨人领军企业 2 家，硅光科技、中工塑胶、建华纺织通过省级“专精特新”企业认定。

（五）坚决打好现代服务业攻坚会战。实施现代服务业发展倍增行动计划，新增规模服务业企业 4 家，营利性服务业营业收入增长 23.6%，完成服务业重点项目投资 9.2 亿元。大力改造提升商贸市场，完成岩城新市场、白岩商城改造，城乡市场体系进一步完善，建设镇被列为省级“商务特色镇”。大力发展电子商务，1—11 月，新增电商企业 20 家，申报限上贸易企业 14 家，国家级电子商务进农村示范县创建项目以全省第二的成绩通过商务部中期绩效评价。大力发展交通物流业，卓效物流建成运营，公路客货运周转量完成 24.5 亿吨公里、增长 7%。大力发展文旅康养产业，县旅游集散中心、中国 · 桃源里旅游度假区、五龙山生态休闲旅游开发等项目建成运营，大仙峰 · 茶美人景区获批国家 AAAA 级景区，五彩大石景区获批国家 AAA 级景区，桃源最氧睡眠小镇被评为“中国睡眠康养示范基地”“全国森林康养基地试点建设单位”，济中村入选福建首批“金牌旅游村”，初步形成以“梦幻桃源”为核心的西部森林康养区，及以济屏吴为核心的南部禅茶康养区。

（六）坚决打好交通建设攻坚会战。铁路方面，组织专班积极对接涉明高铁项目，初步形成推荐线路方案并完成专家评审；兴泉铁路（大田段）红线内土地和房屋征迁工作基本完成，主体工程建设完成 70%。高速公路方面，莆炎高速公路（大田段）预计年底完成征迁任务，已完成投资 13.62 亿元；莆炎高速公路支线大（田）安（溪）高速公路（大田段）已通过工可审查和初勘、初测工作，正配合市里上报为厦沙高速复线，争取列入国高网规划。国省道方面，国道纵五线（二期）德州至溪柏林段项目完成投资 4.59 亿元，路基工程完成 80%、路面工程完成 26.74%；国道横六线已通过工可审查、用地预审等前期工作，正在加快 推进。

（七）坚决打好生态环境突出问题整治攻坚会战。全力抓好环境问题整改，第一轮中央环保督察、省级“三合一”环保督察、市委生态环境领域专项交叉巡察反馈意见及我县突出环境问题整改工作序时推进，配合做好第二轮中央生态环境保护督察工作。做好绿色生态文章，全力打好污染防治攻坚战，坑口水库饮用水源地一级保护区搬迁安置稳步推进，闽江流域山水林田湖草生态保护修复、太华矿区土壤污染风险防控试点等项目顺利实施，新建安全生态水系 18 公里，综合治理水土流失面积 5.7 万亩，城区空气质量优良天数比例达 100%，环境空气综合指数稳居全省前十，均溪、文江两条主要流域断面水质按期次达标率 100%，湖美高才国控断面水质年均值达到Ⅱ类。河长制、矿山水土流失“开发式”治理模式、生态综合执法制度等改革创新做法持续深化，水土保持“天地一体化”监管指挥中心建成使用，全市矿山水土流失治理座谈会在我县召开，生态环境保护指挥中心获评第四届全省“人民满意的公务员集体”。

（八）坚决打好市容市貌攻坚会战。加快市政设施建设，香山北路、河滨健身栈道三期、东门桥拓宽工程等市政设施投入使用，栋山支路、福兴路、城乡供水一体化、下岩中型水库等工程项目稳步推进，县政府宿舍楼、发改局、住建局等老旧小区改造启动实施，生活垃圾应急填埋场投入使用，新建提升城市公厕 38 座，新改建天然气管道 29.84 公里、给排水管网 11.45 公里，新增城市停车位 170 个。深入推进城市管理“五难”专项治理，整治背街小巷 108 条，引导城区露天烧烤进店经营 28 家，依法拆除“两违”面积 2500 平方米。大力开展城区载客三轮车整治行动，依法取缔 1053 辆非法载客三轮车，置换残疾人代步车 105 辆，并投放 10 辆电动公交车和 100 辆微公交，方便群众绿色安全出行。

（九）坚决打好农村人居环境整治攻坚会战。大力推进农村人居环境整治三年行动，深入开展“一革命五行动”，实施乡村道路提升工程 363 公里、新改拓建农村公路 58.2 公里，完成农村饮水安全工程 15 个，完成裸房整治 657 座，新建改造乡村公厕 25 座、旅游公厕 18 座，完成无害化改造农村户用厕所 980 户，完成三格化粪池建设 1643 户，生活垃圾转运系统实现全覆盖。完成新一轮农村电网改造升级工程 192.35 公里，创建美丽乡村 14 个，桃源镇入选省级乡村振兴特色乡镇，兰玉村获评全国乡村治理示范村，华兴杞溪村获评全国首批、全省首个地质文化示范村，梅林村、元沙村等 10 个村入选省级乡村振兴试点村，兰玉村、仙峰村、后华村获评省级森林村庄。

（十）坚决打好民生社会事业攻坚会战。坚决打好脱贫攻坚战，以推进国家扶贫改革试验区建设为抓手，累计发放扶贫小额信贷 1.19 亿元，建成扶贫易地搬迁集中安置区 2 个，全县建档立卡贫困人口 2798 户 8437 人全部脱贫，69 个贫困（空壳）村、2 个市级扶贫开发工作重点乡全部摘帽。全面补齐民生短板，31 个教育补短板项目加快实施，新红星幼儿园等 8 个项目建成使用，新增学位 4480 个，向上争取教师专项编制 1246 个，全县普通高考本一上线率居 10 个县（市）第一；县总医院六大中心建设加快推进，石牌卫生院门诊综合楼等 2 个项目建成投入使用，县乡村一体化县域医共体运营机制进一步健全，省级慢性非传染性疾病综合防控示范区通过验收，医养服务中心被列为全省第二批医养结合试点单位；夕阳红闽中康养服务中心（二期）动工建设，民生医院鸿晖养老服务中心建成使用，新建居家照料中心 2 个、农村幸福院 12 个、慈善幸福院 42 个、农村老年人活动中心 70 个，新增养老床位 476 张，文江镇 2 家农村幸福院获评省“五星级农村幸福院”。全力维护社会安定稳定，“平安大田”建设持续深化，扫黑除恶专项斗争、打击治理电信网络新型违法犯罪专项行动深入开展，圆满完成新中国成立70周年安保维稳工作，“七五”普法、“雪亮工程”扎实推进，县乡村三级退役军人服务中心（站）实现全覆盖，信访、安全生产、食品药品监管形势保持稳定，应急管理能力持续加强，人民群众获得感、幸福感、安全感持续提升。

三、坚持政治引领，全面推进新时代党的建设。全面落实新时代党的建设总要求，认真落实省委“五抓五看”“八个坚定不移”部署，坚决扛起全面从严治党政治责任，为新时代多彩大田建设提供坚强政治保障。

一是加强党的全面领导。县委发挥总揽全局、协调各方的领导核心作用，支持和保障人大及其常委会依法履职，支持人大紧紧围绕高质量发展落实赶超、三大攻坚战、民生改善等工作开展调研、视察、监督28项，听取和审议“一府两院”专项工作报告18项，大力推行“2345”代表工作模式，切实增强人大代表履职效力。支持县政府聚焦高质量发展落实赶超，持续深化“五比五晒”、加快产业转型升级、推进重大项目建设和招商、优化政务服务环境等，促进全县经济社会平稳健康发展。推动县政协深入学习贯彻习近平总书记在中央政协工作会议暨庆祝中国人民政治协商会议成立70周年大会上的重要讲话精神，支持政协围绕县委、县政府中心工作扎实开展调研视察、专题协商、提案督办，推动审查立案的102件提案办理落实，实现建言资政和凝聚共识双向发力，助推县委、县政府决策部署贯彻落实。支持县法院坚持司法为民、公正司法，深入推进扫黑除恶专项斗争、提升案件执行实效、强化民生权益保障等，有力维护社会公平正义。支持县检察院履行法律监督职责，出台《关于支持检察机关依法开展公益诉讼工作的实施意见》，引导全社会构建公益诉讼保障体系，支持完善消费者权益保护基金使用、深化异地补植修复基地建设、助力脱贫攻坚、依法打击严重刑事犯罪等工作，促进司法公正，维护司法权威。构建大统战工作格局，争取省市有关民主党派，引导商会组织、无党派人士助力乡村振兴和脱贫攻坚，改进非公有制经济统战工作，用好少数民族专项资金促进少数民族发展，统筹做好宗教、侨务、对台工作，发挥群团组织桥梁纽带作用，广泛凝聚各方智慧和力量。高度重视加强党管武装工作，不断巩固发展军政军民团结的良好局面。

二是开展“不忘初心、牢记使命”主题教育。按照“守初心、担使命，找差距、抓落实”总要求，坚持把学习教育、调查研究、检视问题、整改落实贯穿主题教育全过程，通过集中学习研讨、调研成果交流、对照党章党规找差距、专项整治，开展向三钢学习、向焦裕禄、吴祥江等优秀党员学习等活动，推动各级干部理论学习有收获、思想政治受洗礼、干事创业敢担当、为民服务解难题、清正廉洁作表率。目前，全县科级以上领导班子开展集中学习研讨648场次，调研844场次，征求意见建议899条，完成8个方面突出问题专项整治105个，化解7个方面难题积案19项，设立流动党员服务站和流动党员党支部、引导退役军人回馈乡梓等创新做法得到省、市肯定。

三是强化思想文化建设。坚持党管宣传、党管意识形态、党管媒体，严格落实党委（党组）意识形态工作责任制《实施细则》，健全完善分析研判、会商联动、提醒建议、督查通报四项机制，完成融媒体中心机构改革，武陵大石等3个村被列入省级基层综合性文化服务中心示范点。做好中央苏区文章，完成起草《革命旧址保护利用行动计划（2019-2020年）》，三明市第一和第二批红色文化遗址保护名录中的16处文物启动保护修缮工作，19个爱国主义教育基地基础设施加快建设。着力打响“风展红旗如画”品牌，梳理“一门三烈士”“红军挑夫”等红色大田故事，组建21人红色文化宣讲队，纳入乡村讲师团，深入推进红色文化“八进”活动，举办“风展红旗如画”红色故事宣讲比赛58场次，组织参观红色阵地210批次、2万余人次。结合建国70周年庆祝活动，组织全县674个党支部开展“砥砺奋进70年、牢记使命再出发”主题党日活动，举办唱响《我和我的祖国》快闪活动32场，组织全县各领域代表500余人参加纪念日公祭活动，为28位各行各业的优秀工作者颁发“庆祝中华人民共和国成立70周年”纪念章。用好“e三明”政务服务平台，梳理出与群众密切相关的热点问题2331件，已办结2273件，办结率达97.5%，群众满意率达98.6%。做好精神文明建设工作，大力开展志愿服务，完成各级文明单位志愿团体创建231个，有注册志愿者8574人，共在“志愿三明”平台发布和展示活动2705个。

四是提振干部精气神。树立重实干、重实绩、重一线的用人导向，先后出台《关于进一步激励全县广大干部新时代新担当新作为的实施办法》《大田县激励干部实干担当的若干措施》等政策性文件，创新推行干部“红、黄”双色实绩记账办法，全面开展二级绩效考评，让干好干坏不一样。提拔重用了34名近5年两次以上年度考核优秀、10名2018年度“五比五晒”竞赛活动记“三等功”和嘉奖人员。开展使用激励性专用事业副科级领导职数选拔事业副科级领导干部工作，竞争性选拔了8名事业干部到一线岗位历练。认真贯彻中央和省市关于力戒形式主义、为基层减负的要求，落实好为基层减负各项措施，让干部有更多的时间和精力抓发展、抓产业、抓民生。建立健全澄清保护机制，通过全县通报的方式为10名干部澄清正名。

五是做好省委巡视“后半篇文章”。将巡视整改作为检验“四个意识”的试金石，将省委巡视反馈的8个方面24个整改意见，细化分解为98项整改任务、307条整改措施，成立巡视整改工作领导小组，抽调人员集中办公，建立执行“三个五”工作机制，将每一个环节做深做细，确保整改工作有章可循、规范操作、从严整改。目前已完成整改任务93项，基本完成3项，剩余2项将于年底前整改到位，依规依纪依法处理相关人员218名；对移交的244件检控类信访件已全部办结答复，处理相关人员48名。

六是坚决推进正风肃纪。深化提升县委巡察制度，推行“专项巡察推动专项整治”模式，开展形式主义、官僚主义突出问题暨整治损害营商环境和漠视侵害群众利益问题2轮专项巡察，推动解决问题12个；启动“重点村”常规巡察，开展3批次12个重点村常规巡察工作，“回头看”2个乡镇延伸巡察28个村，发现问题389个，移交问题线索40条，给予党纪处分8人。坚持无禁区、全覆盖、零容忍，坚持重遏制、强高压、长震慑，深化“1+X”监督工作机制，探索推进“四种形态”分层施治，运用“四种形态”处理359人次，新立案130件137人，风清气正的政治生态进一步优化。健全案后整改“1+4+2”工作机制，发挥纪检监察建议书深化治本作用，推动“一案一整改”提质增效。扎实开展“警示教育季”活动，编制违纪违法案例汇编，引导党员干部知敬畏、存戒惧、守底线。

今年来，虽然取得一定成绩，但也存在不少困难和问题：经济发展不充分，工业经济总量相对较低，主导产业不明显，产业转型升级不够快，龙头企业不多，大项目、好项目少，营商环境不优；教育、卫生、养老等民生社会事业方面仍存在不少短板，离满足人民日益增长的美好生活需要还有较大差距；全面从严治党仍存在薄弱环节，部分干部干事创业精气神不足，形式主义、官僚主义仍一定程度存在，干部违纪违法问题时有发生，等等。对这些问题，县委常委会将高度重视，坚持问题导向、结果导向，认真抓好问题整改，坚决打赢“三大攻坚战”，深化“五比五晒”，打好“十大攻坚会战”，全力推进新时代多彩大田建设。

中共大田县委　大田县人民政府
大田县改革完善全科医生培养与使用激励机制实施意见

田政办〔2019〕30号

为贯彻落实《国务院办公厅关于改革完善全科医生培养与使用激励机制的意见》（国办发〔2018〕3号）、《福建省人民政府办公厅关于改革完善全科医生培养与使用激励机制的实施意见》（闽政办〔2018〕81号）、《三明市人民政府办公室关于改革完善全科医生培养与使用激励机制的实施意见》（明政办〔2019〕4号）等文件精神，进一步加快我县全科医生队伍建设，充分发挥全科医生在基层医疗卫生服务中的重要作用，维护和增进全县人民群众健康，根据我县实际，特制定如下实施意见：

一、总体要求

（一）指导思想。以习近平新时代中国特色社会主义思想为指导，全面贯彻党的十九大精神，认真落实新时期卫生与健康工作方针，以问题和需求为导向，遵循医疗卫生服务和临床医学人才成长规律，坚持政府主导，发挥市场机制作用，结合本县实际，持续深化医改，建立健全适应行业特点的全科医生培养、使用和激励机制，全面提高基层医疗卫生服务水平，为新时代多彩大田建设提供全科医学人才服务保障。

（二）工作目标。到2020年，适应行业特点的全科医生培养制度基本建立，适应全科医学人才发展的激励机制基本健全，全科医生岗位吸引力和服务能力显著提升，城乡分布趋于合理，城乡每万名居民拥有2—3名合格的全科医生，基本满足全县居民医疗服务需求。到2030年，适应行业特点的全科医生培养制度更加健全，使用激励机制更加完善，城乡每万名居民拥有5名合格的全科医生，全科医生队伍基本满足健康大田建设需要。

二、重点任务

（一）加快全科医生教育培养

1. 抓好全科医生培训工作。开展基层医疗机构全员培训，基层医疗卫生机构住院医师规范化培训及助理全科医生培训对象原则上除放射科、超声医学专业外，应全部参加全科专业住院医师规范化培训或助理全科医生培训，未按规定参加培训的人员，其医师定期考核应认定为不合格，并将培训合格作为报考中、高级专业技术职务任职资格的必要条件之一。基层医疗机构选派人员参加住院医师规范化培训和助理全科医生培训完成情况列入医疗机构医改考核指标体系。加大全科医生转岗培训力度，除应参加全科专业住院医师规范化培训和助理全科医生培训人员外，凡在乡（镇）卫生院或社区卫生服务机构从业的临床、中医类别执业（助理）医师都必须分期分批参加全科医生转岗培训。积极鼓励县总医院专科医师参加全科医生培训。实行一体化管理的村卫生所应分期、分批组织具有执业（助理）医师资格的乡村医生参加全科医生转岗培训，并鼓励其他村卫生所具有执业（助理）医师资格的乡村医生参加全科医生转岗培训或助理全科医生培训。委派单位应与派出培训对象签订协议，保障培训对象在培训期间的人事关系不变，享受原单位同类人员的基本工资、津贴补贴和社会保障待遇等，并对培训期满后服务年限、违约处理办法等进行约定。县人社局要联合卫健局、财政局等部门探索制定基层委培人员违约与事业单位聘用、医师定期考核、职业诚信挂钩等管理办法，避免培训资源浪费和基层人才流失。责任单位：县卫健局、人社局、财政局、总医院

2. 完善全科医生继续教育。积极开展“互联网+继续医学教育”工作，一级及其以下医疗卫生机构继续医学教育对象在每年继续医学教育总学分要求不变的情况下，将其远程继续医学教育学分认定上限放宽至15学分/年，推广全科（中医）适宜技术，实现全科医生继续医学教育全覆盖。鼓励和支持基层全科医生参加进修培训和学历提升教育。充分发挥全科专业住院医师规范化培训、助理全科医生培训基地在基层全科医生进修培训中的作用，加强对全科医生的中医药和康复医学知识与技能培训，将中医药作为其继续教育的重要内容，鼓励提供中医诊疗、养生保健康复、健康养老等服务。开展乡村医生全员全科基本知识技能培训，轮流选派乡村医生到乡（镇）卫生院、县总医院等上级医疗卫生机构进修学习。责任单位：县卫健局、人社局、总医院

（二）完善全科医生激励机制

3.建立全科医生薪酬倾斜制度。落实党中央“两个允许”要求，设立全科医生津贴，在绩效工资总量内部分配时，可通过设立全科医生津贴的方式向全科医生倾斜，使其与区域内公立医院同等条件临床医师的工资水平相衔接。单位内部分配时，要确保全科医生总体薪酬高于同级别其他医生10%；其他加注全科医学执业资格的专科医生可在年终考核确定的薪酬总额基础上增加10%。合理核定公办基层医疗卫生机构绩效工资总量，提升基层医疗卫生机构全科医生工资水平，主要考核其工作业绩、能力和基本公共卫生完成情况，尤其是健康管理、疾病预防和基层医疗机构所需要的临床能力，并与实际工作量和服务区内居民的健康状况等相结合，不得简单把门诊次数、操作次数作为全科医生队伍的考核指标。落实上调一级待遇政策，对经住院医师规范化培训合格的本科学历全科（含中医）医生，按临床医学、中医硕士专业学位研究生同等对待，落实工资等相关待遇。责任单位：县人社局、财政局、卫健局、总医院、市医管中心大田管理部

4. 优化全科医生聘用管理机制。县委编办要根据辖区常住人口变动、基本公共卫生服务项目增多、服务量增长等情况，适时合理调整核定基层医疗卫生机构人员编制，基层医疗卫生机构空余的编制要优先用于配备全科医生。对本科及以上学历（县级以下医疗机构可放宽到大专）全科医学专业毕业生或经住院医师规范化培训合格的全科医生列入基层年度紧缺急需医学人才引进指导目录的，可采取直接考核或面试等方式进行公开招聘。继续开展基层医疗卫生机构全科特岗医师计划，为乡（镇）卫生院招聘具有执业医师资格的全科医生。鼓励在总医院（医联体）内派遣加注全科医学的临床医师到基层工作，派遣医师在原单位身份不变，个人工资、绩效等经济待遇按不低于原单位科室同级人员发放，并同时享受全科医生津贴，派遣服务时间累计满2年的，在评定和聘任上一级专业技术职务时予以优先。对经住院医师规范化培训合格到乡（镇）卫生院执业的全科医生，可实行“县管乡用”（县级医疗卫生机构聘用管理、乡（镇）卫生院使用），在乡（镇）卫生院服务时间不少于2年，鼓励建立定期轮换机制。对经助理全科医生培训合格到一体化村卫生所工作的助理全科医生，可实行“乡管村用”（乡（镇）卫生院聘用管理、一体化村卫生所使用），服务时间超过2年的，在评定和聘任专业技术职务时予以优先。责任单位：县委编办，县人社局、财政局、卫健局、总医院

5. 加大全科医生职称晋升倾斜。增加基层医疗卫生机构的中高级专业技术岗位比例，其中高级专业技术岗位比例逐步提高至15%，重点向经全科专业住院医师规范化培训和全科专业专科医师规范化培训合格的注册全科医生倾斜。本科及以上学历毕业生参加全科专业住院医师规范化培训合格并到基层医疗卫生机构工作的注册全科医生，可直接参加中级专业技术职称考试，考试通过的直接聘任中级专业技术职称。基层全科医生申报高级专业技术职称时，外语、论文、科研均不作要求，侧重评价临床业务工作能力，将签约居民数量、接诊量、服务质量、群众满意度，以及任期内完成常见病、多发病相关专题报告等作为评审的重要依据；申报高级专业技术职称实行单独分组、单独评审。已取得其他专科中级、副高级卫生专业技术职务人员，经全科培训合格并注册或增加注册全科医学专业执业范围，且满足职称晋升最低服务年限的，可不经过同级转考直接申报上一级别全科医学专业卫生专业技术职务。责任单位：县卫健局、人社局、财政局、总医院

6. 鼓励参与家庭医生签约服务。按照“谁签约、谁服务、谁得益”原则，以购买服务的方式鼓励取得全科医生资质的社会医生、设有全科医疗诊疗科目的社会办医疗机构参与家庭医生签约服务。基层医疗卫生机构的家庭医生签约服务费收入，在基层医疗卫生机构核定绩效工资总量的基础上，作为绩效工资总量的增量部分单独核算追加，用于人员薪酬分配，并主要用于激励签约医生及服务团队，增加家庭医生收入。健全家庭医生签约服务考核机制，不断提高服务对象的获得感和满意度，将服务对象的满意度纳入考核指标，加强签约服务质量考核，考核结果与家庭医生团队的签约服务收入挂钩，确保签约服务质量。责任单位：县卫健局、人社局、财政局、总医院

7. 提升全科医生荣誉感与归属感。坚持精神奖励与物质奖励相结合，开展全科医生表彰奖励工作，在推荐国家、省、市、县先进工作者或优秀共产党员等评选表彰活动中，重点向基层全科医生倾斜。鼓励开展全科医生岗位练兵、技术比武和技能竞赛等活动，对获得第一名的选手给予“五一”系列荣誉称号。责任单位：县卫健局、总工会、人社局、财政局、总医院

（三）扩充全科医生队伍规模

8. 全面设置标准化全科医学科。县总医院应独立设置标准的全科医学科；增加全科医疗诊疗科目，开设全科门诊诊室，配备全科病房，提供全科诊疗服务。责任单位：县卫健局、总医院

9. 引导执业注册加注全科医学。要按照《三明市深化医药卫生体制改革领导小组关于加强全科医生队伍建设的通知》（明医改组〔2017〕7号）要求，加强执业注册引导，对所有取得全科医生（含中医、转岗、助理）培训合格证的，县卫健局、总医院应主动引导其注册、变更或增加注册为全科医学专业执业范围，力争在5年内实现基层医疗卫生机构注册或增加注册全科医学专业的执业（助理）医师数占机构临床、

中医类别执业（助理）医师数的比例达到90%，并纳入医改及基层医疗机构绩效考核指标体系。对已注册或增加注册全科医学专业执业范围的，县卫健局应将其纳入属地全科医生管理，允许其提供全科医疗服务；在向其他医疗卫生机构流动时，需要变更执业范围的，应保留原全科医学专业执业范围。责任单位：县卫健局、人社局、财政局、总医院

10.鼓励社会力量举办全科诊所。落实国家、省、市关于促进社会办医加快发展的政策措施，进一步鼓励和支持社会资本对全科医疗的投入，优先支持经全科培训合格的全科医生个体或团队在城乡开办全科诊所，医疗机构相关规划布局不对全科诊所的设置作出限制，实行市场调节。鼓励二级医院的全科医生在全科诊所多点执业并按劳取酬，为居民就近提供医疗保健服务。鼓励二级医院与辖区内全科诊所或设有全科医疗科的诊所建立双向转诊机制，畅通转诊渠道。对提供基本医疗卫生服务的非营利性全科诊所，在人才培养等方面执行与政府办基层医疗卫生机构同等补助政策，政府通过购买服务的方式，引导其参与当地基本医疗和基本公共卫生服务提供以及承接政府下达的相关任务，并逐步扩大购买范围；对符合条件的，可按规定纳入医保定点范围；对全科诊所基本建设和设备购置等发展建设支出，可通过财政补助等方式给予适当支持。建立政府监管、行业自律与社会监督的有效机制，加强对非公立全科诊所的监管，规范其执业行为，促进非公立全科诊所持续健康发展。责任单位：县卫健局、财政局、人社局、总医院、市医管中心大田管理部

三、保障措施

（一）加强组织领导。县直有关部门和单位要充分认识全科医生队伍建设的重要性，要各司其职，明确分工，密切配合，将改革完善全科医生培养与使用激励机制作为深化医药卫生体制改革和建设健康大田的关键环节和重大任务，确保各项改革举措落实到位。责任单位：县直有关部门和单位

（二）依托医保杠杆。实行医保“总额预付”，完善县总医院内部分工协作机制并加强考核，合理引导双向转诊，发挥全科医生和家庭医生团队在医保控费方面的‘守门人’作用，推动医疗卫生服务由以治病为中心向以健康为中心转变，探索将签约居民的门诊基金按人头支付给基层医疗卫生机构或家庭医生团队。责任单位：县卫健局、总医院、市医管中心大田管理部

（三）发挥资金效能。充分发挥财政投入的引导和激励作用，建立政府投入、单位自筹、社会支持的多渠道筹资模式，健全多元化、可持续的经费保障机制。县人才办要用好人才发展专项资金，及时兑现全科专业住院医师规范化培训、助理全科医师培训等全科培训对象补助政策。责任单位：县财政局、人才办、卫健局、总医院

（四）强化督导评估。建立健全调研督导机制，对实施进度和效果进行督导评估，及时研究解决实施过程中出现的问题和困难，强化激励和问责。对各有关单位在实施过程中好的做法和有效经验，及时总结推广。责任单位：县卫健局、人社局、财政局、总医院、市医管中心大田管理部

（五）做好宣传引导。广泛宣传全科医生培养和使用政策的重大意义，宣传优秀全科医生的典型事例，宣传全科医生在基本医疗卫生服务中发挥的重要作用，提高全科医生职业认同感，增进医学生、医务人员、医学教育工作者和社会公众对全科医生的了解和尊重，为全科医生培养与使用工作营造良好舆论环境。

责任单位：县卫健局、总医院

2019年4月2日

大田县统筹推进城乡义务教育一体化改革发展实施方案

田政文〔2019〕17号

为贯彻落实《福建省人民政府关于统筹推进县域内城乡义务教育一体化改革发展的实施意见》（闽政〔2017〕47号）和《三明市人民政府关于统筹推进县域内城乡义务教育一体化改革发展的实施意见》（明政文〔2018〕94号）精神，结合我县实际，特制定本实施方案。

一、总体要求

（一）指导思想

认真贯彻落实党的十九大精神和全国、全省教育大会精神，以习近平新时代中国特色社会主义思想为指导，坚持“优先发展、统筹规划、改革创新、提高质量、共享公平，分类指导、有序推进”的原则，深入实施小学“强基”、初中“壮腰”工程，以全面提升义务教育优质均衡发展水平、全面提升城乡基本公共服务均等化水平、全面提升义务教育学校整体办学水平为重点，主动适应新型城镇化深入推进、户籍制度改革、人口流动、计生政策调整等新要求，统筹学校布局规划，统筹经费投入保障，统筹教育资源配置，加快缩小城乡差距，加快实现城乡义务教育一体化，为我县基本实现教育现代化和新时代多彩大田建设奠定坚实基础。

（二）目标任务

“四个统一、一个全覆盖”基本实现。县域内城乡义务教育学校建设标准、教师编制标准、生均公用经费基准定额，基本装备配置标准基本统一，“两免一补”政策城乡全覆盖，基本消除我县城乡二元结构壁垒。

“乡村弱、城区挤”的难题逐步得到解决。城乡学校布局更加合理，大班额基本消除；学校标准化建设得到显著提升，70%学校基本达到义务教育管理标准化要求，乡村小规模学校（教学点）达到相应标准化要求。

城乡师资配置基本均衡。乡村教师待遇稳步提高，岗位

吸引力大幅增加，城乡教师轮岗交流深入推进，教师队伍结构和整体素质进一步优化。

学校内涵建设得到切实加强。乡村学校、薄弱学校教育质量明显改善，优质教育资源覆盖面进一步扩大。

二、主要措施

（一）着力推进城镇学校扩容建设

1. 优化中小学布局规划。各有关部门、乡（镇）要认真贯彻国家和省市县部署，按照“十三五”中小学布局规划要求，修订完善并认真实施中小学布局规划，着力构建与新形势、新要求相适应，有利于一体化发展的义务教育学校布局结构。人口较多乡（镇）所在地的初中或小学，根据生源情况适当扩容。人口相对较少的农村乡（镇），鼓励创办九年一贯制学校，提高办学效益。义务教育阶段学校布局规划列入县政府教育督导的重要内容。责任单位：各乡（镇）人民政府，县教育局、自然资源局、财政局、发改局

2. 完善学校建设协同机制。建立和完善义务教育用地储备制度，采取盘活存量，用好增量等方式，预留足够的义务教育用地，并核定用地位置和界线，纳入城市、乡（镇）规划并严格实施，不得随意变更。建立和完善城乡新建住宅区配套标准化学校建设制度，将配套建设学校纳入周边住宅建设项目的规划条件及土地出让要求，推行实施“交钥匙”工程，依法确保配建学校与住宅首期项目规划、建设、使用“三同步”，未按规划条件要求配建学校的，不得发放建设工程规划条件核实合格书。建立和完善教育用地联审联批制度，落实教育行政部门参与教育用地联商联批制度，建立义务教育学校建设的规划、设计和验收等环节的会商机制，确保建设规划落地落实。责任单位：各乡（镇）人民政府，县住建局、发改局、自然资源局、教育局

3. 加快消除大班额现象。重点解决城镇学校大班额问题，各乡（镇）及有关部门要统筹“十三五”期间义务教育学校建设项目，按照优质均衡发展项目和省定班额标准，加大校园校舍新建和扩建力度，统筹推进薄弱学校改造项目，统筹解决城区学校“挤”的问题。要制定并实施消除大班额专项计划，限制班额超标学校招生人数，合理分流学生。进一步细化分年度目标任务，建立消除大班额工作台账，对大班额学校实施销号管理，避免产生新的大班额。到2020年，基本消除56人及以上大班额、51—55人班额比例控制在10%以内，并逐步使学校规模和班额达到国家标准要求。责任单位：各乡（镇）人民政府，县教育局、自然资源局、住建局、财政局、发改局

（二）着力推进薄弱学校改造提升

4. 加大农村学校扶持力度。落实市政府关于“总校制”办学改革精神，开展“总校制”办学改革试点，确定以实验小学为总校，赤岩小学为分校的总校制办学改革试点工作。深化义务教育管理机制改革，完善城区学校“小片区管理”、农村薄弱学校“委托管理”捆绑考核机制，扩大义务教育优质资源覆盖面。实施义务教育学校结对帮扶工程，县教师进修学校必须与2—3所农村学校或薄弱学校结对挂钩，帮助提升教育教学和管理水平，帮助、指导学校开展教学改革和研究，帮助、指导教师专业成长。责任单位：各乡（镇）人民政府，县委编办，县发改局、人社局、财政局、教育局

5. 提升学校标准化水平。实施义务教育标准化建设提升工程，依据省定办学标准，坚持统筹规划，整体设计，逐校建立义务教育学校标准化建设提升和管理标准化建设台账。配合省、市实施义务教育学校标准化监测，每年以适当方式公布监测结果，落实主体责任，形成倒逼机制，促进办学水平提升。2020年，全县义务教育学校资源配置综合差异系数达到国家“义务教育发展优质均衡县”认定要求。责任单位：各乡（镇）人民政府，县发改局、财政局、教育局

6. 推动教育信息化建设。统筹城乡义务教育信息化一体化发展，按照教育信息化2.0行动计划，逐步完善县、乡（镇）、学校三级教育信息化网络，实现宽带网络“校校通”，优质资源“班班通”，学习空间“人人通”。到2020年，城镇学校互联网接入带宽达到班均10M，农村中心校以上互联网接入带宽达到班均5M；无线网络全面覆盖到农村中心校以上各类学校。加快推进智慧校园和智慧课堂建设，构建信息技术与教育教学深度融合新模式。充分发挥教育管理公共服务平台作用，推进以学科测评、网络阅卷为基础的学业监测评估系统建设，为中小学教学质量抽测考评与精准诊断服务。推进优质网络资源、“名师”网络授课、“一师一优课”资源的建设与应用，推进优质教育资源开放共享。责任单位：各乡（镇）人民政府，县发改局、财政局、教育局

7. 规范义务教育学校招生行为。科学划定学校施教区，确保施教区生源数量与学校招生规模基本适应。规范学校招生管理，严格执行免试就近入学、划片招生、阳光招生等政策。全县小学、农村初中继续实行单校划片政策，城区初中继续实行电脑分组、抽签录取的政策。责任单位：各乡（镇）人民政府，县教育局

（三）着力统筹城乡教师队伍建设

8. 完善编制配置和管理。按照中央和省委省政府关于严格控制机构编制的要求，依据义务教育学校教职工编制标准、办学规模和教育教学需要，在现有编制总量内，统筹考虑盘活事业编制存量，优化编制结构，向教师队伍倾斜，合理核定义务教育学校教职工编制，对扩容新建学校适当增加教职工编制。探索建立城乡义务教育学校教职工编制统筹配置机制，实行县域内城乡中小学教职工编制标准统一，统筹和动态管理城乡、区域编制。责任单位：县委编办，县人社局、财政局、教育局

9. 深化教师“县管校聘”改革。县级机构编制部门按编制标准适时核定中小学教职工编制总量，县人社部门会同教育部门，根据省制定的中小学专业技术岗位结构比例控制标准和本区域内中小学教职工编制总量，核定辖区内中小学专业技术高、中、初级岗位总量。县教育行政部门在核定的教职工编制总量和岗位总量内，按照班额、生源等情况，充分考虑乡村小规模学校、寄宿制学校和城乡中小学实际需要，统筹分配各校教职工编制数，细化岗位结构比例，并报同级机构编制、人社、财政部门备案。进一步落实学校用人自主权，完善跟岗、顶岗和城乡校长、教师交流等制度，统筹城乡师资配置，推动交流工作形成常态化、制度化。依规推动区域内教师定期交流，城乡学校教师每学年到乡村和薄弱学

校交流轮岗的比例不低于应交流教师总数的10%，其中骨干教师不低于交流轮岗教师总数的20%。建立和完善区域内教师送教、走教机制，缓解因教师学科结构性矛盾带来的课程开设不齐不足问题。责任单位：县委编办，县教育局、财政局、人社局

10. 完善职称评聘政策。按照省人社厅、教育厅确定的县域统一的义务教育学校教师岗位结构比例，完善职称评聘政策，逐步推动县域内同学段学校岗位结构协调，岗位比例适当，倾斜乡村教师，实现职称评审与岗位聘用制度的有效衔接，吸引优秀教师向农村流动。完善乡村教师职称评聘结合政策，确保乡村学校教师职称即评即聘。责任单位：县人社局、财政局、教育局

11. 努力提升专业化水平。县教育局要不断加强师德师风建设，努力提升广大教师爱岗敬业水平，构建师德建设长效机制。制定加强义务教育学校校长队伍建设的规划，通过委任、聘任、竞争上岗、公开招聘等多种形式，选好用好校长。通过对校长培训、指导、提升，培养和成就一批具有教育家特质，有一定影响力的义务教育学校校长。实施乡村校长教师助力工程，分级负责实施小学“强基”、初中“壮腰”工程专项培训，县教育局每年要安排一批有潜质的农村乡（镇）小学、初中校长参加省内外培训。强化义务教育学校教师配备，特别是规模小、班额少的农村学校教师的足额配备，逐步解决结构性缺编问题。加强名优教师培养，建设一批名优教师工作室，增强专业引领。加快推进县教师进修学校标准化建设，提高教师研训基础能力。加强有针对性的教师培养培训，实施公费师范生教育试点工作，定向委培全科教师，提高教师综合教学能力。责任单位：县教育局、财政局、人社局、发改局

12. 建立和完善正向激励机制。进一步完善“1+4”正向激励机制，不断完善具体考评细则，通过增加学校奖励性绩效工资总量实行差别化发放，发挥好激励导向作用。建立乡村教师荣誉制度，在教育系统各类评比表彰中单列乡村教师指标。县政府对在乡村学校从教10年以上的教师颁发荣誉证书予以鼓励，使广大乡村教师有更多的获得感。持续改善乡村教师工作生活条件，将乡村教师周转宿舍纳入当地政府公租房项目计划，加快边远地区乡村教师周转宿舍建设。责任单位：县教育局、财政局、自然资源局、住建局、发改局、人社局

（四）着力推进教育质量整体提升

13. 深入实施“两大”工程。依据省、市小学“强基”、初中“壮腰”两大工程和《大田县进一步落实教育教学质量提升工程的实施意见》（田政文〔2017〕56号）精神，进一步推进教育优质、均衡发展。依照市“两大工程”和县“三项提升”评估考核体系，加强督查评估和过程监控，以项目建设为抓手，通过支持改造提升薄弱学校、创建义务教育管理标准化学校、培育建设义务教育教改示范学校、建设义务教育学科课程基地等重点项目建设，不断夯实小学基础，不断壮实初中“腰身”。责任单位：各乡（镇）人民政府，县教育局、发改局、财政局，县教师进修学校

14. 深化教育教学改革。认真贯彻落实《义务教育学校管理标准》，结合实际，持续开展达标创建活动，实现“一校一案”，对照标准查找不足，形成问题清单，有计划地加以整改。总结推广已有的课堂教学改革典型和经验，从义务教育学校学生学习特点出发，提倡多种模式和各具特点的做法，积极推进小班化教学，突出因材施教，关注每一个学生成长。深入开展片际教研活动，建立并完善城乡学校区域教研工作机制，定期开展集体备课、听课、说课、评课，形成制度、规范管理、长期坚持。建立健全作业布置、批改、评点制度，合理控制作业量，优化分层作业，创新作业方式。责任单位：县教育局、发改局、财政局，县教师进修学校

15. 促进学生全面发展。坚持立德树人，培养学生社会责任感，把社会主义核心价值观融入教育教学全过程，推进初中小学德育一体化建设，促进学生德智体美劳全面发展。加强体育美育工作，落实小学、初中体育美育课标要求，将体育美育纳入中考科目，体育成绩计入中考总分。实行学生体育美育实践活动课程化管理，丰富学校体育美育活动形式。开展初中学生艺术素质测评，促进初中毕业生至少掌握一项艺术技能和两项体育运动技能。大力发展学生社团，最大限度地满足学生参加社团活动需求，激发学生兴趣爱好，增加学生实践机会，彰显学生个性特长，促进学生全面发展。要把学生社团活动列入课程计划，并保证学生参加社团活动的时间，确保学校85%以上的学生至少参加一个社团或兴趣小组，每年至少举办一次校园艺术节（或艺术周、艺术月）活动。责任单位：各乡（镇）人民政府，县教育局、发改局、财政局

16. 改革考试招生和评价制度。贯彻落实教育部、省教育厅关于推进高中阶段学校考试招生制度改革的要求，推行初中学业水平考试，完善学生综合素质评价，探索基于初中学生水平考试成绩、结合综合素质评价的高中阶段学校考试招生录取模式。严格落实优质高中学校50%以上招生指标均衡分配到我县所有初中，并向农村初中和无选择生源的城区初中倾斜政策，确保农村初中和无选择生源的城区初中有一定比例学生录取到优质普通高中，促进初中均衡提升。积极参加国家、省、市基础教育质量监测，根据反馈的监测结果指导学校调整策略。进一步完善我县教学质量监控体系，加强教育教学质量监测评价数据的应用，推动质量全面提升。责任单位：县教育局，县教师进修学校

（五）着力关爱特殊群体成长

17. 落实控辍保学制度。认真严格执行《义务教育法》《未成年人保护法》《福建省义务教育条例》等法律法规，强化义务教育免试就近入学制度。要完善控辍保学部门协调机制，加大依法控辍、管理控辍、教改控辍、质量控辍、扶贫控辍、保障控辍的工作力度，建立控辍保学目标责任制和联控联保机制。要建立控辍保学动态监测机制，依托全国中小学生学籍信息管理系统建立控辍保学动态监测机制，落实辍学学生劝返、登记和书面报告制度，劝返无效的，应书面报告县教育局和乡（镇）人民政府，各乡（镇）人民政府应依法采取措施劝返复学。责任单位：各乡（镇）人民政府，县教育局

18. 健全农村留守儿童关爱服务体系。落实乡（镇）政府属地责任，建立家庭、政府、学校尽职尽责，社会力量积极

参与的农村留守儿童关爱保护工作体系，积极开展摸底建档行动，深入排查，摸清留守儿童的基本情况，建立留守儿童的专门台账，全面掌握留守儿童基本情况，加强关爱服务和救助保护，帮助解决实际困难，确保留守儿童人身安全。鼓励父母取得居住证的适龄儿童随父母在工作地就近入学，外出务工父母要依法履行监护职责和抚养义务。加强家校共育共建理念，加强安全教育和心理健康教育，充分发挥社区服务、家长学校、家长委员会的功用，定期召开帮扶教师、留守儿童、监护人或委托监护人座谈会，形成家校一体的教育合力。责任单位：各乡（镇）人民政府，县民政局、妇联、教育局

19. 完善经济困难学生资助体系。加大对家庭经济困难学生的社会救助和教育资助力度，优先将建档立卡的贫困户家庭学生纳入资助范围。落实农村义务教育学生营养改善计划，推进农村义务教育学校食堂管理标准化，保障农村义务教育学生健康成长。完善学生资助政策，继续扩大面向贫困地区定向招生专项计划招生人数，畅通绿色升学通道，切实提高贫困家庭学生升学信心。责任单位：各乡（镇）人民政府，县卫健局、残联、妇联、财政局、教育局、民政局、农业农村局

20. 重视残障儿童义务教育。确保乡村适龄儿童不因上学不便而辍学，加强特殊教育基础能力建设，加大标准化特殊教育学校创建力度，加快普通学校随班就读资源教室建设，强化随班就读和送教上门工作的指导管理，适时开展“医教结合”实验，完善特殊教育服务体系。落实特殊教育学校生均公用经费标准与普通初中联动机制，提高特殊教育教职工津贴标准。补足配齐特殊教育教职工，加强特教师资培养培训。针对农村残障儿童实际，做到“一人一案”，对不能到校的开展“送教上门”服务，巩固提高残疾儿童少年义务教育普及水平，基本普及残疾少年儿童15年免费教育。责任单位：各乡（镇）人民政府，县残联、妇联、财政局、教育局、卫健局

三、保障措施

（一）落实主体责任。各乡（镇）要切实履行推进县域内城乡义务教育一体化改革发展的主体责任，把提升义务教育水平摆上重要议事日程，纳入城乡发展规划。加强统筹协调，完善政策措施，强化责任落实，着力解决制约城乡义务教育一体化改革发展的瓶颈问题，确保各项改革措施落实到位、工作目标按期实现。

（二）保障财政投入。始终坚持把义务教育作为教育投入的重中之重，切实落实政府责任，做到“两个只增不减”，即确保一般公共预算教育支出逐年只增不减，确保按在校学生人数平均的一般公共预算教育支出逐年只增不减。县财政要按照不低于省定基准定额的要求，确定本地区中小学校生均公用经费财政拨款标准，建立健全稳定增长机制，并根据学校建设发展需要及时足额安排发展性经费，重点支持学校内涵建设，包括教师培养与发展、教育信息化、课程资源、学校文化建设等。

（三）加强督导评估。县教育督导部门要将统筹推进区域义务教育城乡一体化改革发展的实施情况，纳入义务教育优质均衡督导评估、“两项督导”和“教育强县”督导评估，适时开展专项督导，强化督导评估结果应用，完善督导检查结果公告制度和限期整改制度。

（四）完善监测机制。开展教育教学管理随机巡视，建立常态化教学管理监督机制，坚决纠正忽视体音美和实践性学科以及抢进度等错误行为。每年实施义务教育质量监测，建立初中学生学业质量监测分析、比较、反馈机制，科学分析影响教育质量的主要因素，准确把握区域、学校教育质量状况，准确诊断存在的问题和原因，为教育决策、改进教学提供科学依据。结合质量监测、社会评价适时公布一批“老百姓身边的好学校”。

（五）营造良好氛围。各乡（镇）要加大对区域内城乡义务教育一体化改革发展工作等的综合宣传和政策解读力度，进一步凝聚人心，统一思想，在全社会营造关心支持义务教育工作的良好氛围。要认真总结成功做法和典型经验，并通过多种形式进行深入宣传和推广，使义务教育改革发展更好地服务于新型城镇化建设和全面建成小康社会奋斗目标。

2019年4月2日

大田县人民政府

大田县农村集体经济组织登记证管理实施意见

田政办〔2019〕60号

第一条 为规范本县农村集体经济组织管理，推进农村集体资产股份权能改革工作，根据《中共中央 国务院关于稳步推进农村集体产权制度改革的意见》等政策文件精神，结合本县实际，制定本意见。

第二条 本县行政区域内按集体土地所有权和集体资产产权归属设立的农村集体经济组织（含村、组两级，下同）适用本意见。

农村集体经济组织的名称应含有“经济合作”或“股份

经济合作”字样，且只能使用一个名称。组、村农村集体经济组织名称可以分别称为大田县XX乡（镇）XX村XX小组股份经济合作社（经济合作社）、大田县XX乡（镇）XX村股份经济合作联合社（经济联合社）。仅有村级农村集体经济组织的，名称可以称为大田县XX乡（镇）XX村股份经济合作社（经济合作社）。

第三条 农村集体经济组织登记证是农村集体经济组织的法人登记证明，农村集体经济组织凭农村集体经济组织登记证正本或副本向相关部门办理公章刻制和银行开户等相关手续。

伪造或擅自涂改的，农村集体经济组织登记证书无效。

第四条 农村集体经济组织登记证由县级人民政府农业农村行政管理部门负责发放并加盖印章，具体工作由农村经营管理机构承担。

第五条 农村集体经济组织登记证采用统一样式，设有农村集体经济组织登记证（正本）农村集体经济组织登记证（副本）及封套。符合条件的农村集体经济组织按规定程序从县级登记赋码管理部门取得唯一的统一社会信用代码，并加载在农村集体经济组织登记证上。

第六条 申办组织登记证应当具备下列条件：

（一）按照集体土地所有权和集体资产产权归属设置集体经济组织，土地等集体资产权属关系明确；

（二)有社址、组织名称、组织章程、理事机构和监督机构、财务制度和其他管理制度；

（三）独立核算、自负盈亏，能够独立承担民事责任。

第七条 申办组织登记证应当提供下列申请文件和证明材料：

（一） 申请报告；

（二） 乡（镇）人民政府批准成立的文件；

（三） 成员大会或经成员大会授权成员代表会议决议；

（四） 本合作社成员名册；

（五） 组织章程

（六）选举或任命合作社主任或理事会、民主理财小组或监事会的决议或记录；

（五）合作社住所所有权证书或使用权证明；

（七）合作社法定代表人的身份证原件及复印件；

第八条 组织登记证按下列程序申报、颁发：

（一）由申请单位全体成员指定的代表或委托代理人向登记赋码管理部门提交第七条所列材料，填写农村集体经济组织登记赋码申请表。

（二）登记赋码管理部门要严格审核相关材料，对符合登记赋码条件的，在受理之日起15个工作日内办理相关手续，颁发农村经济组织登记证，并加盖大田县农业农村局印章；对于申请材料不完整的，应责成农村集体经济组织在15个工作日内补充完善；对不符合登记赋码条件的，应当给予书面答复。

第九条 农村集体经济组织的名称、住所、法定代表人等信息发生变更的，应当及时申报，并按下列要求提供相应文件和证明材料：

（一） 申请变更报告；

（二） 原组织登记证书正副本；

（三） 法人签署的农村集体经济组织事项变更申请表

（四） 成员大会或成员代表会议作出的变更决议；

（五）涉及住所变更的，应提供新住所的所有权证书或使用权证明；

（六）涉及合作社法定代表人变更的，应提供选举大会决议及新当选的合作社法定代表人的身份证原件及复印件；

（七）修改后的组织章程。

第十条 组织登记证变更手续按下列程序办理：

（一）农村集体经济组织向登记赋码管理部门申请变更登记。对符合条件的，在受理之日起15个工作日内办理相关手续，将变更后的农村经济组织登记证加盖大田县农业农村局印章交付申请单位；对于申请材料不完整的，应责成农村集体经济组织在15个工作日内补充完善；对不符合条件的，应当给予书面答复。

（二）农村集体经济组织修改组织章程，但未涉及登记事项的，要及时将修改后的组织章程报送登记赋码管理部门备案。

第十一条 对于撤村建居，且集体土地全部被征收、旧村改造全面完成、社会保障和社会事务管理与城市完全接轨、不具备继续经营运转条件、群众提出注销要求的农村集体经济组织，可以进行注销登记。拟申请注销登记的农村集体经济组织，须经成员大会表决通过，并经县级以上地方人民政府审核批准后，及时办理银行销户手续，向原登记赋码管理部门申请办理相关手续，交回农村集体经济组织登记证正本和副本、公章。

第十二条 本意见由大田县农业农村局负责解释。

第十三条 本意见自公布之日起执行。本意见实施后，上级出台有关农村集体经济组织登记的规范性文件，本意见与规范性文件冲突的，从其规定。

2019年6月16日

大田县 12345 便民服务平台联动工作暂行办法

田政办〔2019〕69 号

第一章　总　则

第一条　为使 12345 便民服务联动工作规范化、制度化，解决属于 12345 便民服务平台受理范围，按照“有呼必应，有诉必理，有理必果”的原则，特制定本暂行办法。

第二条　大田县 12345 便民服务联动工作依托 e 三明系统，由大田县 12345 便民服务中心负责组织实施，由县直各有关单位和乡（镇）两级联动部门共同参与，处置属 12345 平台受理范围的且需即时处理的事项。

第三条　12345 联动工作由大田县 12345 便民服务中心统一管理，通过对诉求事项办理的指导、协调、监督、考核等，全面掌握诉求动向和联动单位办理诉求情况，并适时通报。县直各联动单位以及乡（镇）要依法履行职责，严格服从调度和管理。

第四条　本办法所称的诉求事项，是指群众通过随手拍、电话、网站、微信、短信、QQ、微博、传真等渠道向三明市 12345 便民服务平台（以下简称“市平台”）反映，并由“市平台”划转到大田县辖区必须即时处理的事项。主要有：

（一）环境污染问题。包括：餐饮服务业油烟污染、焚烧垃圾、企业违法排污等。

（二）噪音扰民问题。包括：施工噪音、餐饮和娱乐经营噪音等。

（三）城市管理方面。包括：可能危及人民生命财产安全的井盖缺失、破损，林木断裂、倾斜，线缆（杆）断线、倒杆等问题。

（四）供水、供电、供气方面。包括：突发性停水、停电、停气的抢修工作。

（五）消费纠纷问题。包括：可能造成不良社会影响的旅游、服务、餐饮等价格和质量纠纷问题。

（六）其他应当即时处理的事项。

第二章　受理与分办

第五条　12345 联动工作根据《三明市 12345 便民服务平台运行管理实施办法》受理事项进行受理，按照“谁主管、谁负责”的原则，进行诉求事项的分办工作，县直各有关单位及乡（镇）的便民服务事项清单附后（见附件）。

第六条“市平台”接到需要联动的诉求事项，县 12345 平台管理员应马上通知协调联动单位开展应急联动处置工作。

（一）涉及单一联动部门的，通知联动单位即时处理。

（二）涉及多个联动部门的，通知相关联动单位即时处理，各联动单位将处置情况反馈回县 12345 平台管理员。

（三）暂时无法明确责任部门的，通知兜底部门先行处理，兜底部门到达现场后，能够明确责任部门的，由兜底部门及时与县 12345 平台管理员联系说明，再由县 12345 平台管理员通知责任部门前往处理。

第七条　联动单位到现场后，认为不属于其职能范围的，应及时与县 12345 平台管理员联系反馈，经县 12345 平台管理员审核，认为确需变更或增加联动单位的，由县 12345 平台管理员负责通知到位，否则仍由该联动单位先行处置，不得推诿。

第三章　办理与反馈

第八条　县直各联动单位和乡（镇）要建立健全 12345 应急联动响应机制，主要领导是应急联动工作第一责任人。

第九条　各联动单位要建立有效的联动制度。公安、城管、住建、应急、环保、供电、供水、供气等担负应急联动处置任务的单位，要组建专门的联动队伍，实行 24 小时值班备勤。其他担负非应急联动任务的单位，应设置专门的 24 小时值班电话，如接到 12345 平台的通知，应立即派员前往处置。

第十条　各联动单位设置的 24 小时应急专线电话，应保证接通率达 100%。应急专线电话及值班人员姓名、手机号码应报县 12345 平台管理员登记备案。

第十一条　联动单位接到应急联动指令后，应立即安排相关工作人员在规定时间到达现场：城区内 30 分钟，城区外 1 小时。同一时段内，接到多个联动事项的，应抓紧处理完上一个联动事项后立即赶往下一现场，必要时可分组同时处置。

第十二条　应急处置人员到达现场后，应及时向县 12345 平台管理员反馈到达情况、现场处理进度和处置结果，要求采取拍照等形式，将处理前和处理后的情况上传至平台。

第十三条　联动单位已经采取相应措施，尚需有关单位协助配合处理的，应及时向县 12345 平台管理员反馈，由县 12345 平台管理员负责督促有关单位尽快落实相应事项。

第十四条　涉及需要多个单位联合办理的诉求事项，由县 12345 便民服务中心指定主办单位和协办单位。主办单位要牵头做好办理、反馈工作，各协办单位应主动解决涉及本单位的问题，并及时向牵头单位反馈办理结果。

第十五条　对于已办结的诉求事项，各联动单位要做好应急处置的办理和反馈记录，存档备查。

第四章　监督与考核

第十六条　大田县 12345 便民服务中心负责县级联动单位的监督与考核，考核结果纳入年度绩效考评。具体考评办法另行制订。

第十七条 大田县12345便民服务中心对联动单位的诉求处置结果进行监督与抽查，定期通报诉求事项办理情况，对回访发现的问题，及时督促联动单位进行整改落实，确保联动工作顺利进行。

第五章 奖励与惩处

第十八条 对12345联动工作表现突出、工作积极、社会反响好的单位和个人给予通报表扬，并在年度考核中给予适当加分。

第十九条 对不服从调度或处置诉求不力的责任单位和责任人，由大田县12345便民服务中心进行通报；对造成不利影响的，提交县督查室督办。因办理不力、受到相关领导批示批评或被媒体曝光的，给予联动单位通报批评。

第二十条 县12345联动情况每季度上报县委、县政府，并通过新闻媒体向社会公布，接受社会各界的监督。

第六章 附则

第二十一条 本办法由大田县行政服务中心管委会负责解释。

第二十二条 本办法自公布之日起执行。

附件：2019年大田县12345便民服务事项清单

2019年8月20日

附件：2019年大田县12345便民服务事项清单

表11

<table>
<tr><th>类别</th><th>具体项目</th><th>细化项目</th><th>责任部门或兜底部门</th></tr>
<tr><td rowspan="21">一
公用设施</td><td rowspan="9">（一）窨井盖维护</td><td>1. 雨水、污水井盖及其他不明窨井盖</td><td>住建局</td></tr>
<tr><td>2. 通信井盖</td><td>移动大田分公司、联通大田分公司</td></tr>
<tr><td>电信大田分公司</td><td></td></tr>
<tr><td>3. 电力井盖</td><td>供电公司</td></tr>
<tr><td>4. 公路井盖</td><td>公路局</td></tr>
<tr><td>5. 小区井盖</td><td>均溪镇（各社区）</td></tr>
<tr><td>6. 村居井盖</td><td>各乡（镇）（各村、居委会）</td></tr>
<tr><td>7. 公安井盖</td><td>公安局</td></tr>
<tr><td>8. 燃气井盖</td><td>安然燃气公司</td></tr>
<tr><td rowspan="6">（二）道路维护</td><td>10. 国道、省道</td><td>公路局</td></tr>
<tr><td>11. 高速公路</td><td>高速办</td></tr>
<tr><td>12. 县道</td><td>交通运输局</td></tr>
<tr><td>13. 城市道路</td><td>住建局</td></tr>
<tr><td>14. 乡村道路</td><td>各乡（镇）</td></tr>
<tr><td>15. 其他道路</td><td>交通部门牵头兜底负责</td></tr>
<tr><td rowspan="3">（三）公共照明设施维护</td><td>16. 城市路灯、地灯、景观灯（建设好，已移交）及其他公共照明设施</td><td>城管局、住建局</td></tr>
<tr><td>17. 城市路灯、地灯、景观灯（建设中，未移交）</td><td>城投公司</td></tr>
<tr><td>18. 村居内自建路灯</td><td>各乡（镇）（各村、居委会）</td></tr>
</table>

续表 11

类别	具体项目	细化项目	责任部门或兜底部门
一 公用设施	（四）线缆	19. 地下管线	住建局、产权单位
		20. 电力立杆、线缆	供电公司
		21. 治安立杆、线缆	公安局
		22. 通信杆塔、线缆	移动大田分公司、联通大田分公司、电信大田分公司
		23. 其他不明立杆、线缆	城管局牵头兜底负责
	（五）电力设施维护	24. 公共电力设施、用户电力设施及其他电力设施	供电公司
	（六）水设施维护	25. 小区供水设施（管网）、国有自来水管网、自来水表、自来水终端用户水表前自来水管、水域护栏及其他水设施	水务公司
		26. 水域护栏（河堤）	水利局
		27. 公共消防栓、用户消防栓	消防大队
		28. 污水主管网、污水接入管网	住建局
	（七）交通设施维护	29. 交通信号设施	公安局交警大队
		30. 车行道、人行道、盲道、道路平侧石、跨河桥	住建局（主次干道）；各乡（镇）相关街道、社区（背街小巷）
		31. 过街天桥、地下通道、高架立交桥、无障碍设施	住建局
		32. 道路隔离栏、安全岛、边界护栏、交通标志牌、公路防护设施及其他交通设施	城区：住建局 乡（镇）：交通局或公路局
		33. 公交站点、站牌	公交公司
		34. 地名牌、路名牌	民政局
	（八）交通秩序维护	35. 市政道路、人行道路违规停机动车	公安局交警大队
		36. 市政道路、人行道路违规停非机动车	公安局交警大队、城管局
		37. 小区内道路违规停车	住建局、各乡（镇）、公安局交警大队
	（九）市容环境设施维护	38. 公共厕所（指示牌）、公园厕所、垃圾箱、果皮箱及其他市容环境设施	住建局
		39. 商业厕所	商务局
		40. 公益性宣传栏	产权单位
	（十）园林绿化设施维护	41. 古树名木（城市建成区外）	林业局
		42. 古树名木（城市建成区内）、行道树（园林养护）、公共绿地	住建局
		43. 行道树（非园林养护）	住建局、各乡（镇）（街道）
		44. 景区、社区、小区绿地	文旅局、各乡（镇）
		45. 其他园林绿化设施	住建局、涉及产权单位

续表 11

类别	具体项目	细化项目	责任部门或兜底部门
二 市容环境	（十一）环境卫生	46. 路面不洁	住建局（主、次干道）、各乡（镇）（背街小巷）
		47. 水域不洁	河长办
		48. 焚烧垃圾、树叶	住建局、城管局、各乡（镇）
		49. 乱倒垃圾	住建局（主、次干道）、各乡（镇）（背街小巷）、城管局
		50. 乱倒乱排生活污水	住建局
		51. 卫生防疫	卫健局
		52. 动物尸体清理	农业农村局
		53. 工厂污水	生态环境局
		54. 其他环境卫生问题	住建局、各乡（镇）
	（十二）街面秩序	55. 商家广告、占道经营、沿街晾挂、露天烧烤	城管局
		56. 流浪乞丐	民政局
		57. 其他街面秩序问题	城管局、公安局、交通局
三 施工管理	（十三）施工管理	58. 施工占道、无证掘路、施工废弃料乱堆放、施工车辆滴撒漏	城管局
		59. 施工工地围挡、工地扬尘	住建局
		60. 其他施工管理问题	行业归口管理
四 居民生活	（十四）环境保护	61. 娱乐经营噪音	公安局
		62. 工厂、工地噪音	生态环境局（工厂）、城管局（工地）
		63. 动物扰民	公安局（饲养动物）城管局（流浪动物）
		64. 油烟污染	城管局、生态环境局
		65. 其他环节污染问题	生态环境局
	（十五）食品药品安全	66. 食品安全、药品安全	市场监督管理局
	（十六）物业管理	67. 小区公用设施维修、住宅违规装修、物业服务品质、房屋质量、私设停车线、停车桩等、其他物业管理问题	住建局、社区居委会
	（十七）交通出行	68. 客运服务投诉	交通执法支队
		69. 客运价格投诉	市场监督管理局
五 旅游管理	（十八）旅游管理	70. 市场秩序、价格纠纷、景区服务、旅行社服务、星级酒店服务、民宿监管、其他旅游管理问题	文旅局

大田县人民政府

大田县深入开展城市困难家庭精准帮扶“347”工作机制的实施方案

田政办〔2019〕88 号

为贯彻落实习近平总书记关于扶贫开发系列重要讲话精神，按照市委、市政府的部署，根据《三明市人民政府办公室关于全面推广城市困难家庭精准帮扶“347”工作机制的实施意见》（明政办〔2019〕36 号）要求，以城市困难家庭为对象，以提高困难家庭收入和增强自我发展能力为抓手，着力改善城市困难家庭的生产生活条件，实现打赢脱贫攻坚战目标，结合我县实际，制定本实施方案。

一、总体要求

（一）目标任务

2019 年 12 月起在全县范围推行城市困难家庭精准帮扶工作，统筹城市困难群众在住房、医疗、教育、就业等方面政策，全面推广城市困难家庭精准帮扶“347”工作机制，即“三步工作方法、四种原因分类、七项帮扶措施”，到 2020 年，稳定实现城市困难家庭“两不愁、三保障”目标。

（二）帮扶对象

城市困难家庭，即城市家庭人均月收入低于我县最低工资标准的 42%，且家庭财产状况符合《福建省城乡居民最低生活保障工作规范》规定的对象。将符合条件的对象纳入城市困难家庭建档立卡帮扶范围，主要有以下四类人员：

1. 城市特困人员。城市老年人、残疾人以及未满 16 周岁的未成年人，同时具备无劳动能力、无生活来源、无法定赡养抚养扶养义务人或者其法定义务人无履行义务能力条件的人员。

2. 城市低保对象。家庭人均月收入低于当地城市最低生活保障标准且家庭财产符合城市最低生活保障标准规定的人员（含支出型低保对象）

3. 城市孤儿。城市失去父母或查不到生父母的未成年人，包括福利机构养育的孤儿和社会散居孤儿。

4. 城市支出型贫困低收入家庭。家庭人均月收入在当地最低生活保障标准 1.5 倍（含）以内，但由于本人或主要家庭成员因病（伤）、因残、因子女上学、因灾造成生活困难人员。

支出型贫困低收入对象的认定由县民政局负责，并参照低保申请审核审批操作程序实施。具体认定细则参照市民政局制定的执行。

（三）工作原则

1. 坚持精准识别，动态管理。将符合条件的对象纳入城市困难家庭建档立卡帮扶范围，做好动态管理、定期核查、定期统计和动态监测工作，做到应帮尽帮、应扶尽扶。

2. 坚持分类保障，精准施策。对城市困难家庭进行精准分类，根据家庭现状、困难原因，因类施策、精准施策、综合施策，保障其基本生活，助其增收脱困。

3. 坚持统筹资源，合力帮扶。整合政府和社会各方力量，运用行政手段、市场机制等有效方法，统筹各类救助和帮扶资源，实现对城市困难家庭的全面帮扶。

二、主要任务

（一）精准识别

采取一申请、两审核、两公示“三步工作法”，进行精准识别。

“一申请”：由困难家庭向户籍所在地乡（镇）提出书面申请。

“两审核”：乡（镇）通过入户调查、邻里访问、信函索证、经济状况核对、民主评议等方式调查核实申请人家庭经济状况，并提出审核意见；县民政局对乡（镇）报送的材料进行审核，并作出审批决定。

“两公示”：一是乡（镇）应当将申请人家庭基本情况、家庭经济状况调查结果、民主评议结论及举报联系方式等信息，在申请人家庭常住地所在村（居）张榜公示，公示时间不得少于 5 天，公示无异议后报县民政局；二是经县民政局批准的对象，乡（镇）应在申请人家庭常住地所在村（居）将批准家庭的户主姓名、家庭人口、家庭收入等张榜公示，公示期不得少于 5 天，公示无异议后，确定为城市困难家庭名单。

（二）精准分类

在精准识别的基础上，将城市困难家庭按照因病（伤）、因残、因学、因灾等“四因分类法”细化为四类困难对象，根据每户困难对象具体致贫原因，进行帮扶管理。

（三）精准帮扶

在精准识别、精准分类的基础上，采取七种帮扶措施，有针对性地开展帮扶。

1. 就业帮扶。将劳动年龄段内的城市帮扶对象家庭劳动力纳入就业帮扶对象范围，让其充分了解各项就业帮扶优惠政策和服务，享受有关扶持政策。一是开展“一对一”精准帮扶。对有就业意愿的帮扶对象家庭劳动力，选择适合的岗位信息，每年至少送两次岗位信息上门，对接企业，推荐就业，重点推荐到家门口、辖区内就近企业就业；对有培训需求的帮扶对象家庭劳动力，至少组织开展一次免费就业技能培训或创业培训；对有创业意愿的帮扶对象家庭劳动力提供创业指导服务。二是帮助享受就业创业政策。对自主创业或灵活就业并缴纳社会保险的帮扶对象家庭劳动力，按规定给予实际缴费额30%的社保补贴；对符合条件的自主创业的帮扶对象家庭劳动力，按规定给予创业担保贷款贴息。三是公益性岗位托底保障。开发适合帮扶对象家庭劳动力就业的公益性岗位，新开发公益性岗位中优先安排本县帮扶对象家庭劳动力就业托底安置，按规定从就业补助资金中给予当地最低工资标准的公益性岗位补贴以及社保补贴。责任单位：县人社局，均溪镇人民政府

2. 医疗救助。在城乡居民基本医保、城乡居民大病保险的基础上，进一步完善本县多层次的城乡居民医疗救助体系，统筹集中各类医疗救助资金，切实解决城市帮扶对象家庭因病致贫、因病返贫问题。一是政府资助参保。帮扶对象家庭参加城乡居民基本医疗保险的个人缴费部分由政府全额资助。二是医疗救助基金救助。通过特殊门诊救助、住院救助、一次性定额救助等方式，开展帮扶对象家庭医疗救助。三是第三次精准补偿。对帮扶对象当年度医疗总费用超过10万元（含10万元）、个人负担超过30%时，在享受基本医疗保险及大病补充保险的基础上，且基本医疗保险统筹基金当年度收支有结余的前提下，对个人负担医疗费用，扣除各项救助后，按比例实行第三次精准补助。责任单位：县医保局、县卫健局、县医保中心

3. 教育资助。对就学阶段的帮扶对象家庭成员实施教育资助，根据不同教育阶段需求，采取减免相关费用、发放助学金、给予生活补贴、安排勤工助学、动员社会力量奖学助学等方式实施。学前教育阶段，按一类幼儿每生每年2000元，二类幼儿每生每年1000元标准给予保教育费补助，对符合城区入园的帮扶对象家庭幼儿根据就近原则由县教育局统一安排到城区公办幼儿园入学，符合乡（镇）入园的建档立卡、低保经济帮扶对象家庭幼儿就近安排到所在乡（镇）公办幼儿园入学。义务教育阶段，四免两补，四免：免学费、课本费、作业本费、住宿费，两补：一是营养改善计划补助，对义务教育寄宿生每生每年1000元标准营养改善计划补助，对义务教育寄午生每生每年1000元标准营养改善计划补助；二是生活费补助，对义务教育寄宿生按小学每生每年1000元、初中每生每年1250元标准补助生活费，对义务教育非寄宿生按小学每生每年500元、初中每生每年625元标准补助生活费。普通高中教育阶段，一类学生免学杂费并按每生每年3000元的标准发放帮扶对象家庭学生国家助学金，二类学生按每生每年1700元的标准发放帮扶对象家庭学生国家助学金，对帮扶对象家庭经济困难寄宿学生住宿费按学校实际收取标准减免一半。中等职业教育阶段，学费全免，按每生每年2000元的标准发放帮扶对象家庭学生国家助学金。高等教育阶段，实施生源地信用助学贷款政策，大学生贷款额度为每生每年最高8000元，研究生贷款额度为每生每年最高12000元，在校期间的利息由政府承担。责任单位：县教育局

4. 住房援助。对符合廉租住房租赁补贴条件的住房困难户，通过发放住房租赁补贴给予住房援助；符合公共租赁房住房条件，从剩余未分配的房源中通过实物配租的方式给予住房援助。责任单位：县住建局

5. 扶残助残。对因残致贫的帮扶对象家庭实施扶残助残工程。一是康复扶助，全面实施残疾人辅具适配补贴制度和0—6岁残疾儿童康复救助补助制度。二是就业扶助，对符合条件的残疾人给予就业创业扶持、小额贷款贴息和社会保险补贴。三是教育扶助，对就读高中及其以上的残疾学生和低保残疾人家庭子女给予学费补助。四是保障扶助，完善困难残疾人生活补贴和重度残疾人护理补贴制度，对符合条件的残疾人给予居家养护补助，为符合条件的残疾人购买意外伤害保险。责任单位：县残联

6. 兜底保障。加强各项救助制度衔接，形成兜底扶贫合力。对无劳动能力，无生活来源，无法定赡养、抚养、扶养义务人，或其法定义务人无履行义务能力的城市老年人、残疾人以及未满16周岁的未成年人，实行特困人员救助供养。对于无法通过产业扶持和就业帮助的无劳动能力的帮扶对象家庭，凡符合低保条件的，纳入最低生活保障范围，保障基本生活。对基本生活受到自然灾害严重影响的帮扶对象家庭，提供生活救助；对遭遇突发事件、意外伤害、重大疾病或其他特殊原因导致基本生活陷入困境的帮扶对象家庭，给予临时救助。充分利用保险政策对帮扶对象家庭生产生活的保障作用，进一步帮助帮扶对象家庭规避风险。责任单位：县民政局

7. 结对帮扶。针对城市支出型贫困低收入家庭，建立党员干部、单位群团组织、企业等与困难家庭“点对点”“一对一”“多对一”等形式的结对帮扶，开展“巾帼扶贫”“青年志愿者”等形式多样的扶贫活动，发挥企业资金、技术、市场、管理等优势，帮助困难家庭分析致贫原因，找准症结，对症下药，重树信心，动员全社会力量，通过思想引导、介绍务工、传授技术、帮助筹措资金等方式，帮助改善生活、增收脱困。责任单位：均溪镇人民政府

三、实施步骤

1. 精准识别阶段（2019年12月下旬）。按照“三步工作方法”，精准识别城市困难家庭，将符合条件的对象纳入城市建档立卡帮扶范围，并建立帮扶档案。

2. 组织实施阶段（2020年1—11月）。探索建立城市困难家庭精准帮扶“347”工作机制，开展帮扶创新实践，有序实施，获取扶贫改革成效。

3. 总结提升阶段（2020年12月）。开展工作总结，对帮扶成果进行评估，形成可持续、可复制的经验做法。

四、组织保障

（一）**加强组织领导**。成立由县政府分管副县长任组长、相关部门负责人为成员的城市困难家庭精准帮扶工作领导小组，下设办公室，挂靠县民政局，县民政局采取临时借调、政府购买服务（临时聘用）2名专职工作人员，配置必要办公场所和软硬件设备。领导小组定期或不定期召开专题会议，围绕帮扶各项工作，及时协调、解决工作推进过程中的重点和难点问题，促进城市困难家庭帮扶工作有效开展。

（二）**落实帮扶资金**。要把帮扶资金投入放在优先位置，加大基本生活救助资金、基本医疗保险、基本养老保险、教育资金投入，既要向上争取政策倾斜和资金支持，又要根据部门职责和目标任务，统筹好分散在各部门的专项资金，把各部门相关政策和资金用实、用足、用好。充分发挥财政资金的导向作用，通过贴息、奖励、风险补偿等方式，带动金

融和社会资金更多地投入到帮扶工作中。

（三）建立互联互通帮扶信息平台。完善困难家庭建档立卡资料，建立结对帮扶台账，实行信息化分类管理。以脱贫目标为依据，定期开展相关信息的采集、整理、反馈与发布工作，及时客观反映贫困状况、变化趋势和扶贫开发工作成效。按照“脱贫出、返贫进”的原则，及时进行数据更新，做到有进有出、分级管理、动态监测。

（四）形成工作合力。健全完善县指导实施、均溪镇落实和工作到村（居）、帮扶到户、责任到人的工作责任机制。县直各有关部门要积极协调配合，合力共促共为。县民政局负责城市困难家庭精准帮扶的日常工作，做好帮扶工作的统筹协调，检查指导，及时总结通报帮扶工作进展情况，同时负责做好兜底保障工作；县财政局负责筹集及整合精准帮扶资金和帮扶工作经费；县教育局负责教育帮扶工作；县人社局负责就业帮扶工作；县住建局负责协调住房救助帮扶工作；县残联负责扶残助残帮扶工作；县卫健局、医保局负责做好医疗救助帮扶工作。其他各单位要结合本部门本行业的职能主动做好帮扶工作。

（五）强化督查考核。以定期综合督查和不定期专项督查的办法，对城市精准帮扶工作成效、进展情况和已制定、出台政策的落实情况进行督查考核。督查结果作为县政府对相关乡镇和部门年度工作绩效考评的重要内容，对工作优异、取得重大进展的单位进行表彰奖励。

（六）加强媒体舆论宣传。充分利用报纸、广播、电视和网络等新闻媒体及其他宣传载体，广泛宣传精准帮扶政策、经验和做法，为精准帮扶营造上下联动、各方参与、人人支持的良好社会氛围，充分调动广大干部群众和社会各界积极参与精准帮扶的主动性和创造性。

本实施方案规定的补贴，自获得批准之日起按具体规定领取，不溯及既往。

2019 年 12 月 23 日

统计资料

□ 编辑 林生钟

经济统计资料

【概况】 2019 年，大田县国民经济和社会发展保持平稳增长态势，大部分指标增幅位居全市中游。地区生产总值居全市第 7 位，第三产业增加值居第 5 位，金融本外币存款余额居第 6 位，全县公共财政总收入和全社会工业用电量居第 7 位，固定资产投资和农村居民人均可支配收入居第 6 位，农林牧渔业总产值居第 8 位。

2019 年大田县国民经济和社会发展情况统计表

表 12

项　　目	单 位	2018 年	增长（%）
一、综合	—	—	—
大田县生产总值（GDP）	亿元	217.81	6.8
其中：第一产业	亿元	43.39	3.3
第二产业	亿元	115.62	8.5
第三产业	亿元	58.79	6.1
人均生产总值	元	69255	8.8
第三产业占全县生产总值比重	%	27	—
二、农业	—	—	—
农林牧渔业总产值	亿元	72.83	3.2
其中：农业产值	亿元	52.96	3.9
林业产值	亿元	7.08	0.2
牧业产值	亿元	10.87	1.8
渔业产值	亿元	1.54	4.6
农林牧渔服务业	亿元	0.37	5.2
粮食总产值	万吨	—	—
谷物产量	万吨	6.66	-3.0
薯类产量	万吨	1.76	5.6
豆类产量	万吨	0.96	8.4
甘蔗产量	万吨	3.29	3.1
烟叶产量	万吨	0.16	-54.0
蔬菜产量	万吨	48.02	4.2
瓜果	万吨	2.37	4.4
油料作物产量	吨	1034	4.8
水产品产量	吨	8120	11.2

续表 12

项　　目	单 位	2018 年	增长（%）
其中：淡水养殖	吨	8120	11.2
肉蛋总产量	吨	26237	2.3
生猪出栏数	万 头	14.62	—
羊出栏数	万 头	4.92	—
家禽出栏数	万 只	33.67	—
农村居民人均可支配收入	元	18309	9.6
三、工业	—	—	—
1. 规模以上工业增加值	亿 元	—	8.3
规模以下工业增加值	亿 元	—	—
2. 规模以上工业产值	亿 元	—	8.3
四、邮政业务总量	万 元	3483	33.7
五、固定资产投资（不含农户）	亿 元	—	7.0
六、社会消费品零售总额	亿 元	58.15	7.1
七、财政、金融	—	—	—
（一）地方公共财政收入	亿 元	7.21	-3.9
（二）地方公共财政支出	亿 元	27.96	8.5
（三）本外币存款余额	亿 元	126.74	6.7
（四）本外币贷款余额	亿 元	95.92	10.9
八、文化、教育、卫生	—	—	—
小学在校学生数	人	52129	62.1
普通中学在校学生数	人	15829	9.1
医院床位数	张	—	—
卫生技术人员	人	1590	1.09
九、劳动工资	—	—	—
单位从业人员	人	17867	-6.8
其中：国有	人	11979	-3.3
城镇集体	人	2394	-9.2
其他	人	3494	-7.4
单位从业人员全年平均劳动报酬	元	72501	7.2
其中：国有	元	81740	6.6
城镇集体	元	51582	-17.5
其他	元	51746	22.0
十、人口	—	—	—
总 户 数	户	105277	1.0
总 人 口	人	416089	0.2
其中：城镇人口	人	137848	0.5
非城镇人口	人	278241	0.0
出生人数（以计生为准）	人	5282	—
出生率（以计生为准）	‰	—	—
死亡人数（以计生为准）	人	—	—
死亡率（以计生为准）	‰	—	—
自然增长率（以计生为准）	‰	7.94	—

附　录

□ 编辑　林生钟

教育　文化　卫生单位名录

【主要教育单位名录】

2019 年大田县主要教育单位名录

表 13

名 称	类型	地 址	电 话	负责人
大田一中	高中	均溪镇文山路 17 号	7223612	连青阳
大田二中	完中	建设镇建设村 272 号	7408219	刘永志
大田三中	完中	桃源镇桃源街 108 号	7382819	颜全圣
大田四中	初中	吴山乡吴山新村 161 号	7328007	郭兆志
大田五中	完中	均溪镇天山路 43 号	7266826	廖明昶
大田六中	初中	均溪镇白岩山南路 116 号	7335006	陈育海
大田县鸿图中学	完中	均溪镇白岩山南路 118 号	7320099	郭传曙
石牌初级中学	初中	石牌镇石牌村 46 号	7249666	陈宗冠
上京初级中学	初中	上京镇上京村京南路 4 号	7363103	郑上森
太华初级中学	初中	太华镇太华街 1 号	7391133	林文华
广平初级中学	初中	广平镇五峰村 151 号	7416386	涂振接
奇韬初级中学	初中	奇韬镇奇韬村 399 号	7438122	张乃洪
文江初级中学	初中	文江乡文江村 162 号	7458005	郑宝珍
梅山初级中学	初中	梅山乡龙际路 003 号	7468005	陈春买
湖美初级中学	初中	湖美乡湖美街 22 号	7488013	余志味
武陵初级中学	初中	武陵乡宏图街 44 号	7358023	林永界
实验小学	小学	均溪镇文山路 8 号	7240909	张江梅
城关第一小学	小学	均溪镇雪山北路 58 号	7226693	杜肆贰
城关第二小学	小学	均溪镇玉山路 22 号	7322688	吴生煌

续表 13

名 称	类型	地 址	电 话	负责人
城关第三小学	小学	均溪镇福田路 103 号	7333189	苏元炜
第二实验小学	小学	均溪镇象山路 52 号	7220036	林芳锃
均溪中心小学	小学	均溪镇温镇村 53 号	7201999	徐明煦
石牌中心小学	小学	石牌镇石牌村 061 号	7242939	叶建穗
上京中心小学	小学	上京镇京南路 8 号	7363027	郑超盛
桃源中心小学	小学	桃源镇桃源村 4 号	7382961	郑得星
太华中心小学	小学	太华镇太华村 36 号	7391131	陈仁稳
建设中心小学	小学	建设镇建设村 274 号	7408112	林其渊
广平中心小学	小学	广平镇广平村 133 号	7416838	郭守寨
奇韬中心小学	小学	奇韬镇奇韬村 399 号	7438133	林加将
文江中心小学	小学	文江乡文江村 175 号	7458977	吴同铭
梅山中心小学	小学	梅山乡梅秀新街 246 号	7408612	施生劲
前坪中心小学	九年一贯制	前坪乡黎明村 8 号	7478596	程传章
湖美中心小学	小学	湖美乡湖美街 19 号	7488016	廖明嵩
华兴中心小学	小学	华兴乡华安村 4 号	7232212	叶聿祥
屏山中心小学	九年一贯制	屏山乡屏山村兴屏路 2 号	7308256	郭育贵
吴山中心小学	小学	吴山乡吴山村 163 号	7328001	章进锋
济阳中心小学	九年一贯制	济阳乡济阳村 14 号	7348820	章赞扬
谢洋中心小学	九年一贯制	谢洋乡谢洋村文兴路 14 号	7338158	朱成灯
武陵中心小学	小学	武陵乡宏图街 11 号	7358033	吴昌琦
柯坑中心小学	九年一贯制	上京镇京仙路 5 号	7366278	池上裕
特殊教育学校	特殊教育	均溪镇玉山路 12 号	7335399	林幼春
教师进修学校		均溪镇玉山路 12 号	7237838	林再生
电大工作站	大学	均溪镇玉山路 12 号	7233968	俞建营
大田职专	职业教育	均溪镇福田路 160 号	7223634	杨生强
实验幼儿园	学前教育	均溪镇前山路 33 号	7226966	田尾香
第二实验幼儿园	学前教育	均溪镇福田大道福滨东三路 1 号	5032988	王雯君
城关幼儿园	学前教育	均溪镇福田路 50 号	3509003	李幼贞
红星幼儿园	学前教育	均溪镇雪山南路 26 号	7227402	柳 琳
中小学生社会实践基地	校外教育	华兴乡华兴街 6 号	7232212	章志钢
青少年学生校外活动中心	校外教育	均溪镇玉山路 12 号	7333180	林青珠

（陈吉胜）

【主要文化单位名录】

2019 年大田县主要文化单位名录

表 14

名称	类型	地址	电话	负责人
大田县文体广电出版局	文化	大田县建山路 14 号	7222157	林春忠
大田县广播电视台	文化	大田县文山路 13 号	7222562	范文革
大田县文化市场综合执法大队	文化	大田县建山路 14 号	7337133	连福石
大田县文化馆	文化	大田县建山路 14 号	7222012	连福石
大田县博物馆	文化	大田县银山北路 2 号	7230968	陈其忠
大田图书馆	文化	大田县银山北路 2 号	7222216	郑圣泉
大田县少体校	文化	大田县银山北路 2 号	7222215	王建民
大田县影剧院	文化	大田县建山路 14 号	7226211	林乐朝
大田县文联	文化	大田县文山路 9 号	7222225	颜全飚

（严序雄）

【主要卫生单位名录】

2019 年大田县主要卫生单位名录

表 15

名称	类型	地址	电话	负责人
大田县卫生健康局	卫生	大田县均溪镇建山路 174 号	7222132	陈永晶
大田县总医院	卫生	大田县均溪镇雪山北路 180 号	7222137	温春水
大田县中医院	卫生	大田县均溪镇福田路 179 号 1 幢	7222047	温春水
大田县卫生进修学校	教育	大田县均溪镇福田大道 160 号	7222312	陈小忠
大田县妇幼保健院	卫生	大田县均溪镇建山路 69 号	7222038	林其汉
大田县疾病预防控制中心	卫生	大田县均溪镇香山路 181 号	7222017	郑雪珍
大田县卫生计生监督所	卫生	大田县均溪镇南山路 150 号	7238288	苏启睿
大田县均溪社区卫生服务中心	卫生	大田县均溪镇建山路 17 号	7222085	施发权
大田县石牌镇卫生院	卫生	大田县石牌镇街道 62 号	7242970	肖佳篇
大田县桃源镇卫生院	卫生	大田县桃源镇桃源村西大街 81 号	7382377	陈瑞华
大田县上京镇卫生院	卫生	大田县上京镇京南路 5 号	7363105	詹光治
大田县太华镇卫生院	卫生	大田县太华镇太华村 42 号	7391350	杨连熠
大田县建设镇卫生院	卫生	大田县建设镇建设村建槐路 27 号	7408159	蒋联义
大田县广平镇卫生院	卫生	大田县广平镇五峰村 148 号	7416368	林生军
大田县奇韬镇卫生院	卫生	大田县奇韬镇奇韬村 77 号	7438113	高加堘
大田县文江镇卫生院	卫生	大田县文江镇街道 40 号	7458095	涂黎明
大田县梅山镇卫生院	卫生	大田县梅山镇龙际路 20 号	7468008	陈之耀
大田县华兴镇卫生院	卫生	大田县华兴镇兴田路 320 号	7335769	施发钰
大田县吴山镇卫生院	卫生	大田县吴山镇陈吴路 187 号	7328191	林起庙

续表 15

名称	类型	地址	电话	负责人
大田县前坪乡卫生院	卫生	大田县前坪乡红坪街 15 号	7478178	吴志愿
大田县湖美乡卫生院	卫生	大田县湖美乡湖美街 55 号	7488008	刘朱远
大田县屏山乡卫生院	卫生	大田县屏山乡屏山村 120 号	7308224	苏庆棋
大田县济阳乡卫生院	卫生	大田县济阳乡济阳村新街 9 号	7437120	乐士酬
大田县谢洋乡卫生院	卫生	大田县谢洋乡谢洋村文兴路 16 号	7338008	郑启红
大田县武陵乡卫生院	卫生	大田县武陵乡鸿图街 10 号	7338008	郭建统
大田民生医院	卫生	大田县建设镇建设村 680 号	7409066	黄建国
大田协和医院	卫生	大田县均溪镇建山路 206 号	7222088	郑占柳
大田平安医院	卫生	大田县均溪镇建山路 231 号	7229979	林泽锋
大田东南医院	卫生	大田县均溪镇凤山东路 80 号	7231938	季建娥
大田恒康医院	卫生	大田县上京镇京东路 1–1 号	15946464219	张举英

（郭曾荣）

企业名录

【部分工业企业名录】

2019 年大田县部分工业企业名录

表 16

登记名称	法定代表人/负责人	注册资本（万元）	经营范围	成立日期	住所
福建同利祥纺织实业有限公司	郑名胜	1003.00	纺织印染加工，纺织品、纺织服装、纺织专用设备、通用设备的制造；机械设备租赁经营	2005–12–23	大田县均溪镇后坂洋 4 号
大田县联瑞建材加工有限公司	吴联盛	1500.00	金属门窗制造，建筑装饰零件制造；建材、五金产品、化工产品（不含危险化学品和易制毒化学品）的销售；房地产租赁经营	2010–08–10	三明市大田县建设镇建设村佰玖丘
福建省大田县济阳五建石凤水泥有限公司	吴美采	2111.00	32.5R 普通硅酸盐水泥的制造、销售	1996–07–30	大田县济阳乡济中村
福建省大田石凤企业公司	吴美采	2126.00	仅供合资及清理债权债务用	1989–08–09	均溪镇建山路 188 号
福建省大田县上京水泥厂	陈天齐	939.56	仅供清理债权债务使用	1990–03–16	上京镇梅林岩石洋
福建省金葫芦绞股蓝总公司	郑兴宗	503.00	一般经营项目：仅限清理债权债务	1994–04–13	大田县城关建山路 78 号
福建省大田县梅林水泥厂	田承衔	980.00	水泥熟料 普通硅酸盐水泥 水泥纸袋加工	1994–05–23	大田县上京镇梅林深丘洋

续表16

登记名称	法定代表人/负责人	注册资本（万元）	经营范围	成立日期	住所
福建省大田灵川水泥有限公司	苏始烟	2420.40	普通硅酸盐水泥制造、销售	1994-10-29	大田县上京镇灵川村
福建省大田县兴洲纸业有限公司	方斯清	600.00	机制纸、卫生纸的制造、销售	2004-05-10	大田县华兴乡仙峰村仙腊板
大田县绿佳木业有限公司	周贻仁	500.00	细木工板、指接板，板材、方料、杉芯条的加工	2004-06-24	大田县武陵乡半路村
福建省大田县富杰矿业有限公司	王茂青	500.00	富锰渣的生产、销售，富锰渣、铁矿、锰铁矿、生铁、焦炭及矿产品（煤炭除外）的销售	2004-09-23	大田县广平镇铭溪村下坪
福建省大田县山友机械有限公司	叶健	500.00	矿山机械、通用零部件加工、制造、销售及进出口业务	2004-11-01	大田县华兴乡华安工业区
福建省三明市鑫豪木业有限公司	田承衍	500.00	木制产品的制造；木制产品的销售	2004-12-09	大田县上京镇隆美村
福建省大田铭溪石凤水泥熟料有限公司	吴美采	1349.32	水泥熟料的生产、销售，对外投资	1997-01-02	大田县广平镇铭溪下坪
福建省大田县华太铁矿深加工有限公司	吴士鑫	1000.00	铁矿精选、加工，铁矿、铅锌矿、铜矿、石灰石的购销	1998-04-16	福建省大田县太华镇黄沙村
福建省大田县岩城水泥有限责任公司	吴美采	14552.86	一般经营项目：普通硅酸盐水泥、熟料、水泥包装物的生产、销售	2001-06-28	大田县广平镇万筹村
福建兴田混凝土有限公司	高超巧	3000.00	商品混凝土、砼结构构件、建筑材料、水泥制品的制造，普通货运、货物专用运输（罐式）、建筑材料销售	2016-06-15	福建省三明市大田县均溪镇银山北路2号1幢三层
浩沙实业（大田）有限公司	施鸿雁	2000.00	一般经营项目：高档织物面料的织造，高档内衣、泳装、健身服及其他服装、服饰，体育用品、橡胶制品、包装制品的制造（不含漂及出口配额许可证管理品种）	2013-11-11	福建省三明市大田县京口工业集中区
福建华闽纸业有限公司	郭友实	2000.00	机制纸、卫生纸、纸制和纤维制生活卫生用品的制造（仅限分支机构经营）、销售及进出口贸易业务	2000-08-25	福建省三明市大田县华兴乡仙峰村黄地坂
福建省三明市佳宝科技有限公司	温荣归	3000.00	电子产品、保健用品、健身器材、枕头、多功能护理床、清洁用品，建筑材料的制造、销售	2000-12-11	大田县均溪镇凤山东路688号
福建省大田县弘惠纸业有限公司	孙惠强	2210.00	一般经营项目：机制纸制造（限分支机构经营）、销售	2001-04-30	大田县华兴乡仙峰村

续表 16

登记名称	法定代表人/负责人	注册资本（万元）	经营范围	成立日期	住所
福建省大田县东升包装制品制造有限公司	陈秀喜	900.00	纸和纸板容器的制造，塑料丝、绳、袋及编织品的制造，塑料薄膜的制造，包装装潢印刷品、其他印刷品	2001-08-23	均溪镇温镇工业区
福建省大田岩城机械工业有限公司	林渊标	800.00	机械、建材、矿山除尘设备的制造；建筑材料（除危险化学品外）、钢材的销售	1997-11-03	福建省三明市大田县均溪镇凤山东路 120 号
大田县金光纸业有限公司	林祖鹤	500.00	皱纹卫生纸、再生纸袋纸的加工制造、销售。	2000-02-18	大田县吴山乡程堂村
福建清航装备科技有限公司	李京阳	1000.00	智能无人飞行器制造；计算机软、硬件技术研发；自然科学研究和试验；计算机、通信设备、汽车、飞行器配件的制造与销售；进出口贸易	2018-06-12	福建省三明市大田县上京镇机械铸造产业集聚区
福建省大田县岩城水泥熟料有限公司	庄祖坤	2435.37	水泥熟料的制造、销售	1994-06-27	大田县广平镇万筹村
岩泉啤酒（福建）有限公司	蔡荣誉	1632.00	啤酒（熟啤酒）的生产（有效期至 2014 年 10 月 31 日）	1994-12-26	大田县均溪镇白岩山北路 4 号
福建省大田县昌盛机械制造有限公司	李陆华	1000.00	一般经营项目：铸钢球的制造（仅限分公司经营）；铸造生铁、铸件的制造及销售；金属材料、建筑材料、废旧金属的购销	1995-04-06	均溪镇凤山东路 80 号
福建省大田县金门油压机制造有限公司	黄成存	1500.00	工业专用设备的制造、销售；钢材、机电产品的批发、零售；从事本企业产品的对外贸易业务及技术咨询服务	1997-02-26	均溪镇后坂洋 4 号
福建省九孝药业有限公司	张小燕	5000.00	中成药生产、中药钦片加工，生物药品、兽用药品、卫生材料及医药用品的制造	2016-10-13	福建省三明市大田县均溪镇龙宝新村 4 号楼 303 室
大田县闽发纸业有限公司	刘仁杰	1000.00	生活用卫生纸的生产；各种机制纸的销售	2003-10-20	大田县吴山乡吉洲工业区
福建省大田县新岩水泥有限公司	赖利针	10000.00	生产销售水泥；水泥用石灰岩开采（仅限分支机构营经）、石灰石销售	2003-10-29	上京镇梅林洋石岩
大田县桃源桥山铸造厂（普通合伙）		750.00	铸钢件、铸铁件的制造（中频炉生产）、销售；生铁的销售及机械加工	2003-11-27	桃源镇桥山村
大田县健丰木业有限公司	林国锋	550.00	松、杂胶合板，杉芯条，杉、松切片的加工	2003-12-22	桃源镇桃源村仙头
福建省大田县鑫城水泥工业有限公司	黄秀琪	10300.00	水泥熟料、水泥的制造、销售；水力发电（仅限分支机构经营），水泥用石灰岩地下开采（仅限分支机构经营）	2003-12-26	广平镇下坪

续表 16

登记名称	法定代表人/负责人	注册资本（万元）	经营范围	成立日期	住所
农翔（福建）食品有限公司	乐初且	2000.00	农产品的初加工；蜜饯（有效期限至 2015 年 11 月 26 日）、茶叶（仅限分支机构经营）的加工，预包装食品（有效期至 2016 年 01 月 08 日）；林木（仅限分支机构经营）的销售林木种植	2003-04-22	福建省三明市大田县均溪镇北山路 19 号，福建省三明市大田县均溪镇文山路 6 号（经营地址）
福建省大田县和发机械有限公司	张淑华	500.00	钢、铁铸件的铸造，机械加工，钢材、铸件、生铁、矿产品、煤炭的购售，对外投资，废旧金属物资回收（不含危险废物及废弃电器电子产品）	2001-12-19	大田县均溪镇后华村溪柏林
福建省大田县博实铸造有限公司	杨承椅	600.00	铸钢件、铸铁件、有色金属耐磨件、通用机械设备的制造加工和销售	2006-10-18	福建省三明市大田县武陵乡大石下坑工业项目区
福建省朝阳食品有限公司	陈宇	500.00	其他粮食加工品（谷物粉类制成品）制造	2006-10-26	福建省三明市大田县均溪镇福塘村 327 号
福建省宝山机械有限公司	杜建辉	1300.00	通用设备、专用设备、金属工艺品的制造，黑色金属、有色金属的铸造；机械设备、五金产品、工艺美术品的销售和进出口	2006-11-09	福建省三明市大田县石牌镇上坡村 296 号
福建省金杉木业有限责任公司	高忠赫	1800.00	复合木板、杉拼板、杉芯条、杉松板材、方料、杉、松切片、指接板的加工	2006-11-24	大田县上京镇灵川村京东
大田县福源工程机械厂	曾万道	1300.00	装载机、挖掘机、叉车零部件的加工	2006-12-04	福建省三明市大田县均溪镇福塘村过境路石坑垅
大田县伊鑫新型材料有限公司	黄绍灼	3000.00	绿色生态节能墙板、其他水泥助磨增效剂、专用抹面砂浆、飞灰固化剂、减水剂、水泥外加剂的制造，金属结构制造；新型建筑材料、钢材、五金、水泥、石灰石、石灰、矿产品、工业废渣的销售；物流（不含普通货物运输）	2007-02-08	大田县吴山乡程堂村吉州自然村
大田县华盛建材有限公司	池其福	752.00	煤矸石多孔砖的生产与销售	2006-05-26	大田县广平镇栋仁村十里亭（梨田峰工业项目区）
大田县前鑫矿业有限公司	吴方灯	500.00	铁精矿、铅锌精矿的加工及销售；铁矿、锰矿、铅锌矿、铜矿、石灰石的购销；矿山机电设备、建筑材料的零售；为矿山提供劳务服务	2006-09-19	大田县前坪乡前坪村（进财垅）

续表 16

登记名称	法定代表人/负责人	注册资本（万元）	经营范围	成立日期	住所
大田县岩锋矿业有限公司	郑爱华	2000.00	铁矿、铜矿、锰矿、铅锌矿的破碎加工及销售，石灰石、瓷土、石英石、钾长石、叶蜡石、硅灰石、方解石矿、铁精矿粉、生铁、焦炭、氧化铁皮的销售	2005-09-06	大田县均溪镇上华村埔山
大田宝生矿业有限公司	廖正丰	630.00	铁矿、铜矿、铅锌矿、锰矿、钾长石、叶蜡石、瓷土矿、矿山机械配件的销售；探矿	2006-03-21	大田县前坪乡黎明村银锭坂
福建好的生活用品有限公司	陈春霞	1000.00	卫生纸、纸巾、餐巾纸、卫生巾、卫生垫、纸制和纤维制婴儿尿布的制造、加工、销售及进出口贸易业务	2008-10-16	福建省大田县福塘轻工业园区标准厂房 D 栋二层
大田县山川铸造有限公司	丁首达	500.00	钢铁铸件制造（中频炉），钢铁铸件、机电配件、水暖配件的销售	2008-10-22	大田县前坪乡湖坪村南坑
福建省大田县盛达铸造有限公司	张烟平	500.00	黑色金属铸造，铸造机械制造，金属结构制造，安全、消防用金属制造，泵、阀门、压缩机及类似机械制造，其他金属机械制造	2008-10-22	大田县前坪乡山川村下坑桥仔
大田县鑫业铸造有限公司	连华潭	500.00	从事铸铁件的铸造（中频炉），石英沙加工	2008-12-02	大田县武陵乡大石村下坑
福建省大田县宏盛铸造有限公司	连华潭	700.00	从事铸铁件的铸造（中频炉）	2008-12-03	大田县武陵乡大石村下坑
福建万华实业有限公司	李敏	22288.00	从事合成革、无纺布、革用浆料的生产及销售	2009-03-20	大田县吴山乡吉洲处吴山工业园
福建省大田县新泉包装制品有限公司	王加想	1200.00	水泥袋、集装袋的生产、加工。包装装潢印刷品、其他印刷品的制造	2008-04-29	大田县石牌镇上坡村小汤泉工业项目区
福建省大田县全鑫机械制造有限公司	郑传营	500.00	钢铁、铸件的制造、销售，机械加工配件、钢材、生铁的销售	2008-04-29	大田县前坪乡山川回族村上孟
三明市富友石墨矿业有限公司	陈生暖	1000.00	一般经营项目：石墨原矿的加工，硫铁矿的浮选，精矿粉、石墨矿粉、硫铁矿、矿产品的销售，酒店的管理	2008-05-22	大田县建设镇建爱村赤坂
大田红狮水泥有限公司	郭其正	18000.00	水泥、熟料的制造、销售，工业余热供应，水泥用石灰岩的开采	2008-05-28	福建省大田县太华镇小华村
福建省金福旺矿业有限公司	何晓红	508.00	低品位褐铁矿的焙烧—磁选，铁矿、铅锌矿、铜矿、锰矿、钼矿、石灰石的购销	2008-06-10	大田县前坪乡湖坪村

续表 16

登记名称	法定代表人/负责人	注册资本（万元）	经营范围	成立日期	住所
福建省诚盛手袋服饰厂（普通合伙）		500.00	从事包袋的生产	2008-06-16	大田县均溪镇福塘工业园区标准厂房B幢2楼
大田县楚云矿业有限公司	陈加森	500.00	铁原矿破碎加工，铁矿、铅锌矿、钾长石矿、锰矿、油焦，矿产品销售（不含煤炭），为矿山提供劳务	2008-09-03	大田县太华镇西埔村
福建省大田县双兴矿业有限公司	王春亭	1015.00	瓷石、石英石的加工，矿产品的销售	2008-09-16	大田县吴山乡吉洲工业区1号综地
福建省大田县谐坤矿业有限责任公司	高忠雄	500.00	锰矿的精选及销售，富锰渣、铁矿、锰铁矿、生铁、焦炭及矿产品（煤炭除外）的购售	2008-09-25	大田县太华镇罗丰村大莱坑
大田县长鑫船舶配件制造有限公司	林云干	6000.00	炼铁、黑色金属铸造、有色金属铸造、有色金属合金铸造、其他通用设备制造、金属加工机械制造	2007-08-30	大田县上京镇三阳村
福建省大田县东方升铸造有限责任公司	罗立江	800.00	铸铁件的制造、机械加工及产品销售	2007-09-20	大田县太华镇万湖村鬼坑
大田县源兴木业有限公司	陈元清	1000.00	松水泥模板、杉芯条、杉板材、方料、杂锯材、杂胶合板的加工；木制品、家居用品、建筑装潢材料、家纺家具、床上用品、电线电缆、五金交电、农副产品、预包装食品的销售	2007-09-27	大田县桃源镇桃源村谷口自然村
福建省大田县恒丰工贸有限公司	周庆塔	500.00	通用机械配件、钢铁铸件的制造、销售，矿山机械、工业设备、机电设备、生铁、钢材、焦炭、矿产品的销售	2007-10-15	大田县太华镇万湖村岬坪
福建省沈宏矿业有限公司	张铮	2000.00	金属矿的精选及销售；矿产品购销	2007-10-26	大田县前坪乡下坑村
福建省大田县晨晖铸造有限公司	章瑞才	500.00	一般经营项目：铸钢件、铸铁件的制造、销售，机械加工与销售	2007-11-30	大田县太华镇群团村中华自然村岬后
福建省大田县晨华铸造有限公司	陈永挺	2100.00	焦炭、生铁、水渣、钢材、木材、家具、煤、矿产品及铸件的购销	2007-12-06	大田县前坪乡湖坪村大岬头
福建省大田县岩盛铸造有限公司	林魁祥	3000.00	铸铁件、铸钢件制造及销售	2008-01-11	大田县武陵乡大石村下坑

续表 16

登记名称	法定代表人/负责人	注册资本（万元）	经营范围	成立日期	住所
大田县华能达机械铸造有限公司	郑允训	1000.00	炼铁，黑色金属铸造，有色金属铸造，常用有色金属冶炼，其他金属加工机械制造	2008-01-29	大田县太华镇小华村瓦沟岬
福建省大田县原美化工有限公司	谢宝琼	2000.00	硫酸（工业用）生产，矿产品的购销	2008-03-03	大田县广平镇铭溪村
大田县广平镇宏岩新型建材厂（普通合伙）		550.00	煤矸石多孔空心砖的生产和销售	2008-03-13	大田县广平镇铭溪村下坪
三明市博大轻工制品有限公司	高孝松	500.00	板式小家具的制造，矿产品（煤炭除外）、建筑材料、（不含化学危险品）、酒店设备、五金交电、电子产品的销售	2007-05-11	三明市大田县建设镇建强村南坑洋
福建省大田县富豪矿业有限公司	范克嵩	500.00	褐铁原矿破碎；褐铁合格矿、铅锌精矿、铁精矿、硫铁矿、石灰石、瓷土矿、铅锌矿、铜矿、矿山机械工程配件的销售；为矿山工程提供劳务服务	2010-03-31	大田县均溪镇和丰村银顶格龙船湾
福建省大田县三陵液压机械制造有限公司	林彭花	600.00	液压机械制造及销售	2010-04-07	大田县均溪镇玉田村门后坑
福建雅安居家具有限责任公司	林芳仕	500.00	木质家具、实木复合门制造；家具、装饰材料（不含危险化学品）的销售	2010-04-13	大田县石牌镇小汤泉工业区
大田县建设镇鑫盛元木制品厂	池长汉	500.00	细木工板，杉、松板材、方料，杉芯条的加工（有效期至 2014 年 12 月止）	2010-06-10	大田县建设镇元山村长圳尾
大田县建设镇德兴木材加工厂	林进福	2300.00	木包装箱板，杉、松板材、方料，杉芯条的加工	2010-07-07	大田县建设镇建设村 40 号
大田县建龙新型建材有限公司	林书刊	500.00	多孔砖的生产	2009-11-17	大田县建设镇建强村
福建省大田县奕盛矿业有限公司	詹兴振	666.00	矿产品、生铁铸件、化工原料、建筑材料、酒店设备、五金交电、家具、电子产品、日用百货、工艺品、通信设备的销售	2009-11-25	大田县均溪镇郭村
福建大田县恒隆空心砖有限公司	杨景强	500.00	多孔空心砖生产及销售	2010-03-30	大田县上京镇隆美村
福建省大田县闽盛机械有限公司	杨承椅	1200.00	茶叶机械的制造及销售	2009-05-21	福建省三明市大田县均溪镇建山路 271 号

续表 16

登记名称	法定代表人/负责人	注册资本（万元）	经营范围	成立日期	住所
大田县和顺竹业有限公司	陈洪传	500.00	竹胶板、竹艺品、竹半成品、杂单板、杂锯材的加工及销售	2009-06-02	大田县桃源镇谷口项目区
福建鑫欣源竹木有限公司	曾森建	3600.00	加工竹香芯、竹帘、竹碳、竹胶板、竹地板、胶合板、细木工板、指接板（有效期至 2013 年 12 月 31 日）	2010-10-15	大田县桃源镇前厝村后丘坪工业园区
福建工友机械有限公司	郑宝琦	500.00	机械加工，铸件（中频炉）生产、销售，生铁销售	2010-11-08	大田县太华镇群团村白桦林
福建大田县金阳矿业有限公司	游世贵	3000.00	结晶硅、硅锰的加工，结晶硅、硅锰、矿产品、矿山机械、建筑材料、水渣的销售，提供劳务	2010-11-10	大田县石牌镇上坡村小汤泉工业集中区
大田县清花矿业有限公司	陈占央	500.00	铁矿原矿破碎；矿产品（煤炭除外）、金属材料（不含贵金属）、化工产品（不含危险化学品）、五金交电、建筑材料（不含危险化学品）、一般劳动防护用品、农产品的批发及零售；为土石方工程提供劳务服务	2010-11-19	大田县太华镇群团村平路下
福建省大田县铭和建材有限公司	池昌森	1500.00	煤矸石多孔空心砖的生产与销售；金属材料、矿产品、五金交电、建筑材料、木材等销售	2010-11-19	大田县广平镇兴埔村陈坑
福建省九道山茶业有限公司	乐初纪	500.00	茶叶的制造，茶具、预包装食品（不含冷藏冷冻食品）的销售，茶树种植	2011-11-03	大田县均溪镇上太村
福建省大田县庆丰年米业有限公司	于能斌	500.00	大米加工；装卸搬运	2011-11-14	大田县石牌镇石牌村 71 号
三明市福润新型建材有限公司	林炳钗	1000.00	煤矸石页岩空心砖生产与销售	2011-11-23	大田县广平镇栋仁村犁田峰工业园区
福建合欢服装有限公司	洪联煌	500.00	服装制造，服装面料织造，服装及面料销售	2011-11-24	大田县均溪镇福塘工业区标准厂房 C 幢 1 楼
闽磁（大田）电子科技有限公司	刘加鹏	500.00	电子变压器的加工生产，电感产品、LED、振动器、电子材料、塑料制品、五金交电、家用电器的销售	2011-12-14	大田县福塘工业园区 D 幢四楼
福建仙顶实业有限公司	刘起堵	5000.00	茶叶（乌龙茶、红茶、绿茶）制造，茶叶树种植，生态农业观光，茶具、茶叶机械设备、矿产品、家具、家用电器的销售；室内装修	2012-03-15	大田县福田大道标准厂房 A 幢

续表 16

登记名称	法定代表人/负责人	注册资本（万元）	经营范围	成立日期	住所
大田县福立矿业有限公司	黄立在	500.00	低品位石墨矿的加工与销售、矿产品购销；煤炭批发（有效期至 2016 年 4 月 25 日）	2011-09-06	大田县建设镇建爱村福岭
大田县盛和矿业有限公司	苏志福	500.00	铁矿破碎加工及矿产品（煤炭除外）的购销	2011-09-21	福建省大田县太华镇张地村
大田县山海矿业有限公司	郑先进	500.00	低品位褐铁矿加工、销售；矿产品购销（煤炭除外）	2011-03-24	大田县前坪乡黄龙村
福建育灯纺织有限公司	蔡进展	2000.00	PU 革、无纺布、化纤布的生产及销售	2011-04-28	大田县华兴乡京口工业集中区
三明建华纺织有限公司	王伟华	2000.00	从事高档仿真人工皮革材料生产项目的筹建、人造合成革的销售	2011-05-13	大田县京口工业集中区
三明旭日纺织有限公司	张金盾	3000.00	PU 合成革的生产及销售	2011-05-20	大田县京口工业集中区
福建大联新型材料发展有限公司	洪文默	5000.00	PU 革、PU-PVC 复合革、无纺布的生产、销售及对外贸易；其他工程准备活动	2011-05-25	大田县京口工业集中区
大田县华阳光电有限公司	施生顺	3000.00	工业硅的生产与销售	2011-06-14	大田县上京镇隆美村
大田县高新制砖厂（普通合伙）		600.00	高科技免烧环保砖的制造、销售	2010-12-06	大田县奇韬镇桃舟村长潭地段
大田县宏宇木业有限公司	郑光好	600.00	杉、松板材、方料、集成板、木制工艺品、木地板的加工	2010-12-16	大田县文江乡联盟村
大田县太华镇方湖木材加工厂	陈长清	500.00	杉芯条，杉松板材、方料的加工	2011-01-04	大田县太华镇万湖旧中学
大田县华建新型建材厂	黄长华	700.00	煤矸石多孔空心砖的制造与销售	2011-01-12	大田县建设镇建爱村福岭
福建省大田县汇鑫铸造有限公司	丁华通	10000.00	机械铸造、销售及对外贸易	2011-01-14	大田县太华镇仕坑村仙人谷
三明恒泰机械有限公司	王孔鑫	500.00	机械设备及配件生产加工，矿山物资销售	2011-03-09	大田县广平镇铭溪村
福建省大兴工贸有限公司	陈志德	3000.00	铁矿破碎；销售建筑材料、金属材料、机械设备、五金交电、矿产品、农畜产品、化工产品；再生物资回收；煤炭批发（有效期至 2016 年 4 月 25 日）	2013-01-24	大田县广平镇万宅村风头架

续表 16

登记名称	法定代表人/负责人	注册资本（万元）	经营范围	成立日期	住所
三明市海逸纺织有限责任公司	李连治	500.00	织物面料、服装生产（不含染整），纱线、布料、服装销售、进出口贸易	2013-01-30	大田县京口工业集中区
福建省亚派旅游用品有限公司	吴文帖	500.00	拖鞋生产；拖鞋、纺织品、针织品、编织品、布织品的销售	2013-05-07	大田县均溪镇凤山东路82号
大田县腾龙新型建材有限公司	田守平	1000.00	石灰的生产、销售	2012-11-16	大田县上京镇隆美村清水坑
福建省仙师泉山泉水有限公司	陈文团	500.00	包装饮用水［其他饮用水（瓶、桶装饮用水山泉水）］	2012-12-04	大田县太华镇华溪村“拿口”处
三明市庆成新型建材有限公司	李光禄	500.00	煤矸石页岩空心砖的生产与销售	2013-01-18	大田县太华镇罗丰村
福建省铭晟机械有限公司	周小丽	2000.00	机械铸件制造；金属、煤炭的销售，再生物资回收	2012-07-10	福建省三明市大田县前坪乡湖坪村下溪
福建省大田县万隆洋伞有限公司	许文曲	500.00	雨具制造及销售	2012-09-10	大田县均溪镇后坂洋4号2幢1层
福建省大田县鼎晟圆工贸有限公司	杨振畅	500.00	铁矿石破碎；硫矿、铁矿、铅锌矿、铜矿、石灰石的购销，对外投资，为矿山提供劳务	2012-10-29	大田县均溪镇上华村东思安
福建省五广铸造有限公司	郑恢中	500.00	钢铁铸造与销售；铸铁件、铸钢件的制造	2012-03-26	大田县广平镇梨田峰工业园区
福建宇隆超纤有限公司	张树仁	1888.00	塑料人造革、合成革、其他合成材料的制造、销售	2012-06-04	大田县京口工业区
福建顺天来彩陶制品有限公司	田加本	500.00	瓷泥、瓷瓶（酒瓶）彩陶的生产和销售	2012-06-12	福建省大田县建设镇建国村工业项目区
大田县元庄新型墙体材料有限公司	庄德雄	1000.00	一般经营项目：煤矸石页岩空心砖的生产与销售	2013-12-18	福建省三明市大田县上京镇梅林村东边坑
大田县建设镇林池木竹加工厂	池上卫	3000.00	板材、方料、杉、松切片的加工、销售	2013-10-24	福建省三明市大田县建设镇建国村

续表 16

登记名称	法定代表人/负责人	注册资本（万元）	经营范围	成立日期	住所
福建省大田县凯力机械加工有限公司	连华潭	1000.00	一般经营项目：矿山机械设备制造，机械本配件加工，生铁、焦炭、矿产品的购销；废旧物资的回收（不含危险废物、废弃电器、电子产品）	2013-11-11	大田县武陵乡大石村
福建体克体育用品有限公司	杜进京	500.00	一般经营项目：鞋服加工及销售（以上经营范围涉及许可经营项目的，应在取得有关部门的许可后方可经营）	2013-08-28	大田县福塘标准厂房 B 幢第三、四层
福建永岩工贸有限公司	陈维锋	500.00	煤矸石破碎、加工、销售	2014-06-11	福建省三明市大田县上京镇灵川村 32 号
大田县石牌镇小湖新型建材有限公司	翁运平	2000.00	煤矸石多孔空心砖的制造、销售	2014-06-19	福建省三明市大田县石牌镇小湖村
大田县福岩石业有限公司	廖明库	1100.00	建筑用石加工；建筑陶瓷制品制造；建材、金属、厨具卫具及日用杂品的销售	2014-10-24	福建省三明市大田县均溪镇红星村芹菜垅
大田县超步户外用品有限公司	陈文锦	500.00	旅游鞋、拖鞋、花园鞋的加工及销售	2014-10-30	福建省大田县石牌镇小汤泉工业园区
大田县泰源旅游用品有限公司	郑燕平	500.00	旅游鞋、拖鞋、花园鞋的加工及销售	2014-10-30	福建省大田县石牌镇小汤泉工业园区
福建京富服装有限公司	林小妹	1000.00	机织服装、服饰、床上用品、窗帘及布艺类产品、纺织面料鞋的制造，服装、鞋帽、日用品、五金产品的销售（含网上销售）	2015-09-16	福建省三明市大田县上京镇京延路 3 号
大田县宏利铝制品加工厂	林士忠	500.00	铝制品加工，有色金属铸造，建筑材料销售	2015-09-29	福建省三明市大田县太华镇小华村茶梨垵
大田县富华塑料制品有限公司	谢清爽	500.00	塑料制品、金属制品的制造、销售	2015-10-12	福建省三明市大田县石牌镇小汤泉工业园区
福建中工塑胶有限公司	林碧海	5000.00	胶粘制品、胶水、薄膜、纸制品的制造、销售；包装装潢印刷及其他印刷品；化工产品（不含危险化学品）的批发、零售；普通货运	2015-11-06	福建省三明市大田县华兴乡京口村（福建大田经济开发区）
福建港泰箱包有限公司	张春扳	1000.00	箱包、丝带、织带的制造、销售	2015-07-16	福建省三明市大田县均溪镇福田路 345-6 号

续表 16

登记名称	法定代表人/负责人	注册资本（万元）	经营范围	成立日期	住所
三明鸿祥鞋业有限公司	赖志刚	500.00	拖鞋制造、销售	2015-07-16	福建省三明市大田县均溪镇福塘村粮食储备库旁
大田县旺开木业有限公司	陈承旺	1000.00	杉、松锯材、杉、松切片，竹片的加工与销售，林产品、木质装饰材料的购销，对交通运输业的投资	2015-04-29	福建省三明市大田县文江乡文江村
大田县乾兴混凝土有限公司	田有乾	600.00	混凝土的搅拌、销售，矿产品、生铁、钢铁铸件、焦炭、水渣、黏土、煤矸石、建筑材料、工业废渣的销售	2015-06-05	福建省三明市大田县石牌镇老厝
三明市菲得美机械有限公司	苏友帮	2000.00	黑色金属铸造，通用零部件、汽车零配件的制造、销售及进出口活动	2015-02-05	福建省三明市大田县前坪乡湖坪村下溪
大田县兴森牲畜屠宰有限公司	张玉森	500.00	生猪屠宰	2014-12-04	福建省三明市大田县广平镇铭溪村下坪 89 号
大田正丰服装有限公司	陈吉喜	800.00	服装、鞋帽、箱包的制造、销售	2014-12-10	福建省三明市大田县均溪镇福塘工业区标准厂房 B 幢第四层
福建省大田县艺森竹木业有限公司	王孔灯	1500.00	竹胶板、竹香芯、竹地板、竹工艺品、指接板、细木工板、防滑板、装饰板、指接条的加工与销售	2014-12-16	福建省三明市大田县广平镇梨田峰工业园区
福建力劢实业有限公司	董海霞	5000.00	鲜湿面制造，金属矿、非金属矿、煤炭、纸制品、五金、化工、建材的销售	2014-12-26	福建省三明市大田县吴山乡高山红精制茶工业园
福建拜尔轻工有限公司	马建生	1000.00	鞋、工程塑料的制造、销售和进出口活动	2016-01-13	福建省三明市大田县华兴乡京口村（福建大田经济开发区）
大田县汇龙食用油有限公司	郑春发	800.00	食用植物油加工	2016-01-15	福建省三明市大田县均溪镇北山路大炊园
福建省大音文化发展有限公司	颜建程	1000.00	乐器、工艺美术品、木制品的制造；文化艺术咨询服务	2016-01-18	福建省三明市大田县均溪镇湖山路 52 号
大田县恒通机械制造有限公司	乐兴城	1000.00	通用零部件制造、黑色金属铸造	2015-11-30	福建省三明市大田县武陵乡大石村下坑工业项目区

续表 16

登记名称	法定代表人/负责人	注册资本（万元）	经营范围	成立日期	住所
大田县桃源镇海翔废塑料再生加工厂	黄金生	500.00	塑料颗粒加工及销售	2015-12-23	福建省三明市大田县桃源镇前村村（赤头坂一级水电站）
大田和兴矿山机械有限公司	连生秒	718.00	矿山机械、耐火材料制品的制造，黑色金属铸造，矿产品、建筑材料、化工产品（不含危险化学品）的销售	2015-12-23	福建省三明市大田县武陵乡大石村 3 号
三明市大田玉达利工贸有限公司	陈斌	1000.00	淀粉制造，农产品、预包装食品、金属矿、非金属矿、煤炭、建材、五金产品、化工产品（不含危险化学品）的销售	2015-12-24	福建省三明市大田县均溪镇建山路 193 号 C 幢 201 室
福建省贵仙酒业有限公司	陈来沛	1000.00	白酒制造	2016-03-16	福建省三明市大田县太华镇太华街 31 号，生产经营地：（福建省三明市大田县太华镇华溪村 3 号）
福建省碧鑫再生资源有限公司	林传窕	1000.00	半补强炭黑生产，废旧物资（不含危险废旧品、报废汽车、医疗废弃物、境外可利用废旧物资）回收，半补强炭黑及副产品燃料油、钢丝销售	2016-03-28	福建省三明市大田县屏山乡和坑村杀牛溪处
三明市华宝新型建材有限公司	康国清	3000.00	环保多孔空心砖、建筑砌块的制造	2016-04-14	福建省三明市大田县武陵乡武陵村鳖上洋
大田县金利矿业有限公司	黄文媛	600.00	石英石深加工、销售	2016-05-30	福建省三明市大田县武陵乡大石村下坑
三明市大田县荣辉工贸有限公司	吴枝勇	1000.00	非金属废料和碎屑加工处理，再生物资回收，机械设备、五金产品、电子产品、矿产品的销售	2016-05-30	福建省三明市大田县太华镇万湖村 546-4 号
福建省吉欧再生资源有限公司	林晓颖	1600.00	金属、非金属废料和碎屑加工处理，再生物资回收	2016-06-03	福建省三明市大田县华兴乡京口村
大田县京融建材有限责任公司	翁运平	800.00	其他建筑材料制造	2017-05-26	福建省三明市大田县上京镇京东工业区
福建省大田县联盛塑料再生有限公司	林坤龙	1000.00	非金属废料和碎屑加工处理；塑料丝、绳及编织品制造；其他塑料制品制造	2017-06-02	福建省三明市大田县武陵乡大石村下坑

续表 16

登记名称	法定代表人/负责人	注册资本（万元）	经营范围	成立日期	住所
大田县鑫德环保科技有限公司	张兆樟	500.00	废纸、废塑料再生综合利用、生产纸制品（不含印刷）及塑料造粒	2017-06-15	福建省三明市大田县桃源镇赤头坂林场小坝仔 10 号
福建高氏药材有限公司	高超湖	2160.00	中成药生产；中药材种植；工程和技术研究和试验发展；农业观光休闲旅游	2017-07-03	福建省三明市大田县建设镇建设街 1 号
大田县陈永旺新型建材厂	陈连生	800.00	其他建筑材料制造	2017-07-07	福建省三明市大田县吴山乡程堂村吉周将岭
大田县丰源水泥制品有限公司	林玉珍	1300.00	水泥制品制造，建筑材料、五金产品的销售	2017-07-12	福建省三明市大田县建设镇建丰村
三明市中建混凝土有限公司	宋国祥	2600.00	水泥制品、其他非金属矿物制品的制造；公路路面工程施工；建材销售	2017-04-06	福建省三明市大田县石牌镇石牌村后溪坂金象温泉城 51 号楼 702 室
嘉能（大田）炼焦有限公司	张汉敏	1000.00	炼焦，煤制品制造；煤炭及制品批发；节能技术、新材料技术的推广服务	2017-04-10	福建省三明市大田县太华镇万湖村 43 号
三明市琦昌新型建材有限公司	孙有富	500.00	建筑用石加工	2017-04-10	福建省三明市大田县石牌镇石牌村
福建省六福新型建材有限公司	林燕云	1180.00	建筑用石、石英石的加工	2017-04-13	福建省三明市大田县上京镇梅林村
福建省大田县万通铸造有限公司	陈开茂	500.00	黑色金属铸造	2017-04-21	福建省三明市大田县太华镇万湖村
福建省大田县盛崎铸造有限公司	刘　昇	1500.00	黑色金属铸造，社会公共安全设备及器材制造，机械零部件加工；矿产品销售	2017-04-27	福建省三明市大田县广平镇铭溪村下坪
福建黑坦食品有限公司	陈新坦	1000.00	肉制品及副产品的加工；预包装食品（含冷藏冷冻食品）、散装食品（含冷藏冷冻食品）、农产品、水产品、日用品、建筑材料、电子产品、五金产品、家用电器、服装鞋帽、工艺品的销售	2017-05-09	福建省三明市大田县均溪镇雪山北路 74 号

续表 16

登记名称	法定代表人/负责人	注册资本（万元）	经营范围	成立日期	住所
大田县繁兴塑料制品制造有限公司	陈爱花	500.00	塑料丝、绳及编织品、纸制品制造，非金属废料和碎屑加工处理	2017-02-16	福建省三明市大田县吴山乡吉州工业园区
三明市霆瀚伞业有限公司	张栋樑	500.00	伞的制造	2017-02-20	福建省三明市大田县建设镇建设村佰玖丘
三明宏安革业有限公司	易丁钗	1000.00	塑料人造革、合成革制造	2017-02-22	福建省三明市大田县华兴乡京口工业园区
福建捷旺建材有限公司	陈文涛	1500.00	机制沙加工，建筑材料、矿产品的销售	2017-03-01	福建省三明市大田县广平镇东景村西下洋
大田县石磨山建材有限公司	郑新灶	1000.00	建筑用石料加工，建筑材料销售	2016-11-23	福建省三明市大田县桃源镇兰玉村 3 号
大田景元泰茶叶有限责任公司	叶新玉	500.00	精制茶加工；预包装食品（含冷藏冷冻食品）销售	2016-11-24	福建省三明市大田县均溪镇北山路 19-1 号 3 楼
大田县兑鑫矿山机械有限公司	李开省	700.00	矿山机构、耐火材料制品的制造、销售	2016-12-05	福建省三明市大田县建设镇建民村 267 号
大田县丰润混凝土有限公司	黄新梁	680.00	混凝土预制，水泥制品制造，矿产品、金属、焦炭、煤矸石、建筑材料、工业废渣的销售	2016-09-18	福建省三明市大田县石牌镇长溪村
福建省艺佳瓷业有限公司	郑艳红	6850.00	日用陶瓷制品制造，卫生陶瓷制品制造，其他非金属矿物制品制造	2018-02-28	福建省三明市大田县前坪乡上地村 88 号
三明金采林建材有限公司	余正弟	1000.00	水泥制品制造，其他水泥类似制品制造，石灰和石膏制造，其他建筑材料制造，建筑用石加工；建材销售	2018-03-26	福建省三明市大田县文江镇文江村 117 号
大田县华浩再生资源有限公司	詹华传	500.00	非金属废料和碎屑加工处理，金属废料和碎屑加工处理；再生物资回收，矿产品、机械设备、建材、金属、室内装饰材料、日用品的销售	2018-04-16	福建省三明市大田县太华镇万湖村 184 号
大田县盛田机械配件有限公司	刘文辉	500.00	其他传动部件制造，其他通用零部件制造，汽车零部件及配件制造，机械零部件加工，黑色金属铸造	2018-02-12	福建省三明市大田县广平镇铭溪村后沟湾

续表 16

登记名称	法定代表人/负责人	注册资本（万元）	经营范围	成立日期	住所
大田县惠利电子有限公司	王上利	1000.00	电子元件及组件制造	2017-11-22	福建省三明市大田县广平镇广平村 461 号
大田县金源再生资源有限公司	黄德金	1000.00	金属、非金属的废料和碎屑加工处理；再生物资回收与销售；新能源技术推广服务	2017-12-15	福建省三明市大田县吴山乡程堂村 231-5 号
大田精忠包装材料有限公司	周安国	500.00	纸制品制造，塑料包装箱及容器制造	2017-12-18	福建省三明市大田县均溪镇文山路龙山宾馆门楼 3 层 309 室
三明三桂瓷业有限公司	李永金	500.00	日用陶瓷制品制造，园林、陈设艺术及其他陶瓷制品制造，其他工艺美术品制造	2017-12-18	福建省三明市大田县均溪镇文山 路 6 号龙山宾馆门楼三层 306 室
大田县隆庆机械有限公司	林秀晟	800.00	其他通用零部件、铸造机械、汽车零部件及配件的制造；机械零部件加工	2018-01-02	福建省三明市大田县前坪乡湖坪村 280 号
福建省大田县美川建材有限公司	詹联国	1000.00	环保空间心砖的制造；建材销售	2017-10-20	福建省三明市大田县均溪镇宝山路 156 号
福建省协益塑料制品有限公司	王江蓬	1000.00	日用塑料制品制造；非金属废料和碎屑加工处理	2017-11-02	福建省三明市大田县上京镇灵川村
华恒纸业（大田）有限公司	欧建平	2000.00	其他纸制品制造	2017-08-09	福建省三明市大田县吴山乡吉洲工业园区
大田县福韬体育用品有限公司	乐光宾	3500.00	体育用品、文具、皮革制品的制造；服装、鞋帽、针纺织品、文化用品、体育用品的销售	2017-08-25	福建省三明市大田县均溪镇龙宝新村 75 号 4 幢
大田县融汇通工贸有限公司	刘腾福	500.00	建筑用石加工；建材、金属、汽车零配件、机械设备、电子产品的销售	2018-09-13	福建省三明市大田县桃源镇翁厝村 69 号一层
福建省恒升纸业有限公司	林群山	1000.00	机制纸及纸板、手工纸、加工纸、纸和纸板容器的制造	2018-07-20	福建省三明市大田县均溪镇建山路 31-1 号 104 室
大田县桃原新型墙体材料有限责任公司	严能义	2000.00	轻质建筑材料、建筑砌块制造	2018-07-23	福建省三明市大田县桃源镇桃源村 333-1 号

续表16

登记名称	法定代表人/负责人	注册资本（万元）	经营范围	成立日期	住所
大田县德鸿工贸有限公司	苏专生	1000.00	非金属废料和碎料加工处理，金属废料和碎屑加工处理；再生物资回收，矿产品、建材、金属、日用品的销售	2018-07-25	福建省三明市大田县上京镇梅林村238-1号二层
福建省叮咚饮料制造有限公司	林传书	1000.00	碳酸饮料、果菜汁及果菜汁饮料、瓶（罐）装饮用水的制造	2018-08-14	福建省三明市大田县桃源镇东风农场泼水村6-2号
三明市脉承竹制品有限公司	高上钗	1000.00	竹制品制造，竹家具制造；林业产品、装饰物品、工艺美术品的销售	2018-08-23	福建省三明市大田县建设镇建强村150号
福建省大田县恒之鑫矿山机械有限公司	陈德政	500.00	矿山机械制造；机械设备、金属的销售（含网上销售）；通用仓储	2018-06-25	福建省三明市大田县均溪镇宝山路108号三楼
大田县进财龙建材有限公司	蒋升众	800.00	建筑用石加工，防水建筑材料制造，铁矿的选矿；建材、矿产品的销售	2018-07-05	福建省三明市大田县前坪乡前坪村6号
大田县忠卓床上用品有限公司	陈巧英	800.00	床上用品制造；针纺织品的销售	2018-07-10	福建省三明市大田县文江镇文江街71号
大田县泼专笋业农民专业合作社	廖首生	800.00	竹、笋栽培、经营管理及销售	2010-09-09	大田县桃源镇（东风农场）泼水村11号
福建凯昱微晶石墨有限公司	林锋	3000.00	研发、生产、销售高纯微晶石墨、微晶石墨添加剂、等静压石墨材料、氟化石墨、石墨烯、核石墨	2016-01-07	福建省三明市大田县太华镇汤泉村288号
福建展晖重型机械制造有限公司	林国展	5000.00	矿山机械、纺织专用设备制造，通用零部件制造	2018-10-17	福建省三明市大田县华兴乡京口村500号
福建省鑫茂皮革制造有限公司	刘万云	1000.00	塑料人造革、合成革制造，棉织造、化纤织造的加工，初级形态塑料及合成树脂制造	2018-09-27	福建省三明市大田县吴山镇程堂村233号
福建省三明嘉友纸业有限公司	陈高敏	1000.00	纸制品制造	2018-10-30	福建省三明市大田县均溪镇北山路19-2号
三明顺泰服饰有限公司	高新琴	500.00	服饰制造；服装、鞋帽、箱包、针织品、纺织品、工艺美术品、家用电器、电子产品、文化用品、化妆品、五金、建材、化工产品（不含危险化学品及易制毒品）、电气设备、计算机、软件及辅助设备的销售	2018-09-28	福建省三明市大田县建设镇建强村184号

续表 16

登记名称	法定代表人/负责人	注册资本（万元）	经营范围	成立日期	住所
福建省上铁机械制造有限公司	连华微	1500.00	金属切削机床制造；黑色金属铸造	2018-12-17	福建省三明市大田县武陵乡大石村下坑工业区 251 号
福建省大田县艾佩克斯新型建筑材料有限公司	郑进森	3000.00	砖瓦、石材等检查材料制造；新材料技术推广服务；建筑装饰盒装修；金属材料、建筑材料的销售	2018-11-14	福建省三明市大田县均溪镇凤山西路 68 号 202 室
福建省大田县雄通混凝土有限公司	高忠雄	500.00	水泥制品制造；矿产品、建筑材料销售	2018-11-14	福建省三明市大田县广平镇梨田峰工业园区
大田县京福新型墙体材料有限公司	翁文其	3000.00	轻质建筑材料、建筑砌块的制造	2018-11-28	福建省三明市大田县上京镇灵川村 109 号
福建大田九顺纸业有限公司	钟江莹	1000.00	机制纸及纸板、纸制品的制造	2018-12-28	福建省三明市大田县华兴镇仙峰村 55-3 号
福建省广丰矿业有限公司	林富增	13328.90	煤的地下开采；煤炭销售	2008-02-22	福建省大田县广平镇丰庄村新村一号一、二层
大田县香浮煤矿有限公司	董敬校	500.00	一般经营项目：煤炭技术咨询服务	2011-11-03	大田县建设镇香浮村
大田县金源煤矿有限公司	陈良好	500.00	煤炭技术咨询	2012-05-10	大田县建设镇建忠村
大田县建设有色金属矿	林进宽	1008.00	铜矿、铁矿、石墨的开采，锌矿、铅矿、硫铁矿、铅锌矿、锰矿、石灰石、石墨矿的销售	1995-07-06	建设镇建爱村
三明市大田县恒华铁矿有限公司	吴士鑫	1100.00	铁矿的露天和地下开采（有效期至 2017 年 8 月 5 日）；铁矿销售	2000-12-27	福建省大田县太华镇汤泉村 288 号
福建省大田县腾顺矿业有限公司	林丁峰	3000.00	硫铁矿、铁矿、水泥用石灰岩、高岭土的开采；铁矿、硫矿、硫铁矿、铅锌矿、多金属矿、石灰石的购销	2011-10-19	大田县均溪镇上华村上蔡
大田县富阳矿业有限公司	章选建	500.00	铁矿开采、销售	2015-06-25	福建省三明市大田县均溪镇建山路 60 号 6 楼
福建省大田县美湖矿业有限公司	詹联国	1500.00	有色金属矿、非金属矿的采选，矿产品、矿山采选设备、建筑材料、生铁、钢材的销售，提供计量服务	2015-08-31	福建省三明市大田县均溪镇建山路 4 号

续表 16

登记名称	法定代表人/负责人	注册资本(万元)	经营范围	成立日期	住所
大田县华兴矿业有限公司	郭衍朋	1200.00	铅锌矿精选、矿产品销售(不含煤炭产品)	2000-11-27	华兴乡华安村泰堰
大田县长江矿产品有限公司	李凤快	600.00	一般经营项目：铅、锌的精选及铅、锌、铜、铁矿的销售	2001-10-23	广平镇铭溪村后垅山
福建省大田县朝阳矿业有限公司	涂红卫	1000.00	铁精矿粉精选、销售	2002-02-04	济阳乡高升村
福建省大田县宝树矿业有限公司	谢海floor	3000.00	许可经营项目：铅、锌矿的采选 一般经营项目：铅、锌矿的销售	2002-10-08	大田县梅山乡盖竹村
大田县金鹏矿业有限公司	连良贞	1000.00	水泥用石灰岩、铁矿、脉石英矿、萤石矿的开采(有效期至 2031 年 1 月 10 日)；矿产品销售(煤炭除外)	2003-11-27	大田县太华镇张地村岩坑寨
福建省大田县宏福矿业有限公司	章荣鹏	600.00	铁矿、铅锌矿的精选、销售。铁矿的开采(此项经营项目仅限白屯湖矿区经营)	2004-03-23	济阳乡大儒村
福建省永隆矿业有限公司	陈维建	500.00	一般经营项目：石墨矿、铁、锰、石灰石、钾长石、硅灰石、高岭土、石英石、大理石、花岗岩、萤石、方解石的加工筛选；煤炭、铁、铅、锌、锡、锰、铜、石墨矿、萤石、石英石、钾长石、石灰石、高岭土、硅灰石、方解石、大理石、花岗岩的购销；矿山机电设备、建筑材料、五金交电的销售	2004-09-01	大田县上京镇隆美村 108 号
福建省大田县五环矿产品有限公司	周初楚	1000.00	一般经营项目：铜矿、铁矿、铅锌矿的加工，铜矿、铁矿、铅锌矿、尾矿渣、建筑材料、矿山工程机械配件的购销，为矿山提供劳务。	2004-09-08	大田县均溪镇银顶格
福建省顺嘉矿业开发有限公司	吕海洋	3500.00	一般经营项目：铁矿、铅矿的开采，铁矿破碎加工，铜矿、铁矿、磁铁矿的精选(以上经营范围仅限分支机构经营)；铁矿、铁精矿、铅锌矿、磁铁矿、锡矿、锰矿、铜矿、萤石、石英石、钾长石、石灰石、高岭土、硅灰石、方解石、大理石、花岗岩、机电设备、建筑装饰材料、矿山机械设备、化工材料(不含化学危险品)的销售	2004-12-17	大田县均溪镇建山路 60 号 10 楼
福建省大田县海鑫矿业有限公司	谢宝琼	6000.00	硫铁矿、铜矿、铁矿的采选；矿产品的销售	2005-04-01	大田县广平镇铭溪村

续表 16

登记名称	法定代表人/负责人	注册资本（万元）	经营范围	成立日期	住所
大田县万源矿业发展有限公司	李云波	500.00	铁矿、铅矿、锌矿、铜矿的选矿、购销	2005-09-06	大田县前坪乡上地村白石崎
福建省大田县乾泰矿业有限公司	胡步啟	500.00	铅、锌矿的精选；精矿粉、铁、铅、锌、铜、锰多金属矿的购销	2005-09-16	大田县奇韬镇奇韬村龙床自然村油岭
福建省大田县湘闽矿业有限公司	王昌盛	500.00	铁矿、铅锌矿、铜矿的精选、购销；矿山机械配件的销售；为矿山提供劳务	2005-11-30	大田县前坪乡黎明村
大田县闽益矿业有限公司	苏新强	2000.00	铁矿石、铅锌矿、硫铁矿石、铜矿的采选；铁矿石、铅锌矿、硫铁矿石、铜矿的销售	2006-04-05	大田县太华镇高星村 027 号
福建省大田县联华矿业有限公司	林联山	600.00	铁矿、铅锌矿、锰矿的破碎加工与销售，为矿山提供劳务	2006-04-27	大田县均溪镇东坑村银场
大田奇峰矿业有限公司	潘才皇	513.45	铁矿开采；矿产品销售	2006-06-14	大田县谢洋乡仕福村岩头自然村石墘
大田县鑫磊矿业有限责任公司	詹兴振	4300.00	铅锌矿、铜矿、铁矿的精选	2006-10-18	大田县太华镇群团村吃水湾
福建省大田县炽鑫矿业有限公司	蒋加炽	1006.00	铅精矿、锌精矿、铜精矿、硫精矿、铁精矿的销售，矿山工程机械配件的销售，为矿山提供劳动服务；铁矿的开采（有效期至 2015 年 8 月）	2006-11-24	大田县前坪乡前坪村 45 号
大田县爱鑫矿业有限公司	陈良金	500.00	铜、铅锌、磁铁、多金属矿的销售，多金属矿精选	2006-12-31	大田县建设镇建爱村福岭
大田县永鑫矿业有限公司	郑永胜	500.00	水泥用石灰岩的地下开采（有效期至 2021 年 3 月 3 日）和销售	2008-08-19	大田县桃源镇前厝村 118 号
大田县泰鑫矿业有限公司	陈占稳	500.00	铁精矿的精选及销售	2010-03-04	大田县太华镇群团村吃水湾
福建省恒昌煤业有限公司	郑寿信	500.00	煤炭技术咨询服务，石墨地下开采（仅限分支机构经营）	2011-10-10	福建省大田县上京镇赤水村
大田县丰华矿业有限公司	周登望	1200.00	硫铁矿的开采；矿产品的销售	2012-04-06	大田县均溪镇宝山路 109 号

续表 16

登记名称	法定代表人/负责人	注册资本（万元）	经营范围	成立日期	住所
福建省大田县祥瑞石英矿有限公司	茅杰	1500.00	玻璃用脉石英的开采、销售；矿产品、机电设备的销售；对采矿业、交通运输的投资	2014-07-16	福建省三明市大田县梅山乡沈岭村
大田县万明工贸有限公司	温春池	600.00	铁矿、硫铁矿、多金属矿的选矿加工，新型建筑材料空心砖的制造（仅限分支机构经营）、销售，铁矿、铁精矿、硫铁矿、铅锌矿、铅锌精矿、金属材料的购销	2014-09-22	福建省三明市大田县均溪镇宝山路 109 号
大田县冬瓜仑建筑材料有限公司	陈华津	500.00	砂石、耐火土、黏土的开采，机制砂加工，混凝土预拌，建筑材料销售	2014-10-11	福建省三明市大田县石牌镇老厝村冬瓜仑
福建铁炉坑矿业有限责任公司	范艳映	1000.00	铁原矿的破碎加工及精选，铁矿、钾长石矿、锰矿、油焦、煤炭的购销，为矿山提供劳务	2014-11-05	福建省三明市大田县太华镇西埔村
大田县福润贸易有限公司	廖加润	500.00	煤的破碎加工、销售，金属及金属矿、非金属矿、建材批发与零售	2014-11-28	福建省三明市大田县广平镇兴埔村陈坑
大田县凯鑫鼎工贸有限公司	连占良	500.00	煤炭的加工，矿产品、林产品、建筑材料、劳保用品、机械设备、机电设备及配件的销售，提供劳务	2015-04-27	福建省三明市大田县上京镇梅林洋石岩（新岩水泥有限公司旁）
福建中雅达矿业有限公司	陈洪忠	1000.00	铁矿石的选矿，生铁铸件、环保砖的制造，金属矿、矿渣的销售	2015-09-23	福建省三明市大田县万湖村万湖岬
福建省大田铭家瓷土有限公司	林初都	2000.00	瓷土加工、销售，陶瓷制品制造，制陶技术推广服务	2016-01-06	福建省三明市大田县前坪乡上地村
福建省大田县湖锆锋矿业有限公司	林武	1280.00	石英石破碎加工、销售	2016-03-08	福建省三明市大田县湖美乡前进村
福建省典峰工贸有限责任公司	杨开典	1003.00	铁矿石、铜矿石、铅锌矿石的选矿、销售	2016-09-12	福建省三明市大田县均溪镇香山路 2 号 4 栋 102 室
大田县鑫旺达矿业有限公司	黄荣积	1000.00	石灰石、铁矿的开采	2016-12-09	福建省三明市大田县均溪镇福田大道 148 号
福建省大田县大众矿业有限公司	李政	1000.00	铁矿采选、高岭土开采	2017-03-27	福建省三明市大田县湖美乡前进村双溪口

续表 16

登记名称	法定代表人/负责人	注册资本（万元）	经营范围	成立日期	住所
福建大圣瓷业有限公司	邱志琛	6000.00	日用陶瓷制品制造，园林、陈设艺术及其他陶瓷制品制造；非金属矿制品销售；工艺美术品及收藏品销售	2017-10-20	福建省三明市大田县均溪镇文山路 6 号
大田县明宏矿业有限公司	巫珍珠	500.00	石灰石开采；矿产品、建材、化工产品（不含危险化学品及易制毒化学品）、五金产品的销售；再生物资的回收与批发；建筑工程机械与设备经营租赁	2018-05-31	福建省三明市大田县桃源镇西街 83-5 号
福建辅友矿业有限公司	郑登文	1000.00	石灰石开采；石灰制造；矿产品、建材、金属的销售	2018-08-13	福建省三明市大田县均溪镇上华村上蔡
福建隆文矿业有限公司	杨开文	1000.00	石灰石、建筑装饰用石开采；矿产品、建材、金属及非金属矿的销售；建筑工程机械与设备租赁	2018-09-05	福建省三明市大田县上京镇隆美村 126 号非矿 9 号井 4 幢
大田县泰华汤泉甲魁矿业有限公司	黄德柑	1180.00	无烟煤开采；金属矿、非金属矿的销售	2018-12-05	福建省三明市大田县太华镇甲魁村 203 号
大田县自来水公司	曾少杰	684.00	集中式供水（有效期至 2016 年 5 月 28 日），住宿（仅限分支机构经营）；自来水管道安装，日用百货销售	1989-05-20	均溪镇银山北路 1 号
大田县日丰地热开发有限公司	陈祥倬	900.00	地热资源开采、温泉供应及利用	2013-10-28	福建省大田县均溪镇福田大道 345-5 号
大田县昌盛发电有限公司	李陆华	1030.00	水力发电（以上经营范围仅限于公司的分支机构经营）	2001-04-12	均溪镇凤山东路 26 号
大田县宏大发电有限公司	章文王	500.00	水力发电	2001-07-11	济阳乡大儒村
大田县岩能发电有限公司	杜常春	1303.60	一般经营项目：水力发电（仅限分支机构经营）	1999-07-07	大田县均溪镇南山路 179 号 3 号楼 104 室
大田县大安水电有限公司	黄志雄	800.00	水力发电（仅限分支机构经营）	2000-07-16	大田县建山路 193 号 D 幢 2402 室
华电福新(大田)新能源有限公司	陈盛玉	1000.00	风力发电、太阳能发电，风力发电及太阳能发电的技术咨询、服务，机电设备的销售	2016-12-01	福建省三明市大田县均溪镇银山北路 1 号 504

续表 16

登记名称	法定代表人/负责人	注册资本(万元)	经营范围	成立日期	住所
福能永京(三明)电力有限责任公司	杨孝礼	20100.00	水力发电，太阳能发电，电力供应；电气安装，工矿工程建筑；节能技术推广服务	2017-12-12	福建省三明市大田县上京镇京仙路1号
大田县仁坂水电站（普通合伙）		1098.00	水力发电	2003-11-27	文江乡大中村
大田县兴安水电开发有限公司	林丽娜	1000.00	水力发电（仅限分支机构经营）	2002-12-20	大田县建山路193号D幢2402室
大田县奇韬镇桃舟电站		653.00	水力发电	2003-01-03	大田县奇韬镇桃舟村
大田县仙和溪发电有限公司	章文王	500.00	水力发电	2003-01-10	大田县华兴乡仙峰村石头坑后坑尾
大田县文江大中水电站（普通合伙）	陈兴光	1406.45	一般经营项目：水力发电	2003-01-25	大田县文江大中村
福建省明益水电有限公司	苏谈益	2000.00	水力发电	2002-08-08	大田县屏山乡王坪村双溪口
大田县梅山璞溪水力发电有限公司	涂水	1000.00	水力发电	2005-03-18	大田县梅山乡璞溪村
大田县昇能发电有限公司	周闽湘	600.00	水力发电	2006-04-05	大田县文江乡文江新村52号
大田红狮余热发电有限公司	徐剑冰	1600.00	利用工业余热发电，热力生产和供应	2015-08-20	福建省三明市大田县太华镇小华村
福建省福疆光伏发电有限公司	宋秀梅	1000.00	光伏发电，光伏发电工程建筑，光伏发电设备维修，光伏发电设备销售	2016-03-31	福建省三明市大田县均溪镇玉山路156号
大田至恩太阳能发电有限公司	林火养	1000.00	太阳能发电	2016-12-28	福建省三明市大田县吴山乡程堂村吉州工业区（福建万华实业有限公司办公楼一层）
福建省静兴光伏发电有限公司	苏尾使	1000.00	太阳能发电，机电设备销售，太阳能发电设备安装	2016-11-25	福建省三明市大田县石牌镇石牌路51号

续表 16

登记名称	法定代表人/负责人	注册资本（万元）	经营范围	成立日期	住所
福建省三明闽阳太阳能发电有限公司	林发琳	500.00	太阳能发电；光伏技术推广服务；施工劳务服务；五金产品、电气设备的销售	2016-12-05	福建省三明市大田县均溪镇富山新村二路 9 号
福建省振阳光伏发电有限公司	陈森鑫	1000.00	太阳能发电；管道和设备安装工程；其他机械设备及电子产品的销售	2018-04-10	福建省三明市大田县石牌镇石牌路 51-1 号
大田京泰能源有限公司	陈开平	1000.00	热力生产和供应	2018-01-02	福建省三明市大田县华兴镇京口村 500 号
大田炬田新能源科技有限公司	庄腾超	3600.00	太阳能发电;信息系统集成服务;电气安装;电气设备修理	2017-08-08	福建省三明市大田县前坪乡山川村 101 号
大田县中润汽车能源有限公司	蒋月辉	1000.00	电动汽车充电服务	2017-08-11	福建省三明市大田县均溪镇兴业路 5 号

（黄清渊）

索 引

说 明

一、本鉴分为主题索引、表格索引两个部分。主题索引按内容分析法确定主题条目，按主题词首字汉字拼音字母顺序排列，同音词按声调排列，第一字相同的，则按第二字音序排列，依次类推。表格索引按其所在页码顺序排列。

二、条目后的阿拉伯数字表示在本鉴的页码。条目名称相同者并列，并标出先后页码且括注区别。

三、本鉴中特载、 大事记、重要文件选编、各栏目综述、各分目概况，不列入本索引检索范围。

主题索引

C

D

H

J

K

L

M

N

P

Q

R

S

T

W

X

Y

Z

表格索引